조선 해로사행의 인문지리학적 연구 2

명청교체기 대명 해로사행로의 노선과
지명 재구 및 인문지리학적 고찰 2

― 산동 래주부

조선 해로사행의 인문지리학적 연구 2

명청교체기 대명 해로사행로의 노선과 지명 재구 및 인문지리학적 고찰 2

― 산동 래주부

왕가·한종진·당윤희

역락

This work was supported by Seed Program for Korean Studies through the Ministry of Education of Republic of Korea and Korean Studies Promotion Service of the Academy of Korean Studies (AKS-2020-INC-2250002).
이 저서는 2020년도 대한민국 교육부와 한국학중앙연구원(한국학진흥사업단)의 해외한국학 씨앗형 사업의 지원을 받아 수행된 연구임(AKS-2020-INC-2250002).

머리말

　명청교체기에 해상사행로를 통해 명나라를 오갔던 조선사신의 중국 사행 기록인 해로조천록(연행록)에는 명청교체기 조선과 명, 청 사이에 이루어졌던 치열한 외교 활동의 모습이 고스란히 담겨 있을 뿐만 아니라 조선문인들의 명과 청에 대한 인식, 중국과 한반도 사이의 전쟁과 경제 관계, 문화와 인적 교류 상황 등 다양한 역사적 사실이 생생하게 기록되어 있다. 또한 조선시대 사신들의 사행활동이 이루어진 사행로와 사행 경유지는 단순히 지도 상에 점과 선으로 표시된 물리적 교통로나 감정없는 장소가 아니라 우리 선조들이 역사의 현장에서 국가의 안위를 위해 몸으로 부딪히고 발로 뛰었던 발자취, 곧 그 시대사적 고뇌가 고스란히 묻어 있는 문화 유적지로서 재인식되고 고찰할 필요가 있다. 그래서 본서는 이러한 문제의식을 바탕으로 인문지리학 혹은 문학지리학의 시각에서 해로사행길에 올랐던 조선사신들의 과거 활동 공간을 현재의 중국 공간에 재구해 보고자 하였다. 그리고 이를 바탕으로 과거의 기록인 조천록을 현재의 공간에 소환하여 조선사신들이 남긴 시와 문장, 공문서, 일기, 그림 등을 분석하여 명말 중국 국내외 정세, 조선 사신들의 실제 외교 활동 모습, 중국 문인과 조선 문인 간의 시문 창화, 명말 중국 현지의 풍속과 생활 양상 등 사행활동의 실체를 생생히 파악하여 문헌에만 의존한 기존의 연구의 한계를 넘어서고자 하였다.

　처음에 조선사신들이 명나라로 사행을 가면서 주로 이용한 노선은 요동지역을 거치는 육로 노선이었다. 요동지역을 거치지 않고 해로 노선을 이용한 사행은 明初(洪武, 建文 연간1369—1402)와 明末(天啓, 崇禎 연간 1621—1636) 두 차례 비교적 짧은 기간에만 이루어졌다. 明初 사행의 목적지는 南京이었고, 明末 사행의 목적지는 북경이었다. 그런데 해로 사행로는 원래부터 한반도의 삼국시대부터 중국의 여러 왕조와 교류했던 중요한 사행길이었다. 산동 등주(登州)에는 대대로 한반도의 사신을 접대하기 위한 신라관, 발해관, 고려관이 운영되었다. 조선의 경우 1621년 3월에 후금이 심양과 요양을 탈취하고 요동 반도 전역을 지배하게 되자 사신들이 육로로는 안전하게 왕래할 수 없게 되었기에 선박을 이용해 바닷길로 산동 등주로 가게 되었다. 그 후 1637년 1월 후금(청)과 정축맹약(丁丑盟約)을 맺은 조선은 명나라와 국교를 단절하고 후금(청)의 수도인 심양에만 사신을 보내게 되었고, 1644년 3월에 명나라가 망하고 청나라가 북경을 점령한 후에는 조선 전기와 같은 육로 사행이 재개되었다.

본서에서는 명말 해로 사행 문헌을 대상으로 연구를 진행했는데, 그 이유는 다음과 같다. 첫째, 明末 해로 사행 관련 문헌들은, 명초의 해상사행 기록이 대부분 조천시 형식이었던 것과는 달리, 사행 중 겪은 구체적인 사건과 견문을 여정에 따라 기행문 형식으로 기록하거나 사행 관련 공문서와 편지 등을 함께 수록하고 또한 지리지 형식으로 기록한 것까지 있어서 공식적인 사행 활동이 이루어진 역사 현장, 현지 문인들 혹은 현지인들과 교류 양상, 당시 중국 현지의 상황, 민간풍속, 자연환경 등을 생생하게 전하고 있는 문헌들이 많기 때문이다. 둘째, 기존의 조천록(연행록) 연구가 주로 요동지역을 사행로로 하는 《열하일기(熱河日記)》, 《노가재연행일기(老稼齋燕行日記)》, 《담헌연기(湛軒燕記)》 등의 문헌에 대한 연구에 치중된 반면, 해상 사행의 실체를 체계적으로 밝히는 연구는 미흡했기 때문이다. 셋째, 조선 이전 신라, 발해, 고려 등 왕조들도 해상 사행을 공식적인 경로로 활용했었으므로, 조선 시기 해상 사행로에 대한 연구는 차후 신라, 발해, 고려 시기 해상 사행의 역사적 실체를 밝히는 간접 자료로 활용될 수도 있기 때문이다.

이처럼 본서는 명말 조선사신의 해로 사행 관련 문헌을 주요 연구대상으로 하여 인문지리, 문학지리의 시각에서 사행 경유지 현지조사, 현지 연구자 및 주민 인터뷰, 문헌 고증 등의 연구 방법을 활용하였다. 그리고 이러한 방법으로 조선사신의 사행 노선을 재구하고 지명의 역사적 변천을 살피며 사행록에 나타난 시와 문장을 분석하는 한편, 조선사신의 외교활동, 중국 문인 및 현지 주민들과의 문화적 인적 교류활동의 실체를 파악하여 조선 사신의 중국 문화공간을 총체적으로 그려보았다.

명말 평안도 앞바다에서 출항한 조선 사신들은 조선과 요동의 연안 도서를 따라 항해하다가 여순구(旅順口) 부근 해역(지금의 요녕성遼寧省 대련시大連市 노철산老鐵山 부근 해역)에서 남하하여 발해를 건너 산동 등주(登州, 지금의 산동성山東省 연태시煙台市 봉래蓬萊)에 상륙하였다. 이후의 육로 경유지는 정두원의 《조천기지도》에 따르면 등주부(登州府), 황현(黃縣), 황산역(黃山驛), 주교역(朱橋驛), 래주부(萊州府), 회부역(灰埠驛), 창읍현(昌邑縣), 유현(濰縣), 창락현(昌樂縣), 청주부(青州府), 금령역(金岭驛), 장산현(長山縣), 추평현(鄒平縣), 장구현(章丘縣), 용산역(龍山驛), 제남부(濟南府), 제하현(濟河縣), 우성현(禹城縣), 평원현(平原縣), 덕주(德州)이며 이상은 산동성 경내에 해당한다. 그리고 이어지는 경로는 경주(景州), 부성현(阜城縣), 부장역(富庄驛), 헌현(獻縣), 하간부(河間府), 임구현(任丘縣), 막주(莫州), 웅현(雄縣), 신성현(新城縣), 탁주(涿州), 량향현(良鄕縣), 제경(帝京) 등으로 이상은 하북성 및 북경 경내이다. 본서는 2020년에 출간된 "조선 해로사행의 인문지리학적 연구 총서" 제1권 《명청교체기 대명 해로사행로의 노선과 지명 재구 및 인문지리학적 고찰 1 - 산동 등주부》(등주 앞바다 제도[諸島]와 등주, 황현, 황산역)에 이은 산동 래주부(주교역, 래주부[掖縣, 東萊], 회부역[平度州], 창읍현, 유현) 연구에 대한 결과물이며 이후 청주부, 제남부 등 사행의 노선을 따라 순차적으로 연구성과를 출간할 예정이다.

이 책에 담긴 연구는 우연한 계기로 시작되었다. 6년 전 학교에서 대학 교수들의 자체 연구역량 강화의 일환으로 중국 내 영향력 있는 학자들을 초빙하여 정기적인 학술대회를 개최하고 유방학원학보(濰坊学院学报)를 발간하게 되었는데, 당시 우리대학 중문과 조홍위 교수가 조선 사신이 쓴 웨이팡(명대 당시 유현 濰縣) 관련 시문에 대해 발표하였고 한국어문학과 소속이던 필자 일동은 명대 조선 사신들이 웨이팡 지역을 경유하면서 이 지역과 관련된 적지 않은 기록을 남겼다는 사실을 그 때 처음 알게 되었다. 필자 일동의 조사에 따르면, 한국에서의 조천록(연행록) 연구는 당시까지 발표된 논문만 500편에 이를 정도로 이미 방대하고 깊이 있는 연구가 진행되고 있었다. 그러나 대부분의 연구가 요동지역을 거쳐서 갔던 청대 육로 사행 관련 연행록 연구에 집중되어 있었고 명말 이루어졌던 해상 사행에 대한 연구는 상대적으로 적었으며, 특히 중국 현지 답사와 명대 문헌에 대한 고증을 바탕으로 한 문학지리적, 인문지리적 연구는 초보단계에 있다는 사실을 알게 되었다. 이에 건국대 중문과의 당윤희 교수, 웨이팡 대학 중문과의 조홍위, 진금방 교수, 한국어문학과의 왕가, 한종진 교수, 난창공대 영상

매체학과 김보경 교수가 의기투합하여 본 연구에 대한 계획을 수립하고, 한국학중앙연구원 해외한국학 씨앗형사업에 지원하게 되었다. 많이 부족한 연구계획서였지만 웨이팡대가 위치한 지역이 바로 명말 조선 사신들이 반드시 거쳐야 했던 경유지인 "유현(濰縣)"이었던 만큼 현지답사와 중국 현지 문헌 조사에 있어서는 다른 어떤 연구팀보다 장점을 가지고 있었다. "지역 특화형 한국학 연구"라는 연구팀의 주장이 설득력이 있었던 것인지 결국 좋은 심사 평가를 받아 2017년도 해외한국학 씨앗형 사업(초기단계)에 선정되는 기쁨을 누렸고 성공적으로 연구를 수행한 결과, 그 성과를 인정받아 2020년도 해외한국학 씨앗형 사업(발전단계)에 순조롭게 진입하여 연구를 계속 이어갈 수 있게 되었다.

연구팀은 명말 평안도 해안을 출발하여 한국의 서해와 중국의 발해를 거쳐 산동 등주에 상륙한 조선사신들을 모두 조사하고 현재까지 남아 있는, 그들이 남긴 자료를 모두 확보하여 이를 일목요연하게 정리하였고, 2020년도에는 산동 래주부 구간의 모든 사행록 문헌을 꼼꼼하게 강독해 나갔다. 이 과정에서 사신들이 동일한 경유지를 다양한 지명으로 기록하고 있으며, 어떤 구간에서는 사신들의 경유 경로가 약간씩 차이가 나는 것을 확인하였다. 이렇게 정리된 사신들의 경유지 노선과 지명 관련 기록을 당시 중국 내 통용되던 지방지 및 관련 역사서를 참고로 꼼꼼히 고증하였고, 이 고증의 결과를 현지 답사와 현지인 탐방을 통해 확인하고 수정하였다. 이 과정에서 현지인, 현지 학예연구사나 현지 역사 연구자의 호의적인 도움을 많이 받았다. 사신들이 이용한 경로는 대부분 명과 청대 관방에서 관리하는 공식적인 관도(官道)였는데, 근대 이후 이 관도가 대부분 국도로 재건되거나 오랜 기간 방치되어 그 흔적조차 찾을 수 없는 경우가 많았다. 그래서 오랜 기간 현지에서 근무하면서 지방사지(地方史志)를 발간해 온 현지 학예연구사를 방문하여 그들의 도움을 받는 것은 필수적인 연구 과정이었다. 어떤 때는 학예연구사들조차 구체적인 위치와 지명의 변천을 잘 알지 못하는 경우가 있었는데, 이런 경우라도 다행히 현지에서 대대로 살아온 촌로들을 만나 그들의 증언을 통해 조선사신들이 거쳐간 구체적인 경로를 확인하고 그 길을 직접 눈으로 확인할 수 있었다. 현지 답사 과정을 통해 조선사신들이 직접 걸었던 들판, 직접 보았던 산천, 직접 건넜던 강과 다리, 직접 겪었을 당시의 풍속, 직접 맛보았을 현지 음식 등을 직접 체험하게 되었을 때, 그들이 남긴 시문 한 구절 한 구절이 생생하게 살아나 연구자들의 가슴에 와 닿는 묘한 경험을 하였다. 그리고 현지 촌로들의 사투리를 통해 당시 동일한 경유지를 거쳐간 여러 조선사신들이 현지 지명을 다양한 이체자(異體字)로 표기한 이유가 현지 사투리의 영향 때문임을 확인했을 때는, 연구자들 스스로가 사투리로 들은 지명을 어떤 한자로 기록해야 좋을지 고민했었을 조선 사신이 된 듯한 착각에 빠지기도 하였다.

본 연구는 많은 분들의 도움 덕분에 가능한 것이기에 이 자리를 빌려 감사의 말씀을 남기고 싶다. 매년 10여 차례에 가까운 현장답사를 다녀야 하고, 국내외 관련 연구자를 초빙하여 연구성과를 공유하고 토론하는 국제학술회의를 정기적으로 개최하며, 중국과 한국에서 논문을 발표하고 학술서적을 출간하는 데에 적지 않은 비용이 소요되고 있는데, 한국정부(한국학중앙연구원 한국학진흥사업단)의 연구비 지원이 없다면 본 연구는 실현되기 어려울 것이다. 특히, 연구 초기 단계에서 연구방향과 연구방법을 정립해 나가는 과정에서 약간의 혼란과 실무적 어려움을 겪고 있을 때, 카자흐스탄에서 열린 한국학 국제 세미나에서 한국학중앙연구원 안병욱 원장님과 한국학진흥사업단 구난희 전 단장님께서 보여주신 관심과 격려는 연구팀에게 큰 힘이 되었다. 웨이팡대 측에서도 연구의 중요성을 인정하여 연구팀이 모여 연구하고 연구자료를 체계적으로 수집 보관할 수 있는 "웨이팡대 한국학 연구소"를 정식으로 설립해 주었는데, 이 과정에서 외국어대학 한택정 학장님의 도움이 컸다. 건국대 역사학과 한승현 교수님은 연구팀이 개최한 국제학술회의에 참가하여 조선으로 귀화한 산동 왕씨의 족보와 연원을 탐구하는 논문을 발표하여 연구팀에게 문헌 고증과 현장 답사 방법의 모범적인 예를 보여주었으며, 조선 사신의 사행화를 오랜 기간 연구해 오신 한국학중앙연구원의 정은주 선생님은 연구팀에 귀중한 자료와 조언을 제공해 주었으며, 단국대 동양학연구소의 장유승 선생님은 웨이팡시 한정구 문화관리소에 소장된 문헌이 조선국왕의 표문이었음을 고증해 주었다. 중국 측 연구자로는 창읍시 지방사지 연구실(昌邑市 地方史志 辦公室) 전 학예연구사이자 지금도《창읍연감》을 편찬하고 계신 장술지(張述智) 선생님, 래주시 지방사지 연구실(萊州市 地方史志 辦公室) 학예연구사인 양왈명(楊曰明) 주임, 래주시 민정국 지명연구실(萊州市 民政局 地名辦公室) 학예연구사 대석금(戴錫金)

주임, 전 래주시 지방사지 연구실(萊州市 地方志 辦公室) 양굉준(楊宏俊) 선생님, 웨이팡시 한정구 문물관리보호소(濰坊市 寒亭區 文物管理保護所) 최영승(崔永勝) 소장 등이 산동 래주부 구간의 조선 사신 경유지 고증에 도움을 주었으며, 또한 산동성 웨이팡시에서 지방역사를 연구하고 고문헌을 수집하는 향토사학자 손복건(孫福建), 손건송(孫建松) 선생님은 귀한 시간을 할애하여 자신이 일찍이 고증한 적이 있는 조선 사신 경유지 유적으로 연구팀을 직접 인솔하여 현지답사에 큰 도움을 주었다. 그리고 현장답사 과정에서 한국에서 온 연구팀을 기쁘게 환영해주시고 자신의 일처럼 짧지 않은 시간을 내어 사행 현장을 안내해주고 인터뷰에 응해 주신 수많은 현지 주민들께도 머리 숙여 깊은 감사의 인사를 올린다.

일반적으로 인문학은 공동연구가 어렵다고들 말하는데, 이번 연구는 한중 연구자 간의 긴밀한 협력 속에서 공동연구의 장점을 십분 발휘한 결과여서 그 의미가 더욱 깊다. 특히, 한국과 중국의 연구자들이 각자의 관점을 한 걸음 양보하면서 서로의 입장과 해석을 균형있게 조율하여 공동의 연구성과물을 도출하였기에, 이 책은 "21세기에 다시 쓰여진 연행록"이라 부를 만하다. 이 책은 앞으로 계속 진행될, 조선 해상 사행록에 대한 문학지리, 인문지리적 연구의 중간 성과물로서 그 의미가 자못 깊지만, 동시에 실험적 연구의 결과물로서 착오와 오류 또한 적지 않을 것이다. 이 자리를 빌어 관련 연구자분들의 양해를 구하면서 많은 조언과 지도를 부탁드린다. 마지막으로 이 연구가 계속 진행될 수 있도록 지원해 주신 관계 기관과 연구자분들의 성원에 감사드리며, 앞으로 최선의 노력을 다해 좋은 연구 성과로 보답할 것을 다짐하면서 책의 머리말을 마치고자 한다.

희망찬 辛丑年 설날 새해를 맞이하며
저자 일동 삼가 씀

목차

萬曆《萊州府志》〈掖縣境圖〉의 일부. 붉게 표시한 부분은 王徐寨(新城), 金坑鋪, 諸郭鋪, 朱橋驛이다. 조선사신은 登州府 黃縣의 黃山館驛을 출발하여 登州府 招遠縣의 북쪽 지역을 경유하여 초원현과 萊州府 掖縣의 경계를 이루는 界河를 건너 王徐寨(新城)에 발을 디뎌 처음으로 萊州府 掖縣 경내로 진입했다.

豐水期인데도 강수량이 적은 편인 界河. 계하는 등주부 초원현과 래주부 액현의 경계를 이루는 강이기 때문에 이러한 이름이 붙었다.

清 乾隆《掖縣志》卷首圖〈寒同山圖〉. 한동산은 액현성(래주부성) 남쪽에 있었으며, 등주부에서 래부주 경내로 진입하였음을 알리는 이정표가 되는 산이었다. 조선사신들은 래주부로 진입하면서 한동산의 遠景을 바라 볼 수 있었고, 사행록에 이 산을 神山으로 기록했다. 한동산은 일명 九仙山이라고도 하는데, 일곱 개의 동굴이 있었고 그윽하고 빼어난 경치가 더할 나위 없었으며 동굴 안에는 石像을 모셔두고 수많은 道士들이 仙道를 닦았다고 한다.

지금의 萊州市 寒同山의 원경. 조선사신 吳翿(오숙)은 〈朱橋驛〉이라는 시에서 神山(寒同山)의 웅장한 모습이 문득 시야에 들어오는 것을 보며 감탄을 금치 못했다.

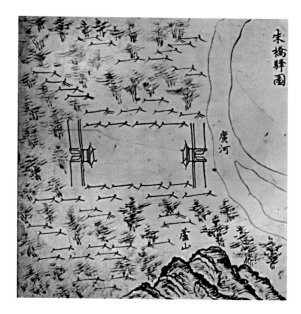

鄭斗源《朝天記地圖》의〈朱橋驛圖〉. 朱橋河는 辛莊河(조선 사신은 이 강을 "新河"로 기록했음)와 梁郭河가 주교역 동쪽에서 만나 渤海로 흘러든다. 그림에서 보듯이 정두원은 주교하를 "廣河"로 기록했다.

옛 驛道 위에 있는 朱橋驛의 朱橋 유적. 상대적으로 보존이 양호하여 명청 시기 관방 역도의 원형을 짐작할 수 있게 한다. 래주부에 진입한 후 조선사신 대부분은 주교역에 하루를 묵었으며 많은 사신들이 이곳에서 시를 지어 남겼다. 특히 趙濈은 朱橋가 옛 邾國의 땅이었다는 현지인의 말을 듣고서 朱橋를 "邾橋"라고 기록했으며 다리 위에 멈춰서서 고금의 흥망성쇠를 탄식하면서 〈邾橋驛〉이라는 칠언율시 한 편을 지어 남겼다.

지금의 萊州市 新城鎮 朱橋村의 村碑 정면. 명대에는 일반적으로 驛道 상에 10리마다 鋪가 설치되었고 이보다 규모가 큰 驛은 각 지역의 상황에 따라 탄력적으로 운용되었는데, 포와 역은 교통과 상업중심지로 발전하여 역참마을(村)로 발전하는 경우가 많았다.

지금의 萊州市 王河(平里店鎭 구간). 조선사신들은 래주부성(액현성)으로 가는 길에 이 강을 건너면서 王河의 내력을 사행록에 남겼다. 王河는 명대 방지에 萬歲河로 기록되어 있고 속칭 大王河, 萬河, 旺河라고도 불렀다. 강의 兩岸에 모래사장이 300리에 걸쳐 펼쳐져 있었으며 西漢 初에 큰 가뭄이 들었을 때 漢武帝가 직접 여기로 와서 萬里沙祠에서 기우제를 올렸다고 한다. 萬歲河나 王河 등의 명칭은 그래서 붙여진 것이다.

지금의 복원된 萬歲亭.《三齊記》에는 "王河(萬歲河)의 북쪽에 萬歲亭이 있는데 한무제가 세운 것이다"라는 기록이 보인다. 현지 지방정부에서 이를 기념하기 위해 지금의 王河 南岸에 전통적인 양식으로 최근에 조성한 정자가 있다.

《朝天圖》〈萊州府圖-東萊府〉의 題詞(國立中央博物館藏本) 金德承과 鄭斗源은 왕하를 건너 平里店鋪를 지난 후, 래주부성 북쪽에 있던 沙邱城(沙丘城) 패방을 본 듯하다. 위의 두 사신의 기록에 따르면, 沙邱城은 商나라 紂王이 세웠으며 秦始皇이 붕어한 장소이다. 題詞에도 이러한 내용이 기재되어 있음을 볼 수 있으니 조선사신들이 사구성에 큰 관심을 가졌음을 알 수 있다.

《航海朝天図》〈莱州府〉(韓國立中央博物館藏本) 래주부성(액현성)에 도착한 조선사신들은 등주부성보다 더 큰 규모를 자랑하는 래주부성의 웅장함에 감탄을 금치 못했고 南關이나 東關에서 하루를 묵은 후, 다음날 래주성 안에 있던 呂東來書院과 래주부 文廟를 배알했다.

《航海朝天図》〈莱州府〉 일부. 그림의 우측에 "呂東來書院(여동래서원)"이라고 쓴 글씨가 보인다.

명말 래주부성 내에 있던 "東萊書院"의 옛 터, 지금의 萊州市 實驗小學校의 동쪽 공터 일대이다.

(清) 袁江이 그린《瞻園圖》中〈沉香亭圖〉(天津藝術博物館藏本) "瞻園"은 南京에 있으며 開國 元勳 中山王 徐達의 府邸이며 明末 대표적 園林 건축이다. 래주부성에 도착한 조선사신들 중 많은 이가 래주부성 서문 밖에 있던 "孫給事花園(園林)" 혹은 래주부성 내에 있던 "孫給事林園(府邸)"을 유람했다. 조선사신들은 손급사화원의 웅장함과 화려함을 자세히 기술하고 있는데 실제로 옆의 그림은 조선사신들이 남긴 묘사와 거의 일치한다. 홍익한은 그 화려함과 사치함을 논하건대, 한 나라의 국력을 모두 다 소모해도 쉽게 이루어 낼 수 없을 것이라며 놀라워했다. 홍익한의 기록에 따르면, 거기에 조성된 연못은 경복궁 香遠池의 다섯 배 이상 되는 규모다.

지금의 萊州市 永安街道 陽關村의 村碑, 이곳에 명말 조선사신들이 유람한 래주부성 서문 밖 "孫給事花園(園林)"이 있었다. 청대 시인 王士禎은 직접 이곳을 유람했는데 "孫給事花園(園林)" 내 동굴 앞에 있던 돌탁자 위에 孫給事가 쓴 畫松歌가 새겨져 있는 것을 직접 보았다. 그 시가 지극히 웅혼하고 빼어났기에 〈동굴 속 소나무 그림을 노래한 시에 창화하다(和窟室畫松歌)〉라는 창화시를 직접 지어 남겼다.

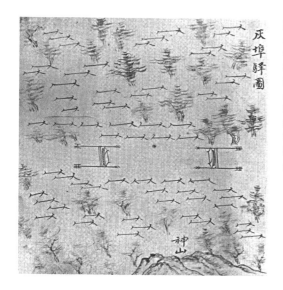

鄭斗源의《朝天記地圖》〈灰埠驛圖〉(成均館大學 尊經閣 藏本), 그림 아래 "神山"은 지금의 萊州 寒同山이다. 액현을 지난 조선사신들은 계속 서쪽으로 이동하여 平度州 境內로 진입하여 대부분 灰阜驛에서 하루를 묵었다. 회부역 인근에는 宋 龍圖閣學士 蔡齊의 고향마을이 있었기 때문에 많은 조선사신들이 채제와 관한 시를 남겼다. 《宋史》에 따르면, 蔡齊(988—1039)가 狀元 及第하여 眞宗을 알현했는데 황제가 宰相 寇准에게 인재를 얻었다고 기뻐하고서는 皇室 儀仗을 담당하던 金吾(禁軍 혹은 衛軍)에게 명령을 내려 蔡齊에게 일곱 마리 말로 호송하는 예우를 갖추게 했다 한다. 이후로 장원급제자에게 말과 마부를 하사하는 예우가 常例化되어 후세에 전해지게 되었다.

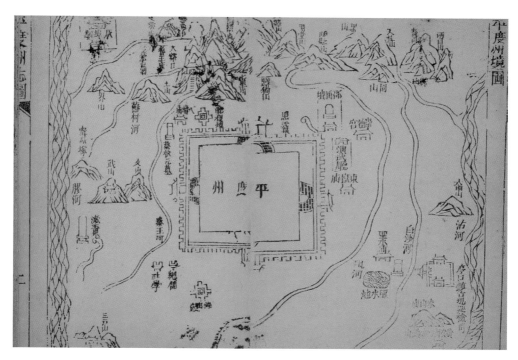

康熙《平度州志》〈平度州境圖〉(淸 康熙 五年 刻本) 그림의 좌측 끝의 큰 강이 명대 膠河이다. 膠水, 新河라고도 불렸는데 지금의 膠萊河이다. 조선사신은 通假하여 深河로 표기하기도 했다. 좌측 상단 맨 위에 灰埠驛이 보인다. 조선사신들은 平度州城의 북측에 있던 회부역을 북동–남서 방향으로 관통하여 膠河(新河)를 건너 昌邑縣으로 넘어 갔다.

新河(膠水, 지금의 北膠萊河)의 한겨울의 풍경. 강물이 많이 줄어 억새가 무성한 모래톱이 곳곳에 드러나 있다. 조선사신은 회부역을 지나 膠河(新河)를 건너야만 昌邑縣으로 넘어 갈 수 있었다. 음력 10월 중순에 신하를 건넌 조선 사신 조즙은 이처럼 물이 줄어 강폭이 좁아지고 유속이 약해진 강을 건넜다. 명말 당시에는 아직 石橋가 건설되지 않았기에 나룻배를 연결하고 그 위에 널판을 얹은 배다리(舟橋)를 이용해 강을 건넜다. 조즙은 다리의 상태가 좋지 못하여 가마꾼이 발이라도 헛디뎌 가마가 뒤집혀 떨어지기라도 한다면 어떻게 될지 염려스러워 온몸이 오싹거렸다고 기록했다.

新河(膠水; 지금의 北膠萊河)의 한여름의 풍경. 겨울철과 달리 강물이 많이 불어 있고 유속도 세다. 음력 6월말에 신하를 건넌 이민성 사행단은 조즙 사행단과 달리 배를 타고 이 강을 건넜다.

新河鎮 鎮政府(한국의 읍사무소에 해당)의 舊址. 현재 新河鎮 鎮政府는 灰埠鎮으로 통합 이전했다. 근대 이후 경제개발이 크게 이루어진 도시권역을 제외하면 지방의 소규모 관청들은 모두 근대 이전의 관아의 위치와 부지를 답습하여 새로이 지어진 경우가 많았기에 이곳이 명말 조선 사신들이 묵었던 新河鋪 자리였을 가능성이 크다. 新河를 힘겹게 건넌 조선 사신들은 昌邑縣의 경내의 첫 관방 역점인 新河鋪에 하루를 묵거나 쉬었다.

《(萬曆)萊州府志》〈昌邑縣境圖〉

조선사신은 新河鋪를 지나 지금의 漩河(명말 媒河, 조선사신 안경은 澤水로 기록함)를 건너 卜廣鋪, 撫安鋪, 夏店鋪를 지난 후, 石灣橋를 이용해 "韓信囊沙斬龍且(한신이 낭사의 계략으로 초나라 장수 용저를 물리침)"의 고사로 유명한 濰河(濰水)를 건너 黑埠鋪를 지나 昌邑縣城에 도착했다. 그림 오른쪽 위에 조선사신들이 거쳐간 驛站과 강들을 확인할 수 있다.

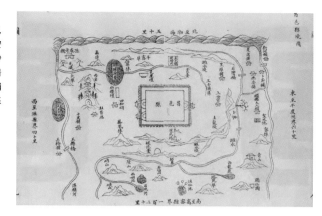

현재의 昌邑市 濰河.

대부분의 조선사신들은 韓信이 齊나라 군대와 연합하여 楚나라 項羽가 파견한 장군 龍且의 대군을 괴멸시킨 역사적인 장소인 濰河를 직접 목도하고서 그 사실을 사행록에 기록했다. 조선사신 全湜은 아직도 그곳에서 떠돌 패자의 혼을 한탄하고, 승자 또한 속절없이 흘러가는 강물처럼 지금은 흔적도 없이 사라졌음을 무상하게 생각하는 시를 지어 남겼다.

현재의 濰河 西岸에 있는 石灣橋 옛 터 기념 표지석.

青州府와 萊州府를 잇는 옛 驛道(靑萊古道)가 이곳을 지났으며 명말 조선사신은 이 자리에 있던 석만교를 통해 濰河(濰水)를 건너 黑埠鋪를 지나 昌邑縣城으로 향했다.

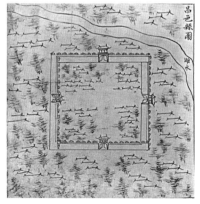

鄭斗源《朝天記地圖》〈昌邑縣圖〉

그림의 오른쪽에 흐르는 강이 濰河(濰水)이다.

지금의 昌邑市 博陸山(명대에는 陸山 혹은 霍侯山, 驢山子라고도 불림)의 遠景.
漢武帝 後元 元年(기원전 88년) 莽何羅(망하라)와 그의 동생 莽通이 通謀하여 한 무제를 척살하려는 역모를 꾸몄으나 霍光 등에 의해 저지되어 죽임을 당했다. 곽광은 그 공으로 北海(지금의 산동 중부 濰坊市 일대)에 博陸侯로 봉해졌기 때문에 이와 같은 산이름이 붙었다. 조선사신은 유수를 건너 창읍현성으로 가는 길에 남쪽으로 멀리 博陸山의 원경을 조망할 수 있었다. 홍익한은 직접 가보지 못한 것을 한스러워했으며, 정두원은 멀리서 바라본 박육산의 원경을 "멀리 눈썹같이 나즈막한 봉우리가 보이고 점점이 구름이 가로 걸려 있다."라고 묘사했다.

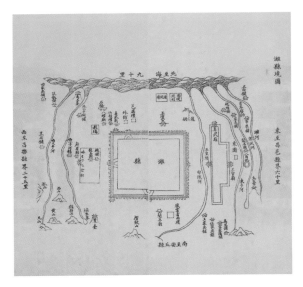

《(萬曆)萊州府志》〈濰縣境圖〉
창읍현성을 지난 조선사신들은 계속 서쪽으로 北逢鋪(북방포), 王耨鋪(왕누포)를 지나 濰縣 王白鋪에 진입했고 濰縣 牛埠鋪, 濰縣 寒亭鋪에 도착하여 浞河(옛날의 寒浞河)를 건너 朱毛鋪, 趙疃鋪(조탄포)를 지나 東于河, 白浪河를 건너 濰縣城에 도착했다. 〈濰縣境圖〉에는 맨 오른쪽의 강을 濰河로 표기하고 있는데 아마도 유하의 하류 지류 가운데 하나였던 듯하며 현재는 그 물길이 사라져버린 것 같다.

지금의 寒亭一村 내에 남아 있는 寒亭鋪 유적

지금의 寒亭一村 내에 남아 있는 古驛道
조선사신들은 濰縣 牛埠鋪로 진입하여 寒亭鋪에 도착하는 도중에 "營丘舊封", "王彦方故里" 등의 패방을 보았다. "營丘舊封"이란 姜太公이 봉해진 齊나라의 도읍인 營丘城을 가리키며, "王彦方故里"에서 "王彦方"은 바로 王烈(141-219)을 가리킨다. 강태공과 왕렬은 조선사신들이 크게 존경한 역사 속 인물들이었으므로 대부분의 조선사신이 이를 사행록에 기록하고 특별히 시를 써서 기념했다.

寒亭一村(옛날 寒亭鋪)의 西側을 흐르는 지금의 浞河(옛날의 寒浞河)

寒浞은 韓浞이라고도 하며,《左傳 襄公 四年》등의 기록에 따르면 夏나라 때 東夷族의 首領으로 원래 寒땅(지금의 山東 濰坊市 동북지역)에 살았으나 그 후 그들의 임금인 伯明에게 내쫓겨 後羿(후예)에게 투항했다. 後羿는 그를 수하로 삼아 夏나라의 임금과 재상을 몰아내고 왕위를 탈취하였다. 後羿가 재위에 오르자 정사를 돌보지 않으므로 寒浞은 기회를 틈타 정권을 잡고 도읍을 寒亭에다 정하고 寒國이라 칭하였다. 寒浞 父子가 60여 년째 재위를 차지하던 甲辰年에 帝相(본명 姒相, 夏나라 君主 仲康의 아들)의 아들인 少康이 同姓 部落을 규합하여 寒浞을 토벌했으니 그의 아들 寒澆(한요)는 피살당했고 이때 寒國은 멸망했다.

民國時期 濰縣 孔相祠(공용의 사당)의 옛 사진

조선사신은 浞河(옛날의 寒浞河)를 건너 朱毛鋪, 趙瞳鋪(조탄포)를 지났는데 도중에 "晏平仲故里", "孔文擧舊治" 패방을 보았다. "晏平仲故里"는 춘추시대 제나라 명재상인 晏嬰의 무덤 소재지 혹은 晏嬰의 옛 마을을 가리키는 것이고, "孔文擧舊治"는 東漢 北海相 孔融이 선정을 베푼 곳이라는 뜻이다. 안영과 공용은 조선사신들이 존경해온 역사적 인물들이었으므로 조선사신들은 사행록에 이러한 사실을 기록하고 頌詩를 남겨 그들의 행적과 업적을 칭송했다.

潍坊市(明末 潍縣) 奎文區를 흐르는 현재의 虞河(명청 시기 방지에는 東于河 혹은 東丹河 라고 기록되어 있고, 속칭 虞河라고도 불렸음) 朱毛鋪, 趙矇鋪(조탄포)를 지나 온 조선사신 은 東于河에 놓인 "東于河橋"(명대 속칭 虞河 橋라고도 불림)를 건넜다.

《(康熙)潍縣志》卷首圖〈石橋籔玉 (석교속옥, 졸졸졸 흐르는 강물이 석 교에 찰랑찰랑 부딪쳐 쟁그렁쟁그렁 옥노리개처럼 맑은 소리를 냄)〉, 淸代 에 潍縣 八景 중의 하나로 널리 알 려졌다. 그림 왼쪽이 유현성의 동문 인 朝陽門이고 오른쪽에 흐르는 강 이 白浪河이며 오른쪽 아래 놓인 석교가 바로 白浪橋(명대 방지의 정 식 명칭은 通濟橋임)이다.

명대 白浪橋(通濟橋)의 옛 자리에 놓인 현재의 古今橋. 東于河를 건넌 조선사신 鄭斗源과 申悅道는 여기서 白浪橋를 건너 潍縣城에 도착했다.

1930년대 濰縣城 東關 내의 거주지(1940년대 이전에는 유현성의 성벽이 거의 완벽하게 보존되어 있었다)

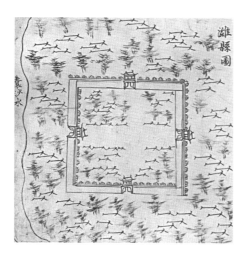

鄭斗源《朝天記地圖》〈濰縣圖〉, 1930년대 濰縣城 사진을 통해 당시《朝天記地圖》를 그린 조선 畵員이 표현하려 한 유현성의 풍경을 입체적이고 실제적으로 상상해 볼 수 있다. 곧, 화원은 성 안과 성 밖에 민가들이 밀집한 풍경을 민가의 지붕만을 기하학적으로 반복해서 그려 넣어 효과적으로 표현하고 있는 것이다.

濰縣城 北門(望海門) 부근(지금의 北門大街와 北馬道街의 交叉路의 동쪽)의 성벽 유적

지금의 濰坊市 濰城區 浮煙山(부연산, 명대 명칭은 符山임)에 있었던 公孫弘의 別業이자 燕나라 慕容太子의 讀書處가 있었던 麓臺의 석비.
麓臺는 풍경이 아름다워 濰縣 八景 가운데 하나인 "麓臺秋月"이라는 별명으로 널리 알려졌다. 이 사진은 1930년대의 것으로 사진 속 석비는 지금도 전해지고 있으나 녹대는 더이상 존재하지 않는다. 조선사신 鄭斗源은 유현성을 떠나 서쪽으로 靑州府 昌樂縣으로 향하던 도중에 "平津別業" 패방이 있었다고 했다. "平津"은 漢武帝 때 丞相을 지낸 公孫弘(서기전200~서기전121)이 "平津侯"로 봉해졌기 때문에 붙여진 이름이고 "別業"이란 별장의 뜻이다.

禹王台旧貌

濰縣城 北門에서 북쪽으로 60리 떨어진 곳에 있던 禹王台(望海台라고도 불렸음).
사진은 1930년대의 것으로 사진 속 우왕대는 현재 사라지고 없다. 禹임금이 천하를 九州로 나누고 치수할 때 여기에 올라가 사방을 조망하고 공사를 지휘했다고 한다. (일설에는 진시황이 신선을 찾아 이곳에 왔을 때, 북해 바다에 있다는 신선산을 바라보기 위해 쌓았다고도 함) 중국 방지에 묘사된 녹대의 규모를 볼 때 公孫弘의 別業이자 燕나라 慕容太子의 讀書處가 있었던 녹대의 원형이 이와 유사했을 것으로 사료된다.

지금 南小圩河村의 村碑.
조선사신들이 목도한 "平津別業"이라 쓰인 패방이 세워져 있던 小于河鋪가 바로 이곳이다.

南小圩河村의 서쪽을 흐르는 지금의 小圩河.
지금의 小圩河는 명말에는 小于河, 西小于河, 小於河라고도 불렸다. 유현성을 떠나 서쪽으로 靑州府 昌樂縣으로 향하던 조선사신들은 창락현 경계에 도착하기까지 몇 개의 소하천을 건너야 했는데 그러한 소하천 가운데 하나이다. 金德承은 《天槎大觀》에서 이 하천을 西丹河(大于河, 西大于河, 大於河, 西大於河라고도 불렸음)라고 誤記하고 있다.

서론

　조선사신들이 명나라로 사행을 가면서 주로 이용한 노선은 요동지역을 거치는 육로 노선이었다. 요동지역을 거치지 않는 해로 노선을 이용한 사행은 明初(洪武, 建文 연간 1369—1402)와 明末(天啓, 崇禎 연간 1621—1636) 두 차례 비교적 짧은 기간에만 이루어 졌다. 明初 사행의 목적지는 南京이었고, 이 기간에도 수십 차례 사행이 이루어지기는 하였으나 鄭夢周(1337—1392), 鄭道傳(1337—1392), 權近(1352—1409) 등 극히 적은 수의 사신들만이 사행 관련 기록을 남기고 있으며, 그나마 이들이 남긴 문헌도 견문과 사실 을 기록한 것이 아니라 주로 사신들이 거쳐간 사행의 경유지에 대한 감상을 위주로 하 는 朝天詩가 대부분이다. 그런데, 명초와 달리 명말 해상 사행의 목적지는 북경이었으 며, 현재까지 연구된 바에 따르면 20여 명 조선 사신들의 40여 종 해로 사행 관련 문헌 이 지금까지 전해지고 있다. 이들 명말 해로 사행 문헌들은 명초처럼 시를 위주로 하는 것 이외에, 사행 중 겪은 구체적인 사건과 견문을 여정에 따라 기행문 형식으로 기록 하거나 사행 관련 공문서와 편지 등을 함께 수록하고 있을 뿐만 아니라 지리지 형식으 로 기록한 것까지 다양한 내용을 포함하고 있다. 그러므로 그 가운데 공식적인 사행 활 동이 이루어진 역사 현장과 현지 문인들 혹은 현지인들과 교류 양상, 그리고 당시 중국 현지의 상황, 민간풍속, 자연풍경 등을 생생하게 전하고 있는 문헌들이 많다.

　한편, 명말 조선사신의 해상사행 노선은 크게 두 가지 노선이 있다. 하나는 登州 노 선이고 하나는 覺華島 노선이다. 본서에서는 해상사행 노선 가운데 등주 노선만 다루 기로 한다. 왜냐하면 각화도 노선은 육로를 거치지 않고 해상으로 북경 인근의 寧遠衛 가 있는 각화도로 바로 항해하는 노선으로서 인문지리나 문학지리의 시각에서 고찰해야 할 대상이 거의 없기 때문이다. 반면에 등주 노선은 孔孟으로 대표되는 중화문화의 정신이 어려 있는 산동지역을 경유하는 노선으로서 조선사신들이 일생을 두고 꼭 방문하여 친람하고 싶어했던 역사유적과 자연경물이 많이 남아 있던 곳으로 인문지리나 문학지리의 시각에서 고찰해야 할 대상이 많기 때문이다. 그래서 본고에서 다루는 연구 범위는 조선사신의 해로사행록 문헌 가운데 등주에 입항했거나 출항한 기록이 있는 등주 노선 관련 문헌으로 한정하기로 한다. 여기에는 특수한 경우가 포함된다. 예를 들어, 이흘 사행단의 경우는 기본적으로 각화도 노선을 이용했으나 귀국길에 태풍을 만나 표류하여 등주에 입항하여 잠시 머물렀는데, 이런 경우도 등주에 대한 기록이 포함되어 있으므로 연구대상에 포함하기로 한다. 또한 뇌자사 최유해의 경우도 원래는 각화도로 갈 예정이었으나 태풍으로 인해 등주에 머물러 있다가 원숭환의 사망으로 사행의 임무가 사라졌기에 북경으로 가지 않고 바로 귀국했는데, 이 경우도 등주에 머무르면서 관련 기록을 남겼기 때문에 연구대상에 포함시켰다.

본서는 명말 등주 노선을 거쳐간 조선사신의 해로 사행 관련 문헌 전부를 연구대상으로 하여 인문지리, 문학지리의 시각에서 사행 경유지 현지조사, 현지 연구자 및 주민 인터뷰, 문헌 고증 등의 방법을 통하여 조선사신의 사행노선을 재구하고 지명의 역사적 변천을 살피는 한편, 사행록에 나타난 시와 문장을 분석하고 조선사신의 외교활동과 중국 문인 및 현지 주민들과의 문화적 인적 교류활동의 양상을 파악하여 조선 사신의 중국 문화공간을 총체적으로 그려보고자 하였다.

연구자들은 이상과 같은 연구목적을 달성하기 위하여 아래의 〈明末 對明 海路使行 登州路線使行 관련 文獻目錄〉에서 제시한 명말 조선사신 20명의 30여 종의 문헌을 연구 대상으로 정하고 다음과 같은 방법으로 연구를 진행했다.

〈明末 對明 海路使行 登州路線使行 관련 文獻目錄〉

	出使年度	歸國年度	使行名稱	使行團의 構成	연구대상문헌	등주입항과 출항시기
1	1621年 5月 明 天啓1年 朝鮮 光海君 13年	1621年 11月 明 天啓1年 朝鮮 光海君 13年	陳慰	正使 權盡己 書狀官 柳汝恒	安璥《駕海朝天錄》	1621년 6월 19일 1621년 10월 9일
			謝恩 冬至 聖節	正使 崔應虛 書狀官 安璥		
2	1622年 4月 明 天啓2年 朝鮮 光海君 14年	1622年 10月 明 天啓2年 朝鮮 光海君 14年	登極	正使 吳允謙 副使 邊瀚 書狀官 劉應元	吳允謙《海槎朝天日錄》,《朝天詩》	1622년 5월 25일 1622년 10월 3일
3	1623年 5月 明 天啓3年 朝鮮 仁祖 1年	1624年 4月 明 天啓4年 朝鮮 仁祖 2年	奏聞(請封) 辨誣	正使 李慶全	李慶全의《石樓先祖朝天錄, 朝天錄》,《朝天詩》	1623년 6월 13일 1624년 3월 25일
4				副使 尹暄	尹暄의《白沙公航海路程日記》,	
5				書狀官 李民宬	李民宬의《癸亥朝天錄》,《燕槎唱酬集》	
6	1623年 9月 明 天啓3年 朝鮮 仁祖 1年	1624年 4月 明 天啓4年 朝鮮 仁祖 2年	冬至 聖節 謝恩	正使 趙濈 書狀官 任賚之	趙濈의《癸亥水路朝天錄》,《燕行酬唱集》,《北京紀行詩》	1623년 9월 26일 1624년 3월 25일

7	1624年 7月 明 天啓4年 朝鮮 仁祖 2年	1625年 4月 明 天啓5年 朝鮮 仁祖 3年	謝恩 奏請	正使 李德泂	李德泂의《竹泉行錄》(《슈로됴텬녹》,《됴텬녹》),《朝天錄(一云航海日記)》	1624년 8월 23일 1625년 3월 20일
8				副使 吳翻	吳翻의《朝天詩》〈燕行圖幅〉,〈航海朝天圖〉,〈朝天圖〉,〈梯航勝覽帖〉	
9				書狀官 洪翼漢 (초명 洪䨲)	洪翼漢의《花浦先生朝天航海錄》	
10				사행단을 수행한 畵員	〈燕行圖幅〉,〈航海朝天圖〉,〈朝天圖〉,〈梯航勝覽帖〉	
11			冬至 聖節	正使 權啟 書狀官 金德承	金德承의《天槎大觀》	
12	1625年 8月 明 天啓5年 朝鮮 仁祖 3年	1626年 4月 明 天啓6年 朝鮮 仁祖 4年	冬至 聖節	正使 全湜 書狀官 李莯	全湜의《槎行錄》,《朝天詩(酬唱集)》	1625년 9월 1일 1626년 3월 27일

13	1626年 6月 明 天啓6年 朝鮮 仁祖 4年	1627年 5月 明 天啓7年 朝鮮 仁祖 5年	聖節 陳奏	正使 金尚憲	金尙憲의《朝天錄》《朝天圖》	1626년 8월 16일 경[1] 1627년 4월 13일 경[2]
14				書狀官 金地粹	金地粹의《朝天錄》	
15			冬至	正使 南以雄	南以雄의《路程記》	
16	1628年 3月경 明 崇禎1年 朝鮮 仁祖 6年	1628年 9-11月 明 崇禎1年 朝鮮 仁祖 6年	登極	正使 韓汝瀁 副使 閔聖徽 書狀官 金尚賓	閔聖徽의《戊辰朝天別章帖》	1628년 5월경(추정) 1628년 10월경(추정) *구체적인 일정을 알 수 있는 기록이 없음
17	1628年 7月 明 崇禎1年 朝鮮 仁祖 6年	1629年 5月 明 崇禎2年 朝鮮 仁祖 7年	冬至 聖節 辨誣	正使 宋克訒 書狀官 申悅道	申悅道의《朝天時聞見事件啓》	1628년 9월 10일 1629년 윤4월 7일
	1629年 8月 明 崇禎2年 朝鮮 仁祖 7年	1630年 10月 明 崇禎3年 朝鮮 仁祖 8年	進賀 謝恩 辨誣	正使 李忔	李忔의《雪汀先生朝天日記》,《朝天詩》이흘은 등주에서만 머물렀으므로〈明末 對明 海路使行 萊州府 經由地名 總覽表〉에 포함시키지 않았음	1629년 9월 19일 각화도 도착 1630년 10월 3일 등주에서 출항.[3]

1 김상헌의 《조천록》에 1626년 8월15일에 〈廟島城樓翫月 次春城韻〉라는 시가 있는데, 통상 일기가 나쁘지 않으면 묘도에서 아침에 출발하면 한나절이면 등주에 닿을 수 있으므로 등주 도착시점을 8월 16일로 잡았다.

2 김상헌의 《조천록》에 〈祭海神文〉은 등주에서 귀국길에 오르기 전에 바다의 신에게 안녕을 빌면서 지은 제문인데 天啓 7년 己酉朔(4월) 辛亥(13일)에 제사를 지낸 것으로 기록되어 있다.

3 각화도에서 귀국하는 도중에 태풍을 만나 표류하다가 1630년 9월 3일 등주에 상륙하였고 1630년 10월 3일에 등주에서 출항하였다.

18	1629年9月明崇禎2年朝鮮仁祖7年	1630年7月明崇禎3年朝鮮仁祖8年	齎諮	崔有海	崔有海의《東槎錄》	1629년 11월경(추정)1630년 6월경(추정)*구체적인 일정을 알 수 있는 기록이 없음
19	1630年8月明崇禎3年朝鮮仁祖8年	1631年6月明崇禎4年朝鮮仁祖9年	陳慰奏請進賀	正使 鄭斗源書狀官 李志賤	鄭斗源의《朝天記地圖》	1630년 9월 20일1631년 5-6월경[4]
20			冬至	正使 高用厚書狀官 羅宣素	高用厚의《朝天錄》	

　　첫째, 개별 사신의 사행록에서 본서의 연구 범위인 "산동 래주부 구간(주교역, 래주부[掖縣, 東萊], 회부역[平度州], 창읍현, 유현)"을 대상으로 사행 경유지를 추출하여 사신별 경유지를 파악하고, 이런 작업을 〈明末 對明 海路使行 중 登州路線使行 관련 文獻目錄〉에 제시한 모든 사신들의 문헌을 대상으로 시행하여 최종적으로 〈明末 對明 海路使行 萊州府 經由地名 總覽表〉를 작성했다. 이 작업을 통해 우리는 명말 조선사신의 "산동 래주부 구간" 노선의 대체적인 경유지를 파악할 수 있었다. 그런데 〈明末 對明 海路使行 萊州府 經由地名 總覽表〉에서 얻은 정보만으로는 명말 조선 사신이 거쳐간 지리적 경유지를 정확하게 확증하기 어려웠다. 왜냐하면 각 사신별로 동일한 경유지에 대해 지명을 달리 기록한 경우도 많고, 거쳐간 경유지가 차이가 나는 경우도 있었으며, 경유지가 같더라도 기록한 지점이 다른 경우도 있었기 때문이다. 그래서 두번째로 연구자들은 중국의 역대 지방지나 역사서, 한국의 통문관지 등의 문헌을 참고하고 대조하여 경유지 지명의 역사적인 변천과정을 고증하였다. 이를 통해 각 조선 사신들이 기록한 경유지의 현재 지리적 위치를 대체로 파악할 수 있었다. 그런데 어떤 경우에는 문헌조사만으로는 조선 사신들이 거쳐간 경유지가 어디인지 불명확한 경우도 많았다. 그래서 세번째로 현지조사를 통해 경유지의 지리적 현황을 파악하고 조선사신이 언급한 역사유적, 자연풍광의 모습을 직접 눈으로 관찰하고 영상과 사진으로 채록하였으

4　仁祖實錄 仁祖 9年 6月 24日에 석다산에 도착한 것으로 기록이 되어 있다.

며 이와 더불어 현지 연구자 및 주민을 인터뷰하여 문헌에는 없는 사항을 확인함으로써 최종적으로 각 조선 사신들의 경유지를 정확하게 재구하고 지명의 변천과정을 고증할 수 있었다. 이를 바탕으로 최종적으로 결론에서 〈明末 對明 海路使行 萊州府 經由地名 變化表〉를 작성할 수 있었다. 이상의 문헌조사와 현장조사의 결과와 수집 자료를 바탕으로 네번째로 문학지리, 인문지리적 관점에서 각 경유지 현지에서 조선 사신이 남긴 사행록에 나타난 시와 문장, 공문서, 일기, 그림 등을 분석하여 명말 중국 현지의 풍속과 생활 양상, 조선사신이 관찰한 명말 중국 국내외 정세, 조선사신들의 실제 외교 활동의 모습, 중국 문인과의 시문 창화 등 문화 교류 활동, 조선 사신의 내면적인 심리와 중국에 대한 인식 등을 파악하고 그 의미를 분석해보았다.

〈明末 對明 海路使行 萊州府 經由地名 總覽表〉

燕行錄 作者 / 萊州府境 內經由地 / 順序			① 安璥	② 吳允謙	③ 李慶全	④ 尹暄	⑤ 李民宬	⑥ 趙濈	⑦ 李德泂	⑧ 吳翻	⑨ 洪翼漢	⑩ 航海朝天圖	⑪ 金德承	⑫ 全湜	⑬ 金尚憲	⑭ 南以雄	⑮ 閔聖徽	⑯ 金地粹	⑰ 申悅道	⑱ 崔有海	⑲ 高用厚	⑳ 鄭斗源
萊州府 掖縣																					
1. 掖縣東界 에서 朱橋驛 까지	燕哥店	來程	燕哥店																		
		歸程																			
	王乙山	來程	王乙山																		
		歸程																			
	珎清堡	來程	珎清堡																		
		歸程																			
	佛寺	來程									紺宇淨土										
		歸程																			

구간	지명	정	1	2	3	4	5	6	7	8	9	10	11	12	13	14
	寒同山	來程				神山		神山		寒同山		寒同山	神山			神山
		歸程								神山		神山				
	朱橋驛	來程	朱橋馹翰林客舘	朱橋		朱橋驛	邾橋驛	朱橋舖	朱橋舖	朱轎舖	朱橋驛／朱橋	朱橋驛	朱橋村	朱橋驛		朱橋驛
		歸程	朱橋馹	朱橋舖		朱橋舖	朱橋馹	邾橋驛		朱橋舖	朱橋驛5			朱橋驛		
2. 朱橋驛에서 萊州府(掖縣城)까지	萊州掖縣界	來程	掖縣界			萊州掖縣界					萊州掖縣界					
		歸程														
	舊山	來程	舊山													
		歸程														
	瑯琊上流欄門	來程														瑯琊上流欄門
		歸程														
	汪河	來程	王河						萬歲河	萬歲河		萬歲河				汪河／萬歲河
		歸程														
	萬歲沙欄門	來程					豐河	豐河								
		歸程														
	萬歲橋	來程														萬歲沙欄門
		歸程														
	平里店	來程									萬歲橋					萬歲橋
		歸程														

---

5   사행록 원문에는 기록이 없으나 중국 지방지의 정보로 유추한 것임.

地名	程							
蘇河	來程							蘇河
	歸程							
平里店	來程		蓬里鋪	蓬呂店	平利站			
	歸程	平里店	平里店					
蒙正故里	來程					呂蒙正先蹟		蒙正故里櫊門
	歸程							
二十里鋪	來程						二十里鋪	
	歸程							
豊萊村	來程	豊萊村						
	歸程							
宋辛次膺故里	來程					宋辛次膺故里	宋辛次膺故里	辛次膺故里櫊門
	歸程							
水古河	來程	水古河						萬歲河
	歸程							
水古村	來程	水古村						
	歸程							
義塚碑	來程			義塚碑				
	歸程							

	淇水鋪	來程																
		歸程				淇水鋪												
	十里鋪	來程			十里鋪													
		歸程	十里鋪											州東十里舖			
	侯東萊之墓	來程															侯東萊之墓
		歸程															
	沙丘城	來程						沙丘城	秦皇崩處		秦皇崩處					沙丘城
		歸程															
3. 萊州府(掖縣城)에서 掖縣西界까지	萊州府	來程	萊州/東關	萊州(南城外店舍)		萊州(掖)縣城外東館馹/夜縣	萊州東門	萊州掖城縣東關	萊州	萊州掖縣城東關	齊東萊府掖縣	萊州/萊州府	萊州府	萊州府	萊州/萊州府	萊州東館馹		萊州/萊州府
		歸程	萊州	萊州		萊州府東門	萊州府西城門	萊州城西垓子	萊州西舘/掖縣	萊州/掖縣	萊州西關					萊州府掖縣		

萊州府城（掖縣城）內													
萊州府城（掖縣城）內	萊州府文廟	來程											
		歸程			文廟								
	呂東萊書院	來程				呂東萊書院／東萊書院	呂東萊廟	東萊書院	呂東萊書院	呂祖謙讀書墓（堂）6	呂東萊讀書處	呂東萊書院	宋東萊先生呂祖謙書院
		歸程			東萊書院								
	孫給事花園	來程				孫給事花園	孫給事花園	孫給事花園	孫給事花園	萊州孫給事花園	孫給事善繼林園		孫善繼花園
		歸程					孫給事花園						
	幸臺	來程							幸臺	幸臺			幸臺
		歸程											
	毛紀牌樓	來程											
		歸程			毛紀牌樓								
	趙煥牌樓	來程											
		歸程			趙煥牌樓								

6　판본에 따라 지명이 달리 표기됨

지명	程	1	2	3	4	5	6	7	8	9	10
掖河	來程						掖河	掖河			
	歸程										
掖水橋	來程						掖水橋	掖水橋			
	歸程										
澤沽處	來程	澤沽處澤民塋									
	歸程										
贍學田/贍士田	來程	贍學田贍士田		東萊書院贍士田碑						學田	
	歸程										
朗村鋪	來程										
	歸程	朗村鋪									
雲橋鋪	來程					雲橋鋪					
	歸程										
沽村河	來程	沽村河									
	歸程										
高村	來程			高村							
	歸程										
三十里店	來程	三十里舘	三十里店							三十里舖	
	歸程										

沙河	來程			沙河					沙河	
	歸程									
涉河大村莊	來程	涉河大村莊								
	歸程									
河沙店	來程								沙河舖	
	歸程	河沙店	沙河（店）	沙河（店）	沙河店	沙河店		沙河店	
童恢伏虎處	來程									童恢伏虎處
	歸程								
掖縣西界	來程	掖縣西交界		夜縣西界					
	歸程								
平度東界	來程	平度東界							
	歸程								
平度州北界	來程			平度州北界					
	歸程								

萊州府 平度州																	
4. 灰埠驛에서 昌邑縣 東界 까지	灰埠驛	來程	灰埠駟	灰埠驛灰阜		灰埠張家店	灰埠驛	灰埠驛	灰埠驛	灰埠驛		灰阜	灰阜驛			灰阜驛		灰埠驛
		歸程	灰阜駟		灰埠	灰埠駟灰埠里												
	宰相里	來程				壯元鄉蔡齊故里	宋蔡齊舊里／壯元鄉					宋壯元鄉				宋壯元鄉		
		歸程			宰相里	宰相里壯元／宰相里												
	王望山	來程																
		歸程		望見王望山														
	杜阜河	來程										杜阜河				杜阜河		
		歸程																
	濁河	來程				濁河												
		歸程																
	獨埠	來程				獨埠												
		歸程																
	二濁河	來程				二濁河												
		歸程																

	平度州西界	來程			平度州西界										
		歸程		平度州西界											
萊州府 昌邑縣															
5. 昌邑縣東界에서 昌邑縣城까지	昌邑東界	來程	昌邑東界			昌邑縣東界	昌邑縣東界								
		歸程													
	深河店	來程													
		歸程		深河店											
	新河店	來程			新河店	官舖		新河店							
		歸程		官莊		新河店	新河店	新河店							
	深河	來程	深河												
		歸程	深河												
	新河	來程			新河	新河	新河	新河	新河		新河		新河		新河
		歸程			新河	新河 幹河		新河	新河				新河		
	新河橋	來程				新河 有橋									
		歸程													
	昌邑東三十里	來程				昌邑東三十里									
		歸程													

지명	程											
卜莊店	來程			福店				卜莊			福莊店	
	歸程			卜莊店				卜莊[7]			卜莊店	
澤水	來程	澤水										
	歸程											
牛莊村	來程	牛莊村										
	歸程											
濰水/濰河/淮水	來程	濰河/濰水/韓信囊沙水	淮河	濰河/淮河/韓信之水/（新河西五十里）	淮河	淮河	濰水/淮河/韓信伐龍且囊沙處	濰水	濰水/淮河/韓信伐龍且囊沙處	懷河	淮河	濰水/有木橋
	歸程	濰河/濰水/囊沙處	淮河	淮河/淮涉水	淮河							
新福堡	來程	新福堡										
	歸程											
義婦塚	來程	義婦塚										
	歸程											

7　據上下文推導。

		c1	c2	c3	c4	c5	c6	c7	c8	c9	c10	c11
(昌邑縣東)十里鋪	來程			十里鋪								
	歸程											
昌邑城外五里店	來程											
	歸程	昌邑城外五里店										
雍齒墓	來程							雍齒墓				
	歸程											
昌邑(濰縣까지八十里)	來程	昌邑	昌邑/昌邑縣	昌邑縣城外之東館馹	昌邑縣城東舖/王無功村	昌邑縣	昌邑縣東館	昌邑	昌邑	昌邑	昌邑縣東館馹	昌邑縣
	歸程	昌邑	昌邑	昌邑縣	昌邑縣	昌邑王無功村	昌邑				昌邑縣東館馹	

昌邑縣城內	都禦史馮續牌樓	來程												都禦史馮續牌樓	
		歸程													
	兵部侍郎葛縉牌樓	來程												兵部侍郎葛縉牌樓	
		歸程													
	左副禦史孫夢豸牌樓	來程												左副禦史孫夢豸牌樓	
		歸程													
高重山		來程													
		歸程	望見高重山												
楊伯起祠		來程													
		歸程												楊伯起祠	

陳尚書別業	來程										陳尚書別業					
	歸程															
陸山	來程							陸山	陸山						陸山	
	歸程															
關西夫子廟	來程										關西夫子廟					
	歸程															
四知廟	來程							四知廟	四知廟						四知廟	
	歸程															
八蠟廟	來程														八蠟廟	
	歸程															
昌邑境內山川古跡	昌邑王城故	來程						昌邑王故城	昌邑王故城							
		歸程														
	孫子墓	來程													孫子墓	
		歸程														
	密城	來程						密城	密城							
		歸程														
	山都昌城	來程						山都昌城	山都昌城							
		歸程														
	玉真宮	來程						玉真宮	玉真宮							
		歸程														

구간	지명	程	C1	C2	C3	C4	C5	C6	C7	C8
	譚溥墓	來程					譚溥墓	譚溥墓		
		歸程								
	孫洪墓	來程					孫洪墓	孫洪墓		
		歸程								
	逢萌家	來程					逢萌家	逢萌家		
		歸程								
	佗泥橋	來程					佗泥橋	佗泥橋		
		歸程								
萊州府 昌邑縣(2) 濰縣(1)										
6. 昌邑縣城에서 濰縣城까지	新營堡	來程	新營堡							
		歸程								
	王祿店 王奴店	來程								
		歸程	王奴店	王祿店	王老店	王祿店		王路店		
	渤海襟喉	來程					渤海襟喉			渤海襟喉欄門
		歸程								
	王白店	來程					王白店	王白店		
		歸程								
	營丘舊封	來程		向父舊封		營丘舊封	營邱舊封	營邱舊封	營丘舊封	營丘舊封欄門
		歸程		營丘舊封	營丘					

지명	구분	1	2	3	4	5	6	7	8	9	10	11	12
四十里舖	來程											四十里舖	
	歸程												
牛埠店	來程						牛埠店	牛埠店		牛埠店			
	歸程												
王彦方故里	來程							彦方式化		彦方式化		王彦方故里	彦方式化欄門
	歸程				王彦方故里		王彦方式化						
古亭寒水/寒亭	來程	寒亭			寒亭店	寒亭店	寒亭古驛亭	寒亭古驛	寒亭	寒亭古驛	寒亭	寒亭店	
	歸程	漢亭店		寒亭	寒亭店	寒亭店	寒亭古驛	寒亭古驛				寒亭店	
古亭寒水	來程												古亭寒水欄門
	歸程												
濰縣二十里舖	來程											濰縣二十里舖	
	歸程												

地名	程											
平仲古里	來程	晏嬰遺邑／晏城			晏平仲故里	晏平仲故里	晏平仲故里	平仲故里	晏平仲故里	平仲故里	晏平仲故里	平仲古里欄門
	歸程			平仲古里	晏平仲故里		晏平仲故里					
十里舖	來程										十里舖	
	歸程											
孔文舉舊治	來程					文舉甘棠		文舉甘棠	文舉甘棠	孔文舉舊治	文舉甘棠	文舉甘棠欄門
	歸程			孔文舉舊治		孔文舉甘棠						
孔融廟	來程										孔融廟	孔融廟
	歸程											
濰河(濰縣境東-虞河)	來程			濰河／**背囊**河		濰河		淮河／濰水	濰水	淮河／濰水		
	歸程					濰河						
漁河橋	來程			漁河橋								
	歸程											

濰河橋	來程				濰河橋淮陰之曩沙上流處	濰河橋				
	歸程									
白浪河	來程						白浪河	白浪河	古白浪河	古白浪河欄門
	歸程	白浪河				白狼河				
白浪橋	來程			水橋			白浪河板橋	白浪河板橋		白浪橋
東渡河	來程		東渡河							
	歸程									
北通渤海-南遡穆陵欄門	來程									北通渤海-南遡穆陵欄門
	歸程									

萊州府 濰縣(2)

7. 濰縣城에서 昌樂縣東界까지	濰縣		來程	濰縣城北隅	濰縣／察院衙門	濰縣城外之東館馹	濰縣北關	濰縣北	濰縣北館	齊濰縣	濰縣	濰縣	濰縣／古北海郡	濰縣		濰縣東館馹	濰縣濰水縣
			歸程	濰縣北舘		濰縣北舘	濰縣之北館馹	濰縣	濰縣	濰縣北關		濰縣		濰縣		濰縣	
	濰縣城內	承惠／永惠杜倉	來程														
		承惠／永惠杜倉	歸程		承惠／永惠杜倉												
		察院衙門	來程		察院衙門												
		察院衙門	歸程														
		玉皇閣	來程			玉皇閣											
		玉皇閣	歸程														
		泰山祠	來程			泰山祠											
		泰山祠	歸程														
		洛陽橋	來程			洛陽橋											
		洛陽橋	歸程														

地名	程										欄門
北海古郡	來程										北海古郡欄門
	歸程										
東拱萊牟西連青齊	來程										東拱萊牟西青欄門
	歸程										
西丹河	來程					西丹河	西丹河				
	歸程										
平津別業	來程			平津別業	平津別業	平津別業	平津古里	平津別業			平津別業欄門
	歸程		平津別業	平津別業							
西大於河	來程			濰河橋／淮陰之囊沙上流處	囊沙上流	囊沙古蹟			濰水韓信囊沙上流		囊沙上流欄門
	歸程		大濰河／囊沙上流	濰水	大濰河						

三齊孔道	來程																三齊孔道欄門
	歸程																
昌樂東界	來程			昌樂東界	昌樂縣東界												
	歸程																

제1장 掖縣 東界에서 朱橋驛까지

조선사신들은 登州府의 招遠縣과 萊州府의 掖縣의 경계지역에 있는 新城(備倭城, 新城堡, 王徐寨라고도 불리며 지금의 萊州市 金城鎮 新城村을 가리킴)을 지난 후에 萊州府 掖縣 동쪽 경내로 들어갔다. 즉 조선사신들은 蓬萊縣에 있는 登州府城을 출발하여 登州府의 黃縣과 招遠縣의[1] 북부를 차례로 거친 후에 萊州府 掖縣 동쪽 경계로 진입할 수 있었으니, 등주부성에서 액현 동계까지는 총 150리[2]거리이다.

1) 북경행: (6月) 9日, 맑음. 黃山驛에서 酉時에 출발하였고 朱橋까지 60

---

1 明代의 招遠縣(초원현)은 지금의 招遠市이다. 招遠은 옛 萊子國의 땅이다.《禹貢》에 의하면 青州의 땅에 속하며 春秋 시기에 齊侯가 萊子를 倪地(예지)로 옮기면서 처음으로 齊나라에 속하게 되었다. 秦나라때도 青州의 땅에 속했으나 西漢때는 曲成縣이 되어 東萊郡에 속하게 되었으며 東漢은 西漢을 따랐다. 晉나라 때는 東萊郡을 國地로 삼았으며 招遠은 여전히 동래군에 예속되었다. 元魏 이후로는 초원 지역에 西曲城을 두고 青州를 별도로 나누어 光州部를 두었다. 이때에 東萊의 牟平, 黃, 㡉(현), 觀陽(관양)의 네 개 縣이 東牟郡과 長廣郡에 배치되었으며 모두 光州에 속하게 되었다. 後齊는 여덟 번째 省으로 掖縣을 두었고 隋나라는 후제를 따랐으며 青州部에 예속시켰다. 唐나라는 掖縣의 羅峰鎮을 河南道 萊州에 예속시켰다. 宋나라는 당나라를 따랐고 金나라때 비로소 招遠縣이 설치되었다. 明나라때는 山東布政使司 萊州府에 속하였고 洪武 9年에 登州가 府로 승격되자, 萊州의 招遠과 萊陽을 그쪽으로 예속시켰고 清나라는 그 제도를 따랐다. 1913年 府를 폐지하고 道를 두자 招遠은 山東省 膠東道에 속하였고, 1925年 東海道에 예속되었으며 1928年 道를 폐지하면서 山東省에 직속되었다. 1950年 1月1日, 招遠, 招北縣이 合並되어 招遠縣이라 불리게 되었고 北海區에 속하였다. 1950年 5月에는 山東省 萊陽專區에, 1958年 11月에는 煙台專區에 속하였다가 1983年 11月에는 煙台市의 직할현이 되었다. 1992年, 縣이 폐지되고 市로 승격되어 山東省 直轄이 되었고 煙台市가 대리하여 관리하여 지금에 이르고 있다. (山東省 招遠縣志 編纂委員會 編,《招遠縣志》, 華齡出版社1991版, pp.56-57 ; 順治《招遠縣志》卷1《沿革》, 道光 二十六年 刻本, pp.9-10.)

2 登州府西一百五十里至於萊州之掖縣界”(明)陸釴等 纂修,《(嘉靖)山東通志》卷之四《疆域》, 明 嘉靖 刻本。

리를 갔다. 황산 이후로 마을의 집들이 더욱 조밀하게 이어졌고 과수원과 정원의 과실수는 黃縣 이전보다 더욱 풍성해졌다. 官道는 여전히 바닷가를 따라 계속 이어진다. (六月)初九日晴, 自黃山, 酉時, 到朱橋六十里。黃山以後, 村舍尤似稠密, 園林果木比黃縣以前尤佳, 官道尚沿海汀矣。(吳允謙《秋灘東槎朝天日錄》)[3]

2) 북경행: (10월) 11일, 맑음. 오후에 …… 20리쯤 가서 新城에서 점심을 먹었다. ……날이 저물어서 邾橋驛의 俞씨 집에서 유숙하였다. …… 오늘 60리를 이동하였다. (十月)十一日, 晴。午後, ……二十里到新城中火, ……晩至邾橋驛俞姓人家宿……今日, 行六十里。(趙濈《燕行錄(一云朝天錄)》)

3) 북경행: (9월) 14일 을축. 일행이 잠자리에서 밥을 먹었다. (黃山驛으로부터 출발하여)朱橋舖에 도착하여 유숙했다. 이날 60리를 이동하였다. (九月)十四日, 乙丑。一行蓐食, (從黃山驛)馳往朱橋舖止宿。是日, 行六十里。(李德泂《朝天錄一云航海錄》)

4) 북경행: (10월)12일, 맑음. 아침에 朱橋驛을 향해 출발해서 당일 주교역에 도착하여 숙박했다. 黃山에서 60리 거리이다. (十月)十二日, 晴, 早發往朱橋驛止宿, 去黃山六十里。(全湜《沙西航海朝天日錄》)

5) 북경행: 黃山驛은 黃縣에 속하는데, 黃山으로부터 서쪽으로 朱橋驛에 이르기까지 60리 거리이다.
   黃山驛屬黃縣, 自黃山, 西至朱橋驛, 六十里程也。(鄭斗源《朝天記地圖》)

　1)부터 5)까지는 明 天啟 二年(1622)부터 崇禎 三年(1630)까지의 기간 동안 조선사신들이 북경으로 향하면서, 登州府 黃縣의 黃山館驛으로부터 萊州府 掖縣의 朱橋驛까

---

3   본서 원문의 괄호와 괄호안의 내용은 독자의 이해를 위해 필자가 보충하여 삽입한 것이며, 밑줄은 지명, 인명 등 고유명사를 뜻함. 이하 동일함.

지 이르는 노정을 기록한 것이다. 조선사신들은 黃縣의 黃山館驛으로부터 掖縣의 朱橋驛에 이르는 여정을 60리로 기록하고 있다. 등주부성으로부터 주교역까지의 노선을 전체적으로 정리하면, 조선사신들은 蓬萊縣 登州府城에서 출발한 후 60리를 이동하여 黃縣에 도착하였고 黃縣城에서 유숙하였다. 그리고 다음 날 60리를 이동하여 黃縣의 黃山館驛에서 유숙하였다. 그 후에 黃山館驛을 출발하여 登州府 招遠縣의 북쪽 지역을 경유하여 초원현과 액현의 경계에 있는 新城(掖縣 東界)을 통과하여 掖縣의 朱橋驛에 도착했으니 황산관역에서 주교역까지는 총 60리이다.

乾隆《掖縣志》에는 "備倭城은 朱橋 북쪽 20리 거리에 있으며 속칭 新城이라 부른다. 招遠과 접한 경계에 있다."[4]라고 하였다. 즉, 黃縣 黃山館驛으로부터 掖縣 東界까지 조선사신들이 이동한 거리는 40리였고, 掖縣 東界부터 朱橋驛까지의 이동 거리는 20리가 되는 것이다.

1)에서 吳允謙은 조선사신들이 黃縣의 黃山館驛에서 출발하여 60리를 이동하여 掖縣의 朱橋驛에 도착하였다고 서술하였다. 黃山館驛을 지나 招遠縣을 거쳐 掖縣의 경내로 들어올수록 도로 양쪽으로 보이는 집들이 점차 빽빽하게 많아졌고 과수원과 정원의 나무들은 蓬萊縣이나 黃縣에 비해서 더 잘 관리되어 있는 듯했다. 이 구간 역도는 여전히 해안을 따라 나 있었으나 황현 구간보다 평탄하고 다니기 편한 길이었다. 앞서 蓬萊縣 登州府城에서 출발한 후 지나온 黃縣 경내는 산지가 많고 관도도 험난하여 이동하기 어려웠고[5] 黃縣의 관도는 "산을 끼고 있거나 바다의 옆에 있어서 소금이나 자갈돌이 많은 길이었다."[6]즉, 조선사신이 경유한 登州府 관할의 蓬萊縣과 黃縣의 驛道 양쪽은 모두 염전이거나 모래가 많은 지형이었기 때문에 농작물을 키우기가 적합하지 않았고 자연스레 사람도 인가도 적을 수밖에 없었다. 그러다 보니 역도의 옆 길에 볼만한 풍경이 없었고 사행 문헌 중에도 이 구간의 노정에 대한 기록이 상대적으로 적

---

4 "備倭城, 朱橋北二十里, 俗呼新城, 與招遠接界。" 乾隆《掖縣志》卷2《海防》, 淸 乾隆 二十三年 刊本, p.82-b。

5 "蓬境多山, 舊有官道, 大都崎嶇難行"(民國)王明長 等 纂修, 《第四次重修蓬萊縣志》, 靑年進修出版社, 1961, p.135。

6 "依山傍海, 系斥鹵砂磧"(淸)李蕃, 範廷鳳 等 纂修, 《黃縣志》卷之一《疆里》, 淸 康熙 十二年(1673)刻本版。

은 편이었다. 그러나 등주부 황현을 지나 래주부 액현에 가까워질수록 길은 평탄해지고 주위의 산세도 낮아져 농사를 짓거나 과수를 기르는 농가가 많아지기 시작했고, 그래서 사신들은 좀더 편안한 마음으로 여유를 가지고 이동할 수 있었다.

사행 문헌 중에 기록된 이 구간의 주요한 지명으로는 新河, 朱果寺, 馬堂店, 佛寺, 神山(寒同山), 朱橋馹, 燕哥店, 王乙山, 珎淸堡(진청보) 등이 있다.

제1절 新河, 馬堂店, 朱果寺, 佛寺

래주는 〈禹貢〉에 의하면, "青州 지역"이며 危 별자리에 해당하는 옛 萊夷의 땅이다. 春秋 시기에는 萊子國이었고, 漢나라때는 東萊郡을 두었으며, 唐나라 때는 萊州였고 大明 洪武연간에는 府로 승격되었다. 토질이 성기고 물이 많으며 산세는 높고 바다는 깊다. (사람들의) 성정이 강건하고 시장은 번성했으며 경전을 좋아하고 명예를 자랑스럽게 여긴다. 黃縣 서쪽 240리 지역에 양쪽 봉지의 사이에 있는 하천을 界河라고 불렀다. ……서쪽으로는 新河가 있으며 강물의 서쪽으로는 朱果寺(주과사)가 있다. 주과사는 馬堂店(마당점) 驛村의 매우 번화한 곳에 있다. 萬歲河(만세하)는 래주부 동북쪽에 있고 그 위로는 萬歲橋(만세교)가 놓여 있다. 양쪽 강둑은 모두 모래이다. 진시황과 한무제가 이곳에서 기도를 했다고 한다.

萊州在《禹貢》: "青州域", 而危之分野, 古萊夷地. 春秋爲萊子國, 漢置東萊郡, 唐爲萊州, 大明洪武升爲府. 土踈水闊, 山高海深, 性剛俗囂, 好經矜名. 自黃縣西二百四十里也, 兩封間水曰: 界河. ……其西有新河, 河之西有朱果寺, 寺在馬堂店紛華中. 萬歲河在府東北, 上有萬歲橋, 兩岸皆沙, 秦皇漢武禱於此. (金德承《天槎大觀》)

윗글은 《天槎大觀》의 〈萊州府〉 부분으로, 明 天啟 四年(1624) 冬至兼聖節使臣團의 서장관인 金德承이 掖縣 東界부터 朱橋驛까지 지나가면서 경유했던 지명과 함께 萊州府에 대해 전체적으로 소개한 기록이다. 金德承은 黃縣 서쪽, 즉 黃山館驛부터 萊州

까지의 里程은 모두 240리라고 기술했는데 이는 오류이다. 앞서 살펴본 바와 같이 登州府 蓬萊縣에서 黃縣까지 60리, 黃縣城에서 黃縣 黃山館驛까지 60리, 黃山館驛에서 萊州府 朱橋驛까지 60리이므로 실제로는 180리인 것이다. 또한, 황현과 招遠縣의 접경에는 "界河"가 있다고 했는데, 지금의 龍口市와 招遠市의 경계를 이루는 "界河"가 바로 이 강이다.

《山東省招遠縣地名志》의[7] 기록에 의하면, 西漢 초기에 이 하천의 하류가 曲城縣과 㟃縣(현현)의 접경 지역에 있었기 때문에 界河라고 명명하였다고 한다. 界河는 지금의 招遠市 尖山 남쪽 기슭에서 발원하여 招城, 張星, 辛莊 등의 지역을 거쳐서 渤海로 흘러 들어간다. 主流의 길이는 모두 44.5km이고, 하천의 폭은 100m이며, 총 유역면적은 572.5 평방km이다. 界河는 季節性河流이며 매년 7, 8月은 豐水期이고 4, 5月은 물이 거의 없는 旱川(건천)으로 변한다.

사진 1-1   豐水期인데도 강수량이 적은 편인 界河, 계하는 등주부 초원현과
래주부 액현의 경계를 이루는 강이기 때문에 이러한 이름이 붙었다. (집필진 답사 촬영)

金德承은 界河의 서쪽에는 "新河"라는 이름의 하천이 있었다고 했는데, 이는 오류이며 김덕승이 말한 "新河"는 明代 掖縣 境內를 흐르던 朱橋河의 支流 중 하나로 지금의 萊州市 "辛莊河"일 것으로 추정된다. 그 이유는 다음과 같다.

첫째로 《明一統志》의 기록에 따르면, "膠水는 鐵橛山(철궐산)에서 발원하여 북쪽으

---

7   招遠縣地名委員會辦公室 編, 《山東省招遠縣地名志》, 1987年版, p.337。

로 密州 五弩山(오노산)을 지나면서 鹵水(로수)가 유입된다. 그리고 북쪽으로 高密縣을 지나면서 潴澤(저택)이 합해지고 張奴水와 합류하여 潴澤의 북쪽에서 新河로 들어간 다. 이후 平度州와 昌邑縣을 지나 바다로 유입된다."[8] 즉, 명대 지방지의 "新河"는 昌邑 縣과 平度州 사이의 경계 지역을 흐르던 하천으로 액현의 동쪽이 아니라 액현을 지나 평도주의 서쪽과 창읍현의 동쪽의 경계를 이루고 있었으므로 "界河"로부터는 상당히 멀리 떨어져 있다. 게다가 "萬歲河는 래주부의 동북쪽에 있었다"[9]라는 청대 지방지의 기록을 함께 고려해보면, 金德承이 "계하" 부근 서쪽에 있던 하천을 "新河"라고 기록 한 것은 완전한 오류이다.

두번째로, 그렇다면, 김덕승이 "신하"라고 기록한 강은 무슨 강일까? 김덕승은 "하 천의 서쪽에는 朱果寺가 있고, 주과사는 馬堂店 驛村의 번화한 곳에 있다(河之西有朱 果寺, 寺在馬堂店紛華中)."라고 하였으니, 곧, 하천의 西岸에는 번화하고 융성한 馬堂店 의 朱果寺가 있었던 셈이다. 고금의 지도를 대조하여 馬堂店의 朱果寺 부근의 하천을 살펴보면, 金德承이 말한 "新河"는 지금의 萊州市 朱橋鎭 朱郭李家村과 馬塘村의 사 이를 경유하여 흐르는 朱橋河의 支流인 "辛莊河"임을 알 수 있다. 이 하천은 지금의 萊 州市 朱橋鎭 小官莊村을 지나서 朱橋河로 흘러 들어간다.

---

8   "膠水源發鐵橛山, 北過密州五弩山, 鹵水入焉, 又北過高密縣注潴澤, 與張奴水合, 由澤北入新河, 經平
     度州昌邑縣界入海." 《明一統志》卷二十五《萊州府》, 淸 文淵閣四庫全書本。
9   "萬歲河在府東北" (淸) 張思勉, 于始瞻 纂修, 《掖縣志》卷之二《驛遞》, 淸 乾隆 二十三年(1758)刊本版。明
     代 掖縣 萬歲河는 지금의 萊州 王河인데, 관련 내용은 뒤에서 상술하기로 한다.

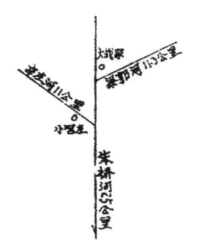

그림 1-2   현재의 주교하의 지류분포도[10]. "辛莊河"는 萊州市 朱橋鎮 小官莊村에서
주교하로 합류하는 하천임을 알 수 있다.

그림 1-3   명대 등주부 황현과 래주부 초원현의 경계를 이루던 "界河"의 서쪽을 흐르던 "辛莊河"의 지금 모습.
조선사신 金德承은《天槎大觀》〈萊州府〉에서 이 辛莊河를 "新河"라고 誤記했다. 실제 명대 "新河"는
이곳보다 훨씬 더 서쪽에 위치하며 平度州와 昌邑縣의 경계를 이루는 강이다. (집필진 답사 촬영)

10   萊州市水利志編寫組 編《萊州市水利志》, 1990年版內部資料, p.64.

掖縣의 急遞鋪에 관해서 乾隆《掖縣志》에는 다음과 같이 기록하였다. "(액현)의 동북 쪽으로 登州府로 통하는 길에는 다음과 같이 급체포 8곳이 있다. 淇水店, 현 동북쪽 12 리 ; 蘇郭店, 현 동북쪽 20리 ; 平里店, 현 동북쪽 30리 ; 賈鄧店, 현 동북쪽 40리 ; 瑯 琊店, 현 동북쪽 50리 ; 朱橋店, 현 동북쪽 60리 ; 朱郭店, 현 동북쪽 70리 ; 金坑店, 현 북쪽 三山에 있으며(三山은) 60리이다."[11] 이를 동북쪽에서 서남 방향으로 조선사신들 이 북경으로 사행갈 때의 방향으로 바꿔 보면, 掖縣 東界를 출발하여 朱橋驛에 도착하 기까지 경유한 掖縣 急遞鋪는 차례로 金坑鋪, 朱郭鋪, 朱橋鋪(즉 朱橋驛으로 후에 상술 함) 등이다.

위의 乾隆《掖縣志》에는 金坑鋪(금갱포)가 현의 치소에서 북쪽으로 60리 떨어진 삼 산 부근에 있다고 기록되어 있지만 掖縣 治所로부터 방위나 구체적인 거리는 명확하 지 않다. 그러나 명대 급체포가 일반적으로 10리마다 설치되었다는 사실을 고려해보 면, 금갱포는 縣의 치소에서 80 리 떨어진 곳으로 액현과 초원현의 경계인 界河 부근 에 있었음을 알 수 있다. 그렇다면 방위는 어떻게 될까? 명대 지방지를 보면 "三山島는 府城에서 북쪽으로 60리 떨어진 거리에 있으며 바닷가의 남쪽 해안이 된다."[12]라고 했 고, 《史記·封禪書》에서는 "八祀중에 三山이 陰主이다. 제사를 지낸 유적이 여전히 남 아있다"[13]라는 기록이 보이므로 三山은 바로 三山島(지금의 萊州市 三山島街道 三山島村) 를 가리킨다. 그리고 아래의 萬曆《萊州府志》卷首의《掖縣境圖》를 보면 방위를 명확 히 확인할 수 있는데, 三山은 萊州府城의 정북 방향 60리에 위치해 있었고 金坑鋪는 萊州府城의 동북 방향으로 80리에 위치해 있었음을 알 수 있다. 또한 金坑鋪 위로는

---

11 "(掖縣)東北路通登州府鋪八 : 淇水, 縣東北十二里 ; 蘇郭, 縣東北二十里 ; 平里店, 縣東北三十里 ; 賈 鄧, 縣東北四十里 ; 琅琊, 縣東北五十里 ; 朱橋, 縣東北六十里 ; 朱郭, 縣東北七十里 ; 金坑, 縣北三山 六十里"《(乾隆)掖縣志》卷之二《驛遞》, 淸 乾隆 二十三年刊本, pp.85-b~86-a。

12 (明)龍文明, 趙耀等纂修, 《萊州府志》卷之二《山川》, 明萬曆三十二年(1604)刻本版。 萬曆《萊州府志》, 乾隆《萊州府志》와 각종《掖縣志》를 보면 三山島의 위치는 모두 "성 북쪽 60리[府(縣)城北六十里]"로 기 록되었다. 다만《嘉靖)山東通志》에만 "성 북쪽 50리[三山島, 在府城北五十里, 爲海之南岸]"(明)陸鈇 纂修, 《(嘉靖)山東通志》卷之六《山川(下)》, 明嘉靖刻本)라고 기록되었다. 산동 지방지는 중앙관청이 편 찬한 것이고 萊州와 掖縣 方志는 지방의 현지 관원들이 현지인의 증언이나 시찰을 통해 기록한 것이므 로 신뢰도가 더 높은 것으로 판단된다. 그러므로 본문에서는《萊州府志》와《掖縣志》의 기록을 택하 였다.

13 八祀三山爲陰主即此。祀址尚存。

王徐寨(新城, 지금의 萊州市 新城鎮 新城村)가 있었고 서쪽으로 10리를 가면 朱郭鋪(明代에는 諸郭鋪[14]라고도 불렸는데 후에 상술함)가 나오며 다시 서남쪽으로 10리를 가면 朱橋驛이 있었음을 볼 수 있다.

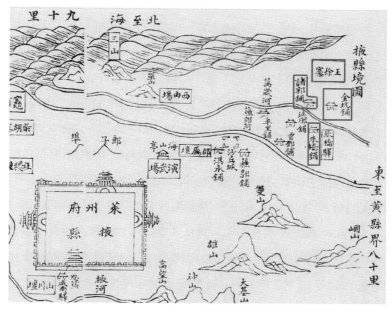

그림 1-4　萬曆《萊州府志》〈掖縣境圖〉의 일부. 붉게 표시한 부분은 王徐寨(新城), 金坑鋪, 諸郭鋪, 朱橋驛이다.
등주부 초원현과 래주부 액현의 경계인 界河를 건넌 조선 사신들은 萊州府城(掖縣城)에서 동북 방향으로
80리에 위치했던 金坑鋪를 지났다. 다시 서쪽으로 10리를 가면 諸郭鋪(청대 이후 朱郭鋪)가 나오고,
다시 남쪽으로 萬歲河를 건너 10리를 가면 대부분의 조선사신이 하루를 유숙한 朱橋驛이 나온다.
王徐寨는 조선사신 조즙이 新城으로 기록한 곳으로 지금의 萊州市 新城鎮 新城村이다.

《萊州市志》의[15] 기록에 따르면, 古代 萊州는 황금의 주요 산지였다. 宋 元豐 元年 (1078)에 전국적으로 황금 10,710兩을 거두어들였는데, 그 중에 萊州가 4,872兩으로 중국 전역에서 수위를 차지하였다. 明代 天啟 연간에 焦家, 新城, 紅布, 龍埠 등의 마을 주민들은 대부분 금광에서 금을 캐거나 사금을 줍는 것을 생업으로 삼았다. 1975年에

14　明代에는 諸郭鋪라고 명칭하고 淸代에는 朱郭鋪라고 명칭하였다. 용어의 일치를 위해 특별한 경우를 제외하고 본문에 지칭하는 朱郭鋪는 명나라 掖縣 70리에 있는 急遞鋪를 가리킨다.
15　山東省萊州市志編纂委員會 編,《萊州市志》, 齊魯書社, 1996, p.195。

焦家, 新城 일대에서 발견된 광산 동굴은 30여곳이나 되었다. 동굴 안에는 괭이나, 갱목, 엮은 바구니, 항아리, 사발이나 젓가락 등이 남아 있었는데, 모두 금을 캐는 데 사용되던 명대의 유물임이 밝혀졌다. 萊州市 地方史志 연구실 학예연구사인 楊日明 주임은 래주 지역에서 "金坑(금갱)"은 종종 금광을 가리키는 말이었으며, 명대에 황금을 캐던 광산 동굴이 있던 곳은 모두 "金坑"이라고 불렸다고 하였다.

필진은 운 좋게도 1996년판 《萊州市志》의 主編을 맡았던 전 萊州市 地方史志 연구실 학예연구사(주임) 양홍준(楊宏俊) 선생(남, 78)을 인터뷰할 수 있었다. 래주시의 지방사에 대해 잘 알고 있는 양홍준 선생은 90년대에 촌락을 답사할 때 지금의 金城鎭 馬塘村이 한 때 "金坑(금갱)"이란 이름을 가지고 있었음을 알게 되었다고 한다. 馬塘村의 위치는 王徐寨(왕서채)와 朱橋驛의 사이에 있으며 諸郭鋪(제곽포, 지금의 래주시 金城鎭 朱郭李家村)와 거리가 매우 가깝다. 그렇다면 이곳 馬塘村이 萬曆《萊州府志》에 수록된 명대 액현의 急遞鋪 중의 하나였던 "金坑鋪"의 소재지였을 것이다.

民國《四續掖縣志》의 기록에 의하면, "朱橋河는 掖縣으로부터 招遠縣으로 가는 길의 경계가 된다.……縣道의 경계로서, 북쪽으로 李店鄕 馬塘店子村에 이르러 東村을 끼고 돌아 마을의 북쪽에 닿으면 다시 縣道로 통한다. 馬塘店子村은 縣道가 관통하여 지나므로 東, 西의 두 개 마을로 나뉘는데 모두 액현 경내에 속한다. 그리고 東村의 바깥 縣道는 동쪽으로 招遠縣에 속한다."[16] 즉 民國 시기에 지금의 馬塘村의 지명은 예전대로 馬塘店子였다. 金德承이 말한 "馬堂店"은 "馬塘"(즉, 金坑鋪)을 通假하여 기록한 것이고 "朱果寺"의 "朱果"는 "諸郭" 혹은 "朱郭"을 通假하여 기록한 것으로 보인다. 이러한 가설은 楊日明 주임과 楊宏俊 선생도 그 가능성을 인정하였다.

16　"朱橋河以掖縣赴招遠之縣道爲界……以縣道爲界, 北至李店鄕馬塘店子村, 繞東村村沿至村北, 仍歸縣道。查馬塘店子村被縣道穿村而過, 故分東,西二村均屬掖境, 東村外縣道東屬招遠。"(民國),《四續掖縣志》卷一《疆域》, 民國 二十四年(1935)鉛印本版, p.6-a。

사진 1-5　연구팀이 萊州市 地方史志 연구실 학예연구사 楊曰明 主任(왼쪽 두번째)과 인터뷰 후,
연구원들과 함께 연구실에서 찍은 기념사진(집필진 답사 촬영)

　　萊州市 民政局 地名委員會 연구실의 학예연구사 戴錫金 주임이 설명해준 바에 따르면, 馬塘村은 萊州市 金城鎭 읍소재지로부터 동남쪽 3.2km 거리에 있었다. 명대 洪武 연간에 朱씨와 冷씨 가문이 四川 成都府 大槐樹下(대괴수하) 鐵碓臼(철대구)의 張家에서 이주하여 이 마을을 세웠기에 마을 이름을 朱冷莊(주랭장)이라고 하였다. 후에 마을 부근에 저수지가 있고 명대 말기에는 여기에 역참이 세워졌으므로 馬塘甸子村(마당전자촌)이라는 이름으로 바뀌었다. 1958년에는 줄여서 馬塘村이라고 불리게 되었다. 1984년에는 馬塘村民委員會가 설립되어 馬塘村과 蓋甸村(개전촌)의 두 곳을 관할하였으며 村委員會는 馬塘에 두었다.

　　金坑鋪를 기록한 최초의 方志는 萬曆《萊州府志》이다. 즉, 萊州府에서 지금의 馬塘村에 "金坑" 急遞鋪를 설치한 것은 아무리 늦어도 明代 중기라고 볼 수 있다. 그리고 金坑이라는 지명은 明代 지금의 馬塘村 부근이 금광 채굴 산업이 매우 발달했던 곳임을 말해준다. 이상의 방지 기록과 金德承이 馬堂店을 묘사한 것을 보면, 지금의 馬塘村은 明末에 이미 금광의 채굴로 경제적으로 번성했으며 등주와 래주를 잇는 큰 길이 지나가는 편리한 교통 조건으로 인해 매우 번화하였고 朱郭鋪보다 그 역사가 길었음을 알 수 있다.

　　이상을 종합하면, 萊州府 동북쪽 80리에 있던 急遞鋪는 金坑鋪로 지금의 馬塘村이다. 馬塘村은 청대 乾隆 23년(1758)에 萊州府 進士鄕에 속하였고, 宣統 2년(1910)에는 朱橋區 朱郭社에 속하였고, 民國 20년(1931)에는 掖縣 제5구가 되었고, 1943-1948년에는 午城區에 속하였으며, 1956년에는 朱橋區, 1958년에는 朱橋鄕, 1968년에는 朱橋公社, 1992년부터 지금까지는 萊州市 金城鎭에 속하게 되었다. 구체적인 지명의 변화는 다음과 같다. (明 萬曆연간)金坑鋪, 馬堂店 →(淸)金坑鋪→(民國時期)馬塘店子→(今)馬塘。

사진 1-6   연구팀이 前 萊州市 地方史志 연구실 주임 楊宏俊 선생(오른쪽 첫번째),
현 萊州市 地方史志 연구실 楊曰明 주임(가운데), 현 萊州市 民政局 地名 연구실
戴錫金 주임(왼쪽 두번째)과 인터뷰한 후, 萊州市 民政局 地名 연구실에서 찍은 기념사진(집필진 답사 촬영)

사진 1-7   지금의 萊州市 馬塘村의 촌비, 북경으로 향하던 조선사신들이 액현 경내로 들어와
처음 지나간 急遞鋪인 金坑鋪가 여기 있었다.(집필진 답사 촬영)

이 밖에 戴錫金 주임의 설명에 따르면, 明淸 시기의 朱郭鋪는 즉 지금의 萊州市 朱橋鎭의 朱郭李家村이며, 明初에 李씨 성을 가진 주민들이 四川에서 이 마을로 이주할 때 이 지역에 朱郭寺가 있었으므로 朱郭李家라는 지명을 얻게 되었다고 한다. 그러나 朱郭寺가 언제 건립되었는지는 지금은 정확히 고증하기 어렵다. 金德承이 말한 朱果寺는 朱郭寺를 通假하여 기록한 것이라고 추측되는데, 楊曰明 주임과 楊宏俊 선생 및 戴錫金 주임도 필자들의 이러한 가설을 긍정하였다.

앞서 말한 것처럼 金德承이 말한 朱果寺는 즉 朱郭寺였고, 朱郭鋪라는 명칭 역시 이 사찰로 인하여 붙여진 것이다. 萊州府 동북쪽 70리 거리에 있는 急遞鋪인 朱郭鋪는 역시 諸郭鋪라고도[17] 불렸다. 주곽포는 청대 乾隆 23년(1758)에는 萊州府 進士鄕에[18] 속해 있었고 청대 宣統 2년(1910)에는 朱橋區 朱郭社에 속해 있었다. 民國 20년(1931)에는 掖縣 제5구에 속했고 1943-1948년에는 午城區, 1956년에는 朱橋區, 1958년에는 朱橋鄕, 1968년에는 朱橋公社, 1992년부터 지금까지는 萊州市 朱橋鎭에 속하게 되었다. 이곳의 지명 변화를 간략히 정리하면 다음과 같다. (萬曆연간)諸郭鋪→(乾隆연간)朱郭鋪/諸郭鋪→(宣統연간)朱郭鋪→(民國)朱郭→朱郭李家村.

---

17 "掖縣總鋪는 南門外街 서쪽에 있다. 東北쪽으로 登州로 통하는 길에는 鋪가 8곳이다. 淇水, 蘇郭, 平里, 賈鄧, 琅琊, 朱橋, 諸郭, 金坑이다. (掖縣總鋪南門外街西。東北路通登州鋪八：曰淇水；曰蘇郭；曰平里；曰賈鄧；曰琅琊；曰朱橋；曰諸郭；曰金坑。)"(明)龍文明, 趙耀等 纂修,《萊州府志》卷之五《驛傳》, 明 萬曆三十二年(1604)刻本版, p.20-b

18 "進士鄕은 十二社의 으뜸이다. 進士莊(지금 永旺으로 개명함), 小西莊, 諸馮, 可門, 伍城, 朱橋, 諸郭, 西由, 水音, 王徐, 鳳毛寨, 後呂가 있다. (進士鄕領十二社：進士莊, 今改名永旺；小西莊；諸馮；可門；伍城；朱橋；諸郭；西由；水音；王徐；鳳毛寨；後呂)"(淸)張思勉, 于始瞻 纂修,《掖縣志》卷之一《鄕社》, 淸 乾隆二十三年(1758)刊本版.

사진 1-8　지금의 萊州市 朱橋鎭 朱郭李家村의 村碑 정면.
조선사신 金德承이 기록한 朱果寺의 소재지인 朱郭鋪가 이 마을이다. (집필진 답사 촬영)

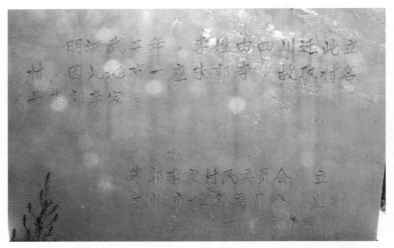

사진 1-9　지금의 萊州市 朱橋鎭 朱郭李家村의 村碑 뒷면. 마을의 간략한 연혁이 소개되어 있다.
조선사신 金德承이 기록한 朱果寺의 소재지인 朱郭鋪가 이 마을이다. (집필진 답사 촬영)

(9월) 14일. …… 정오에 新城堡에 도착했으나 점심을 먹지 않고 얼른 말에게 꼴을 먹인 후 朱轎鋪까지 재촉하여 갔다. 날이 이미 저물어서 멈추어 유숙할 수밖에 없었다. 이날 60리를 움직였다. 新城에서 10여 리쯤에 紺宇淨土가 있다. 花龕(꽃 모양으로 된 탑)이 수풀 사이에 있는데, 돌에 새긴 글자는 마멸되어 읽을 도리가 없고 '唐乾符年所立(당 건부년 소립)'이라는 글자만 겨우 분별할 수 있었다. 승려는 모두 20명이 채 못 되었다. 한 노승이 합장하고 나와 어디서 왔느냐고 놀라 묻는다. 老爺가 연유를 갖추어 말하니, 곧 영접하여 차를 내오고 음식을 공궤하는데 찬품이 지극히 정결했다. 紫金丹(자금단) 2봉과 霜花紙(상화지) 10폭을 주어 답례하였다.

(九月)十四日……午到新城堡不爲中火。霎然秣馬, 馳往朱轎鋪, 則日已高舂(傍), 不得已止宿。是日, 行六十里。新城十餘里許, 有紺宇淨土, 花龕點在煙樹間, 穹石刻字磨滅, 不可讀, 僅記其唐乾符年所立也。居僧未滿廿人, 一老衲丫手驚問曰 : "奚自?"老爺俱道其所以, 則即設茶迎慰。因進香, 廚所供品極精潔。以紫金丹兩笏, 霜花紙十幅回謝。(洪翼漢《花浦先生朝天航海錄》)

윗글은 明 天啟 4年(1624) 謝恩兼奏請使臣團의 서장관 洪翼漢이 북경으로 가는 노정 중에 이 구간을 경유한 기록이다. 紺宇(감우)는 즉 紺園으로 사찰의 별칭이며 穹石(궁석)은 거대한 암석을 가리킨다. 天啟 4年 9月 14日, 謝恩兼奏請使臣團의 정사 李德泂, 부사 吳翻, 서장관 洪翼漢은 登州府 黃縣의 黃山館驛을 출발하여 해안가의 驛道를 따라 서쪽으로 40리를 이동하여 초원현과 액현의 경계에 있는 新城에 도착하였고 서남쪽으로 20리를 다시 이동하여 萊州府 掖縣의 朱橋驛에[19] 도착하여 유숙하였다. 도중에 李德泂 등의 조선사신들은 新城에서 10여리 정도 떨어진 곳을 지나가다가 한 사찰을 발견하였고 이곳을 방문하게 되었다. 사찰로 들어가는 길에 서있는 울창한 나무들 사이로 神佛을 신봉하는 石室과 小閣子가 있었다. 그리고 사찰의 앞에는 거석이

19　"本縣(招遠縣)迤北五十里, 朱橋東二十里, 黃山西四十里, 有新城公廨一所, 往來過客, 間或乘興暫憩。"(明)李驥千 撰,〈裁革朱橋中火碑〉(清)張作礪,《招遠縣志》卷之十一〈藝文中〉, 清 順治 17年(1660)刻本版。) 이 기록은 鄭斗源의《朝天記地圖》와 일치한다. 즉 "황산역에서……40리를 이동하면 新城이 있다. 새로 건축된 屯地이므로 그렇게 명명되었다(故名黃山驛……行四十里, 有新城, 新築設屯故名。)"

세워져 있었는데, 거석 위에 새겨진 글자는 오랜 세월이 흘러 흔적이 지워져 있었으며 다만 唐 乾符연간(874-879)에 세워진 것임을 설명하는 글자 몇 개를 읽어낼 수 있는 정도였다. 사찰의 규모는 작지 않아 20명에 달하는 승려들이 있었는데, 나이가 가장 많은 주지스님은 이국의 복식을 한 조선사신 일행이 방문한 것을 보고 매우 놀랐고 어디에서 왔는지 물었다. 조선사신 李德泂이 주지스님의 물음에 일일이 상세하게 답해주자, 주지스님은 즉시 차를 대접하며 조선사신을 환대하였다. 주지스님의 호의에 감사하기 위해 조선사신은 조선의 특산품인 紫金丹(자금단)과 霜花紙(상화지)를 내어와 답례품으로 선사하였다.

앞서 말한 대로 新城의 서쪽으로 20리를 가면 곧 朱橋驛에 도착하였으므로 李德泂 일행이 들른 사찰은 응당 朱橋驛과 가까운 곳에 있었을 것이다. 萊州市 金城鎭 新城村(明代 新城)과 萊州市 朱橋鎭 朱橋村(明代 朱橋驛, 후에 상술함)의 사이에 있는 寺廟 중에 洪翼漢의 기록에 부합하는 곳은 아래와 같이 세 곳이 있다.

1) 北覺寺는 성 북쪽 70리 거리에 있으며 옛 비석이 많다. 북각사의 유적은 지금 萊州市 金城鎭 北覺于家村에 있다.[20]

2) 廣福院은 속명으로 朱郭寺라고 하는데 성 동북쪽 65리 거리에 있다. 사찰 내에 오래된 측백나무와 비석들이 매우 많은데 청대 말엽에 지방 유지들이 돈을 모아 중수하였다. 朱郭寺의 옛 터는 萊州市 金城鎭 朱郭李家村에 있다.[21]

3) 戴錫金 주임의 설명에 따르면, 지금 萊州市 朱橋鎭 寺莊村은 王씨 일가가 명대 洪武 2년에 四川으로부터 이주하여 세운 마을인데, 당시 마을 중에 큰 사찰이 있었으므로 마을을 寺莊村(사장촌)이라고 이름지었다고 한다. 招遠市 辛莊鎭 官道村의 마을 주민 蘇振剛(男, 65세)씨의 증언에 따르면, 登州府로부터 萊州府로 통하는 옛 官道(驛道)는 招遠市 辛莊鎭 官道村의 북쪽을 지났으며 옛날부터 특별한 변화가 없었는데, 이 관도가 바로 지금 마을 옆을 지나는 G206 國道라고 한다. 이 오래된 官道는 지금의 萊州市 金城鎭 新城村을 지난 후에 朱郭鋪, 寺莊村을 경유하여 朱橋驛으로 이어졌다.

20   (淸)張思勉, 于始瞻 纂修,《掖縣志》卷之五《寺觀》, 淸 乾隆 二十三年(1758)刊本版
21   (民國)劉國斌, 劉錦堂 纂修《四續掖縣志》卷五《寺觀》, 民國 二十四年(1935)鉛印本版

그렇다면, 조선사신들이 들렀던 감우정토라는 사찰은 세 곳 가운데 어디일가? 위에서 살펴본 1), 2), 3)의 사찰을 지도 위에 명대의 역로, 지명과 함께 표시하면 아래〈그림 1-10〉과 같다. 1)의 北覺寺가 위치한 곳은 래주부 성 북쪽 70리 거리에 있고 옛 비석이 많기는 하지만 역참로까지는 상당히 거리가 있다. 3)에서 戴錫金 주임이 소개한 寺莊村의 큰 사찰은 역참로가 경유하는 곳에 있지만 현존하는 官修志와 私修志의 지방지에는 모두 이곳에 대한 기록이 없는 것을 보면, 寺莊村 내에 존재했다고 하는 이름 모를 "큰 사찰"은 그 규모가 그렇게 크지 않아서 기록할 만한 가치가 없었을지도 모른다. 아마도 마을 사람들이 "큰 사찰"이라고 한 말은 과장되었을 수 있다. 결론적으로 2)에서 속명으로 朱郭寺라고 불리던 廣福院이 李德泂 일행이 방문했던 사찰일 가능성이 크다. 그리고 이 朱郭寺는 아마 金德承이 언급했던 朱果寺일 것이다.

그림 1-10   明代 新城으로부터 朱橋鋪에 이르는 驛道의 주요 경유지와 부근 寺廟의 위치

앞서 말한 바와 같이 明淸 시기의 朱郭鋪는 마을에 있던 朱郭寺로 인해 얻게 된 지명이다. 朱郭寺의 구체적인 건립연대는 확정할 수 없지만 戴錫金 주임의 설명에 따르면 朱郭寺는 분명히 朱郭鋪와 朱郭李家村의 역사보다 더 오래되었으니, 홍익한의 기록에서 사찰 앞에 있는 거석에 "唐代 乾符 연간(874-879)에 세워졌다"라고 한 기록이 그 증거가 될 수 있다. 朱郭寺가 있던 朱郭鋪는 래주부 성 동북쪽 70리 거리에 있으며 新城으로부터 10리 거리에 있었다고 하니, 이 또한 洪翼漢이 "신성에서 10여리 정도 [新城十餘里許]"라고 했던 기록과 부합한다.

朱郭李家村의 마을 주민인 李希軍(남, 60세)씨가 필자에게 알려준 바에 따르면, 옛날에 官道, 즉 역참로는 마을의 동쪽에 있었고(현재의 G206 국도와 직선거리로 0.5km 정도 떨어져 있음), 마을의 서쪽에 있는 작은 길을 경계로 朱郭李家村은 大村과 小村으로 나뉘는데, 大村의 서북쪽 방향으로 寺廟 한 채가 있었다고 한다. 사묘의 규모는 비교적 컸으며 유적지 위에 새 집이 건축되었는데 그 집 주인의 할아버지가 일찍이 이 사묘에 최후까지 남아 있던 승려라고 하였다. 현장 조사를 할 때 마을 주민의 안내로 朱郭寺 유적지의 소재지를 찾아갔지만, 유감스럽게도 집 주인이 외출한 탓에 더 상세히 인터뷰를 하지 못하였다.

종합하자면, 明 天啟 四年謝恩兼奏請使 일행이 경유한 "紺宇淨土"는 朱郭鋪(지금의 朱郭李家村)西北에 있던 朱郭寺이며, 朱郭李家村의 大村은 明淸 시기 朱郭鋪의 소재지였는데 경제가 발전하면서 官方 急遞鋪의 서쪽으로 점차 작은 촌락(小村)들이 출현하게 된 것이다.

사진 1-11　금의 萊州市 朱橋鎭 朱郭李家村 서북쪽에 있는 朱郭寺 유적.
조선사신 홍익한은 주교역으로 향하는 역도 근처에 있던 이 사찰을 "紺宇淨土"라고 기록했으며,
잠시 방문하여 절의 스님과 교류하고 이를 사행록에 남겼다. (집필진 답사 촬영)

사진 1-12　지금의 萊州市 朱橋鎭 朱郭李家村 서북쪽에 있는 朱郭寺 옛 터에
남아 있는 옛 기와와 벽돌 잔해물. (집필진 답사 촬영)

제2절 神山(寒同山)

1) 萊州府는 동쪽으로 羅山에 기대어 있고 서쪽으로 濰水에 가로막혀 있
   으며, 남쪽으로 먼 곳에 神山이 있고 북쪽으로는 渤海를 베고 있다. 萊
   州爲府, 東據羅山, 西阻濰水, 南距神山, 北枕渤海。(李民宬《癸亥朝天
   錄》)

2) 萊州는 山東省에 속하며 羅山이 동쪽으로 뻗쳐 있고 濰水는 서쪽을 막
   고 있으며, 神山은 남쪽으로 기대어 있고 渤海는 북쪽에 누워 있다. (萊)
   州隷山東省, 羅山互其東, 濰水阻其西, 神山據其南, 渤海枕其北。(申悅
   道《朝天時聞見事件啟》)

3) 羅山은 동쪽으로 뻗쳐 있고, 濰水는 서쪽을 막고 있으며, 神山은 남쪽
   먼 곳에 있고 渤海는 북쪽에 누워있다. 風土는 靑齊에서 제일 간다. 羅
   山互其東, 濰水阻其西, 神山距其南, 渤海枕其北, 風土甲於靑齊。(鄭斗
   源《朝天記地圖》)

4) 寒同山은 (掖河)동쪽에 있는데 一名 神山이라고 하며, 掖水가 이곳에서
   발원한다. 寒同山在(掖河)東, 一名神山, 掖水源此。(金德承《天槎大觀》)

　　1)-4)는 각각 明 天啟 三年(1623)奏聞(請封)兼辨誣使臣團의 서장관 李民宬과 明 崇
禎 元年(1628) 冬至聖節兼辨誣使臣團의 서장관 申悅道, 그리고 明 崇禎 三年(1630)陳
慰奏請兼進賀使臣團의 정사 鄭斗源, 明 天啟 四年(1624) 冬至兼聖節使臣團의 서장관
金德承이 神山, 즉 寒同山에 관해 기록한 것이다. 1)-3)은 萊州府의 지리적 형세를 소
개하면서 神山이 萊州府의 남쪽에 위치하고 있음을 언급하였다. 내용을 보면, 1)-3)의
기록은 아마도《明一統志》에서 관련 내용을 참조한 듯하다.

　　(萊州府)의 풍토는 靑齊에서 제일 간다. ……羅山은 동쪽으로 뻗쳐있고,

濰水는 서쪽을 막고 있으며, 神山은 남쪽 먼 곳에 있고 渤海는 북쪽에 누
워있다.

《明一統志》卷25《萊州府》)(萊州府)風土甲於青齊, ……羅山亙其東, 濰水阻
其西, 神山距其南, 渤海枕其北。 [22]

1)과 2)의 기록과 내용은《明一統志》중에 萊州府의 지리적 형세와 경치를 서술한 부
분과 거의 동일하다. 3)에서 鄭斗源은 형세와 경치 그리고 풍토를 결합하여 기술하였
다. 明 天順 五年(1461)에 찬수된《明一統志》는 成化 연간이나[23] 그보다 더욱 앞선 시기
에 조선으로 유입된 후에 200여년이 흐르는 동안 조선 사대부계층에 매우 익숙한 서
적이 되었던 것으로 보인다.

4)에서 金德承 역시《明一統志》를 참고한 듯하니,《明一統志》에서 "寒同山은 府城
동쪽 35리에 있으며 一名 神山이라고 한다. 掖水가 이곳에서 발원한다."라고 한 기록
과 거의 유사하다.[24] 民國《山東通志》에 의하면,《元和郡縣志》에서 掖水가 寒同山에
서 나온다고 잘못 기록한 후로 후대의 지방지에서 모두 그 오류를 따르다가《乾隆縣
志》에서 비로소 정정되었다."[25] 즉, 唐나라부터 淸나라 乾隆 연간까지 모든 方志에서
掖水의 발원지를 寒同山으로 잘못 기록하였다는 것이다. 그러므로《明一統志》를 참

---

22 《明一統志》卷25《登州府》, 淸文淵閣四庫全書本
23 "禮曹에서 아뢰었다. '지금 傳敎를 받들어 ……臣等이 역대 風雲과 태양, 각 방위의 제사를 상세히 참
    조해보니 각각 다름이 있었습니다. 다만 법식만을 따르는 것이 어려운 것은 아닙니다. 《洪武禮制》는
    州縣의 제도이고 諸司職掌과《皇明一統志》는 皇城 壇廟의 제도를 기록하고 있습니다. 그리하여 모두
    風雲雷雨의 제사를 하나의 제단으로 합하였습니다.'"《朝鮮王朝實錄·成宗實錄》卷33, 成宗 4年8月14
    日. 朝鮮 成宗 4年은 즉 明 成化 9年(1473)이다. 이를 보면 朝鮮은《洪武禮制》와《明一統志》를 참조하
    고 있었다.
24 《明一統志》, "寒同山在府城東三十五里, 一名神山, 掖水源發於此."《明一統志》와 金德承의관련된 내
    용이 완전히 일치하지 않는 것은 金德承이 海路使行 중에 비교적 최신의 明朝 方志, 예를 들어 萬曆
    《萊州府志》(1604) 등의 서적을 접하였기 때문인 듯하다. 구체적으로 보자면, 朝鮮에 전해진《明一統
    志》의 版本에는 寒同山은 "府城東三十五里"라고 적혀 있었지만 아마도 金德承은 使行 도중에 萬曆
    《萊州府志》를 접하여 "寒同山在府城東南十五里"와 같은 내용을 알게 되었고 그래서《明一統志》의
    "府城東三十五里"를 "掖水東三十五里"로 고쳐썼을 수도 있다는 것이다. 金德承은《明一統志》로 대
    표되는 中國 方志를 매우 중시하며 숙독하였던 듯하며 그래서 그의 사행록인《天槎大觀》은 다른 사행
    록과 달리《明一統志》의 體例를 따라 서술되어 있다.
25 "自《元和郡縣志》誤謂掖水出寒同山, 後世志書皆沿其誤, 乾隆縣志始訂正之."(民國)山東通志卷三十三
    《疆域志第三·山川》, 民國 七年鉛印本

고한 조선사신 金德承 역시 4)에서 掖水가 寒同山에서 발원하였다고 잘못 기록하게
된 것이다.

사진 1-13 《寒同山圖》[26]

그 밖에 중국 지방지에는 "寒同山은 城南 15리, 雲峰山 동쪽에 있었다(寒同山, 城南
十五里, 雲峰山東)."[27] 그리고 "雲峯高望"은[28] 또 일명 九仙山이라고 하는데, "일곱 개의
동굴이 있고 그윽하고 빼어난 경치가 더할 나위 없었다(有洞七, 俱極幽勝)."[29]라는 기록
들이 있다. 산의 동굴 안에는 石像이 있었고 동굴은 대부분 道教의 수련인들이 도를
닦던 장소였다.

明 天啓 4年(1624), 謝恩兼奏請使臣團의 정사 李德泂, 부사 吳翻, 서장관 洪翼漢 일
행은 9月 14日 새벽에 黃縣의 黃山館驛에서 출발하여 당일에 해가 질 무렵에 朱橋驛

26   (淸)張思勉, 于始瞻 纂修,《掖縣志》卷首圖《寒同山圖》, 淸 乾隆 二十三年(1758)刊本版

27   (淸)侯登岸:《掖乘》卷1《山川一》, 山東省圖書館藏稿本

28   (民國)《四續掖縣志》卷1《山川》, 民國 二十四年 鉛印本

29   (民國)《山東通志卷》二十七《山川·萊州府》, 民國 七年 鉛印本

에 도착하였다.[30] 吳翻은 이 구간의 여정을 느낀 감상을 담아 〈朱橋驛〉이라는 시 한 편을 지었다. 시의 제목은 〈朱橋驛〉이지만 神山, 즉 寒同山을 언급하였으므로 여기에서 살펴보기로 한다.

〈주교역〉

동모현을 나오는 길은 가을도 찾아드는 한밤중

모래바람 부니 여정은 고달픈데 밭에서 일하는 늙은 농부들 한가롭구나

개울물은 너른 초원으로 들어가 맑게 흐르고 구름은 한 무리 새를 따라 돌아간다.

누가 알았을까? 문득 고개 들어 바라본 곳에 神山이 돌연 우뚝 나타날 줄이야!

朱橋驛

路出東牟縣, 秋殘一夜間。

風沙行旅苦, 場圃老農閑。

溪入平蕪淨, 雲隨眾鳥還。

誰知開眼處, 一發露神山。

(萊州山名)

(吳翻《燕行詩》)

이 시는 가을에서 겨울로 계절이 바뀌는 시기에 吳翻 일행이 黃縣으로부터 掖縣으로 가는 도중에 본 경치를 묘사하였다. 東牟縣은 즉 黃縣을 가리키는데, 黃縣은 元魏(남북조 시대 後魏의 별칭) 때에 東萊에 속하였으므로 이러한 지명을 갖게 되었다. 黃縣을 출발하여 동쪽으로 향할 때 吳翻 등의 조선사신은 이미 3940리의 여정을 지나왔으니, 海路는 3760리의 길이었고 등주에서 막 시작한 陸路는 180리였다.[31] 明 天啟 3年(1623), 李曙(이서), 李貴, 金瑬(김류) 등이 우두머리가 된 西人세력은 무력을 앞세워 政變을 일으켰고 光海君을 폐위한 뒤 綾陽君 李倧을 옹립하여 왕위에 올렸는데 그가 바로 仁祖였고 이 사건이 바로 "仁祖反正"이다. 廢君인 光海君은 明朝의 정사가 冊封한

30　(朝鮮)洪翼漢,《花浦先生朝天航海錄》卷1, 韓國國立中央圖書館藏本

31　《通文館志》卷3,《事大(上)·海路路程》, 朝鮮古書刊行會大正二年(1913)刊本, pp.58-59。

國王이었기 때문에 새롭게 왕위에 오른 仁祖는 정통성을 갖추기 위해 明朝의 冊封이 급하게 필요한 상황이었다. 비록 明 天啟 3年(1623) 奏聞兼辯誣使 李慶全과 冬至聖節兼謝恩使 趙濈이 각각 이끌었던 두 사신단이 공동으로 노력하여 明朝가 冊封 詔書를 하사하도록 하는 데는 성공하였지만, 朝鮮과 後金 사이의 복잡한 관계 때문에 明朝의 조정에서 誥命과 冕服을 仁祖에게 하사하는 일은 결정을 내리지 못하고 있었다. 天啟 四年(1624) 李德泂, 吳翻, 洪翼漢 사행의 주요 목적은 天啟 3年 明朝가 하사한 冊封 詔書에 감사하는 한편, 明朝가 誥命과 冕服을 하루빨리 조선에 보내주어 인조의 冊封 의식을 마칠 수 있도록 은근히 재촉하기 위한 것이었다. 그러므로 李德泂, 吳翻, 洪翼漢 일행이 완수해야 했던 사행 임무는 어렵고도 막중한 것이었다.

그러므로 吳翻은 "모래 바람 가득히 부는 사행 노정"의 고단함에 개탄하면서 "밭에서 일하는 늙은 농부들"의 한가로움에 부러움을 느낀다. 이 사행 노정 중에 吳翻은 잡초가 무성한 조용한 광야 사이로 졸졸 흐르는 개울물의 소리를 들으면서 흰 구름이 서린 산꼭대기 위로 무리 지어 날아가는 새들의 모습을 눈으로 쫓았다. 사행 임무의 막중함과 여정의 고단함으로 여유가 없어 미처 깨닫지 못했는데 문득 고개를 들어 바라보니 7개의 동굴에서 도인들이 수련한다는 萊州 神山의 웅장한 모습이 어렴풋이 시야에 들어오는 것을 보며 감탄하게 되었던 것이다.

〈한동산〉
울창하게 이어진 산봉우리 빼어나고 깊은 골짜기 그늘에는 솔바람이 분다
멀리 바라보니 푸른 초원이 기대어 있고 깎아지른 절벽에는 호랑이와 표범이 깃들었네
오래된 동굴에는 흰 구름이 흐르고 비스듬한 언덕에는 큰 무지개가 걸려 있다
배회하노라니 그윽한 흥취에 흐뭇하여 가랑비 맞으며 짧은 지팡이 끌고 간다

寒同山 [32]
鬱紆連嶂秀, 萬壑陰松風。

32　(清)張思勉, 于始瞻 纂修,《掖縣志》卷8《藝文·詩》, 清 乾隆 二十三年(1758)刊本版, p.42-a。

平望倚蒼翠, 縣崖虎豹叢。

古洞流白雲, 迤邐掛長虹。

裴回愜幽興, 煙雨曳短節。

　조선사신은 神山, 즉 寒同山에 대해 간략히 언급했을 뿐이지만, 淸나라 掖縣의 문인 劉在中이[33] 창작한 〈寒同山〉이라는 시에 묘사된 풍경을 통해 간접적으로 조선사신이 보았을 당시의 寒同山의 아름다운 경치를 생생히 그려볼 수 있다. 풍경이 수려했던 神山은 길고 긴 사행길의 여정 위에서 明의 京師에 좀더 가까워졌음을 나타내는 萊州府의 지표로서 고된 여정에 지친 조선산들을 위로하였고 격려해 주었다.

　明代의 寒同山은 혹은 神山, 九仙山이라고도 불렸으며, 즉 지금의 萊州市 雲峰山風景區에 위치해 있는 寒同山이다. 《萊州市地名志》와 《萊州市志》를[34] 보면, 寒同山은 海拔 317m이고 萊州市 시내에서 동남쪽으로 8km 거리에 있다. 서쪽으로는 雲峰山과 이웃하고 동쪽으로는 大基山과 연결되어 있으며 남쪽으로는 大澤山이 바라다보인다. 움푹 패인 산봉우리는 고요하고 장엄하다. 앞서 말한 바를 종합하면, 寒同山의 구체적인 명칭 변화는 (唐)寒同山[35]→(明代)寒同山, 神山[36]→(淸에서 民國시기까지)寒同山, 神山, 九仙山[37]→(지금의)寒同山, 神山이다.

33　劉在中의 字는 玉瑟이고 邑廩生이며 建昌推官 允浩의 아들이다. ((淸)張思勉, 于始瞻 纂修, 《掖縣志》卷4《孝友》, 淸 乾隆 二十三年(1758)刊本版)

34　萊州市人民政府地名辦公室 編 : 《萊州市地名志》, 1996年版, p.451; 山東省萊州市史志編纂辦公室編 : 《萊州市志》, 齊魯書社1996版, p.74。

35　[唐]李吉甫 : 《元和郡縣志》卷13《河南道》, 淸武英殿聚珍版叢書本

36　《明一統志》卷25《萊州府》, 淸文淵閣四庫全書本;(嘉靖)《山東通志》卷之六《山川下》, 明嘉靖刻本; 萬曆《萊州府志》卷2《山川》, 民國 十八年 永厚堂重刊本。

37　(乾隆)《萊州府志》卷1《山川》, 淸 乾隆 五年刻本; (民國)《四續掖縣志》卷1《山川》, 民國 二十四年鉛印本;(民國)《山東通志》卷27《疆域志第三·山川》, 民國 七年鉛印本。

사진 1-14   지금의 萊州市 寒同山의 원경. 조선사신들은 역도에서 좀 떨어진 거리에 있던 한동산의 원경을
바라볼 수 있었고 사행록에 神山으로 기록했으며 래주부의 이정표가 되는 산으로 기억했다.
조선사신 오숙은 〈朱橋驛〉이라는 시에서 道人들의 수련처로 유명한 神山의 웅장한 모습이 문득 시야에
들어오는 것을 보며 감탄을 금치 못했다고 적었다. (집필진 답사 촬영)

제3절 廣河, 朱橋馹(朱橋驛)

鄭斗源의 《朝天記地圖》〈朱橋驛圖〉(그림 1-15)에서 보이는 바와 같이, 조선사신들은
廣河를 지난 후 廣河 西岸에 있는 朱橋驛, 즉 朱橋鋪의 西門에 도착할 수 있었다. 이러
한 기록은 중국 方志의 기록, 즉 光緒《三續掖縣志》卷首의 그림인 《掖縣全境圖》와 일
치한다. (그림 1-16) 淸末 方志의 기록을 보면 朱橋鋪 옆으로 한 줄기 하천이 흐르는데
이것이 朱橋河(廣河)이다.

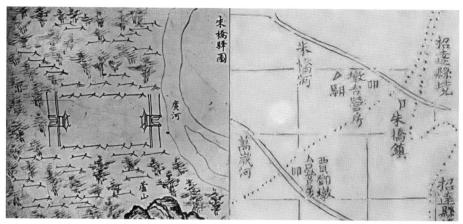

사진 1-15 鄭斗源《朝天記地圖》의 〈朱橋驛圖〉　　사진 1-16 《掖縣全境圖》의[38] 일부분

여기에는 두 가지 흥미로운 점이 있다. 하나는 明 嘉靖《山東通志》[39]와 萬曆《萊州府志》〈掖縣境圖〉(그림 1-4)에는 朱橋河 관련 기록은 없고 朱橋鋪가 掖縣의 萬歲河 西岸에 있는 것으로 기록되어 있다는 것이다. 그런데 실제로 만세하는 주교포에서 서쪽으로 약 30 여리 떨어져 있는 平里店(래주현 동북쪽 30리)과 賈鄧店(래주현 동북쪽 40리) 사이에 있으므로 朱橋鋪가 만세하 서안에 있다는 명대 방지의 기록은 잘 납득이 가지 않는다. 다른 하나는 鄭斗源의《朝天記地圖》〈朱橋驛圖〉와 〈黃山館驛圖〉에는 주교역 아래에 있는 산 이름을 모두 盧山이라고 표기했다는 점이다. 정두원이 표시한 盧山은 도대체 어느 산인가? 그럼 우선 첫번째 의문점부터 해결해보자.

　〈諸橋驛에서 유숙하다〉
　국왕의 일을 위하여 쉼없이 달려가 중국의 대궐과 조정에 들기 위해 래주를 지나네
　동쪽 봉우리 위로 태양이 뜨니 새벽이 밝고 북쪽 바다로부터 바람이 불어오니 가을이구나
　마을에는 뽕나무 잎이 떨어지고 넓은 전원에서는 막 벼를 거두네

38　(淸)魏起鵬, 王續藩纂修,《三續掖縣志》卷首圖, 淸光緖十九年(1893)刻本版。
39　(嘉靖)《山東通志》卷6《山川下》, 明嘉靖刻本, pp.35-b~36-a。

다행히 지금 사방이 함께 교화가 이루어지니, 대장부가 되어서 만리 유람을 어찌 사양하리오.

宿諸橋驛[40]

權近

王事驅馳不自休, 入朝天闕過萊州。

東峰日出扶桑曉, 北海風來碣石秋。

閭井一村桑欲落, 田原千畝稻初收。

幸今四域同文軌, 及壯何辭萬里遊。

(權近《奉使錄》)

윗글은 明 洪武 二十二年(1398), 高麗使臣 權近이[41] 南京으로 사행가면서 萊州 掖縣 朱橋驛을 지나는 중에 남긴 시이다.[42] 권근의 시를 통해 明初에는 朱橋驛를 諸橋驛으로 불렀음을 알 수 있으며 이는 明末의 朱橋鋪이기도 하다. 이곳의 지명의 변천은 앞서 살펴본 바, 明 萬曆 연간의 方志에서 "諸郭鋪"가 淸 宣統 연간의 方志에서는 "朱郭鋪"로 바뀐 상황과 유사하게, "諸橋鋪"가 "朱橋鋪"로 바뀌었을 것이다.

〈제교역에서 유숙하다[宿諸橋驛]〉의 시에서 權近 일행은 길고도 고된 사행 노정 중에서 萊州의 초원 멀리 "해가 扶桑에서 떠오르는" 아름다운 풍경을 보았고 또 가을을 부르는 海風이 해안의 "碣石(갈석)"[43]으로부터 불어오는 정경을 상상하였다. 그리고 朱橋驛을 경유할 때 權近 일행은 가을이 깊어 가는 "마을과 거리"를 느끼면서 많은 주민들이 너른 광야에서 추수로 바쁜 모습도 눈으로 보았다. "사방이 함께 교화가 이루어

---

40   (高麗) 權近 :《楊村集》卷六《奉使錄》, 韓國國立中央圖書館藏本, p.24-a。

41   權近(1352-1409)의 이름은 權晉이라고도 하며 字는 思叔, 可遠이고 號는 楊村이며 祖籍은 安東, 諡號는 文忠이다. 1369年에 及第하여 春秋館檢閱, 成均館直講, 藝文館應教, 左司議大夫, 同知貢擧, 贊成事, 藝文館大學士 등의 직책을 역임하였다. 1396年과 1398年 두 차례 明朝에 사신으로 파견되어 "排元親明"을 주장하였다. 개인문집으로《陽村集》이 전한다. (韓國學中央研究院의 한국역대인물종합정보시스템 참조. http://people.aks. ac.kr/index.aks)

42   (韓國)김동석, 〈고려말(高麗末) 권근(權近)의 사행(使行)과 그 의의〉,《온지 논총》Vol.50, 2017, pp.233-238.

43   북쪽 熱河 渡源縣에 있는 산 이름으로 남쪽 湖南 洞庭湖 아래 있는 瀟水와 湘江에 대비하여 북쪽 끝 지역을 상징하는 시어로 사용됨.

진다"라는 시구는 明朝와 이웃한 高麗도 유교문화의 공동체임을 뜻한다. 閭井은 마을 거리로 주민들이 거주하는 곳이다. 3연에서 서술한 대로 明初 朱橋驛이 있던 마을의 규모는 상당히 컸으며 거주하는 주민들도 많았다. 하천의 양안으로 벼를 심었던 것을 보면, 당시 朱橋驛 옆의 하천은 사계절 유량이 풍부했을 것이다. 그런데 현재의 朱橋 河는 季節性 河流로 변하여 여름 장마철이 아니면 건천으로 존재한다.[44] 이러한 사실 을 종합해보면, 명말 "朱橋鋪" 부근에 있던 하천이 원래는 萬歲河의 지류 중의 하나였 다가 홍수로 인한 지류의 변화, 이로 인한 대규모 수리 공사로 만세하 지류를 정비하면 서 "朱橋鋪" 부근에 있던 萬歲河 지류가 "朱橋河"라는 새로운 명칭을 얻었을 가능성 이 있다. 실제로 주교하라는 지명은 명대 지방지에는 전혀 보이지 않다가 청대 지방지 에 보이기 시작한다. 그러나 이는 어디까지나 현재 필자들의 제안적 가설에 불과하므 로 사후 검증을 요한다.

鄭斗源의 《朝天記地圖》에 있는 〈朱橋驛圖〉에 실린 廣河와 〈그림 1-17〉에 나타난 朱 橋河의 支流와 물길의 방향 등은 거의 일치함을 알 수 있다. 그러므로 明初 조선사신 權近의 〈宿諸橋驛〉 시와 明末 조선 사신 鄭斗源의 《朝天記地圖》〈朱橋驛圖〉를 통해 서 明代 朱橋驛(諸橋驛)의 동쪽으로 "廣河"라고 불린 한 줄기 하천이 있었으며 그 하 천이 바로 지금의 萊州市 朱橋河(諸橋河)임을 알 수 있다. 또한 지금의 朱橋河는 〈그림 1-17〉을 보면 두 갈래의 支流가 상류를 이루는데, 각각 梁郭河와 辛莊河(조선 사신은 이 강을 "新河"로 기록했음)로 불리며 大戰家와 小官莊에서 하나의 물줄기로 합쳐져 하류 를 이루어 바다로 유입된다.

---

44 山東省萊州市地方史志編纂委員會 編,《萊州市志》, 齊魯書社1996年版, p.75。

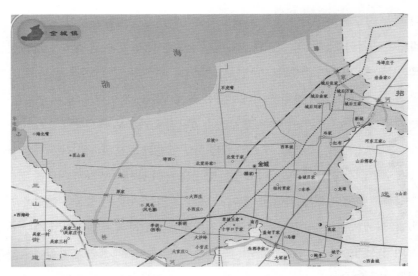

사진 1-17 《(萊州市)金城鎮 地名圖》[45] 주교하는 상류의 두 지류인 辛莊河(조선 사신은 이 강을 "新河"로 기록했음)와 梁郭河가 주교역 동쪽에서 만나 하류를 이루어 발해로 흘러든다. 조선사신 정두원은 주교하를 "廣河"로 기록했다.

　　관련된 方志[46] 기록에 의하면, 萊州府城 북쪽 60리에 있는 朱橋河는 登州府 招遠縣 靈山에서 발원하여 招遠縣과 경계를 이루어 朱橋 아래로 흘러갔으므로 그 이름을 따서 명명하였다. 지금의 朱橋河는 靈山 남쪽 기슭에서 흘러나와 서북쪽으로 흘러 溝子楊, 小於家, 朱橋, 原家를 지나 埠西村의 서북쪽에서 渤海로 유입된다. 전체의 길이는 22km이고 상류의 폭은 50m, 하류의 폭은 100m이며, 流域의 면적은 176.8평방km에 달하는 季節性河流이다. 朱橋河의 명칭 변화를 간단하게 정리하면 다음과 같다. (明初) 諸橋河→(明末)廣河[47]→(淸)朱橋河→(民國)朱橋河, 大沙河[48]→(현재)朱橋河.

45   萊州市民政局 編 : 《萊州市地名圖集》, 2012年版, p.38。

46   (淸)張思勉, 于始瞻 纂修, 《掖縣志》卷1《山川》, 淸 乾隆 二十三年(1758)刊本版;(民國)楊士驤, 孫葆田 纂修, 《山東通志》卷三十三《疆域志第三·山川》, 民國 七年 鉛印本; 山東省萊州市地方史志編纂委員會 編, 《萊州市志》, 齊魯書社, 1996, p75; 萊州市人民政府地名辦公事 編 : 《萊州市地名志》, 1996年版, p.419。

47   鄭斗源의 《朝天記地圖》에 실린 《朱橋驛圖》에 의하면, 明末 朱橋驛 東側의 河流는 응당 "朱橋河"일 것이다. 그러나 명대의 中國 方志 중에는 "朱橋河"라는 지명을 찾아볼 수 없으므로 여기에서는 鄭斗源의 기록만 인용하였다.

48   "朱橋河一名大沙河"(民國《四續掖縣志》卷一《疆域》, 民國二十四年鉛印本)

사진 1-18   건천 상태의 朱橋河(1) 명초 고려사신 권근의 시와 명말 정두원의 지도 상에 표시된 강폭과 그 명칭("廣河")를 보면, 지금과는 달리 사계절 유량이 풍부했던 강이었던 것 같다.(집필진 답사 촬영)

사진 1-19   건천 상태의 朱橋河(2) 명초 고려사신 권근의 시와 명말 정두원의 지도 상에 표시된 강폭과 그 명칭("廣河")를 보면, 지금과는 달리 사계절 유량이 풍부했던 강이었던 것 같다.(집필진 답사 촬영)

사진 1-20
鄭斗源《朝天記地圖》의
〈黃山館驛圖〉. 앞서 살펴본
(사진 1-15〈朱橋驛圖〉)와
마찬가지로 황산관역 남쪽에
蘆山이 크게 표시되어 있다.

〈사진 1-15〉과 〈사진 1-20〉를 보면 鄭斗源은 〈黃山驛圖〉와 〈朱橋驛圖〉에서 두 지역의 대표적인 산으로 蘆山을 그려넣었다. 鄭斗源은 《朝天記地圖》에서 "蘆山은 (黃)縣 서남쪽 25里에 있는데, 晉나라의 蘆童子(노동자)가 9세때 이곳에 거주하며 茯苓을 먹고 신선이 되었던 곳이다. 唐나라 때 (蘆童子는) 沖禧真君으로 봉해졌기에 (이곳에) 欄門을 세웠고 '蘆仙故里'라고 썼다."[49]라고 했다.

泰昌《登州府志》에 기록된 것을 보면 "蘆山은 縣 서남쪽 25里에 있다. 산골짝이 층층이 이어지며 산세는 둘러싸고 웅크리고 앉은 형상이다. 가운데에는 있는 延真宮은 신령한 기운이 역력한데 전해지는 말로는 晉 蘆童子가 신선이 된 곳이라고 한다. 또 소나무가 울창하여 그늘을 드리우고 개울물이 졸졸 흘러내리니 경치가 정말 아름다운 곳이다."[50] 조선사신 鄭斗源이 기록한 蘆山은 黃縣縣城으로부터 黃山館驛을 지나는 도중에 본 것이므로 아마도 지금의 龍口市에 있는 南山일 것이다. 그러므로 계속 사행

---

49   "蘆山在(黃)縣西南二十五里, 晉蘆童子九歲居此, 餌茯苓升仙, 唐封沖禧真君, 有欄門, 書之曰：'蘆仙故里'. (朝鮮) 鄭斗源：《朝天記地圖》, 韓國成均館大學尊經閣藏本。

50   "蘆山在縣西南二十五里。層巒疊嶂, 其勢旋繞, 有蟠踞之狀。中有延真宮, 靈跡迥異, 傳爲晉盧童子升仙之地。且松陰翕翳, 澗水潺湲, 真勝境地。"泰昌《登州府志》卷5《地理志一·官署》, 河南省圖書館館藏版。

길에 올라 黃縣 黃山館驛에서 출발하여 招遠縣 北部를 지나 掖縣 朱橋鋪(朱橋鋪)에 이르는 구간에서 조선사신이 본 산은 결코 黃縣의 盧山일리가 없다. 만약 판각하는 과정에서 오류가 발생했거나 누락된 것이 아니라면 이러한 誤記는 아마도 사행록이 여정을 마친 후에 저술되는 과정에서 혼동을 일으켜 생겨났을 것으로 추측된다. 이러한 誤記는 《朝天記地圖》혹은 기타 使行文獻에서 종종 나타나곤 하는데, 관련된 고증은 뒤에서 상술하겠다.

朱橋驛이 언제 건축되었는지에 대해서 현존하는 方志 중에는 명확한 기록이 없다. 明代 李驥千(이기천)이[51] 明 天啟 3年(1623)에 지은 《주교 중화비를 철폐하다[裁革朱橋中火碑]》라는 글 중에 다음과 같은 내용이 있다. "招遠縣 서쪽 60리 거리에 朱橋驛이 있는데 掖縣에 속한다. 동쪽의 黃山館은 黃縣에 속한다. 두 역참 간의 거리는 60리며 평탄한 길로 이어져 있다. 그리고 이 縣의 남쪽 편벽된 곳에 있다. 國初 이래로 두 명의 驛承을 두어 일체의 업무를 관할하도록 하였다."[52] 즉 掖縣 朱橋驛의 건립 시기는 黃縣 黃山驛의 설립 시기와 비슷했다. 明 泰昌《登州府志》의[53] 기록에 따르면, 黃山館驛은 黃縣에 속해 있으며 黃縣城에서 동쪽으로 60리 거리에 있는데 明 洪武 9年(1376)에 처음 세워졌다.

앞서 살펴본 明初 고려사신 權近이 朱橋를 지나면서 지은 〈諸橋驛에서 유숙하다[宿諸橋驛]〉라는 시 외에도, 明 洪武 연간 朱橋를 지나던 고려사신 鄭夢周는[54] 〈諸橋驛 壁

---

51 李驥千의 字는 伯顧이고 號는 友龍이며 招遠縣 사람이다. 어려서부터 영특하여 隆慶 元年(1567)에 擧人이 되었고, 三甲 125번째 進士가 되어 山西 大同府 推官의 벼슬을 받았다. 풍채는 엄준하고 관청에는 안본 채 남겨놓는 공문이 없었으므로 屬吏들이 두려워하며 모두 명령에 복종하였고 감히 문서를 꾸미거나 기만하는 자가 없었다. 평소의 성격이 강직하고 아부하지 않으므로 上官을 거스르는 일이 많아 어려움을 겪었다. 南京戶部郎中으로 승진하여 6년동안 재직하면서 탁월한 치적을 낸 후 南直隸鳳陽府知府로 옮겼다. 가뭄이 들자 田租 數十萬을 경감해주도록 청하여 백성들이 한숨을 돌릴 수 있었다. 潁州道로 가서는 도적을 평정하여 공적이 자못 높았다. 驥千은 長子로서 봉급의 여분은 모두 여섯 명의 동생들에게 燈火費로 주었다. 孝道를 다하기 위해 사직한 후에 고향으로 돌아갔고 경전을 남겨 주어 子弟들을 가르치도록 하였다. 아들인 李遜은 崇禎 進士로 知縣을 역임했다. (劉廷鑾, 孫家蘭編著 : 《山東明淸進士通覽·明代卷》, 山東文藝出版社2015年版, 第243頁)
52 "本縣(招遠縣)西六十里有朱橋驛, 系掖縣, 東則黃山館, 系黃縣, 兩驛相去六十里, 周道如矢, 而該縣則僻處其南者也. 從國初以來, 一切應付, 俱無驛承官."(明)李驥千撰, 《裁革朱橋中火碑》, 順治《招遠縣志》卷11《藝文中》, 淸順治十七年刻本版.
53 泰昌《登州府志》卷5《地理志一·官署》, 河南省圖書館館藏版.
54 鄭夢周(1337-1392)는 鄭夢蘭, 鄭夢龍이라는 이름도 있고 字는 達可, 號는 圃隱, 諡號는 文忠이며, 祖籍

에 쓰다[書諸橋驛壁上]〉라는 시를 지었고 李詹은[55] 〈除夜에 朱橋驛에서 유숙하다[除夜, 宿朱橋驛]〉[56], 〈朱橋驛에서 陽村의 詩에 차운하다[次朱橋驛陽村詩]〉[57] 등의 시를 남겼다. 明初 高麗 사신들이 남긴 使行文獻의 詩題로부터 알 수 있는 것은 明初에 "諸橋驛"과 "朱橋驛"의 이름이 공존하고 통용되었던 사실이다. 그리고 이러한 상황은 앞서 살펴본 "諸郭鋪"과 "朱郭鋪"의 상황과 유사하다.

掖縣 境內에는 두 곳의 驛站이 있었는데 바로 城南驛과 朱橋驛이었다. 두 곳의 역참이 폐지된 시기에 대해서는 서로 다른 기록이 있다. 첫번째로《明穆宗實錄》에 기록된 바로는, "(隆慶 四年 四月 辛亥) 德州, 臨淸, 東昌, 濟寧, 穀亭 다섯 곳의 遞運所를 폐지하고, 靑陽, 白山, 城南, 龍山, 蓬萊, 丹河, 古亭, 夏店, 朱橋의 아홉 곳의 역참은 모두 부근의 州縣에 병합시키고 기관을 두어 통솔하였는데 山東 守臣의 논의를 따른 것이다."[58] 즉 萊州府 掖縣 소속의 城南驛과 朱橋驛은 모두 隆慶 四年, 곧 1570年에 폐지되었다.

두번째로 萬曆《萊州府志》의 기록에 따르면, "朱橋驛은 縣 동쪽 60리에 있고 말 7필, 노새 6마리, 마부 36명이 있다. 옛날에 驛承이 있었는데 지금은 폐지되었다."[59] 즉

은 迎日(지금의 韓國 慶尙北道 浦項市)이다. 고려말기의 저명한 학자이고 文臣으로서 1360年 文科에 狀元及第하여 그후로 門下贊成事, 藝文館提學, 人物推辨都監提調官 등의 직책을 역임하였다. 明 洪武 5年(1372), 서장관을 맡아 海路使行으로 明朝에 갔고 다음해에 귀국하였다. 明 洪武 15年(1382)에는 進貢使兼請諡使로 明朝에 파견되었으며, 明 洪武 17年(1384)에도 聖節使의 신분으로 明朝에 다녀왔다. 그리고 明 洪武 19年(1386)에 다시 明朝에 사신으로 파견되었고 공적을 인정받아 귀국 후에 "永原君"에 봉해졌다.《書諸橋驛壁上》의 내용은 다음과 같다. "積雪經寒凜, 狂濤涉險難. 東來今幾日, 南去漸無山. 官柳綠相倚, 野花紅未殘. 書生亦榮矣, 獻馬向天閑."((高麗)鄭夢周,《圃隱集》卷1, 韓國国立中央图书馆藏本, 第2頁a)

55 李詹(1337-1392)의 字는 少叔, 中叔이고 號는 雙梅堂, 諡號는 文安이며 祖籍은 新平(韓國 忠清南道 唐津市)이다. 高麗末期의 저명한 文臣으로서 1368年 文科에 及第한 후에 知議政府事, 大司憲, 藝文館大提學 등의 직책을 역임하였다. 明 建文 2年(1400), 簽書三軍府事로 승진한 후에 傳位使로 明朝에 파견되었다. 明 建文 4年(1402), 知議政府事로 승진하였고 登極使 河崙의 副使로 明朝에 파견되었다.

56 《除夜, 宿朱橋驛》의 시는 다음과 같다. "辭家已閱月兼旬, 萬里驅驅任一身. 兒子故園今夜里, 挑燈應說未歸人."([高麗]李詹,《雙梅堂集》卷1《觀光錄》, [韩国]林基中編《燕行录续集》第101册, 韩国首尔尚书院2008年版, p.327-a)

57 《次朱橋驛陽村詩》의 내용은 다음과 같다. "使華南北幾時休, 海上登萊接二州. 絲爲罿宜民有賦, 田因蝗損歲無秋. 郵亭□□元相寄, 鄉思春愁兩未收. 默數歸程仍促轡, 清明要及故園遊."([高麗]李詹,《雙梅堂集》卷2《觀光錄》, [韩国]林基中編《燕行录续集》第101册, 韩国首尔尚书院2008年版, pp.22-23, p.330-b)

58 (隆慶四年四月辛亥)"裁革德州, 臨淸, 東昌, 濟寧, 穀亭五遞運所, 靑陽, 白山, 城南, 龍山, 蓬萊, 丹河, 古亭, 夏店, 朱橋九驛皆並於附近州縣, 有司領之, 從山東守臣議也."《明實錄·明穆宗實錄》卷44,《隆慶四年四月辛亥》, (台灣)中央研究所曆史語言所, 1962年校印版, pp.1110-1111。

59 "朱橋驛在縣東六十里, 馬七匹, 驢六頭, 車夫三十六名。舊有驛承, 今裁。" 萬曆《萊州府志》卷5《驛傳》,

明 萬曆 中期(약 1591-1608)에는 驛承 제도는 폐지되어 驛承은 없었지만, 朱橋驛은 여전히 존재하였고 또 일정한 수량의 말과 노새, 마부 등이 배치되어 있었다. 그런데《大淸一統志》의 기록에 의하면, "城南驛은 掖縣 南關에 있었는데 明 萬曆 중에 폐지되었다."고[60] 한다. 이상의 기록에 따르면, 明 萬曆 中期에 朱橋驛 역시 城南驛과 함께 폐지되었을 가능성이 크다. 즉 驛站으로서의 朱橋는 明 洪武 初年에 설치되어 200 여 년간 지속되다가 明 萬曆 中期에 폐지되었다.

그러므로 명 만력 이후 명말 해로로 사행에 오른 조선사신들이 주교를 방문했을 때 주교는 이미 역참이 아니었다. 조선사신이 기록한 朱橋驛, 邾橋驛은 엄밀히 말하면 朱橋鋪를 가리키거나 혹은 朱橋鋪가 소재하던 朱橋村을 가리키는 것이었다. 이렇게 使行文獻 중에 당시의 지명 변화가 제때 반영되지 않은 것은 아마도 현지 주민들이 습관적으로 사용하던 별칭 때문이거나 혹은 高麗 末期 使行文獻의 기록을 朝鮮 시기에도 여전히 참조하였기 때문이 아닐까 한다. 急遞鋪로서의 朱橋鋪는 民國 元年(1912)까지 계속 존속하였다. "民國 元年 11月 1日, (山東)省令을 따라 역참이 폐지되고 우편조직으로 귀속되었다." 民國 3年 9月부터 民國 4年 1月 3日까지 "舊例를 참작하여 馬步를 설치하였고 급체포를 대신했다." 그러나 후에도 "여전히 운영되었으며 우편조직으로 귀속되었다."[61] 楊曰明 주임의 의견으로는, 朱橋鋪의 옛 터는 지금의 萊州市 朱橋鎮 朱橋村에 있다.

> (10月)11日, 戊辰, 맑음. 오후에 바람이 불고 날씨가 좋지 않았으며 여정이
> 매우 힘들었다.……저녁에 邾橋驛에 이르러 俞姓의 인가에서 숙박하였
> 다. 邾橋는 옛날 邾國의 땅이었다고 한다.……오늘 60리를 이동하였다.
> (十月)十一日, 戊辰, 晴。午後, 風日不好, 行踏甚艱, ……晩至邾橋驛俞姓
> 人家宿。邾橋, 古邾國之地云。……今日, 行六十里。(趙濈《燕行錄(一云朝
> 天錄)》)

明 萬曆 三十二年(1604)刻本版,

60　"城南驛在掖縣南關, 明萬曆中, 裁。" 嘉慶《大淸一統志》卷176《萊州府(二)》, 四部叢刊續編景舊鈔本版,

61　"民國元年十一月一日, 遵(山東)省令, 裁驛歸郵" 民國《四續掖縣志》卷3《交通》, 民國二十四年(1935)鉛印本版,

윗글은 明 天啓 三年(1623), 冬至聖節兼謝恩使 趙濈이 북경행 중에 이 구간을 경유하면서 기록한 것이다. 주목할 만한 사실은, 趙濈이 朱橋鋪는[62] 일찍이 "옛날 邾國의 땅이었다"라는 말을 들었다는 것이다. 그러나 현재의 朱橋와 관련된 官方 기록과 民間의 설명은 서로 어긋난다. 朱橋村의 村碑와 戴錫金 주임의 설명에 의하면, 明 洪武 二年(1369) 楊씨 일가가 四川에서 이주하여 이 마을을 세웠고 성씨에서 이름을 따서 楊家莊이라고 하였다. 청대 초기에 마을이 확대되었고 마을 가운데 큰 개울이 있게 되자 교통을 편리하게 하기 위해 紅石橋를 놓았으므로, 이로부터 마을 이름이 朱橋로 변경되었다.

지금까지 朱橋驛과 관련된 기록 중에 가장 오래된 史料는 洪武 년간 명조로 사행을 갔던 고려사신이 남긴 기록이다. 趙濈은 "朱橋"에 대해 기록하면서 朱橋의 시작에 대해 역사적으로 추론했을 뿐 아니라 朱橋라는 명칭의 유래도 살펴보았다. 趙濈은 朱橋鋪에 도착한 후 "邾橋"의 명칭이 "옛날 邾國"으로부터 유래했음을 알게 되었다. 그렇다면 이런 설명은 주민들이 예전부터 전해오던 잘못된 이야기였을까? 아니면 朱橋는 정말로 "옛날 邾國"이 있던 곳이 맞을까?《左傳》,《史記》등의 史書에는 모두 邾國과 관련된 기록이 있다. 조선사신은 中國의 역사에 대해 잘 알고 있을 뿐 아니라 朝鮮과 高麗의 使行文獻에 대해서도 숙지하고 있었다. 그러므로 趙濈이 기록한 진술은 朱橋 현지에 이미 전해지고 있던 이야기였을 것이며 와전되었을 가능성은 적다고 보인다.

先秦時代(BC21世紀—BC221年)에 지금의 山東省에는 魯國과 滕國이 수장이 된 姬姓 국가와 齊國과 紀國이 수장이 되는 姜姓 국가, 그리고 邾國과 莒國으로 대표되는 원거주민(東萊族에 속함)이 건립한 국가들이 있었다. 邾國의 姓은 曹姓으로 국왕은 顓帝(전제)의 증손자인 陸終(육종)의 다섯 번째 아들 晏安(안안)의 후손이었다. "武王이 商나라를 정벌하고 그 후손인 曹挾을 邾나라에 봉하였으니 魯나라의 부용국이 되었다."[63] 즉 夏나라와 商나라가 있던 시기에 이미 존재하고 있던 邾國은 顓頊(전욱)의[64] 후예가

---

62   문맥의 통일성을 위해 原文을 인용한 곳 외에 明末 使行文獻 중에 "朱橋鋪" 혹은 "邾橋鋪"와 관련된 명칭은 당시 官方 方志의 기록을 따라서 "朱橋鋪"로 모두 대체하여 사용하였다. "邾橋" 역시 "朱橋"로 대체하였다.
63   "武王克商, 封其苗裔曹挾於邾, 爲魯附庸". 萬曆《兗州府志》卷2《封建》, 明 萬曆刻本.
64   "五帝"중의 한 명으로 號는 高陽氏이고 黃帝의 손자이며 昌意의 아들이다.

건국한 나라로 魯나라의 부속국이었고 영토는 지금의 山東省 서남부에 위치하고 있었다. 金文에 邾國의 "邾"字는 여러 종류의 서법이 있지만 字形은 모두 거미의 형태이다. 그래서 학자들은 "邾"의 字形을 근거로 邾國의 선조들은 일찍이 거미 숭배 토템을 가지고 있었으며, 건국한 후에 "蛛[거미]"(古漢語에 '蜘蛛[거미]'는 從黽朱聲으로 즉 지금의 '蛛'音이다)를 나라 이름으로 삼았다가 후에 "邾"로 바꾼 것이라고 여겼다. 古代의 발음을 따르면, 邾婁, 邾, 鄒(추), 郳(예) 등은 모두 邾國을 가리키는 것이었다.[65] 분명한 것은 朱橋鋪가 있던 山東省 東北部는 옛날 邾國의 땅이 아니라는 점이다. 한 가지 가능성이 있다면 邾國의 遺民들이 朱橋鋪 부근으로 이주하여 정착한 후에 故國을 기념하기 위해 지명을 정할 때 "邾"字를 선택했을지도 모른다.

戰國 後期(約BC260—BC257年)에 邾國은 楚國에 의해 멸망되었다. 邾國이 멸망한 후 楚人들은 군대를 보내어 일부 귀족과 백성들을 강제로 江夏(지금의 湖北省 黃岡市 西北)로 이주시켰으며, 江夏에 城池(邾城)를 짓고 邾國의 遺民들을 그곳에 거주하게 하였다. 학자들이 고증한 바에 의하면, 일정한 시간이 흐른 후 일부 邾國의 遺民들은 邾城을 떠나서 본적지로 돌아갔고 혹은 다른 지방으로 흘러 들어갔다고 한다.[66]

王獻唐은 《春秋邾分三國考》에서 春秋 時期의 邾國은 三國으로 나뉘어 있었으니, 첫째는 邾國, 두번째는 小邾國, 세번째는 濫國이라고 하였다.[67] 그러나 최신의 고고학 발굴 결과로 보면, 邾나라는 三國으로만 나뉜 것이 아니라 더 많은 나라로 나뉘어 있었다.[68] 즉 邾國에서 갈라져 나와 형성된 小國들은 모두 근본이 동일하므로 각국의 遺民들이 모두 스스로 옛날 邾國의 遺民이라고 자칭했을 가능성이 매우 크다. 그 중의 한 지파가 山東 서남쪽 혹은 湖北에서 掖縣 朱橋 부근으로 이주하여 정착한 후에 故國을 기념하기 위해서, "朱橋"라고 명명하였을 수도 있다. 趙濈이 "朱橋"를 "邾橋"로 기록한 것 외에는 明末의 다른 조선사신들은 모두 이곳을 "朱橋"라고 기록하였다. 어쩌면 趙濈이 우연히 이곳에서 현지의 역사를 잘 아는 학자를 만나서 朱橋의 유구한 역사

---

65 朱承山, 劉玉平 主編,《濟寧古代史》, 中國社會出版社 2012年版, p.75。
66 棗莊市山亭區政協 編,《小邾國文化》, 中國文史出版社 2005年版, pp.27-35。
67 王獻唐,《春秋邾分三國考》, 齊魯書社 1982年版, p.1。
68 參見棗莊市山亭區政協 編,《小邾國文化》, 中國文史出版社 2005年版, p.2。

를 전해 듣고 이러한 사실을 알게 되었을지도 모를 일이다. 그러나 이러한 역사는 알고 있는 사람이 소수에 불과하므로 오랜 시간이 흐르면서 점차 잊혀 졌을 것이다. 趙濈은 朱橋鋪를 지나면서 〈邾橋驛(주교역)〉이라는 시를 한 편 남겼다.

> 〈주교역〉
> 邾(주), 筥(거), 江(강), 黃(황), 杞(기), 許(허), 滕(등)은 각각 봉토를 받아 계승하였
> 으니,
> 막강한 열국들이 토벌하려 들 때 천자는 위엄을 드러낼 방법이 없었지.
> 규모와 지위는 비록 볼만한 것이 없었으나 사직과 백성은 준거가 있었네.
> 안타까운 마음에 당시의 일을 묻고자 주교에 서있노라니 개탄하는 맘이 더하네.

> 邾橋驛
> 邾筥江黃杞許滕, 各分茅土繼承承。
> 列國莫強專討伐, 天王無計施威棱。
> 規模體統雖嫌少, 社稷人民亦有憑。
> 傷心欲問當年事, 位立橋邊感慨增。
> 趙濈《燕行錄(一云朝天錄)》

　　조즙은 朱橋가 옛 邾國의 땅이었다는 이야기를 듣고 느끼는 바가 있어 朱橋鋪의 朱橋 위에 서서 이 시를 창작하였다. 이 시의 첫 연에서는 先秦 時期에 각 諸侯國들이 中國의 대륙에 분립하여 나라를 세우고 대대로 계승하여 내려왔음을 말하였다. 邾는 앞서 말한 邾國이고 筥(거)는 즉 莒로 莒國을 가리키며 山東 莒縣에 옛 영토가 있었다. 江은 즉 江國으로 처음에는 周에 봉해졌으나 春秋 시기에 楚國에 멸망되었고 옛 영토는 河南 東南部에 있었다. 黃은 즉 黃國으로 옛 영토는 河南 東南部에 있었다. 杞(기)는 즉 杞國으로 처음에는 河南에 있었으나 후에는 山東 安丘로 이동하였다. 許는 즉 許國으로 옛 영토는 河南 許昌 일대에 있었다. 滕(등)은 즉 滕國으로 옛 영토는 지금의 山東 棗莊(조장) 일대에 있었다. 茅土(모토)는 古代에 分封할 때 天子가 白茅(즉 흰 띠풀)로 封地를 대표하는 五色 흙을 싸서 봉토를 받는 사람에게 하사하였던 것을 말한다. 2연

제1장 掖縣 東界에서 朱橋驛까지　93

은 先秦 時期 각 諸侯國이 해마다 서로 정벌을 일삼으며 민생을 돌보지 않고, 天子 역시 제대로 통치를 시행하지 못하여 국운이 쇠미해진 상황을 묘사하였다. 3연은 비록 각 諸侯國의 백성과 국가의 규모는 크지 않았으나 국가의 운영과 백성의 생활은 모두 법식대로 이루어지면서 계승되어 왔음을 말하였다. 體統은 體制를 가리킨다. 4연에서는 春秋戰國 시기에 周나라 天子의 통치가 쇠미하여 諸侯國들 사이에 연이은 정벌 전쟁이 일어나면서 백성들에게 큰 고통을 주었음을 개탄하였다. 아마도 朱橋 위에 서있던 趙濈은 춘추 시기 제후국들의 전쟁을 생각하면서, 萬曆 46年(1618)後金의 努爾哈赤가 "七大恨"의 詔書를 반포한 후 군사를 일으켜 明나라와 遼東에서 개시한 전쟁이 明朝와 朝鮮의 백성들에게 큰 어려움을 초래하고 있던 당시 상황을 연상하였던 듯하다.

사진 1-21　옛 驛道 위에 있는 朱橋鋪의 朱橋 유적지. 상대적으로 보존이 양호하여 명청 시기 관방 역도의 원형을 짐작할 수 있게 한다. 조선사신 趙濈은 이 朱橋 위에 멈춰서서 고금의 흥망성쇠를 탄식하면서 〈邾橋驛〉이라는 칠언율시 한 편을 지어 남겼다.(집필진 답사 촬영)

趙濈 외에 조선사신 金尙憲, 金地粹, 李民宬 등도 朱橋鋪를 지나면서 詩 작품을 남겼다. 〈9일에 주교역에서 숙박하다[九日宿朱橋驛]〉라는 시는 明 天啟 6年(1626) 聖節兼陳奏使인 金尙憲의 작품이다.

황현성 외곽으로 해가 떨어지니, 주교역에서 중양절을 맞이하게 되었구나.

국화는 여전히 나그네에게 웃어주고 귀밑털에 또 다시 가을서리가 내리네.

九日宿朱橋驛 六言

黃縣城邊落日, 朱橋驛里重陽。

菊花依然笑客, 鬢髮又度秋霜。

〈金尚憲《朝天錄》〉

天啟 六年(1626)에 朝鮮은 東江鎮 都督 毛文龍이 황제에게 上奏하여 朝鮮이 은밀히 後金과 내통하고 있다고 모함한 일을[69] 해명하기 위해 閏6月 28日 聖節兼陳奏使 金尚憲, 서장관 金地粹를 明朝로 파견하였다. 그들은 8月 15日에 登州 廟島에 상륙하였다.[70] 그런데 정사 金尚憲과 서장관 金地粹 두 사람은 동시에 登州를 출발하지 않고 金地粹가 먼저 움직인 후 金尚憲이 그 뒤를 따랐다. 金尚憲 일행은 9月 6日 登州城에서 출발하여[71] 7日에 登州 黃縣縣城에 도착하였고 8日에 黃縣의 黃山館驛에 도착했으며[72] 9月 9日 重陽佳節을 맞았을 때 掖縣 朱橋鋪에 도착하였다.

〈9일에 주교역에서 숙박하다[九日宿朱橋驛]〉시의 앞 두 구절은 金尚憲의 8일과 9일의 사행노정을 보여준다. 즉 8일에는 깊어 가는 가을 황금빛 일몰 속에 黃山館驛에서 멀리 보이는 黃縣城을 묘사하였고, 9일에는 登州府 黃山館驛을 출발하여 掖縣 朱橋鋪로 가는 여정 중에 九九重陽佳節을 보내게 된 감상을 서술하였다. 뒤 두 구절에

---

69   [朝鮮] 金尚憲 : 《禮部兵部呈文》,《朝天錄》, 韓國國立中央圖書館藏本, pp.37-a~40-b.

70   金尚憲의《朝天錄》중에는 〈8月15日, 廟島城樓에 올라 달을 감상하며 春城의 韻에 차운하다(八月十五日, 登廟島城樓翫月, 次春城韻)〉라는 시가 수록되었다. 이로써 보면 金尚憲과 金地粹 일행은 明 天啟 6年(1626)8月15日 저녁 무렵에 登州 蓬萊에 도착했을 것이다.

71   金尚憲의 〈登州에서 9月 6日 큰 비바람을 맞다(登州九月六日大風雨)〉, 〈登州에서 산 국화 화분을 옆에 두고 출발할 때 감상을 적다. 去非의 韻을 차운하였다(登州買盆菊置座側, 臨發有感, 次去非韻)〉, 〈登州에서 밤에 앉아 따따기 소리를 들으며(登州夜坐聞擊柝)〉등의 시에 근거한 것이다. [朝鮮] 金尚憲《朝天錄》, 韓國國立中央圖書館藏本, pp.16-b~17-b 참조.

72   金尚憲의 〈黃山驛에서 새벽에 앉아 기러기 소리를 들으며 먼저 출발한 여러 君子들에게 보내는 시. 驛은 黃縣에 있다 (黃山驛曉坐聞雁, 寄先行諸君子, 驛在黃縣)〉, 〈九日에 黃山으로 가는 도중에 感懷를 적다(九日黃山途中感懷)〉등의 시에 근거한 것이다. [朝鮮] 金尚憲,《朝天錄》, 韓國國立中央圖書館藏本, pp.17-b~18-a 참조.

서는 金尙憲은 重陽節을 맞이한 것을 아는 듯, 멀리 異域에서 온 조선사신을 향해 웃어주는 登州의 菊花를 바라보며 이순의 나이가 다 되어 양 귀밑머리에 흰 머리가 더욱 늘었음을 한탄하였다. 이 시에서 국화를 의인화하여 표현한 "여전히 나그네에게 웃어주는 菊花"라는 구절이 주목을 끄는데, 이 국화는 주교포에서 본 것이 아니라 당시 감상헌이 등주성에서 국화 화분을 구입하여 타고 있던 가마에 싣고 다니던 것이다.

〈登州에서 산 국화 화분을 옆에 두고 출발할 때 감상을 적다.
去非의 韻을 차운하였다.〉
8월 가벼운 서리를 맞은 국화 향기롭고, 낯선 땅에 온 나그네는 상심이 더하네.
멀리 고국 동쪽 울타리 아래에는 무수한 금잔화 피어 노랗게 땅을 덮었으리라
객지의 시간은 너무 빨리 흐리니, 열흘도 안되어 중양절이 다가오네.
올 때 손으로 심은 마루 앞의 국화는 누가 서늘한 향기를 따서 술잔에 띄우려나.

登州買盆菊置座側, 臨發有感, 次去非韻。
八月微霜菊有芳, 異鄕爲客倍情傷。
遙知故國東籬下, 無數金錢滿地黃。
客里流光太劇忙, 無多十日近重陽。
來時手種堂前菊, 誰掇寒香泛酒觴。
(金尙憲《朝天錄》)

　登州를 출발하기 전에 金尙憲은 菊花 화분을 하나 사서 가마의 좌석 옆에 두었다. 국화를 구매한 것은 "열흘도 안되어 다가올 중양절" 시절을 맞아 조선도 중국과 마찬가지로 重陽日에 국화를 따고 산에 올라 연회를 즐기는 풍습이 있었기 때문이다. 또 "8월 가벼운 서리를 맞은 국화 향기로우니" 만리타향의 나그네가 된 金尙憲은 짙은 思鄕의 정감을 느끼게 되었고, 떠나오기 전 손수 고향집 마루 앞에 심어 놓은 국화를 누군가 따서 국화주를 마시며 연회를 즐기겠지라고 생각하며 깊은 상념에 잠겼다. 重陽節은 당시 중국에서나 조선에서나 중요한 절기였으며 국화꽃 등 가을꽃과 가을 단풍을 감상하고 높은 곳에 올라 풍류를 즐기는 것은 중양절의 중요한 풍습이었다. 먼 이국

에서 고향에 대한 그리움이 가득한 조선사신에게 가마곁에 놓인 국화꽃은 제대로 중
양절을 즐기지 못하는 사신의 헛헛한 마음을 달래는 작은 위안이 되었을 것이다.

　　乾隆《黃縣志》와 同治《黃縣志》에는 明代 文人 公鼐(공내)의 〈황산관역에서 주교역
으로 가면서[由黃山館驛抵朱橋]〉라는 시 한 편이 실려 있는데, 흥미롭게도 이 시는 金
尚憲의 〈9일에 주교역에서 숙박하다 (九日宿朱橋驛)〉라는 시와 마지막 구 3글자를 빼
고는 완전히 일치한다. 혹시 김상헌이 공내의 시를 보고 이를 모방하여 시를 쓴 것일까?

　　　　〈黃山館驛에서 朱橋로 가면서〉
　　　　少宗伯 公鼐는 蒙陰 사람이다
　　　　황현성 외곽으로 해가 떨어지니, 주교역에서 중양절을 맞이하게 되었구나.
　　　　국화는 여전히 나그네에게 웃어주고 늦 벼 위에 또 가을서리가 내리네.

　　　　由黃山館驛抵朱橋[73]
　　　　少宗伯公鼐, 蒙陰人
　　　　黃縣城邊落日, 朱橋驛里重陽。
　　　　菊花依然笑客, 晚禾又報秋霜。

　　《明史》에[74] 의하면, 公鼐(1558-1626)의 字는 孝與이고 蒙陰(지금의 山東 蒙陰)사람이
다. 萬曆 二十九年(1601)에 進士에 及第하였고 編修, 左諭德, 東宮講官, 左庶子, 禮部
右侍郞 등의 관직을 역임하였다. 公鼐는 학문을 좋아하고 박학하였으며 도량이 넓고
견식이 높았으니, 明代의 저명한 詩人이었으며 山左(山東의 別稱) 詩壇의 대표적인 인
물이었다. 清初의 저명한 文人인 王士禎은 公鼐를 가리켜 萬曆 中期에 "사림들의 명
망이 높았으며[詞林宿望]", 그의 "시문은 우아하고 절구가 더욱 정교했다[詩文淹雅,
絕句尤工]"라고[75] 칭찬하였다. 주요 저서는《問次齋集》,《千金裘》,《小東園集》등이 전
한다. 필자는 그의 저서 에서는 〈황산관역에서 주교역으로 가면서[由黃山館驛抵朱

73　乾隆《黃縣志》卷11《藝文下·詩》, 清 乾隆 二十一年刻本, p.14-b。
74　《明史》卷216《列传一百四》, 中华书局1974年影印本, pp.5716-5717。
75　《池北偶談》卷十一《公文介公詩》, 清文淵閣四庫全書本。

橋]라는 시가 없다는 사실을 확인했다. 그런데 同治《黃縣志》의《修志凡例》에 의하면, "詩文은 縣의 公事나 명승지와 관련된 것은 반드시 방지에 수록하였고 빼어난 작가나 贈答한 작품은 모두 수록하지는 못하였다."[76]라고 하였다. 公鼐의〈黃山館驛에서 朱橋로 가면서〉라는 시는 이러한 전제[77]에 해당되므로 乾隆《黃縣志》에 수록되어 전하게 되었다. 한편, 金尙憲의〈9일에 주교역에서 숙박하다 (九日宿朱橋驛)〉라는 시가 중국 문헌에서 처음 선보인 시기는 清 康熙 二十八年(1689) 王士禛의《池北偶談》初刻本이 간행된 해일 것이다.[78] 그러므로 김상헌이 공내의 시를 모방한 것인지, 아니면 김상헌의 시가 공내의 이름을 빌려 현지에 전해진 것인지 등은 公鼐의 生平, 王士禛의《池北偶談》初刻本 간행과 중국 내 전파 상황, 乾隆《黃縣志》의 간행, 山東 蒙陰 사람이었던 공내가 병사한 天啟 六年(1626) 明朝로 향하던 金尙憲 일행의 현지 중국 문인들과의 교유 상황 등을 다각적으로 살펴보아야 정확하게 파악할 수 있을 것이니 현재로서는 정확한 고증이 어렵다.

일단,〈黃山館驛에서 朱橋로 가면서〉의 작가가 누구인지 차치해 두고, 다시 인문지리학적 고찰로 되돌아와서 시를 살펴보기로 하자. 시의 마지막 구절인 "늦벼 위에 또 가을서리가 내리네" 중의 "늦벼[晚禾]"는 성장기가 비교적 길어서 일반적으로 서리가 내린 후에 수확하는 벼의 품종이다. 앞 글에서 明初 고려사신 權近의〈제교역에서 유숙하다[宿諸橋驛]〉라는 작품의 "넓은 전원에서는 막 벼를 거두네"라는 구절과 함께 비교해본다면, 明初부터 明末까지 이백여 년간 여러가지 원인으로 朱橋河의 수량이 계속 감소하는 추세였지만 朱橋鋪 일대에서 재배하는 작물은 여전히 무논의 벼가 중심이 되었던 것으로 추정된다.

---

76 "詩文必關縣公事及縣勝跡乃得入志, 秀家贈答之作載不勝載." 同治《黃縣志》卷首《修志凡例》, 清 同治 十年刻本, p.4-a。

77 "예를 들어 唐太宗의《觀海詩》는 遼東에서 창작되었고, 柳宗元, 劉禹錫의《淳于髡》는 襄城에서 창작되었다. 그러나 이 시들은 모두 縣과 무관하기 때문에 삭제되었고 가문에는 전해졌으나, 墓志, 舊志에서는 藝文에 넣지 않았다. 지금은 그 예를 따랐다."(若唐太宗《觀海詩》作於遼東, 柳宗元, 劉禹錫題《淳於髡》二詩作於襄城, 皆於縣無與故俱刪, 家傳, 墓志舊志不入藝文, 今依其例。)(同治《黃縣志》卷首《修志凡例》, 清 同治 十年刻本, p.4-a。)

78 李永祥,《論〈池北偶談·談異〉》, 孔繁信, 邱少華主編《王漁洋研究論集》, 山東文藝出版社1991年版, p.373。

〈주교촌〉

흰 배 옆 푸른 휘장이 늘어진 물가 시장 모퉁이, 붉은 치마의 기녀들 있는 술집
누각이 있네

중양절이 가까워 밤에 서리가 내리지만 나무 많은 이름난 정원에는 가을이 다
가지 않았네

朱橋村

白牓靑簾沙市頭, 茜裙遊女酒家樓。

重陽已迫霜飛曉, 萬樹名園未盡秋。

(金地粹《朝天錄》)

天啟 六年(1626) 聖節兼陳奏使臣團의 서장관이었던 金地粹는《朱橋村》이라는 시
에서 명대 말기 래주부 朱橋 일대의 상업과 농업이 번성하고 발달했던 모습을 묘사하
였다. 朱橋村은 朱橋鋪를 가리킨다. 앞 두 구절에서는 廣河, 즉 朱橋河 강변에 많은 선
박들이 늘어서 있고 하천을 왕래하는 漁民들이 朱橋鋪의 시장에서 신선한 수산물을
팔고 있으며, 거리 양쪽으로는 상점들이 밀집해 있고 술집들이 숲처럼 늘어서 있는 가
운데 붉은 치마를 입은 靑樓의 여인들이 보이는 것을 묘사하였다. 뒤의 두 구절에서는
서리가 내리는 늦가을이지만 朱橋鋪 일대의 각종 수목과 원림은 여전히 푸르고 울창
한 기운이 가득하다고 서술하였다. 白牓(백방)은 白榜의 뜻으로 원래는 흰나무로 된 공
시판을 가리키는데, 배의 상앗대를 흰 나무로 만들었기 때문에 흰 배를 상징하는 어휘
로도 사용된다. 옛날 술집 문 앞에 드리우던 간판이나 주렴은 대부분 푸른 천으로 제작
했으므로, 푸른 휘장은 술집을 가리킨다. 沙市는 朱橋河의 강변에 있던 시장을 가리킨
다. 즉, 명대의 주교촌은 줄곧 등주부와 래주부 사이의 官道에서 중요한 경유지였으며
사람들의 왕래가 많고 농업과 상업이 발전한 곳이었다.

(3月)18日, 朱橋馹에 도착하였다. 새벽에 沙河店을 출발하여 巳時에 萊州
府에 도착하였다. ……저녁에는 夜縣의 朱橋馹에 유숙하였다. 110리를
이동하였다. 19日, 黃縣에 도착했다. 첫새벽에 朱橋를 출발하여, 黃山馹

에서 아침식사를 하였다. …… 오후에 黃縣의 東館馹에 도착하였다. 120
리를 이동하였다. (三月)十八日, 到朱橋馹。曉, 發沙河店。巳時, 到萊州
府。……夕, 宿夜縣之朱橋馹, 行一百一十里。十九日, 到黃縣。曉頭, 發
朱橋, 朝火於黃山馹。……午後, 抵黃縣之東館馹, 行一百二十里。(李民
成《癸亥朝天錄》)

　윗글은 天啟 三年(1623) 奏聞兼辯誣使 서장관 李民宬이 明나라의 京師에서 돌아오
는 여정을 기록한 것이다. 天啟 四(1624) 3月 18日, 李民宬 일행은 披縣 沙河店(즉 沙河
鋪, 뒤에서 상술함)을 출발하여 오전 9시부터 11시 사이에 萊州府城 披縣에 도착하였고
저녁 무렵에는 披縣 朱橋驛(즉 朱橋鋪)에 도착하여 유숙하였다. 다음날 동틀 무렵 李民
宬 일행은 朱橋鋪를 출발하여 黃縣의 黃山館驛에 도착하여 휴식하고 정돈한 후 다시
출발하여 오후에는 黃縣 東館, 즉 黃縣 東關에 도착하였다. 3月 19日 朱橋鋪를 출발할
때, 李民宬은 〈아침에 주교역을 출발하다[早發朱橋驛]〉라는 시를 남겼는데 이 시에는
조선사신들이 길고 긴 사행 여정 중에 느꼈던 고단함이 묻어난다.

　　〈아침에 주교역을 출발하다〉
　　달과 함께 나온 밝은 별이 높지 않고, 길이 머니 가마에 앉는 것도 수고롭게 느
　껴지네
　　깜박깜박 곤히 졸다가 놀라 깨보니 노새의 등 위로구나
　　수없이 많은 방울 소리 울리며 석교를 건너네

　　早發朱橋驛
　　伴月明星出未高, 路長猶覺坐轎勞。
　　昏昏困睡驚騾背, 無數鈴聲過石橋。
　　(李民宬《燕槎唱酬集》)

　이 시는 李民宬(1570-1629) 일행이 日出 전, 달과 함께 나온 啟明星이 아직 높이 뜨지
도 않았을 때 벌써 여정을 시작하여 귀국길을 재촉하는 상황을 보여준다. 3月 2日 京

師에서 귀국길에 오른 후 3月 19日까지 이미 열흘이 넘는 노정을 거쳐온 후였으므로 장기간의 여행으로 인해 이미 60세에 가까운 李民宬은 상당한 피로를 느끼고 있었다. "깜박깜박 곤히 졸던" 중에 작자는 나귀의 등에서 방울 소리를 듣고 놀라서 깨어났다. 고요한 여명 속에 짤랑거리는 방울 소리가 따라오고 있었고 사행단은 천천히 登州로 향하는 石橋를 통과하고 있었다. 밝은 별이란 啓明星(계명성)으로 태양보다 먼저 나온다고 알려져있다.

　종합하면, 使行文獻에서 기록하고 있는 諸橋驛이나 朱橋驛은 朱橋村이며 明初부터 明 萬曆 中期까지 朱橋驛으로 불렸으며 明末부터 淸末까지는 朱橋鋪로 불렸다. 지금의 萊州市 朱橋鎭 朱橋村에 해당한다. 관련된 方志의 기록에 의하면, 萊州市 朱橋鎭 朱橋村은 漢高祖 四年(BC203)에는 曲城縣에 속하였고 南北朝의 北魏(북위) 때에는 西曲城에, 隋나라 때는 掖縣(액현)에 속했다. 명대 초기에는 萊州府 進士鄕에, 명대 만력 중기에는 朱橋鄕에, 청대 건륭 연간에는 朱橋鎭에, 청대 宣統 二年(1910)에는 掖縣 朱橋區에 속하였다. 1931년에는 第五區에, 1943년 6월에는 午城區에, 1956년 1월-11월까지는 朱橋區에 속하였다. 1958년 8월에는 朱橋人民公社에 속하였다가 1984년부터 지금까지 煙台市(연태시) 萊州市 朱橋鎭에 속해 오고 있다.

　지금의 萊州市 朱橋鎭 朱橋村의 명칭 변화를 간단하게 정리하면 다음과 같다. (明初)諸橋驛, 朱橋驛, 陽村 →(明 嘉靖, 萬曆 연간)朱橋鋪[79]→(明末)朱橋鋪, 朱橋驛, 朱橋村, 邾橋驛 →(淸)朱橋驛[80] →(民國에서 지금까지)朱橋村。[81]

79　嘉靖《山東通志》卷15《公署》, 明嘉靖刻本, 第25页b; 萬曆《萊州府志》卷5《鋪舍》, 明 萬曆 三十二年(1604)刻本版, p.20。

80　康熙《黃縣志》卷8《藝文·詩》, 淸 康熙 十二年刻本, p.5-b; 乾隆《掖縣志》卷2《驛遞》, 淸 乾隆 二十三年刊本, p.86-a; 順治《招遠縣志》卷11《藝文·記》,淸 道光 二十六年刊本, p.19-a。

81　民國《四續掖縣志》卷3《交通》, 民國 二十四年鉛印本, p.78-a。

사진 1-22   지금의 萊州市 新城鎮 朱橋村의 村碑 정면. 명대에는 일반적으로 驛道상에 10리마다 鋪가
설치되었고 이보다 규모가 큰 驛은 각 지역의 상황에 따라 탄력적으로 운용되었는데, 포와 역은
교통과 중심지로 발전하여 역참마을(村)로 발전하는 경우가 많았다. (집필진 답사 촬영)

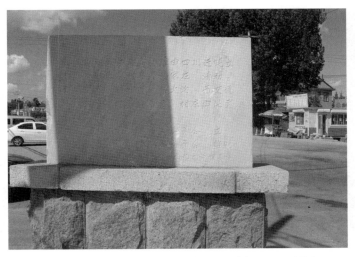

사진 1-23   지금의 萊州市 新城鎮 朱橋村의 村碑 뒷면. (집필진 답사 촬영)

사진 1-24   지금의 萊州市 新城鎮의 朱橋河 江岸(사진의 오른쪽에 주교하가 흐름)에 새로이 조성된 朱橋新村.
조선사신 김지수는 이곳에서 주교하 위에 흰 배들이 떠있는 것을 보았고 푸른 휘장을 내건 상점들이
줄지어 있으며 술집 누각에서 붉은 치마를 입은 기녀들이 손짓하는 모습을 바라보면서
〈朱橋村〉이라는 시를 지어 남겼다. (집필진 답사 촬영)

사진 1-25   지금의 萊州市 新城鎮 朱橋村의 舊村지역. 아직 재개발이 진행되지 않아
주교신촌보다 옛 마을을 모습을 많이 간직하고 있었다. (집필진 답사 촬영)

사진 1-26   지금의 萊州市 新城鎭 朱橋村의 舊村지역. (집필진 답사 촬영)

제4절 掖縣界(石碑), 王乙山

1) (7月)初5日, ……저녁에 朱橋馹에 들어가서 翰林客館에서 유숙하였다.
   初6日, 5里 남짓 가니 비석이 세워져 있었고 掖縣界라고 쓰여 있었다.(
   七月)初五日, ……暮, 入朱橋馹, 宿翰林客館。初六日, 行五里許, 立石
   曰：掖縣界(安璥《駕海朝天錄》)

2) (10月)11日, ……저녁에 邾橋驛에 가서 俞姓의 人家에서 숙박하였다.
   12日, 萊州 掖縣界를 출발하여 30리를 가서 蓬呂店에 도착하여 점심식
   사를 하였다.(十月)十一日, ……晚至邾橋驛俞姓人家宿。十二日, 朝發
   萊州掖縣界, 三十里到蓬呂店中火(趙濈《燕行錄(一云朝天錄)》)

1) 의 문장은 天啟 元年(1621) 謝恩冬至兼聖節使臣團의 서장관 安璥의 사행 문헌이
고, 2)는 天啟 三年(1623) 冬至聖節兼謝恩使 趙濈이 북경으로 가는 노정 중에 掖縣界

의 石碑에 관해 기록한 것이다. 1)을 보면, 安璥 일행은 登州府 黃縣을 출발하여 120리
를 이동하였고 黃昏 무렵에 朱橋鋪에 도착하여 밤에 翰林客館에서 유숙하였다. 다음
날 朱橋鋪의 翰林客館에서 출발하여 5里 남짓 이동한 후에 "萊州掖縣界"의 石碑를 보
았으니, 安璥이 기록한 "萊州掖縣界"의 石碑는 朱橋鋪와 掖縣 琅琊鋪의 사이에 있었
던 셈이다.

趙濈 일행은 아침에 黃縣 黃山館驛을 출발하여 저녁 무렵에 朱橋鋪 俞姓의 人家에
서 유숙하였고 다음날 새벽에 "萊州掖縣界"에서 출발하였다. 즉 趙濈이 기록한 "萊州
掖縣界"의 石碑는 朱橋驛이 있는 朱橋村 안에 있었다. 그 밖에 金尙憲 일행도 북경행
여정 중에 이 구간을 지나면서〈萊州 掖縣界, 宋 辛次膺故里를 지나면서[萊州掖縣界, 過
宋辛次膺故里]〉[82]라는 시를 남기기도 하였다. 이러한 기록들은 모두 "萊州掖縣界"의
石碑가 실제로 존재했으며 여러 조선사신들이 "萊州掖縣界"의 石碑 곁을 실제로 지
났고 목도했다는 사실을 증명한다. 즉, "萊州掖縣界" 石碑는 驛道 바로 옆에 있었을 것
이다.

〈그림1-27〉에서 보이는 바와 같이, 萊州府 掖縣 東北部와 登州府 招遠縣의 경계는
들쭉날쭉하게 맞물려 있었다. 사진 중에 표시된 ①, ②, ③, ④의 장소와 같이, 掖縣과
招遠縣의 경계는 20세기 중기까지 명확히 구획되지 못했다.[83] 즉 근대 이전 이 지역의
행정구획은 고정불변이 아니었고 여러가지 대내외적 원인으로 인해 부단히 조정되며
변화하였다.《勺亭識小錄》에[84] 따르면, 朱橋鋪가 있던 朱橋鎮(清代의 朱橋鋪, 즉 朱橋村
은 朱橋鎮에 속한다)은 隋나라 이후로 계속 掖縣에 속하였다. 그러므로 安璥이 "萊州掖
縣界" 石碑의 위치에 대해 기록한 것은 오류가 있는 듯하다. 그러나 趙濈이 기록한 "萊

82 [朝鮮] 金尙憲:《朝天錄》,《淸陰集》卷9, 韓國國立中央圖書館藏本。

83 山東省萊州市史志編纂辦公室 編:《萊州市志》, 齊魯書社1996年版, pp.41-42; 萊州市地名辦公室
編:《萊州市地名志》, 1996年版, pp.10-66; 山東省招遠縣志編纂委員會,《招遠縣志》, 華齡出版社
1991年版, pp.56-63; 招遠縣地名委員會辦公室 編:《招遠縣地名志》, 1987年版, pp.13-20。

84 毛贄,《勺亭識小錄》卷1《識村鎮》, 民國 二十三年 掖縣王桂堂日曝經草堂抄本(韓寓群 主編,《山東文獻集
成(第二輯)》第25冊, 山東大學出版社, 2007, p.125 참고). 毛贄의 字는 師陸이고 號는 勺亭이며 明代 閣
老 毛紀의 후손이다. 毛贄가 개인적으로 편찬한 方志《識小錄》은 乾隆 10年, 즉 1745年에 완성되었으
므로 掖縣 官修志《掖縣志》(乾隆 23年)보다 13년 앞서 나왔다.《勺亭識小錄》은 후에 乾隆《掖縣志》와
乾隆《萊州府志》의 편찬에 실제적인 기초 자료를 제공하였다.

州掖縣界" 石碑의 위치가 朱橋驛이 있던 朱橋村 안에 있었다는 것은 史實에 부합한
다. 그러나 경계비의 구체적인 위치를 고증하기는 어렵게 되었다.

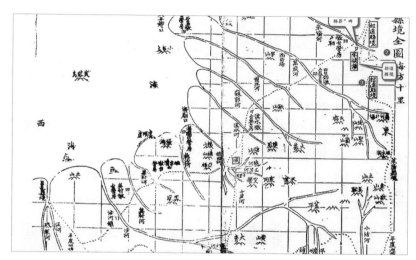

그림 1-27   《掖縣全境圖》[85] 지도에서 점선은 현의 경계를 나타낸다. 붉은 숫자 ①②③은 초원현지역을
나타내고 ④는 래주성현(액현)으로 들어가는 경계비를 표시한다. ④의 경계비 오른쪽이 초원현이고
왼쪽으로 넘어가면 액현지역인데 경계비는 실제로 주교역 안에 있었다. .

　(7월)초5일, 맑음. 아침에 (황현을) 출발하였다. …… 30리쯤 가니 비석이
있고 "등주와 래주의 경계[登州萊州界]"라고 쓰여 있었다. 남쪽에는 黃山
이 있고 북쪽으로는 바닷가에 접해 있다. 넓은 들판 끝까지 시야가 트였으
니 하천이 대부분 바다에 가까워서 潮汐의 흔적은 보이지 않았다. 흰 모
래가 펼쳐진 평원 곳곳에 수풀이 있는 공간에는 반드시 마을이 있었다. 또
牌門에 "산동의 으뜸가는 마을, 북마중진[東牟首邑, 北馬重鎭]"이라고 쓰
여 있었다. 60리쯤 가니 黃山馹이 나왔다. 말을 바꾸고 燕哥店에서 점심
을 먹었다. 바다로 이어진 하천을 건너니 남쪽으로 먼 산이 보였는데 "王
乙山"이라고 한다. 珎淸堡(진청보)를 지나서 저녁에는 朱橋馹에 진입했으
며 翰林客館에서 묵었다. 이 날은 120리를 움직였다.

85　光緒《三續掖縣志》卷首圖, 淸 光緒 十九年刻本版

> (七月)初五日, 晴。早發(黃縣), ……三十里立碑曰：登州萊州界。南有黃
> 山, 北濱於海, 廣野極目, 大槩川多近海, 而未見潮汐之痕。百沙平原, 處
> 處林樹之間必有村莊矣。又題門曰：東牟首邑-北馬重鎮。行六十里, 是
> 爲黃山駅, 遞馬中火於燕哥店, 涉進海川, 南邊遠山曰：王乙山, 過珎淸堡,
> 暮, 入朱橋駅, 宿翰林客館, 是日行百二十里云。(安璥《駕海朝天錄》)

　　윗글은 天啓 元年(1621) 謝恩冬至兼聖節使臣團의 서장관 安璥이 이 구간의 사행 여
정을 기록한 것이다. 安璥이 黃縣 서쪽으로 30리를 가면 "登州萊州界" 石碑가 있다고
서술한 것은 앞서 보았듯이 오류가 있는 듯하다. 黃縣에서 출발하여 30리 거리에는 黃
縣 北馬鋪가 있었고 "산동의 으뜸가는 마을, 북마중진[東牟首邑-北馬重鎮]"이라고 쓰
여진 牌門이 있었다. 여기서 주의해야 할 곳은 안경이 언급한 "黃山"과 "王乙山"이다.
登州府와 萊州府 및 소속된 각 縣의 중국 方志 중에는 王乙山에 대한 기록이 없다. 安
璥은《路程里數記(노정이수기)》중에서[86] "王乙山"을 "黃山의 王乙山"이라고 언급하였
다. 7월 5일 安璥 일행이 지났던 역참로 부근에 "黃山"이라고 불리는 지역은 두 곳이
있었다.

　　첫 번째는 黃山館驛 동남 방향에 있는 招遠縣의 黃山인데, "黃山은 초원현 북쪽 40
리 거리에 있으며 縣治에 있는 큰 강에 가로막혀 있다."는 기록이 있다.[87] 두 번째는 朱
橋驛 동남 방향에 있는 掖縣의 黃山으로, "황산은 掖縣 縣城의 남쪽 40리 거리에 있으
며 옥 같은 흰 돌을 생산한다. 黃真人祠(황진인사)가 있다."라고[88] 하였다. 우선 첫번째
중국 방지에 있는 招遠縣의"黃山"의 위치는 安璥이 北馬鋪를 지나면서 기록한 "黃山"
의 정보와 일치한다. 그러나 두번째 중국 방지에 있는 掖縣의"黃山"의 위치는 안경이
기록한 정보와 일치하지 않는다.

　　7月 初5日 당일의 기록을 보면, 安璥이 기록한 내용은 경유지의 순서를 따르고 있는

86　"名山과 大川 중에 경유한 古跡은 登州의 蓬島, 黃山의 王乙山 등이 있다. (名山大川所經古跡則如：登州
　　之蓬島, 黃山之王乙山)"[朝鮮]安璥,《路程里數記》,《駕海朝天錄》, 美國哈佛大學燕京圖書館藏本。

87　"黃山, 在縣北四十里, 爲縣治大河關鎮。"(淸)張作礪等 纂修, 順治《招遠縣志》卷2《山川》, 淸順治十七
　　年刻本版, p.4-a。

88　"黃山, (掖縣縣)城南四十里, 産白石如玉, 有黃真人祠。"(淸)張思勉, 于始瞻 纂修, 乾隆《掖縣志》卷1《山
　　川》, 淸乾隆二十三年(1758)刊本版, p.15-a。

것으로 보인다. 조선사신 일행은 黃山館驛을 출발하여 오다가 "바다로 이어지는 하천을 건넜으니[涉進海川]", 역참로는 해변에서 상당히 가까웠으며 남쪽으로 "황산의 왕을산[黃山之王乙山]"을 멀리 조망할 수 있었다. 그러나 掖縣의 黃山은 萊州城의 서남쪽 40리에 위치해 있으며 중간에 大基山(대기산) 등의 산맥이 가로놓여 있어서 멀리 바라볼 수 없다. 그러므로 안경이 초원현과 액현의 경계인 朱橋驛에 도달하기 전에 남쪽으로 멀리 바라본 산이 掖縣의 黃山의 한 봉우리일 수는 없다. 그렇다면 안경이 주교역에 도달하기 바로 전에 바라본 왕을산은 도대체 무슨 산인가?

招遠縣에는 '望兒山(망아산)'이라는 산이 하나 있는데, 이 산은 "초원현 서쪽 60리 거리에 있다. 전설에 아들이 종군하러 가자 아버지가 이 산에 올라 멀리 아들이 돌아오는지 바라보며 기다리다가 죽은 후에는 그 산기슭에 묻혔다"고 한다.[89] 이 산은 新城 正南 방향으로 招遠縣과 掖縣의 경계선에 있었다. 그러므로 조선사신 일행이 黃山館驛을 출발한 후 朱橋驛에 도달하기 전에 남쪽으로 멀리 바라다보인 산은 왕을산이 아니라 '望兒山'일 가능성이 매우 크다. 지방지의 기록에[90] 따르면, 望兒山은 현재 煙台市 招遠市 서북쪽 5km 거리에 있으며, 煙台市 招遠市와 萊州市 접경에 위치해 있고 招遠市 蠶莊鎭에 속한다. 해발 176m이고 면적은 0.5평방km이다. 산 정상에 오르면 동쪽으로 金華山의 푸른 소나무 숲이 보이고 서쪽으로 渤海의 푸른 파도가 나타나며, 북쪽으로 너른 평원이 펼쳐지고 남쪽으로는 언덕과 산등성이의 줄기가 오르내리는 풍경이 수려하다. 산 속에는 여러 곳에 금광이 있어서 황금을 생산한다.

---

89 "在縣西六十里. 世傳有子從戎, 父登此山望之, 卒葬山麓." ㈜徐應元等 纂修, 泰昌《登州府志》卷6《地理志二·山川》, 河南省圖書館館藏版, p.24-a。

90 招遠縣地名委員會辦公室 編,《招遠縣地名志》, 1987年版, pp.328-329; 山東省招遠縣縣志編纂委員會 編,《招遠縣志》, 華齡出版社1991年版, pp.81-84。

사진 1-28   지금의 招遠市에 있는 望兒山의 원경. 조선사신 안경은 초원현을 지나
액현 주교역으로 들어오는 길에 멀리 남쪽으로 이 산을 바라볼 수 있었고 王乙山으로 기록했으나
이는 誤記이다. 안경이 바라본 산은 바로 사진 속에 보이는 望兒山이다. (집필진 답사 촬영)

한편, 현재 전해지는 중국 지방지 중에는 조선사신의 사행기록에 나타나는 "燕哥店"과 "珎淸堡(진청보)"에 관한 기록이 없다. 이 두 곳은 아마도 민간의 점포였기 때문에 기록이 없는 듯하다. 그러나 조선사신 일행이 출발한 시간과 노정 및 식사와 숙박을 한 시간을 보면 "燕哥店"은 黃山館驛과 新城의 사이에 있었고, "珎淸堡"는 新城과 朱橋驛의 사이에 있었을 가능성이 매우 크다. 이에 관해서는 차후 추가적인 고증이 필요하다.

그리고 楊曰明 主任은 이 구간의 옛 驛道가 지금의 萊州市 金城鎭 紅布村를 지났다고 확인해주었다. 紅布村은 金城鎭 읍사무소의 동북쪽 2.8km 거리에 있으며 萊州市와 招遠市의 접경 지역에 위치해 있다. G20 6國道(煙汕公路)의 서쪽에 있으며 마을의 모양은 들쭉날쭉한 타원형이다. 明初에 王씨와 趙씨가 四川에서 이 마을로 이주하였는데 마을에 상점을 세울 때 붉은 천으로 간판을 만들었으므로 이로부터 마을의 이름을 紅布店子라고 불렀다. 1945年 후에는 줄여서 紅布(村)이라고 불리게 되었으며 1984年 4月에는 紅布村民委員會가 설립되었고 지금은 萊州市 金城鎭에 속한다.

사진 1-29   지금의 萊州市 金城鎮 紅布村의 村碑. 조선사신들이 기록으로 남기지는 않았으나
황현 황산관역을 출발한 조선사신들이 황현과 초원현의 경계에 있던 이 마을도 지났다. (집필진 답사 촬영)

明代의 명칭을 따라 掖縣 西界부터 掖縣의 朱橋鋪에 이르기까지 조선사신이 경유한 지명은 순서대로 다음과 같다. ① 新河 ② 馬堂店, 金坑鋪 ③ 朱果寺, 佛寺(紺宇淨土), 朱郭鋪(諸郭鋪) ④ 神山(寒同山) ⑤ 廣河 ⑥ 朱橋驛(朱橋馹/ 諸橋驛/ 朱橋村/ 陽村) ⑦ 掖縣界(石碑) ⑧ 王乙山.

明代의 명칭을 현지조사 및 문헌을 통해 고증한 현재의 지명과 위치는 순서대로 다음과 같다. ① 萊州市 辛莊河 ② 萊州市 金城鎮 馬塘村 ③ 萊州市 金城鎮 朱郭李家村 ④ 萊州市 雲峰山風景區 寒同山 ⑤ 萊州市 朱橋鎮 朱橋河 ⑥ 萊州市 朱橋鎮 朱橋村 ⑦ 萊州市 朱橋鎮 朱橋村 ⑧ 招遠市 蠶莊鎮 望兒山. 그 밖에 현지조사와 인터뷰를 통해 조선사신이 지금의 萊州市 金城鎮 紅布村을 경유했음도 알 수 있었다.

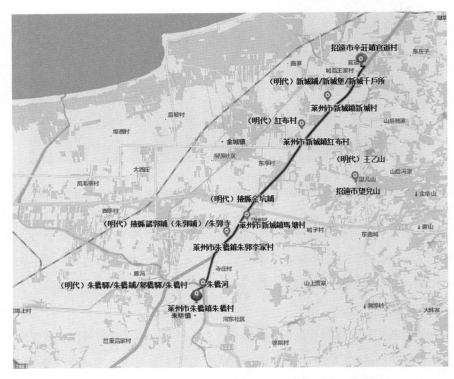

그림 1-30 掖縣 西界부터 朱橋鋪까지 조선사신 경유지의 古今地名 對照 地圖

제2장 朱橋驛에서 萊州府城까지

(10월) 12일, 날씨가 온화하여 아침에 萊州 掖縣界를 출발하여 ········· 萊州東門 밖에 도착했는데 아직 시간이 일렀다. 일행이 거쳐온 평원은 일망무제로 보리밭이 펼쳐져 있었는데 밭두둑에는 대추나무, 배나무, 뽕나무, 밤나무, 버드나무, 백양나무가 심어져 있고 다른 잡목은 보이지 않았다. (十月)十二日, 晴。日氣溫和, 朝發萊州掖縣界(邾橋驛), ……到萊州東門外, 日尚早矣。所過平原, 一望極目, 麥田之畔, 必植棗, 梨, 桑, 栗, 青柳, 白楊, 更無他雜木矣。(赵湇《燕行录(一云朝天錄)》)

萊州 掖縣은 南高北低의 지세를 이루고 있어서 대다수의 하천이 남쪽의 산악지역에서 발원하여 북쪽 渤海로 유입되며 하천 하류는 충적물이 쌓여 너른 평원을 형성하고 있다.[1] 驛道가 지나던 蓬萊, 黃縣, 招遠 등의 지역은 대체로 지세가 평탄하고 토지가 비옥하여 각종 농작물과 과실 수목의 재배에 적합했다. 위의 조선사신 趙湇의 기록을 통해서 이러한 사실을 재차 확인할 수 있다. 萬曆《萊州府志》[2]에 따르면 掖縣 朱橋鋪에서 萊州府城까지는 60리 떨어져 있으니 주교포에서 출발하여 서쪽으로 차례로 瑯琊鋪(縣 東北 50리), 賈鄧鋪(縣 東北 40리), 平里店鋪(縣 東北 30리), 蘇郭鋪(縣 東北 20리), 淇水鋪(縣 東北 12리)를 지난다. 이 구간에서 조선사신들이 언급한 경유지는 "瑯琊上流" 欄門, 宋 辛次膺 故里, 萬歲沙, 萬歲橋, 王河, 禮河, 禮萊村, 平里店, 呂蒙正先跡,

---

1　山東省 萊州市志編纂委員會 編,《萊州市志》, 齊魯書社1996年版, pp.72-75.
2　萬曆《萊州府志》卷5《驛傳》明 萬曆 三十二年刻本。

蘇河, 二十里鋪, 水古河, 水古村, 淇水鋪, 十里鋪, 義塚碑, 侯侍郞墓, 沙丘城, 萊州城 및
城內에 있던 文廟, 東萊書院, 孫給事花園 등이 있다.

제1절 "瑯琊上流" 欄門과 宋 辛次膺 故里

> (주교역으로부터) 10리를 가면 欄門이 있는데 '瑯琊上流'라고 쓰여 있다.
> 李白의 詩에 '騁望瑯琊臺'라고 한 곳이 바로 이곳이다. 行十里, 有欄門,
> 書之曰 : "瑯琊上流", 李白詩 : "騁望瑯琊台", 即此也. (鄭斗源《朝天記地
> 圖》)

윗글은 明 崇禎 三年(1630) 陳慰奏請兼進賀使 정사 鄭斗源이 북경으로 가는 길에
기록한 것이다. 朱橋鋪에서 출발한 조선 사신들이 서남쪽으로 난 驛道를 따라 10리를
가면 瑯琊鋪가 있었을 것이니, 곧 萊州府城에서는 東北방향으로 50리 떨어진 곳이다.
정두원은 윗글에서 주교역에서 10리를 가서 "瑯琊上流" 欄門를 지났다고 했으며, 패방
에 쓰인 "瑯琊"는 바로 중국 唐代 대문호 李白의 시 구절 "騁望瑯琊台(빙망낭야대)"에
서 언급된 바로 그 "琅琊"라고 기록했다. "騁望瑯琊台"라는 구절은 李白의 시 〈古風〉
59수 가운데 제3수[3]에 보인다. 琅은 瑯과 통하고[4] '瑯琊臺'는 瑯琊山 위에 있는데"[5] 낭

---

3 〈古風〉제3수의 全文은 다음과 같다. 秦皇掃六合, 虎視何雄哉. 揮劍決浮雲, 諸侯盡西來. 明斷自天啟, 大
   略駕群才. 收兵鑄金人, 函穀正東開. 銘功會稽嶺, 騁望瑯琊台. 刑徒七十萬, 起土驪山隈. 尙采不死
   藥, 茫然使心哀. 連弩射海魚, 長鯨正崔嵬. 額鼻象五嶽, 揚波噴雲雷. 鬐鬣蔽靑天, 何由睹蓬萊. 徐
   市載秦女, 樓船幾時回. 但見三泉下, 金棺葬寒灰. ((唐)李白,《李太白集》卷二《古風五十九首》, 宋刻本)
   "銘功會稽嶺, 騁望瑯琊臺(회계령에 공적을 새기고 말을 달려 낭야대를 바라보았네)"라는 이백의 시구는 진시
   황이 일찍이 회계산과 낭야산에 올라 석비를 세우고 진나라의 공덕을 기렸던 일을 말하는 것으로, 이백
   이 진시황의 영웅 다운 풍모와 지략으로 중국 통일의 위업을 달성한 것을 칭송한 것이다. '會稽嶺'은 곧
   '會稽山'으로(漢司馬遷,《史記》卷二《夏本紀第二》, 淸乾隆武英殿刻本) 지금의 浙江省 紹興市 동남쪽에 있다.
4 중국의 方志와 古文獻에는 "琅琊"와 "瑯琊"가 모두 通用되었으나 "琅琊"라는 표기가 더욱 일반적으
   로 사용된 것 같다. 예를 들어《明一統志》, 嘉靖《山東通志》, 嘉靖《靑州府志》 등에는 "琅琊"로 표기되어
   있다. 본고에서는 특별한 설명이 없을 경우 근거가 되는 원문에 따라 지명을 표기하고 필자들이 논증하
   는 부분에서는 일반적으로 통용되던 "琅琊"를 사용하기로 한다. 이후 본서에서 지명과 인명 등 고유명
   사의 표기는 이와 같은 방식을 따르기로 한다.
5 《明一統志》, 卷24《萊州府》, 淸文淵閣四庫全書本.

야산은 지금의 濰坊市 諸城市 동남쪽, 곧, 靑島市 膠南市 서남쪽 30km 지점에 있으며 삼면이 바다로 둘러싸여 있고 서쪽만 육지에 접하고 있다. 《元和郡縣志》에 "낭야산은 諸城縣 동남 140리 거리에 있다. 《史記》에 의하면 '진시황 26년, 齊를 멸하고 낭야산에 올라 산 위에 누대를 건축하고 琅琊臺라고 불렀다'고 한다. 둘레는 20리에 달하는데, 진시황이 이곳을 좋아하여 3개월을 머물렀다. 12년 후에 석비를 새겨서 그의 공덕을 기록하였다."[6]라는 기록이 있다. 그러므로 정두원이 지나간 래주부 액현 낭야포는 진시황의 행적이 남아 있는 역사 유적지인 낭야대와는 지리적인 거리도 멀고 역사적으로도 아무런 관련이 없다. 그런데 왜 정두원은 '낭야상류'패방의 '낭야'가 이백의 시에 언급된, 지금의 산동성 靑島市의 황해 해안에서 가까운 琅琊山 위에 있는 琅琊臺와 관련이 있다고 여긴 것일까? 혹시 낭야포 부근에서 발원한 강이 황해 방향으로 낭야대 부근을 흘러갔기 때문은 아닐까?

琅琊鋪 부근에는 두 줄기의 강이 있는데 남쪽에는 萬歲河가, 북쪽에는 朱橋河가 흐른다. 萬歲河는 萊州府城에서 북쪽 35리 떨어진 곳을 흐르며 일명 王河라고도 한다. "曲城(지금의 招遠市에 속함)에서 西南으로 산지를 거쳐 戰村에 이르러 掖界(지금의 萊州市)에 유입된 후 西北으로 방향을 바꾸어 朱流村, 平里店 등 역관 부근을 지나 三山口에 이르러 바다에 이른다"[7] 朱橋河는 萊州府城에서 東北으로 60리 떨어진 곳에 있으며 "招遠 界塔山(지금의 招遠市 靈山)의 북쪽에서 발원하여 掖(縣)紫蘿村(자라촌)에 이르러 큰 강이 되어 朱橋鎭, 泊鳳毛寨(박봉모채)을 거쳐 바다에 유입된다."[8] 이처럼 두 강은 모두 남쪽에서 북쪽으로 흘러 渤海로 유입되므로 황해 해안가에 가까운 낭야대와는 무관하다.

좀더 범위를 넓혀 낭야포와는 거리가 좀 떨어져 있지만 북쪽에서 남쪽으로 흘러 黃

---

6   (唐)李吉甫, 《元和郡縣志》卷12, 〈河南道〉, "琅琊山在(諸城)縣東南百四十里. 史記曰 : '始皇二十六年, 滅齊遂登琅琊, 作曾臺于山上, 謂之琅琊臺'. 週迴二十里, 秦王樂之, 因留三月.後十二年, 刊石立碑紀秦功德", 淸 武英殿聚珍版叢書本版.

7   "自曲城(今屬招遠市)西南諸山匯流至戰村入掖界(今萊州市)西北, 流經驛道, 朱流村, 平里店, 趨三山口入於海"(淸) 張思勉, 于始瞻 纂修, 《掖縣志》卷1《山川》, 淸乾隆二十三年(1758)刊本.

8   "源出招遠界塔山(今招遠市靈山)之陰, 至掖(縣)紫蘿村始大, 徑朱橋鎭, 泊鳳毛寨入於海"(淸)候登岸 撰, 《掖乘》卷之三《山川(三)》, 山東省図书館藏本.

海로 유입되는 掖縣 경내의 강을 찾아보면 小沽河가 유일하다. 소고하는 萊州府城에서 東南 방향으로 50리 떨어진 곳을 흘러 "平度, 膠州, 即墨을 거쳐 바다로 유입된다."[9] 지금의 小沽河는 平度를 지나면서 大沽河에 합쳐지며 膠州市 碼頭村 남쪽에서 膠州灣(黃海)로 유입된다. 그러나 膠州市 碼頭村과 靑島 黃島區의 琅琊山 사이는 직선거리로 치면 60리 정도로 상당히 멀리 떨어져 있다. 그러므로 액현 내를 흐르는 소고하의 존재로 '낭야상류'라는 명칭의 유래를 설명하기 어렵다.

楊曰明 학예연구사(주임)의 설명에 따르면, 明淸 時期에 琅琊鋪는 지금의 萊州市 朱橋鎮 大琅玡村과 小琅玡村[10]으로 '낭야'라는 명칭은 현재까지 이 지역에 전해서 여러 곳에서 지명으로 통용되고 있다고 했는데, 현재 두 마을은 靑島市의 琅琊山에서 서북 방향으로 185km나 떨어져 있어 실제로는 진시황이 3개월을 머물렀다는 낭야산과는 무관하다. 戴錫金 학예연구사(주임)의 설명에 따르면 大琅玡村은 朱橋鎮 읍사무소에서 서남쪽으로 3.2km 떨어져 있으며 동으로는 G206國道(煙汕公路)에, 서로는 琅玡嶺에 접하고 있다고 한다. 明初에 王씨 姓을 가진 사람들이 四川에서 이주해 와서 이 마을을 세웠다고 하며 琅玡嶺을 경계로 규모가 큰 마을을 大琅玡村, 규모가 작은 마을을 小琅玡으로 부른다 한다. 그런데 明 洪武 연간에 掖縣 知縣 朱榮(1374-1397 액현 재임)이 지은 《掖邑聚落考》[11]에 이미 "大瑯琊" 즉, "大琅玡村"의 지명이 보이므로 이 마을은 明初부터 존재했으며 掖縣 第一鄕인 進士鄕에 속했을 것이다. 아무튼 掖縣 瑯琊鋪의 "瑯琊"라는 명칭은 明代 初期에 이미 존재했음은 틀림없지만 이곳의 琅玡嶺은 秦始皇이 올랐다는 琅琊台와는 실제로는 아무 관련이 없다.

그렇다면 액현의 낭야포, 낭야령 등의 명칭은 현지 주민들이 명대 이전부터 잘못된 소문을 입에서 입으로 옮겨 전하여 오늘에까지 이른 것일까? 혹은 별다른 역사적 연유

---

9   "經流平度, 膠州, 即墨入海"(淸)嚴有喜 纂修, 《萊州府志》卷1《山川》, 淸乾隆五年(1740)刻本。

10   《山東省萊州市地名志》와 《萊州市地名圖集》의 기록에 따르면, 明淸 시기 瑯琊鋪는 지금의 萊州市 朱橋鎮 大琅玡村과 小琅玡村이다. 두 촌에 세워진 촌비를 현지답사를 통해 살펴보았는데 "大瑯琊村"과 "小瑯琊村"이란 한자로 기록되어 있었다. 본고에서는 官方 編纂 지방지인 《山東省萊州市地名志》와 《萊州市地名圖集》의 기록을 쫓아 "大琅玡村", "小琅玡村"이란 한자를 사용한다. 山東省 萊州市 人民政府地名辦公室 編 《山東省萊州市地名志》, 1996年版, p.118; 萊州市民政局 編 《萊州市地名圖集》, 2012年版, p.31.

11   (明)朱榮 著, 《掖邑聚落考》, 尹洪林, 《萊州歷史大觀》, 黃河數字出版社, 2011, pp.79-84 재인용.

가 있는 것일까? 필자 일행이 지금의 大琅琊村과 小琅琊村를 현지답사차 방문했을 때 현지 주민들조차 "琅琊"라는 명칭의 유래를 아는 사람이 전혀 없었고 현지 학예연구 사들도 특별한 의견이 없었다.

사진 2-1 지금의 萊州市 朱橋鎭 大瑯琊村(大琅琊村)의 村碑(집필진 답사 촬영)

사진 2-2 지금의 萊州市 朱橋鎭 小瑯琊村(小琅琊村)의 村碑(집필진 답사 촬영)

현재까지 필자들이 조사한 바에 따르면, 래주부 액현 "琅琊嶺"의 지명 유래에 대해서 다음과 같은 3가지 가설이 가능할 것 같다. 우선 하나의 가능성은 琅琊嶺(萊州府城에서 東北으로 50리)은 앞서 살펴본 小沽河(萊州府城에서 東南으로 50리)상류의 동북방향에 위치하므로 明代 이전부터 현지 주민들은 小沽河가 하류에서 琅琊山을 경유해 황해로 유입된다고 여겨 "瑯琊上流"라는 명칭의 欄門를 세운 것이 아닐까?

두번째 가설은 다음과 같다. 앞서 살펴보았듯이 萊州 境內에 있는 萬歲河 즉, 王河는 招遠에서 발원하여 북으로 흘러 琅琊嶺, 平里店을 지나 三山口에서 바다로 흘러드는데, 三山口 즉, 三山島는 萊州府城에서 북쪽으로 60리 떨어진 곳에 있다. "세 봉우리 아득히 높이 솟아 바닷가를 굽어보고 있으니 秦始皇이 여기서 陰主에게 제사를 올렸으며 아직도 제단 유적이 남아 있다."[12] 明代 이전에 현지인들이 三山을 琅琊山으로 잘못 알고 삼산에 남아 있던 제단 유적을 琅琊台로 여겼기에 瑯琊鋪가 "瑯琊上流"에 있다고 생각한 것은 아닐까?

마지막 가설은 래주부 액현 현지 주민들 사이에서 대대로 떠돌던 근거 없는 소문이 현지 관청의 인정을 받아 정식 지명으로 채택되었을 가능성이다. 지금의 萊州市 시청 홈페이지에는 "先秦 시기 東萊 琅琊阜鄕(지금의 萊州城 동북쪽 琅琊嶺 일대)에 安期生이라는 이름을 가진 100세가 넘은 도교 道士가 살았다"라는 기록이 보이고[13] 시청 홈페이지에는 琅琊阜鄕이 지금의 萊州城 東北 일대인 琅琊嶺으로 기록하고 있다. 先秦 시기 살았던 안기생은 실제로 琅琊阜鄕 사람으로 저명한 術士이자 方仙道의 창시자로 문헌에 남아 있지만 그가 살았던 琅琊阜鄕은 山東 諸城市 혹은 山東 膠南 즉, 지금의 靑島 黃島區라는 설이 유력하며 지금의 래주시 액현의 琅琊嶺 일대와는 무관하다. 결국 래주부 액현 일대에 사용되고 있는 "琅琊"라는 지명은 도사 안기생이 살았던 마을 이름에서 유래한 것이지만 실제적 사실과는 거리가 먼 근거 없는 현지의 소문에 근거한 것이다. 필자들이 보기에 전자의 두 가설보다는 후자의 마지막이 사실일 가능성이

---

12 "三峯縹緲, 俯臨海岸, 秦始皇祀陰主於此, 壇壝猶存。"(淸)張思勉, 于始瞻 纂修,《掖縣志》卷1《山川》, 淸乾隆 二十三年(1758)刊本。

13 "秦前, 東萊琅琊阜鄕(今萊州城東北琅琊嶺一帶)有位年過百歲的賣藥老人, 名叫安期生。" http://www.laizhou.gov.cn/art/2011/11/22/art_23195_1541048.html

가장 커보인다.

역대로 琅琊의 행정구역명은 邑, 都, 縣, 郡, 國 등으로 다양했으며 그 治所가 애초에 는 지금의 靑島 黃島區 경내에 있었으나 이후에 여러차례 변경이 있었다.《後漢書》등 역사서의 기록[14]에 따르면, 春秋時期 齊나라는 지금의 琅琊山 아래에 邑을 설치하고 琅琊邑(지금의 山東省 靑島市 黃島區 琅琊台 西北 10리 夏河城 遺址)이라 칭했다. 그 후 越 王 勾踐이 琅琊(夏河城 遺址)로 천도하였고 秦나라가 천하를 통일한 후 琅琊郡을 설치 하고 齊나라의 琅琊邑은 琅琊縣으로 바꾸었으며, 琅琊郡과 琅琊縣의 治所는 모두 琅 琊, 즉 지금의 靑島市 黃島區 琅玡鎭 夏河城에 두었다. 漢初에 琅琊郡의 치소는 琅琊 에서 東武(山東 諸城)로 이전되었다. 漢 明帝 永平 五年(기원전 62년) 琅琊王 劉京이 나 라(國)의 수도를 東武에서 莒(거, 지금의 山東 莒縣)로 이전했으며 수 년 후에 다시 莒에 서 開陽(지금의 산동 臨沂市 북측)으로 옮겼다. 建安 二十一年(216) "曹操가 琅琊王 熙(劉京의 七世孫)를 죽이고 나라(國)를 폐지했다"[15] 나라가 폐지되기까지 琅琊國의 수도 는 175년간 開陽에 있었다. 魏 文帝 初年(220)에 開陽의 琅琊는 다시 郡으로 회복되었 고 北魏 때 琅琊郡의 치소는 即丘(지금의 臨沂市 東南지역)로 이전되었다. 隋나라가 개 국하면서 琅琊郡이 폐지되었다가 隋 文帝 開皇 十六年(596) 琅琊에 豐泉縣을 설치하 여 高密郡에 귀속시켰다. 隋 煬帝 大業 三年(607)에는 豐泉縣을 琅琊縣으로 회복시켰 다. 唐 高祖 武德 五年(622)에 琅琊縣을 다시 諸城縣에 편입시켰고 이후 琅琊縣은 다 시 회복되지 못했다. 明 洪武 연간에 해안선의 방비를 강화하고자 琅琊에 夏河寨 備禦 千戶所를 설치하고 登州府 靈山衛에 배속시켰다. 淸 雍正 十三年(1735)에 낭야에 있던 夏河 備禦 幹戶所를 철폐했으며 현재는 靑島市 膠南市 琅琊鎭 읍사무소가 소재하고 있다.[16] 곧, 선진시기 安期生이라는 도사가 살았다는 琅琊阜鄕은 지금의 靑島市 黃島 區 경내로 지금의 萊州市 朱橋鎭 琅琊嶺과는 전혀 관련이 없다.

---

14   《漢書》卷28上《地理志》, 百衲本二十四史景宋景佑刻本, p30-a ;《後漢書》卷9《獻帝紀》, 百衲本景宋 紹熙刻本, p.17-a ;《齊乘》卷1《沿革》, 淸文淵閣四庫全書本, pp.2-a~4-a ; 民國《增修膠志》卷55《訛疑》, pp.6-b~7-a。

15   "曹操殺琅琊王熙(劉京之七世孫), 國除"《後漢書》卷9《獻帝紀》, 百衲本景宋紹熙刻本, p.17-a.

16   佟海燕 主編,《琅琊文化史略(第一卷 先秦·秦朝時期)》, 山東人民出版社, 2010, pp.1-5.

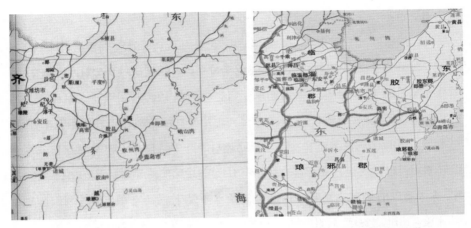

그림 2-3   春秋时期 琅琊의 위치[17]   그림 2-4   秦代 琅琊郡의 위치[18]

　大琅琊村 마을주민 朱振國(男, 44)씨의 안내로 필자 일행은 小琅琊村 곁의 G206國道 변에 남아 있는 옛 驛道 유적을 확인할 수 있었는데 옛날 掖縣에서 登州로 가는 公路였다 한다. 관련 지방지 기록[19]에 따르면, "瑯琊上流"欄門이 있던 明末 掖縣 瑯琊鋪 부근은 바로 지금의 萊州市 朱橋鎮 大瑯玡村과 小瑯玡村이다. 明初에는 萊州府 進士鄉에 속했고 明 萬曆 中期에는 朱橋鄉에, 淸 乾隆 연간에는 朱橋鎮에, 淸 宣統 二年 (1910)에는 掖縣 朱橋區에 속했다가 1984年 이후로 지금까지 煙臺市 萊州市 朱橋鎮에 속해 오고 있다. 지금의 萊州市 朱橋鎮 大瑯玡村과 小瑯玡村의 구체적인 지명 변화는 다음과 같다. (明初)大瑯琊村 →(明中後期至明國)瑯琊鋪, 大瑯琊村, 小瑯琊村 →(今)大瑯玡村(大瑯琊村), 小瑯玡村(小瑯琊村)。

17　譚其驤 主編,《中國歷史地圖集(第1冊 原始社會·夏·商·西周·春秋·戰國時期)》, 中國地圖出版社, 1982, pp.26-27.

18　譚其驤 主編,《中國歷史地圖集(第2冊 秦·西漢·東漢時期)》, 中國地圖出版社, 1982, pp.7-8.

19　萬曆《萊州府志》卷5《驛傳》, 明 萬曆 三十二年刻本, p.20-b ; 民國《四續掖縣志》卷2《鄉社》, 民國 二十四年鉛印本, p.18. ; 山東省萊州市志編纂委員會 編 :《萊州市志》, 齊魯書社1996年版, pp.43-68 ; 山東省萊州市人民政府地名辦公室 編 :《山東省萊州市地名志》1996年版, pp.10-66, p.118。

사진 2-5　지금의 小琅玡村 西側 驛道 遺址1(집필진 답사 촬영)

사진 2-6　지금의 小琅玡村 西側 驛道 遺址2(집필진 답사 촬영)

瑯琊鋪를 지나 서남 방향으로 계속 10리를 가면 掖縣 賈鄧鋪에 도착한다. 明末 賈
鄧鋪는 지금의 萊州市 平里店鎭 賈鄧戰家村이다. 戴錫金 학예연구사(주임)에 따르면,
賈鄧戰家村은 朱橋鎭 읍사무소가 소재하고 있으며 남으로 G206國道(煙汕公路)에 접
하고 북으로 王河가 흐르고 있다. 明初에 戰씨 姓을 가진 사람들이 四川에서 여기로
이주해 왔기에 賈鄧村으로 명명했다 한다. 淸初에 戰씨 姓을 가진 주민이 대다수를 차
지했기 때문에 賈鄧戰家村으로 개명했으며 淸 乾隆 五年(1740)에는 神山鄉에, 淸 乾
隆 二十三年(1758)에는 臨過鄉에 속했다. 2001年부터 지금까지 平里店鎭에 속해오고
있다.

사진 2-7   萊州市 平裡店鎭 賈鄧戰家村의 村碑(집필진 답사 촬영)

(10月)8日 맑음. 아침에 (朱橋鋪을) 출발하여 宋 辛次膺 故里를 지나 정오
에 萊州 二十里鋪에서 잠시 쉬고 저녁에 萊州 東館馹에 도착했다. 이날
60리를 이동했다. (申悅道《朝天詩時見事件啟》) (十月)初八日, 晴。早發(朱橋
鋪), 過宋辛次膺故里。午, 憩萊州二十里鋪。夕, 抵萊州東館馹。是日, 行
六十里。

윗글은 崇禎 元年(1628) 冬至兼聖節使 서장관 申悅道가 북경으로 가면서 기록한 것
이다. 10月 7日 저녁에 申悅道 일행은 掖縣 朱橋鋪에 도착해서 하루를 묵고 다음날 일
찍 朱橋鋪를 출발하여 "宋 辛次膺 故里"를 지나 정오에 "萊州 二十里鋪"에서 잠시 쉰
후에 다시 출발하여 저녁에 萊州 東館驛에 도착했다. 朱橋鋪와 二十里鋪(蘇郭鋪)사이
에 있던 "宋 辛次膺 故里"는 바로 宋代 名臣 辛次膺의 故鄉 마을이다. 《明一統志》, 萬
曆《萊州府志》 등[20]의 기록에 따르면, 辛次膺(1093-1170)은 字가 起季이고 號는 靜拙이
다. "준수하고 지혜로우며 힘써 배웠으니 하루에 천 구절을 암송하여 政和 二年(1112)
進士가 되었다. 次膺은 효성스럽고 우애가 깊으며 성품이 맑고 고결하여 조정에 올라
거리낌 없이 옳은 말을 했다. 50년 동안 벼슬살이를 하면서도 조금의 쟁송도 없었으며
爲政함에 淸靜을 귀히 여기고 德化를 우선하여 이르는 자들 모두가 그를 까다롭지 않
다고 칭했다. 그는 문장을 잘 쓰고 시는 더욱 훌륭했다. 次膺은 힘써 악한 무리를 배척
했으며 言官의 중책을 마다한 적이 없으며 정사에 임함에 소홀한 적이 없었고 검약하
게 생활하여 자기를 지켰다. 만년에 다시 입조해서도 더욱 거리낌 없이 옳은 말을 했으
니 남송 조정의 직언을 하는 신하로서 마땅히 그를 첫 손가락으로 꼽아야 하는"[21] 인물
로 평가되었다.

〈萊州 掖縣 境界 宋 辛次膺 故里를 지나며〉
신차응은 남송 제일의 명신이었으니
충신 호전 등과 함께 남송 조정에 오른 이 가운데 그만한 인물이 드물다네.
천년의 세월이 지났건만 신차응의 고향마을은 변함이 없는데
당시 신차응이 올렸다는 간언의 문장 아직도 여기 남아있을까?

---

20 《明一統志》卷25《萊州府》, 淸文淵閣四庫全書本 ; 萬曆《萊州府志》卷5《名臣》, 明萬曆三十二年刻本.
21 "俊慧力學, 日誦千言, 政和二年(1112)進士. 次膺孝友淸介, 立朝謇謬. 仕宦五十年, 無絲毫掛吏議.
　為政貴淸靜, 先德化, 所至人稱其不煩. 善屬文, 尤工於詩. 次膺力排羣邪, 無負言責, 蒞政不煩, 居
　約有守. 晩再立朝, 謇諤尤著, 南渡直言之臣, 宜為首稱焉."(元)脫脫,《宋史》卷三百八十三《列传第
　一百四十二·辛次膺》, 淸 乾隆 武英殿刻本. 北宋 末年에 國力이 점차 쇠약해져서 金國이 남으로 山東
　를 침범하자 辛次膺 일가는 남쪽 福建으로 이주해야만 했기에 "南渡"라고 칭했다.

〈萊州掖縣界, 過宋辛次膺故里〉

南渡名臣第一流, 澹庵前後少公儔。

千秋故里依然在, 尚有當時諫草不。

(金尙憲《朝天錄》)

　　이 시는 明 天啟 六年(1626) 聖節兼陳奏使 金尙憲이 이 구간 驛道를 지나면서 지은
시로, 첫 구에서 신차응은 北宋 朝廷이 금나라의 침략을 피해 강남 지역으로 천도한
이후 直言을 마다하지 않았던 충신 중 제일이라고 말하고 이어서 당시 충신이었던 胡
銓 등과 함께 남송 조정에 섰던 관료들 가운데 辛次膺처럼 청렴하고 기백이 있으며 직
언을 아끼지 않았던 신하가 드물었다고 칭송했다. '澹庵(담암)'은 南宋의 충신 胡銓[22]의
號이다. 儔(주)는 列과 같은 뜻으로 여기서는 同僚의 뜻이다. 이어진 3, 4 구에서 눈 깜
짝할 사이에 천 년의 세월이 흘렀으나 辛次膺의 고향마을은 변함없는데, 신차응이 올
렸던 간언의 문장은 그 手稿가 아직 여기 남아있을까라고 필자는 탄식한다. 諫草란 대
신이 황제에게 간언하는 문장의 초안이다.

　　그렇다면 송 신차응 고리는 구체적으로 어디에 있었을까? 明 洪武 연간 掖縣知縣
朱榮(재임기간 1374-1397)이 지은《掖邑聚落考》의 기록[23]에 따르면, 발해 해안가의 黑
港口 ― 淳于墓(지금의 萊州市 平里店鎮 淳于村)― 大瑯琊(지금의 萊州市 朱橋鎮 大琅玡村)―
招遠의 동쪽을 잇는 선을 경계로 북쪽 지역이 대략 明初 掖縣 第一鄉인 進士鄉의 범위
였으며, 辛莊에서 宋代 進士 辛次膺이 배출되었으므로 그 지역 사람들이 이를 자랑스
러워하여 "進士"로서 鄉의 이름으로 삼았다 한다. 이 지역의 행정구역명은 역대로 계
속 변화가 있었지만 進士鄉이라는 명칭은 淸 宣統 二年(1910)[24]까지 500여 년간 줄곧
사용되었다.

　　明初 掖縣 第一鄉인 進士鄉의 범위는 지금으로 보면 대체로 萊州市 金倉街道, 金
城鎮, 朱橋鎮이 관할하는 구역 및 城港路街道 平里店鎮 北部 구역이다. 곧, 적어도 明

22　胡銓(1102~1180)은 字가 邦衡, 號는 澹庵으로 吉州 廬陵 薌城사람이다. 南宋의 名臣이자 文學家로서 廬
　　陵 "五忠一節" 중의 한 사람이다. 李綱, 趙鼎, 李光 등과 함께 "南宋四名臣"으로 칭해졌다.

23　(明)朱榮,《掖邑聚落考》尹洪林 :《萊州歷史大觀》, 黃河數字出版社, 2011, pp.79-84재인용

24　民國《四續掖縣志》卷2《鄉社》, 民國 二十四年鉛印本.

初부터 掖縣 현지 주민들은 辛次膺의 고향마을이 辛莊이라고 여겼고 이 때문에 이 지역을 進士鄕으로 불렀던 것이다. 관련 方志의 기록[25]에 따르면, 辛莊村은 明初에 辛莊으로 불렸고 淸 乾隆 연간부터 1945년까지는 新莊村으로, 1945년이후로는 다시 辛莊村[26]으로 바뀌었다. 明初(1374)부터 淸 宣統 二年(1910)까지는 進士鄕에, 1931년에는 第五區에, 1943年 6月부터는 午城區에, 1956年1月-11月까지는 朱橋區에, 1958年8月에는 朱橋人民公社에 속했다가 1984年부터 지금까지 煙臺市 萊州市 朱橋鎭에 속해오고 있다.

그런데 한 가지 의문점은 古驛道가 辛莊을 지나지 않았다는 점이다. 앞서 살펴보았듯이 조선사신이 朱橋鋪에서 출발한 후 瑯琊鋪와 賈鄧鋪를 지났는데 실제로 辛莊村은 지도상에서 보면 大小琅玡村과 賈鄧戰家村에서 직선거리로 북쪽으로 2km 떨어진 곳으로 驛道에서는 먼 곳이다. 그렇다면 조선사신들이 驛道에서 멀리 떨어진 신차응의 고향마을까지 일부러 찾아갔던 것일까? 아마도 그렇지 않았을 것이다.

앞서 살펴본 申悅道의 기록에 따르면, 宋 辛次膺 故里는 朱橋鋪(래주부 掖縣에서 東北으로 60리 떨어진 곳)와 二十里鋪(蘇郭鋪, 래주부 掖縣에서 東北으로 20리 떨어진 곳)사이 어딘가에 분명히 존재했음을 알 수 있다. 또한 신열도의 시 〈萊州掖縣界에서 宋 辛次膺 故里를 지나며(萊州掖縣界, 過宋辛次膺故里)〉라는 제목에서 알 수 있듯이 "宋 辛次膺 故里"는 "萊州 掖縣"의 境界 石碑가 있던 朱橋鋪와 그리 멀리 않은 곳이었음이 분명하다.

> (萊州府城에서) 50리 가니 欄門이 하나 있는데 "辛次膺 故里"라 쓰여있다. 次膺은 宋 政和 때 사람으로 淸淨함을 귀히 여기고 德化을 우선했다. (自萊州府城)行五十里, 有欄門, 書之曰 : "辛次膺故里", 次膺宋政和時人, 貴淸淨, 先德化。 (鄭斗源《朝天記地圖》〈萊州府圖〉)

25   山東省萊州市志編纂委員會 編,《萊州市志》, 齊魯書社1996年版, pp.43-68 ; 山東省萊州市人民政府地名辦公室 編:《山東省萊州市地名志》1996年版, pp.10-66, p.166。
26   山東省 萊州市 人民政府 地名辦公室 編,《山東省萊州市地名志》, 1996, p.166.

윗글은 조선사신 鄭斗源의《朝天記地圖》〈萊州府圖〉의 기록이다. 이 기록은 신열도, 김상헌의 기록과 더불어 "辛次膺 故里"의 標識, 즉 欄門이 실제 존재했음을 반증한다. 그러나 鄭斗源의 기록에는 이상한 점이 있다. 일반적으로 鄭斗源의《朝天記地圖》는 사행노선의 주요 경유지를 그림으로 그린 "지도"와 이를 설명하는 "지리적 해설"로 구성되는데, 대부분이 조선에서 북경으로 가는 방향을 기준으로 기술이 되어 있다. 곧, 산동지역의 경우 등주부에서 제남부까지는 동쪽에서 서쪽 방향으로 사행로를 따라 차례로 기술된다. 그런데 위에서 인용한《朝天記地圖》〈萊州府圖〉의 "지리적 해설"은 래주부성에서 서쪽으로 50리를 가는 것으로 이해하면 전혀 사실에 부합되지 않는 잘못된 기술이 된다. 그러므로 이 부분은 鄭斗源의《朝天記地圖》의 다른 부분과 달리 래주부성에서 동쪽으로 50리를 가는 것으로, 혹은 단순히 래주부성으로부터 50리 떨어져 있는 것으로 해석해야만 한다. 이렇게 보면 "宋 辛次膺 故里" 欄門은 瑯琊鋪 부근에 있었던 것으로 유추할 수 있으며 신열도나 김상헌의 기록과도 상충되지 않는다. 결국 본시 신차웅의 고향 마을인 辛莊村은 옛 역도에서 북쪽으로 2km 떨어진 곳에 있었으나 사람들의 왕래가 많고 신장촌에서 가장 가까운 역관인 瑯琊鋪 부근에 "宋 辛次膺 故里" 欄門을 세워 驛道를 오가는 많은 사람들에게 그 고장이 훌륭한 인물을 배출한 유서깊은 마을임을 널리 알리고자 한 것으로 짐작해 볼 수 있다.

제2절 王河, 汪河, 萬歲河, 萬歲橋, 萬歲沙, 禮河

1) (7月)6日, 맑음. (朱橋鋪에서)5 여 리를 가니 掖縣界 표지석이 세워져 있다. ……王河를 건너 禮萊村를 지나서……萊州(城)에 도착했다. (七月)初六日, 晴。(從朱橋鋪)行五里許, 立石曰：掖縣界。……渡王河, 歷禮萊村, ……到萊州(城)(安璥《駕海朝天錄》)

2) 萬歲河는 래주부성 東北에 있는데 萬歲橋가 놓여 있고 兩岸에 모두 모래사장이 펼쳐져 있으며 진시황과 한무제가 여기서 제사를 올렸다 한

다. 萬歲河在府東北, 上有萬歲橋, 兩岸皆沙, 秦皇, 漢武禱於此。 (金
德承《天槎大觀》)

賈鄧鋪를 지난 조선사신들은 1)에서 安璥이 기술하고 있는 "王河"를 건넜다. 이 강
은 掖縣 萬歲河로서 관련 方志 기록[27]에 따르면, 萬歲河는 속칭 王河, 大王河, 萬河, 旺
河라고도 불렸으며 掖縣 경내에서 "그 규모가 가장 컸다(萬歲爲最巨)"[28] 萊州府城에서
東北으로 30리 떨어진 곳에 있으며[29], 강의 兩岸에 모래사장이 300리에 걸쳐 펼쳐져
있었다. 漢武帝가 큰 가뭄이 들었을 때 여기 萬里沙祠에서 기우제를 올렸다고 한다.
《三齊記》에는 "강의 북쪽에 萬歲亭이 있는데 한무제가 세운 것이다"[30]라는 기록이 보
인다. 明淸 시기 萬歲河는 지금 王河로 불리고 있으며 지금의 招遠市 塔山 남쪽 기슭
에서 발원하여 掖縣(지금의 煙臺市 萊州市)경내로 유입된 후 三元鄕, 驛道鎭, 平里店鎭,
過西鎭을 지나 三山島村 남측에서 渤海로 유입된다. 淸 乾隆 연간 毛贄가 쓴《勺亭識
小錄》에는 萬歲河 주위의 풍경을 묘사한 기록이 보이는데 이를 통해 명말 조선사신이
목도했을 만세하의 모습을 상상해 볼 수 있다.

(萬歲河)는 300리 길을 돌아 흐르는데 호탕한 흐름과 튀어오르는 물방울
은 淮水나 泗水와 비슷하다. 오직 빗물이 모여서 된 것이니 끊임없이 흐
를 뿐 아니라 배를 띄울 수도 있으며 농경지에 물을 대는 자원이 된다. 양
쪽 강둑에는 버드나무가 쭉 심겨져 있고 매번 여름과 가을이 지날 때마다
가득한 녹음이 하늘을 가리며 나무그늘이 땅에 넓게 퍼지니 앵무새가 나

---

27 《明一統志》卷25《萊州府》, 淸文淵閣四庫全書本, p.23-b;《讀史方與紀要》卷36《山東七》, 中華書局
2005年版, p.1663; 民國《山東通志》卷33《疆域志第三·山川》, 民國 七年 鉛印本; 萬曆《萊州府志》卷2
《山川》, 明 萬曆 三十二年 刻本; 乾隆《掖縣志》卷1《山川》, 淸 乾隆 二十三年 刊本; (淸)候登岸,《掖乘》
卷3《山川(三)》, 山東省圖書館藏本; 毛贄,《勺亭識小錄》卷1《識水》, 民國 二十三年 掖縣王桂堂日曝經
草堂抄本; 韓寓群 主編,《山東文獻集成(第二輯)》第25冊, 山東大學出版社 2007年版, pp.123-124; 民國
《四續掖縣志》卷1《山川》, 民國 二十四年 鉛印本。
28 民國《四續掖縣志》卷1《山川》, 民國 二十四年 鉛印本, p.25.
29 乾隆《掖縣志》,《掖乘》에는 三十五里로 기록되어 있다.《明一統志》卷25《萊州府》, 淸文淵閣四庫全書
本, p.16-a; 萬曆《萊州府志》卷2《山川》, 明 萬曆 三十二年刻本, p.73-b; 民國《山東通志》卷33《山川》,
民國 七年鉛印本, p.30-a。
30 "水北有萬歲亭, 漢武所築"

무 주위를 날고 매미 울음소리가 마을에 쟁쟁하다. 진실로 아름답다. "地繞三百里, 而水勢之浩, 衍波洶湧, 有類淮泗[31]。惟雨集則然, 非有不斷之長流, 可任舟楫, 資灌漑也。兩岸遍樹楊柳, 每夏秋之交, 萬綠障天, 樾陰匝地, 流鶯繞樹, 鳴蟬兢鄉, 真佳境也"(毛贄, 《勺亭識小錄》)[32]

또한 毛贄는〈만세하〉라는 시 한 수도 남겼다.

〈만세하〉[33]
萬歲河의 양안에는 하얀 모래 사장이 끝없이 펼쳐져 있는데
한무제가 기우제를 지내기 위해 여기에 수레를 멈추었다네.
황제가 기우제를 지냈다는 萊王祠는 이미 흔적조차 찾아볼 수 없고
강의 兩岸에는 저녁 노을만이 가을 숲을 붉게 불들이고 있네.

〈萬歲河〉
萬歲河中萬里沙, 漢家禱雨駐仙車。
萊王祠已歸荒草, 兩岸秋林映晚霞。

掖縣 문인 毛贄는 이 시에서 맑은 물이 흐르고 하얀 모래 사장이 끝없이 펼쳐져 있는 만세하의 모습을 묘사하면서 한무제가 만세하 강변의 사당에서 기우제를 지내던 광경을 떠올린다. 한무제가 기우제를 올린 百支萊王祠[34]의 옛터는 이미 잡초만 무성하고 사당의 흔적조차 찾아볼 수 없는데 계절은 이미 쓸쓸한 가을 기운이 완연하고 붉은 노을이 강변의 숲을 물들이기 시작하자 인간사의 무상함에 스스로 탄식을 금하지 못한다. 아마도 萬歲河를 건너던 조선 사신들도 이러한 풍경을 바라보면서 毛贄와 비슷

---

31   淮泗는 淮河 下游 가운데 가장 큰 支流로서 山東省 中部에 위치한다.

32   毛贄, 《勺亭識小錄》卷1《識水》, 民國 二十三年 掖縣王桂堂日曝經草堂抄本; 韓寓群 主編, 《山東文獻集成(第二輯)》第25冊, 山東大學出版社 2007年版, pp.123-124.

33   (淸)候登岸, 《掖乘》卷3《山川(三)》, 山東省圖書館藏本.

34   "黃縣 서남쪽 25리 漢縣(嶸城 현성)에 百支萊王祠가 있는데 北齊 天保 년간(550-559)에 폐지되었다. (黃縣西南二十五里漢縣(嶸城)有百支萊王祠, 高齊天保間廢)"《齊乘》卷4《古跡》, 淸 乾隆 四十六年刻本.

한 감정을 느꼈을 것이다. 한편, 金德承이 기록한 萬歲橋는 萊州府城 즉, 掖縣城의 "동북 30리에 있었으며 속칭 만하교라고도 불렸다."[35] 만세교의 옛자리에는 지금 王河大橋가 놓여있으며 G206煙汕 국도와 王河가 만나는 곳에 위치하고 있다.

> 1) 朱橋鋪에서 출발하여) 5리를 가서 汪河를 건넜다. 강의 규모는 溪河와 비슷했다. (從朱橋鋪發行)行五里, 涉汪河, 河之大如溪河(鄭斗源《朝天記地圖》)

> 2) (萊州府城를 출발하여) 三十五里를 가서 萬歲河를 건넜다. 秦始皇과 漢武帝가 여기서 제사를 올렸다. 汪河에 비해서 강폭이 넓었고 주변이 트였으며 "萬歲沙"라고 쓰인 패방이 서 있었고 "萬歲橋"라는 다리가 놓여 있었다. (從萊州府城)行三十五里, 渡萬歲河, 秦始皇, 漢武帝皆禱于此也。比汪河稍廣闊, 有欄門, 書之曰："萬歲沙", 有橋名："萬歲橋"。(鄭斗源《朝天記地圖》)

윗글 1)과 2)는 각각 정두원의《朝天記地圖》《朱橋驛圖》와〈萊州圖〉해설 부분이다. 1)에서 정두원은 朱橋鋪에서 서쪽으로 5리를 가니 汪河가 있다고 했다. 朱橋驛에서 萊州府城 사이를 흐르는 주요 하천은 다음과 같다. 萬歲河(래주부성 동북쪽 30리), 六彎河(龍王河, 龍灣河라고도 하며 래부부성 북쪽 30리)[36], 蘇郭河(上官河라고도 하며 래주부성 동

---

35 "東北三十里, 俗呼為萬河橋" 萬曆《萊州府志》卷5《橋樑》, 明 萬曆 三十二年刻本, p.17-b. 이 밖에 嘉靖《山東通志》에는 "萬歲橋는 래주부성 東北 三十里에 있으며 萬歲河 위에 놓여 있다. 지금 河橋라고 부른다. (萬歲橋在府東北三十里, 跨萬歲河, 今呼為河橋)"는 기록이 보인다. 그러나 康熙《山東通志》, 雍正《山東通志》등의 方志의 기록은 萬曆《萊州府志》의 기록과 일치한다. 그러므로 嘉靖《山東通志》의 기록은 誤記인 듯하다. (嘉靖《山東通志》卷14《橋樑》; 康熙《山東通志》卷22《橋樑》, 清 康熙 四十一年刻本; 雍正《山東通志》卷22《橋樑》, 清 文淵閣四庫全書本, p.22-b.)

36 "래주부성의 북쪽 30리에 있는 六灣河 즉, 龍王河는 曹家埠에서 발원하여 麻渠鄭家를 지나 沙埠莊에서 서쪽으로 쭉 흘러 바다로 유입된다. (六灣河, 城北三十里即龍王河出曹家埠徑麻渠鄭家至沙埠莊西漫延入於海)"(清)張思勉, 于始瞻 纂修,《掖縣志》卷1《山川》, 清乾隆二十三年刊本.

북쪽 20리)[37], 淇水河(래주부성 북쪽 10리)[38] 등이다. 정리해보면, 朱橋驛에서 西南으로 30리를 가면 萬歲河가 나오고 40리를 가면 蘇郭河가, 50리를 가면 淇水河가 나오는 것이 된다. 萬歲河는 王河, 旺河라고도 하는데 정두원이 1)에서 "汪河"라고 기록한 것은 旺河를 通假字로 표기한 것으로 보이지만, "汪河"의 위치를 朱橋鋪에서 서쪽으로 5리 떨어져 있다고 기록한 것은 잘못된 것으로 王河는 정확하게 말하면 朱橋鋪에서 서쪽으로 30리 떨어져 있다.

《太平寰宇記》, 《齊乘》, 《讀史方輿紀要》 등의 史料[39]에 따르면, 萬歲沙는 萬里沙라고도 하며 萊州府 東北 30리 萬歲河의 兩岸에 300리의 길이로 펼쳐져 있었다. 이 '만세사'가 바로 《史記·封禪書》에서 "이 때 가뭄이 들어 진시황이 변복하여 신분을 감추고 萬里沙에 가서 제사 지냈다"[40]라고 언급한 곳이자 《漢書·郊祀志》에서 "한무제 元年에 크게 가뭄이 들어 황제가 萬里沙에서 제사를 지냈다"[41]라고 언급한 장소이다.

그렇다면, 정두원은 《朝天記地圖》에서 만세하의 위치를 왜 이처럼 사실과는 편차가 크게 잘못 기록한 것일까? 앞서 언급했듯이 중국 내 지방지에 萬歲河, 즉 王河의 위치에 대해 두 가지의 설명이 존재하는데, 《明一統志》, 民國 《山東通志》, 萬曆 《萊州府志》 등에는 래주부성 東北 30리로 되어 있고, 乾隆 《掖縣志》, 《掖乘》 등에는 래주부성 東北 35리로 되어 있다. 그런데 전국 지방지나 山東 方志에 비해서 乾隆 《掖縣志》나 《掖乘》 등의 지역 지방지는 현지 주민들의 지리적 지식을 더 잘 반영하고 있다는 점을 생각해보면, 당시 현지 주민들은 萬歲河가 래주부성 東北 35리에 있다고 여겼던 것으로 볼 수 있다. 그래서 앞서 "宋 辛次膺 故里" 櫺門의 위치를 고증할 때 언급했듯이 《朝

---

37 "蘇郭河는 래주부성 東北 20리에 있으며 石橋嶺에서 발원하여 上官河와 합류하여 바다로 유입된다. (蘇郭河, 城東北二十里自石橋嶺發源由上官河入海)" (淸) 嚴有喜 纂修, 《萊州府志》 卷1 《山川》, 淸乾隆五年刻本.

38 "淇水河는 城의 北쪽 10리에 있으며 雙鳳山에서 발원하여 북으로 北十里堡를 지나 西北으로 諸旺에 이르러 바다로 유입된다. (淇水河, 在城北十里, 出雙鳳山, 徑北十里堡, 西北流至諸旺入海)" 民國 《山東通志》 卷33 《山川》, 民國七年(1918)鉛印本.

39 《齊乘》, 中華書局2012年版, p.67; 《讀史方輿紀要》 卷36 《山東七》, 淸稿本; 《太平寰宇記》 卷20 《河南道二十》, 淸文淵閣四庫全書補配古逸叢書景宋本.

40 "時歲旱, 天子旣出無名, 乃禱萬裡沙" 《史記》 卷28 《封禪書第六》, 淸乾隆武英殿刻本.

41 "武帝元封元年, 大旱, 禱萬里沙" 《漢書》 卷28, 民國 十九年 商務印書館影印百衲本 二十四史景宋景祐刻本。

天記地圖》〈萊州圖〉의 해설이 서쪽에서 동쪽 방향으로의 거리를 기술한 것이 아니라 동쪽에서 서쪽 방향으로의 거리를 기술한 것이라면 명대 지역 지방지의 기술과 정확히 일치하게 된다. 정두원의《朝天記地圖》는 대부분이 조선에서 북경으로 향하는 노선을 따라 거리를 기술하였지만 이처럼 몇몇 부분에서 특별한 설명없이 임의로 반대 방향으로 거리를 기술한 경우가 종종 있는 것으로 사료된다.

사진 2-8　지금의 萊州市 王河(平里店鎭 구간, 집필진 답사 촬영)

사진 2-9　지금의 萊州市 王河大橋와 王河(平里店鎮 구간, 집필진 답사 촬영)

사진 2-10   《三齊記》에는 "만세하 북쪽에 萬歲亭이 있는데 한무제가 세운 것이다"라는 기록이 보인다.
현지 지방정부에서 이를 기념하기 위해 지금의 王河 南岸에 전통적인 양식으로 최근에 조성한 정자가 있다.
(집필진 답사 촬영)

사진 2-11   萊州市 湾湖河 하천 안내판(王河 平里店鎮 구간, 집필진 답사 촬영)

1) (9月)15日 (朱橋鋪에서 출발하여)禮河를 건너서 萊州掖城縣 東關에 묵었
　　다. (九月)十五日, (從朱橋鋪發行)渡禮河, 宿萊州掖城縣東關。(李德泂《朝天
　　錄一云航海錄》)

2) (9月)15日 (朱橋鋪에서 출발하여)禮河를 건너, 平利站에서 점심을 해먹고
　　萊州掖縣城 東關에서 묵었다. (九月)十五日, (從朱橋鋪發行)渡禮河, 中
　　火平利站, 宿萊州掖縣城東關(洪翼漢《花浦先生朝天航海錄》)

　1)과 2)는 明 天啟 四年(1624) 謝恩兼奏請使 정사 李德泂과 서장관 洪翼漢이 북경으
로 가는 길에 기록한 것이다. 1)과 2)에 "禮河"가 등장하는데 중국 지방지에는 관련 기
록을 찾아볼 수 없다. 1)에서 李德泂은 掖縣 朱橋鋪에서 출발하여 禮河를 건넌 후에 掖
縣 東關에 도착했다고 했으니 경유지를 순서대로 나열하면 朱橋鋪→禮河→掖縣 東關
순이 된다. 앞서 언급했듯이 朱橋驛에서 萊州府城 사이의 강을 명대 지방지의 명칭으
로 순서대로 나열하면 萬歲河→蘇郭河→淇水河 순이다. 2)에 따르면 서장관 李民宬은
당일에 朱橋鋪→禮河→平利站→掖縣 東關 순으로 지났다고 기록하고 있는데 平利站
은 平里店을 통가자로 표기한 것(뒷절에서 상술함)으로 平利站은 바로 平里店이다. 앞
서 중국 지방지를 통해 살펴본 것처럼 朱橋鋪와 平里店鋪 사이의 강은 萬歲河[42]이므
로 禮河는 바로 만세하이다.

　　(7月)6日 맑음. (朱橋鋪에서) 5 여 리를 가니 掖縣界라고 쓰인 표지석이 보
　　인다.……王河를 건너 禮萊村를 지나 ……萊州(城)에 도착했다……(七月
　　)初六日, 晴。(從朱橋鋪)行五里許, 立石曰：掖縣界。……渡王河, 曆禮萊
　　村, ……到萊州(城)……(安璥《駕海朝天錄》)

42　李德泂과 洪翼漢이 萬歲河, 즉 王河에 대해 전혀 다른 이름으로 기록한 것은 아마도 강을 건널 때 주위
　　에 민가가 없어 현장에서 정확한 지명을 확인할 기회가 없었기 때문이 아닐까 한다. 그래서 현장을 지
　　나 저녁에 역관에 머무르며 기록을 작성하는 과정에서 의사소통상의 문제나 현지인의 잘못된 지리적
　　지식 등으로 잘못된 지명을 기록으로 남긴 것이 아닐까 생각된다.

天啓 元年(1621) 謝恩冬至兼聖節使 서장관 安璥도 이 구간에 관한 기록을 남기고 있는데 禮萊村이라는 곳을 지났다고 한다. 그렇다면 禮萊村은 어디인가? 안경이 말한 王河는 바로 萬歲河로서 그의 기록에 따르면 禮萊村은 王河의 서쪽에 있는 것이 된다. 앞에서 李德泂과 洪翼漢이 萬歲河를 禮河라고 잘못 기록했듯이 安璥이 禮萊村으로 기록한 곳은 아마도 萬歲河 西岸의 平里店을 잘못 기록한 듯하다. 혹은 平里店鋪에 부속된 驛附村[43]일 가능성도 있다.

이상의 논증을 종합해보면, 明末 조선사신들이 王河, 汪河, 萬歲河, 萬歲沙, 禮河로 언급한 곳은 모두 萊州府 掖縣의 萬歲河(명대 지방지 공식 명칭, 俗名은 王河)이다. 만세하의 역사적 명칭 변화는 다음과 같다. (西漢)萬歲河,萬歲沙[44]→(唐)萬歲沙[45]→(北宋)萬歲河[46]→(明)萬歲河, 王河[47]→(淸, 民國)萬歲河, 王河,[48]大王河[49], 旺河[50]→(지금)王河[51] 등.

제3절 平里店

(10月)3日 맑음. 아침에 (灰阜馹에서) 출발하여……정오에 萊州城 밖을 지났으며 성 안에 들르지는 않았다. 저녁에 平里店에 도착하여 徐씨 姓을 가진 人家에 유숙했다. 이 날은 100여 리를 이동했다 한다. 掖縣 知縣 薛文周가 차사를 파견하여 名帖과 음식을 전달하며 말하기를 "북경으로 가실 때 성 안에 들르지 않으셔서 마음이 불편했는데 귀국길에도 그냥 지나

---

43   驛道 부근 急遞鋪는 驛道를 지나는 客商들이 휴식하고 묵어가는 장소였으므로 유동인구가 증가함에 따라 경제가 발전하고 거주인구가 늘어 자연스럽게 驛附村이 형성되어 큰 마을을 이루는 경우가 흔했다.

44   《史記》卷12 28《封禅書第六》, 淸乾隆武英殿刻本。

45   《元和郡縣誌》卷13《河南道》, 淸武英殿聚珍版叢書本。

46   《太平寰宇記》卷20《河南道二十》, 淸文淵閣四庫全書 補配古逸叢書景宋本。

47   萬曆《萊州府志》卷2《山川》, 明 萬曆 三十二年刻本。

48   乾隆《掖縣志》卷1《山川》, 淸 乾隆 二十三年刊本。

49   雍正《山東通志》卷6《山川志》, 淸文淵閣四庫全書本; 民國《山東通志》卷33《山川》, 民國 七年 鉛印本。

50   民國《四續掖縣志》卷1《山川》, 民國 二十四年 鉛印本p.28-a。

51   山東省 萊州市 人民政府地名辦公室 編,《山東省萊州市地名志》, 1996年版, p.421; 山東省 萊州市 志編纂委員會 編,《萊州市志》, 齊魯書社1996年版, p.75.

치시니 어쩔 줄을 모르겠습니다. 그래서 사죄하는 마음으로 요리사 2명을
보내 직접 요리해서 식사를 봉양토록 하였으니 다만 직접 모시지 못하는
저의 아쉬운 정의를 표하고자 할 따름입니다."라고 한다. 요리는 모두 매
우 고급스러워 보였고 닭고기, 돼지고기로 6-7종의 별미 요리를 만들었는
데 맛이 참으로 좋았다. 아마도 우리가 북경에 갈 때 分巡道가 길을 알려
주면서 래주부 지현을 책망하겠다고 말했었는데 그 때문인 것 같았다. (十
月)初三日, 晴。早發(灰阜馹), ……午過萊州城外, 不入。夕, 到平里店, 宿徐
姓人家。是日, 行百餘里雲。掖縣知縣薛文周差人追送名帖及食物, 曰：
"去時不入城, 未安於心。來亦過行, 不勝缺然, 即當荊謝之膳夫二人, 請
自熟設支供, 以貢繾綣之意。"饌品極精, 以雞, 豬之肉作六七別味, 味皆甚
佳。蓋去時, 分巡道以路告之, 言必責下官也。(安璥《駕海朝天錄》)

　윗글은 天啟 元年(1621) 謝恩冬至兼聖節使 서장관 安璥이 북경에서 임무를 완성하
고 天啟 二年(1622) 귀국하는 길에 기록한 내용이다. 10月3日 安璥 일행은 平度 灰阜
馹 즉 灰埠驛에서 출발하여 오후에 萊州城 외곽을 지났는데 그날은 100 여 리를 이동
하여 하늘이 어두워져서야 平里店, 즉 萊州府城 東北 30리에 있던 平里店鋪에 도착하
여 유숙했다. 당시 掖縣 知縣 薛文周[52]는 謝意를 표하기 위해 차사를 보내 명첩을 전달
했으며 "직접 모시지 못하여 아쉬운 정의(繾綣之意)"를 표하기 위해 직접 관청 요리사
2인을 보내 귀한 요리를 직접 만들게 하여 안경 일행을 대접했다. 繾綣(견권)이란 情誼
가 깊어 못내 잊히지 못하거나 떨어지지 못하는 감정을 뜻한다. 안경 일행이 북경으로
갈 때, 행정적인 업무 연락이 제대로 되지 않아 래주부 지현 薛文周가 조선사신 일행
이 래주부에 들르는 것을 허락하지 않았던 일이 있었고 이를 나중에 分巡道가 알고서

---

52 "薛文周는 字가 晴嵐이고 安定사람이다. 七歲에 능히 문장을 지을 줄 알았고 弱冠의 나이에 進士가 되
어 山東 灘縣에 임관하여 백성들을 위해 정사를 베풀었고 이후 掖縣의 지현이 되어 정사를 베품에 그
공적이 이루셀 수 없었으며 두 현에 각각 사당을 지었다. 吏科給事中에 발탁되어 올바른 간언을 서슴
치 않았는데 많은 간언이 가납되었다. 當당 魏忠賢을 탄핵한 일이 要典에 기록되어 있는데 당시 忠讜
로운 선비들이 이 일로 대부분 화액을 입었고 文周 또한 병을 핑계로 귀향하여 산속에 들어가 죽었다.
(薛文周字晴嵐, 安定人, 七歲能屬文, 弱冠成進士, 仕山東灘縣, 政多宜民 ; 訓掖縣, 政績益茂, 兩邑各建祠, 擢吏科
給諫危言正, 論多所建, 白劾逆瑠魏忠賢, 事載要典中, 時忠讜之士俱罹禍, 文周乃稱病, 乞歸卒於山)"康熙《陝西通
志》卷之二十中《人物》, 淸 康熙 五十年刻本.

래주부 지현 등의 관리를 책망했다. 그래서 안경 일행이 귀국길에 래주부성을 들르지 않자 지현 薛文周가 이전의 잘못에 사의를 표할 기회를 잃었다고 여겨 급하게 차사를 보내 위와 같이 조치를 한 것이다. 게다가 安璥《駕海朝天錄》7月 5日의 기록[53]을 보면 당시 黃縣, 招遠, 掖縣 일대에는 메뚜기 떼가 창궐하여 식량이 풍족하지 못한 상황이 었으므로 래주부성 지현은 이러한 저간의 상황까지 고려했던 것으로 보인다. 또한 安璥은 平里店鋪에서 유숙하면서 아래와 같은 無題詩 한 수도 남겼다.

> 작년 북경에 갈 때는 일정이 급하여 총총거리며 갔었는데
> 금년 귀국길은 여유가 있어 느긋하게 돌아간다네.
> 아침에 출발하면서 이전처럼 래주부 성문이 닫혀 있을까 염려하여
> 밤에도 문이 열려있는 래주부성 밖 평리점에 유숙했네.
> 현지 관원의 경시와 모욕은 피하지 못하는 법이니
> 사행에서 그런 곤궁과 어려움은 감당해야 하는 것이라네!
> 비록 늦게나마 돼지고기 요리로 대접하며 아쉬운 정의를 표한다고 하나
> 래주관원의 실수는 벌주로 3잔은 더 마셔야 하리라.

> 去日忽忽去, 來時緩緩來。
> 朝疑城府閉, 夜訪里闕開。
> 未免人輕侮, 那堪旅瑣災。
> 蒸豚致繾綣, 官酒過三杯。
> (安璥《駕海朝天錄》)

우선 첫 두 구절에서 북경으로 갈 때는 해상에서 폭풍우를 만나 조난 사고를 당하는 등 여러 우여곡절로 일정이 지체되어 서둘러 여정에 올라야 했으나, 북경에서 劉鴻訓과 楊道寅을 보내 明 光宗의 즉위 사실을 통보해 준 것에 대해 감사를 올리는 사은의

---

53   "(七月)初五日, 晴。早發(黃山館驛), ……暮, 入朱橋馹, 宿翰林客館。是日, 行百二十里云。路人皆曰：六月灑雨, 蝗蟲蔽野。田畆之上, 揮旗驅之, 或掘坎火埋, 或官令捕之, 或捕而食之。"(安璥：《駕海朝天錄》)

임무를 마친 후, 귀국할 때는 여유 있게 여정에 올랐다고 말했다. 그리고 이어지는 구에서 이전처럼 래주부성 관원들이 사신들의 입성을 금지할까 염려되어 일부러 평리점에 묵게 되었다고 연유를 이야기한 후, 뒤늦게 謝意를 표하는 래주부성 지현의 성의에 한편으로 고맙게 여기면서도 동시에 그 사의가 너무 늦었음을 풍자적으로 표현하고 있다. 三杯는 바로 "後來三杯"의 뜻으로 원래는 술자리에 늦게 온 사람이 벌주로 3잔을 마셔야 한다는 뜻인데 여기서는 작년에 래주부성 관원들이 조선사신들에게 무례를 행하고서는 지금 늦게서야 사의를 표하는 것은 벌주 3잔 이상을 먹어도 쉽게 용서하기 어렵다는 뜻을 에둘러 표현하고 있다.

그럼 여기서 天啓 元年(1621)안경 일행이 북경으로 가는 길에 래주성을 지나면서 어떤 일을 겪었는지 구체적으로 살펴보기로 하자.

> (7月)6日 맑음. 5 여 리를 가니 "掖縣界"라고 쓰인 표지석이 있다.……萊州(城)에 도착하니 아직 날이 밝았는데 마부와 말을 공급해주지 않아 東關 마을 劉씨 姓을 가진 人家에 묵었다. 朱橋에서 여기까지 60리라고 한다. 萊州 分巡道 陳亮采는 濟南 布政所에 출타를 나갔고 知府 林銘鼎과 知縣 薛文周가 성 안에 있었는데 傳令이 없었다면서 우리가 성 안으로 들어가는 것을 허락하지 않았다. (七月)初六日, 晴, 行五里許立石曰：掖縣界, ……到萊州(城), 日尙早, 不給夫馬, 止宿東關里劉姓人家, 自朱橋到此六十里雲。萊州分巡道陳亮采往濟南布政之所, 知府林銘鼎, 知縣薛文周在城, 而無傳令不使入城。(安璥《駕海朝天錄》)

天啓 元年(1621) 7月 6日 安璥 일행은 萊州城에 이른 시간 곧, 아직 해가 지지 않은 시각에 도착했으나 役夫와 車馬가 제때 제공되지 않아 부득이 하게 萊州 東關(지금의 萊州市 文昌路街道 文昌路東社區 부근)에 유숙했다. 당시 分巡道, 즉, 海防道 직책을 역임하고 있던 陳亮采는 濟南의 山東承宣佈政使司에 출타를 나갔고 萊州城內에는 다만 萊州 知府과 知縣 두 사람의 관원만이 있었는데, 안경 일행은 명청교체기에 처음으로 해상을 거쳐 산동 등주에 상륙하여 山東 경내를 통과한 사행단이었으므로 이전에

선례가 없었기에 "전령이 없어 입성이 허락되지 않았다(無傳令不使入城)."

그런데 이러한 곤욕은 처음 겪는 일이 아니었다. 安璥 일행이 처음 배를 타고 登州에 상륙했을 때 등주의 관원들 역시 "외국인이 배를 타고 해상으로 오는 일은 일절 금지되어 있으므로 이러한 규칙을 어기면 해적으로 간주한다"는 이유[54]로 安璥 일행이 登州 水城(지금의 蓬萊水城)에 입항하는 것을 금지했다. 이후 登萊巡撫 陶朗先의 허가를 얻은 후에야 비로소 해안에 접안하여 상륙할 수 있었다. 결국 萊州 知府와 知縣이 조선사신의 입성을 고의로 막은 것은 아니라고 할 수 있다. 그러나 4000 여 리[55]에 이르는 기나긴 해상 사행의 여정에 올라 구사일생의 위험을 헤치고 온갖 어려움을 겪어야 했던 조선 사신의 입장에서는 이런 부주의한 조치들을 일종의 경시와 모욕으로 받아들이기에 충분했다. 그래서 래주부 지현이 보낸 사의를 어쩔 수 없이 받기는 했지만 풍자적으로 에둘러 그 태도를 여전히 비판하고 있는 것이다.

> (7月)9日 맑음 (濰縣城 北隅에서 출발하여)昌樂에서 점심을 해 먹었다. …… 蓬萊 分巡道가 濟南에서 돌아와서 함께 머물며 말하기를 "그러니까 여러 분들이 바로 朝鮮 進貢 陪臣들이지요? 수고가 많소이다!"라고 하므로 즉시 通官 李恂에게 앞으로 나가 고두하며 감사를 올리도록 하고 래주부 성을 지날 때 입성하지 못했던 일을 고하면서 "皇朝에서 朝鮮을 內脈으로 대우하기에 天子의 조정조차도 出入하도록 허락하는 법인데 유독 萊州府城에서 입성을 거절하니 두렵고도 참담한 심정을 느끼지 않을 수 없었기에 이 자리를 빌어 받들어 고합니다."라고 했다. 그러자 分巡道가 위로하여 말하기를 "어서 일어나시오, 일어나. 내가 성에 없어서 수하들이 사정을 몰랐던 것이니 내가 그들의 잘못을 다스릴 것이오." 라고 한다.
>
> (七月)初九日, 晴。(自濰縣城北隅發行)中火于昌樂, ……由蓬萊分巡道之行 自濟南還, 駐與問曰："是何你們的朝鮮進貢陪臣麼? 多多辛苦！"即令通官李恂進前叩頭, 稱謝, 且告過州之日不得入城之事, 曰："皇朝之待朝鮮視同內脈, 雖天子之庭不問出入, 而獨於萊州拒門不納, 恐懼懷慚之中, 不

---

54   "外國人駕海來, 一切禁斷, 犯則以賊論"(安璥《駕海朝天錄》)
55   《通文館志》卷3《事大(上)·航海路程》, 朝鮮古書刊行會大正二年(1913)刊本, pp.58-59。

能無憾, 敢此仰達。"分巡慰之曰："起來, 起來, 俺不在城, 下官不職, 當治
之。"(安璥《駕海朝天錄》)

위의 글은 安璥 일행이 7월 6일 萊州城 외곽에 도착했으나 책임자인 海防道 陳亮釆
가 濟南에 출타를 가는 바람에 조선사신에게 편의를 제공해야 하는 사정을 알지 못했
던 知府과 知縣의 제지로 萊州城에 들르지도 못하고 계속 여정에 올라, 7월 9일 靑州
府 益都縣 경내에 이르렀을 때 우연히 濟南府에서 래주부성으로 돌아가던 陳亮釆와
만나서 나눈 대화를 기록한 것이다. 조선사신들의 임무의 중요성을 잘 이해하고 있던
해방도 진량채는 조선사신을 만나게 되자 자신이 먼저 나서서 반가워하면서 안부를
묻고 사행의 수고를 치하해주었다. 이에 조선사신들은 통역사를 내세워 래주부성에서
겪었던 부당한 조치에 대해 에둘러서 불만을 표시했고 해방도는 수하 관원들의 잘못
을 인정하면서 이를 바로잡을 것이라고 대답하면서 동시에 조선사신들을 위로해주었
다. 이후 해방도가 래주성으로 돌아가서 정말로 수하 관원인 래주부 지부와 지현을 질
책하고 잘못을 바로잡았음은, 안경 일행이 귀국길에 래주부성을 다시 지나게 되었으
나 성 안에 들르지 않고 바로 지나쳐 平里店鋪에 유숙할 때 래주부 知縣 薛文周가 차
사를 보내 사의를 표하고 요리사를 보내 사신들을 지극히 대접한 사실에서 확인할 수
있다.

관련 지방지의 기록[56]에 따르면 당시 해방도인 陳亮釆는 字가 惠甫, 號가 希唐으로
福建 晉江사람이다. 明 萬曆 十六年(1588)에 擧人이 되었고 萬曆 二十三年 (1595)에 進
士가 되어 刑部, 台州, 湖州 등지에서 任職했다. 萬曆 三十五年(1607)에서 三十九年
(1611)사이 萊州 知府를 역임했고 明 天啟 元年(1621)에는 巡察海道가 되었으며 이후
粵東參政, 山東登萊道, 浙江按察使 등의 직책을 수행했는데 역임한 곳마다 "청렴하고
유능하다는 소문이 자자했다."[57] 乾隆《萊州府志》에 "明나라 때 巡察海道를 隆慶 二年

56   乾隆《萊州府志》卷6《職官》, 淸 乾隆 五年刻本, pp.6-a~7-b; 乾隆《萊州府志》卷4《學校》, 淸 乾隆 五年
      刻本, pp.1-b~2-a; 康熙《山東通志》卷24《官職一》, 淸 康熙 四十一年刻本; (乾隆)《泉州府志》49《循績
      十一》, 淸 光緖 八年 補刻本.
57   "廉幹有聲" 乾隆《福建通志》卷36《選擧四》, 淸文淵閣四庫全書本, p.62-a.

에 分守道로 바꾸었고 萬曆 二十三年에 海防道로 바꾸었으며······陳亮采는 晉江 사람으로 進士가 되어 天啟 元年에 임관했다"[58]라는 기록이 보이며, 嘉靖《山東通志》[59]에 "巡察海道는 萊州府에서 분리되어 弘治 년간에 세워졌으며 按察司副使가 맡았다"[60]라는 기록이 보인다. 곧, 巡察海道는 중앙에서 파견된 특별 감찰관의 지위를 가지고 있었던 고위 관원으로 실제로 知府와 知縣을 관리 감독할 권한을 가지고 있었다.

산동지역은 일찍이 壬辰倭亂(1592–1598)시기에 조선에 파견된 명나라 원군의 군수물자를 보급하는 중요한 보급기지 역할을 했었다. 明 萬曆 二十年(1592)에 조선에서 임진왜란이 발발하자 명나라는 萬曆 二十一年(1593)에 군대를 파견하여 조선과 함께 연합군을 형성하여 왜군에 맞섰다. 萬曆二十二年(1594) 11月 明나라 戶部에서 山東巡撫 鄭汝璧이 올린 奏議에 답한 내용 가운데 "양식을 추렴하여 대규모로 저장하였음은 조선에 병란이 발생했기 때문인데 靑州, 登州, 萊州의 군량미로는 공급이 부족하다. ······이에 별도로 창고를 마련하여 군량미를 비축하여 전쟁에 대비하도록 해야 한다."[61]라는 기록이 보인다. 임진왜란 당시 登州와 萊州는 해상으로 조선과 가장 가까운 거리에 있었기에 "군량미의 운송은 海運만 한 것이 없고 海運에는 登州와 萊州보다 적합한 곳이 없었다."[62] 임진왜란 당시 明軍의 군량미를 책임진 運糧使 千萬里의《東

---

58 "明巡察海道隆慶二年改分守道, 萬曆二十三年改海防道。······陳亮采, 晉江人, 進士, 天啟元年任"(乾隆)萊州府志 卷6《職官》淸 乾隆 五年 刻本.

59 明代 山東 沿海 지역의 국방 기구의 설치, 통폐합 등 변화 과정은 사뭇 복잡하다. 山東 海巡道가 明初부터 明 萬曆 年間까지 변화된 정황을 간단하게 살펴보면 다음과 같다. "明初에 山東 巡察海道는 곧, 分巡海右道로서 각 府城에 상주하여 靑州, 登州, 萊州 등 三府를 관할했다. 弘治 十二年(1499)에 비로소 萊州에 巡察海道 官署를 설치했으므로 순찰해도는 萊州에 상주했다. 正德 七年(1512) 도적떼가 크게 난을 일으키자 순찰해도가 등주와 래주의 兵備까지 담당하게 되어 그 성격에 변화가 생겼으니 군사기구로서의 역할이 강화된 것이다. 嘉靖 四十一年(1562)에 登州로 주둔지를 옮겨 登州海防道가 되었고 전적으로 登州府만을 담당하게 되었다. 隆慶 二年(1568)에서 萬曆 二十年(1592)사이 등주해방도는 萊州의 兵備까지 담당하게 되었다" 趙樹國, 〈海不揚波 : 明代京畿地區海上安全述論〉, 中國明史學會(北京市 昌平區 十三陵特區 辦事處編, 《第十七屆明史國際學術研討會暨紀念明定陵發掘六十周年國際學術研討會論文集 上》, 燕山出版社2018年版, p.277)그러므로 본서에서는 嘉靖《山東通志》의 기록에 따랐다.

60 "巡察海道分署萊州府, 弘治間建, 按察司副使領之"嘉靖《山東通志》卷11《兵防》, 明嘉靖刻本.

61 "積粟以廣貯蓄。東事兵興。靑, 登, 萊軍屯之粟, 不足以供。······另廠收囤, 專備兵荒"《明實錄·明神宗實錄》, 臺灣"中研院"歷史語言所1962年版, p.1557.

62 "莫如海運, 海運莫如登, 萊"《明史》, 中華書局1974年版, p.2116.

征時軍兵賞賜糧米金銀蜀帛總錄》[63]에 따르면 임진왜란 기간 동안 산동에서 조선의 전선으로 공급된 군량미가 540,000石에 이르렀다고 기록하고 있다. 이러한 사정은 일찍이 산동지역 관원과 주민들에게 조선의 정세가 중국의 이익에 밀접하게 관련이 되어 있다는 사실을 인식하게 만들었을 것이며 당시 요동지역에서 후금이 발호하여 조선과의 연합전선을 형성할 필요성이 제기되자 명 조정과 관원들 사이에서 조선과의 외교관계에 대한 중요성이 더욱 강화되었을 것이다. 그래서 산동지역의 군무를 담당하고 있던 해방도는 조선사신의 접대와 편의 제공에 특별한 관심을 가져야만 했을 것이다.

조선사신들이 이 구간 역로를 지나면서 기록한 "蓬里鋪", "蓬呂店", "平利站"이라는 지명은 모두 "平里店(鋪)"을 通假字로 기록한 것이다. 지금의 萊州 方言을 보면 "平(píng)"의 발음을 "蓬(péng)"으로, "리(lì)"의 발음을 "呂(lǚ)"나 "利(lì)"로, "店(diàn)"의 발음을 "站(zhàn)"과 유사하게 발음한다. 지금 명대 래주지역 방언의 정확한 면모를 확인하기는 어렵지만 명대 조선사신들이 래주 지역 현지 방언을 듣고 이처럼 원래 지방지의 한자와 달리 기록한 것은 어쩌면 너무나 당연한 결과이다.

조선사신들이 지나간 掖縣 急遞鋪인 平里店鋪는 "萬歲河의 南岸에 있으며 (萊州府)城까지는 35리 거리이다. 땅이 부드럽고 비옥하여 나무를 심기 적합하다. 옛날에는 사람이 살지 않았으나 楊氏 성을 가진 민간의 큰 부자가 땅을 개간하여 園林을 조성한 후로 취락이 형성되었다. 市廛이 다시 열려 마침내 액현 경내에서 가장 큰 시장이 형성되었고 이로 인해 큰 대로가 놓이고 좌우로 비옥한 농경지가 많이 조성되었다. 옛날 漢武帝가 萬歲河에서 기우제를 지내고 萬里沙祠를 지었다고 전해지는데 응당 이곳에 있었을 것이며 옛날에는 曲城에 속했다."[64] 이러한 기록은 明代 平里店鋪 부근의 토지

---

63   孫文良,《明代"援朝逐倭"探微》,《社會科學輯刊》1994第3期, pp.98-99.
64   "居萬歲河南岸, 至(萊州府)城三十五里, 土松而腴, 宜樹植. 相傳舊無居民, 有楊氏者, 素封也, 辟地為園林, 遂成聚落. 近復起市廛, 竟為掖境市肆之首. 以地當孔道, 左右多良田故也. 昔漢武帝禱雨萬歲河, 建萬里沙祠, 宜在此, 舊亦隸曲城."(淸)毛贄 :《勺亭識小錄》卷1《識村鎮》, 民國二十三年掖縣王桂堂日曝經草堂抄本 (韓寓群 主編,《山東文獻集成(第二輯)》第25冊, 山東大學出版社2007年版, p.125에서 재인용) 素封이란 官爵이나 封邑을 받지 않았지만 부유한 민간인을 뜻한다. 市廛이란 店鋪가 집중되어 있는 거리나 시장을 뜻한다.

가 비옥하고 교통 요충지에 위치하고 있어서 秦漢 時期부터 부근에 경제활동이 활발
하였음을 의미한다.

　학예연구사(주임) 楊日明씨의 설명에 따르면, 明代《午城楊氏先塋》이라는 碑文에
"伯爵이었던 楊橋는 晉나라에서 周나라로 귀순하여 楊侯에 봉해졌는데 漢나라 太尉
인 楊震世는 弘農사람으로 여러 차례 東萊太守를 역임했고 子孫들이 여기에 정착해
서 살았다"[65]라는 기록이 보인다고 한다. 곧, 平里店鋪 마을을 세운 "楊氏라는 인물"은
바로 여러 차례 東萊郡 太守를 역임한 楊震世의 後裔일 가능성이 크다. 유구한 역사를
지닌 平里店鋪는 淸 乾隆 연간 이후로 상업이 더욱 발전하여 수많은 상점과 여관이 번
성하였다.

사진 2-12　지금의 平里店镇의 마을 石碑(집필진 답사 촬영)

　관련 연구[66]에 따르면 平里店은 교통이 편리하며 서울로 가는 "옛 官道"가 마을을
비스듬하게 통과했다고 한다. 煙濰公路(지금의G206國道)가 새로 修築(1921년)된 후, 平
里店 버스 정류장이 마을 서쪽에서 멀지 않은 곳에 조성되었는데 大原, 朱由, 過西, 西
由, 苗家, 梁郭, 驛道, 三元, 曲家 등 주변 지역에서 到平里店으로 장사를 하거나 일자
리를 찾아서 오는 주민들이 넘쳐났고 電報를 보내거나 먼 지역을 송금하는 등의 은행
업무도 가능했다 한다. 곧, 1937年 이전까지 平里店은 공업과 상업이 꽤 발전된 읍내

65　"伯(楊)橋自晉歸周, 封為楊侯。在漢太尉(楊)震世為弘農人, 屢為東萊太守, 子孫遂家焉"
66　戚延斌,〈平里店及其戰前的工商業〉,《萊州文史資料》1997年 第11輯, pp.196-214。

로 발전했다.

명대의 平里鋪는 지금의 萊州市 平里店鎮 平里店村이다. 관련 方志 기록에 따르면 西漢 高祖 四年(B.C. 203)에는 東萊郡 臨朐縣에 속했는데 東漢 시기에 臨朐縣은 掖縣에 병합되었고 明代에는 掖縣 良過鄉에 속했고 淸末 宣統 二年(1910)에는 掖縣 龍德區에, 1931年에는 第六區, 1955年에는 平里店區에, 1958年에는 平里店公社에 속했다가 1984年 平里店鎮에 속하여 지금에 이르고 있다.

사진 2 -13   萊州市 平里店鎮 平里店村 내 옛 驛道 위에 새로이 현대적으로 확장되어
새로이 조성된 東西大街(집필진 답사 촬영)

사진 2 -14   東西大街 西側에 있는 嬰里坊表에서 바라본 東西大街의 원경(집필진 답사 촬영)

1) 萊州는《禹貢》"靑州" 지역으로 천문으로는 危星의 위치에 해당하며
옛 萊夷의 땅이다. ……沙邱城은 商나라 紂王이 건축했는데 진시황이
여기서 붕어했다. 李白은 "내가 무슨 일로 결국 여기까지 왔나! 상나라
주왕이 세우고 진시황이 여기서 죽었다는 沙邱城 높다랗게 누워있네.
성벽 곁에 서있는 古樹는 저녁 황혼에 처량한 가을 소리만 울려내고 있
네" 라고 시를 지어 읊었다. 萊州在《禹貢》: "靑州域", 而危之分野, 古
萊夷地。……沙邱城, 商紂所築。秦皇崩處, 李白詩: "我來竟何事, 高
臥沙邱城。城邊有古樹, 日夕連秋聲。"(金德承《天槎大觀》)

2) 灰埠驛은 平度州에 속하는데 灰埠에서 서쪽으로 昌邑縣까지는 80리
여정이다. ……沙丘城은 북쪽에 있는데 진시황이 붕어한 곳이다. 灰埠
驛屬平度州, 自灰埠, 西至昌邑縣, 八十里程也。……沙丘城在北, 秦皇
崩處。……(鄭斗源《朝天記地圖》)

　　1)과 2)는 각각 金德承과 鄭斗源의《天槎大觀》과《朝天記地圖》가운데 沙邱城(沙丘
城)에 관련된 기록이다. 위의 두 기록에 따르면 萊州城의 북쪽에 있던 沙丘城은 商나
라 紂王이 세우고 秦始皇이 붕어한 장소이다. 아래의《朝天圖》《萊州府圖》의 윗부분
쓰여진 題詞에도 이러한 내용이 기재되어 있음을 볼 수 있으니 조선사신들도 사구성
에 대해 큰 관심을 가졌음이 틀림없다.《明一統志》의 사구성에 대한 기록[67]은 "丘"라는
글자를 "邱"로 표기한 것 이외에는 金德承의 1)의 기록과 완전히 똑같다. 萬曆《萊州府
志》와《山東省萊州市地名志》의 기록[68]에 따르면 明淸 시기 掖縣 東北 20리에 있던 沙

67　"沙丘城在掖縣界內, 世傳商紂所築, 即秦始皇崩處。唐李白詩：我來竟何事, 高臥沙丘城。城邊有
　　古樹, 日夕連秋聲。"(《明一統志》卷25《萊州府》, 淸文淵閣四庫全書本) 萬曆《萊州府志》卷5《驛傳》, 明 萬曆
　　三十二年刻本, p.20-b；乾隆《掖縣志》卷1《市集》, 淸 乾隆 二十三年刊本, p.54-b；民國《四續掖縣志》
　　卷2《市集》, 民國 二十四年鉛印本, p.62-a；山東省萊州市志編纂委員會編,《萊州市志》, 齊魯書社1996
　　年版, pp.43-68；山東省萊州市人民政府地名辦公室 編,《山東省萊州市地名志》1996年版, pp.10-66,
　　p.145 참고. 그러나 청대 고증학자 고염무는 이러한 견해에 대해 다음과 같이 이견을 제시하기도 했다.
　　"진시황이 會稽에서 沙邱로 왔다고 하는데 沙邱台(沙丘城)는 順德平鄕 경내에 있으므로 이는 후인들
　　이 견강부회한 것이다. (按始皇自會稽至沙邱, 沙邱台[即沙丘城]在順德平鄕境, 此後人附會)" 淸 顧炎武,《肇
　　域志》卷16卷《萊州府》, 淸抄本.
68　萬曆《萊州府志》卷6《古跡》, 明 萬曆 三十二年 刻本, p.44-a; 山東省 萊州市 人民政府地名辦公室 編,

丘城은 지금의 萊州市 시내 東北쪽에 있는 平里店鎮 石姜村에서 남쪽으로 100m 떨어져 있는 지역 일대이다. 그러므로 金德承과 鄭斗源이 기록한 沙丘城 관련 내용은 아마도 그들이 지나간 驛道 변의 欄門에 표기된 지명에 근거한 것으로 보이며 이 欄門은 아마도 掖縣 平里店鋪와 蘇郭鋪 사이, 좀더 정확하게 말하면 蘇郭鋪에 좀 더 가까운 곳에 세워져 있었던 듯하다.

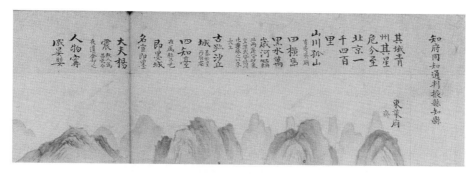

그림 2-15 《朝天圖》〈萊州府圖〉의 일부 (國立博物館藏本)

第4절 蘇河, 二十里鋪, 水古河, 水古村, 呂蒙正先跡("蒙正故里"欄門)

> 朱橋驛은 掖縣에 속하며……朱橋에서 서쪽으로 萊州府까지는 60리 거리이다. ……30리를 가서 蘇河를 건넜는데 하천의 규모는 汪河와 비슷하다. 朱橋驛屬掖縣, ……自朱橋, 西至萊州府, 六十里程也。……行三十里, 涉蘇河, 河之大如汪河。(鄭斗源《朝天記地圖》)

위에서 정두원은 朱橋鋪 서쪽 30리에 蘇河가 있다고 했는데 이는 잘못된 기록이다. 이 위치에는 바로 李德泂과 洪翼漢이 기록한 "禮河"가 흐르고 있었고 이 하천은 앞서 지적했듯이 萬歲河(명대 공식 명칭)로서 지금의 煙臺市 萊州市 동쪽에 있는 王河이다. 그런데 위의 기록을 보면, 정두원이 "소하"라고 기록한 하천은 汪河와 규모가 비슷하

《山東省萊州市地名志》, 1996年版, p.458。

다고 했으므로 정두원이 "소하"라는 강을 건너기 전에 汪河를 건넜음을 알 수 있다. 앞서 고찰한 명대 지방지에 언급된 이 지역 하천의 위치를 상기해보면, 정두원이 왕하를 건넌 후 출현하는 하천은 바로 "蘇郭河(속칭 干沙河)"이다. 이 강은 萊州府城에서 "북쪽으로 20리 떨어진 곳에 있으며 天崗山에서 발원하여 산의 서쪽을 돌아 蘇郭, 上官을 거쳐 바다로 유입된다."[69] 곧, 정두원은 주교역에서 서쪽으로 "40리를 가서" 소곽하를 건넌 것이지 "30리를 가서" 소곽하를 건넌 것이 아니다.

사진 2-16   지금의 萊州市 蘇郭河(程郭鎭 구간, 집필진 답사 촬영)

사진 2-17   지금의 萊州市 蘇郭河(程郭鎭 구간)의 하천안내판(집필진 답사 촬영)

---

69   "北二十里, 自崗山西轉山發源, 徑蘇郭, 上官, 入於海" (淸)張思勉, 于始瞻 纂修,《掖縣志》卷1《山川》, 淸乾隆二十三年(1758)刊本.

(10月)8日 맑음. 아침 일찍 (朱橋鋪를) 출발하여 ……오후에 萊州 二十里
鋪에서 쉬었다. 저녁에 萊州 東館馹에 도착했는데 이날은 60리를 이동했
다. (十月)初八日, 晴。 早發(朱橋鋪), ……午, 憩萊州 二十里鋪。 夕, 抵萊州
東館馹。 是日, 行六十里。 (申悅道《朝天時聞見事件啓》)

申悅道 일행이 지나간 萊州 동쪽 "二十里鋪"는 그 명칭으로 유추해 보건대 萊州府
城에서 동쪽으로 20리 떨어져 있는 急遞鋪임을 알 수 있다. 楊日明 학예연구사(주임)
의 설명에 따르면, 明淸 시기 "二十里鋪"는 지금의 萊州市 港城街道 관할의 二十里堡
村이라 한다. 堡란 옛날에 "鋪"와 같은 뜻으로 驛站을 의미했으며 지금은 고유지명에
사용되고 있다. 戴錫金 학예연구사(주임)는 "二十里堡村은 城港路街道 辦事處에서 東
北으로 5km 떨어져 있는 G206國道(煙汕公路)의 西側에 있습니다. 明 洪武 三年(1370)
에 史씨 姓을 가진 사람들이 四川에서 이곳에 이주해 와서 마을을 세웠죠. 옛날에는
보통 10리마다 堡를 하나씩 설치했고 표지석을 세워 이정표로 삼았습니다. 이 마을은
掖縣城(萊州府城)에서 20리 떨어져 있었으므로 二十里堡라고 불렀죠."라고 이야기해
주었다. 萬曆《萊州府志》의 기록에 따르면, 申悅道 일행이 잠깐 휴식을 취한 萊州府城
동쪽 "二十里鋪"의 명대 공식 명칭은 萊州府城에서 登州府 방향으로 20리 떨어진 곳
에 있는 急遞鋪인 蘇郭鋪이다. 그런데 필자들이 중국 지방지를 조사해보니 소곽포의
지금의 위치는 앞서 학예연구사들이 말한 萊州市 港城街道 二十里堡村보다는 萊州市
程郭鄉 前蘇家村일 가능성이 더 커보인다.

"二十里堡"에 관한 기록으로 가장 최근의 것은 민국 시기에 간행된《四續掖縣志》
(1935)로서 "(第三區)程郭鄉의 公所는 二十里堡에 있으며 북으로 蘇郭鄉의 公所까지
는 3리 떨어져 있다. 蘇郭鄉의 公所는 南蘇郭村에 있으며 蘇郭村 東南쪽에 古城의 유
적이 미미하게 남아 있는데, 전하는 바에 따르면 沙邱城이라 한다."[70] 앞서 살펴본 "蘇

---

70 "(第三區)程郭鄉, 公所在二十里堡, 北至蘇郭鄉公所三里 ; 蘇郭鄉, 公所在南蘇郭村, 蘇郭村東南有古
    城微跡, 相傳即沙邱城。"(民國)劉國斌, 劉錦堂 纂修,《四續掖縣志》卷二《鄉社》, 民國二十四年(1935)鉛
    印本。

郭鋪가 縣의 東北 二十里에 있다"[71]라는 기록, "沙邱城은 郡의 東北 二十里에 이다"[72]
라는 기록들과 함께 살펴보면, "蘇郭鋪"라는 명칭은 아무리 늦어도 명나라 중기나 말기
에는 이미 문헌에 나타나지만 "二十里堡"라는 명칭은 이보다 훨씬 뒤에서야 나타났다.

　한편, 민국시기 간행된《四續掖縣志》의〈鄉社〉에는 "蘇郭鄉의 公所는 南蘇郭村에
있으며 南蘇郭(村), 郭古莊(村), 唐家(村), 孟家(村) 등을 관할한다"[73]라는 기록이 보이며
또한《四續掖縣志》의〈市集〉에는 "蘇郭 지역의 장날은 三區 蘇郭鄉 蘇郭村에서 4일
과 9일에 열렸다"[74]라는 기록도 보인다. 곧, 1935年 蘇郭鄉은 그 아래로 지금의 萊州市
程郭鄉 前蘇村(南蘇郭村), 郭古莊村(郭古莊村), 後蘇村(唐家村[75]), 蘇郭孟家村(孟家村[76])
을 관할로 두고 있었던 것이다. 民國시기 前蘇村(南蘇郭村)은 간단하게 蘇郭鄉 蘇郭村
으로 불렸으며 前蘇村은 지금의 萊州市 市政府(明代 萊州府治 所在地)에서 東北으로
9.1km떨어진 곳에 있으니 "蘇郭鋪는 縣 東北 20리에 있다."라는 기록에 부합한다.

　결국 明代 조선사신들이 지나간 "二十里鋪"는 掖縣 官鋪인 蘇郭鋪이며 지금의 萊
州市 港城街道 二十里堡村이 아니라 萊州市 程郭鄉 前蘇村에 있었다. 관련 지방지의
기록[77]에 따르면 前蘇村은 淸 乾隆 五年(1740)에서 乾隆 二十三年(1758)사이에는 萊州

71　"蘇郭鋪在縣東北二十里"(淸)張思勉, 于始瞻 纂修,《掖縣志》卷之二《驛遞》, 淸乾隆二十三年(1758)刊
　　本。

72　"沙邱城, 在郡東北二十里"(明)龍文明, 趙耀等 纂修,《萊州府志》卷之六《古跡》, 明萬曆三十二年(1604)
　　刻本。

73　"蘇郭鄉公所在南蘇郭村, (下轄)南蘇郭(村), 郭古莊(村), 唐家(村), 孟家(村)"民國)劉國斌, 劉錦堂 纂修,
　　《四續掖縣志》卷二《鄉社》, 民國二十四年(1935)鉛印本。

74　"蘇郭(集), 三區蘇郭鄉蘇郭村, (每逢)四, 九日"(民國)劉國斌, 劉錦堂 纂修,《四續掖縣志》卷二《市集》, 民
　　國二十四年(1935)鉛印本。

75　後蘇村은 明 洪武 二年(1369)에 唐씨 姓을 가진 사람들이 淅川에서 이주해 와서 세운 마을이다. 마을
　　앞에 土閣이 있었기 때문에 '蘇閣'이라는 명칭이 붙어 蘇閣唐家(村)로 알려졌다. 1985年 蘇閣欒家村과
　　함께 명칭을 변경했는데 두 마을의 위치를 보아 後蘇村으로 바꾸었다. (집필진이 답사할 때 채록한 後蘇村
　　村碑에 기재된 내용에 근거함)

76　蘇郭孟家村은 G206國道(煙汕公路)의 東側에 위치하고 있으며 蘇郭河의 東岸에 있다. 明初에 마을 부
　　근에 土閣이 있었기 때문에 '蘇閣'이라는 명칭이 붙어 蘇閣孟家(村)로 알려졌다. 후에 蘇郭孟家(村)로
　　개명되었고 1958年에 孟家村으로 간략하게 불렸으며 다른 마을과 이름이 중복되어 1982年 다시 蘇郭
　　孟家로 회복되었다가 後蘇村의 管轄이 되었다. (戴錫金 학예연구사의 설명에 근거함)

77　萬曆《萊州府志》卷5《驛傳》, 明 萬曆 三十二年刻本, p.20-b ; 乾隆《掖縣志》卷1《鄉社》, 淸 乾隆 二十三
　　年刊本, p.45-a ; 民國《四續掖縣志》卷2《市集》, 民國 二十四年鉛印本, p.62-a ; 山東省萊州市志編纂委
　　員會 編:《萊州市志》, 齊魯社1996年版, pp.43-68 ; 山東省萊州市人民政府地名辦公室 編:《山東
　　省萊州市地名志》1996年版, pp.10-66, p.156。

府 臨郭鄕에, 1935年에는 第三區 蘇郭鄕에, 1943-1956年에는 雙山區에, 1958-1982年
에는 程郭公社에 속했다가 그 이후로 지금까지 萊州市 程郭鄕에 속하고 있다.

사진 2-18   지금의 萊州市 程郭鄕 前蘇家村의 촌비. 이곳은 명대 蘇郭鋪가 있었는데,
조선사신 신열도는 이 소곽포를 "二十里鋪"라고 기록하고 있다. (집필진 답사 촬영)

(7月)6日 맑음. (朱橋驛에서)5여 리를 가니 "掖縣界"라고 쓰인 표지석이 서
있었다. ……王河를 건너 禮萊村를 지나 水古河를 건너 水古村을 지나 萊
州에 도착했는데, 날이 아직 일렀기에 마부와 말이 지급되지 않아 東關里
劉씨 성을 가진 사람의 집에 유숙했다. (七月)初六日, 晴。(從朱橋驛)行五
里許, 立石曰 : 掖縣界。……渡王河, 曆禮萊村, 過水古河, 水古村, 到萊
州, 日尙早, 不給夫馬, 止宿東關里劉姓人家。(安璥《駕海朝天錄》)

水古村은 그 명칭으로 유추해보건대 水古河의 부근에 있었을 것이며 사신의 경유
노선을 고려해보면, 萬歲河와 萊州府城 사이에 있었을 것이다. 이러한 조건에 부합하
는 역관을 찾아보면, 하나는 蘇郭河 부근의 蘇郭村(蘇郭鋪)이며 다른 하나는 淇水河
부근의 淇水村(淇水鋪)이다. "水古"라는 지명의 萊州 方言 발음은 "蘇郭"과 거의 유사
하므로 아마도 安璥이 기록한 "水古河와 水古村"은 蘇郭河와 蘇郭村(蘇郭鋪)일 것으

로 판단된다. "蘇郭河"라는 지명은 明代 이래로 지금까지 그대로 사용되어 왔다.《萊州市志》의 기록[78]에 따르면, 蘇郭河는 上官溝라고도 불리며 萊州市 程郭鎭 谷口唐家村에서 발원하여 高郭莊, 邱家, 蘇郭, 韓家를 경유하여 上官葉家에 이르러 서쪽으로 바다에 유입되는데 총 길이 23km, 流域의 면적은 81평방km인 비교적 규모가 작은 하천이다.

> (10月)13日 아침 일찍 (朱橋鋪를) 출발하여 萊州에 이르러 유숙했는데, 도중에 呂蒙正先跡이 있었다. ……朱橋까지는 60리 거리이다. (十月)十三日。早發(朱橋鋪)至萊州止宿, 中路有呂蒙正先跡, ……去朱橋六十里。(全湜《槎行錄》)

윗글은 明 天啓 五年(1625) 聖節兼冬至使 全湜 일행이 북경으로 가는 길에 "呂蒙正先跡"에 관해서 기록한 부분이다. 中路란 도중이라는 뜻이며, 先이란 先世 혹은 祖先의 뜻이고, 先跡이란 바로 조상의 분묘를 뜻한다. 呂蒙正(946-1011)은 字가 聖功으로 河南사람이다. 太平興國 二年(977)에 進士로 발탁되었고 관직이 宰相에 이르렀다. "蒙正은 품성이 관후하고 소박했기에 주위의 큰 기대를 받았고 正道로써 스스로를 지켰다. 특정사안이 발생하면 자신의 의견을 분명히 드러냈으니 매번 時政을 논함에 여론의 승인을 얻지 못하더라도 반대의견을 고수하였고 다른 이를 칭찬함에도 숨김이 없었다."[79] 여몽정의 조부인 呂夢奇는 萊州사람으로 五代 後唐 때 벼슬이 戶部侍郎에까지 이르렀다. 呂夢奇에게는 아들이 둘 있었는데 장자가 龜圖이고 차자가 龜祥이었고, 장자 龜圖에게는 아들이 네 명 있었는데 그 중 하나가 呂蒙正이다. [80] 呂蒙正의 아버지인 呂龜圖는 일찍이 後周에서 起居郞 벼슬을 했는데 이후에 일가를 거느리고 남쪽으

---

78   山東省 萊州市志編纂委員會 編,《萊州市志》, 齊魯書社, 1996, p.75.

79   "蒙正質厚寬簡, 有重望, 以正道自持。遇事敢言, 每論時政, 有未允者, 必固稱不可, 上嘉其無隱。"(元) 脫脫,《宋史》卷265《列傳第二十四·呂蒙正》, 淸 乾隆 武英殿刻本.

80   "呂夢奇, 萊州人, 五代後唐時, 累官至戶部侍郎。呂夢奇有二子, 長爲龜圖, 次爲龜祥。呂龜圖有四子, 其一爲呂蒙正。"(明)李賢 等 纂修,《大明一統志》卷25《萊州府》, 三秦出版社1990年版, p.423;楊松水,《兩宋壽州呂氏家族著述研究》, 黃山書社, 2012, pp.25-73, p.346.

로 이주하여 河南에 정착했기 때문에 史書에는 呂蒙正을 河南사람으로, 祖籍을 山東 萊州로 기록하고 있다.

"呂公夢奇故里"에 대하여, 淸 乾隆 연간에 간행된《勺亭識小錄》,《掖縣志》등의 지방지에는 "(萊州府)城의 북쪽 10리 지역을 郞子埠라고 하고, 다시 10리를 가면 軍寨子이다"[81] "(軍寨子)가 누구의 用兵處인지는 미상이며 래주사람 呂公夢奇의 故里인데 (그 마을의) 뒤에 옛 분묘가 하나 있으니 呂氏 祖墓라고 전해진다."[82] 라는 기록이 보인다. 곧 "呂公夢奇故里"는 萊州府城에서 북쪽으로 20리 떨어진 軍寨子村으로 全湜이 언급한 "呂蒙正先跡"도 이 마을 뒷편에 있다는 뜻이 된다.

楊日明 학예연구사(주임)의 설명에 따르면, 明代 軍寨子村은 지금의 萊州市 城港路 街道 軍寨址村이며 현재 마을 내에 여전히 呂氏 祖墳이 남아 있다고 한다. 앞서 살펴본 "辛次膺故里"의 경우와 유사하게, 明代 驛道가 軍寨子村을 직접 경유한 것은 아니지만 "呂蒙正先跡"이라는 패방이 軍寨子村의 남쪽 지역을 경유했던 驛道 길가에 세워져 있었고 이 역도 길가 패방을 조선 사신 전식이 목도하고 기록한 것이다. 楊日明 학예연구사의 안내로 필자들은 지금의 軍寨址村에 남아 있는 呂氏 祖墓를 직접 확인할 수 있었다. 관련 지방지의 기록[83]에 따르면, 軍寨址村은 明淸 시기에는 軍寨子村으로 불렸고 1935年에는 軍寨趾村 혹은 軍寨子村이라는 명칭으로 불리며 掖縣 第三區 朱軍鄕에 속했다가 1943-1948年에는 臨城區에, 1956年에는 大原區에, 1958-1982年에는 大原公社에, 1992-2001年에는 大原鎭에 속했다가 2001年부터 지금까지 城港路 街道에 속해오고 있다.

---

81 "(萊州府)城北十里曰：郞子埠, 再十里爲軍寨子"《乾隆掖縣志》卷8《拾遺》, 淸 乾隆 二十三年(1758)刊本.

82 "不詳何人用兵處。郡人呂公夢奇故里也。(村)後古塚一區, 相傳爲呂氏祖墓焉"(淸)毛贄,《勺亭識小錄》卷1《識村鎭》, 民國 二十三年 掖縣王桂堂日曝經草堂抄本; 韓寓群 主編,《山東文獻集成(第二輯)》第25冊, 山東大學出版社2007年版, p.127.

83 乾隆《掖縣志》卷1《鄕社》, 淸 乾隆 二十三年刊本, p.45-b ; 民國《四續掖縣志》卷2《市集》, 民國 二十四年 鉛印本, p.10-b ; 山東省萊州市志編纂委員會 編,《萊州市志》, 齊魯書社1996年版, pp.43-68 ; 山東省萊州市人民政府地名辦公室 編,《山東省萊州市地名志》1996年版, pp.10-66, p.134。

사진 2-19 지금의 軍寨址村의 村碑(집필진 답사 촬영)

사진 2-20 지금의 軍寨址村의 입구에 세워진 마을 패방(집필진 답사 촬영)

사진 2-21 지금의 軍寨址村에 남아 있는 呂氏 祖墳 유적(집필진 답사 촬영)

灰埠驛은 平度州에 속하는데 灰埠에서 서쪽으로 昌邑縣까지는 80리 거리이다. (회부에서 서쪽으로) 30리를 가면 新河가 있는데《一統志》에 "膠水가 북으로 新河에 유입되어 昌邑縣을 지나 바다로 유입된다"라는 기록에 언급된 강이 바로 이 왕하이다. 沙丘城은 (왕하의) 북쪽에 있는데 진시황이 여기서 붕어했다. "蒙正故里"라고 쓰인 패방이 있는데 宋 呂蒙正이 살던 곳이다. 灰埠驛屬平度州, 自灰埠, 西至昌邑縣, 八十里程也. 行三十里, 有新河,《一統志》: "膠水北入新河, 經昌邑縣界入海", 卽此也. 沙丘城在北, 秦皇崩處. 有欄門, 書之曰 : "蒙正故里", 宋呂蒙正所居之地. (鄭斗源《朝天記地圖》)

新河는 膠州에서 발원하여 高密縣을 거쳐 平度州 膠萊北河에 유입되어 昌邑縣을 거쳐 渤海로 들어간다.[84] 新河는 지금의 靑島市 萊州市 北膠萊河로서 자세한 고증은 후술하기로 한다. 平度州 灰埠驛에서 30리를 가면 新河에 도착하게 되는데, 위의 鄭斗源의 기록에 따르면, 新河와 登萊驛道의 교차 지역 곧, 新河鋪는 바로 宋代 呂蒙正이 살던 마을이었고 여기에 "蒙正故里" 欄門이 있었다. 그렇다면 앞서 전식이 기록한 "呂蒙正先跡"패방과 정두원이 기록하고 있는"蒙正故里" 欄門은 같은 위치에 있던 동일한 패방을 달리 기록한 것인가? 아니면 서로 다른 위치에 있던 다른 패방이었을까?

우선 "蒙正故里" 欄門이 萊州 경내에 분명히 존재했음에는 틀림없다. 明 嘉靖 十一年(1536)《萊州府志》를 편찬한 萊州 知府 胡仲謀는 공식 기록에 속하는《萊州府志》에 편입하기 어려운 文章을 전부 모아《邑志佚文》이라는 책을 별도로 간행했는데《邑志佚文》의 기록[85]에 따르면 呂蒙正의 父親인 呂龜圖가 남쪽으로 발령을 받아 "起居郎" 관직을 역임할 때, 呂蒙正의 母親 劉氏(萊州府 掖縣사람)는 액현에 남아 어린 呂蒙正을 혼자 키우다가 이후 呂蒙正을 데리고 洛陽으로 내려가 가족이 함께 살게 되었다 한다. 이러한 설은 당시 萊州府 掖縣 현지 주민들 사이에 회자되던 呂蒙正에 대한 일반적인 이야기로서 여몽정 일가가 萊州府 액현 경내에 살았다는 사실은 분명히 공인되어 있

---

84   (明)李賢等 纂修,《大明一統志》卷二十五《萊州府》, 三秦出版社1990年版, p.419; 道光《重修平度州志》志1《山川》, 淸 道光 二十九年刻本.

85   楊黎明 主編,《古邑春秋》, 中國大地出版社, 2006, pp.80-81에서 재인용.

었기에 그가 살았던 마을임을 나타내는 "蒙正故里" 欄門이 이 지역에 존재했음이 틀림없을 것이다.

그리고 鄭斗源이 기록한 "蒙正故里"패방과 全湜이 기록한 "呂蒙正先跡" 패방은 같은 위치에 있던 동일한 패방으로 보인다. 위에서 鄭斗源은 新河의 북쪽에 "沙丘城"(沙邱城)이 있고 여기서 진시황이 붕어했다고 기록했지만, 앞서 이미 고증했듯이 沙邱城은 萊州府 東北 20리에 있으므로 정두원의 沙丘城의 위치에 대한 기록은 誤記이며 그러므로 新河鋪(新河 부근 역관마을)가 呂蒙正이 살던 마을이라고 기록한 것도 잘못된 것이다. 沙丘城은 정확히 말하면 萊州府城에서 東北으로 20리 떨어져 있는 急遞鋪인 蘇郭鋪, 즉, 지금의 萊州市 程郭鎮 前蘇村의 동남쪽 石姜村 부근에 있었다.[86] 결국 軍寨址村은 지금의 前蘇村(명대 蘇郭鋪)의 서북쪽 부근에 있었고 "蒙正故里" 欄門과 "呂蒙正先跡" 欄門은 모두 軍寨子村의 남쪽 蘇郭鋪(前蘇村)과 淇水鋪(淇水村)사이를 지나던 驛道 변에 있었던 셈이 되는 것이다.

楊日明 학예연구사(주임)는 平里店에서 출발하여 驛道를 따라 서남으로 약 1리를 가면 萊州市 平里店鎮 柳行村이 있으며, 柳行村의 동남으로 옛 驛道가 남아 있는데, 속칭 "官道"라 불린다고 설명해주었다. 이 설명에 따르면 조선사신이 목도한"蒙正故里" 欄門과 "呂蒙正先跡" 欄門은 柳行村에 세워져 있었던 것이 된다. 柳行村의 명칭 유래에 관하여 戴錫金 학예연구사(주임)는 다음과 같이 설명해주었다. 《郝氏族譜(학씨족보)》의 기록에 따르면, 郝氏의 祖先인 郝伯이 河北 棗强村(조강촌)에서 여기로 이주해 와서 掖縣 北陵疃(북릉탄, 지금의 萊州市 平里店鎮 西北障村 西北일대)을 세웠고 그 아들인 郝表正이 다시 이동하여 이 마을을 세웠는데 버드나무가 숲을 이루고 있었기에 柳行村이라는 이름을 붙였다. 관련 지방지 기록[87]에 따르면 柳行村은 元代에 세워졌으며 明代에는 掖縣 良過鄉에, 清末 宣統 二年(1910)에는 掖縣 龍德區에, 1931年에는 第六區에, 1955年에는 平里店區에, 1958年에는 平里店公社에 속했다가 1984年부터 지

---

86 民國《四續掖縣志》卷2《鄉社》, 民國 二十四年 刻本, p.11-b.
87 民國《四續掖縣志》卷1《山川》, 民國 二十四年鉛印本, p.31-b ; 山東省萊州市志編纂委員會 編,《萊州市志》, 齊魯書社1996年版, pp.43-68 ; 山東省萊州市人民政府地名辦公室 編,《山東省萊州市地名志》1996年版, pp.10-66, p.148。

금까지 平里店鎮에 속해오고 있다.

사진 2-22　지금의 萊州市 平里店鎮 柳行村의 촌비. 명말 조선사신들이 목도한
"蒙正故里" 欄門과 "呂蒙正先跡" 欄門은 이곳에 세워져 있었다. (집필진 답사 촬영)

제5절　淇水鋪, 十里鋪, 義塚碑, 侯侍郎墓

1) (3月)17日 맑음, 바람이 심하게 붐. 아침에 (沙河店을) 출발하여 萊州城의
　 서쪽 垓子가를 지나 淇水鋪에 도착하여 孫씨 姓을 가진 민가에서 점심
　 을 해먹었다. 저녁에 邾橋驛에 도착하여 유숙했다. 이날 100리를 이동
　 했다. (三月)十七日, 晴, 大風。朝發(沙河店), 過萊州城西垓子邊, 到淇水
　 鋪孫姓人家中火, 夕, 到邾橋驛宿, 今日行一百里。(趙濈《燕行錄(一云朝
　 天錄)》)

2) (9月)23日 맑음, 새벽에 일어나 成服하고 50리를 이동하여 河沙店에서
　 말에게 물을 먹이고 저녁 식사를 했다. 비와 우뢰가 크게 일었다. 다시
　 60리를 가서 萊州城 밖을 지나 十里鋪에 묵었다. (九月)二十三日, 晴。
　 曉起成服, 行五十里, 歇馬河沙店食晚。雨雷大作, 行六十里, 過萊州城
　 外, 宿十里鋪。(吳允謙《海槎朝天日錄》)

3) (6月)27日 萊州府에 도착했다. 아침 늦게 날이 훤해져서야(登州府 黃縣
黃山館驛을) 비로소 출발하여, ……밤이 되어서야 十里鋪에 도착했는
데 액현에서 사람을 보내와 기다리고 있었기에 횃불을 들고 계속 여정
에 올라 縣城 밖 東館馹에 도착하여 孫씨 姓을 가진 人家에 투숙했다.
이때 二更(밤 9시-11시)이 다 되었는데 이날 약 120리를 이동했으며 知
縣이 사람을 통해 拜帖을 보내왔고 술과 음식도 함께 가져왔다. (六月)
二十七日, 到萊州府。日晏始發(登州府黃縣黃山館驛), ……乘昏抵十里
鋪。夜縣送人來候, 遂把火以行, 到縣城外東館馹, 寓孫姓人家, 二更
矣。是日, 約行一百二十里。知縣送拜帖, 且致酒飯。(李民宬《癸亥朝天
錄》)

1)은 明 天啟 四年(1624) 冬至聖節兼謝恩使 趙濈이 掖縣 淇水鋪에 관하여 기록한 것
이고, 2)와 3)은 각각 明 天啟 二年(1622) 登极使 吳允謙과 天啟 三年(1623)奏聞(請封)
兼辨誣使 서장관 李民宬이 掖縣 十里鋪에 관하여 기록한 것이다. 掖縣에서 東北으로
10리 떨어진 거리에 있던 淇水鋪는 근처를 흐르던 淇水로 인해 그와 같은 명칭이 붙었
다. 乾隆《掖縣志》의 기록[88]에 따르면 淇水는 大基山의 북쪽에서 발원하여 十里鋪, 즉
淇水鋪를 지난 후 朱汪河(萊州 朱旺河)에 합류된 후 바다로 유입된다. 3)의 기록에 따
르면, 李民宬 일행은 天啟 三年(1623) 6月 27日 황혼에 掖縣 十里鋪에 도착했다. 이 때
掖縣 知縣이었던 王應豫[89]는 衙役을 十里鋪에 미리 보내어 조선사신을 기다리게 했고
그들이 도착하자 여러 시설이 더 잘 갖추어진 "縣城 밖 東館馹"로 안내했다. 把火란 횃
불을 손에 쥐다는 뜻으로 지현이 보낸 掖縣 衙役들이 횃불을 손에 들고 조선사신 일행

---

88   乾隆《掖縣志》卷7《記》, 淸 乾隆 二十三年刊本.
89   "知縣은……天啟 三年 王應豫이고 趙城사람으로 擧人이다. (知縣……天啟 三年 王應豫, 趙城人, 擧人)"乾
隆《掖縣志》卷3《官職》, 淸 乾隆 二十三年刊本, p.11-a; "王應豫는 萬曆 庚子년에 擧人이 되어 山東 高
密縣 지현과 掖縣 지현을 차례로 역임했고 直隷永平府 同知로 승진했다. 德行이 純粹했고 배움이 깊
어 여러 학문에 통달했으며 정무에 임함에 청렴하고 명철했으며 고향마을에 귀향해서는 효성스럽고
우애가 깊었다. 霍泉(山西省 洪洞縣)의 祀典을 바로잡아 매년 백성들에게 추렴되던 金 千兩의 비용을
없앴으므로 사람들이 그를 현명하다고 여겼다. (王應豫 萬曆 庚子 科擧人, 知山東高密縣, 調掖縣, 升直隷永
平府同知, 德行純粹, 學道淵通, 蒞政廉明, 居鄉孝友, 正霍泉祀典, 歲省民金千兩, 人皆賢之。)" 道光《直隷霍州志》
卷23《人物》, 淸 道光 六年刻本, p.8-a.

을 인도한 것이다. 조선사신들이 驛館에 도착하자 시간이 이미 많이 늦었지만 掖縣 知縣이 보낸 차사가 拜帖을 올려 인사하고 가지고 온 술과 음식으로 사신을 영접했다. 다음날 萊州府 知府, 萊州府 通判, 萊州府 同知도 모두 배첩을 보내 인사를 했고 役夫와 車馬를 새로이 내어주어 조선사신들이 신속하게 북경으로의 사행길에 오를 수 있도록 조치해 주었다.[90]

明清 시기의 淇水鋪(十里鋪)는 지금의 淇水村이다. 관련 지방지 기록에 따르면, 淇水村은 清 乾隆 五年(1740)에서 乾隆 二十三年(1758)까지 萊州府 臨郭鄉에 속했고, 1935年에는 第三區 淇連鄉에, 1943-1956년에는 雙山區에, 1958-1982年에는 程郭公社에 속했다가 지금은 萊州市 城港路街道에 속한다.

사진 2-23　지금의 萊州市 城港路街道 淇水村 村碑의
正面(집필진 답사 촬영)

사진 2-24　지금의 萊州市 城港路街道 淇水村 村碑의
뒷면(집필진 답사 촬영)

90　(六月)二十八日, 朝, 回謝帖于知縣。知府謝明龍亦折送程儀。通判郭顯榮, 同知鮑孟英等送拜帖並回帖謝之。即遞夫馬發行。"李民宬,《癸亥朝天錄》

(10月)12日 맑음, 날씨가 따뜻하고 화창했다. 아침에 萊州 掖縣界를 출발

하여……義塚碑를 지나 萊州(城)東門 밖에 도착했는데 날이 아직 일렀다.

(十月)十二日, 晴。日氣溫和, 朝發萊州掖縣界, ……過義塚碑到萊州(城)

東門外, 日尚早矣。(趙濈《燕行錄(一云朝天錄)》)

義塚이란 옛날 무연고자의 시신을 수습하여 묻은 공동 묘지이다.《明會典》에 "民間
에 義塚을 세워 시신을 임의로 불태우지 못하게 했으니 가난하여 묘를 쓸 돈이 없을
때는 소재지 관청에서 성 근처 너른 공터를 지정하여 義塚을 세우도록 했다."[91]고 했다.
또한 "澤民塋은 곧, 義塚이다. 가난한 백성 가운데 묘를 쓸 땅이 없는 자들을 여기에 장
사 지냈다. 하나는 서남쪽 성곽 밖에, 다른 하나는 陽關 서쪽에, 또 다른 하나는 漏澤園
의 북쪽에 있었는데, 모두 明 知府 劉任이 땅을 기부하여 설치한 것이다. 漏澤園은 城
의 동북인 幹河의 남쪽에 있었는데 객사하거나 가난하여 묘지를 쓸 땅이 없는 사람들
을 장사 지낼 棺을 쌓아두었다. 담장으로 둘러싸여 있고 문이 있었는데 수몰되는 바람
에 演武場으로 옮겼다가 이후 明 海防參議 于仕廉이 원래 자리로 옮겼다." [92]

漏澤園은 옛날 관청에서 설치한 공동묘지로서 대개 연고자가 없는 시신이나 장지
가 없는 가난한 백성을 장사 지냈는데 관청에서 여러 시신을 한 곳(주로 웅덩이)에 모아
장사 지냈기 때문에 "漏澤園(여기서 漏는 빠뜨리다, 澤은 웅덩이의 뜻임)"이라는 명칭이
붙었다. 漏澤園 제도는 宋 元豊 년간에 시작되었는데 웅덩이에 유골이 유실되지 않도
록 수습하여 묻었다는 뜻이다. "漏澤園"은 幹河의 北岸에 있었고 地勢가 낮아서 홍수
가 나면 물에 잠기는 경우가 빈번하여 지세가 높은 演武場으로 옮겼다가 明 海防參議
于仕廉이 "漏澤園"를 원래 자리로 옮겼다고 했으니 "漏澤園"과 萊州府 演武場은 거리
가 가까웠음을 알 수 있으며, 실제로 지방지에 "演武場이 城의 東北 지역에 있었다"[93]

---

91   "令民間立義塚, 仍禁焚屍, 若貧無地者, 所在官司擇近城寬閑之地, 立為義塚。"(明)申時行 撰,《大明會
      典》卷八十《禮部三十八·恤孤貧》, 明萬曆內府刻本。

92   "澤民塋, 即義塚也, 葬貧民之無塋者。一在西南郭外；一在陽關西；一在漏澤園北, 俱明知府劉任捐
      置。漏澤園, 在城東北, 幹河之陽, 寄頓客死及貧民謀葬無地之棺。外有園牆, 門戶, 因水淹, 移於演武
      場, 後明海防參議于仕廉仍複故地。"(清)嚴有喜 纂修,《萊州府志》卷之三《邮養》, 清乾隆五年(1740)刻
      本。

93   "演武場在城東北里許"(清)張思勉, 于始瞻 纂修,《掖縣志》卷之二《營制》, 清乾隆二十三年(1758)刊本。

고 기록되어 있다.

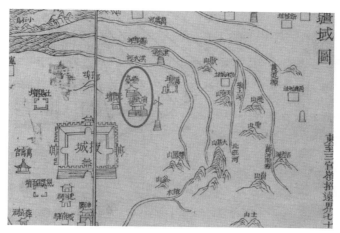

그림 2-25　《掖縣疆域圖》의 일부.[94] 조선사신 趙濈은 義塚碑를 지나 萊州(城) 東門 밖에 도착했다고 했는데,
명대 지방지에 따르면 의총은 演武場 부근에 있었다. 빨간 원으로 표시한 곳이 바로 연무장이 있던 燕臺이다.

그림 2-26　《燕台圖》[95] 명대 연무장이 이곳 연대에 있었고
조선사신 趙濈이 지나간 義塚은 이곳과 가까운 곳에 있었다.

94　乾隆《掖縣志》卷首《圖》, 清 乾隆 二十三年(1758)刊本。

95　(清)嚴有喜 纂修,《萊州府志》卷首《圖》, 清 乾隆 五年(1740)刻本。

乾隆《掖縣志》중의 〈掖縣境圖〉와 〈燕台圖〉를 살펴보면, 萊州府城 밖 동쪽에 先農壇, 藥王廟, 海山亭, 演武場, 太公廟, 燕台 등이 집중되어 있다. "燕台는 城 밖 동북 지역에 南燕 慕容德이 쌓은 것인데 明 副使 馮時雍이 海山亭을 그곳 정상에 세웠다."[96] 楊日明 학예연구사(주임)의 설명에 따르면, 藥王廟의 옛자리는 지금의 萊州市 氣象局 서쪽 지점으로 唐代 유명한 중의학자인 孫思邈(손사막)을 제사 지낸 곳이며, 太公廟의 옛자리는 지금의 萊州市 氣象局 남쪽으로 姜太公 神像을 모시고 제사 지내던 곳이며, 先農壇의 옛자리는 지금의 萊州市 氣象局의 서쪽으로 매년 仲春 亥日에 지방관원들이 여기서 耕田儀式를 행하고 先農神에게 제사를 지낸 곳이라 한다.

필자 일동은 조선사신들이 지나간 역도변의 의총이 있었던 지금의 萊州市 北關街의 남쪽, 文昌北路의 서쪽에 위치한 萊州市 氣象局 西側 지역의 주택지(明珠園東區)를 현지 답사했다. 답사과정에서 어릴 때부터 北關村에서 살았고 현재 明珠園東區에서 찻집을 운영하고 있는 北關村 마을주민 張吉盛(男, 57)씨를 만났는데, 장길성 씨가 어릴 때 어른들로부터 지금의 萊州市 氣象局에 "望海樓"라고 불린 누각이 있어서 거기에 올라 북쪽을 바라보면 바다가 보였으며, 이곳 주택지를 개발할 때 많은 무덤이 발굴되었는데 하나의 구덩이에 여러 명의 시체가 합장된 형태, 무덤 위에 다시 무덤이 있는 형태로 그 면적이 아주 넓었다고 한다.

필자들이 고증해 보건대 張吉盛씨가 말한 "望海樓"는 바로 명대 지방지에서 언급한 "海山亭"이고 지금의 明珠園東區는 바로 옛날 萊州府城에서 東北 2리 지점으로 바로 明淸 시기 萊州府 "漏澤園", 즉 義塚이 있던 자리이다.[97] 구체적인 위치는 지금의 萊州市 文昌路街道가 관할하는 明珠園東區에서 文昌廣場에 이르는 일대 지역이다. 곧, 趙濈 일행이 지나면서 보았던 "義塚碑"는 지금의 명주원동구 주택지를 지나던 역도변에 있었던 것이다.

---

96 "燕台, 在城外東北里許, 南燕慕容德築, 明副使馮時雍建海山亭於上." (淸)嚴有喜 纂修,《萊州府志》卷1 《古跡》, 淸乾隆五年(1740)刻本.

97 현지답사 과정에서 만난 현지 주민은 萊州市 氣象局 부근에 일찍이 幹河라는 작은 하천이 있었는데 지금은 흔적조차 찾을 수 없게 되었다 한다. 萊州 境內의 하천들은 대부분이 季節性 河流로서 건기에는 물이 말라 있는 경우가 많았고 도시화가 진척되면서 하류의 흐름을 바꾸는 공사가 대대적으로 이루어져 옛 역사 속 古跡들을 흔적조차 찾아볼 수 없게 되었다.

사진 2-27   萊州市 文昌路街道 明珠園東區 아파트 단지 1호동 표지(집필진 답사 촬영)

사진 2-28   萊州市 文昌路街道 明珠園東區 아파트 단지 내 거리(집필진 답사 촬영)

(10月)8日 맑음. 아침에 (朱橋鋪를 출발하여)……저녁에 萊州 東館駅에 도
착했으니 이날 60를 이동했다. ……城의 동쪽 2 여 리에 侯侍郎의 墓가
있는데, 묘비에는 侍郎의 이름이 東萊이고 字가 儒宗으로 兵部侍郎으로
三代 誥命을 내렸다고 새겨져 있으며 또한 墓 앞에는 享堂이 세워져 있고
紫檀이 행렬을 이루듯 쭉 심어져 있다. (十月)初八日, 晴。 早發(朱橋鋪)……
夕, 抵萊州東館駅, 是日行六十里。 ……城東二里許, 有侯侍郎墓。 侍郎
名東萊, 字儒宗, 以兵部侍郎贈三代誥命, 刻在碑上, 又作享堂於墓前, 紫
檀羅列成行。 (申悅道《朝天時聞見事件啓》)

윗글은 明 崇禎 元年(1628) 冬至聖節兼辯誣使 서장관 申悅道가 북경으로 가는 길에
"侯侍郎墓"에 관하여 기록한 것이다. 관련 지방지의 기록[98]에 따르면, 侯東萊(?-1583)
는 掖縣(지금의 萊州市)사람으로 嘉靖 二十五年(1546)에 擧人이 되었고 嘉靖 三十九
年(1560)에 嘉興知府를 역임했다가 陝西按察司副使, 分巡西寧道에 차례로 부임했다.
隆慶 五年(1571) 11月 陝西布政司右參政에서 河南按察使가 되었다가 다음해 6月 다
시 陝西右布政使가 되었고, 萬曆 元年(1573) 2月에 陝西左布政使로 승진하였다. 다음
해 6月 南直隷應天府尹이 되었다가 都察院右副都御史의 직위를 맡았다.[99] 萬曆 五年
(1577) 12月에 兵部右侍郎으로 都察院右僉都御史를 겸직했으며 이후 巡撫甘肅이 되
었다. 관직에 있을 때 청렴하고 바르고 위엄이 있었으며 일처리에 조리가 있고 분명했
으므로 군졸과 백성들이 그를 받들어 살아 있을 때 사당을 지어 모셨다.[100] 萬曆 九年
(1581) 2月에 관직을 사직하고 귀향했고 萬曆 十三年(1583)에 병사했는데 황제가 칙령
을 내려 그의 장례를 치르고 제사를 돕도록 하였다.

신열도의 기록을 통해 지금까지 전해지는 중국 지방지에는 없거나 불명확한 기록

---

98   《明實錄·明神宗實錄》卷之七十, (臺灣)中央研究所歷史語言所, 1962年校印版, p.1505; (清)許容纂 修,
    《甘肅通志》卷27《職官》, 清文淵閣四庫全書本; 嘉靖《浙江通志》, 明 嘉靖四十年(1560)刊本; 乾隆《掖縣
    志》卷4《政治》, 清 乾隆 二十三年刊本; 劉廷鑾, 孫家蘭 編,《山東明清進士通覽·明代卷》, 山東文藝出
    版社2014版, pp.184-185.
99   乾隆《掖縣志》에는 "大同"으로 잘못 썼다. 乾隆《掖縣志》卷4《政治》, 清 乾隆 二十三年刊本, p.23-b。
100 生祠란 살아 있는 사람을 위해 사당을 세워 제사를 지내는 것으로 감사와 존경의 마음을 지극히 표현
    하는 것이다.

을 정확하게 고증할 수 있다. 첫째, 신열도는 묘비에 새겨진 기록을 직접 보고 侯東萊
의 字가 儒宗이고 관직이 兵部侍郎에 이르렀다고 했는데 이는 乾隆《西寧府新志》[101],
光緒《甘肅新通志》[102] 등의 方志 기록과 일치한다. 그러나 康熙《陝西通志》[103], 乾隆《掖
縣志》[104] 등에는 후동래의 字가 "儒完"으로 되어 있는데, 신열도의 기록에 의하면 후
자 지방지의 기록은 오류이다. 둘째, 신열도는 묘비에 새겨진 내용을 직접 보고서 "(황
제가) 兵部侍郎으로 三代 誥命을 내렸다"라고 기록했는데 이는 중국 사료에 기록된 바
"황제가 칙령으로 侯東萊에게 誥命을 추증했다"[105]라는 기록보다 더욱 상세하다.

아래는 鄭斗源이 侯東萊의 墓에 대해서 기록한 것이다.

> 朱橋驛은 掖縣에 속한다. ……朱橋에서 서쪽으로 萊州府까지 60리의 거
> 리이다. ……55리를 가면 길가에 皇明 萬曆 十三 年에 兵部左侍郎를 지낸
> 侯東萊의 묘가 있다. 묘는 너른 들판 한가운데 있고 주위에 울타리를 둘
> 렀으며 삼나무와 회나무를 심었고 좌측에 齋廊을 두어 丁字 모양으로 墓
> 閣을 만들었다. 대문 밖에는 기둥이 일렬로 4개가 세워진 3면 欄樓가 서
> 있는데 戲龍을 조각하여 장식했으며 누각의 꼭대기는 百尺의 높이로 거
> 기 현액된 牌牓은 검은색 바탕에 "勅建佳城(칙건가성-황제의 칙령으로 아
> 름다운 성을 쌓았다)"이라는 글자가 금빛으로 휘황찬란하게 쓰여 있다. 무
> 덤 앞으로 香爐石 하나, 魂游石 하나 石羊 하나, 石사자 하나, 石馬 둘, 翁
> 仲石 넷, 望柱石 둘, 神道碑 셋과 그 비석을 보호하는 書閣이 있고, 무덤의
> 좌측으로 壇을 세우고 그 위에 비석을 세워 "後土之位"라고 썼으니 아마
> 도 侯王에 준하는 예법에 따른 듯하다. 朱橋驛屬掖縣, ……自朱橋, 西至
> 萊州府, 六十里程也。……行五十五里, 路傍有皇明萬曆十三年間兵部左
> 侍郎侯東萊之墓, 大野中, 周以垣牆, 樹以杉檜, 左置齋廊, 構丁字閣。門
> 外有楊樓三間, 雕以戲龍, 崔嵬百尺, 纔牌牓而書之曰："勅建佳城", 金字

101 乾隆《西寧府新志》卷25《官師志》, 清乾隆十二年刻本, p.19-b。
102 光緒《甘肅新通志》卷56《職官志》, 清宣統元年刻本, p.29-a。
103 康熙《陝西通志》卷18上《名宦》, 清康熙五十年刻本, p.98-a。
104 乾隆《掖縣志》卷4《政治》, 請乾隆二十三年刻本, p.23-b。
105 (明)瞿九思,《萬曆武功錄》卷14《西三邊》, 明 萬曆 刻本.

輝煌。墓前有香爐石一, 魂游石一, 石羊二, 石獅二, 石馬二, 翁仲石四, 望
柱石二, 神道碑三, 庇之以書閣, 墓左設壇豎碑, 書之曰 : "後土之位", 蓋擬
于侯王之禮也。(鄭斗源《朝天記地圖》)

申悅道의 기록과 비교해보면, 鄭斗源의 侯東萊墓에 대한 기록은 더욱 상세하다, 두 사신의 기록을 종합해보면, 조선사신들이 직접 목도한 侯東萊墓의 모습을 완정하게 그려볼 수 있다. 그런데《明實錄·明神宗實錄》에는 "(萬曆 十一年 丙午)이미 고인이 된 巡撫甘肅, 兵部右侍郞兼僉都御史 侯東萊에게 전례대로 祭葬을 내렸다."[106] 라고 되어 있으므로 鄭斗源이 "兵部右侍郞侯東萊之墓"를 "兵部左侍郞侯東萊之墓"라고 한 것은 잘못된 것이다.

한편,《明會典》《文武官員造墳總例》의 規定에 따르면 "公侯의 塋地는 周圍가 一百步, 墳墓의 높이는 二丈, 울타리 담장의 높이는 一丈이다. 一品 관원의 塋地는 주위가 九十步, 墳墓의 높이는 一丈 八尺, 울타리 담장의 높이는 九尺이다."[107]라고 되어 있으며, 또한 "公侯는 석비의 머릿돌인 용을 새긴 螭首(이수)의 높이는 三尺 二寸, 석비의 碑身의 높이는 九尺, 비신의 폭은 三尺 六寸, 석비의 받침돌인 거북을 새긴 龜趺(귀부)의 높이는 三尺 八寸이며, 石人 2개, 石馬 2개, 石羊 2개, 石虎 2개, 石望柱 2개를 세운다. 一品 관원은 石碑 螭首의 높이는 三尺, 碑身의 높이는 八尺 五寸, 폭은 三尺 四寸, 龜趺의 높이는 三尺 六寸이며, 石人 2개, 石馬 2개, 石羊 2개, 石虎 2개, 石望柱 2개를 세운다."[108]라고 되어 있다.《勺亭識小錄》에는 또한 "親王은 享堂 七間, 郡王은 享堂 五間, 一品에서 三品 관원은 향당 三間을 짓는다."[109]라고 했으며《白虎通》에는 "天子는 소나

---

106   "(萬曆十一年丙午)賜已故巡撫甘肅, 兵部右侍郞兼僉都御史侯東萊祭葬, 如例。"《明實錄·明神宗實錄》卷139, (臺灣)中央研究所歷史語言所, 1962年校印版, p.2598.

107   "公侯塋地周圍一百步, 墳高二丈, 圍牆高一丈 ; 一品, 塋地周圍九十步, 墳高一丈八尺, 圍牆高九尺"(明)申時行 撰,《大明會典》卷二百三《工部二十三·墳塋》, 明 萬曆 內府刻本.

108   "公侯, 石碑螭首高三尺二寸, 碑身高九尺, 闊三尺六寸。龜趺高三尺八寸, 石人二, 石馬二, 石羊二, 石虎二, 石望柱二 ; 一品, 石碑螭首高三尺, 碑身高八尺五寸, 闊三尺四寸 ; 龜趺高三尺六寸, 石人二, 石馬二, 石羊二, 石虎二, 石望柱二。"(明)申時行 撰,《大明會典》卷230《工部二十三·碑碣石獸》, 明 萬曆 內府刻本.

109   "親王享堂七間, 郡王享堂五間, 一品至三品具三間。"(淸)毛贄,《勺亭識小錄》卷1《識村鎮》, 民國二十三年掖縣王桂堂日曝經草堂抄本; 韓寓群 主編,《山東文獻集成(第二輯)》第25冊, 山東大學出版社

무를 심고, 제후는 송백나무를 심고, 大夫는 밤나무를 심고, 士人은 홰나무를 심고, 庶
人은 수양버드나무를 심는다."[110]라고 했다.

　　앞서 살펴보았듯이 侯東萊는 巡撫甘肅을 역임했고 兵部右侍郎兼僉都御史 등의 관
직을 맡았다. 明代에는 中央 集權을 강화하고자 지방에 "三司"즉, 承宣佈政使司, 提
刑按察使司, 都指揮使司를 파견하여 지방의 民政, 司法, 軍事를 관장했다. "三司" 制
度를 통해 중앙 집권은 강화되었으나 여러가지 폐단도 점차 증가하였으므로 明 洪武
二十四年(1391)에 처음으로 감찰기구인 "巡撫"를 두었고 明 宣德 五年(1430)에 제도
화하였다. "천하를 순찰하며 군무를 관장하고 백성을 안위(巡行天下, 撫軍安民)"하고자
설치된 明代 巡撫는 주로 군무를 관장하였지만 중앙을 대표하여 지방을 巡撫하는 최
고위급 관원으로 지방의 "三司"를 통제하는 역할도 했다. 그러므로 明代 巡撫는 직급
이 "三司"보다도 높았다. "三司" 중에는 都指揮使司가 正二品으로 3명의 관원 중에 직
급이 가장 높았으므로 明代 巡撫는 一品 혹은 從一品의 관원이었다.[111] 巡撫甘肅이었
던 侯東萊가 병으로 서거했으니 一品 관원에 기준한 墓葬의 待遇를 받을 수 있었을 것
이다. 정두원의 기록에 나타난 侯東萊墓는《明會典》《文武官員造墳總例》의 規定에 보
이는 一品 관원의 묘의 규격에 부합하며 公侯의 규모가 아니므로 侯王의 예법에 따라
조성된 것 같다고 정두원이 추측한 것은 잘못된 것이다.

　　한편, 래주부성에서 侯東萊墓까지의 거리에 대해 申悅道와 鄭斗源의 기록에는 차
이가 있다. 즉, 申悅道는 "城의 동쪽 2여 리"라고 했고 鄭斗源은 비록 직접적으로 언급
은 하지 않았으나 朱橋鋪가 萊州府城의 東北 60리 되는 곳에 있으므로 이러한 사실에
비추어 보면, 정두원은 후동래묘가 "萊州府城의 동북 5리"에 있는 것으로 기록한 것이
된다. 그런데 재미있는 점은 중국 方志에도 똑같이 2가지 설이 있다는 점이다. 곧, 萬曆
《萊州府志》, 民國《山東通志》 등의 지방지에는 "縣의 북쪽 5리"[112]라고 하여 정두원의

　　2007年版, p.138。

110　"天子樹以松, 諸侯以柏, 大夫以栗, 士人以槐樹, 庶人以楊柳。"(東漢)班固 等 撰,《白虎通》卷4下《墳墓》,
　　　中華書局1985年版, pp.302-303。

111　참고로 兵部右侍郎은 正三品, 右僉都御史는 正四品 관원이다.

112　萬曆《萊州府志》卷6《墳墓》, 明 萬曆 三十二年(1604)刻本; 民國《山東通志》卷37《古跡四》, 民國 七年
　　　(1918)鉛印本.

기록과 같고,《勺亭識小錄》, 乾隆《掖縣志》등의 지방지에는 "城의 북쪽 3리"[113]라고 하여 신열도의 기록과 비슷하다. 출판연대로 보면《(民國)山東通志》는 萬曆《萊州府志》의 기록을 따른 것이고 乾隆《掖縣志》는《勺亭識小錄》을 따른 것일텐데, 候東萊墓가 清 乾隆 23年(1758)이전에 훼손되어 사라졌기 때문에 두 가지 설 가운데 어떤 것이 더욱 신빙성이 있는지 위의 문헌들만으로는 확증하기가 어렵다.

그런데《四續掖縣志》의 기록[114]에 따르면 萊州府城의 북쪽5리에 있는 郎子埠에 일찍이 "明 戶部 右侍郎 劉廷相의 墓"와 "戶部 右侍郎 劉繼科의 墓"가 있었다고 한다. 곧, 萊州府城 북쪽 5리에 있는 郎子埠에 일찍이 明代 고위 관원들을 전문적으로 안장했던 묘지가 있었다는 것이고 이는 정두원의 기록에 부합한다. 楊曰明 학예연구사의 설명에 따르면 옛 官道는 萊州府城 부근에서 東-西郎子埠村을 지났다고 한다. 이러한 사실에 따라 유추해보면, 候東萊의 墓는 掖縣城의 東側에 있던 郎子埠, 즉 지금의 城港路街道의 東-西郎子埠村에 있었을 가능성이 크다.

東郎子埠村의 村碑 뒷면의 기록에 따르면, 明 洪武 二年 王씨 姓을 가진 사람들이 四川 成都府에서 여기로 이주해 와서 마을을 세웠는데, 이 마을의 서북쪽에 언덕이 하나 있었고 언덕의 정상에는 玉皇廟가 있었다. 원래 이 廟에는 남북 방향의 회랑밖에 없었으나 이후 동서 방향으로도 회랑을 만들었으므로 廟의 동쪽과 서쪽에 위치한 마을을 각각 東, 西廊房 즉, 東, 西郎子라 불렀고 이후 동쪽에 있던 이 마을을 東郎子埠村이라 부르게 되었다 한다. 관련 지방지의 기록[115]에 따르면 東,西郎子埠촌은 1935년 각각 三區郎子鄉과 一區郎個鄉에 속했다가 1943-1948年에는 臨城區에, 1956년에는 大原區에, 1958-1982年에는 大原公社에, 1992년에는 大原鎮에 속했다가 2001년부터 지금까지 城港路街道에 속해오고 있다.

113   毛贄,《勺亭識小錄》卷1《識墓》, 民國 二十三年 掖縣王桂堂日曝經草堂抄本 (韓寓群 主編,《山東文獻集成(第二輯)》第25冊, 山東大學出版社2007年版, p.137 재인용); 乾隆《掖縣志》卷之1《山川》, 清 乾隆 二十三年(1758)刊本.

114   民國《四續掖縣志》卷5《坊表》, 民國 二十四年(1935)鉛印本.

115   民國《四續掖縣志》卷2《鄉社》, 民國 二十四年 鉛印本, p.2-a ; 山東省萊州市志編纂委員會 編,《萊州市志》, 齊魯書社1996年版, pp.43-68 ; 山東省萊州市人民政府地名辦公室 編,《山東省萊州市地名志》1996年版, pp.10-66, pp.143-144。

사진 2-29　지금의 萊州市 城港路街道 東郎子埠村의 村碑(집필진 답사 촬영)

《三續掖縣志》중의 〈掖縣境全圖〉를 보면 登州府에서 萊州府로 이어지는 驛道는 萊
州府城 근처에서 두 갈래로 갈라진다. 하나는 萊州府城 東門 앞에서 남쪽으로 뻗어 내
려가 萊州府 平度州로 이어지고 다른 하나는 萊州府 西門 앞에서 서쪽으로 뻗어 萊州
府 昌邑縣으로 이어진다. 이 두 역도는 萊州府城의 북쪽에서 갈라지는데 그 교차지점
에 있는 마을이 岔道口村이다. 조선사신들은 래주부성에 들르지 않고 바로 창읍현으
로 향할 때는 岔道口村에서 서쪽으로 昌邑縣으로 이어지는 역도를 바로 이용했을 것
이고, 래주부성에 들렀을 경우에는 남쪽으로 향하는 역도로 진입하여 萊州府城 東門
앞까지 와서 동문으로 래주부성에 들어가 외교활동을 벌인 후에 서문으로 나와 서쪽
으로 昌邑縣으로 이어지는 역도를 이용하여 사행 여정에 계속 올랐을 것이다.

戴錫金 학예연구사(주임)의 설명에 따르면, 岔道口村는 지금의 港城路街道 辦事處
에서 동쪽으로 3.1km 떨어진 곳에 있으며 G206國道(煙汕公路)의 西側이다. 明初에 顔
씨 姓을 가진 사람들이 四川에서 이주해 와서 이 마을을 세웠고, 두 갈래 역도의 교차
점에 있었기 때문에 岔道口라는 이름을 얻었다고 한다. 관련 지방지의 기록[116]에 따르

116　山東省萊州市志編纂委員會 編, 《萊州市志》, 齊魯書社1996年版, pp.43-68 ; 山東省萊州市人民政府
　　地名辦公室 編, 《山東省萊州市地名志》1996年版, pp.10-66, p.143。

면, 岔道口村은 1935年에는 三區 郎子鄉에, 1943-1948年에는 臨城區에, 1956年에는 大原區에, 1958-1982年에는 大原公社에, 1992年에는 大原鎮에 속했다가 2001年부터 지금까지 城港路街道에 속해오고 있다.

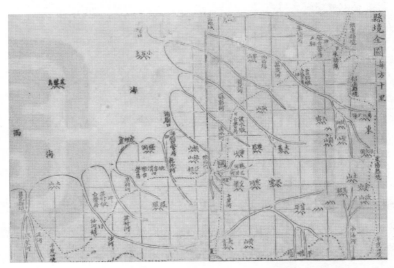

그림 2-30   《三續掖縣志》중〈掖縣境全圖〉[117] 점선으로 표시된 것이 명대의 驛道인데,
래주부성(액현성)의 북쪽에서 두 갈래로 갈라져 하나는 래주부성 동문 앞을 지나
남으로 평도주로 향하고 다른 하나는 래주부성 서문 앞을 지나 서쪽으로 창읍현으로 향한다

제6절 萊州城(東萊書院, 孫給事花園)

1) (6月)10日 맑음, 朱橋에서 萊州府까지 60리이다. 오후에 (萊州)남쪽 성곽 밖의 店舍에 도착했는데 성가퀴가 登州보다 더 높고 성벽을 쌓은 것이 마치 칼로 잘라 놓은 듯이 가지런했다. (六月)初十日, 晴。自朱橋到萊州府六十里。午時, 到(萊州)南城外店舍, 城堞比登州尤高, 壁築整整如削。(吳允謙《海槎朝天日錄》)

---

117   光緒《三續掖縣志》卷首《圖》, 清 光緒 十九年刻本。

2) (6月)27日 (黃縣 黃山館驛에서 출발하여) 萊州府에 도착했다. …… 래주
부 역시 山東의 巨郡으로 登州와 함께 並稱되나 관할하는 면적이나 人
材 배출 규모로 보면 등주보다 두 배는 더 될 것이다. 28日 灰埠驛에 도
착했다. ……東門으로 들어가 성을 관통하여 西門으로 나왔는데, 서문
밖에는 연못이 있어 성곽을 두르고 있는데 연꽃이 만개하였고 갈대와
억새가 바람에 하늘거렸다. (六月)二十七日, (自黃縣黃山館驛發行)到萊
州府。……府亦山東巨郡, 與登州並稱, 而地理之雄, 人材之盛倍之。
二十八日, 到灰埠驛。……入自東門, 曆城中出西門。門外有池繞郭,
菡萏盛開, 葭菼霏靡。(李民宬《癸亥朝天錄》)

3) (9月)(黃縣 黃山館驛에서 출발하여)……萊州 掖(城)縣 東關에서 유숙했다.
萊州는 옛날 萊夷國으로 城郭의 장대함과 거주민 주택의 규모가 登州
의 두 배가 된다. (九月)(自黃縣黃山館驛發行)……宿萊州掖城縣東關。萊
州, 古萊夷國也, 城郭之壯, 閭閻之盛, 倍於登州。(李德泂《朝天錄一云航
海錄》)

　　윗글 1)은 明 天啟 二年(1622) 登極使 吳允謙, 2)는 天啟 三年(1623)奏聞(請封)兼辨誣
使 서장관 李民宬, 3)은 天啟 四年(1624) 謝恩兼奏請使 李德泂이 각각 萊州城에 대해
서 묘사한 것이다. 1)에서 吳允謙은 萊州城의 南關에서 萊州城을 바라보고 성벽이 登
州보다 더 높고 성벽을 쌓은 벽돌이 마치 칼로 자른 듯이 가지런하다고 묘사했는데, 이
는 관련 지방지에서 萊州府城을 "齊魯 지역에 으뜸이며 난공불락의 기지이다."[118]라고
묘사한 것과 일치한다.

　　萬曆《萊州府志》에는 등주부성의 연혁에 대해 다음과 같이 설명하고 있다. "洪武
四年(1371) 萊州衛 指揮使 茆貴(묘귀)가 성벽을 쌓고 다리를 놓았는데 이후 점점 훼손
이 심해졌다. 萬曆 二十六年(1598) 朝鮮에서 정유재란(1597년8월-1598년12월)이 발발하
자 憲副 于仕廉, 郡守 王一言, 縣令 衛三省이 함께 의논하여 크게 중수하고자 했는데
얼마되지 않아서 모두 떠났고 憲副 盛稔(성임), 郡守 龍文明, 縣令 劉蔚(유위)가 이어서

118　　"甲于齊魯, 更爲不拔之基" 萬曆《萊州府志》卷3《城池》, 明 萬曆 三十二年刻本.

중수의 일을 주관하여 3년 만에 공사를 완료하니 그 규모가 이전의 2배가 되었다. 둘레가 9里 남짓이고 높이는 三丈 五尺, 기층의 두께는 二丈이었으며 門은 4개가 있었는데 동문을 '澄淸', 남문을 '景暘(경양)', 서문을 '武定', 북문을 '定海'라고 했으며 성 아래 해자는 깊이가 三丈이고 폭은 2배나 넓어졌다."[119] 시기적으로 볼 때 명청교체기 조선사신들이 직접 목도한 래주성의 모습은 바로 萬曆《萊州府志》에서 묘사한 이러한 래주성의 모습과 크게 다르지 않았을 것이다.[120]

한편, 昌泰《登州府志》에는 아래와 같이 등주성의 연혁과 규모에 대해 자세히 기술하고 있다. "府城의 둘레는 9리, 높이는 三丈 五尺이며 四門이 있었고 …… 성문 위에는 망루가 있었으며 連角樓(다층 누각)이 모두 7座였다. 벽돌로 성벽을 둘러 보강했으며, 窩鋪(와포, 성벽 위 막사)가 모두 56間이었다. …… 성의 해자는 폭이 二丈, 깊이가 一丈인데 끊어진 곳이 있어서 성을 완전히 에워싸지는 못했는데 이 모두가 洪武 년간 登州衛 指揮 謝觀과 戚斌(척빈) 및 永樂 十五年 指揮 王宏이 이어서 增築한 것이다. 萬曆 癸巳年(1593년) 왜적이 朝鮮를 침략했을 때 道府에서 敵臺(망루) 28座를 추가하고 기존 성가퀴의 포구를 정비하고 이전보다 더 보강하도록 했다."[121]라는 기록이 보인다. 이를 통해 보건대 明末 萊州城과 登州城은 성둘레나 성벽의 높이 등 그 규모에 있어서는 실제로 별반 차이가 없다. 다만 護城河의 폭과 깊이는 萊州城이 등주성의 3배 가까이 큰 규모였다.

또한 李民宬은 2)에서 萊州城의 護城河에는 "연꽃이 활짝 피어 있고 갈대와 억새가 바람에 흔들리고 있다(菡萏盛開, 葭菼霏靡)."라고 했다. 여기서 菡萏(함담)이란 연꽃을

119　"洪武 四年(1371), 萊州衛指揮使茆貴建, 後圯, 壞日甚。萬曆二十六年, 朝鮮倭警, 分守憲副於仕廉, 郡守王一言, 縣令衛三省同議大修, 尋皆遷去。憲副盛稔, 郡守龍文明, 縣令劉蔚相繼董其事, 三年之內大工告成, 創建規模倍於往昔。周九裡有奇, 高三丈五尺, 基厚二丈。門四, 東曰'澄淸', 南曰'景暘', 西曰'武定', 北曰'定海'。城下為池深三丈, 闊倍之。"萬曆《萊州府志》卷3《城池》, 明 萬曆 三十二年刻本.

120　萬曆《萊州府志》에 묘사된 래주성의 규모를 지금의 도량형으로 환산하면 다음과 같다. 성둘레는 5,000여 미터, 성의 높이는 11미터, 성벽의 두께는 6미터, 해자의 깊이는 9미터, 해자를 이루는 護城河의 폭은 18미터이다. 。

121　"府城圍計九裡, 高三丈五尺。四門……之上各有樓堞, 連角樓共七座。其城用磚石包砌, 窩鋪凡五十六間。……壕池闊二丈, 深一丈, 斷續不周匝,俱 洪武間登州衛指揮謝觀, 戚斌及永樂十五年指揮王宏相繼增築。萬曆癸巳, 倭犯朝鮮, 道府議增築敵臺二十八座, 雉堞炮眼視舊周備有加。"泰昌《登州府志》卷5《地理志一》, 明 泰昌 元年刻本.

가리키고 葭菼(가담)은 갈대와 억새를 가리킨다. 靃靡(확미)란 草木이 하늘하늘 바람 부는 데 따라 흔들리는 모양을 나타낸다. 李德泂은 3)에서 萊州府 "城郭의 장대함과 거주 주민의 주택의 규모가 登州의 두 배는 된다."라고 하였다.

이상 조선 사신과 중국 지방지의 기록을 종합해 보면, 明末 萊州城과 登州城은 성의 둘레나 면적은 비슷했지만, 래주부가 등주부보다 경제가 더욱 발전하였고 인구수도 많아 경제적으로 풍족했기에 성벽에 사용된 벽돌들은 더욱 정치하고 견고하였으며 성 내외의 부속 건물과 민가도 더욱 많았고 護城河도 더욱 넓고 깊어서 외관상으로 볼 때 래주성은 그 규모가 대체로 등주성의 두 배 정도 되는 것으로 보였던 것 같다.

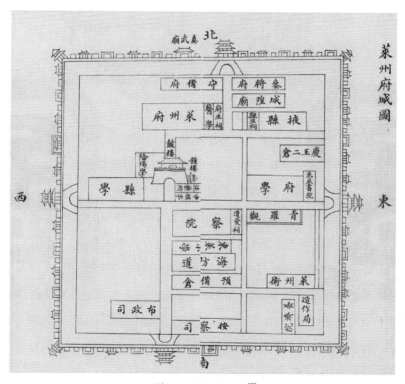

그림 2-31 《萊州府城圖》[122]

---

122   萬曆《萊州府志》卷首《圖》, 明 萬曆 三十二年刻本.

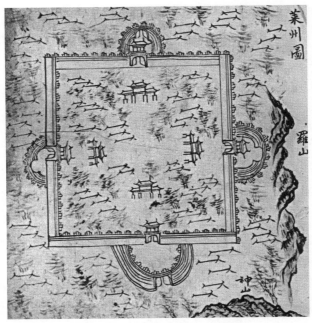

그림 2-32   鄭斗源《朝天記地圖》〈萊州圖〉

관련 문헌 기록[123]에 따르면 萊州府城은 乾隆 二十一年, 六十年에 성벽을 중수하였고 光緒 二十一年에 東門 안의 성벽이 무너져 중수했고 이와 더불어 사방의 성벽 가운데 훼손되고 온전하지 못한 곳, 성벽 위의 성가퀴와 女牆을 보수하였다. 光緒 三十年에는 北門 동쪽 안의 성벽 한 구간을 중수했다. 그 후 20 여 년간 관리하지 않아 훼손되고 허물어짐이 더욱 심해졌고 護城濠도 막혀 泉水가 통하지 못했다.

楊日明 학예연구사(주임)의 설명에 따르면, 근대시기에 접어들어 들어 경제가 발전하고 인구가 증가함에 따라 원래 萊州府城의 성벽은 모두 철거되어 지금은 그 흔적조차 찾기 어렵게 되었다 한다. 그리고 원래 성벽은 대체로 다음과 같은 위치에 있었다고 한다. 곧, 남쪽 성벽은 지금의 文泉東路, 북쪽 성벽은 지금의 北達文化東街, 동쪽 성벽은 지금은 文昌南路, 서쪽 성벽은 萊州南路 위에 있었다.

---

123   (淸)穆彰阿 等 纂修,《大淸一統志》卷一百七十四《萊州府》, 四部叢刊續編景舊鈔本, (民國)劉國斌, 劉錦堂 纂修,《四續掖縣志》卷一《城池》, 民國 二十四年(1935)鉛印本。

6月 10日 맑음 朱橋에서 萊州府까지 60리 거리이다. 오후에 (萊州)남쪽
성 밖에 있는 역관에 도착했다. ……掖縣 知縣이 미리 名帖을 보내 두었
고 우리가 역관에 도착하자 음식과 술안주를 내어 놓았다. 얼마후 萊州城
에서 分巡道도 名帖을 보내왔고 음식과 술안주를 내 놓았다. 그런데 萊
州知府도 얼마후 名帖과 음식, 술안주를 보내왔는데, 萊州知府 薛國觀은
掖縣知縣 王應豫와 分巡道 張國銳보다 더욱 우리의 편의를 세밀히 살펴
주어 바로 인부와 말을 교체해주었다. 六月 初十日, 晴。自朱橋到萊州府
六十里。午時, 到(萊州)南城外店, ……掖縣知縣送名帖于前路, 到店即送
下程飯米酒饌。萊城又有分巡道送名帖, 下程飯米酒饌。萊州知府又送
名帖, 飯米酒饌, 甚優于右二所, 掖縣知縣名王應豫, 分巡道張國銳, 萊州
知府薛國觀, 即調夫馬。(吳允謙《海槎朝天日錄》)

　　위의 글은 明 天啟 二年(1622) 登極使 吳允謙이 북경으로 가는 길에 萊州城을 지나
면서 중국 관원들에게 접대받은 일을 기록한 것이다. 당시 액현 지현이었던 王應豫는
조선사신이 도착할 역관에 미리 衙役을 보내 사신을 기다리게 했고, 사신이 도착하자
명첩과 준비해온 음식을 제공했다. 또한 사신들이 萊州府 南關 밖 여관에 도착한 후
얼마 안 되어 巡察海道 張國銳와 萊州知府 薛國觀도 연달아 사람을 보내 명첩과 음식,
술안주를 내어 놓으며 사신들을 접대했다. 특히 萊州知府 薛國觀은 이런 대접에 더해
서 다음날 조선사신들이 신속히 사행길에 오를 수 있도록 인부와 말을 즉시 교체해 주
어 사신들의 편의를 봐주었다.

사진 2-33   지금의 萊州市 文昌路街道 南關 주민위원회 사무소.
조선사신 吳允謙은 명말 이곳에 있던 萊州城의 南關 역관에서 유숙했는데
여기서 북쪽으로 萊州城을 바라보고서 래주성의 성벽이 登州城보다 더욱 높고
성벽으로 쌓은 벽돌은 마치 칼로 자른 듯이 가지런하다고 묘사했다. (집필진 답사 촬영)

　　중국 지방 관원들의 조선사신들에 대한 이러한 접대는 天啓 元年(1621)처음으로 해
로로 사행을 와서 산동지역을 거쳐 갔던 謝恩冬至兼聖節使 서장관 安璥 일행의 사행
이후로 일종의 관례로 정착된 것으로 보인다. 제2장 제3절에서 살펴보았듯이, 安璥 일
행이 명청교체기 처음으로 해상으로 사행을 와서 등주에 상륙하여 래주부성을 지날
때, 조선사신에게 편의를 제공해야 한다는 사실을 인지하고 있던 최고위직 관리인 巡
察海道 陳亮采가 제남부로 출장을 간 사이, 萊州府를 지키고 있던 知府 林銘鼎과 知
縣 王應豫는 조선사신이 산동 지역으로 사행을 간다는 사실조차 인지하지 못하여 래
주성 입성을 허락하지 않았고 이로 인해 제남부에서 돌아온 巡察海道에게 문책을 당
해야 했다. 그래서 다음해인 天啓 二年(1622) 10月 安璥 일행이 귀국길에 래주성을 지
나면서 성에 들르지 않고 래주성의 東北 30리에 있던 平里店鋪에 유숙하자 掖縣 知縣
王應豫는 차사를 파견하여 名帖과 음식을 보내 "곡진한 정성(繾綣之意)"[124]을 표시했
다. 吳允謙 일행이 萊州城에 도착한 시점은 天啓 二年(1622) 6月이었으므로 安璥 일행

124　[朝鮮]安璥：《駕海朝天录》, 美国哈佛大学燕京图书馆藏本。

이 귀국하면서 래주성을 지날 때보다 4개월 이른 시점이었지만, 래주 지부와 액현 지현은 작년에 이미 巡察海道 陳亮釆에게 조선사신에 대한 무례와 접대 소홀로 문책을 당했으므로 안경 일행이 래주부를 지날 때는 접대에 소홀함이 없었고 인부와 말 등 편의를 지체없이 제공했다.

天啟 三年(1623) 奏聞(請封)兼辯誣使 이민성도 掖縣 知縣 王應豫로부터 받은 접대에 관해 기록한 바가 있으니 앞서 제2장 제5절에서 살펴본 것처럼, 이민성 일행은 6月 27日 밤에 掖縣 동쪽 10리에 있는 淇水鋪에 도착했는데 당시 知縣 王應豫는 미리 기수포로 衙役을 보내 조선사신들을 기다리게 했고 사신들이 도착하자 횃불을 밝혀 길을 안내하여 萊州府城 東關에서 유숙하도록 조치했다. 그리고 사신들이 여장을 풀자 바로 拜帖을 올리고 술과 음식을 대접했다. 그리고 그 다음날 아래와 같이 사신들에게 지체없이 편의를 제공했다.

> (6月)28日 灰埠驛에 도착했다. 아침에 知縣에게 謝帖을 보냈다. 知府謝明龍도 역시 拜帖과 예물을 보내왔다. 通判 郭顯榮, 同知 鮑孟英 등도 拜帖을 보냈으며 이에 모두謝帖을 보내 답례했다. 즉시 인부와 말을 바꾸어 출발했다. (六月)二十八日, 到灰埠驛。朝, 回謝帖于知縣。知府謝明龍亦折送程儀。通判郭顯榮, 同知鮑孟英等送拜帖並回帖謝之。即遞夫馬發行。(李民成《癸亥朝天錄》)

李民成 일행이 萊州府城 東關에 도착한 다음날 아침 사신들은 바로 사첩을 써서 액현 지현에게 답례했으며 지현 이외의 여러 관원들도 앞다투어 배첩과 예물을 올렸고 사신들은 여기에 일일이 사첩을 써서 답례하였다. 그런데 이러한 우호적인 교류는 관원들 사이에만 있었던 것이 아니라 현지 유생들과도 빈번히 있었다.

그림 2-34   《朝天圖》중〈萊州圖〉(韓國國立中央博物館藏本)

(7月)6日 맑음. (朱橋鋪에서 출발하여)……萊州(城)에 도착했는데 날이 아직 일렀기 때문에 인부와 말이 제공되지 않아 東關 마을 劉씨 姓을 가진 人家에 묵었다. 朱橋에서 여기까지 60리라고 한다. 유생 두 사람이 찾아와 서는 題扇를 써달라고 청했다. (七月)初六日, 晴。(從朱橋鋪發行)……到萊州(城), 日尚早, 不給夫馬, 止宿東關裡劉姓人家。自朱橋到此六十里云。儒士二人來見, 求題扇。(安璥《駕海朝天錄》)

윗글은 天啟 元年(1621) 安璥이 북경으로 가는 길에 기록한 것으로 7月 6日 사신 일행은 예상치도 못하게 萊州城에 入城하는 것이 거절되었기 때문에 萊州府城 東關의 劉씨 姓을 가진 人家에 유숙할 수밖에 없었다. 그런데 조선사신이 왔다는 소식을 들은 戴씨와 汪씨 성을 가진 儒生 두 사람이 찾아와 뵙기를 청했고 또한 가지고 온 부채에 題扇詩를 써줄 것을 요청했다. 이날 조선 사신들은 생각치 못하게 래주부 지현의 거절을 당하여 성안으로 들어가지도 못했고 제대로 된 접대나 인부와 역마의 제공 등 편의를 제공받지 못했으므로 화가 났을 법한데도, 이날 찾아온 萊州 儒生을 거절하지 않고 흔쾌히 만나주었고 그들이 원하는 대로 부채에 題詩까지 써 주었다. 이날 안경이 래주

유생들에게 써준 두 수의 제시는 다음과 같다.

위풍당당한 래주부성은 방문하기 무척 까다롭고

방비를 맡은 지현의 호령은 더욱더 준엄하여

행인들이 성 안으로 들어오는 것을 금하고서는

대낮부터 성문을 막아섰네.

(오른쪽 시는 戴씨 姓을 가진 유생의 부채에 쓴 씨이다.)

大府威拜重, 譏關號令尊。

行人禁不入, 白晝掩城門。

右, 戴姓人扇

도로에는 사람들이 몰려들어

조선에서 온 사신을 먼저 보고자 다툰다네.

바다와 섬, 수 만리 여정을 지나 도착한 이곳

등주와 래주는 과연 어떤 곳일런가!

(오른쪽 시는 汪씨 姓을 가진 유생의 부채에 쓴 씨이다.)

道路争相见, 朝鲜御使来,

海山千万里, 何处是登萊。

右, 汪姓人扇

첫 번째 題詩에서 안경은 입성을 허락하지 않는 래주부 지현의 태도를 완곡하게 비판하면서 관원의 박대에 대한 불만을 풍자적으로 표현하고 있다. 그러나 두 번째 제시에서는 래주부 관원의 박대와는 달리 래주부 현지 주민들은 조선사신을 열렬히 환영하고 성의를 다해서 접대하고 현지 유생들은 사신을 찾아와 뵙기를 희망한다고 말한다. 그래서 결국에는 마음속 불만과 섭섭함보다는 천신만고 끝에 등주와 래주 지역에 도착하여 직접 이 지역을 목도하게 된 것을 감개무량하게 생각하고, 앞으로의 사행길에 대한 기대도 품어 보고, 성공적인 사행에 대한 각오도 다지게 된다.

(10月)12日 맑음. 날씨가 溫和하다. 아침에 萊州 掖縣界를 출발하여 萊州 (城) 東門 밖에 도착했는데 날이 아직 일렀다. ……저녁에 秀才인 姜夢鼇 와 方之翰이 拜帖을 보내와 뵙기를 청했다. 서로 간의 대화가 齊史에 대 한 질문에 이르자 세세한 것까지 모르는 바가 없었으니 분명 齊나라 사람 이다. "田單火牛"의 고사를 언급하자 即墨은 平度州에 있고 여기서 西南 으로 100리 떨어진 곳이라 운운한다. 오늘은 60리를 이동했다. 13日 맑 음. 秀才 姜夢鼇(강몽오)와 方之翰(방지한)에게 붓과 먹을 선물로 보냈는 데 方之翰은 朱榴를, 姜夢鼇는 제시를 쓴 부채를 선물로 보내왔다. (十月) 十二日, 晴。日氣溫和, 朝發萊州 掖縣界, ……到萊州(城)東門外, 日尙早 矣。……夕, 秀才稱號姜夢鼇, 方之翰送拜帖求見。接話問語及齊史, 歷 歷說破無不慣知, 信乎齊人也。仍聞田單火牛之事。則答以即墨在平度 州, 此去西南百里之地云。今日行六十里。十三日, 晴。姜, 方兩秀才處 送筆墨, 則方送朱榴, 薑送詩扇矣。(趙濈《燕行錄(一云朝天錄)》)

윗글은 明 天啟 三年(1623) 冬至聖節兼謝恩使 趙濈이 북경으로 가는 길에 래주부성 을 지나면서 현지의 유생과 교류한 일을 기록한 것이다. "田單火牛"의 고사란, 田單이 火牛의 계책으로 燕나라 군대를 대파한 고사를 말한다. 田單은 戰國시기 齊나라의 貴 族이다. 燕나라가 齊나라를 공격하자 제나라는 대부분의 영토를 점령당하고 겨우 莒 城(거성)과 即墨 지역만 사수하고 연나라에 대항하고 있었다. 이처럼 제나라가 불리 한 가운데 양국은 수년간 대치를 이어갔는데 田單의 묘책으로 결국 제나라는 연나라 를 물리치고 잃었던 영토를 회복할 수 있게 되었다. 田單은 1천여 마리의 소를 모아 뿔 에다 날카로운 칼을 달고 몸통에는 용문양을 그려 넣고 꼬리에는 기름을 적신 억새풀 을 묶어 牛軍團을 활용한 火攻으로 연나라를 공격하는 전술을 구사하였고 결국 연나 라 군대를 물리 칠 수 있었다. 이후 전단은 齊襄王을 옹립하여 국정을 주관하고 자신 은 安平君에 봉해졌다.[125]

---

125   《史记》卷82《田单列传第二十二》, 淸乾隆英武殿刻本。

1) 9月 15日 맑음……萊州 掖縣城 東關 마을에 묵었다. 밤에 주인 劉良으로부터 래주성 안에 呂東萊書院이 있고 성의 서쪽에는 孫給事花園이 있는데 매우 아름답다는 말을 들었다. (九月)十五日, 晴。……宿萊州 掖縣城東關里。夜, 與主人劉良語, 城中有呂東萊書院, 城西有孫給事 花園, 極其佳麗雲。(洪翼漢《花浦朝天航海錄》)

2) 3月 11日 맑음, 아침에 안개 낌, ……萊州 西關에 도착하여 성을 통과하여 東門을 나와서 북경으로 갈 때 들렀던 劉良相의 집을 찾아가 유숙했다. 밤에 주인과 嘉靖 閣老 毛紀에 관한 화제로 이야기를 하다가 그가 손자가 있는지에 대해 묻게 되었는데 자손들이 크게 번성하였고 게다가 다들 현명하다고 했다. 손자 가운데 引重이라는 자가 있는데 당시 錦衣衛 指揮使였고, 秀才로 이름이 錦燦이란 자가 있는데 독서를 좋아하여 文章에 능했다고 말해 주었다. (三月)十一日, 晴。朝霧, ……到萊 州 西關……穿城出東門, 尋來時主人劉良相家寄宿。夜, 與主人語及 嘉靖閣老毛紀事, 仍問其子孫有無。則子孫極繁且賢, 有孫名引重者, 時爲錦衣衛指揮使。秀才名錦燦者, 喜讀書, 能文章云。(洪翼漢《花浦朝 天航海錄》)

　1)은 明 天啟 四年(1624) 謝恩兼奏請使 서장관 洪翼漢이 북경으로 가면서 쓴 글이고 2)는 북경에서 공식업무를 마치고 귀국하는 길에 쓴 글이다. 1)에서 洪翼漢은 집주인에게 래주성 안에 呂東來書院과 풍광이 무척 아름다운 孫給事花園이 있다는 말을 들었다고 기록했다. 실제로 서장관 홍익한은 그 다음날 정사 李德泂, 부사 吳翿과 함께 呂東萊書院으로 가서 呂祖謙을 배알하고 孫給事花園을 유람한다. 이들이 배알하고 유람한 동래서원과 손급사화원에 대해서는 다음 절에서 자세히 설명하고자 한다.

　그리고 2)에서 홍익한 일행은 작년 북경으로 가는 길에 묵었던 집을 다시 찾아가 유숙하기로 결정하고 그날 밤 옛 주인과 여러 가지 이야기를 나누게 된다. 북경에서 사행 활동을 하면서 명조정의 여러 閣老들과 교유했던 홍익한은 액현 출신으로 중앙의 최고위직까지 오른 각로인 毛紀에 대해서 물어보았고 주인 유씨는 모기에 관한 여러 정보와 그의 자손들에 대한 이야기까지 숨김없이 세세하게 전해준다. 아마도 조선사신들에게 당시 명나라 조정의 주요 관료에 대한 비공식적인 정보를 수집하고 그들의 성향을 이해하는 일은 상당히 중요한 임무 중에 하나였을 것이며, 이러한 정보는 이후 사행을 오는 사신들과 공유되어 북경에서 명나라와 관료들과 양국간의 외교적 현안을 조정하고 조선의 요구 사항을 외교활동을 통해 관철시키는 데 여러모로 도움이 되었을 것이다. 毛紀는 字가 維之이고 掖縣 사람으로 明 成化 연간에 진사가 되어 처음에는 庶起士를 역임했다가 이후 차례로 戶部右侍郞, 戶部尙書, 文淵閣大學士, 武英殿大學士, 吏部尙書 등의 직위를 맡았으며,《明史》에는 그를 "學識이 깊었으며 관직에 임함에 청렴하고 맑았으며 질박하고 중후했다"[126]라고 평했다.

사진 2-35   지금의 萊州市 文昌路街道 東關 주민위원회 사무소, 명말 최초로 해로 사행에 오른 조선사신 安璥은 조선사신의 방문을 처음 겪는 래주성 관원의 오해로 입성을 거절당하는 수모를 겪고 어쩔 수 없이 래주성 동문 곁에 있는 이곳 동관에서 유숙하였다. 그러나 현지 유생들은 조선사신들을 환대하였고 안경은 이곳에서 그들에게 題扇詩 두 편 써주었다. 당시 안경이 써준 제선시는 그의 사행록에 수록되어 현재까지 전한다. (집필진 답사 촬영)

---

126   "有學識, 居官廉靜簡重"

1. 東萊書院(呂東萊書院, 呂東萊廟, 呂祖謙讀書堂, 呂東萊讀書處)

呂祖謙(1137-1181)은 字가 伯恭이고 號는 東萊이며 南宋 婺州 사람으로 張栻, 朱熹와
더불어 "東南三賢"으로 불렸다. 南宋 孝宗 隆興 元年(1163)에 進士가 되었고, 그후 博
學宏詞科에 급제하여 이후 萊州尹, 太學博士, 博士兼國史院編修官, 實錄院檢討官, 秘
書郎, 著作郎, 直秘閣 등의 직책을 차례로 역임했다. 淳熙 七年(1180) 成國公에 봉해졌
고 다음해 47세의 나이로 병으로 세상을 떠났으며 "成"이라는 시호가 내려졌다. 그래
서 후인들은 呂祖謙을 "呂成公"으로 불렀고 東萊書院이 출현하기 전에 萊州 현지인
들은 呂祖謙에게 제사 지내는 祠堂을 "呂成公祠"라 불렀다. 南宋 景定 二年(1260) 呂
祖謙은 다시 "開封伯으로 추봉되었고 孔子廟庭에 제사를 지내는 관례를 좇아"[127] 제사
를 모시게 되었다.

呂祖謙의 학문은 呂氏 가문의 학문적 전통을 이으면서 동시에 關學, 洛學 등의 당대
최고학파의 학설을 폭넓게 수용하여 성립되었다. 여조겸은 林之奇, 汪應辰, 胡憲 등과
師友 관계를 맺고 배웠을 뿐만 아니라 理學大家인 張栻, 朱熹 등과도 친밀히 교류하여
"널리 천하의 스승과 도반들의 강론을 섭렵하고 융합하였으니 편벽되고 막힘이 조금
도 없었다."[128] 呂祖謙의 학문이 이처럼 모든 학설을 섭렵하여 폭이 넓었지만 시종 유
학을 本旨로 삼고 儒家 經典의 탐구에 중점을 둔 것에는 변함이 없었다. 呂祖謙은 "明
理恭行(이치를 밝히고 이를 공경스럽게 실천함)"을 주창하고 "開物成務(萬物의 뜻을 열어
天下의 事務를 성취함)"를 추숭하였기에 그의 학설을 별도로 "婺學"이라고 칭하였다.
여조겸은 다른 학파와 쟁론하여 독특한 이론을 확립하기 보다 폭넓게 포괄하고 조화
롭게 병립하는 것을 중시하였으므로 문하의 제자가 나날이 늘었다. 주희는 이러한 여
조겸에 대해 "여조겸처럼 배우는 사람은 능히 자신의 氣質을 변화시킬 수 있다."[129]라

---

127 "開封伯, 從祀孔子廟庭"(元)脫脫, 《宋史》卷四十五《本紀第四十五·理宗五》, 淸 乾隆 武英殿刻本
　　 版.

128 "博諸四方師友之所講, 融洽無所偏滯"(淸)黃宗羲, 《宋元學案》卷五十一《東萊學案·成公呂東萊先生
　　 祖謙》, 淸 道光 刻本版.

129 "學如伯恭方是能變化氣質", "祖謙學以關, 洛為宗, 而旁稽載籍, 不見涯涘. 心平氣和, 不立崖異, 一時
　　 英偉卓犖之士皆歸心焉."(元)脫脫, 《宋史》卷四百三十四《列傳第一百九十三·儒林四》, 淸 乾隆 武英

고 평했다. 呂祖謙은 또한 中原文獻[130]의 南傳에도 기여하였으니 그는 단순히 北宋 유
학을 계승 발전시켰을 뿐만 아니라 남송 이후 유학을 남방의 문화 풍토에 융합, 발전시
키는 데에도 크게 공헌하였다고 평가할 수 있다.

萊州府 東萊呂先生書院은 南宋 呂祖謙(號: 東萊)을 모시는 사당이자 그의 학통을 전
수하는 전문교육 기관이라 할 것이다. 여조겸은 "東萊先生"으로 불렸으니, 일찍이 그
의 曾祖父 呂好問이 "東萊郡侯"에 봉해지자 呂好問의 長子인 呂本中(呂祖謙의 큰할아
버지)은 "東萊先生"으로 불렸고 呂祖謙은 "(小)東萊先生"으로 불렸던 것이다. 비록 呂
祖謙은 浙江 金華(婺州)사람이지만 그의 祖籍은 萊州 掖縣이다. 呂祖謙의 十世祖가 呂
夢奇인데, 夢奇는 萊州 사람으로 五代 後唐 시기에 관직이 戶部侍郎에 이르렀다. 呂夢
奇에게는 두 아들이 있었는데 장남은 龜圖이고 차남은 龜祥이었다. 呂龜圖는 後周에
서 起居郎의 관직을 맡은 적이 있고 이후 모든 가족을 데리고 남쪽으로 이주하여 壽州
(지금의 安徽省 淮南市 鳳台縣)에 정착했다. [131] 이처럼 여씨 일족은 래주를 떠나 남방에
정착했으나 明淸 시기 萊州 사람들은 여조겸의 조상들이 살았던 현지에 呂祖謙의 사
당을 짓고 제사를 지냈으며 書院을 건립하여 그의 학통을 계승하고 선양하였다.

朱熹와 어깨를 나란히 했던 巨儒였던 呂祖謙의 학문은 당시 조선의 선비들에게도
수용되었고 존중받았기에 대다수의 조선 사신들은 빠듯한 사행 여정에서도 일부러 시
간을 내어 東萊呂先生書院을 방문하고 拜謁하였으며 이를 기록으로 남겼다.

> (3月)18日 萊州府에 도착했다. 西城門으로 들어가 文廟에서 말을 내리니
> 묘당을 지키던 수위가 문을 열어 주었는데 공자 이하 여러 성현들의 塑像
> 은 冕服을 하고 있었다. 차례로 배알하고 東萊書院으로 갔는데 서원은 文
> 廟의 동쪽, 래주부 관아의 곁에 있었으며 '深遠'이라는 당호가 써져 있고

殿刻本版.

130 "'中原文獻', 源自呂祖謙之說, 其內涵旣包括有形的圖籍, 金石等文化載體, 也包括朝廷的典章, 制度,
家法等政治層面的憑依, 更包括無形的學術文化精神." 王建生,《呂祖謙的中原文獻南傳之功》, 浙江
師範大學學報(社會科學版), 2015年03期, 第45.

131 (明)李賢等 纂修,《大明一統志》卷二十五《萊州府》, 淸文淵閣四庫全書本版, 楊松水,《兩宋壽州呂氏家
族著述研究》, 黃山書社, 2012, pp.25-73, p.346.

역시 여조겸의 塑像이 모셔져 있었다. (三月)十八日, 到萊州府。入西城
門, 下馬于文廟, 守殿者開鎖, 至聖以下皆塑像冕服, 遂謁廟而行。東萊
書院在文廟之東, 府衙之傍, 其堂名曰：‘深遠’, 亦塑像。(李民宬《癸亥朝
天錄》)

明 天啟 三年(1623) 冊封請奏使 서장관 李民宬 일행은 萊州府 西城門인 "武定門"을
거쳐 萊州府城 내로 들어가서 萊州府 文廟(萊州 府學)앞에서 말을 내리고 들어가 孔子
이하 諸聖賢들의 神位를 알현했는데 조선의 문묘와는 달리 "塑像"이 모셔져 있었다.
그래서 李民宬은 아래와 같이 〈동래군에서 문묘를 배알하다(東萊郡謁文廟)〉라는 시를
써서 당시의 소감을 기록했다.

〈동래군에서 문묘를 배알하다〉
성현의 문장은 옛 제나라 땅에 고스란히 전승되어 오고
衣冠의 제도 또한 千古에 걸쳐 면면히 이어져오네.
문묘의 묘당에는 제물이 올려져 제사의 의례가 성대히 펼쳐지고
유학의 학풍은 스승과 제자를 통해 대대로 흥망을 이어왔네
요임금의 이마, 우임금보다 짧은 하체를 지녔다는 공부자의 모습을
塑像으로 생생히 바라보며 알현하게 되었는데
이전에 다만 초상만을 볼 수 있음을 탄식했으나
지금은 마치 공부자를 직접 모시는 듯하다네!
東萊書院은 여기서 거리가 이웃하여 가까운데
유생들은 이곳(萊州 府學)과 동래서원으로 각각 분명히 나뉘어 들어가 공
부하지만
　모두가 여기 동래군에서 인품과 학식을 고양하고자 함은 매한가지라네.

〈東萊郡謁文廟〉
文獻三齊有足征, 衣冠千古繼繩繩。
儒宮俎豆陳儀盛, 學制師生積廢興。
堯顙禹腰憑面謁, 曾唯顏喟若親承。

東萊書院長鄰近, 入室分明自此升。

(李民宬《燕槎唱酬集》)

우선 1연에서 이곳 래주부는 옛 제나라의 영토로 공자 이래 성현들의 문장과 학문
이 잘 보존되어 있으며 게다가 의관 제도 또한 잘 보존되어 온 곳이라 공자가 살던 때
의 의관 제도도 잘 전승하고 있다고 찬탄한다. 여기서 "三齊"란 옛 제나라 지역을 가리
킨다. 秦나라가 망한 후 楚나라 項羽가 齊나라를 점령하고 옛 제나라 땅을 3개로 나누
어 齊, 膠東, 濟北 등 3국을 세웠는데 이후 이들 삼국을 삼제라고 불렀다. 繩繩(승승)이
란 면면히 이어져 내려온다는 뜻이다. 이어서 2연에서 이곳 래주부의 문묘에서는 대대
로 공자와 그 제자들을 모시는 제사가 성대하게 이어져 왔으며 이곳에서 학문을 연마
하던 학자와 유생들은 비록 시대에 따라 흥망성쇠의 굴곡은 있었지만 대대로 학통을
끊어짐 없이 전승해 왔다고 감탄한다. 3연에서는 조선의 문묘와는 달리 이곳 래주부의
문묘에서는 성현의 신위를 塑像으로 만들어 모셨기에 마치 성현을 눈앞에 보듯이 생
생히 대할 수 있었다. 그래서 이전에 조선에서 다만 화상으로만 모시고 배알하던 아쉬
움을 달랠 수 있었다고 감탄한다. "堯顙禹腰(요상우요)"란 이마가 요임금을 닮았고 허
리 이하가 우임금보다 3촌이 짧았던 공부자의 외모를 표현하는 말이다.[132] 마지막으로
4연에서 이곳의 문묘(萊州 府學)와 동래서원은 가까운 곳에 위치하고 있으며 부학과
서원에 각각 소속되어 공부하는 유생들은 그 출입하고 공부하는 장소는 다르지만 모
두가 하나 같이 유학의 도를 배우고 스스로의 인격을 함양하고 학문의 수준을 높이고
자 하는 목적은 매양 한 가지임을 말하고 있다. 이처럼 문묘를 배알한 후, 이민성 일행
은 문묘 근처에 있는 동래서원으로 바로 이동하여 "深遠堂"이라고 현액되어 있는 동
래서원 내의 祠堂으로 가서 呂祖謙을 배알했는데, 여기도 조선과는 달리 문묘처럼 塑
像이 神位를 대신하고 있었다

---

132 "東門有人, 其顙似堯, 其項類皋陶, 其肩類子產, 然自要(腰)以下不及禹三寸, 累累若喪家之狗。"《史記》,
〈孔子世家〉

(9月)15日 丙寅일. 豊河를 건너 萊州 掖城縣 東關에 묵었다. ……城 안에
呂東萊書院이 있었는데 래주의 모든 儒生들이 존승하고 받드는 곳이라
고 한다. 16日 丁卯일. 灰埠驛에서 묵었다. 아침에 출발하여 東萊書院을
찾아갔는데 정원의 한 모퉁이에 翰林修撰 毛紀가 세운 비석이 있었다. 毛
公는 이후 大學士가 되었다. (九月)十五日, 丙寅。渡豊河, 宿萊州掖城縣
東關。……城內有呂東萊書院, 一州儒生尊奉之雲。十六日, 丁卯。宿灰
埠驛。早朝, 尋東萊書院, 庭隅有翰林修撰毛紀所制碑。毛公後爲大學
士。(李德泂《朝天錄一云航海錄》)

天啟 四年(1624) 謝恩兼奏請정사 李德泂, 부사 吳翻, 서장관 洪翼漢 일행은 북경으
로 가면서 9月 15日 萊州府城(掖縣 縣城)의 東關에 묵었는데 東萊呂先生書院은 萊州
府城의 동쪽에 있었으므로 동관과 가까웠다. 그래서 그 다음날 일부러 시간을 내어 東
萊呂先生書院을 방문하여 배알했고 서원 정원 한 모퉁이에 明代 大學士 毛紀가 쓴
〈동래서원을 이전하여 중건한 일에 관하여 기록한 글(移建東萊書院記)〉을 새긴 석비를
목도했다. 함께 동행했던 서장관 洪翼漢은 그의《花浦朝天航海錄》에서 당시 東萊呂
先生書院을 참관하고 서원 내 碑刻를 보았던 일뿐만 아니라 자신이 東萊呂先生書院
의 유생들과 교유한 일도 기록했다.

(九月)16日 이른 아침에 성으로 들어와 東萊書院에 들렀는데 묘당 안에는
塑像이 있었고 拜禮를 마치고 나서 서원을 유람하던 중 정원 모퉁이에 큰
비석이 있는 것을 보았다. 그 비석은 이 고장 출신 大學士인 毛紀가 翰林
修撰으로 있을 때 지은 글이었다. 6-7명의 유생들이 학업에 정진하고 있
었는데 간절히 시 한 수를 구하므로 율시 하나를 써 주었다. 유생들이 읽
어보고는 일어나 경의를 표하면서 "東國사람들이 시에 능하다는 말을 익
히 들어왔는데 과연 그렇군요."라고 말하면서 자신들의 평가에 화답해주
기를 계속 청했지만 나는 한사코 사양하면서 "하잘것없는 조그마한 재주
에 불과하니 어찌 五鳳樓手와 같은 거장의 칭호를 감당하겠는가！"라고
대답하면서 나의 저열한 시가 그와 같은 아름다운 칭찬을 듣는 것을 우습

게 생각했다. (九月)十六日, 早朝穿城, 入東萊書院, 廟有塑像, 拜禮畢, 周
觀院中, 庭隅大碑, 即本州人大學士毛紀爲翰林修撰時所制文也。有六七
靑衿肄業, 求詩甚懇, 題示一律。諸生覽了起敬曰："慣聞東國能詩, 果
然。"固請酬答, 則力辭曰："雕蟲小技, 安敢當五鳳樓手哉！"以吾惡詩得
彼美名, 可笑。(洪翼漢《花浦朝天航海錄》)

　　서장관 洪翼漢은 정사 李德泂 등과 함께 萊州府 東門(澄淸門)을 통해 성 내로 들어
가 東萊呂先生書院을 참배하고 大學士 毛紀가 쓴 〈移建東萊書院記〉를 새긴 비석을
구경한 후, 서원에서 공부하고 있던 유생들을 만나 교유했다. 유생들은 조선사신들에
게 시 한 수를 써줄 것을 간절히 요청했고 홍익한은 즉석에서 시를 한 편을 써주었는
데, 동래서원의 유생들은 홍익한의 시를 "五鳳樓手(오봉루수, 문장의 거장)"가 쓴 걸작
으로 칭찬하면서, 조선 선비들이 시에 능하다는 소문을 익히 들어왔는데, 과연 그러
함을 알겠다고 감탄해 마지 않는다. 이에 홍익한은 자신의 재주는 雕蟲小技(조충소기)
에 불과하다며 그런 과찬을 받을 입장이 못된다고 극력 사양한다. 여기서 靑衿(청금)은
《詩經》의 "靑靑子衿(청청자금, 푸른 옷깃을 한 어진 선비들)"에서 온 말로 儒生을 달리 이
르는 말이다. 肄業(이업)이란 習業의 뜻으로 학문 또는 기술을 배우고 익힌다는 뜻이
다. 雕蟲小技란 篆書를 벌레가 기어간 모양처럼 흉내만 내어 쓰듯 미사여구로 문장을
꾸미기만 하는 졸렬한 글솜씨를 가리킨다. 五鳳樓手란 문장의 대가[133]를 의미한다.

　　그런데 재미있는 사실은 동래서원의 유생들이 '조선의 선비들이 시에 능하다'는 소
문을 익히 들었다는 사실이다. 실제로 "中國에서는 비록 부녀자나 삼척동자라 할지라
도 조선에서 禮儀가 융성하고 문학이 흥성함을 모르는 이가 없었다"[134]고 했으며 특히,

---

133 《北史》에 따르면 唐나라 玄宗이 洛陽에 五鳳樓를 짓고 그 아래에서 잔치를 벌이고 술을 마시면서 도
　　성 주위 300리 이내의 縣令, 刺史에 명하여 악사를 거느리고 참여할 것을 명했다 한다. 梁나라 太祖
　　인 朱溫이 即位하여 五鳳樓를 중건했는데 높이가 100丈이나 되어 누각의 꼭대기가 창공 위로 아득히
　　높아 그 끝이 보이지 않았고 기둥에는 다섯 봉황의 날개가 조각되어 있었다고 한다. 宋 周翰《五鳳樓
　　賦》에서 文章의 巨匠을 五鳳樓를 만드는 장인(手)에 비유한 이후로 五鳳樓手는 문장의 대가를 비유
　　하는 상징으로 쓰이게 되었다.
134 "中國雖婦人女子, 三尺之童莫不問朝鮮禮儀, 文學之盛"(明)吳明濟 編, 祁慶富 校注,《朝鮮詩選校注》,
　　遼寧民族出版社1990年版, p.57.

임진왜란이 발발하여 명나라 군대가 조선으로 직접 파병되자 현지에 파견된 명나라 고위관료들은 조선문인들의 漢詩를 앞다투어 수집하여 중국에서 간행하는 것이 하나의 유행이 되었다. 그 중 吳明濟가 간행한《朝鮮詩選》이 가장 유명했는데 오명제는 조선의 한시를 "그 음률은 화평하여 급박하지 않고 稚淡하여 화려하지 않으며, 괴이하고 황당한 말을 내뱉음이 없고 자지러지게 농염한 곡절이 없으니 웅건하고 탁트인 기상이 그 가운데 완연하다. ……기이한 것을 말하지 않으나 운용이 탁월하다."[135]라고 평가했다.

임진왜란 때 督餉使(독향사, 군량미를 운반하고 관리하는 관리)로 조선에 파견된 韓初命도 또한《朝鮮詩選》에 序文을 썼는데, 韓初命은 그의 서문에서 吳明濟가 수집한 조선의 漢詩를 읽어보고는 너무나 좋아한 나머지 "아무리 계속 읽고 읽어도 피곤한 줄 모를 정도(讀之忘倦)"였다고 했다. 韓初命이 래주 출신이었다는 점을 생각해보면 래주부 동래서원의 유생들이 "東國能詩(동국능시, 조선선비들이 시에 능하다)"의 소문을 익히 들었다고 말한 것을 쉽게 이해할 수 있다. 한편, 정사 이덕형, 서장관 홍익한과 동행했던 부사 吳翻 또한 아래와 같이〈래주성을 지나다가 呂東萊의 사당을 배알하다(萊州, 過城中, 拜呂東萊廟)〉라는 시를 남겨 呂東萊에 대한 敬慕의 마음을 표현했다.

〈래주성 지나다가 呂東萊 사당에 배알하다〉
성 주위를 둘러산 푸른 산들은 바다를 향해 내달리듯 높다랗게 펼쳐져 있고
무수한 누각과 높은 성벽, 화려한 패방은 그 문 활짝 열려 있네.
진시황과 한무제가 신선을 찾아 이곳 래주에 왔다는 전설은 이제 모두 잊혀졌지만
오직 宋朝의 呂東萊 선생만은 잊히지 않고 그 사당이 남아있네.

萊州, 過城中, 拜呂東萊廟
群山赴海碧崔嵬, 無數樓臺表里開。
秦漢神仙皆妄耳, 宋朝唯有呂東萊。

---

135 "其聲和平不迫, 稚淡不華, 無放誕詭異之詞, 無靡靡妖豔之曲, 而雄健暢博之象宛然其中。……而奇不口, 勝用矣"(明)吳明濟 編, 祁慶富 校注,《朝鮮詩選校注》, 遼寧民族出版社1990年版, p.239.

(吳翻《朝天詩》)

　　앞의 두 구는 사신들이 래주성으로 오는 여정에서 보았던 주위의 산세와 지리적 환경에 대해서 묘사하고 래주 지역의 마을과 어제 막 도착한 래주성이 경제적으로 번영하여 높은 누각과 수많은 인가가 즐비하고 길목 세워진 패방은 화려하게 여행객들을 맞이하고 있다고 묘사하고 있다. 이어진 두 구에서 일찍이 등주와 래주는 진시황과 한 무제가 신선을 찾아왔다는 전설이 유명했었으나 지금은 실제로 남아있는 유적이 전혀 없어 그런 전설도 거의 잊혀져 버렸다. 그러나 래주 출신인 여조겸의 학문을 계승하고 그를 제사 지내는 東萊呂先生書院은 여조겸 일가가 이미 멀리 남쪽 땅으로 이주한 지 수 백년이 지났지만 변함없이 래주 사람들에 의해 크게 존숭을 받으며 계승되어 있다고 말하고 있다.

> (10月)13日 아침에 출발하여 萊州에 도착하여 유숙했는데 도중에 呂蒙正
> 先跡이 있었고 또한 呂祖謙 讀書堂도 있었다. 朱橋에서 60리의 거리이며
> 절구시 한 편도 지었다. (十月)十三日, 早發至萊州止宿, 中路有呂蒙正先
> 跡, 又有呂祖謙讀書堂, 去朱橋六十里, 有一絶詩。(全湜《槎行錄》)

　　윗글에서 보듯이 全湜 일행은 登州府 黃山館驛에서 출발하여 60리를 이동하여 萊州에 도착했다. 비록 전식 일행이 呂東萊先生書院에 들러 배알을 했는지 명확하게 기술하지는 않았지만 서원을 지나면서 느낀 감상을 아래와 같은 七言絶句로 써서 남겼다.

> 〈呂東萊 讀書堂을 지나면서〉
> 여씨 가문은 대대로 유학의 정통만을 훈도하여 전해왔으니
> 東南지역 일대에서 그 집안을 능가하는 가문이 없었네.
> 지금까지도 래주성에는 옛날처럼 여조겸의 학문을 전승하는 서원을 경영하여
> 오척 동자조차 異端인 心學을 주창하는 陸九淵를 말하기 부끄러워 한다네.

過呂東萊讀書堂
家學從來識正傳, 東南諸子莫之先。
至今依舊藏修地, 五尺羞稱陸九淵。
(全湜《朝天詩》)

　　우선, 첫 두 구에서 呂祖謙은 어린 시절부터 呂氏 가문의 正統 儒學의 훈도를 받아
왔기에 그러한 큰 학문적 성취가 가능했다고 말하면서, 당시 江浙(지금의 절강성과 강소
성 일대) 일대에서 그 가문을 능가하는 집안이 없었다고 칭송하였다. 청대 대학자 黃宗
義(1610-1695)가 宋元 兩代 학술사에 관하여 기술한《宋元學案》에는 여조겸 가문에 대
하여 "學案에 오른 자가 七世에 걸쳐 17인에 이른다"[136]고 하였으니 呂氏 가문은 단순
히 많은 과거 급제자를 배출한 官宦世家가 아니라 그 가문만의 학문적 전통을 대대로
전습한 書香世家임을 알 수 있다. 이어진 두 구에서 呂祖謙의 九世祖인 呂龜詳이 래주
를 떠나 남쪽지방으로 이주한 지 이미 오랜 세월이 지났지만 萊州府에는 지금도 여전
히 呂東萊先生書院이 경영되어 呂祖謙의 정통 유학을 계승하고 있으므로 그 고장 사
람들은 삼척동자조차도 이단인 心學을 주장하는 陸九淵을 언급하기를 부끄러워한다
고 하였다.

　　이 밖에 天啟 六年(1626) 聖節兼謝恩陳奏使 일행 역시 東萊呂先生書院을 지났는데,
이 때 서장관인 金地粹도 아래와 같은 〈呂東萊 讀書處를 지나면서(過呂東萊讀書處)〉라
는 七言絶句를 써서 남겼다.

　　〈呂東萊 讀書處를 지나면서〉
　　동래서원은 내방객의 마음이 애상에 잠길 정도로 곳곳이 처연히 엄숙하고
　　푸른 이끼 가득한 경내는 가을 바람에 흔들리는 나뭇가지 소리로 온통 가득하네.
　　지금 어찌 현량한 학자가 더 없겠는가마는
　　이곳 사람들은 오직 여동래 선생만을 논한다네.

136　"登學案者七世十七人"(淸)黃宗義,《宋元學案》, 淸道光刻本版。

過呂東萊讀書處

書樓何處客傷情, 苔地秋多野樹聲。

當代豈無賢學士, 後人惟道呂先生。

(金地粹《朝天錄》)

첫 두 구에서 묘사하기를, 유생들이 온 마음을 다해 학문에 전념하고 있는 동래서원 경내는 지극히 정숙하고 엄숙하여 조선에서 온 내방객은 심지어 깊은 哀傷을 느낄 정도로 고요함, 적막함을 느낀다. 그런데 돌연 푸른 이끼 가득한 경내를 둘러싼 주위 나무숲에 처량한 가을바람이 불어 '솨아아'하고 소리를 내면서 나뭇가지들이 어지러이 흔들린다. 앞에서는 서원의 정적인 고요함을 묘사하고 뒤에서는 이러한 적막함을 깨고 가을바람에 흔들리며 쓸쓸한 소리를 울리는 주위 숲의 동적인 움직임을 대비적으로 묘사하여 읽는 이로 하여금 서원과 주변환경의 정경을 현장에 있는 듯 생생하게 느끼게 한다. 이어진 두 구에서는 당시에도 德과 재주를 겸비한 名士가 많았으나 萊州府의 후세인들은 도리어 呂祖谦의 학문만을 논하고 칭송한다고 했다. 이는 수백 년 동안 위대한 학자의 가르침을 잊지 않고 이를 지금까지 계승하고 받들어온 현지의 유생들과 순박한 백성들에 대한 조선 사신 金地粹의 깊은 찬양과 감탄의 뜻이 담긴 표현이라 볼 수 있다.

래주성을 지났던 조선사신들은 이상과 같이 文廟와 東萊呂先生書院에 대해 여러 기록과 시를 남겼을 뿐만 아니라 수행한 畫員으로 하여금 관련 그림을 그리도록 하여 이를 화집으로 남기기도 했다. 1624年 謝恩兼奏請使 서장관 李德泂과 동행했던 畫員이 그린 화집으로《航海朝天圖》[137]가 현재까지 남아 있는데,《航海朝天圖》는 이후 사행단의 사행에 도움을 주기 위한 실용적 목적의 여행 안내서로서 기능했을 뿐만 아니라 당시 사행 경유지의 생생한 모습을 전해주는 역사적 사료이기도 하다.《航海朝天圖》〈萊州府〉를 보면, 화원은 특별히 "呂東來書院"을 강조하여 그리고 그 명칭을 그림 위에 별도로 써두기까지 했다. 비록 사실화처럼 상세히 동래서원을 묘사한 것은 아니

---

137   임기중,《海朝天圖의 형성양상과 원본비정》,《동악어문학》Vol.52, 동악어문학회, 2009, p.176.

지만, 문헌기록으로만 접하던 동래서원을 그림의 일부로 그 실체를 확인할 수 있다는 점만으로도 그 의의가 자못 깊다고 할 수 있다. 또한 1630年 陳慰使 鄭斗源도 《朝天記地圖》를 남겼는데 여기에 수록된 〈萊州圖〉에서는 《航海朝天圖》처럼 별도로 동래서원을 그려두지는 않았다. 그렇지만 그림에 대한 해설 부분에서 "宋나라 東萊先生 呂祖謙은 그 선조가 萊州사람이었으므로 래주성 안에 그의 서원을 세웠다"[138]라는 설명을 달아두었다.

그림 2-36   《航海朝天图》〈萊州府〉 일부(韓國國立中央博物館藏本)그림의 우측에
"呂東來書院(여동래서원)"이라고 쓴 글씨가 보인다.

명말 조선사신들이 참배했던 東萊書院의 前身은 萊州府 관아의 서남쪽에 있던 "呂成公祠"이다. "呂成公祠"는 明 景泰 五年(1454)에 처음 창건되었으며 呂祖謙에게 제

---

138   "宋東萊先生呂祖謙, 其先萊州人也, 立書院於城中。"

사를 올리던 사당[139]이었다. 成化 六年(1470)에 萊州府 掖縣 縣學의 東側으로 이전되었고 正德 六年(1511)에 憲副[140] 王良臣[141]이 巡察登萊海道의 명을 받아 萊州에 주둔하고 있었는데 府學을 시찰하다가 府學 동남쪽에 폐허가 된 사당을 발견하고는 "東萊先生은 이곳 사람들이 존경하는 분인데 그의 서원을 제대로 관리하지 않고 어찌 이렇게 대우한단 말인가?"라고 탄식하였다. 萊州府 知府 徐朝元 등이 이러한 헌부 王良臣의 말을 전해 듣고는 크게 공감하였다. 당시 "呂成公祠"는 비만 오면 물이 차는 저지대에 있었고 게다가 부지가 협소하여 사당 본채 하나만 겨우 지을 수 있을 정도였기에 유생들이 기숙하고 공부할 수 있는 堂舍를 지을 수도 없었다."[142] 그래서 헌부 王良臣, 지부 徐朝元 등이 전면적인 재건축 계획을 세우고 東萊書院을 새로운 부지에 짓기 시작했다. 正德 九年(1514)에 마침내 東萊書院이 완공되었고 기존의 呂成公祠도 새로 건축한 東萊書院 안으로 이전하여 합쳐져 새로이 "東萊書院"으로 명명하게 되었다.

이 때 동래서원의 면모는 다음과 같다. "가운데는 8칸 규모의 正堂이 있었고, 남쪽에는 좌우로 방이 각각 18칸이 나란히 있었으며 각방의 문 위 문미(門楣, 곧, 상인방)에는 모두 心性의 誠敬을 뜻하는 글자로 편액이 걸려 있었기에 重門이라고 불렀다. 그곳 남쪽과 서쪽에 있던 공터와 부근 민가를 헐어서 남북으로 각각 8칸, 동서로 각각 8칸의 방을 새로 건축했다. 서원의 남쪽으로 큰 거리와 이어지는 곳에는 큰 돌로 石坊門을 세워 "東萊書院"이라고 題名했다. 전체적으로 건축물은 튼튼하고 견고하게 잘 지어졌고 앉은 방위가 반듯했으며 외장을 화려하게 꾸미지 않았으나 단정하고 엄숙하여 장엄한 모습이 훤하게 한눈에 들어왔다."[143] 萬曆 八年(1580)에 조정에서 "天下의 모든

---

139   (淸)岳濬, 杜詔纂修,《山東通志》卷二十一《秩祀志》, 淸文淵閣四庫全書本版。

140   明代 省 전체를 관할하던 최고위직 관리가 按察使였고 正三品의 품계였는데 이를 "憲台"라는 존칭으로 부리기도 했다. 그 밑에 按察副使는 正四品으로 "憲副"라고도 불렀다.

141   王良臣, 陳州人, 弘治六年(1493)進士, 官南京御史。(劉)瑾誅。起山東副使, 終按察使。(淸)張廷玉 等纂修,《明史》卷一百八十八列傳第七十六, 淸乾隆武英殿刻本版。

142   (明)龍文明, 趙耀等 纂修,《萊州府志》卷之三《學校》, 明 萬曆 三十二年(1604)刻本版。

143   "(東萊書院)中為堂八楹, 南向左右屋各十八楹, 楣咸有扁, 以心性誠敬之義, 為名重門。其南而西因故隙地並易民址, 又南, 北向各為屋八楹, 東西如之。南臨通衢, 樹坊以石大, 題曰：東萊書院。凡夫締造堅良, 位置軒整, 不事采藻, 而靚雅邃嚴, 煥然在目。"(明)毛紀,《移建東萊書院記》, (淸)張思勉, 于始瞻 纂修,《掖縣志》卷之六《藝文·記》, 淸 乾隆 二十三年(1758)刊本版。

書院을 철폐할 것을 명했기에"[144] 東萊書院 역시 그 명칭을 "呂先生祠"로 개칭하였다. 萬曆 三十年(1602) 萊州府 知府 龍文明이 "呂先生祠"을 원래대로 "東萊書院"으로 회복했으니 명말 조선 사신들이 지나면서 참배했던 "東萊書院"은 바로 이 시기의 것이다.

명말 趙秉忠[145]이 쓴 아래의 〈동래여선생서원을 중건한 일에 대한 기록(重建東萊呂先生書院記)〉과 위에서 살펴본 毛紀의 동래서원을 이전하여 중건한 일에 관하여 기록한 글(移建東萊書院記)〉을 함께 살펴보면, 명말 조선사신들이 목도한 동래서원의 본래 면목을 대체적으로나마 그려볼 수 있다.

> 石坊門에는 큰 글씨로 "東萊呂先生書院"이라 써 있었다. 肅道를 따라 들어가니 차례로 戟門, 照牆, 棹楔이 나왔고 서원의 한 가운데에는 5칸의 講堂이 있었다. 좀 더 들어가니 3칸으로 이루어진 先生의 祠堂이 나왔고 사당의 옆으로 2칸의 방이 있었다. 강당의 좌우로는 서재, 숙소 등 부속 건물이 앞뒤로 쭉 배치되어 있었는데 총 16칸이었고 주방, 욕실도 있었다. 馳道(치도, 사당 내 신명이나 황제가 다니는 길)를 피해 조심스럽게 주위를 둘러봤는데 높은 담장은 흑색과 하얀색이 대조를 이루고 단청은 눈이 현란할 정도로 화려하여 뛰어난 장인의 솜씨임이 분명하다. 비록 옛 건물을 일신한 것이지만 협소한 것은 넓히고 부족한 부분을 보강했으니 선생의 도학을 널리 진흥하기에 충분하리라![146] 坊門一大書 : 東萊呂先生書院, 肅道而入爲戟門, 爲照牆, 爲棹楔. 中爲講堂五楹, 又進爲先生祠堂三楹, 耳房二楹, 前後書舍翼列於堂之左右者共十六楹, 庖湢稱是. 辟以馳道, 鐐以

---

144 (淸)龍文彬,《明會要》卷二十六《學校(下)》, 淸 光緖 十三年 永懷堂刻本版.

145 "趙秉忠은 字가 季卿이고 號는 峴陽으로 益都(山東靑州府)사람이다. 萬曆 戊戌年에 廷對(황제의 질문에 직접 답하는 과거의 한 종류)에서 장원급제하여 修撰을 제수받았다. 甲辰년에 分闈(과거의 한 종류)에서 大學士 高陽, 孫承宗, 晉右庶子 壬子등의 인재를 얻었고 典試에서 江南출신으로 張瑋, 姚希孟, 周順昌등의 인재를 얻었는데 모두가 一代의 名臣이었다. 조병충은 벼슬이 正詹事, 晉禮部尙書에 이르렀는데 탄핵되어 삭탈관직 당해 귀향했다. 조병충은 충의롭고 용모가 빼어나고 수려했으며 論議가 사리에 합당하고 명쾌하여 闕廷에서 경연할 때 자주 嘉賞을 받았다. 죽은 후에 太子太保에 추증되었고 祭葬이 하사되었다. (淸)趙祥星, 錢江纂修,《山東通志》卷之四十一《人物》, 淸 康熙 四十一年 刻本版.

146 (明)趙秉忠,《重建東萊呂先生書院記》, (淸)嚴有喜 纂修,《萊州府志》卷十三《藝文·記》, 淸 乾隆 五年(1740)刻本版.

高垣黝堊, 丹漆絢爛, 環瑋[147]是役也。雖因舊爲新, 而寔宏隘壯朴, 先生道
學斌斌振起矣！

동래서원은 주출입구가 "남쪽으로 큰 거리와 이어진다(南臨通衢)"고 하였으므로 건물은 전체적으로 남향으로 배치되었을 것이며 주출입구에 놓여 있던 石坊門에는 "東萊呂先生書院"이라고 제명되어 있다고 했으므로 萬曆 三十年(1602) 서원의 이름을 개칭할 때, 正德 九年(1514)에 붙여진 이름인 "東萊書院"이 아니라 정확하게는 "東萊呂先生書院"으로 바꾸었음을 알 수 있다. 원래 "東萊"는 萊州의 漢唐 시기의 舊名인데, 呂祖謙의 祖籍이 萊州였으며 그가 東萊先生으로 불렸기 때문에 이러한 명칭이 붙었다. 그러나 "東萊"는 지명의 뜻도 있으므로 萬曆 三十年(1602)에 개명할 때는 여조겸의 학문을 계승하는 서원임을 분명히 하기 위해 "東萊呂先生書院"으로 개명한 것 같다.[148]

石坊門을 지나면 이어서 戟門(극문), 照牆(조장), 棹楔(작설)이 차례로 나타났다. "戟門(극문)"이란 원래는 바닥에 戟(중국 고대 창과 유사한 병기 중 하나)을 두 줄로 일렬로 세워 문으로 삼은 것으로 나열한 극의 수는 거주하고 있던 주인이나 모신 신위의 직품에 따라 달랐으므로 신분과 직위를 나타내는 상징이 되었다. 唐나라 때부터는 문의 양 옆으로 극을 세워 "戟門"으로 삼게 되었으며 宋나라 때는 일반적으로 官府나 兵部에 주로 세웠다. 明代 이후로 戟門은 文廟에 세우는 중요한 건축 양식 중 하나가 되었다.[149] "東萊呂先生書院"에 이와 같은 戟門을 세웠음을 볼 때, 현지 관원들이 서원을 무척 중시하고 존중을 표하려 했음을 알 수 있다. 照牆(조장)은 照壁, 照壁牆, 影壁, 露牆이라고도 하며 건물 앞이나 대문 안쪽에 세워 함부로 내부를 엿볼 수 없게 가리는 기능을 함과 동시에 용무늬 등의 문양을 새겨넣어 장식의 기능을 겸하도록 세운 것이다. 棹

147　여기서 環瑋는 瑰玮(괴위)와 통하며 괴이하고 비상할 정도로 뛰어나다는 뜻이다.

148　"이후 준수한 선비들이 여기서 학업을 연마하고 선생의 시를 낭송하며 선생의 문장을 읽고 선생의 예법을 익히며 마치 선생을 대하듯이 생활하기를 바란 것이다(…髦士肄業其中, 頌先生詩, 讀先生書, 習先生禮器, 如見先生者…)明 趙秉忠,《重建東萊呂先生書院記》, (淸)嚴有喜 纂修,《萊州府志》卷十三《藝文·記》,淸 乾隆 五年(1740)刻本版。

149　劉東平,《淺談從戟到戟門的歷史變遷》, 西安碑林博物館 編,《碑林集刊》(十三), 陝西人民美術出版社, 2008, pp.300-303.

楔(작설)은 綽楔(작설)의 이체자로 옛날 문의 양쪽에 세운 두 기둥인데, 충의, 절개, 효
행 등을 행한 사람을 기념하기 위한 휘장을 걸어 그 행적을 표창하는 데 사용되었다.

이처럼 극문과 조장, 작설을 지나 앞으로 더 가면 다섯 칸으로 이루어진 講堂이 나
오고 그 뒤에는 세 칸으로 이루어진 呂祖謙을 제사 지내는 祠堂이 나오며 사당의 양
측에는 비교적 규모가 작은 부속 건물이 배치되어 있었다. 이처럼 "東萊呂先生書院"
은 강당과 사당을 중심으로 그 주위에 유생들이 기거하고 공부하던 독서실과 기숙사,
주방이나 욕실 등 총 16칸의 부속건물이 완비되어 있었음을 알 수 있다. 書院 내에는 毛
紀[150]의 〈移建東萊書院記〉, 趙秉忠의 〈重建東萊呂先生書院記〉를 새긴 석비가 있었고[151]
정문 밖은 마차들이 다닐 수 있는 큰 대로가 있었으며 주위는 높은 담으로 둘러 쌓여
있었는데 담장 위는 검은 색 기와가 얹혀 있고 흰색의 회칠로 마감되어 흑백의 대조가
선명했다. 기둥은 붉은 색으로 처마는 화려한 단청으로 눈이 현란할 정도로 꾸며져 있
었다.

비록 "東萊呂先生書院"은 원래 있던 "呂先生祠"를 재건축한 것이나 규모있게 잘 정
비되어 淸 乾隆 乾隆十年(1745)에 이르기까지 존치되어 萊州府 掖縣에 "書院이 셋 있
는데 가장 오래된 것이 東萊書院"[152]으로서 이 서원은 오랫동안 뛰어난 인재를 배출하
였다. "東萊呂先生書院"은 淸 順治 十六年(1659)한 차례 보수 공사[153]를 했고, 淸 康熙
二十二年(1683)에는 萊州府 知府 楊聲遠이, 五十年(1711)에는 萊州府 知府 陳謙이 重
修하였다.[154] 그러다가 "淸 宣統 년간(1909-1911)에 舊學制가 폐지되면서 철폐되고 말
았으니"[155] "東萊呂先生書院"은 현재는 이미 그 흔적조차 찾아볼 수 없게 되었다.

---

150 毛紀(1463-1545)는 字가 維之이고 掖縣 사람으로 成化 丙午(1486) 鄕試에서 1등을 했고 丁未(1487)에
    進士에 합격하여 翰林院 庶吉士가 되었다가 檢討에 제수되었고 이후 禮部尙書兼大學士로 등용되어
    入閣하여 機務의 일에 참여하기도 했으며 벼슬이 내각 首補에 이르렀다.

151 (淸)于始瞻, 張思勉纂修,《(乾隆)掖縣志》卷之二《壇廟》, 乾隆二十三年(1758)刻本版.

152 "書院有三, 最古者曰東萊書院"毛贄,《勺亭識小錄》卷之一《識村鎭》, 民國 二十三年 掖縣王桂堂日曝
    經草堂抄本版, 韓寓群 主編,《山東文獻集成(第二輯)》第二十五冊, 山東大學出版社, 2007, p.220.

153 (淸)張永祺,《修東萊書院記》, (淸)于始瞻, 張思勉 纂修,《(乾隆)掖縣志》卷之七《記》, 乾隆 二十三年
    (1758)刻本版.

154 (淸)嚴有喜 纂修,《萊州府志》萊州府志卷之四《學校》, 淸 乾隆 五年刻本版.

155 "(淸)宣統間(1909-1911)撤銷舊學制遂廢"(民國)劉國斌, 劉錦堂 纂修,《四續掖縣志》卷三《教育》, 民國
    二十四年(1935)鉛印本版.

萊州市 史志辦公室 楊曰明 학예연구사(주임)의 안내로 래주시 시내에 있는 "東萊呂
先生書院"의 옛 터를 현지답사할 수 있었으니, 곧 지금의 萊州市 文昌路街道 鼓樓社
區 내의 實驗小學 부근이다. 현지답사 과정에서 만난 萊州市 隅村 마을주민 于成金
(男, 67)씨의 증언에 따르면, 자신은 거기서 나고 자라 지금까지 줄곧 현지에서 살아온
토박이인데 동래서원에 관한 유적이나 이야기를 한 번도 들어본 적은 없으나 어릴 때
지금의 鼓樓街에는 石牌坊이 많이 남아 있었다고 한다. 현재 鼓樓街는 크고 너른 돌로
길을 조성해 놓았다. 《(萬曆)萊州府志》의 〈萊州府城圖〉와 현재의 지도를 대비해본 결
과 필자는 明代 "東萊呂先生書院" 石坊門과 "東萊呂先生書院"이 있던 위치를 대체적
으로 확정할 수 있었다. 곧, 명대 동래서원은 지금의 萊州市 實驗小學과 萊州市 國土
局의 동쪽, 萊州市 實驗小學 東側 골목길의 서쪽, 古城街의 북쪽, 府前街의 남쪽을 네
변으로 하는 사각형 부지 위에 있었던 것으로 추정할 수 있었으니 지금의 萊州市 文昌
路街道 實驗小學 동쪽 밖 공터와 萊州市 國土局 동쪽의 주택지 일대이다.

사진 2-37   명말 래주부성 내에 있던 "東萊呂先生書院"의 옛터,
지금의 萊州市 實驗小學校의 동쪽 공터 일대이다. (집필진 답사 촬영)

사진 2-38   명말 래주부성 내에 있던 "東萊呂先生書院" 옛터의 북쪽 지역, 淸代 民居가 아직 남아있다.
(집필진 답사 촬영)

사진 2-39   명말 래주부성 내에 있던 "東萊呂先生書院"의 石坊門이 있던 옛터(집필진 답사 촬영)

2. 孫給事花園

明 天啟 四年(1624) 9月14日 謝恩兼奏請使 서장관 洪翼漢은 萊州府城 東關 劉씨 姓을 가진 주인의 집에 유숙하면서 밤에 주인과 대화를 나누다가 萊州城 동쪽에는 呂東來書院이 있고 서쪽에는 "빼어나게 아름다운" 孫給事花園이 있다는 말을 들었다. 그래서 다음날인 16日 정사 李德泂, 부사 吳翽, 서장관 洪翼漢 일행은 府城 東關에서 출발하여 東門인 澄淸門으로 들어가 우선 東萊呂先生書院을 찾아 배알한 후, 孫給事花園도 들러 유람했다.

> 1) (9月)16日 …… 아침에 출발하여 東萊書院을 찾았다. …… 그래서 花園에 들렀는데 층층이 높이 솟은 누각은 마치 皇居를 방불케 했고 연못과 누대는 구불구불 이어져 있었으며 玉石으로 계단과 벽을 만들어 참으로 경관이 빼어나 이루 말로 형용할 수 없었을 정도였다. 그 중에 "淸漣洞"이란 동굴과 가산 위에 조성된 세 개의 봉우리가 특히 절경을 이루고 있었다. 가산의 약간 서쪽에 높은 누각이 있고 그 앞으로 연못을 파서 오색의 비단잉어를 키우고 있는데, 흑, 백, 황, 적색의 잉어 무리가 물속을 상하로 여유롭게 헤엄치고 있었다. 연못의 가운데는 돌을 쌓아 인공섬을 조성하고 그 위에 無梁閣을 세웠으며 누각에는 국화 화분 50여 개가 놓여 있었다. (九月)十六日, ……早朝, 尋東萊書院, ……因過花園。重樓疊閣擬于皇居, 台沼曲曲, 砌皆玉石, 奇觀異景, 不可勝狀。其中淸漣一洞, 石假三峯尤絶奇。小西有高樓, 樓前鑿池, 養五色魚, 黑, 白, 黃, 赤之隊洋洋上下。池中壘石爲島, 立無梁閣。樓上有菊花五十餘盆。(李德泂《朝天錄一云航海錄》)

> 2) (9月)16日 맑음. 아침에 성으로 들어가 東萊書院에 들렀다. …… 그래서 孫給事花園에 들렀는데 정자와 누각, 연못이 서로 구불구불 이어져 참으로 볼만했다. 온갖 꽃들이 청신한 향기를 사방에서 풍기고 무성한 정원수와 빽빽이 들어선 대나무 숲은 주위에 시원한 그림자를 만들어 주

었으며, 연못은 玉石을 벽돌로 삼아 가지런히 쌓아 조성하였고, 겨울에 기거하는 온돌방과 여름에 시원하게 생활할 수 있는 처소는 모두가 붉은 색과 청록색으로 화려하게 꾸며 놓아 눈이 현란했다. 화원에는 "淸漣洞"이라는 동굴과 세 개의 봉우리를 가진 석가산이 조성되어 있었는데 화원의 풍경 가운데 가장 절경을 이루었다. 조금 서쪽에 별도로 높은 누각을 세웠는데 아득히 높아서 용마루는 까마득히 하늘을 날아 창공에 가 닿을 것 같았다. 누각 앞으로 면적이 100여 苗는 될 법한 너른 연못을 팠는데 연못 가운데는 돌을 쌓아 인공섬을 조성했다. 연못 속에는 다섯 색깔의 비단잉어들이 유유자적 헤엄치고 있었고 누각 위에는 국화 화분 50여 개가 놓여 있었다. 秀才 3, 4명이 예를 갖추어 인사를 하면서 정성스레 접대해 주었다. 누각을 짓는 공사가 아직 끝나지 않아 인부 수백 명이 연장을 부리는 소리가 온 거리를 울렸다. 화원의 모든 것들이 너무나 경이로워 눈을 휘둥그레지게 하여 이루 다 묘사할 수 없다. 그 화려함과 사치함을 논하건대, 한 나라의 국력을 모두 다 소모해도 쉽게 이루어 낼 수 없을 것 같았다. (九月)十六日, 晴。早朝穿城, 入東萊書院, ……因過孫給事花園, 則亭榭台沼, 曲曲可賞；千芳萬卉, 芬馥左右；茂林修竹, 掩映前後；池塘階砌, 玉石甃密；燠室涼堂, 朱翠眩爛。其中淸漣一洞, 石假三峯尤爲環奇。小西別起高樓, 飛甍縹緲, 勢逼雲霄。樓前鑿池方可百余苗, 池心蟲石爲島, 立無梁閣。池中種五色魚洋洋同隊, 而樓上卓菊花五十余盆, 秀才三四人禮遇頗款。樓工時未斷手, 役徒數百人, 呼呀斧巨, 雷動一巷, 凡物駭矚, 不可具狀。而槪論其奢麗, 則雖窮一國之力未易辦也。(洪翼漢《花浦朝天航海錄》)

　　1)과 2)는 손급사화원에 대해 정사 李德泂과 서장관 洪翼漢이 각각 기록한 것이다. 조선사신들은 숙소인 동관을 출발하여 래주부성을 동에서 서로 관통하여 府城 西門인 定海門으로 나왔고 얼마 지나지 않아 손급사화원이 驛道 곁에 있었으므로 잠시 들러 유람했다. 1)과 2)의 기록을 함께 살펴보면 당시 孫給事花園의 대체적인 모습을 재구해볼 수 있다. 화원의 정문으로 들어서면 구불구불 이어진 길이 꽃나무 그늘로 어두운 화원 경내로 이어진다. 화원 경내의 오솔길을 따라 아름다운 경치가 펼쳐지는데, 화

려한 꽃들은 여기저기 피어 청신한 향기를 뿜고 무성한 정원수와 빽빽하게 숲을 이룬 대나무는 시원한 그늘을 드리우며 화려하게 채색된 아름다운 정자와 누각은 눈을 어지럽히는 가운데 마침내 화원에 가장 아름다운 석산이 조성된 곳에 이른다. 석산 위로는 3개의 봉우리가 절경을 이루고 부근에 "淸漣洞(청련동)"이란 동굴도 하나 만들어져 있다. 석산의 서쪽으로는 높은 누각이 하늘을 희롱하듯이 우뚝 솟아 있고 그 앞으로 엄청난 면적의 연못이 있는데 洪翼漢은 이 연못의 면적이 100 여 묘에 이를 정도라고 했다. 연못은 玉石을 쌓아 조성했다고 했는데, 여기서 옥석이란 옥처럼 하얀 漢白玉이라는 벽돌을 가리킨다. 漢白玉은 백색을 띠고 조직이 치밀하고도 매끈하며 경도 또한 높아서 옛부터 귀중한 건축물에 사용되어 온 건축재료이다. 또한 연못 가운데는 돌을 쌓아 인공섬을 만들고 그 위에 無梁閣를 세웠으며 연못 속에는 오색의 비단잉어들이 무리를 이루어 유유자적 헤엄치고 있다.

그림 2- 40
(淸) 袁江이 그린《瞻園圖》中〈沉香亭圖〉(天津藝術博物館藏本) "瞻園"은 南京에 있으며 開國 元勳 中山王 徐達의 府邸이며 明末 대표적 園林 건축이다. 래주부성에 도착한 조선사신들 중 많은 이가 래주부성 서문 밖에 있던 "孫給事花園(園林)" 혹은 래주부성 내에 있던 "孫給事林園(府邸)"을 유람했다. 조선사신들은 손급사화원의 웅장함과 화려함을 자세히 기술하고 있는데 실제로 이 그림은 조선사신들이 남긴 묘사와 거의 일치한다. 홍익한은 그 화려함과 사치함을 논하건대, 한 나라의 국력을 모두 다 소모해도 쉽게 이루어 낼 수 없을 것이라며 놀라워했다.

　　이러한 엄청난 규모의 화원을 바라보면서, 이덕형은 마치 그 규모가 皇居에 비견될 만하다 느꼈고 홍익한은 한 국가의 財富를 다 쏟아부어도 이런 화원을 건축하고 경영하기 어려울 것이라 감탄한다. 실제로 조선사신이 묘사한 손급사화원의 규모는 조선시대 香遠亭이나 慶會樓, 鹿山이 조성되어 있던 경복궁의 정원보다 그 규모가 더 컸다.[156] 이들과 같은 해, 즉 天啓 四年(1624)에 萊州府城을 지났던 冬至兼聖節使 金德承도 《天槎大觀》에서 孫給事의 "저택 동쪽에는 달을 감상하는 누각을 세우고 연못가에는 전각을 만들어 두었는데 그 웅장하고도 화려함이 사람의 눈을 현혹했다"[157]라고 기록했다. 이처럼 손급사화원을 둘러본 조선사신들은 그 규모와 화려함에 입을 다물지 못했고 일개 지방관원이 어떻게 이렇게 거대한 규모의 화원을 경영할 수 있는지 크게 의아스러웠다.

156　경복궁 향원지의 면적은 4,605평방미터 (문화컨텐츠닷컴 [문화원형백과 궁중문양], 한국컨텐츠진흥원,https://terms.naver.com/entry.nhn?docId=1760156&cid=49298&categoryId=49298) 인데, 홍익한은 손급사화원에 있던 연못의 면적이 100묘라고 하였다. 중국에서 1묘는 漢武帝 이후로 240步를 1묘로 삼아 청나라 말기까지 크게 변동이 없었는데 전통 시기 1묘는 지금 단위로 통상 약 250평방미터 정도로 추산한다(현재 중국의 1묘는 666평방미터임). 그러므로 100묘는 25,000평방미터로 경복궁 향원지의 5배에 이르는 규모다(조선도 세종 이후로 한무제의 제도를 좇아 세종 주척을 제정했으므로 1묘의 면적은 명대의 제도와 거의 같음). 조선사신 홍익한의 묘사에 과장이 좀 있었다 하더라도 조정대신이었던 조선사신의 경우 경복궁 정원의 규모를 익히 알고 있었을 것이므로 손급사화원의 규모가 경복궁의 정원보다 훨씬 크다고 느꼈음은 분명한 것 같다.

157　"家之東亦剏明樓, 池閣….侈壯極巧令人眩目"

사진 2-41   일제 강점기의 경복궁 경회루(韩国国立中央博物馆藏, 藏品编号 : 건판 17671)
손급사화원의 엄청난 규모와 화려함을 접한 조선사신들은 경복궁의 정원을 대비적으로 떠올려 보았던 듯하며,
일개의 지방관원이 한 국가의 왕의 것에 비견될 만한 큰 정원을 경영할 수 있었던 배경에 대해 크게 호기심을 가졌다.

사진 2-42   일제 강점기의 경복궁 香遠亭과 香遠池 (韓國國立中央博物館藏, 수장번호 : 건판37604)
조선사신 홍익한의 기록에 따르면 손급사화원에 조성된 연못은 사진 속에 보이는 항원지보다
5배 이상 넓은 규모로 조성되어 있었다.

1) 나는 속으로 자괴감이 들어 스스로 "끝이 없는 것이 사치이고 다할 수
없는 것이 화려함이라 했으니 천자조차 그러한데 하물며 일개 필부를
말해서 무엇하랴? 옛날 李德裕는 당나라의 현명한 재상이었으나 平
泉莊으로 말미암아 子孫에게 화를 끼쳤으니 사람들이 지금까지 그 일
로 이덕유를 조롱하는데, 일개 給事에 불과한 관리가 어찌 감히 이처럼
사치스러울 수 있는가?"라고 혼자말을 되뇌었다. 계속 여정에 올랐는
데 우연히 길에서 홀로 청정하게 절의를 지키며 은거하여 사는 선비를
만나게 되었다. 그와 대화를 나누다가 손급사 가문이 대를 이어온 부자
인지를 물었는데, 선비가 비웃으며 말하기를 "孫善繼는 일찍이 給事中
벼슬을 하다가 先皇朝에서 武人에게 백금 5만 량을 수뢰하여 부자가
된 것입니다. 그래서 벼슬에서 폐출되어 영락한 처지로 지낸 지가 벌써
30년이나 됩니다. 금년에 이미 80세로 이젠 늙어서 할 수 있는 일도 없
습니다. 그런데도 얼마전에는 尙寶寺丞(상보시승)의 벼슬을 제수받고자
북경으로 가고자 했지요."라고 했다. 선비는 성이 朱氏이고, 이름은 延
光이다. 오호라! 옛사람이 말하기를 군주가 자신의 권세를 믿고 사치
하면 나라를 잃고 필부가 교만하여 사치하면 그 몸을 잃는다[158]고 했으
니 이는 아마도 손급사를 이름이라! 손선계처럼 오래전 조정에서 폐
출된 인물이 아직도 관직 후보 명부에 이름을 올려 그 명부를 더럽히고
있으니 명조의 세태가 이전 같지 않음을 알겠다. 余私自怪之心, 語於口
曰："不可窮者, 奢也；不可極者, 麗也。天子尙然, 而況於匹夫乎？昔
李德裕, 唐之良相, 平泉一莊竟賈子孫禍, 人到於今笑之。給事何官, 乃
敢如是？"行到一處遇士人, 孤介人也。語及之, 且問其世業貧富, 士人
笑曰："孫公善繼曾爲給事中, 先皇朝受武人金[159]五萬兩, 因得爲富家翁, 坐
是沈屈於今三十年, 年垂八十, 老無能爲。而曩始除尙寶寺丞, 將往京
里"云。士人姓朱氏, 延光其名。嗚呼！古人云：人君怙侈, 自喪其國,

---

158 《周易》〈繫辭 上〉에 유사한 표현이 보인다. 공자께서 말씀하시기를 "화액이 그래서 생기는 것이니 곧,
부주의한 말이 말단이 되는 것이다. 그러므로 군주가 잘 단속하지 못하면 신하를 잃고, 신하가 잘 단
속하지 못하면 그 몸을 잃고, 사소한 일이라도 제대로 단속하지 못하면 화액을 야기한다. 그러므로 군
자는 삼가 스스로를 잘 지켜 함부로 직분을 벗어나지 않는다. (子曰 亂之所生也, 則言語以爲階。君不密則
失臣, 臣不密則失身, 機事不密則害成。是以君子愼密而不出也。)

159 貨幣 計量의 單位로 明代에 白銀 一兩을 一金이라 하였다.

匹夫驕奢, 自喪其身。殆善繼之謂歟！善繼以淸朝坐廢之人, 敢玷錄用
之籍, 亦可以觀世變矣。(洪翼漢《花浦朝天航海錄》)

2) 급사중 손선계가 5만 금의 뇌물을 수뢰하여 조정에서 폐출되고 영락
하자 사람들이 모두 더럽게 여겨 침을 뱉었다. 금곡원을 세웠다는 옛날
최고의 거부 석숭의 부가 손급사와 비교하여 어떨지 모를 지경이다. 명
나라 관리의 녹봉이 비록 많다고는 하나 부자 중의 부자가 되는 일은
탐욕을 부리지 않고서는 불가능한 것이니 하물며 조선의 관리는 말해
무엇하겠는가! 蓋孫給事善繼曾受略五萬金, 坐是沉屈, 而人皆唾鄙。
未知金谷[160]之富, 比此何如。大國官吏祿俸雖優, 而能致甲第巨富者,
不貪則不能焉, 況我小國官吏乎。(李德泂《朝天錄(一云航海錄)》)

윗글은 서장관 洪翼漢과 정사 李德泂이 孫給事花園의 유람을 마치고 난 후 쓴 소감
이다. 1)에서 홍익한은 손급사화원이 화려함을 넘어 지나치게 사치스럽다고 여겨 中唐
시기 저명한 재상이었던 李德裕(787-850)의 고사를 들어 손급사를 비판했다.《舊唐書》
의 기록[161]에 따르면 李德裕는 洛陽 伊闕의 남쪽에 平泉別墅(평천별서)를 지었는데 맑
은 물이 흐르고 푸른 대나무가 숲을 이루었으며 꽃나무와 괴석들이 그윽한 아름다움
을 자아냈다. 그러나 재상이 된 이후로 30년 동안 한 번도 가보지 못했을 뿐만 아니라
당쟁으로 인해 潮州司馬와 崖州司戶(애주사호)로 좌천된 이후 결국 죽을 때까지 다시
는 平泉別墅를 다시 보지 못했다 한다. 이 平泉別墅가 곧, 平泉莊이며, 홍익한은 唐朝
의 명재상인 李德裕조차 자신이 경영하던 호화로운 莊園을 그의 소원대로 노년을 여
유롭게 보내며 천수를 누리는 곳으로 활용하지 못했고, 이후 子孫들까지 이 호화로운

---

160   금곡은 西晉의 石崇(249-300)이 지은 金谷園을 말한다. 석숭의 부유함은 상상을 초월하는 것이어서
당시 황제뿐만 아니라 황제의 친척으로 당대 최고 부자였던 王愷(왕개)의 부조차 훨씬 넘어섰기에 오
랫동안 부자의 대명사로 널리 회자되었다. 석숭은 金谷園에서 날마다 酒宴을 열고 시를 짓고 놀았는
데 시를 제때 짓지 못하면 벌주 세 말을 마시게 했기에 "金谷酒數"라는 전고가 생겼고, 이후 이 전고
는 '술자리 벌주'를 가리키는 말이 되었다. 석숭은 당대 최고 미녀인 애첩 綠珠(녹주)를 두고 벌어진
권력다툼에 패해 결국 목이 베여 비참하게 죽게 된다.

161   《舊唐書》卷174《列傳第一百二十四·李德裕》, 淸 乾隆 武英殿刻本.

별서로 인해 화액을 입었으며, 지금까지 이로 인해 세인들의 비판을 받고 있음을 들어, 급사중이란 말단 관직을 지낸 지방 鄕紳인 孫善繼가 이러한 호화스러운 화원을 경영하는 것이 가당치 않음을 통렬히 비판한 것이다.

또한 홍익한은 지방의 말단 관리가 이처럼 호화스러운 화원을 어떻게 경영할 수 있는지 크게 의아스러웠는데, 화원 유람을 마치고 오른 사행 길에서 우연히 그곳에 은거하여 사는 선비인 朱延光을 만나 인사를 나누는 김에 손급사 집안이 원래 先祖 때부터 부유한 가문인지 등을 물어보았다. 그런데 선비의 설명에 따르면, 화원의 주인인 孫善繼는 오래 전에 給事中 벼슬을 했었으며 萬曆 연간에 武將에게서 5만 금의 뇌물을 받아 하루 아침에 벼락부자가 된 것이지 집안에서 물려받은 재산으로 부자가 된 것이 아니라고 했다. 또 뇌물 수뢰로 조정에서 폐출된 이후로는 관직에 나가지 못하고 고향에 눌러 앉은 지 30년이 되어 지금은 아무 능력도 없는 80세 노인이지만, 노욕에 젖어 물러날 줄 모르고 얼마전에도 京師로 가서 尙寶寺丞의 관직을 맡고자 했었다고 전해주었다. 선비 주연광을 통해 이처럼 손급사는 뇌물로 치부한 부패한 관리일 뿐만 아니라 물러나야 할 때 물러날 줄도 모르는 저열한 인품의 소유자임을 알게 되었다.

그런데 재미있는 사실은 조선사신이 기록한 손급사에 대한 내용은 중국 方志의 기록과는 완전히 상반된다는 것이다.

> 孫善繼는 字가 卻浮(각부)이고 進士가 되어 蘄水縣(기수현)知縣으로 부임했을 때 고을에 심한 흉년이 들었는데 손선계는 온갖 방법을 강구하여 백성들을 구휼하여 그로 인해 살아난 자가 헤아릴 수 없었다. 다음해 풍년이 들자 성벽을 보수하고 學宮, 관아, 문루를 새로이 건축했으므로 蘄水縣 백성은 그가 조정 대신의 반열에 들어야 할 그릇이라 칭송했다. 兵科給事中으로 발탁되어서는 文辭를 맡은 詞臣들이 한가한 곳을 찾아 유유자적하는 것을 탐탁치 않게 여겨 실제 공무를 한 날만 계산하여 대우하고 인사고과에 나쁜 평가를 받은 자는 정해진 인원수만큼 반드시 퇴출시켰다. …… 工科 급사중이 되어서는 매년 허투루 낭비되는 비용 수만 관[162]을 절

---

162   1緡(민)은 1貫을 뜻하며 1관은 동전 1000文이다.

약했으나 이러한 조치로 인해 당시 탐관들과 마찰이 잦아 사직상소를 올리고는 벼슬을 버리고 귀향하고 말았다. 吏部에서 諸臣을 규찰하면서 마침내 顧天峻 등과 함께 官籍을 삭탈하였고 그 대신 司正의 벼슬에 넣어주려 했다. 그러나 끝내 조정에 나아가지 않고 귀향하여 정원과 정자를 세우고 別墅를 지어 풍류를 즐기면서 지냈는데 그가 지은 詩文은 화려하면서도 내용이 충실하였다. 孫善繼, 字卻浮。由進士出知蘄水時, 値奇荒, 善繼設法以賑, 所活無算。次年大熟, 修城垣, 葺學宮, 公廨, 譙樓, 蘄人至今稱之入名宦。擢兵科給事中, 疾諸詞臣優遊閑處, 計日待遷, 請定額數黜陟之法。……遷工科, 歲省浮費數萬緡。以與時齟齬掛冠竟歸, 吏部糾擅去諸臣, 遂與顧天峻等同削籍, 起補行入司正, 不赴, 歸而構園亭, 辟別墅, 極絲竹之娛, 所著詩文亦華贍。(乾隆《掖縣志》)[163]

孫善繼는 字가 卻孚이고 ……萬曆 十七年 겨울에 知縣으로 임명되었는데 고을에 막 부임하자마자 큰 기근이 들었으므로 그 고을 향신 楊永貫과 함께 곡식 6000 石을 기부하여 사대문에서 죽을 끓여 고을의 굶주린 백성들을 먹였다. ……문루에 올라 많은 사람들에게 호소하여 金1400兩을 기부받아 湖南米를 매입하여 백성들에게 배급하여 살아갈 수 있게 하였으니 기수현에 부임한 지 7년만에 고을의 어려움을 모두 해결했다. 孫善繼, 字卻孚, ……萬曆十七年冬知縣事, 下車即値歲荒, 與庠生楊永貫計出積穀六千石, 四門煮粥以食城中饑者, ……乃登門拜請黎爲捐金千四百兩, 買湖南米, 發賑民賴存活, 任蘄七載以艱去。(乾隆《蘄水縣誌》)[164]

중국 지방지의 기록에 따르면, 孫善繼는 明 萬曆 十七年(1589)에 進士에 급제하여 蘄水縣(기수현, 지금의 湖北 黃岡 浠水縣희수현)의 知縣에 부임했다. 그후 萬曆 二十四年(1596) 兵科給事中으로 승진하여 중앙 조정에 들기까지 7년 동안 기수현 백성들의 민생고를 해결하는 등 기수현이 겪고 있던 모든 문제점을 해결하여 백성들의 칭송을 받았다. 이어 중앙 조정에 들어가서도 "정액수 출척법(定額數黜陟法-인사평정이 나쁜 관리

---

163   乾隆《掖縣志》卷4《政治》, 乾隆 二十三年 刻本。
164   乾隆《蘄水縣誌》卷6《職官志》, 淸 乾隆 五十九年刻本, p.26-a。

를 매년 일정수만큼 퇴출시키는 제도)"을 시행하여 관리들의 업무기강을 바로잡고 허투루 낭비되는 세비 수만 금을 절약하는 등 청렴하고도 유능한 관리로 활약했다. 그러나 이러한 활약으로 인해 도리어 조정의 탐욕스러운 무리들과 잦은 마찰이 일어났고 조정의 이러한 혼탁한 풍조에 염증을 느껴 사직 상소를 올리고는 귀향했으나 조정에서는 허락하지 않았다. 결국 조정에서 그의 상소를 받아들여 관적을 삭탈하면서도 대신 다른 벼슬을 내려 계속 조정에 머물게 하려고 했다. 그러나 그는 끝끝내 아무런 미련없이 고향으로 귀향하여 손급사화원을 조성하고는 음악과 시문을 벗하고 살았다고 한다. 여기서 掛冠(괘관)이란 벼슬을 하는 자가 탐욕스러운 무리와 어울리지 않고자 사직하여 고향으로 돌아감을 뜻한다. 晉의 袁宏(원굉)이 쓴《後漢紀·光武帝紀五》에 "王莽(왕망)이 섭정을 행하니 子宇가 간언하여 이를 말렸으나 왕망은 되려 자우를 죽였다는 이야기를 逢萌(방맹)이 전해 들었다. 이에 방맹이 친구들과 만나 '三綱이 끊겼으니 화가 우리에게 미칠 것이다.'라고 말하고는 衣冠을 풀어 東都 城門에 걸어두고 家屬을 이끌고 遼東으로 이주했다."[165]라는 구절이 보인다. 이처럼 중국 지방지의 기록에 따르면, 손선계는 청렴결백하고 백성을 지극히 사랑하는 유능한 관리이자 자신의 바른 뜻를 지키기 위해서 조정의 벼슬을 초개처럼 버리는 절개있고 맑은 선비로 묘사되고 있어 조선사신의 기록과는 완전히 반대로 평가되고 있다. 과연 둘 중 어느 것이 손급사의 진면목일까?

이어서 손급사에 관련된 다른 중국 문헌들을 좀더 살펴보고 이 문제를 다시 살펴보기로 하자. 乾隆《萊州府志》에는 孫善繼가 직접 쓴〈오생이 동굴에 그린 소나무 그림을 가송하다(吳生窟室畫松歌오생굴실화송가)〉[166]라는 시가 전해진다. 吳生은 곧, 吳義之로서 蘇州사람이고 丹青에 능했으며 號는 金碧道人이다. 일찍이 掖縣 손선계의 집에서 賓客으로 머물면서 西石園(손급사화원) 동굴 안에 소나무를 그렸으며 손선계가 이를 題材로 하여〈오생이 동굴에 그린 소나무 그림을 가송하다〉라는 시를 지었다.[167] 乾

165　"(逢萌)聞王莽居攝, 子宇諫, 莽殺之。萌會友人曰:'三綱絕矣, 禍將及人。'即解衣冠, 掛東都城門, 將家屬客于遼東。"

166　(乾隆)《萊州府志》卷15《藝文下》, 清 乾隆 五年刻本.

167　畢拱辰,《蟬雪曬言》

隆《掖縣志》에는 "窟室 안에 歙縣(흡현, 안휘성 남쪽 소주 일대) 사람인 吳義之가 소나무를 그렸는데, 黃門[168]과 漁陽山人의 畵松歌가 전한다"[169]라는 구절이 보인다. 漁陽山人은 王士禛(1634-1711)의 號로서, 왕사진은 字가 子真이고 阮亭이라는 號로도 불렸다. 山東 新城 출신으로 淸初의 저명한 文人이다. 그의《漁陽年譜》와《漁陽山人集》의 기록[170]에 따르면, 淸 順治 十三年(1656) 四月에 王士禛이 掖縣에 사는 맏형을 만나러 왔다가 그 해 五月 亞祿山 林氏 園林을 유람했는데 임씨 원림이 바로 원래 孫黃門의 家園이었다. 원림 동굴 앞에 있던 "돌 탁자 위에 黃門이 쓴 畵松歌가 새겨져 있었으며 지극히 웅혼하고 빼어났기에 창화시를 지었다"[171]라고 했다. 이 창화시가 바로 왕사진이 직접 지은 〈손급사의 화송가에 창화한 시(和窟室畵松歌)〉이다. 이처럼 청대의 저명한 시인인 왕사진이 손급사가 남긴 시를 극찬하고 이에 화답시를 남겼다는 사실을 보면, 손급사가 시문에 능했고 그의 시와 문장이 화려하면서도 내용이 충실했다는 중국 지방지의 평가는 사실인 것 같다.

또한 다른 지방지 기록[172]에 따르면 손선계는 萊州府 城西門 안에 있던 趙關祠 앞에 수 척 높이의 철솥(鐵鼎)을 조성했고, 萊州城 西關大道 곁에 수십 묘의 黃門義田[173]을 만들었고, 萬曆 三十七年(1609) 벼슬을 하지 않고 있던 손선계에게 조정에서 "淸朝諫議坊"이란 旌門을 하사했다. 여기서 淸朝란 맑은 朝廷, 곧 명나라 조정을 뜻한다. 이처럼 현재까지 전해지는 손급사와 관련된 수많은 중국 문헌에서는 그 어디에도 조선사신들처럼 부정적인 사실이나 평가가 조금도 보이지 않는다.

필자들이 보기에 여기에는 두 가지 가능성이 존재할 수 있을 것 같다. 하나는 조선사신들이 손급사화원의 엄청난 규모와 화려함을 가능하게 한 재력의 내력을 추적하는 과정에서 당시 중국이 아니라 조선의 경제사회적인 배경에 기초해 손급사의 재산 축

---

168 黃門은 黃門侍郞의 약칭으로 給事中 벼슬을 가리킨다.

169 "…曰窟室, 歙人吳義之畵松其中, 有黃門及漁陽山人畵松歌." 乾隆《掖縣志》卷1《古跡》, 淸 乾隆二十三年刊本

170 [淸]王士禛 輯, [淸]惠棟 注補,《漁陽山人自撰年譜注補》卷上, 淸惠氏紅豆齋刻本。

171 "石幾上有黃門畵松歌, 頗極奇偉, 乃和之"

172 乾隆《掖縣志》卷1《古跡》, 淸 乾隆 二十三年刊本, p.29-a;(民國)《四續掖縣志》卷3《慈善》, 民國 二十四年 鉛印本, pp.31-b~32-a;(民國)四續掖縣志》卷5《坊表》, 民國 二十四年 鉛印本, p.38-a。

173 옛날에 마을의 가난한 백성들을 구제하기 위해 공동이 소유하고 경영한 농지.

적 과정을 추측했고, 오직 뇌물수뢰 등 부정한 수단이 아니면 손급사의 지금과 같은 부의 실현이 불가능하다는 예단을 전제로 편향적으로 일부 증언과 자료를 확대해석했을 가능성이다.

조선과 달리 중국의 명말시기는 중앙집권적 정치 질서는 많이 와해되었으나 장강 하류와 동남부 연안 지역을 중심으로 민간 경제는 오히려 크게 번성했던 시기였다. 화폐로서의 銀이 전국적으로 유통되었을 뿐만 아니라 분업에 기초한 자본주의적 생산양식이 지방 도시에도 보편화되어 상업적 판매를 위한 농산품과 수공예상품의 대량 생산이 이루어졌고 이들 상품들은 대자본을 운용하는 거대 상인들에 의해 중국 전역의 시장에 유통되었다. 게다가 중국의 상품은 당시 중국 국내뿐만 아니라 유럽, 일본 등 국제 무역이 일어나던 전세계 거의 모든 곳에서 최상의 상품으로 대우받으며 유통되었기에 전세계의 은, 곧 부의 상당 부분이 중국으로 몰려들었다. 이처럼 은이라는 자본과 경쟁력을 가진 상품(비단, 도자기, 차 등)의 전세계적인 유통은 중국의 장강 하류와 동남부 해안 지역의 도시들에서 이전에는 상상조차 못할 정도의 대자본을 가진 상업가를 양산했다. 이 시기 탄생한 대자본가이자 대상인이었던 자들 가운데 적지 않은 이들이 관리 집안 출신이거나 관직을 경험했던 지방 신사층이었으니 명말에 접어들어 중국 문인층들 대다수가 부와 학문, 문인의 명망을 대립적으로 보는 관념에서 대부분 벗어나 있었다.

그러나 이와 달리 당시 조선은 명나라와 같은 자본주의적 생산양식이나 자본(은)의 유통이 보편화되지 못한 상태였고, 더구나 조선의 문인들은 여전히 경제적인 부와 학문, 선비의 명망이 공존할 수 없는 것으로 인식하는 것이 일반적이었다. 그러므로 실제로 손급사는 상업적 성공과 문인의 명망을 동시에 성취한 향신이었으나 조선사신들이 당시 명말 중국의 경제사회사적 상황을 잘 이해하지 못하고 조선의 상황에 비추어 誤讀했을 것이라는 설명이 가능하다.

두번째 가능성은 조선사신이 남긴 손급사에 관한 기록이 그의 실체를 정확하게 폭로하는 것이고 당시 지방지에 수록된 그에 대한 기록은 광범위하게 왜곡된 것이며 생전에 왜곡된 그에 관한 기록이 그의 사후에도 대대로 유전되었을 수도 있다는 것이다. 명말 중국 관료 사회는 뇌물이 일상화되어 있었고 이러한 일상화된 뇌물 관행에 대한 비판은 명말 조선 사신의 사행록 곳곳에 여실히 묘사되어 있다. 조정에서 편찬하는 正史와 달리 지방지의 경우, 현지에 근무중인 지방관이 이전 시기부터 전해지던 지방지에 기초하여 현지에서 직접 수집한 자료, 현장 시찰을 통해 목도한 사실, 지방 향신이나 주민들의 전언이나 소문 등에 기대어 작성한 경우가 대부분이었다. 그러므로 지방관원은 해당 지역의 지방지 편찬에 가장 절대적인 영향력을 행사했다. 그런데 지역 지방지를 편찬할 때, 제도나 지리, 통계적 수치 등 객관적 자료를 채집 정리하는 것이 아니라 當代 인물을 새롭게 추가하고 평가하는 경우, 더군다나 그가 그 지역의 유력한 향신이자 엄청난 재력을 소유한 경우라고 한다면 그를 비판적으로 기록하는 것 자체가 불가능했을 것이다.

이런 전제가 가능하다면, 지방지에서 손급사에 대한 평가는 광범위하게 왜곡되고 조작된 것일 수 있으며 특히 정사에는 그에 대한 기록이 거의 없고 지방지에서만 그에 대한 상세한 기록이 남아 있으므로 지방지의 기록을 그대로 믿기가 더욱 어렵다. 실제로 앞서 살펴본 乾隆《蘄水縣誌》에 기록된 손급사의 이력에 이상한 점이 있으니, 곧, 그가 사직 상소를 올리고 조정의 재가를 받지 않고 그대로 귀향했기 때문에 결국에는 조정에서 어쩔 수 없이 그를 폐출하고 官籍에서 그 이름을 삭제했다는 사실이다. 그가 지방지의 묘사처럼 조정의 충신이라고 한다면 삭탈관직이라는 방식과는 다른 조치를 취했을 가능성이 크며 오히려 그가 실제로는 뇌물 수뢰 등 부정한 행위에 대한 처벌로 낙향했을 것이라는 추정도 충분히 가능하다. 그러나 두번째 가능성보다는 전자의 가설이 더욱 유력해 보이며 두번째 가능성이 설득력을 얻으려면 중국 지방지의 인물 평가에 대한 광범위한 재평가 및 실증적 검토가 먼저 이루어져야 할 것이다.

한편, 정사 李德泂, 서장관 洪翼漢과 동행했던 부사 吳翿은 손급사화원을 둘러보고 나서 〈액현에서 손급사화원을 유람하고 나서(掖縣游孫給事花園)〉라는 7언 율시 한 편을 남겼다.

〈액현에서 손급사화원을 유람하고 나서〉

바닷가를 끼고 난 길을 따라 신선의 족적을 찾으며 스스로 즐거웠으니

눈 앞에 보이는, 높은 누각 우뚝 솟은 손급사화원은 신선이 사는 궁전일런가!

화려한 처마 밑에는 따뜻한 햇살 받으며 앵무새 졸고 있고

연못가 난간에는 부드러운 바람 따라 물긷는 도르래 소리 청량하게 들리네.

마치 천축국 하늘 밖에 날아온 듯 삼천 길 높이 솟은 봉우리 장엄하기 이를 데 없고

(石假山은 매우 웅장하였고 그 위에 亭舍가 있었으며 사방이 탁 트였다)

淸漣洞(청련동) 동굴은 깊고 어두운데 티끌 하나 없이 청정하다네.

이곳에 노닐다가 하마터면 황홀경에 미혹되어 侍童들에게 이끌려

仙人의 白玉 주전자에 한가득 술을 따라 마실 뻔했다네.

披縣游孫給事花園

傍海尋眞足自娛, 眼中樓觀似玄都.

花簷日暖眠鸚鵡, 水檻風微響轆轤.

竺嶺飛來千仞矗(石假山甚壯, 上有亭舍, 頗敞豁), 洞天深處一塵無.

茲游恐被兒曹覺, 酒滿仙人白玉壺.

(吳翻《燕行诗》)

　　작자는 登州로부터 해안을 끼고 난 驛道를 따라 萊州까지 사행길을 지나왔는데, 거쳐온 그 길은 바로 진시황과 한무제가 신선의 족적을 찾아 지나갔던 길이라 작자에게 말할 수 없는 희열감을 느끼게 했고, 그래서 멀리 손급사화원의 높은 누각이 시야에 들어오기 시작하자 마치 신선이 거처하는 성채처럼 보였다. 玄都란 神話 속 仙人이 사는 곳이다. 화려하게 채색한 정자의 처마 밑에는 새장이 걸려 있고, 깊은 가을의 노곤한 햇살을 받으며 새장 가로대 위에 앉은 앵무새는 꾸벅꾸벅 졸고 있다. 연못 위로 걸려 있는 난간에 서니 가을바람은 살랑살랑 얼굴을 스쳐 지나가고 물긷는 도르래 소리 청량하게 귓가에 들려온다. 轆轤(녹로)란 옛날 우물 위 가로대에 물을 긷기 위해 줄을 달아 설치한 도르래 장치를 말한다. 거대한 기암괴석으로 조성된 假山 위로는 세 개의 봉우리가 우뚝 솟아 있는데, 그 아름다운 절경은 이 세상의 것이 아닌 듯, 마치 저 멀리 천

축국 하늘 밖에서 날아 들어온 것 같다. 그리고 끝을 알 수 없이 깊은 동굴도 하나 있는데 먼지 하나 없을 정도로 정청하고 그윽한 기운이 가득하다. 손급사화원의 이러한 황홀경에 빠져 작자는 하마터면 사신의 직분을 잊어버리고 화원의 侍童들의 손에 이끌려 仙人의 白玉 술주전자에 술을 가득 따르고 거나하게 마셔 취해버릴 뻔하였다.

이 밖에 明 天啓 六年(1626) 聖節兼陳奏使 金尙憲도 孫給事花園을 유람하고 〈래주손급사화원(萊州孫給事花園)〉이라는 시를 써서 남겼다.

〈래주 손급사화원〉
(給事는 이름이 善繼이다)

수레에 돌과 꽃나무 실어 수많은 언덕과 산을 넘어와
춤추고 노래하는 화려한 누각과 정자를 세웠으니 필시 수천 수만 금을 낭비했으리!
십년 세월 도성에 머물며 조정에 입조하여 부귀영화 위해 전전긍긍했으나
귀향하여 문닫고 들어앉으니 가을바람에 낙엽만 수북이 쌓일 뿐이라네.

萊州孫給事花園
(給事, 名善繼)
輦石移花度幾岑, 舞臺歌榭費千金。
十年京洛趨朝去, 門掩秋風落葉深。
(金尙憲《朝天錄》)

손급사는 사치스러운 화원을 조성하기 위해 그토록 귀하다는 漢白玉을 수레에 실어 먼 길을 옮겨오고, 깊은 산 중에 자라는 기이한 꽃과 화초, 꽃나무, 푸른 대나무도 수집하여 실어왔으며, 아름다운 기녀 춤추고 노래하는 화려한 누각과 정자, 넓디 넓은 연못과 웅장한 가산을 갖춘 화원을 조성했다. 이에 대해 작가는 아마 이루 헤아릴 수 없는 금전을 여기에 소비했으리라 탄식한다. 여기서 輦石(연석)이란 수레에 돌을 싣는다는 뜻이고, 岑(잠)이란 산이 작지만 높다는 뜻이다. 손급사는 이러한 부귀영화를 누리기 위해 임금이 있는 도성의 조정에 나아가 일생을 전전긍긍 노력했지만 낙향하여 문

닫고 들어앉으니 여름의 화려한 시절 지나 아무런 결실없이 가을 찬바람에 하염없이 떨어져 수북이 쌓이는 낙엽 같은 신세를 면하지 못한다. 京洛(경락)은 京雒(경락)이라고도 쓰며 역대로 東周, 東漢이 모두 洛陽에 수도를 정했으므로 洛陽의 별명으로 이런 이름이 쓰였다가 이후 一國의 수도를 뜻하는 보통명사로 쓰이게 되었다. 趨朝(추조)란 조정에 나아가 일을 한다는 뜻이다. 작가는 손급사의 말년을 떨어져 쌓이는 낙엽에 비유하여 부귀영화를 추구하는 삶이 덧없음을 풍자하고 있다.

그런데 明 崇禎 元年(1628) 冬至聖節兼辨誣使 서장관인 申悅道의 손급사화원에 대한 아래의 기록을 보면, 위의 다른 사신들과는 달리 손급사화원이 래주부성의 서문 밖이 아니라 서문 안에 있다고 적고 있다. 그렇다면 손급사화원이 두 곳에 조성되었던 것일까? 우선 신열도의 기록을 살펴보고 이에 대한 논의를 이어가도록 하자.

> (10月)9日 맑음. 아침에 萊州 (동관에서)에서 출발하여 래주성의 東門으로 들어가서 呂東萊書院에 들러 배알했다.……西門 안에는 孫給事善繼林園이 있었는데 긴 회랑을 따라 수백 보를 걸어서 몇 개의 문을 통과하니 別院, 書堂, 바둑을 두는 누각, 기화이초, 목조각, 석가산 등이 이루 말할 수 없이 화려하고 사치스럽게 조성되어 있어 모두다 기록할 수 없다. (十月)初九日, 晴。早發萊州。由城東門入, 曆謁呂東萊書院, ……西門內有孫給事善繼林園, 循長廊數百步而入重門, 別院, 書堂, 碁閣, 名花異草, 木假, 石假之類窮極奢麗, 不可勝記。(申悅道《朝天時聞見事件啓》)

10月 8日 申悅道 일행은 掖縣 朱橋鋪에서 萊州城 東關에 도착했고 다음 날인 10月 9日에 동관을 출발하여 萊州府城의 東門인 澄淸門을 통해 성안으로 들어가 呂東萊書院을 배알하고 "孫給事善繼林園"을 유람한 후에 西門인 武定門을 나와 계속 여정에 올랐다. 그런데 신열도가 묘사한 "손급사임원"은 앞서 다른 사신들이 언급한 "손급사화원"에 대한 묘사와 차이가 있다. 특히, 앞서 다른 사신들은 화원의 가장 중요한 곳으로 석가산의 세 봉우리와 "청련동"을 들었으나 신열도의 기록에는 이에 대한 언급이 없으며 다른 사신들은 묘사한 적이 없는 겹겹이 설치된 문, 회랑, 별원 등을 언급했다.

결국 申悅道가 유람한 "손급사임원"은 래주성 내에 있던 孫善繼가 살던 대저택이며, 다른 조선사신들이 유람한 "손급사화원"은 래주성 서문 밖에 손선계의 저택보다 더 큰 규모로 조성되어 있던 개인 園林으로 보인다.

그리고 왕사진이 손급사의 〈吳生窟室畫松歌(오생굴실화송가)〉에 화창한 〈和窟室畫松歌(화굴실화송가)〉의 첫 구절[174]을 보면 "손급사화원"은 掖縣 亞祿山을 등지고, 큰 물 (여기서는 掖水)을 마주 대하고 있다고 했다. 亞祿山은 萊州城에서 서남쪽으로 5리 떨어진 곳에 있으며 지금의 萊州市 永安街道 陽關村 西側에 있는 福祿山이다.

사진 2-43   지금의 萊州市 永安街道 陽關村의 村碑,
이곳에 명말 조선사신들이 들러서 유람한 손급사화원이 있었다.

---

174   "黃門園中有窟室, 背枕亞祿(山名)臨滄溟"

尚寶寺卿 孫善繼는 일찍이 文科에 급제했는데 府城 밖에 花園을 두었으니 朱樓, 彩閣, 風台(바람을 쐬는 누대), 月榭(월사-달을 감상하는 정자) 등 화려한 건축물들이 奇花異草 사이에 이어져 있어 거의 천여 칸에 이르렀다. 누각 앞으로는 연못을 파서 물을 채우고 주위를 흰 벽돌을 쌓아 마감하고 연못 네 모퉁이에는 꿈틀거리는 龍 모양 석상을 만들어 세웠으며 연못의 남쪽에는 怪石을 모아 가산을 조성했는데 셀 수 없는 봉우리가 높다랗게 솟아있고 그 위에는 작은 정자를 세웠다. 연못의 북쪽에는 石室을 만들어 두었는데 垂虹門(수홍문-아치형 문)을 통해서 들어갈 수 있다. 손선계가 일찍이 銀 10만냥으로 이를 경영했다 한다. 성 안에도 花園이 있는데 여기와 비슷하다고 하나 사람이 거처하는 저택으로 규모는 이곳만 못하다. 府城外有尚寶寺卿孫善繼者, 文科也. 置花園, 朱樓, 彩閣, 風台, 月榭相望於奇花異草之間者, 殆將千餘間, 而樓前剩(盛)水開堂(塘), 築以粉石, 造以游龍鎮在塘之四隅. 塘南聚怪石爲山, 千峯屹立, 立小亭於其上. 塘北置石室, 由垂虹門而入. 臣聞善繼曾以銀十萬兩經營云. 城內又有花園, 與之甲乙, 而所居之家不與(於)此焉. (鄭斗源《朝天記地圖》)

윗글은 明 崇禎 三年(1630) 陳慰奏請兼進賀使 鄭斗源이 북경으로 가면서 손급사화원에 대해 기록한 것이다. 정두원의 이 기록을 통해 우리는 신열도가 래주성 내에서 유람한 "손급사임원"은 다른 사신들이 유람한 래주성 밖의 원림인 "손급사화원"과는 다른 손급사의 개인 저택임을 확증할 수 있으며 둘 다 지극히 화려하고 사치스럽기는 매한가지이나 규모면에서는 분명히 성 밖에 있던 "손급사화원"이 더욱 컸다는 사실을 알 수 있다. 그리고 정두원은 다른 사신보다 몇 년 후에 사행을 와서 완공된 "손급사화원"을 직접 목도했기 때문에 몇 년 전 건축이 진행되고 있던 화원을 묘사한 다른 사신의 기록보다 그 묘사가 더욱 자세하고 화원의 규모와 화려함 또한 이전 사신들이 언급한 바를 넘어서고 있다.

정두원의 기록에 따르면, 붉게 칠한 누각, 오색으로 채색한 전각, 바람을 쐬기 위한 누대, 달을 감상하기 위한 정자 등 화원 내 건축된 건물이 천여 칸에 이르렀고 거대하게 조성된 연못은 전체를 흰 벽돌을 쌓아 마감하였으며 연못의 네 모퉁이에는 꿈틀거

리는 용 조각상을 세웠다. 연못의 남쪽에 최종적으로 조성이 끝난 석가산은 봉우리가
천여 개에 이를 정도로 웅대하기 이를 데 없었고, 연못 맞은편 북쪽에 조성된 석굴은
연못을 가로 질러 놓여 있는 석교를 건너 아치형 문을 통해 들어갈 수 있다. 이를 통해
우리는 석굴이 석가산의 아래나 석가산의 일부를 파서 만든 것이 아니라 연못 건너 석
가산의 맞은편에 있었음을 알 수 있다. 그리고 정두원은 주위 사람들로부터 손급사가
銀 10만 량으로 화원을 경영했다는 사실을 전해들었다고 했는데, 이는 洪翼漢이 래주
부 유생 주연광으로부터 "先皇朝에 武人에게 백은 5만 냥을 뇌물로 받았다"라는 이야
기를 떠올리게 한다.

> 黃門 손선계의 저택은 西門 안 거리의 북쪽에 있었다. 黃門은 집을 짓고
> 정원을 경영하는 데 능했으니 일찍이 工科都給事을 맡은 적이 있다. 그의
> 저택과 원림은 견고하고 튼튼하게 건축되어 오래도록 유지되었고 다양한
> 시설을 두루 갖춘 데다 장엄하고 화려했기에 그 거대하고 웅장함이 東萊
> 지역에서 제일이었다. 이후 鴻臚(홍려) 벼슬을 한 王元曦에게 팔렸다가 다
> 시 安徽 太平府 知府 벼슬을 한 林文薦에게 팔렸는데, 지금은 王城府倉이
> 며 林文薦은 다만 遺址 일부만을 점유했다. 이후 모두 翟氏에게 귀속되었
> 다. 孫黃門善繼宅在西門內路北, 黃門雅善營造, 有嘗官工科都給事, 凡所
> 佈置堅厚久遠, 備極壯麗, 侖奐之美, 甲於東萊。後售于故鴻臚王公元曦,
> 後截售林太平文薦, 今王城府倉, 林亦僅有遺址, 後統歸翟氏。(毛贄《勺亭
> 識小錄》)[175]

　윗글은 淸 乾隆 연간에 萊州府 掖縣 文人 毛贄가 쓴 글인데, "孫黃門善繼宅(급사중
손선계의 저택)"은 萊州府城 西門 안 거리 북쪽에 있다고 했으니 지금의 萊州市 文昌路
街道 雷鋒廣場 南側 일대다. 모지의 이 기록과 앞서 살펴본 왕사진의《漁陽年譜》의 기
록을 함께 고려해보면, "손급사화원(원림)"과 "손급사임원(저택)"은 淸初에 모두 林文
薦에 매각되어 "林氏別墅"로 불렸음을 알 수 있으니, 淸 乾隆 이전부터 "손급사화원

175　(淸)毛贄,《勺亭識小錄》卷1《識宅地》, 民國 二十三年 掖縣王桂堂日曝經草堂抄本(韓寓群主編,《山東文
　　獻集成(第二輯)》第25冊, 山東大學出版社2007年版, p.140. 재인용)

(원림)"과 "손급사임원(저택)"은 특별한 구분 없이 통칭되었음을 알 수 있다. 그렇기 때문에 성 밖에 있던 손급사의 원림을 본 조선사신이나 성내에 있는 저택을 본 조선사신이나 둘을 특별히 구분하지 못하고 '손급사화원', '손급사임원' 등의 명칭으로 동일한 장소인 양 기록했던 것임을 알 수 있다.

明代 지방지의 명칭으로 掖縣 朱橋鋪부터 萊州府城(掖縣縣 縣城)까지 조선사신들이 지나온 경유지를 순서대로 나열하면 다음과 같다. ① "琅琊上流" 欄門 ② 宋 辛次膺 故里 ③ 賈鄧鋪 ④ 王河 (汪河/萬歲河/萬歲橋/萬歲沙/禮河) ⑤ 平里店(蓬里鋪/蓬呂店/平利站/平里店鋪) ⑥ 蘇河(水古河) ⑦ 二十里鋪 ⑧ 呂蒙正先跡("蒙正故里" 欄門) ⑨ 淇水鋪(十里鋪) ⑩ 義塚碑 ⑪ 侯侍郎墓(侯東萊之墓) ⑫ 萊州城, 萊州府(南城 밖 店舍), (掖縣)縣城 밖의 東館馹, 萊州 東門, 萊州掖 城縣 東, 萊州 西關, 萊州府 掖縣 ⑬ 東萊書院(呂東萊書院/呂東萊廟/呂祖謙讀書堂/呂東萊讀書處) ⑭ 孫給事(城內)花園(孫黃門善繼宅)⑮ 孫給事(城外)花園(孫黃門善繼花園) 등.

문헌과 현지답사, 현지주민 인터뷰 등을 통해 고증한 바, 명대 지명에 대응되는 현재의 지명과 위치는 순서대로 다음과 같다. ① 萊州市 朱橋鎮 大琅玡村과 小琅玡村 ② 萊州市 朱橋鎮 大琅玡村과 小琅玡村 ③ 萊州市 平里店鎮 賈鄧戰家村 ④ 萊州市 王河 平里店鎮 구간 ⑤ 萊州市 平里店鎮 平里店村 ⑥ 萊州市 蘇郭河 程郭鎮 구간 ⑦ 萊州市 程郭鎮 前蘇村 ⑧ 萊州市 程郭鎮 前蘇村과 萊州市 港城路街道 淇水村 사이 ⑨ 萊州市 港城路街道 淇水村 ⑩ 萊州市 文昌路街道 明珠園東區에서 文昌廣場까지 일대 지역 ⑪ 萊州市 港城街道 東郎子埠村과 西郎子埠村 ⑫ 萊州市 市區(萊州市 文昌路街道 東關村과 南關村, 永安街道 西關村)⑬ 萊州市 文昌路街道 實驗小學 東側의 공터와 萊州市 國土局 동쪽의 주택지 ⑭ 萊州市 文昌路街道 雷鋒廣場 南側 일대 ⑮ 萊州市 永安街道 陽關村 부근 등이다. 또한 현지답사 결과 조선사신들이 기록에 남기지는 않았지만 지금의 萊州市 平裡店鎮 柳行村도 지난 것으로 추정된다.

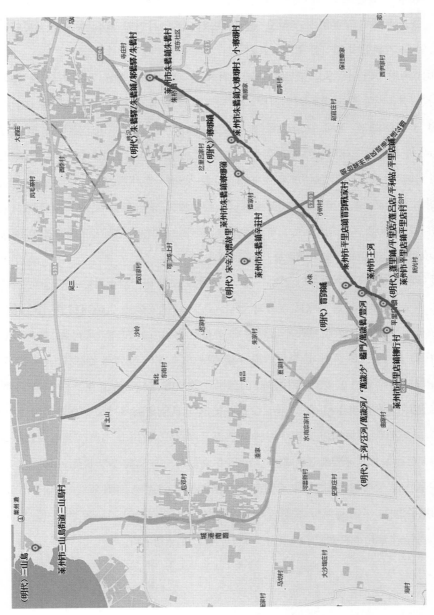

그림 2-44 掖縣 朱橋鋪에서 萊州府까지 조선사신 경유지 古今地名 對照 地圖(1)

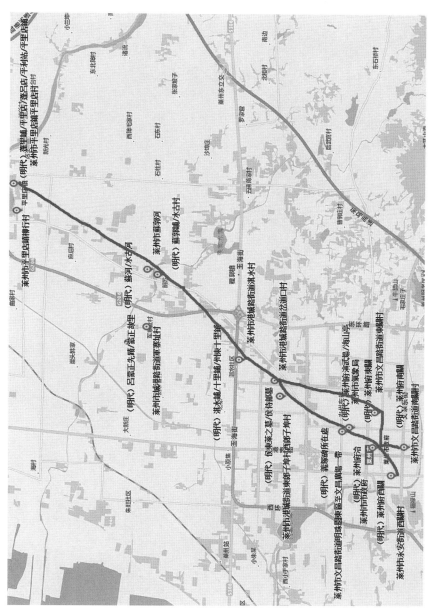

그림 2-45 按照 朱橋鋪에서 萊州(府)까지 조선사신 경유지 古今地名 對照 地圖(2)

제3장 萊州府城에서 掖縣 西界까지

북경행:(6月)28日 이날 灰埠驛에 도착했다. (萊州府城에서 출발하여)……登州의 동쪽 경계로부터 산세가 그치지 않고 계속 이어져 거대한 배가 돌진하듯이 봉우리를 이루고, 둥지를 틀어 앉듯이 산고개를 이루며 높다랗게 솟아 가파른 절벽을 이룬다. 서쪽으로 계속 가서 黃縣의 동쪽에까지 이르고 다시 남으로 방향을 틀어 掖縣의 서쪽으로 200여 리를 더 가면, 주위 산세는 유순해져서 멀리 아스라이 이어지며 주위를 감싸고 기세는 아득하면서도 웅혼하다. 마을과 역관은 30, 40여 리마다 세워져 있다. 온갖 작물이 너른 들판을 덮고 있는데, 비록 벼는 보이지 않으나 기장과 조, 찰수수는 알알이 영글어 수확을 앞두고 있고 완두콩과 면화는 일망무제로 온 밭을 가득 채우고 있으니 이곳의 토지가 참으로 비옥하기 때문일 것이다. (六月)二十八日, 到灰埠驛。(自萊州府城發行)……自登州之東境, 山勢騰逕, 撐突爲峰, 盤踞爲嶺, 削立爲岩嶅, 西至於黃縣之東, 又南至於夜(掖)縣之西二百餘里, 綿亙回擁, 氣勢雄遠。村落鋪店, 相望於三, 四十里之間。禾穀被野, 雖欠秔稻, 而黍, 粟, 穄穄發穭向熟, 荏菽, 木綿處處盈疇, 一望無際, 蓋其土田沃饒而然也。(李民宬《癸亥朝天錄》)

위의 인용문은 明 天啟 三年(1623) 奏聞(請封)兼辯誣使 서장관 李民宬이 북경으로 가는 길에 기록한 것인데 登州府 蓬萊縣과 萊州府 平度州 灰埠驛 사이의 구간에 대해 전반적으로 기술하고 있다. "登州之東境"이란 登州府 蓬萊縣을 가리킨다. 이민성은 蓬萊縣을 가로지르는 사행로를 따라 가파른 산들이 병풍처럼 펼쳐져 있음을 목도했다. 이러한 사실은 民國《(第四次重修)蓬萊縣誌》에 "봉래현 경내는 산이 많은 지세라 옛날 여기를 지나는 관도는 대부분 길이 험하여 다니기 어려웠다"[1]라는 내용과 일치한다. "黃縣之東"은 登州府 黃縣城의 동쪽지역을 가리키고 "掖縣之西"는 萊州府 掖縣 西界를 가리킨다. 蓬萊縣으로부터 黃縣으로 가는 사행로는 지도상으로는 동북-서남 방향으로 나 있지만 길이 넓고 평탄하여 실제 걸어보면 서쪽으로 길이 쭉 뻗은 것 같이 느껴지므로 李民宬은 "서쪽으로 가니 황현의 동쪽에 이르렀다(西至於黃縣之東)"라고 기록했다. 登州府 招遠縣 新城鋪부터는 사행로의 방향에 변화가 있으니 수평에 가까운 동북-서남 방향의 사행로가 거의 수직에 가까운 남-북 방향으로 바뀌는 것이다. 그래서 李民宬은 이를 "다시 남쪽으로 가서 액현에 이르렀다(又南至於夜(掖)縣)"라고 기록했다. 곧, 黃縣城의 동쪽지역에서 남으로 방향을 틀어 掖縣의 西界에 이르렀는데, 지세가 평탄해져서 비록 사행로 주위로 여전히 산들이 보였지만 멀리 아스라이 이어지며 주위를 감싸고 기세는 아득하면서도 웅혼하였다(綿互回擁, 氣勢雄遠)." 이 구간 사행로는 거의 200여 리에 이르는데 매 30이나 40리 마다 촌락이나 역관이 있었다. 길을 따라 접한 토지는 비옥하여 비록 벼는 보이지 않았지만 기장과 조 등의 작물들이 알알이 영글어 막 수확을 앞두고 있었으며 콩과 면화밭도 일망무제로 펼쳐져 있다. 騰沓 (등답)이란 차례차례로 그치지 않고 계속 오는 모양을 가리킨다. 撐突(탱돌)이란 배를 몰아 돌진하는 것이고 盤踞(반거)란 둥지를 틀고 들어 앉은 것이다. 岩은 높이 솟은 산 절벽을, 嶅(오)는 산이 높은 모양을 가리킨다. 禾穀이란 벼과 곡식을 통칭하는 것이고 穄(수)는 秫(출)과 같은 글자로 찰수수를, 荏菽(임숙)은 완두콩을 가리킨다. 萊州府 掖 縣부터 지세가 평탄해지므로 조선사신들이 하루 사이 지나는 사행거리는 점점 더 길어지고 있다.

---

1   蓬境多山, 舊有官道, 大都崎嶇難行. (民國《(第四次重修)蓬萊縣誌》卷2《政治志·道路》, 臺灣靑年進修出版社 1961年版, p.135.)

사진 3-1   지금의 煙臺市 蓬萊區 南關路 남쪽 끝단 北側의 西山 遠景(집필진 답사 촬영)

萊州府城에서 掖縣 西界까지 사행록에 기록된 바에 근거하여 조선 사신들이 거쳐 간 곳을 차례로 나열하면 澤沽處(澤民塋 택민영), 贍學田(섬학전 贍士田 혹은 學士田), 朗村鋪, 雲橋鋪, 沽村河, 高村, 三十里館, 沙河(河沙店), 掖縣 西交界, 平度 東界, 平度州 北界, 童恢伏虎處 등이다.

제1절 澤沽處(澤民塋), 贍學田(贍士田, 學士田), 朗村鋪

북경행:(7月)7日, 아침에(萊州城에서)출발했다. 교외 밖 너른 벌판 수목들 사이로 봉분을 한 무덤들이 즐비했는데 곳곳에 澤沽處 혹은 澤民塋이라 쓴 표지석이 세워져 있었다. 20 리를 가니 贍學田 혹은 贍士田이라 쓴 제 석이 보였다. (七月)初七日, 早發(萊州城)。平郊之外, 林樹間多塚墓, 立石 處亦多有之, 曰：澤沽處, 有澤民塋。二十里題石曰：贍學田, 又曰：贍 士田。(安璥《駕海朝天錄》)

윗 글은 明 天啓 元年(1620) 謝恩冬至兼聖節使 서장관 安璥이 북경으로 가는 길에 기록한 것이다. 7月7日 安璥 일행은 萊州府城에서 發行하여 萊州府 교외 너른 벌판을 지나고 있었는데 수많은 총묘가 나무들 사이에 있는 것이 보였고 사행로의 양측으로 "澤沽處"라 쓰여진 표지석이 세워져 있어서 이곳이 澤民塋(택민영)임을 알 수 있었다.

제2장 제5절에서 이미 설명했듯이 澤民塋이란 옛날에 묘지를 쓸 땅이 없던 빈궁한 백성들을 안장하던 묘지이다.

萬曆《萊州府志》의 기록[2]에 따르면 明末 萊州府城 부근에는 3곳의 澤民塋이 있었다. 하나는 萊州府 城郭 서남쪽에, 다른 하나는 萊州府 陽關 西側에, 또 다른 하나는 萊州府 漏澤園(루택원) 북쪽에 있었다. 萊州府 城郭 西南과 萊州府 陽關 西側의 澤沽處(澤民塋)가 바로 安璥이 직접 목도하고 기록한 곳으로 보인다. 萊州府 城郭 西南은 지금 萊州市 文峰路街道 陽關橋 북쪽 일대이며, 萊州府 陽關 西側은 지금 萊州市 文峰路街道 陽關村 서쪽 일대이다. 道光《再續掖縣志》의 기록에 따르면 "陽關은 萊州府에서 서쪽으로 2리 떨어진 곳에 있으며 成化 二十二年에 知府 戴瑤建이 관원들을 접대하고 전송하기 위해 만들었다."[3] 곧, 陽關村은 1486年에 처음 세워졌으며 관원들을 영접하고 상인들에게 숙식을 제공하는 客館이 있던 곳이다. 楊日明 학예연구사의 설명에 따르면 淸初까지 陽關村에는 묘지를 전문적으로 관리하던 주민이 있었다고 한다. 관련 方志의 기록[4]에 따르면, 陽關村은 1935年 掖縣의 한 區에 속했고 1943年에는 虎崖區(호애구)에, 1948年에는 掖城區에, 1956年에는 城關鎭에, 1958년과 1982년 사이에는 南十里公社에, 1992年에는 南十里堡鄕에 속했다가 2001年 이후 지금까지 文峰路街道에 속해오고 있다.

그밖에 萊州市 民政局 地名办公室 학예연구사 戴錫金 주임의 설명에 따르면 陽關에서 북경으로 가는 관도를 따라 5리를 가면 五里侯旨村이 있었다고 한다. 掖縣縣城(萊州府城)으로부터 5리 떨어져 있으며 황제의 聖旨가 도착할 때면 縣官이 여기로 미리 나가 성지를 기다렸기 때문에 五里侯旨村이라는 명칭을 얻었다 한다. 五里侯旨村은 陽關村 西側에 위치하며 1935年 이후로 五里堠子村(오리후자촌)으로 불리다가 지금은 永安路街道 五里侯旨村으로 다시 이전 명칭으로 회복되었다.

---

2   萬曆《萊州府志》卷5《儲恤》, 明萬曆三十二年刻本, p.46-b.

3   "陽關在(萊州府)西二里. 成化二十二年, 知府戴瑤建, 爲迎送之所." 道光《再續掖縣志》卷下《拾遺》, 淸道光二十三年刊本

4   乾隆《萊州府志》卷2《鄕社》, 淸 乾隆 五年刻本 ; 民國《四續掖縣志》卷2《鄕社》, 民國 十四年 鉛印本 ; 萊州市人民政府地名辦公事 編,《山東省萊州市地名志》1996年版, p.261 ; 山東省萊州市史志編纂委員會 編,《萊州市志》1996年版, pp.43-57。

사진 3-2　지금의 萊州市 文峰路街道 陽關村 동쪽에 있는 牌樓의 正面(집필진 답사 촬영)

사진 3-3　지금의 萊州市 文峰路街道 陽關村 동쪽 牌樓의 뒷부분. 멀리 일찍이 조선사신들이 지났던 "陽關大道"를 확장한 신작대로인 萊州市 陽關路가 보인다. (집필진 답사 촬영)

安璥은 7月 7日 당일 萊州府로부터 서쪽으로 20리 되는 지점에 왔을 때 驛道 변에 "贍學田"혹은"贍士田"으로 표기된 표지석을 보았다. 贍(섬)이란 공급하다, 공양하다는 뜻이고 學은 學校, 학생의 뜻이며, 士는 儒生, 讀書人의 뜻이다. 贍學田 혹은 贍士田은 學田, 府學田, 縣學田, 供田, 小學田 등으로도 불린다.《淸史稿》의 기록[5]에 따르면 "學田이란 학교를 세우고 貧士를 돌보고 구휼하기 위해 쓰이는 농지이다." 곧, 學田은 옛날 학교를 설립하고 운영하기 위한 官田 혹은 公田으로서 해당 농지의 수입으로 先學에게 제사를 지내거나 교사들에게 월급을 지급하고 학생들을 경제적으로 돕는 등 학교를 운영하는 데 전적으로 사용되었다. 學田 제도는 南唐 時期(937- 975)에 시작되어 北宋(960-1127)때 널리 보급되었으며 南宋, 元, 明, 淸을 거쳐 民國時期(1912-1949)까지 이어져왔다. 學田은 주로 방치된 官田을 전용하거나 官紳들이 증여한 토지, 지방 관청에서 직접 출자하여 사들인 토지 등으로 충당되었다. 學田은 전문관리인이 관리하면서 땅을 소작농들에게 빌려주고 소작료를 걷었다. 明代 萊州府 掖縣 境內의 學田에 관해서는 乾隆《萊州府志》[6]에 다음과 같이 상세한 기록이 남아있다.

明 洪武 十五年(1382) 萊州府에는 三等 學田이 3頃 6畝 4分 4厘가 있었으며 소작료로 銀 12兩 9錢 7分을 걷어서 儒生들에게 제공했다. 萬曆 十九年(1591) 掖縣知縣 李日煦(이일후)가 萊州府城의 正南隅社(정남우사) 등 국가로부터 세금이 면제된 토지 2頃 74畝를 學田으로 전용하여 소작료로 매년 銀 5兩을 걷게 했다. 明 萬曆 二十一年(1593) 萊州府 知府 劉任은 銀 110兩 6分 2厘를 기증하여 3곳에 學田을 마련하도록 했으니 그 면적이 총 238畝 1分 3厘였고 가난한 儒生들의 생활비를 대는 데 사용하였다. 萬曆 三十年(1602) 知府 龍文明은 총 965畝 1分 7厘의 땅을 기증하여 小學田을 마련하여 소작료로 小學, 社學, 書院의 운영비, 儒學과 寒士들의 생활비로 충당하도록 했다. 萬曆 三十九年(1611) 知府 陳亮은 주위로부터 기증을 받아 銀 260兩을 모아 學田 5頃 35畝 7分을 마련하여 소작료로 받은 은을 府庫에 넣어두고 儒學의 운영과 鄕試, 科貢에 사용하도록 했다. 곧, 明初부터 明 萬曆 연간에 이르기까지 萊州府 掖縣 境內에

---

5   "學田專資建學及贍邮貧士."(民國)趙爾 巽,《淸史稿》卷102《食貨一》, 民國十七年, 淸史館本
6   乾隆《萊州府志》卷3《學校·學田》, 淸乾隆五年刻本

는 각종 學田이 전부 약 2000 여 苗에 이르렀다.

萬曆 二十一年(1593) 萊州知府 劉任과 萬曆 三十年(1602) 萊州知府 龍文明이 마련한 學田은 "모두 馬邑鋪에 가까웠으며 래주부성에서 20리 떨어져 있었다."[7] 萊州府城에서 남쪽으로 20 여 리 떨어져 있는 馬邑鋪[8]는 바로 萊州府 掖縣에서 남쪽 平度州로 통하는 官方 急遞鋪인 二十里鋪이다. 지금의 萊州市 柞村鎮(작촌진) 大馬驛村, 北馬驛村, 西馬驛村 일대이다. 乾隆《掖縣志》에 鳳凰山은 萊州府城 "서남쪽 20 리에 있다(西南二十里)"[9]고 했으니 지금의 萊州市 柞村鎮 馬邑村 西側에 있는 鳳凰山을 가리키며 萬曆 三十九年(1611) 萊州知府 陳亮이 마련한 "섬사전 대부분이 거기에 위치했다(贍士田多其上)."[10] 安璥은 7月 7日 당일 萊州府에서 發行하여 20리를 간 후에 "贍學田", "贍士田"이라 쓰인 표지석을 보았고 "30리를 지나니 驛館이 있었는데 문 밖으로 넓고 평평한 돌이 많았다(行三十里有館, 門外多磐石)."[11] 라고 했다.

그렇다면 안경이 래주부성을 떠나 서쪽으로 20리를 간 후 목도한 학전이 래주지부였던 유임, 용문명, 진량 등이 마련했던 학전들일까? 그러나 필자가 고증한 결과 그렇지 않음을 알 수 있었다. 萬曆《萊州府志》[12]에 따르면 明末 萊州 掖縣에서 昌邑縣, 濰縣으로 향하는 서쪽 방향 관도에는 急遞鋪가 6군데 있었으니 순서에 따라 나열하면 十里鋪, 朗村鋪, 杲村鋪(고촌포), 英村鋪, 沙河鋪, 儀棠鋪 등이다. 그러므로 安璥이 30리를 가서 거쳐간 역관은 바로 掖縣 서남쪽 30리 떨어진 곳에 있는 杲村鋪이다(상세한 고증은 후술하기로 함). 곧, 安璥 일행이 萊州府城에서 發行한 후 남쪽 방향 관도를 따라 馬邑鋪로 가지 않고, 서쪽 방향 관도를 따라 陽關, 五里侯旨村을 거쳐 掖縣 十里鋪, 朗村鋪를 지난 후 掖縣에서 서남쪽으로 30리 떨어진 杲村鋪에 도착한 것이다. 정리하면 안경 일행이 지나면서 본 "贍學田", "贍士田"표지석은 萊州府에서 서남쪽으로 20리

---

7 "皆俱近馬邑鋪, 去城二十餘里" 萬曆《萊州府志》卷3《學校》, 明萬曆三十二年刻本, p.110-a。

8 自萊州府城"南十里至南十里鋪, 十里至馬邑鋪, 十里至白沙鋪, 十里至夏邱鋪, 十五里至平度州高望山鋪。"(清)昆岡, 劉啟端 纂修,《欽定大清會典事例》卷662, 續修四庫全書版

9 乾隆《掖縣志》卷1《山川》, 清乾隆二十三年刊本, p.14-b。

10 民國《四續掖縣志》卷1《山川》, 民國二十四年鉛印本, p.20-b。

11 參見[朝鮮] 安璥:《駕海朝天錄》, 美國哈佛大學燕京圖書館藏本

12 "掖縣西路通昌邑, 濰縣, 鋪六：曰十里, 曰朗村, 曰杲村, 曰英村, 曰沙河, 曰儀棠, 以上各僉鋪司一名, 兵夫三名。"(萬曆《萊州府志》卷5《驛傳》, 明萬曆三十二年刻本, p.21-a)

떨어진 朗村鋪 부근에 있었던 셈인데 이 지역의 學田에 대해서는 중국 역대 萊州府와 掖縣 方志에서 어떠한 관련 기록도 보이지 않는다.

한편, 安璥 이외 明 天啟 三年(1623) 奏聞(請封)兼辯誣使 서장관 李民宬 역시 북경으로 가는 길에 萊州府城의 서쪽에 있던 "東萊書院 贍士田"에 대한 기록을 남기고 있다.

> 북경행:(6月)28日 丁亥일 이날 灰埠驛에 도착했다. 아침에 ……(萊州府)東
> 門으로 들어가 성을 가로질러 西門으로 나왔다……東萊書院 贍士田을
> 지났는데 역도 곁 섬사전의 경계에 표지석이 세워져 있었다. (六月)二十八
> 日, 丁亥, 到灰埠驛。朝……入自(萊州府)東門, 曆城中出西門……過東萊
> 書院贍士田, 有碑樹于道傍田界。(李民宬《癸亥朝天錄》)

6月28日 이민성 일행은 萊州府 東門(澄淸門 징청문)으로 들어가 府城을 가로질러 西門(武定門)으로 빠져나와 平度州 灰埠驛(회부역)으로 향했다. 이 구간을 지나면서 이민성은 "東萊書院 贍士田"이라 쓰인 표지석 혹은 安璥처럼 "贍學田", "贍士田"이라 쓰인 표지석을 본 듯한데, 스스로 그"贍士田"을 "東萊書院 贍士田"으로 판단했다. 이민성의 판단에 대한 신빙성 여부를 떠나 래주부에 동래서원이 있었으므로 "東萊書院 贍士田"이 실제 존재했음은 틀림없다. 앞서 살펴본 安璥의 기록이 정확하다면, 李民宬이 본 "東萊書院 贍士田"은 아마 朗村鋪 부근에 있었을 것이다. 동래서원 섬사전과 관련하여 李民宬은《東萊書院贍士田碑를 보고 쓴 시(題東萊書院贍士田碑)》와《白沙께서 내가 지은 〈題東萊書院贍士田碑〉 詩가 압운이 험하여 창화하기 어렵다고 하시므로 다시 고쳐 郢斤(영근)해주시기를 기다리는 시 (白沙以余題東萊書院贍士田碑詩, 爲韻險而難和, 遂再迭以竢郢斤)》라는 2首의 詩를 남겼다.

> 〈東萊書院 贍士田碑를 보고 쓴 시〉
> 공경스럽도다! 대저랑 벼슬을 한 여조겸이여!
> 선생은 일찍이 주자와도 교유했었네.
> 도학의 원류 후세에 생생히 전해지고 있으니

선생을 모신 동래서원에서는 지금도 때마다 제사 올려 신령을 모시네.

오래 전에 남쪽 금화 땅으로 이주하셨으나 여전히 래주 옛 고향을 그리워하시니

래주 땅에 선생의 덕을 이어 동래서원 짓고 옛 제도를 받든다네.

동래서원은 유구한 세월 동안 섬사전을 경영하여 유지되어 왔으니

성스런 황제의 文治, 그 향기로움 다함이 없다네.

〈題東萊書院贍士田碑〉

恭惟大著呂先生, 麗澤當時友考亭。

道學源流傳後世, 儒宮俎豆奉遺靈。

移家婺女瞻桑梓, 嗣德東萊仰典刑。

贍士有田經久遠, 聖朝文治本惟馨。

(李民宬《燕槎唱酬集》)

1연은 大著郎 벼슬을 역임한 여조겸이 뭇사람들의 존숭을 받을 만한 인물임을 찬양하면서 시작한다. 大著란 곧, 著作郎 혹은 著作佐郎을 가리키며 國史資料와 그 撰述을 관장하는 官員으로 三國時期부터 설치되어 明代에 이르러 폐지되었다. 麗澤이란 麗澤書院을 뜻하는데 呂祖謙이 제자들을 육성하고 친구들과 교유하던 곳으로 이 시에서는 呂祖謙을 가리킨다. 考亭이란, 남송 대유학자 朱熹의 號이자 朱熹가 일찍이 머무른 적이 있는 고장으로 지금의 福建省 建陽縣 西南 일대인데 이 시에서는 朱熹를 가리킨다. 주희는 일찍이 考亭에 倉洲精舍를 짓고 강학하고 제자를 길렀는데 여기서 배출된 학자들을 "考亭學派"라고 한다. 呂祖謙과 朱熹는 수 십 년간 교유하며 학문적 토론을 이어갔는데 둘 사이에 오고간 서신이 백여 통에 이르며 직접 상대방의 처소를 찾아 강론하고 토론한 적도 여러 번 있었다. 주희는 중요한 문장을 세상에 드러내기 전에 반드시 呂祖謙에게 학문적 의견을 물었으니 呂祖謙으로 대표되는 呂學과 朱熹로 대표되는 朱子學은 서로 경쟁하면서 동시에 서로 보완하는 관계였다 할 것이다. 개인적으로 朱熹는 아들을 呂祖謙에게 보내어 학문을 수학하도록 했으며 呂祖謙이 병으로 죽자 그의 祭文을 친히 쓰기도 했다.

이어서 2연에서 말하기를, 呂祖謙의 道德과 學問은 그의 고향인 萊州에서 잊혀지지

않고 면면히 이어져 東萊書院 안의 呂成公祠堂에는 옛날과 다름없이 각종 제기가 놓여있고 여조겸의 塑像을 모시고 지극히 공경하고 있다고 말한다. 儒宮이란 옛날 조정에서 유학을 강학하고 학생들을 배양하기 위해 설치한 학교나 기구를 말한다. 俎(조)란 도마, 적대(炙臺)를 가리키며 옛날 제사나 잔치를 할 때 희생을 올리거나 기타 음식물을 담았던 제기이다. 豆란 굽이 있고 뚜껑이 있는 나무로 만든 제기이다. 이 시에서 俎豆(조두)란 사당 안 여조겸 조상 앞에 진열된 제기들을 통칭하는 것이다.

　　3연은 여조겸 일족이 이미 오래 전에 래주를 떠나 남쪽 婺州(무주, 지금의 浙江 金華)로 이주하였으나 여전히 옛 고향인 래주를 잊지 못하고 그리워하며, 래주지방 사람들도 이미 남쪽으로 이주한 여씨 일족을 잊지 못하고 그들의 미덕과 학문을 면면히 전승해왔으니 이는 래주부에 남아있던 동래서원과 학전 덕분이라고 읊었다. 婺女(무녀)란 須女라고도 하며 별자리 二十八宿 중의 女宿(여수)를 가리키는데 여기서는 천문상의 婺女 별의 위치를 빌어 지리상의 婺州를 지칭하고 있는 것이다. 《明一統志》[13]에 婺州는 "《禹貢》에 기록된 바 揚州 지역이다"라고 했고, 《太平寰宇記》[14]에 "그 지명은 天文 婺女의 위치를 빌어 州名으로 삼았다."라는 기록이 보인다.

　　제2장 제6절에서 이미 서술했듯이 呂祖謙의 十世祖 呂夢奇는 萊州사람이었는데 龜圖와 龜祥 두 아들이 있었으며 呂祖謙은 龜祥의 一脈이다. 龜祥은 "(北)宋 太平興國二年(977)에 進士에 及第하여 殿中丞 겸 壽州(지금의 安徽省 淮南市 鳳台縣)知州로 부임하여 어진 정치를 펼쳤다. 이에 백성들이 그를 사모하여 떠나가지 못하게 하자 거기에 아예 정착했다……그 후 자손들은 모두 벼슬이 고관에 이르렀다."[15] 呂祖謙의 六世祖인 呂公著는 入朝하여 관직생활을 했기에 다시 黃河 南岸에 위치한 北宋의 都城 開封으로 이주하였다. "靖康之變"(정강지변, 1127년)이후 呂祖謙의 증조부 呂好問은 "宋高宗이 남쪽으로 遷都하는 것을 따라 婺州에 정주했고 거기서 벼슬했다."[16] 곧, 呂好問

13　"《禹貢》: 揚州之域"《明一統志》卷42《金華府》, 清文淵閣四庫全書本版
14　"取其地于天文婺女之分以為州名"《太平寰宇記》卷97《江南東道九·婺州》, 清文淵閣四庫全書補配古逸叢書景宋本
15　"(北)宋太平興國二年(977), 登進士及第, 為殿中丞知壽州(今安徽省淮南市鳳台縣), 有惠政及民, 民愛留之, 不忍舍去, 遂家。……其後子孫皆至顯官" 嘉靖《壽州志》卷7《人物紀》, 明嘉靖刻本版, p.26-a.
16　"隨(宋)高宗南渡, 宦游婺州居焉" [南宋]朱熹,《呂氏世系譜序》, 載黃文翰, 呂俊海主編,《北宋呂氏八相

이후로 여조겸 일족은 줄곧 婺州에 정착하여 살았다.

桑梓(상재)란 "뽕나무와 가래나무를 일컫는데, 옛날 五苗의 농지를 갖춘 집 담벼락 아래 심어 자손들에게 전했으니 뽕나무로는 누에를 치고 가래나무로는 각종 기구를 만든다. 뽕나무와 가래나무는 선조들이 심은 것이라 반드시 공경해야 한다."[17] 그래서 상재는 흔히 고향을 상징한다. 嗣德(사덕)이란 고상한 품덕을 잇는다는 뜻이고, 典刑이란 法規를 뜻하는데 여기서는 래주사람들이 동래서원을 건립하고 여조겸의 학설을 전승하며 학전을 경영하여 서원을 유지하고 발전시킨 제도를 가리킨다.

끝으로 4연에서 贍士田 덕택에 東萊書院이 계속 유지될 수 있었고 呂祖謙의 학통 또한 현지에서 부단히 계승될 수 있었으니 황제의 文教와 禮樂이 온나라에 널리 펼쳐짐이 마치 아름다운 향기가 사방으로 퍼짐과 같다고 칭송한다. 馨(형)이란 멀리 퍼져나가는 아름다운 향기라는 뜻으로 아주 오래 아주 멀리 유전되는 덕행과 명성을 비유한다.

> 〈白沙께서 내가 지은〈題東萊書院贍士田碑〉詩가 압운이 험하여
> 창화하기 어렵다고 하시므로 다시 고쳐 지어 郢斤(영근)해주시기를
> 기다리는 시〉
> 길가에 때 마침 좋은 비 내려 풍성한 곡식 촉촉히 적시는데
> 사행단은 발걸음을 재촉하여 역도 변 長亭과 短亭에 바삐 지나네.
> 여조겸 선생의 고향땅 래주는 성현의 유풍 이어져 바른 학문 숭상하고
> 성스런 황제의 제도 바르게 이어져 선생 영전에 제향 그치지 않네.
> 염계 주돈이, 낙양 정호 정이 형제와 도를 같이하여 오직 이학의 이치를 밝히시니
> 신불위와 한비자와는 법도가 달라 형벌을 숭상하지 않았네.
> 이곳 래주 땅에 수많은 인재가 배출됨은 다 이유가 있는 것이니
> 인재가 마치 쑥이 무성하게 자라듯 함은 황제의 문치가 향기롭게 널리 퍼졌기
> 때문이라네.

國》, 2000年版, p.165.

17 "桑, 梓, 二木名。古者五苗之宅, 樹之牆下, 以遺子孫, 桑以治蠶食, 梓以具器。用言桑梓父母所植, 亦必恭敬。" [明]季本,《詩說解頤·正釋》卷19, 清文淵閣四庫全書本。

〈白沙以余題東萊書院贍土田碑詩, 爲韻險而難和, 遂再迭以竢郢斤〉

路傍時雨潤嘉生, 閱盡長亭復短亭。

鄕國遺風崇正學, 聖朝祠典像英靈。

道同濂洛惟明理, 術異申韓不尙刑。

培養人材知有自, 菁莪方屬至治馨。

(李民宬《燕槎唱酬集》)

天啓 三年(1623)奏聞(請封)兼辯誣使로서 이민성과 동행했던 부사 尹暄(字: 次野, 號: 白沙)은 李民宬의《題東萊書院贍土田碑》시에 화답하여 창화시 시 한 편을 지었는데 "압운이 험하고 창화하기 어렵다고 했기 때문에" 李民宬은 다시 위의 시를 지어 오숙의 질정을 기다렸다. 竢(사)는 恭候의 뜻으로 공경스럽게 기다린다는 것이다. 1,2구에서는, 늦여름 음력 6월의 비는 驛道 변의 각종 농작물을 윤택하게 적시고 이제 사행 여정을 절반쯤 소화한 사행단은 바쁘게 갈 길을 재촉하고 있다. 嘉生이란 튼튼하게 잘 자란 곡식을 뜻한다.《白氏六帖事類集》에 "10리마다 장정이, 5리마다 단정이 있다(十里一長亭, 五里一短亭)"[18]라고 했다. 長亭과 短亭은 옛날 驛道 곁에 세워 손님을 영접하고 송별하는 건축물이다. 그래서 예로부터 송별의 아쉬움과 이별의 정한을 상징하는 어휘로 문학작품에 등장했다. 3,4구에서는 萊州 지방은 유학의 유풍과 敎化을 면면히 이어온 곳이라 先賢 呂東萊가 서거한 지 400 여년이 지났지만 東萊書院의 呂成公祠堂에서는 지금도 여전히 呂祖謙 塑像을 모시고 제사지내며, 현지 사람들은 대대로 그의 사당을 찾아 배알하고 聖賢의 道를 추숭하고 있다고 찬송한다. 鄕國이란 고향 땅이며, 祠典이란 祀典으로 祭祀 禮儀에 관한 제도를 말한다. 英靈이란 걸출한 인재를 가리킨다.

5,6구에서는, 呂祖謙의 학설은 程朱理學의 학설처럼 明理를 중시하는 文治의 道로서 法家처럼 가혹한 專制를 숭상하지 않았음을 말하였다. 濂洛은 濂洛關閩(염락관민)의 약칭인데 濂, 洛, 關, 閩은 각각 宋代 性理學의 주류학파를 형성한 濂溪의 周敦頤(주돈이), 洛陽 땅의 程顥(정호) 程頤(정이) 형제, 關中 땅의 張載, 閩中 땅의 朱熹를 가리킨

---

18   [唐] 白居易,《白氏六帖事類集》卷3, 民國景宋本

다. 申韓은 戰國時期 法家의 대표적인 인물인 申不害와 韓非를 가리키는데, 이들은 循名責實(순명책실-관리의 직명대로 그에 해당하는 실적을 내도록 함)과 愼賞明罰(신상명벌)을 주장했으니 《漢書·司馬遷傳》에 "賈誼(가의)와 曹錯(조착)은 신불위와 한비를 밝혔다"[19]라는 기록이 보인다. 마지막 2구는 萊州일대에서 걸출한 인물들이 배출된 원인은 바로 呂祖謙과 같은 대학자가 있어 문치가 사방으로 전해질 수 있었기 때문이라고 하였다. 有自란 그러한 원인이 있다는 뜻이다. 菁莪(청아)란 무성히 자라는 쑥인데 《毛詩序》에 "시경 〈菁菁者莪〉 편은 인재를 길러냄을 즐거워하는 것이다. 군자는 능히 인재를 배양할 수 있으니 온 천하가 이를 기뻐한다."[20]라는 해설에 보인다. 그러므로 청아란 곧 무성하게 자라는 쑥처럼 많은 인재를 배양한다는 뜻이다.

明初 呂祖謙과 朱熹가 함께 저술한 《近思錄》이 한반도에 전해지면서 呂祖謙의 학설 또한 조선 문인들의 중시를 받았다. 그러므로 李民宬이 《題東萊書院贍士田碑》와 《白沙以餘題東萊書院贍士田碑詩, 爲韻險而難和, 遂再迭以竢郢斤》등 2수의 시를 지어 동래서원 섬사전을 찬양한 것은, 明初부터 李民宬 일행이 萊州를 방문한 시기인 明末까지 呂祖謙의 학설이 조선 문인들로부터 폭넓게 수용되고 인정받아 왔음을 반증하는 것이다. 이런 사실로 미루어 볼 때, 明 天啓 三年(1623) 奏聞(請封)兼辯誣使였던 李慶全, 尹暄, 李民宬 일행이 조선으로 돌아가는 길에 다시 萊州를 지나면서 동래서원을 찾아가 참관하고 呂祖謙의 塑像에 배알한 것은, 여조겸에 대한 존중 때문에 특별히 일정을 조정하여 시간 내서 한 일인 듯하다.

다른 사신단의 洪翼漢도 "東萊書院贍士田"에 관한 기록을 남기고 있는데 홍익한이 본 贍士田은 萊州府城의 東側에 있던 것으로 安璥이나 李民宬이 기록한 萊州府 西側의 그 贍士田은 아니다.

> 북경행: (9月)15日 맑음. 禮河를 건너 平利(里)站에서 점심을 먹고 萊州 掖縣城 東關 마을에서 묵었다. 오늘은 모두 60리를 갔다.……길가에는 東

---

19   《漢書》卷62《司馬遷傳》清 乾隆 武英殿刻本
20   "菁菁者莪, 樂育材也, 君子能長育人材, 則天下喜樂之矣。"《毛詩》卷9《鹿鳴之什詁訓傳第十六》, 四部叢刊景宋本。

萊書院 贍士田이 많이 있으니 이곳 사람들이 지금까지도 (여조겸 선생을)
숭상하고 모심을 가히 알겠다. (九月)十五日, 晴。渡禮河, 中火平利(里)站, 宿
萊州掖縣城東關裡(今日共行)六十里。……沿途多有東萊書院贍士田, 州
人之至今崇奉可見矣。(洪翼漢《花浦朝天航海錄》)[원문에서 괄호 안의 내용
은 문맥의 이해를 위해 필자가 보충하여 삽입한 것임]

위의 문장은 明 天啓 四年(1624) 謝恩兼奏請使 서장관 洪翼漢이 북경으로 가면서
기록한 것인데, 당시에도 여전히 길가 도처에 "東萊書院 贍士田"이 많았음을 목도했
다. 여조겸이 서거한 후 440여 년이 지났건만 이곳 사람들은 변함없이 여조겸을 숭상
하여 贍士田을 여러 곳에 운영하면서 동래서원을 유지하고 여조겸의 정신과 학설을
전승하고 있는 것을 보고 조선사신은 감탄하였다. 安璥과 李民宬의 기록과 함께 고려
해 보면 明末 萊州府 掖縣 境內의 東萊書院 贍士田 면적이 무척 광대했음을 알 수 있
으며 이는 당시 래주부 지역에서 동래서원을 특별히 중시하고 있었음을 반증한다.

귀국행: (10月)3日 맑음, 새벽 일찍 출발하여 50리를 가서 朗村鋪에서 아
침을 먹었다. 오후에 萊州城 밖을 지났는데 들르지는 않았다. 저녁에 平
里店에 도착했다. 徐씨 성을 가진 민가에 유숙했는데, 듣자하니 이 날 100
여 里를 이동했다 한다. (十月)初三日, 晴, 早發, 行五十里, 朝飯於朗村鋪,
午過萊州城外, 不入。夕, 到平里店, 宿徐姓人家。是日行百餘里云。(安
璥《駕海朝天錄》)

윗 글은 天啓 元年(1620) 謝恩冬至兼聖節使 서장관 安璥이 북경에서 사행임무를 마
치고 조선으로 돌아가는 길에 쓴 글이다. 안경 일행은 10月 3日 萊州府 平度州 灰埠驛
에서 發行하여 50리를 간 후에 萊州府 서남쪽 20리에 있는 朗村鋪에 도착하여 아침식
사를 하였고, 萊州府城에 들르지 않고 그대로 지나쳐서 30리를 더 가서 萊州府 掖縣
平里店鋪에 도착한 것이다.

明末 朗村鋪는 지금의 萊州市 虎頭崖鎮 朗村이다. 필자가 현장답사를 가보니 아직

도 朗村에는 대규모의 농지가 경영되고 있었다. 관련 方志[21]의 朗村에 대한 기록을 종합하면, 랑촌은 虎頭崖鎭 鎭政府(한국의 읍사무소 정도에 해당) 서북쪽으로 1km 정도 떨어져 있으며 마을 취락은 정방형으로 형성되어 있다. 宋나라 때 朗千과 郎萬이란 자가 이 마을을 세웠기 때문에 그 성을 좇아 마을이름을 朗村이라 했다 한다. 明代 中後期에서 淸末까지 朗村鋪는 儲積鄕(저적향)에 속했다. 그 후 1935年에는 掖縣 二區에, 1943年에는 虎崖區에, 1948年에는 掖城區, 1956年에는 虎頭崖區, 1958年에는 神堂公社에 속했다. 1968年에는 紅衛公社에 소속되었다가 1982年에는 다시 神堂公社에 속했다. 1992年에 神堂鎭에 속했다가 2000年부터 지금까지 虎頭崖鎭에 속한다.

사진 3-4   지금의 萊州市 虎頭崖鎭 朗村 南側에 있는 村碑(집필진 답사 촬영)

21 乾隆《萊州府志》卷2《鄕社》, 淸 乾隆 五年刻本 ; 民國《四續掖縣志》卷2《鄕社》, 民國 二十四年 鉛印本 ; 萊州市人民政府地名辦公事 編,《山東省萊州市地名志》1996年版, pp.10-66, p252 ; 山東省萊州市史志編纂委員會 編,《萊州市志》1996年版, pp.43-57。

그림 3-5   지금의 萊州市 虎頭崖鎮 朗村 서쪽 끝의 대단위 농지. 朗村 마을주민의 설명에 따르면
이 길이 바로 서쪽으로 㮍村으로 통하는 옛 길이다. 문헌고증과 현지답사 결과를 종합해보면,
이 길이 명대 조선 사신들이 이용한 驛道일 가능성이 크다. 조선 사신 이민성은 이러한 풍경을 보고
"길가에 때 마침 좋은 비 내려 풍성한 곡식 촉촉히 적신다"라고 시를 지어 읊었다. (집필진 답사 촬영)

제2절   三十里鋪(三十里館, 㮍村, 高村), 沽村河

1) 북경행:(6月)10日 맑음……정오에 (萊州)南城外店에 도착했다……掖
   縣 知縣 王應豫, 分巡道 張國銳, 萊州知府 薛國觀이 곧바로 인부와 말
   을 조달해주었다.……출발하여 30리를 가니 역관이 있었는데 역관 앞
   공관에는 知縣이 사람을 시켜 차와 식사를 준비해 두었다. 가마에서 내
   려 좀 쉬다가 謝帖을 보내고 바로 출발해서는 밝은 달이 뜰 때 灰阜驛
   에 도착했는데 밤 10시경이 다 되었다. (六月)初十日, 晴。……午時, 到
   (萊州)南城外店, ……掖縣知縣名王應豫, 分巡道張國銳, 萊州知府薛國
   觀即調夫馬。……發行至三十里有店, 店頭有公廨, 知縣定人設茶水,
   飯。下轎小歇, 送謝帖, 仍發行, 乘月到灰阜驛, 夜深二更矣。(吳允謙《海
   槎朝天日錄》)

2) 북경행: (10月)9日 맑음……정오에 三十里鋪에서 쉬었는데 지나 온 길

에 본 學田들은 모두 표지석을 세워두었다. ……저녁에 灰阜驛에 도착
했다. 오늘은 70리를 왔다. (十月)初九日, 晴。……午, 憩三十里鋪, 所
過學田皆立碑爲表……夕, 抵灰阜驛。是日, 行七十里。(申悅道《朝天時
聞見事件啟》)

　1)은 明 天啓 二年(1622) 登極使 吳允謙이 북경으로 갈 때의 기록이며 2)는 明 崇禎
元年(1628) 冬至聖節兼辯誣使 서장관 신열도가 북경으로 가는 길에 남긴 기록이다. 앞
서 제2장 제6절에서 살펴보았듯이 오윤겸보다 먼저 래주를 지났던 天啟 元年(1621) 謝
恩冬至兼聖節使의 서장관 安璥 일행과 萊州 현지 관원 사이에 있었던 오해가 해소되
었기 때문에, 1년 뒤 吳允謙 일행은 萊州府城에 도착하자마자 掖縣知縣 王應豫, 分巡
道 張國銳, 萊州知府 薛國觀 등 萊州府 현지 관원들의 도움을 받을 수 있었다. 곧, 현지
중국 관원들은 吳允謙 사행단을 위해 役夫와 車馬를 지체없이 조달해주었을 뿐만 아
니라 사신이 도착하기전 역관의 공관에 차와 음식까지 미리 준비시켜 두는 등 접대에
소홀함이 없었다.
　萬曆《萊州府志》[22]에 따르면 萊州府城에서 서쪽으로 30리 떨어진 곳에 있는 掖縣 急
遞鋪는 바로 杲村鋪(고촌포)이다. 그러니까 6月 10日 吳允謙 일행은 午時에 萊州城에
도착하여 잠시 휴식을 취한 후, 래주부 관원들의 협조로 곧바로 서쪽으로 사행 여정에
올랐고, 당일 오후 서쪽으로 30리를 이동하여 萊州府 掖縣 杲村鋪에 도착한 것이다.
掖縣知縣 王應豫는 미리 사람을 시켜 三十里鋪 즉, 杲村鋪에 마실 물과 음식을 준비하
여 사신일행을 대접하도록 했다. 이에 吳允謙은 가마에서 내려 휴식을 취하고 知縣 王
應豫에게 감사를 표하는 回帖을 보냈다. 사행단은 저녁에도 계속 여정에 올라 맑은 달
이 하늘에 걸린 밤이 되어서야 萊州府 平度州 灰阜驛 즉, 灰埠驛(회부역)에 도착했다.
오윤겸의 이 기록을 통해, 우리는 天啟 元年(1621)에 사행길에 오른 安璥이 북경으로
가는 길에 萊州城에 들리지 못했던 사건이 오해에서 비롯된 것임을 재차 확인할 수 있
다. 오해가 해소되었기 때문에 掖縣 知縣 王應豫은 조선으로 돌아가는 길에 萊州城을

22　萬曆《萊州府志》卷5《驛傳》, 明萬曆三十二年刻本, p.21.

들르지 못하는 安璥 일행에게 掖縣 平里店鋪에서 각양각색의 진수성찬을 차려 대접하면서 "절실한 우의를 표시한 것"(以貢繾綣之意)이다.

2)에서 申悅道가 기록한 "三十里鋪" 란 역시 杲村鋪이다. 杲村鋪는 지금의 杲村에 있었다. 戴錫金 학예연구사의 설명에 따르면 杲村은 沙河鎮 鎮政府에서 동북으로 7.4km 떨어진 九頂菊花山의 남쪽 산기슭, 趙站국도 동쪽에 자리하고 있으며 海鄭河가 마을 남쪽에서 서북방향으로 흘러 渤海로 유입된다고 한다. 고촌은 明初 杲씨 성을 가진 사람들이 四川에서 이주해 와 마을을 세웠기 때문에 그 성을 따서 마을이름으로 삼았다. 杲村은 明代 中後期부터 淸末까지 杲村鋪로서 儲積鄉에 속했다. 1935年 掖縣 九區 杲村鄉, 1943-1956年 路旺區, 1958-1968年 徐家公社, 1982年 囯徐公社(광서공사)에 속하다가 1984年 杲村 村民委員會를 설립하여 路旺鎮에 속하게 되었고 2000年 沙河鎮으로 관할이 바뀌어 지금에 이르고 있다.

> 1) 북경행: (7月)7日 아침에 (萊州府城)에서 출발했다……30리를 가니 역관이 하나 나오는데 문밖으로 磐石들이 많이 있다. 곁으로 하천이 하나 있는데 沽村河라 한다. (七月)初七日, 早發(萊州府城), ……三十里有館, 門外多磐石, 有川曰: 沽村河。……(安璥《駕海朝天錄》)

> 2) 북경행: (6月)28日 丁亥일 灰埠驛에 도착했다.……(萊州府)東門으로 들어 가서 城中을 지나 西門으로 나왔다. ……東萊書院 贍士田을 지났다 ……정오에 高村에 도착해서 점심밥을 지어먹었다……灰埠에 도착하여 張家店에 묵었다. (六月)二十八日, 丁亥, 到灰埠驛。……入自(萊州府)東門, 曆城中, 出西門。……過東萊書院贍士田, ……午, 抵高村做中火, ……抵灰埠, 寓張家店。 (李民宬《癸亥朝天錄》)

1)은 明 天啟 元年(1620) 謝恩冬至兼聖節使 서장관 安璥이 북경으로 가는 길에, 2)는 明 天啟 三年(1623) 奏聞(請封)兼辯誣使 서장관 李民宬이 북경으로 가는 길에 기록한 것이다. 제3장 제1절에서 기술한 바와 같이 天啟 元年(1620) 7月 7日 安璥 일행은 萊州城을 출발하여 서쪽으로 20리를 갔는데 도중에 掖縣 急遞鋪 가운데 하나인 朗村鋪

를 지났고 길가에 접한 수많은 贍學田(贍士田)을 보았다. 2)의 기록에 따르면 7월 7일
安璥 일행은 朗村鋪를 지난 후에 "문 밖으로 반석이 많은" 三十里館에 도착했다. 磐石
이란 크고 두터운 평평한 바위를 말하고, 館은 賓客을 접대하고 旅客에게 食宿을 제
공하는 관사이다. 乾隆《掖縣志》[23]에 따르면 掖水[24] 즉, 掖縣에는 "八景"[25]이 있었는데
"杲村浪石(고촌랑석)"이 그 중 하나이다. 民國《四續掖縣志》掖縣 杲村鄉 杲村에 대한
설명에 "杲村 浪石이 八竟(景)가운데 하나이다"[26]라는 기록이 보인다. 그러므로 安璥
이 보았던 磐石이란 바로 掖縣에서 서쪽으로 30리 떨어진 急遞鋪인 杲村鋪의 "杲村
浪石"이다.

1)에서 安璥은 또한 杲村鋪 부근의 "沽村河"를 지났다고 기록하고 있다. 현재 杲村
부근에는 하천이 단 하나밖에 없으니 바로 杲村河이다. 嘉靖《山東通志》에 "杲村河
는 府城 서쪽 30리 諸馬社에서 발원하여 서쪽으로 바다로 유입된다."[27]라고 기록되어
있다. 필자가 杲村을 현장답사했을 때 현지 주민들은 "杲村(gǎo cūn)"을 "gāo cūn"으
로 발음한다는 사실을 알게 되었다. 그리고 萊州 方言 발음의 영향으로 래주 현지인의
"gāo"라는 음은 중국인 청자에게 "gū"처럼 들렸다. 곧, 安璥이 기록한 "沽(gū)"라는 글
자는 아마도 萊州 方言 "杲(gǎo)"의 誤記인 듯하다. 보통 사신들은 패방이 세워져 있지
않는 곳을 지날 때는 역관을 통해서 해당 지역명을 현지 주민에게 직접 묻곤 했는데 조
선 역관들이 현지 주민의 방언을 통역하고 이를 한자로 기록 기록하는 과정에서 종종
이런 오류가 발생한 듯하다. 물론 사신과 필담을 나눌 정도의 학식이 있는 자를 현지에
서 만난 경우에는 이런 오류가 거의 발생하지 않았을 것이다. 결국, 안경이 "杲村河"를
"沽村河"로 잘못 기재한 것은 당시 현지 주민은 "杲(gǎo)"를 萊州 方言으로 "杲(gāo)"
로 발음했고, 역관은 이를 "沽(gū)"로 잘못 알아듣고 통역했으며, 이를 전해들은 안경

---

23   乾隆《掖縣志》卷8, 淸乾隆二十三年刊本, pp.59-b~60-b.

24   掖縣因掖水而得名, 掖水今萊州市南陽河。

25   淸代的掖縣八景分別為寒同仙洞, 大基名泉, 海神畫壁, 聖水丹霞, 三山往潮, 燕皐觀射, 幸台古字, 杲村
      浪石。 (乾隆《掖縣志》卷8, 淸乾隆二十三年刊本, pp.59-b~60-b.)

26   "杲村浪石在八竟(景)之一"民國《四续掖縣志》卷2《乡社》, 民国二十四年铅印本, p.33-a.

27   "杲村河在府城西三十里, 自諸馬社發源, 西流入海。"嘉靖《山東通志》卷6《山川下》, 明嘉靖刻本, p.35-
      b~36-a.

은 원래 "杲村河(gǎo cūn hé)"이었던 지명을 "沽村河(gū cūn hé)"로 잘못 표기한 것으로 유추해볼 수 있다. 2)에서 李民宬이 "杲村(gǎo cūn)"을 "高村(gāo cūn)"으로 잘못 기록한 것도 이런 이유 때문일 것이다.

　　嘉慶《大淸一統志》에는 "杲村河는 掖縣 서쪽 30리에 있다"[28]는 기록이 보이며 杲村 마을주민 武夫集(男, 68)씨의 증언에 따르면, 현지 주민들은 海鄭河를 杲村河라고 부른다고 한다. 이를 통해 보건대 安璥이 기록한 "沽村河"는 바로 지금의 杲村 남쪽을 흐르는 海鄭河이다. 《萊州市地名志》와 《萊州市志》의 기록[29]에 따르면 萊州市 서남쪽을 흐르는 海鄭河는 虎頭崖鎭 朱馬王家村의 동쪽, 鳳凰山 북쪽 기슭에서 발원하여 서남쪽으로 흐르다가 서북쪽으로 물길을 바꾸어 虎頭崖鎭 邵家村(소가촌), 沙河鎭朱馬, 河趙, 河劉家, 武家, 杲村, 南河崖, 北河崖, 前高家, 海鄭村 등의 마을과 于大李家村을 지나 북쪽으로 渤海로 유입되는 강이다. 강 전체 길이는 16km, 강폭은 평균 25m이며 여름에만 물이 흐르는 계절성 하천이다.

사진 3-6　杲村 南側에 흐르는 海鄭河에 세워져 있는 하천 안내판(집필진 답사 촬영)

28　"杲村河在掖縣西三十里"嘉慶《大淸一統志》卷174《萊州府》, 四部叢刊續編景舊鈔本
29　萊州市人民政府地名辦公事 編:《山東省萊州市地名志》, 1996年版, pp.420~421, 山東省萊州市志編纂委員會 編:《萊州市志》, 齊魯書社1996年版, p.75.

사진 3-7　呆村 南側에 흐르는 海鄭河(집필진 답사 촬영)

사진 3-8　지금의 呆村 南側 海鄭河 위에 건설된 呆村橋(집필진 답사 촬영)

楊曰明 학예연구사와 㮾村 마을주민 武夫集씨의 설명에 따르면 㮾村의 남쪽, 즉, 㮾村 南北大街의 東側에 이전에는 몇 무더기의 큰 바윗돌들이 지표면 상에 노출되어 있었다고 한다. 바위의 높이는 약 40-50cm 정도였고 표면은 마치 파도가 치는 듯 울퉁불퉁하고 흑색과 백색이 섞여 있으며 선명한 무늬가 표면을 수놓고 있었다. 그래서 멀리서 그 바위 무더기를 보면 마치 큰 바람이 불어 거대한 파도가 일어나 세찬 물줄기가 하늘로 솟구치는 듯한 형상 같았는데 그 기세가 참으로 거세고 통쾌하여 실로 장관을 이루었다 한다. 그러나 아쉽게도 㮾村鋪를 지났던 조선 사신들은 "고촌랑석"을 소재로 시를 남기지 않았다. 그러나 중국 청대 문인 毛式谷이 관련된 시를 남기고 있어 조선 사신들이 직접 목도했던 "㮾村浪石"의 장관을 간접적으로나마 상상해볼 수 있다.

사진 3-9

지금의 㮾村 村碑 - 지금은 사라진 고촌랑석의 형상을 모방하여 만든 것이라 한다. 명말 당시 조선사신 안경은 沽村河 강변에 많이 흩어져 있던 이러한 고촌랑석을 직접 목도하고 "磐石"으로 기술하고 있다. (집필진 답사 촬영)

〈고촌랑석〉[30]
모식곡[31] 지음

바람 한 점 없는데 마른 땅에서 일 천 척 파도가 이는 듯

비바람 품은 潮流 세차게 하늘로 솟아나네.

거친 파도 용솟음 치니 교룡이 몸을 휘감고 싸우는 듯

울퉁불퉁 거친 바윗돌 표면은 바다 위 섬들 떠있는 것 같네.

멀리 강가 휘장 드리운 주막 곁에는 비단 돛 걸린 화려한 배 정박해있고

옹기종기 모인 강가 어촌에는 소박한 고기잡이배 여기저기 매여있네.

멀리 달빛 아래 보이는 강가 어촌 마을의 조와 수수 밭은

문득 모래톱에 무성히 자라는 갈대와 억새풀처럼 보인다네.

〈杲村浪石〉

毛式谷

無風千尺浪, 帶雨湧潮流。

噴薄蛟龍鬪, 參差島嶼浮。

酒簾孤錦帆, 村屋幾漁舟。

望里明禾黍, 居然蘆狄洲。

이 시는 毛式谷이 지은《掖水八景》가운데 하나인 〈고촌랑석(杲村浪石)〉이라는 시이다. 1연과 2연에서는 우선 작자가 보았던 杲村浪石이 펼치는 경관을 묘사하고 있다. 비록 물기 한 방울 없는 마른 땅에 바람 한 점 없건만 멀리서 바라 보면 맨 땅에서 비바람을 품은"천 척 높이의 파도(千尺浪)"가 일어나 세찬 "물줄기(潮流)"를 이루어 하늘 높이

---

30   乾隆《掖縣志》卷8《藝文·詩》, 清乾隆二十三年刊本, p.60-b.

31   毛式縠은 掖縣 사람이며 淸代 文人으로 明代 大學士 毛紀의 後裔이다. 字는 貽孫, 號는 西亭으로 太學生으로 州同 벼슬의 후보자였다. 그 성격은 무리와 어울리지 않고 홀로 고매하게 호기로웠으며 소탈하고 걸림이 없었다. 집안을 돌보지 않고 天長, 潁州 등 임지를 따라 거처를 옮겼으며 揚州, 丹陽에서 30년을 타향살이 하다가 예순이 넘어서야 掖縣으로 돌아왔다. 詩歌와 서예에 정통하였다. "毛式縠掖縣人, 淸代文人, 明代大學士毛紀後裔, 字貽孫, 號西亭, 太學生, 侯選州同。其性格孤高狂傲, 胸襟灑落, 不治家産, 隨任天長, 潁州, 客居揚州, 丹陽三十餘年, 年逾六旬重歸掖縣。 精于詩歌及書法。"(崔文琪,《明淸時期毛紀及其家族文學硏究》, 山東大學碩士論文, 2018, p.14, pp.70-71.)

솟아 오르는 듯하다. 세차게 출렁이는 파도 같은 바윗돌은 마치 "교룡들이 몸을 휘감고 싸우는 것(蛟龍鬪)" 같고 울퉁불퉁 튀어나온 바위 표면은 마치 거친 파도가 치는 바다 가운데 떠 있는 섬들 같다. 3연에서 작자의 시선은 浪石에서 杲村과 杲村河로 옮겨진다. 杲村鋪의 주막 밖에는 휘장이 걸려 있고 皐村河 강변에는 화려한 배 한 척 정박해 있는데, 옹기종기 모여 마을을 이룬 저편 강변에는 어부들 고깃배 몇 척이 매어져 있다. 錦帆(금범)이란 비단으로 만든 돛으로 화려하게 장식한 배를 가리킨다. 4연에서 말하기를, 멀리 마을을 바라보니 달빛 아래 조와 수수가 자라는 밭이 보이는데 그 모양이 마치 강 가운데 沙洲에 갈대와 억새풀이 자라는 풍경 같다고 하였다. 禾黍(화서)란 조와 수수 같은 농작물을 가리키고 蘆荻(로적)이란 갈대와 억새풀을 말한다. 이 시 이외에도 淸代에 山東 登萊 靑道(二品의 벼슬)를 역임한 沈廷芳[32]은 杲村을 지나면서 〈고촌을 지나며 반석에 앉아(過杲村坐磐石)〉[33]라는 시 한 수를 남겼다. 시에서 작자는 磐石 즉, 杲村浪石 위에 잠시 앉아 쉬고 차를 끓여 마시면서 자신이 본 주위 풍경을 읊조리며 "내 한 몸이 정말 풍경화 속에 들어와 있는 것 같다(置身真在畫圖間)"라고 감탄했다.

《識小錄》의 기록에는 "杲村 산에서 바위가 산출되는데 그 형상이 거북이 등껍질 같아서 위로 불뚝 솟아 아래로 겹겹이 층으로 덮여 있으니 높은 파도가 물결치는 형상이다. 이것이 바로 掖縣 八景 가운데 하나인 杲村浪石이다. 기록에 바위 틈 사이로 금맥이나 은맥이 있다 하는데 과연 그러한 지 알지 못한다."[34]라고 하였다. 현지 주민인 武

32　沈廷芳은 字가 椒園(초원)이고 仁和사람이다. 어렸을 때부터 남달리 영특하고 품은 뜻이 탁월했다. 乾隆 병진년에 博學宏詞科에 급제하여, 庶吉士가 되었고 編修에 제수되었다가 山東道監察御史에 임명되었다. 智化寺의 환관 王振의 조상을 철거해야 한다고 상소를 올렸고 各關의 米稅와 豆稅, 米船의 船料를 면해주기를 청했으며 東南米의 가격이 비싸 두 차례 漕運을 보류하기를 청하였다. 또한 황제의 어지를 받아 山東登萊靑道에 제수되고 河南山東按察使로 발탁되어 임관해 간 곳마다 폐해를 없애고 선정을 베풀다가 벼슬에서 물러나 죽었다. 저서로《十三經注疏》,《正字續經義考》,《鑒古錄》,《隱拙齋詩文集》등이 있다. (《欽定大淸一統志》卷219《杭州府四·人物》, 淸乾隆文淵閣四庫全書鈔本, p.6.)

33　〈고촌을 지나며 반석에 앉아(過杲村坐磐石)〉 막 초가을이 되었을 때 길을 나섰는데 또 한 달이 지났네.너른 바위 찾아 차 끓이고 잠깐 쉬며 동쪽 萊城 바라보니 아름다운 집들 늘어서 있고 서쪽으로 掖水는 마을을 휘감아 돌아가네. 성긴 나무 숲 몇몇 가지에서 낙엽 지는 소리 들리고 하늘 위 덮은 구름 먼 산에 이어져 있네. 게으른 나로서는 이처럼 아름다운 경치 제대로 써낼 수 없으나 이 내 한몸 정말 그림 속에 들어앉아 있는 것 같네.("入秋行路又經月, 選석烹茶且暫閑。東望萊城才頤舍, 西來掖水鎭迂環。幾株葉墜聞疎樹, 一桁雲深接遠山。此景懶倪難寫出, 置身真在畫圖間。"乾隆《掖縣志》卷8《藝文·詩》, 淸乾隆二十三年刊本, p.57-b.))

34　(淸)毛贄,《勺亭識小錄》卷1《識山》, 民國二十三年掖縣王桂堂日曝經草堂抄本, 韓寓群 主編,《山東文獻

夫集 老人에 따르면 1960-70년대 마을 사람들이 杲村 南側에 있던 浪石을 대부분 캐어내 주택지의 토대를 닦는 데 사용했다 한다. 그래서 지금은 옛 문헌에 기록된 浪石을 찾아볼 수 없다. 현지 주민인 武夫集 老人의 안내로 옛날 "杲村浪石"이 있던 자리를 찾아가 보았는데 지금은 주택단지로 변해서 옛모습을 전혀 확인할 길이 없었다.

　그런데 다행히도 필자는 武夫集 老人의 증언으로 지금 杲村 안에 남아 있던 옛 驛道 곁 驛店 遺跡을 찾아낼 수 있었다. 그리고 현지답사를 해보니 옛 驛道 위로 신작로를 확장해서 새로 냈기에 杲村 내 옛 驛道는 그 방향 정도만 확인할 수 있을 뿐이었다. 곧, 옛 역도는 동북-서남 방향으로 비스듬히 杲村을 통과하고 있었다. 지금까지도 일부가 남아 있는 옛 驛店 遺跡은 杲村의 서남단, 海鄭河를 마주 대하는 위치에 있었다. 杲村 浪石이 있었다고 하는 자리는 驛店 遺址의 동남쪽이라 만약 주택단지가 없다면 멀리서 전체를 조망할 수 있을 것 같았다. 杲村 내 驛店 遺跡이 과연 조선사신이 잠시 머물러 쉬던 그 장소인지 지금은 더이상 정확히 고증할 길이 없으나, 앞서 살펴본 조선사신 吳允謙과 安璥, 淸代 掖縣 文人 毛式谷의 기록에 비추어 보면, 옛 역점 유적은 명대 杲村鋪와 아주 가까운 곳임에는 틀림없다.

사진 3-10　현재의 杲村에 남아있는 驛店 유적의 側面(집필진 답사 촬영)

集成(第二輯)》第25冊, 山東大學出版社2007年版, p.123.

그림 3-11   지금 呆村에 남아있는 驛店 正門 유적. 동북-서남 방향의
옛 驛道가 이 문 앞을 지났다 한다. (집필진 답사 촬영)

그 밖에 마을주민 武夫集씨와 마을주민 馬洪生(男, 64)씨의 안내로 필자 일행은 呆村 부근에 남아 있는 옛 驛道 유적 2곳을 확인할 수 있었다. 하나는 呆村 동남쪽 약 200m 떨어진 농지 가운데 있었는데 길은 동북-서남 방향으로 나 있었고 폭은 약 3m 정도 되었다. 이 길은 오랫동안 방치된 탓인지 필자 일행이 답사했던, 지금의 蓬萊와 黃縣 境內에 남아 있던 옛 驛道의 잘 다져진 흙길과는 달리 노면 곳곳에 웅덩이가 패이고 잡초가 무성했다. 다른 하나의 驛道 유적은 지금의 萊州市 虎頭崖鎭 姚家村 南側 약250m 지점에 남아 있었는데, 呆村 마을주민 馬洪生(男, 64)씨의 증언에 따르면 자신이 어렸을 때 그 官道로 姚家溝(요가구, 지금의 萊州市 虎頭崖鎭 姚家村)에 살던 고모집에 자주 다녔다 한다. 그래서 지금도 옛 官道의 모습을 생생히 기억하고 있다고 했다. 현지 답사 당시, 현지 주민 가운데 姚家村 남쪽에 남아 있는 옛 官道를 기억하는 사람은 연로한 촌로들 말고는 거의 없었다. 관도는 姚家溝의 남쪽에서 서남 방향으로 呆村, 李村(呆村 李家村), 東英村, 杜家(東杜家村) 南側을 거쳐 沙河까지 이어진다. 馬洪生씨의 안내로 姚家村 남쪽의 옛 관도를 답사했는데, 현장에 가보니 관도는 아직까지도 1km 가량 다져진 흙길로 잘 보존되어 있었으며 폭은 3m 정도, 양측으로 강의 제방처

럼 높이 2-3m의 路堤가 축조되어 있었다.

사진 3-12   杲村 동북쪽 약 200m 지점에 있는 옛 驛道 유적. (집필진 답사 촬영)

사진 3-13   筆者 일행이 현지 주민인 武夫集 老人과 馬洪生 老人의 안내로 姚家村 南側
약 250m 지점에 남아 있는 驛道 유적을 확인하고 있는 장면(집필진 답사 촬영)

사진 3-14 姚家村 南側 驛道 유적, 이 지역 관도는 강의 제방처럼 높이 2-3m정도의 路堤가
관도길 양측에 조성되어 있었는데, 武夫集 老人과 馬洪生 老人의 증언에 따르면 이 지역 관도가
예로부터 이러한 모습으로 조성되어 있었다 한다. (집필진 답사 촬영)

제3절 沙河, 河沙店(沙河鋪), "掖縣西交界"石碑(夜縣西界),
"平度東界"欄門

　　萬曆《萊州府志》와 乾隆《掖縣志》의 기록[35]에 따르면 杲村鋪에서 서쪽으로 10리 떨어진 곳에 英村鋪와 英村河가 있었다 한다. 英村鋪는 萊州府城에서 서남쪽 50리 되는 곳에 있으며 지금의 萊州市 沙河鎮 東英村과 西英村이다. 戴錫金 학예연구사의 설명에 따르면 東英村과 西英村은 각각 珍珠河의 동서 兩岸에 위치하고 있다. 明初에 董, 邢(형), 姜, 吳의 성씨를 가진 백성들이 四川에서 이곳으로 이주해와 마을을 세웠다 한다. 일찍이 군대가 軍營을 설치한 적이 있기 때문에 마을 이름을 "營村"이라 했고 明末 동일 발음의 한자로 演變되어 "英村"이라 불렸는데 淸代에 와서 掖縣 儲積鄉에 속하게 되었다. 1935年 掖縣 九區 英村鄉에 속하여 각각 大英村, 小英村으로 불렸으며, 1943-1945年에는 路旺區에, 1945年 이후로는 英村河를 경계로 東英村과 西英村으로

35　萬曆《萊州府志》卷5《驛傳》, 明萬曆三十二年刻本, p.21-a; 萬曆《萊州府志》卷2《山川》, p.122-a; 乾隆《掖縣志》卷1《山川》淸乾隆二十三年刊本, pp.18-a~19-b.

나뉘어 珍珠鎭에 속했다. 2000年 沙河鎭으로 관할이 변경되어 지금에 이르고 있다.

英村河는 일명 鳳河[36]라고도 하는데 지금의 萊州市 珍珠河이다. 萊州市 西南部에 위치하고 있다.《萊州市地名志》[37]에 따르면 海鄭河(杲村河)와 마찬가지로 珍珠河 역시 萊州 鳳凰山에서 발원하여 서쪽으로 夏邱鎭(하구진) 寇家村, 沙河鎭 周村, 東張村, 楊柳崔家, 路旺孫家, 東英村, 西英村을 차례로 지나 沙河鎭 大李家村에서 서북으로 방향을 틀어 渤海로 유입된다. 珍珠河는 全長 20km, 河床 平均 폭은 30m이며 여름철 비가 많이 올 때만 강물이 흐르는 季節性 河流이다.

사진 3-15 萊州市 沙河鎭 東英村 東側에 서 있는 村碑(집필진 답사 촬영)

사진 3-16 東英村과 西英村을 가로 지르는 珍珠河. 淸代에는 英村河라 불렸다. (집필진 답사 촬영)

---

36 "英村河, 一名鳳河, 入海處經幸台村之西"(民國)《四續掖縣志》卷1《山川》, 民國二十四年鉛印本, p.7-a.)
37 萊州市人民政府地名辦公事 編:《山東省萊州市地名志》, 1996年版, p.421.

> 북경행:(10月)9日 맑음. 아침 일찍 萊州에서 출발했다.…… 정오에 三十
> 里鋪에서 쉬었다. …… 掖縣을 지나 沙河를 건넜다. 저녁에 灰皁驛에 도
> 착했다. 이날 70리를 이동했다. (十月)初九日, 晴。早發萊州。……午, 憇
> 三十里鋪, ……曆掖縣, 度沙河。夕, 抵灰皁驛。是日, 行七十里。(申悅道《朝
> 天時聞見事件啟》)

윗글은 明 崇禎 元年(1628) 冬至聖節兼辯誣使 서장관 申悅道가 북경으로 가는 여정
을 기록한 것이다. 申悅道는 10月 9日 萊州府城에서 發行하여 萊州府 掖縣 서쪽 三十
里鋪, 곧 杲村鋪(지금의 萊州市 沙河鎭 杲村)에서 잠시 머물러 쉰 후 계속 여정에 올라
掖縣 沙河를 건너고 저녁에 平度州 灰皁驛(灰埠驛)에 도착했다. 萬曆《萊州府志》에 따
르면[38] "白沙河는 府城 남쪽 30리에 있으며 서쪽으로 흘러 沙河에 합류하여 바다로 유
입된다."라고 했고, 乾隆《掖縣志》에 따르면[39] "沙河는 래주부성 서남쪽 50리에 있으
니 곧, 白沙河의 下流이다."라고 했다. 그러므로 申悅道 일행이 건넜던 沙河는 萊州府
城 서남쪽 50리에 있는 白沙河의 하류이다. 이른바 "액현 남쪽 하천 가운데 으뜸(掖南
諸水之冠)"[40]인 沙河는 明淸 時期에 줄곧 명칭의 변화가 없었으며 民國 시기 잠시 현지
인들이 大河[41]라는 별칭으로 부르기도 했으나 지금은 명청 시기처럼 白沙河[42] 혹은 沙
河[43]라는 명칭으로만 부르고 있다.

《萊州市志》와 《萊州市地名志》의 기록[44]에 따르면 白沙河는 沙河라고도 하며 萊州
市에서 두번째로 큰 강으로 상류 유역에서는 萊州市 夏邱鎭 白沙村을 지나기 때문에
"白沙河"라고 하며, 하류 유역에서는 萊州市 沙河鎭 沙河村을 지나기 때문에 "沙河"
라고 한다. 白沙河는 萊州市 郭家店鎭 吳家村 西側의 吳家大山 남쪽 기슭에서 발원하

---

38   "白沙河在府城南三十里, 西流經沙河入海。"萬曆《萊州府志》卷2《山川》, 明萬曆三十二年刻本, p.122-a.
39   "沙河, 城西南五十里, 即白沙河之下流也。"乾隆《掖縣志》卷1《山川》淸乾隆二十三年刊本, p.18-b.
40   民國《四續掖縣志》卷1《山川》, 民國二十四年鉛印本, p.28-a.
41   民國《四續掖縣志》卷1《山川》, 民國二十四年鉛印本, p.29-b.
42   萊州市民政局 編 : 《萊州市地名圖集》, 2012年版, p.29. "白沙河"라는 명칭은 현지답사 과정에서 확인
      한 하천 안내판의 명칭과 일치했다.
43   萊州市民政局 編 : 《萊州市地名圖集》, 2012年版, p.30.
44   萊州市人民政府地名辦公事 編 : 《山東省萊州市地名志》, 1996年版, p.421; 山東省萊州市志編纂委員
      會 編 : 《萊州市志》, 齊魯書社1996年版, p.75.

여 萊州市 柞村鎭(작양진) 東關門村, 西關門村, 臨疃河村(임탄하촌), 東朱旺村, 夏邱鎭 白沙村, 留駕村, 沙河鎭 宋家村, 沙河村 등을 차례로 지나 沙河鎭 大東家村에서 서북 쪽으로 흘러 渤海로 유입된다. 全長 45km, 평균 강폭이 300m이며 季節性 河流에 속 한다.

사진 3-17   지금의 白沙河(沙河鎭 구간)에 세워져 있는 하천 안내판(집필진 답사 촬영)

사진 3-18   沙河鎭을 지나는 지금의 白沙河. (집필진 답사 촬영)

> 귀국행: (9月)23日 맑음. 새벽에 일어나 成服을 하고 (深河店에서 출발하
> 여)50리를 간 후에 河沙店에서 말을 쉬게 하고 늦은 식사를 했다. 비와 천
> 둥이 크게 일었다. 60리를 가서 萊州城 밖을 지난 후 十里鋪에 투숙했다.
> (九月)二十三日, 晴。 曉起成服, (自深河店)行五十里, 歇馬河沙店食晩, 雨
> 雷大作, 行六十里, 過萊州城外, 宿十里鋪. (吳允謙《海槎朝天日錄》)

윗글은 登極使 吳允謙이 조선으로 돌아가는 길에 기록한 것이다. 明 天啓 二年
(1622) 吳允謙 일행은 明 熹宗 황제의 등극을 축하하는 외교 임무를 마친 후에 조선으
로 돌아갔다. 9月 23日 새벽 吳允謙은 萊州府 昌邑縣과 平度州의 경계에 있는 深河店
(新河店)에서 출발하여 掖縣 沙河店에서 잠시 머물러 쉰 후 萊州府城 밖을 지나 萊州
동쪽에 있는 十里鋪, 즉 지금의 萊州市 城港路街道(성항로가도) 淇水村(기수촌)에 투숙
했다.

그런데 吳允謙은 도대체 왜 당일날 새벽에 일어나 "成服"을 하고 길을 나선 것일까?
成服이란 옛날 喪禮에서 大殮(대렴-시신을 베로 감싸 입관함)을 한 후에 死者의 親屬들
이 입는 喪服이다.

> 귀국행: (9月)20日 맑음. 靑州府城 밖을 지나 30리를 가서 東館店에 도착
> 했다. 여기서 운좋게도 때마침 東館店으로 들어오던 聖節使 李重卿을 만
> 나 이야기를 나누었고 집에서 보낸 편지를 받아보았다.…… 그제서야 泥
> 峴(이현) 叔母의 부고를 전해듣게 되었다. (九月)二十日, 晴。 過靑州府城
> 外, 行三十里, 到東館店, 逢聖節使李重卿入驛館, 敍話, 見家書。 ……始
> 聞泥峴叔母訃。 (吳允謙《海槎朝天日錄》)

윗글 역시 吳允謙이 조선으로 돌아가는 길에 기록한 것으로 9月 20日 吳允謙은 靑
州府 동쪽 30리에 있던 東館店, 즉 大尹鋪[45]에서 우연히 明 天啓 二年(1622) 7월 조선
에 출발하여 冬至兼聖節使로 북경으로 향하고 있던 李顯英 일행을 만났다. 李顯英[46]

---

45   咸豐《靑州府志》卷27《驛傳》, 淸咸豐九年刻本, p.14-b.
46   李顯英(1573-1642)은 字가 重卿이고 號가 蒼谷이며 諡號는 忠貞이고 祖籍은 韓山(지금의 韓國 忠淸南道

은 字가 重卿(중경)이고 號는 蒼谷(창곡)이므로 吳允謙이 그를 李重卿이라 기록했다. 靑州 益都縣에 있던 大尹鋪에서 吳允謙은 李顯英이 朝鮮에서부터 친히 가져온 家書를 통해 泥峴(이현-진고개)[47]에 사는 叔母의 부고 소식을 알게 되었다. 《禮記》에 이르기를 "만약 상례에 직접 참여할 수 없다면 成服한 후 나중에 상례를 행한다. …… 三日 동안 밤낮으로 곡한 후 成服하고 조문객을 맞이하고 배웅하는 일은 처음과 같이 한다. 郭注에 '三日이란 3일 밤낮으로 哭한 후 다음날이다.'"[48]라고 했으니 숙모의 부고에 직접 참여할 수 없었던 吳允謙은 관례에 따라 부고 소식을 들은 네번째 날에 성복을 하고 戴孝를 행한 것이다.

> 1) 귀국행: (3月)17日 沙河店에 도착했다. 새벽에 王老店(昌邑縣에 속함)에서 출발하여 昌邑縣을 지나……灰埠馹에 도착했다……저녁에 沙河店에 묵었다. 이날 110리를 이동했다. (三月)十七日, 到沙河店。曉發王老店(屬昌邑縣), 過昌邑縣, ……至灰埠馹……夕, 宿於沙河店, 行一百一十里。(李民宬《癸亥朝天錄》)

> 2) 귀국행: (3月)11日 맑음, 아침에 안개가 꼈다. (新河店에서 출발하여)沙河店에 도착하여 張居士의 집에서 점심을 해 먹은 후 萊州 西關에 도착했다. (三月)十一日, 晴。朝霧, (自新河店發行)至沙河店 張居士家中火, 到萊州西關, ……。(洪翼漢《花浦朝天航海錄》)

1)과 2)는 각각 明 天啟 三年(1623) 奏聞兼辯誣使 서장관 李民宬과, 明 天啟 四年(1624) 謝恩兼奏請使 서장관 洪翼漢이 중국으로 出使한 그 다음해, 즉 1624, 1625년에

舒川郡 韓山)이다. 1595年 文科에 及第하고 丙子胡亂(1637)때 吏曹判書를 역임했다. 丙子胡亂 때 京畿道 일대에서 義兵을 조직하여 淸나라 軍隊에 맞섰으므로 병자호란 후 李顯英은 金尙憲과 함께 瀋陽으로 잡혀가 拘禁되었다. 나중에 구금이 풀려 釋放되어 조선으로 돌아오던 중 平壤에서 서거했다.

47 泥峴은 "진고개"를 한자로 의역해서 표기한 것이다. 진고개는 남산 자락이 지금의 서울 중구 충무로2가 부근까지 뻗어 내려와 형성된 고개이며 일명 남산골이라고도 불렀다.

48 "若未得行, 則成服而後行。……三日成服, 拜賓, 送賓皆如初。郭注 : '三日, 三哭之明日也。'"《禮記》卷18《奔喪第三十四》, 四部叢刊景宋本, p.1.

조선으로 돌아가는 여정을 기록한 것이다. 1)의 기록과 같이 李民宬 일행은 3月17日 萊州 昌邑縣 동쪽에 있던 王老店(王耬店왕누점을 通假字로 기록한 것임, 자세한 고증은 후술함)에서 출발하여 昌邑縣城, 平度州 灰埠驛을 거쳐 밤에 掖縣 沙河店에 도착하여 투숙했다. 2)의 기록에 따르면 洪翼漢 일행은 3月 11日 新河店에서 출발하여 낮에 沙河店 張居士家에 도착하여 점심밥을 해먹고 오후에 萊州城에 도착했다.

한편, 조선사신 金地粹는 沙河를 건널 때 〈사하포(沙河鋪)〉라는 시를 한 편 써서 남겼다. 明 天啟 六年(1626) 聖節兼陳奏使 정사 金尙憲과 서장관 金地粹는 登州에 상륙한 후 차례로 北京으로의 육로 사행길에 올랐다. 金地粹의 〈주교촌(朱橋村)〉이란 시에 "중양절 다가오니 서리발 새벽 하늘에서 흩날리지만, 온갖 수목이 가득한 이름난 동산에는 아직 가을 기운이 다하지 않았네."[49] 라는 표현이 보이는데, 萊州府 掖縣 朱橋鋪에서 掖縣 沙河鋪까지는 보통 이틀의 여정이므로 〈사하포〉라는 시는 重陽節 전후로 쓰여 졌을 것이다.

〈사하포〉
너른 들판 누렇게 물들기 시작하고 낙엽은 붉게 물드는데
도도히 흐르는 사하는 사하포의 골목과 거리를 감싸돌아 남으로 멀리 흘러가네.
밤 깊어 사하 강물 위로 첫서리 내리니
강변에 빽빽히 들어선 여염집과 누대는 강물과 더불어 차가운 가을 풍경을 이루네.

沙河鋪
野色輕黃木葉丹, 水聲南去繞長干。
夜來河上新霜落, 萬戶樓臺風景寒。
(金地粹《朝天錄》)

앞의 두 구에서 말하기를, 너른 들판은 막 누렇게 물들기 시작하고 나뭇잎도 붉어지는데, 도도하게 흘러 가는 沙河는 沙河鋪의 거리와 골목들을 감돌아 남으로 흘러간다.

---

49 "重陽已迫霜飛曉, 萬樹名園未盡秋。"

여기서 長干(장간)이란 옛날 남경의 마을과 골목을 가리키는데 번화한 沙河鋪 안의 거리와 골목을 가리킨다.《文選·左思〈吳都賦〉》에 "長干의 거리 길게 이어져 있고 건물의 용마루 하늘을 향해 날아가 듯 얼기설기 뻗어있네."라는 표현이 보이고 劉逵(류규)는 여기에 다음과 같이 注를 달았다. "江東(남경 일대)에서는 구릉지대에 사람이 살지 않는 곳을 '干'이라고 불렀다. 建鄴(지금의 남경)의 남쪽에 산이 있는데 사람이 살지 않는 구릉을 평지로 만들어 백성들이 살도록 했으므로 이곳도 '干'이라고 불렀다. 大長干도 있고 小長干도 있는데 모두 이런 것들이다."[50] 이어서 뒤의 두 구에서 말하기를, 밤이 되자 沙河 물결 위로 첫서리가 내리니 沙河 양안에 빽빽하게 들어선 수많은 여염집들과 누대는 풍경화처럼 차가운 가을 기운 속에 잠겨있다. 이 시는 金地粹가 첫서리 내리는 가을 풍경을 빌어 나그네의 고독감과 고향을 그리는 마음을 잘 표현하고 있다. 또한 간접적으로 이 시를 통해 당시 明末 沙河鋪가 인구가 꽤나 많고 상업적 교역이 활발했던 곳임을 짐작해 볼 수 있다.

사진3-19　한겨울 白沙河(沙河鎭 구간)풍경, 사하는 계절성 하천으로 여름과 가을에는 많은 물이 흐르다가 겨울에는 루川으로 변한다. 조선사신 이민성은 늦가을 중양절에 이곳을 지나면서 〈사하포〉라는 시를 지어 나그네의 고독과 고향에 대한 향수를 표현했다. (집필진 답사 촬영)

50　《文選·左思〈吳都賦〉》"長干延屬, 飛甍舛互。" 劉逵注 : "江東謂山岡閑為'干'。建鄴之南有山, 其閑平地, 吏民居之, 故號為'干'。中有大長干, 小長干, 皆相屬。"《文選》卷5, 胡刻本, p.12-b。

吳允謙, 李民宬, 洪翼漢이 기록한 河沙店과 金地粹가 기록한 沙河鋪는 모두 明代 掖縣의 急遞鋪인 沙河鋪를 가리킨다. 萬曆《萊州府志》[51]에 따르면 沙河鋪는 掖縣 急遞鋪 가운데 하나로 萊州府城 서남쪽 50리 떨어진 곳에 있었다. 淸 乾隆 연간의《勺亭識小錄(작정식소록)》에 "沙河鎭은 (萊州府)城 西南 50리에 있으며 옛날 當利縣 땅으로 마을의 정문(閭) 이외 3면이 강에 임해 있었으므로 사하진으로 불렀다."[52]라는 기록이 보인다. 閭(염)은 원래 마을 거리의 大門인데 후에 사람들이 모여 사는 거주지를 일컫게 되었다. 河는 곧, 沙河이다. 漢 高帝 四年(서기전 203) 漢 高祖 劉邦이 지금의 연태시와 위해시 일대에 東萊郡를 설치했는데 當利縣은 東萊郡 管轄이었다. 晉代에 當利는 侯國이 되어 靑州 東萊郡에 속했고 北魏 때는 長廣郡에 속했다가 그 후 當利縣은 폐지되었다. 武法 四年(621)에 當利縣으로 다시 회복되었고 幹元 元年(758)에 當利縣은 掖縣에 병합되었다.

戴錫金 학예연구사의 설명에 따르면, 지금의 沙河鎭은 萊州市 시청에서 21km 떨어진 G206煙汕國道(연산도로) 곁 (白)沙河의 南岸일대로 읍내는 길다란 직사각형 모양으로 형성되어 있으며 마을을 관통하는 주도로는 동서로 나 있다고 한다. 明初에 李, 張, 曲씨 성을 가진 사람들이 각각 四川에서 掖縣城으로 이주해 와서 마을을 세웠는데 沙河가 마을의 북쪽을 흘러가기 때문에 그 명칭을 沙河村이라 했다. 淸代에는 西杜家村[53]으로 불렸고 儲積鄕 沙河社에 속했다. 1935年에 다시 沙河로 불렸고 掖縣 九, 十區에 배속되었고, 1943-1948年에는 幸台區에 속했다. 1956年에는 마을을 지나는 다섯 줄기의 큰 길을 따라 경계를 나누어 沙河 第一 高級社, 沙河 第二 高級社, 沙河 第三 高級社, 沙河 第四 高級社, 沙河 第五 高級社 등 5개의 公社로 나누어져 각각 沙河鎭와 珍珠區에 배속되었다. 1962年 5개의 沙河 高級社는 각각 長勝生産大隊, 平生産大隊,

---

51   萬曆《萊州府志》卷5《驛傳》, 明萬曆三十二年刻本, p.21-a, 萬曆《萊州府志》卷5《市集》, 明 萬曆 三十二年刻本, p.25-a.

52   "沙河鎭, (萊州府)城西南五十里, 古當利縣地, 閭以外三面臨河, 故名。"(淸)毛贄:《勺亭識小錄》卷1《識村鎭》, 民國二十三年掖縣王桂堂日曝經草堂抄本, 韓寓群 主編:《山東文獻集成(第二輯)》第25冊, 山東大學出版社2007年版, p.125.

53   "掖城西五十里驛曰:沙河, 附驛村曰:西杜家, 民戶殷盛, 商貨闐咽。"民國《四續掖縣志》卷6《藝文》, 民國二十四年(1935)鉛印本版, p.6-a.

民主生産大隊, 交通生産大隊, 勝利生産大隊등으로 이름이 바뀐 후 1982年까지 沙河
公社에 속했다. 1984年 5개의 沙河 生産大隊는 각각 長勝, 和平, 交通, 民主, 勝建 등 5
개의 마을로 바뀌어 지금까지 萊州市 沙河鎭에 속해오고 있다.

사진 3-20   지금의 萊州市 沙河鎭 人民政府(한국의 읍사무소에 해당함, 집필진 답사 촬영)

1) 북경행: (7月)7日 아침에 (萊州城)을 출발했다. …… 50리를 가서 강을
   건너니 큰 마을이 있었고 표지석에 "掖縣西交界"라 써 있었으며 좀 더
   가니 "平度東界"라고 쓰인 패방이 또 서 있었다. (七月)初七日, 早發(萊
   州城)。……五十里有涉河大村莊, 立石曰 : "掖縣西交界", 又立門曰 :
   "平度東界"。(安璥《駕海朝天錄》)

2) 북경행: (6月)28日 灰埠驛에 도착했다. (萊州府城에서 출발해서) …… 낮
   에 高村에 도착하여 점심을 지어먹고 夜縣西界를 지나 沙河를 건너 平
   度州北界를 지나 灰埠에 도착했으니 …… 이 날은 70리를 이동했다.
   (六月)二十八日, 到灰埠驛。(自萊州府城發行)……午, 抵高村做中火, 過
   夜縣西界, 渡沙河, 過平度州北界, 抵灰埠, ……是日, 行七十里。(李民
   成《癸亥朝天錄》)

　　1)과 2)는 각각 明 天啓 元年(1621) 登極使 서장관 安璥, 明 天啓 三年(1623) 奏聞兼辯
誣使 서장관 李民宬이 북경으로 가는 여정을 기록한 것이다. 앞서 설명했듯이 沙河鋪
는 萊州府城 서남 50리에 위치하므로 1)에서 安璥의 "50리를 가서 강을 건너 큰 마을
을 지났다"라는 기록에서 가리키는 마을은 바로 沙河鋪, 즉 지금의 萊州市 沙河鎭에
있는 5개 촌락 일대이다. 1)에서 기록한 "掖縣西交界"와 2)에서 기록한 "夜縣西界(夜는
掖의 通假字)"는 동일한 곳으로 掖縣의 가장 西側 邊界인 "掖縣西界"이다. 곧, 안경과
이민성은 둘 다 "掖縣西界"라고 쓰인 石碑를 본 것이다. 그런데 石碑의 위치에 대해 1)
과 2)의 기록이 일치하지 않는다. 1)의 기록에 따르면 "掖縣西界" 石碑는 응당 沙河(지
금의 白沙河)의 서쪽에 있어야 하고, 2)의 기록에 따르면 沙河의 동쪽에 있어야 한다.

　　明 萬曆《萊州府志》의 기록에 따르면 掖縣은 "서쪽으로 昌邑縣, 濰縣으로 통하는데
액현 관할의 6개의 급체포는 차례로 十里, 朗村, 杲村, 英村, 沙河, 儀棠이다."[54]라고 했
고, 淸 乾隆《萊州府志》와 民國《山東通志》의 관련 기록들[55]도 역시 萬曆《萊州府志》의
내용과 상통한다. 이것은 明代 中後期부터 民國 初期까지 萊州府城 서남 50리에 있던
沙河鋪뿐만 아니라 萊州府城 서남 60리에 있던 儀棠鋪[56] 역시 掖縣 境內에 있었음을
뜻한다. 곧, 1)에서 安璥이 기록한 "掖縣西界" 石碑의 위치는 中國 方志의 기록과 일치
하고 2)의 이민성의 기록은 중국 지방지의 기록과 어긋난다. 그러므로 "掖縣西界" 石
碑는 응당 沙河(지금의 白沙河)의 서측에 있었을 것이다.

54　"西路通昌邑, 濰縣(急遞)鋪六：曰十里, 曰朗村, 曰杲村, 曰英村, 曰沙河, 曰儀棠。萬曆《萊州府志》卷5
　　《驛傳》, 明萬曆三十二年刻本, p.21-a.

55　乾隆《萊州府志》卷5《驛傳》, 淸乾隆五年刻本, 第2頁a, 民國《山東通志》卷115《兵防 鋪遞》, 民國七年鉛
　　印本, p.40-a.

56　"儀棠, 縣西六十里。"乾隆《掖縣志》卷2《驛遞》, 淸乾隆二十三年刊本, p.86-a.

사진 3-21　지금의 G206國道 沙河鎮 驛塘村 부근의 "煙臺界" 표지판 즉,
平度市(靑島市)에서 萊州市(煙臺市)로 들어서는 길에 보이는 交界 표지판이다.[57] (집필진 답사 촬영)

1)은 또한 安璥 일행이 "平度東界"欄門(牌坊)을 지났다고 기록하고 있다. 1)의 기록에 다르면 "平度東界"欄門은 응당 沙河鋪 부근이거나 沙河鋪에서 그리 멀지 않은 곳에 있었을 것이다. 淸 光緖《掖縣全志》의 〈掖縣全境圖〉[58]를 살펴보면 "掖縣西界"石碑와 "平度東界"欄門은 동일한 위치를 가리키고 있으니 곧, 掖縣과 平度州가 만나는 지점에 있었던 것이다. 그런데 萊州府에서 서남쪽으로 靑州府로 가는 驛道는 萊州府城에서 60리 떨어진 곳에서 掖縣 急遞鋪인 儀棠鋪를 지나는데, 2)의 李民宬의 기록에 따르면 萊州府城에서 平度 灰埠驛까지는 총 70리의 거리이므로 조선사신들은 儀棠鋪를 지난 후 다시 10리를 더 가야 灰埠驛에 도착할 수 있었다. 그러므로 좀 더 정확히 말하면 "掖縣西界"石碑는 掖縣 儀棠鋪 서쪽 부근에, "平度東界"欄門은 灰埠驛 동쪽 부근에 서 있었을 것이다.

그 밖에 李民宬은 2)에서 沙河鋪를 지나 平度 灰埠驛에 도착하기 전에 "平度州北界"라는 표지석을 보았다고 했다. 그러나 이와 관련하여 남아 있는 중국 지방지 기록이 전무하므로 "平度州北界" 표지석의 구체적인 위치를 고증할 길이 없다. 현재 남아

57　중국에서는 한국과 달리 "市"가 直辖市, 地级市, 縣級市로 구분된다. 지급시는 省(1급)과 縣(3급) 사이의 등급인 2급 행정단위로 그 아래 縣, 현급시, 區를 하급행정단위로 둔다. 萊州市는 현급시로는 지급시 煙臺市에 속하는 3급 행정단위이고, 平度市는 지급시 靑島市에 속하는 현급시이다. 그래서 사진 속 "煙臺界" 표지판은 실제로는 平度市에서 萊州市로 넘어가는 경계를 뜻한다.

58　《掖縣全志》卷首《輿圖》, 淸光緖十九年刻本, p.5-b~p.6-a.

있는 淸 光緖《掖縣全志》의 〈掖縣全境圖〉[59]로 유추해보면 淸代 末期 平度州 北界는 대체로 灰埠驛 부근으로 儀棠鋪에 가까운 어느 지점으로 추측된다.

　戴錫金 학예연구사의 설명에 따르면, 儀棠鋪는 지금의 萊州市 沙河鎭 驛塘村이며 驛塘村은 沙河鎭 政府(우리나라 읍사무소에 해당)에서 서남으로 3.9km 떨어진 곳에 있다. 淸初 謝씨 성을 가진 사람들이 四川에서 이주해 와 마을을 세웠는데, 마을의 서북 귀퉁이에 샘이 있어 사시사철 물이 흘러 연못을 이루었기에 官府에서 여기에 驛站을 설치하고 驛塘이라는 마을 이름을 취하였다고 한다. 그러나 앞서 설명했듯이 明 萬曆 연간 儀棠鋪가 이미 존재했었으므로 지금의 萊州市 沙河鎭 驛塘村은 실제 청초 시기 보다 훨씬 이전에 세워졌을 것이다. 관련 方志의 기록[60]에 의하면 驛塘村은 明代 末期 부터 民國 二十四年(1935)까지 儀棠으로 불렸으며 淸代에는 儲積鄕에 속했다. 1935 年에는 掖縣 十區 楊院鄕에, 1943-1948年에는 土山區에, 1956年에는 珍珠區에,1958-1982年에는 土山公社에,1992年에는 寨里徐家鄕(채리서가향)에 속했다가 2000年 沙河鎭에 배속된 이후 오늘에 이르고 있다.

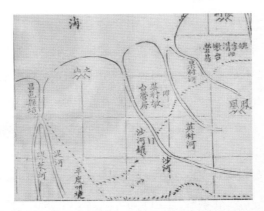

그림 3-22　淸 光緖《掖縣全志》〈掖縣全境圖〉일부를 통해 李民成이 沙河鋪를 지나 平度 灰埠驛으로 가는
도중에 보았다는 "平度州北界"라는 표지석의 위치를 유추할 수 있다.

59　《掖縣全志》卷首《輿圖》, 淸光緖十九年刻本, p.5-b~p.6-a.

60　乾隆《萊州府志》卷2《鄕社》, 淸乾隆五年刻本 ; 民國《四續掖縣志》卷2《鄕社》, 民國 二十四年 鉛印本 ;
　　萊州市人民政府地名辦公事 編,《山東省萊州市地名志》1996年版, pp.10-66, p.285 ; 山東省萊州市史
　　志編纂委員會編,《萊州市志》1996年版, pp.43-57。

사진3-23   지금의 G206國道 沙河鎮 驛塘村 부근의 "靑島界" 표지판,
즉 萊州市(煙臺市)에서 平度市(靑島市)로 들어서는 길에 보이는 交界 표지판이다. (집필진 답사 촬영)

사진 3-24   지금의 驛塘村 北側에 있는 村碑(집필진 답사 촬영)

萊州府城부터 掖縣 西界까지의 사행 구간에서 조선사신이 위에서 언급한 지명들 이외에 "童恢伏虎處(동회복호처)" 欄門에 대한 기록이 남아 있다. 이 기록은 明 崇禎 三 年(1630) 陳慰奏請兼進賀使 서장관 鄭斗源의 《朝天記地圖》중 〈萊州圖〉에 보인다.

> (萊州府城으로부터) 50리를 가니 欄門이 하나 보이는데 童恢伏虎處라고 쓰여있다. 漢나라 童恢가 선정을 베풀었으므로 그에게 귀순한 流民이 2 만 명에 이르렀기에 呪伏虎라고 불렸다. (自萊州府城)行五十里, 有欄門, 書之曰 : 童恢伏虎處, 漢童恢善治流民, 歸者二萬, 有呪伏虎。(鄭斗源《朝 天記地圖》)

鄭斗源의 기록에 따르면 "童恢伏虎處"라고 쓰인 欄門은 萊州府 서쪽 50리 되는 지 점, 즉 沙河鋪 부근에 있었다. 童恢伏虎는 童恢呪虎(동회주호)라고도 하는데 童恢가 호랑이를 책망했다는 고사에서 비롯되었다. 《後漢書》[61]에 따르면 童恢는 字가 漢宗이 며 漢代 琅邪姑幕(랑야고막, 지금의 山東 諸城 부근)사람이다. 그가 不其縣[62]의 縣令으로 재임할 때 현내 관리나 백성들 가운데 法令을 어기는 자가 있으면 사실관계를 분명히 밝혀 법에 따라 공정히 처리했으므로 감복하지 않는 자가 없었고, 선행을 베푸는 자에 게는 술과 고기로 상을 주어 장려함으로써 풍속이 선해졌다. 백성을 다스리기 위한 條 令을 꼼꼼히 제정하고 현내 농경과 방직을 장려하여 민생을 크게 도모했다. 이러한 童 恢의 선정 덕에 不其縣의 감옥에는 "여러 해 동안 수감자가 없었고 이웃 縣의 유랑민 가운데 귀순하여 이주한 자가 2만여 戶에 이르렀다"[63] 그런데 어느날 不其縣에서 虎 患으로 죽거나 다치는 백성들이 생겼다. 이에 童恢가 衙役에게 덫을 놓게 하여 호랑이 두 마리를 생포하였다. 童恢가 생포된 호랑이를 앞에 두고 그 죄를 책망하고 審問하여 말하기를 "하늘이 만물을 창조했는데 그 중 사람이 제일 귀하다. 호랑이나 늑대는 응

---

61 《後漢書》卷76《循吏列傳第六十六》, 百衲本景宋紹熙刻本, p26-a~p.27-b.
62 漢나라 때 설치되어 北齊시기에 폐지되었다가 隋나라 때 即墨縣으로 이름을 바꾸어 회복시켰고 明淸 이시기에는 이를 그대로 따랐다. 萊州府에 속하며 지금의 山東省 靑島市 시내 일대이다.
63 "連年無囚, 比縣流人歸化, 徙居二萬餘戶"《後漢書》卷76《循吏列傳第六十六》, 百衲本景宋紹熙刻本, p.27-a.

당 六畜(말, 소, 양, 닭, 개, 돼지)을 먹어야 하는 법인데 이제 사람을 잔혹하게 해쳤으니, 왕법에 따르면 사람을 죽인 경우는 사형을, 사람을 다치게 한 경우는 경중을 따져 죄를 정한다 했다. 만약 사람을 죽였다면 머리를 조아리고 그 죄를 받을 것이며, 스스로 결백하다면 소리를 질러 억울함을 하소연하라."[64]고 했다. 이에 호랑이 한 마리는 두려워 떨면서 머리를 숙이고 눈을 감았고 다른 한 마리는 童恢를 쳐다보면서 큰 소리로 울고 껑충껑충 뛰었다. 결국 童恢는 사람을 죽고 다치게 한 호랑이를 죽이라 명하고 죄 없는 호랑이는 풀어주었다. 이후 後人들은 童恢를 "충직하고 효성스러우며 청렴하고 공평하여 그 신실함이 포악한 호랑이에까지 이르렀다"[65]라고 평했다.

《齊乘》에 따르면 "不期山은 곧, 即墨縣 동남쪽 40리 되는 곳으로 訓虎山이라고도 한다. 後漢 童恢가 不期縣의 縣令이었을 때 호랑이가 사람을 잡아먹으니 덫을 놓아 호랑이 두 마리를 잡아 훈계했다."[66]《大明一統志》에도 역시 "不其山은 即墨縣의 동남쪽 40리로 馴虎山(순호산)이라고도 한다. 童恢가 호랑이를 꾸짖은 일로 이름을 삼은 것이다."[67]라는 기록이 보인다. 不期山과 不其山, 訓虎山과 馴虎山은 通假字로 서로 통한다. 곧, 《齊乘》과 《大明一統志》는 모두 漢代 童恢呪虎의 고사와 지명으로 即墨縣의 不其山과 馴虎山을 동일한 장소로 보았다. 方位와 거리에 조금 차이가 있을 뿐 萬曆《萊州府志》[68]와 雍正《山東通志》[69]의 기록도 《齊乘》이나 《大明一統志》의 기록과 상통한다.

그러나 清 同治《即墨縣誌》의 기록은 앞의 문헌들과 좀 차이가 있으니 "不其山은 일명 鐵旗山이라고도 하며 縣의 동남쪽 20리에 있다. 馴虎山은 縣의 남쪽 15리에 있

---

64 "天生萬物, 唯人為貴。虎狼當食六畜, 而殘暴於人。王法殺人者死, 傷人則論法。汝若是殺人者, 當垂頭服罪；自知非者, 當號呼稱冤。"《後漢書》卷76《循吏列傳第六十六》, 百衲本景宋紹熙刻本, p.27-a.

65 雍正《山東通志》卷35《藝文志十九·記上》, 清文淵閣四庫全書本, 第110頁a。

66 "不期山, 即墨東南四十里, 又名訓虎山。後漢童恢為不期令, 有虎食人, 恢檻, 獲二虎訓之。"《齊乘》卷1《山川》, 清乾隆四十六年刻本, 第　頁。

67 "不其山在即墨縣東南四十里, 又名馴虎山, 因童恢呪虎之事而名之也。"《大明一統志》卷25《萊州府》, 三秦出版社1990年版, 第419頁。

68 "不其山在即墨縣南二十里, …… 又名馴虎山, 後漢童恢為不其令, 能馴暴虎故名"萬曆《萊州府志》卷2《山川》, 明萬曆三十二年刻本, 第70頁b。

69 "不其山在(即墨)縣南二十里, 又名馴虎山, 漢不其令童恢事詳宦績志。"雍正《山東通志》卷6《山川志》, 清文淵閣四庫全書本, 第41頁b。

다. 府志에서는 不其山과 鐵旗山을 서로 다른 산으로, 不其山과 馴虎山을 같은 하나의
산으로 기록하였으나 이는 잘못된 것이다."[70] 즉, 不其山은 鐵旗山이라고도 부르며 馴
虎山과는 다른 산이라는 것이다. 가장 최근에 발간된 중국 관방 자료에 따르면, 不其
山의 현재 위치와 이름은 山東省 靑島市 嶗山區 鐵騎山이고 馴虎山은 현재 靑島市 即
墨市 서남쪽에 있는 馴虎山이다."[71] 淸 同治《即墨縣誌》에는 또한 "동회가 不其縣 縣令
으로 即墨 지역을 잘 다스렸으므로 백성들도 그를 사모함이 깊었다. 城의 남쪽 10리에
높고 웅장한 산이 하나 있는데 현령 동회가 호랑이를 꾸짖었다고 전해지는 곳이다."[72]
라는 기록이 있다. 결국, 淸 同治《即墨縣誌》는《齊乘》,《大明一統志》, 萬曆《萊州府
志》, 雍正《山東通志》등 方志의 관련 기록이 전부 잘못되었다고 보고 있으며 이른바
童恢呪虎의 고사가 유래한 장소는 바로 지금의 即墨市 馴虎山이라고 규정하고 있다.

만약 그렇다고 한다면 即墨 馴虎山과 萊州 沙河鎭은 거리가 상당히 멀기 때문에 沙
河鋪를 지났던 대부분의 조선사신들은 "童恢伏虎處" 欄門을 보지 못했을 것이며, 鄭
斗源이 "童恢伏虎處" 欄門을 기록한 것은 실제 자신이 패문을 보고 기록한 것이 아니
라 관련 중국 지방지의 기록을 그대로 인용한 것일 가능성이 크다. 아니면 가능성은 적
지만 앞서 掖縣 琅琊嶺 일대를 현지인들이 東萊 琅琊阜鄕으로 오인한 것과 마찬가지
로, 不其山과 馴虎山을 혼동했던 明代 末期 萊州 현지인들은 沙河鋪 부근에 있던 어떤
산을 "馴虎山"으로 착각하고 여기에 欄門을 세워 기념한 것일 수도 있다. 역사적인 명
소에 대해 사소한 가능성만 있어도 자신의 고장과 연관시켜 기념하려는 일은 예나 지
금이나 자주 있어왔기에 이 또한 전혀 가능성이 없는 것은 아니다.

그 밖에 洪翼漢은《花浦先生朝天航海錄》에서 "(9月)16日 아침 일찍 (萊州府)城을 지
났다. (萊州府城에서 출발하여)……雲橋鋪에서 점심을 먹고, ……灰埠驛에 투숙했다."[73]

70 "不其山一名鐵旗山, 縣東南二十里 ; 馴虎山, 縣南十五里。府志將不其, 鐵旗分為二山 ; 不其, 馴虎合
    為一山, 皆誤"同治《即墨縣誌》卷12《雜稽志·辯誤》, 淸同治十一年刊本, 第41頁a。
71 靑島市史志辦公室編,《靑島市志·嶗山志》, 新華出版社1999年版, 第185頁。
72 "(恢)童為不其令, 其於墨為專, 故民之思之也亦最深。城南十里有山巋然, 世所傳府君馴虎處也。"(淸)
    周毓正,《重修童府君廟記》, 載同治《即墨縣志》卷10《藝文》, 淸同治十一年刊本, 第9頁a。
73 《花浦先生朝天航海錄》"(九月)十六日。早朝穿(萊州府)城。(自萊州府城發行)……中火雲橋鋪, ……宿灰
    埠驛。"

라고 북경으로 가는 여정을 기록했다. 앞서 설명했듯이 萊州府城에서 서쪽으로 60리를 가면 掖縣 儀棠鋪에, 다시 10리를 가면 平度州 灰埠驛에 도착한다. 조선사신은 일반적으로 오전의 여정을 마무리하고 정오나 오후 쯤에 한 차례 말을 쉬게 하고 식사를 한 후, 행장을 정비하여 재차 나머지 여정에 오른다. "雲橋鋪"는 洪翼漢의 기록에만 보이는데, 아마도 萊州府城 서남쪽 30리의 杲村鋪와 50리의 沙河鋪 구간 사이에 지방지 기록에는 없지만 沙河鋪에 가까이 있던 民鋪였던 것으로 추측된다.

이상의 고증 내용을 종합하여 중국 명대의 지방지에 기록된 명칭에 따라 萊州府城에서 掖縣 西界까지 조선사신들이 거쳐간 지명과 경유지를 순서대로 나열하면 다음과 같다. ① 澤沽處(澤民塼) ② 贍學田(贍士田, 學士田) ③ 朗村鋪 ④ 三十里鋪(三十里館, 高村) ⑤ 沽村河 ⑥ 河沙 ⑦ 河沙店(沙河鋪) ⑧ "掖縣西交界"石碑(夜縣 西界) ⑨ "平度東界"欄門 등. 문헌과 현지답사 등을 통해 고증한 결과에 따라 위의 지명에 대응하는 현재 지명과 위치를 순서대로 나열하면 다음과 같다. ① 萊州市 文峰路街道 陽關村 서쪽 일대 ② 萊州市 虎頭崖鎮 朗村 ③ 萊州市 虎頭崖鎮 朗村 ④ 萊州市 沙河鎮 杲村 ⑤ 萊州市 海鄭河(杲村 구간) ⑥ 萊州市 白沙河 (沙河, 沙河鎮 구간) ⑦ 萊州市 沙河鎮 人民政府가 있는 長勝, 和平, 交通, 民主, 勝建 등 촌락 일대 ⑧과⑨ 萊州市 沙河鎮 驛塘村 부근 등.

그 밖에 현지답사와 현지연구자, 현지인 인터뷰 등을 통해 조선사신들이 기록으로 남기지는 않았지만 지금의 萊州市 永安路街道 五里侯旨村, 萊州市 虎頭崖鎮 西十里堡村, 萊州市 虎頭崖鎮 姚家村, 萊州市 沙河鎮 東英村과 西英村, 萊州市 沙河鎮 珍珠河(東英村과 西英村 구간) 등도 조선사신들이 경유한 곳임을 확인할 수 있었다.

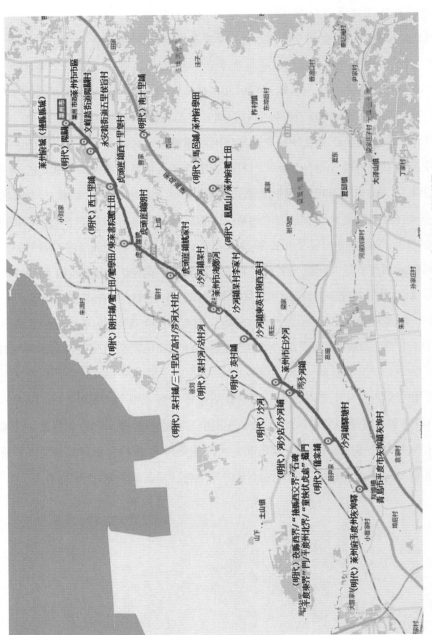

그림 3-25　萊州府城에서 掖縣 西界까지 조선사신 경유지 古今地名 對照 地圖

제4장 掖縣 西界에서 昌邑縣 新河鋪까지

　　관련 方志 기록[1]에 따르면 平度州는《禹貢》靑州의 영역으로 商나라 때는 營州에, 周나라 때는 幽州에 속했고, 春秋시기에는 萊子國의 땅이었고, 戰國시기에는 齊나라 에 속했다. 西漢 때 平度縣이 설치되어 東萊郡에 속했는데 서쪽에 膠水가 있었으므로 東漢 때는 膠東縣으로 개칭했으며 晉나라 때도 膠東縣으로 濟南郡에 속했다가 後齊 에 다시 長廣縣으로 개칭하여 長廣郡에 속하게 되었다. 隋나라 때 萊州에 배속되었는 데 唐나라 仁壽 元年(601) 長廣縣을 膠水縣으로 개칭했고, 唐 武德 初에 다시 膠東縣 으로 분리하여 萊州에 배속시켰고, 天寶 元年(908)에 재차 膠水縣으로 개칭되어 東萊 郡에 배속됐다. 元나라 初에 山東東道 益都路 總管府에 속했다가 후에 隷盤陽路(예반 양로)에 배속되었다. 明 洪武 初에 다시 膠水縣으로 회복되어 登州府에 속했고, 洪武 二十一年(1388)에 膠水縣을 平度州로 승격하여 昌邑縣, 濰縣 두 현을 관할하게 되었 으며 萊州府에 배속되어 山東承宣佈政使司가 다스렸다. 淸 中期에 直隷州에서 散州 가 되어 縣을 관할하지 않게 되었다. 民國 二年(1913)에 平度縣이 되었다가 民國 三年 (1914)에 萊州府를 폐하여 平度縣을 膠東觀察使가 직접 관할했다. 民國 十五年(1926) 에 膠萊道에 속하게 되었고, 1945年 가을에서 1949年 가을까지 平度는 平度, 平西, 平 南, 平東 등 4개 縣으로 분할되었다가 1952年에 萊陽專署에 속하게 되었다. 1956年에

1　嘉靖《山東通志》卷3《建置沿革下》明嘉靖刻本; 嘉慶《大淸一統志》卷174《萊州府》四部叢刊續編景舊鈔 本; 康熙《平度州志》卷1《沿革》, 康熙五年刊行本; 道光《重修平度州志》卷2上《沿革》淸道光二十九年刊 刻本; 光緒《平度志要》卷1《沿革》淸光緒十九年手抄本; 山東省平度縣地方史志編纂委員會 編纂《平度 縣誌》1987年版, pp.1-4; 平度市民政局 編《平度市地名志》2017年版, pp.23-28.

昌濰專屬(창유전속)에, 1980年에 濰坊專屬(유방전속)에 속했다가 1983年 平度縣이 분리되어 青島市에 속하게 되었고 1989年 縣을 철폐하고 縣級市로서 승격되어 青島市에 속하여 현재에 이르고 있다.

掖縣 西界에서 新河까지의 구간 즉, 萊州府 平度州 境內에서 조선사신들이 사행록에 기록한 주요 경유지를 순서대로 나열하면 다음과 같다. 灰阜馹(灰阜, 灰埠, 灰埠馹, 灰埠里), 宰相里(壯元宰相里), 壯元鄉 ,宋 龍圖閣學士 蔡齊故里(宋 蔡齊舊里), 王望山, 濁河(獨埠河), 獨埠, 二濁河, 杜阜河, 平度州 西界, 昌邑 東界, 深河店, 深河, 新河店, 新河 등.

제1절 灰阜馹(灰阜, 灰埠, 灰埠馹, 灰埠里), 宰相里(壯元宰相里), 壯元鄉, 宋 龍圖閣學士 蔡齊故里(宋 蔡齊舊里)

> 1) 북경행:(6月)10日 맑음. 朱橋에서 萊州府까지 60리다. 정오에 (萊州)南城外店에 도착했다……출발하여 30리를 가니 역참이 있었다. ……가마에서 내려 잠시 쉬었다.……곧 출발하여 달이 뜰 때가 되어 灰阜驛에 도착했는데, 밤이 깊어 이미 시간이 二更이었다. ……灰阜는 萊州에서 70리다. (六月)初十日, 晴。自朱橋到萊州府六十里。午時, 到(萊州)南城外店, ……發行至三十里有店, ……下轎小歇, ……仍發行, 乘月到灰阜驛, 夜深二更矣。……灰阜距萊州七十里。(吳允謙《秋灘東槎朝天日錄》)

> 2) 북경행: (10月)14日 맑음. 아침 일찍 (萊州에서) 출발하여 灰阜에 도착하여 투숙했다. 萊州로부터 70리 떨어져 있다. (十月)十四日, 晴, 早發(萊州)至灰阜止宿, 去萊州七十里。(全湜《槎行錄》)

1)과 2)는 明 天啟 二年(1622) 登極使 吳允謙과 明 天啟 五年(1625) 冬至兼聖節使 全湜이 북경으로 가는 여정을 기록한 것이다. 1)과 2)의 기록에 따르면 두 사신단이 萊州府城을 출발하여 70리를 가서 당일 저녁에 平度 灰阜驛 (灰阜) 즉, 灰埠驛에 도착했다. 明 天啟 四年(1624) 謝恩兼奏請副使 吳翻 은 灰埠驛을 지날 때 〈회부역-서장관이 지

은 시를 차운하여 〈灰埠驛, 次書狀韻〉라는 창화시를 남겼는데, 여기서 書狀이란 서장관을 뜻하며 당시 함께 사행을 수행하고 있던 洪翼漢을 가리킨다. 정사 李德泂의 《朝天錄(一云航海日記)》과 洪翼漢의 《花浦先生朝天航海錄》의 기록[2]에 따르면 明 天啟 四年(1624) 9月 16日 謝恩兼奏請使行團 사신 3명은 萊州府城 內에 있던 東萊呂先生書院을 참관하고 나서 당일 바로 여정에 올라 萊州府 平度州 灰埠驛에 도착했다. 그러므로 오숙은 〈회부역-서장관이 지은 시를 차운하여 〈灰埠驛, 次書狀韻〉란 시를 9月 16日에 쓴 것이다.

　　〈회부역-서장관 홍익한이 지은 시를 차운하여〉
　　힘겨운 사행길 귀밑머리 서리 내린 듯 희어짐은 근심스럽지 않으니
　　여기는 바로 공자와 하우씨의 유풍이 남아 있는 강역이기 때문이라네.
　　태산은 똬리 틀듯 하늘 위로 솟아 있어 천하가 작아보이고
　　황하는 천하를 도도히 가로 질러 동쪽바다 끝까지 길게 흘러가네.
　　齊魯의 청렴한 조정은 수많은 인재를 등용하여 선정을 베풀었고
　　예로부터 물산이 풍족하여 멀리 온 천하의 상인들이 모여들었네.
　　지금 이처럼 시를 짓고 노래 부름은 일시적인 낭만적 감흥 때문이 아니니
　　사행길 내내 가마의 장막 걷어 옛 글에 기록된 풍경을 바라보고
　　수시로 길가에 멈춰 서서 아름다운 풍속에 감동했기 때문이라네.

　　灰埠驛, 次書狀韻
　　不愁覊旅鬢渾霜, 魯聖遺風夏禹疆。
　　岱岳蟠空寰宇小, 黃河橫派海門長。
　　清朝冠冕登多士, 終古銅鹽輳遠商。
　　詩爲采謠非漫興, 襜帷時複駐周行。
　　(吳䎘《燕行詩》)

2　"(九月)十六日, 宿灰埠驛。早朝, 尋東萊書院。" 李德泂, 《朝天錄(一云航海日記)》《竹泉遺稿》), 曹圭益, 《朝天錄(一云航海日記)》, 《한국문학과 예술》2008年 第2輯, 숭실대학교 한국문학과예술연구소, p.309 ; "(九月)十六日, 晴。早朝穿(萊州府)城, 入東萊書院, ……是日, 行六十里。宿灰埠驛。" 洪翼漢, 《花浦先生朝天航海錄》卷1, 韓國國立中央圖書館藏本, pp.25-a~26-b.

1연에서 수고로운 기나긴 사행여정으로 귀밑머리는 점점 서리가 내린 듯 희게 변해 가지만 작자는 이를 전혀 개의치 않는다. 왜냐하면 성인 공자와 성군 夏禹氏의 유풍이 여전히 살아 숨쉬는 옛 靑州의 땅을 지나고 있기 때문이다. 魯聖이란 魯나라의 聖人, 즉 孔子를 가리키며, 夏禹는 夏禹氏이다. 하우씨는 이름이 文命 혹은 伯禹, 大禹라고 하며 夏나라를 개창한 군주이다. 순임금이 천하를 다스릴 때 9년 동안 큰 홍수가 났는데 禹가 천하를 九州[3]로 나누고 홍수를 성공적으로 다스렸으므로 舜임금이 그 덕을 찬양하고 禹에게 왕위를 선양하였다. 登州府와 萊州府는 禹가 나눈 九州 가운데 靑州에 속하는 땅이다. 2연에서 이어 말하기를, 齊魯 땅에 허공 중으로 똬리를 튼 듯 우뚝 솟은 태산에 오르면 천하가 작아 보이고, 齊魯의 대지를 관통하여 도도히 흐르는 黃河의 물결은 동쪽바다까지 길게 이어졌다. 岱岳은 泰山의 별칭으로 《禹貢》에 "청주 땅에는 태산과 바다가 있다(海·岱惟靑州)" [4] 라는 표현이 보인다. 寰宇(환우)는 천자가 다스리는 영토 곧, 天下를 가리킨다. 唐 駱賓王(낙빈왕)의 《帝京篇》에 "명성이 환우를 덮고 문물이 밝은 하늘에 상을 드리운다(聲名冠寰宇, 文物象昭回)"[5]라는 표현이 보인다. 派는 강물이 흐르는 것을 가리키고 海門이란 바다로 통하는 문, 길이다.

3연에서는 이곳 齊魯 땅의 조정은 청렴하여 수많은 인재들을 관리들로 등용하였으며 옛부터 물산이 풍부하고 각종 재화가 남쪽의 땅과 북쪽 바다의 客商을 통해 모여들었다고 칭송한다. 冠冕(관면)이란 冠과 冕을 합쳐 부른 말인데, 천자·제후·경·대부들이 쓰던 예모(禮帽)로서 官吏를 상징한다. 登이란 등용하다, 선발하다는 뜻이고, 終古란 옛날 혹은 自古以來의 뜻이다. 轂(주) 란 수레바퀴의 바퀴살이 가운데로 모이는 바퀴통을 가리키는데, 引申하여 대량의 물산이 한 곳으로 모여든다는 뜻이 되며, 여기서는 이곳이 상업과 무역이 흥성한 곳임을 나타낸다. 마지막으로 4연에서 작자가 이처럼 시를 지어 노래 부르게 된 것은 결코 즉흥적인 감흥 때문이 아니라 공자의 유풍이

---

3   九州는 冀州(기주), 兗州(연주), 靑州, 徐州, 揚州, 荊州, 豫州, 梁州, 雍州를 말한다.

4   《禹貢》에 "청주 땅에는 태산과 바다가 있다(海·岱惟靑州)"라는 기록이 보인다. 《齊乘》卷1, 淸 乾隆 四十六年刻本, p.1-a.

5   唐 駱賓王(낙빈왕)의 《帝京篇》에 "명성이 환우를 덮고 문물이 밝은 하늘에 상을 드리운다(聲名冠寰宇, 文物象昭回)"라는 시구가 있다. 《唐詩选》卷2《七言古》, 明閔氏刻朱墨套印本, p.17-a.

남아 있는 이 땅에 매료되어 登州와 萊州 두 지역을 지나면서 수시로 타고 가던 가마[6]의 장막을 걷거나 길가에 가마를 세우고 내려서 풍경을 감상하고 아름다운 풍속을 보았기 때문이라고 말한다. 襜帷(첨유)란 옛날 수레나 가마에 걸던 휘장이나 장막을 말한다. 時複이란 "수시로"의 뜻이다.

조선사신들은 당시 조선의 최고위 관리이자 당대 최고의 유학자, 문학가들이었다. 그래서 그들이 중국문명의 본향인 지금의 산동-齊魯 지역에 발을 디뎌 지나가면서 옛 典籍 속에서만 읽어 보았던 명승고적 인근 지역을 지날 때는 일정이 허락하는 한 가능하면 시간을 내어 직접 친람하고자 애를 썼다. 生死까지 걱정해야 했던 힘겨운 사행길에서 대부분의 사신들은 이러한 체험을 큰 보상으로 느끼면서 이를 기록을 남긴 경우가 많았다. 그래서 吳翿과 동행했던 정사 李德泂도 登州에서 배를 타고 귀국할 때 "하늘과 바다 하나로 맞닿은 장관에 나그네는 도취되어 시름을 잊고, 유서 깊은 齊魯의 땅을 지나며 수많은 詩篇을 남겼네"[7]라는 詩句를 남겼다.

---

6 "서장관들은 옛부터 요동 사행에서는 말을 타고서 북경으로 향했다. 그러나 지금은 그렇지 않아서 앞서 간 서장관들 가운데 옥교를 타지 않음이 없었다. 또한 중국 조정에는 말단 관리라도 반드시 옥교를 탄다. 중국 사람들이 보기에 말을 타고 혼자 길을 가는 것은 없어 보이는 일이다. ("書狀官自古于遼路, 例以馬坐赴京。於今不然, 前後書狀官無不乘屋轎, 且中朝雖小官必乘屋轎。于華人所見處, 騎馬單行, 似為埋沒。"[朝鮮] 洪翼漢:《花浦先生朝天航海錄》卷1, 韓國國立中央圖書館藏本, p.23-a.)이 글은 明 天啟 四年(1624) 謝恩兼奏請使臣團 上通事(譯官) 黃孝誠이 登州에서 출발하기 전에 서장관 洪翼漢에게 한 말이다. 이로 보건대 天啟 元年에서 天啟 四年까지 사행단의 정사와 부사뿐만 아니라 서장관도 가마를 탔음을 알 수 있다.

7 "天接滄溟迷客恨, 地經齊魯富詩篇" 李德泂,《朝天錄(一云航海日記)》《竹泉遺稿》, [韓國] 曹圭益,《朝天錄(一云航海日記)》,《韓國文學與藝術》2008年第2輯, 韓國崇實大學韓國文學與藝術研究所, pp.261-262.

사진 4-1 명말 灰埠驛 城郭 西門 옛터. 지금의 灰埠村 주민 許官春(60세)씨가 筆者 일행에게 옛 회부역
관련 지리 정황을 설명해주고 있는 모습이다. 지금의 회부촌은 새로운 주택지로 개발되어 옛 모습을 전혀 찾아볼 수
없었기에 많은 조선사신이 직접 목도하고 시로 남긴 "壯元宰相里" 坊表의 구체적인 위치를 확인할 길이 없었다.
(집필진 답사 촬영)

〈회부역-서장관 김지수의 시를 차운하여〉

닭들이 홰치는 소리마저 들리는 누추한 객관에 황혼 안개 자욱이 내려앉누나!

어느덧 밤 깊어 연무는 사라지고 가을 달 높이 떠 객관 문 앞 밝게 비추네.

객관 앞 거리 밤이 깊어 인적이 끊겼는데

우수에 젖은 나그네는 달이 지고 새벽닭이 올 때까지 잠들지 못한다네.

灰阜驛, 次去非韻

旅店雞棲生暝煙, 煙消月出店門前。

門前夜久行人絶, 月落雞鳴猶未眠。

(金尙憲《朝天錄》)

위의 시는 明 天啓 六年(1626) 聖節兼陳奏使 정사 金尙憲이 金去非 곧, 서장관 金地
粹(字 去非, 號 苔川 혹은 苔湖, 天台山人)가 지은 시의 운을 빌려 和唱한 〈회부역-서장관 김지수의 시에 차운하여(灰阜驛, 次去非韻)〉라는 시이다. 灰阜는 곧 灰埠이며, 앞서 설명한 바 있듯 金尚憲과 金地粹 두 사람은 같은 사행단이었으나 동행하지 않고 김상헌이 먼저 登州를 떠나 북경으로 향하고 김지수는 김상헌과 일정한 시차를 두고 김상헌을 따랐다. 그러므로 이 시는 김상헌이 灰埠驛을 지나던 당일에 지은 것이 아니라 나중에 김지수가 쓴 시를 읽고 나서 쓴 것이다. 시의 전편은 회상의 수법을 사용하여 灰埠驛에서 하룻밤을 묵으며 느꼈던 나그네의 憂愁를 그려내고 있다. 닭들이 닭장에서 홰를 치는 소리마저 들리는 누추한 灰埠驛에 투숙하니 황혼의 자욱한 안개가 주위를 감싼다. 어느덧 밤이 되어 저녁 안개 그치니 밝은 가을달 하늘에 떠 驛館의 문 앞을 밝게 비추고, 驛館 앞 거리는 밤이 깊어 이제 인적조차 끊겼는데 "달이 지고 새벽 첫닭이 울 때"까지 작자는 온갖 상념에 잠겨 잠을 이루지 못한다. 雞棲(계서)란 닭을 키우는 닭장이며 暝煙(명연)이란 황혼에 깔리는 雲霧를 말한다.

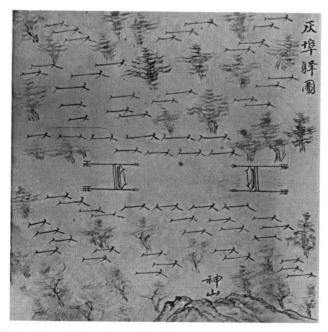

그림 4-2   鄭斗源의《朝天記地圖》에 삽입되어 있는〈灰埠驛圖〉(成均館大學 尊經閣 藏本,
그림 가운데 "神山"으로 표시된 곳은 지금의 萊州 寒同山이다)

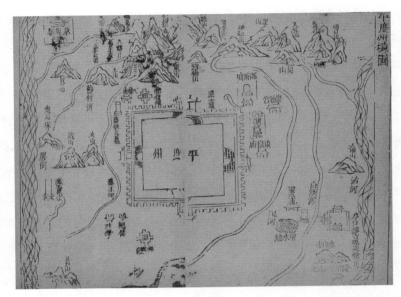

사진 4-3 康熙《平度州志》에 삽입되어 있는〈平度州境圖〉(淸 康熙 五年 刻本) 그림의 좌측 끝의 큰 강이
膠河(膠水, 지금의 膠萊河이고 중국 지방지에는 新河라고 기재되어 있는데 조선사신은 통가자로 深河라고도 표기했음)이고
좌측 상단 맨 위의 灰埠驛이 보인다. 조선사신들이 이용한 역참로는 平度州城의 북측 지역을 북동-남서 방향으로
지나서 회부역을 거쳐 간다.

1) 북경행: (9월)16日 丁卯일 灰埠驛에 묵었다. 아침 일찍 (萊州城 안에 있다
   는)東萊書院을 찾았다. ……壯元鄕 즉, 宋 龍圖閣學士 蔡齊故里를 지
   났는데 明 壯元 牌榜이 있었다. 이 날은 70리를 갔다. (九月)十六日, 丁
   卯。 宿灰埠驛。 早朝, (萊州城內)尋東萊書院, ……曆壯元鄕, 即宋龍圖
   閣學士—蔡齊故里, 而有明壯元牌榜。 是日, 行七十里。 (李德泂《朝天錄
   一云航海錄》)

2) 북경행: (9월)16日 丁卯일 맑음. 아침 일찍 래주부성에 들어와 東萊書
   院에 들렀다. ……雲橋鋪에서 점심을 해 먹고, 狀元鄕을 지났으니 곧,
   宋 龍圖閣學士 蔡齊故里이다. 이 날은 60리를 걸어 灰埠驛에 투숙했
   다. (九月)十六日, 丁卯, 晴。 早朝穿城, 入東萊書院, ……中火雲橋鋪, 曆
   狀元鄕, 鄕即宋龍圖閣學士蔡齊故里也。 是日, 行六十里。 宿灰埠驛。

(洪翼漢《花浦朝天航海錄》)

1)과 2)는 明 天啟 三年(1623) 冬至聖節兼謝恩使 정사 李德泂과 서장관 洪翼漢이 각
각《朝天錄(一云航海錄)》과《花浦朝天航海錄》에서 북경으로 향하는 여정을 기록한 것
이다. 1)과 2)의 기록에 따르면 萊州府城에서 平度州 灰埠驛의 사행 구간에서 李德泂
과 洪翼漢은 "狀元鄕"을 지났다. "狀元鄕"은 宋 龍圖閣學士 蔡齊의 고향마을이었기
에 이런 이름이 붙었다.

《宋史》[8]의 기록에 따르면, 蔡齊(988–1039)는 字가 子思, 北宋 膠水(明代 萊州府 平度
州, 지금의 靑島市 平度市)사람이다. 祖籍은 원래 河南 洛陽인데 曾祖가 萊州 膠水縣 縣
令을 역임한 이후로 膠水로 본적을 바꾸었다. 어렸을 때 고아가 되어 外祖父 劉氏의
손에 자랐다. 이후 狀元 及第하여 황제 眞宗을 알현했는데 "그 용모가 준수하고 위엄
이 있으며 거동이 단정하고 진중하였으므로(儀狀俊偉, 擧止端重)" 眞宗이 宰相 寇准(구
준)에게 "인재를 얻었다(得人)"고 감탄하고서는 皇室 儀仗을 담당하던 金吾(禁軍 혹은
衛軍)에게 명령을 내려 蔡齊에게 일곱 마리의 말을 내려 호송하는 예우를 갖추게 하여
恩寵을 표시했다. 蔡齊 이후로 장원급제자에게 말과 마부를 하사하는 예우가 常例化
되어 후세에 전해지게 되었다. 蔡齊는 監丞, 兗州通判(연주통판), 濰州通判(유주통판),
秘書省著作郎, 起居舍人(《起居注》의 기록을 담당하는 관리, 곧 皇帝의 言行을 기록하는 관
리), 翰林學士, 圖閣大學士등의 직책을 역임했는데 彰顯太后가 국고로 景德寺를 크게
증축할 때, 記文을 지어올리지 않았던 일로 인해 모함을 받아 河南知州로 폄적되었다.
彰獻太后가 서거한 후 채제는 楊太妃가 정치에 간섭하는 것에 반대하고 仁宗이 정치
를 주관하기를 주장하다 파직되어 정사에 참여하는 것이 금지되었다. 仁宗이 親政을
하게 된 후로 다시 龍圖閣大學士, 三司使 등의 직책에 복귀하였고 이후 벼슬이 禮部侍
郎, 參知政事에 이르렀다. 宋 寶元 二年(1039) 潁州(지금의 安徽 阜陽 일대)에서 병사했
으니 향년 52세였고 兵部尚書에 추증되었으며 諡號는 "文忠"이다. 歐陽修가 그의 行
狀을 썼는데 "고위직에 있을 때 일을 처리함에 있어 원칙에서 벗어나지 않았고 지위고

8　《宋史》卷286《列傳第四十五》, 淸乾隆武英殿刻本, pp.9-b~11-b。

하를 따지지 않았으며 매사 삼가하고 공손하며 겸손하여 자신을 먼저 내세우는 바가 없었기에 천하 사람들이 그를 바르고 점잖은 선비라고 칭송하였으며 조정의 동량이라 여겼다."[9]라고 크게 칭송하였다.

明 天啟 四年(1624) 謝恩兼奏請使 부사 吳翻은 그가 지은 〈신하로 가는 도중에(新河途中)〉라는 시에서 壯元鄉, 즉 蔡齊故里를 언급했다. 이 시는 주로 吳翻 일행이 灰埠驛에서 新河鋪로 가는 도중에 본 길가의 풍경을 묘사한 것이지만 "狀元牌榜"이 세워진 狀元鄉(蔡齊故里)을 언급하고 있으므로 여기에서 함께 언급하기로 한다. 서장관 洪翼漢의 《花浦朝天航海錄》[10]에 따르면 오숙의 〈신하로 가는 도중에(新河途中)〉는 天啟 四年(1624) 9月17日 쓰여졌다.

> 〈新河로 가는 도중에〉
> (宋 蔡齊舊里에는 明 狀元牌榜이 있다.)
>
> 길가 들풀 누렇게 시들어 가고 낙엽은 지는데 가을 기운 온 하늘 가득하고
> 멀리 하얀 구름과 산맥은 서로 이어져 맑은 강물 위에 비추이고 있네.
> 옛날 송나라 용도각대학사 채제가 살던 마을이
> 바로 우리가 거쳐간 지금의 狀元鄉이라 하네.
> 역참 주막에 한 광주리 가득 담긴 먹음직한 과일 한 입 맛보라며 여행객을 붙잡고
> 술잔 가득 향기로운 술 나그네 여독 말끔히 씻어줄 수 있을 듯하네.
> 유유자적 아름다운 싯구 얻어낸, 가을 정취 가득한 여기 이곳에
> 가을 기러기는 날아와 한로 시절 다가왔다 소식 전하네.
>
> 新河途中
> (宋蔡齊舊里, 有明狀元牌榜)

---

9 "在大位, 臨事不回, 無所牽畏, 而恭謹謙退, 未嘗自伐, 天下推之為正人搢紳之士, 以為朝廷重."歐陽修, 《尚書戶部侍郎贈兵部尚書蔡公行狀》,《歐陽文忠公集》卷38, 四部叢刊景元本, p. 4.

10 "(九月)十七日, 晴。(從灰埠驛發行)中火新河店, 渡新河, 淮河, 宿昌邑縣東館里。" [朝鮮] 洪翼漢,《花浦先生朝天航海錄》卷1, 韓國國立中央圖書館藏本草樹浮天氣, 雲山襯水光。

當時學士里, 今日狀元鄉。

筐果堪留客, 尊醪報滌場。

悠然得句處, 落雁帶淸霜。

(吳翿《燕行詩》)

먼저 앞의 두 연에서 말하기를, 길가의 들풀은 시들어 말라있고 낙엽은 떨어지는데 가을 햇살이 가득찬 하늘은 서늘한 가을기운이 완연하다. 푸른 하늘에 떠 있는 구름은 땅에서 솟아난 산맥들과 어울려 흘러가고 맑은 강물 위에 거꾸로 비치고 있다. 그런데 작자가 막 지나고 있는 이곳은 北宋 名臣 蔡齊의 고향 마을, 지금의 狀元鄉이다. 다음 두 연에서 이어서 말하기를, 新河鋪로 가는 길가 어느 역참에는 한 광주리 가득 담긴 과일이 여행객을 유혹하여 발길을 붙잡으니 잠시 멈추어 맛보고 싶은 충동이 생기고, 술잔에 담긴 향기로운 술은 여독에 지친 나그네의 피로와 우수를 씻어 줄 수 있다고 말하는 듯하다. 이처럼 아름다운 가을 풍경과 정겨운 분위기 때문에 작가는 여기서 절로 아름다운 싯구를 지어냈는데 때마침 날아온 기러기 떼는 지금 절기가 한로임을 알려주는 듯하다. 이 시에서 언급한 狀元鄉은, 바로 앞서 살펴본 오숙의 다른 시 〈회부역-서장관 홍익한이 지은 시에 차운하여(灰埠驛, 次書狀韻)〉에서 "힘겨운 사행길에 귀밑머리 서리 내린 듯 희어짐은 근심스럽지 않으니(不愁羈旅鬢渾霜)……가마의 장막 걷어 아름다운 풍경 바라보고 여행길에 수시로 멈춰 서서 아름다운 풍속에 감동한다(襜帷時複駐周行)"라고 읊은 장소들 가운데 하나라 할 수 있다. 醪(료)는 술의 통칭이고 滌場(척장)이란 農作物을 수확한 후 어지러운 뜰을 깨끗이 쓸어 낸다는 뜻이고, 淸霜이란 白霜, 寒露의 뜻이다. 《高麗史》[11] 에 "한로는 9월의 절기이다. 周易 卦象으로 말하면 兌九三의 괘이다. 처음에는 기러기가 와서 머문다. 그 다음에는 참새가 큰물에 들어가 조개가 된다. 마지막으로 국화꽃이 누렇게 핀다."라는 출전이 보인다.

그렇다면 李德泂, 吳翿, 洪翼漢 등 조선사신이 모두 언급한 狀元牌榜이 있던 宋 蔡齊故里(蔡齊舊里)는 어디에 있었던 것일까? 康熙《平度州志》에 따르면 "狀元坊은 平

---

11   "寒露, 九月節, 兌九三, 鴻鴈來賓, 雀入大水化爲蛤, 菊有黃華"『高麗史』卷50, 「志」4, 曆, 宣明曆, 上 2.

度州城에서 관할하는 大街에 있다. 明 成化 연간에 知州 林恭이 宋 蔡齊를 위해 세웠다. 崇禎 十二年 知州 杜志攀(두지반)이 重修했다."[12] 곧, 康熙《平度州志》에 기록된 바 平度州城에서 관할하는 大街에 있던 明 中期에 세워진 "狀元坊"과 吳翻이 말한 "明狀元牌榜"에 대한 기록이 일치한다. 한편, 萬曆《萊州府志》에는 "灰埠驛은 平度州城에서 西北 70리에 있으니 登州와 萊州로 통하는 거리이다."[13]라 했으니 오숙이 지은 〈회부역(灰埠驛)〉과 〈신하로 가는 도중에(新河途中)〉에서 말한 "明狀元牌榜"은 平度州城 안에 있었던 것이 아니라 平度州城에서 북쪽으로 70리 정도 떨어진 灰埠驛과 新河鋪가 있던 "등주와 래주로 통하는 거리(登萊通衢)" 어딘가에 있었던 것이 된다. 明 天啓 四年(1624) 冬至兼聖節使 서장관 金德承도 여기에 대해 기록을 남기고 있다.

> (昌邑縣) 경계 동쪽에 宋 壯元鄉이 있으니 膠水사람 蔡齊의 고향인데, 그
> 는 進士試에서 장원을 했으며 용모가 후덕하고 위엄이 있으며 행동거지
> 가 단정하고 발라서 眞宗 황제가 그를 보고서 인재를 얻었다고 감탄했다.
> (昌邑縣)界東有宋壯元鄉, 乃膠水人蔡齊也, 擧進士第一, 儀狀後偉, 擧止端
> 肅, 眞宗見之曰：得人。(金德承《天槎大觀》)

위의 인용문은 金德承의《天槎大觀》가운데 昌邑縣 부분인데,《宋史》에 기록된 내용과 대체로 일치하며 壯元鄉이 창읍현 경계 동쪽에 있다는 지리적인 정보를 추가적으로 기록하고 있다. 昌邑縣의 동쪽은 平度州이며 두 지역의 交界는 응당 新河鋪 부근이다.(상세한 고증은 후술하기로 함) 그러므로 金德承의 장원향의 위치에 대한 기록은 李德泂, 吳翻, 洪翼漢 등과 일치하니 곧, 新河鋪와 灰埠驛 사이의 어느 지점인 것이다.

또한 明 天啓 三年(1623) 奏聞兼辯誣使 부사 尹暄이 쓴《白沙公航海路程日記》에는

---

12 "狀元坊, 州治大街。明成化間, 知州林恭為宋蔡齊建。崇禎十二年, 知州杜志攀重修."康熙《平度州志》
   卷3《坊表》,清康熙五年刻本, p.15-a.
13 "灰埠驛在州西北七十里, 為登萊通衢." 萬曆《萊州府志》卷5《驛傳》, 明 萬曆 三十二年刻本, p.20-a. 灰
   埠驛에서 平度州城까지의 거리를 보면, 嘉靖《山東通志》와 康熙《山東通志》에는 灰埠驛이 "平度州 西
   北 80리에 있다"라고 했다. 그러나 지금의 萊州府와 平度州의 현지 지방정부에서 纂修한 方志에서는
   灰埠驛이 平度州에서 70리 떨어진 거리에 있다고 되어 있다. 아마도 실제로는 후자의 자료가 더욱 사
   실에 가까울 것이다.

狀元鄉과 "明狀元牌榜"에 대한 구체적인 위치가 기록되어 있다.

> 귀국행: (3月)17日 맑음 아침에 昌邑縣을 지났다. ……灰埠에서 점심밥을
> 해먹었는데 역관 서쪽에 패방이 있었고 "宰相里"라고 편액이 되어 있었
> 으니 곧, 宋 龍圖閣大學士 蔡齊舊里이다. 沙河(店)에 도착하여 劉씨 姓을
> 가진 민가에서 묵었다. (三月)十七日, 晴。朝過昌邑縣, ……灰埠中火, 馹
> 西有牌, 題曰："宰相里", 乃宋龍圖閣大學士蔡齊舊里也。到沙河(店)劉
> 姓人家宿。(尹暄《白沙公航海路程日記》)

明 天啓 三年(1623년 5월 조선 출항) 奏聞兼辯誣使臣團(정사 李慶全, 부사 尹暄, 서장관
李民宬)과 冬至聖節兼謝恩使臣團(1623년 9월 조선 출항, 정사 趙濈조즙, 서장관 任賚之임
뢰지)은 북경에서 합류하여 천계제로부터 인조의 책봉을 인가하는 칙서를 받음으로써
사행의 주요한 임무를 완수하였고 이 칙서를 직접 조선까지 가지고 가는 임무까지 수
행하였다. 이 과정에서 부사 尹暄은 明 天啓 四年(1624) 3月 17日 灰埠驛을 지났는데
灰埠驛의 西側에 "宰相里"라고 편액된 坊表가 세워져 있음을 보았던 것이다.

서장관 李民宬 또한 이 방표와 관련된 기록을 남기고 있다.

> 귀국행:(3月)17日 이날 沙河店에 도착했다. ……새벽에 王老店을 출발하
> 여 昌邑縣을 지났다. 卜莊店에서 점심을 해 먹고 新河를 건넜다. ……灰
> 埠馹에 도착했는데 평도주성에서 서쪽 80리로 宋 龍圖閣太學士 蔡齊故
> 里이며 방표에는 "壯元宰相里"라고 편액되어 있다. 저녁에 沙河店에 묵
> 었으니 오늘은 110리를 지나왔다. (三月)十七日, 到沙河店。……曉發王
> 老店, 過昌邑縣, 中火于卜莊店, 過新河, ……至灰埠馹, 州西八十里地, 乃
> 宋龍圖閣太學士蔡齊故里也, 表曰："壯元宰相里"。夕, 宿於沙河店, 行
> 一百一十里。(李民宬《癸亥朝天錄》)

3月 17日 李慶全, 尹暄, 李民宬 일행은 昌邑縣의 王老店(즉, 昌邑縣의 王耨店, 자세한
고증은 후술함)에서 출발하여 昌邑縣을 지났는데, 昌邑縣의 卜莊店에서 점심을 해 먹

고 휴식을 취한 후에 昌邑縣과 平度州의 경계를 이루는 界河, 곧 新河를 건넌 다음 平度州의 灰埠馹, 곧 灰埠驛에 도착했다. 灰埠驛의 서측에 "壯元宰相里"라고 쓰인 坊表를 보았는데, 이로써 이곳이 "宋 龍圖閣太學士 蔡齊故里"임을 알게 되었다. 늦은 저녁이 되어서야 일행은 掖縣의 沙河店 즉, 沙河鋪에 도착했다.

그런데 재미있는 사실은 尹暄과 李民宬이 동행을 했음에도 불구하고 패방에 편액된 지명에 대한 두 사람의 기록에 좀 차이가 있다는 것이다. 즉, 尹暄은 "宰相里"로, 李民宬은 "壯元宰相里"로 다르게 기록했다. 현존하는 중국 내 지방지에는 이에 대한 기록이 전무하나 앞서 살펴본 李德泂, 吳翻, 洪翼漢 등 조선사신들이 남긴 狀元鄕에 대한 기록에 비추어보면 李民宬이 "壯元宰相里"라고 기록한 것이 사실에 더 부합하는 것으로 사료된다. 그리고 아마도 "壯元宰相里" 坊表에는 부제로 "宋 龍圖閣大學士 蔡齊舊里"등의 글자도 새겨져 있었을 것이다.

李民宬은 灰埠驛을 지날 때 아래와 같이 〈宰相里를 지나며(過宰相里)〉라는 시 한 수를 남겼다.

〈宰相里를 지나며〉
(宋 龍圖閣太學士 蔡齊故里이다. 平度州 灰埠里에 있다.)

태평성세 송나라는 문장이 홍성한 시대라
장원 채제의 이름이 황제가 꾼 기이한 꿈에 꼭 부합하였네.
이름은 龍虎榜의 첫째 자리를 차지하고
몸은 鳳凰池 같은 요직에 이르렀네.
이곳은 유서 깊은 東萊郡의 옛 땅
여기 세워진 방표에 채제의 위대한 업적 면면히 전해지니
그 명망 오랜 세월 동안 조금도 멸실되지 않았고
그를 추모하는 고향 땅 옛 사당은 예전과 다름이 없네.

過宰相里
(宋龍圖閣太學士蔡齊故里也, 在平度州灰埠里)

盛宋興文運, 名符帝夢奇。

首登龍虎榜, 身到鳳凰池。

地屬東萊郡, 坊傳宰相基。

風聲今不泯, 鄕社有遺祠。

(李民宬《癸亥朝天錄》)

첫 연에서 태평성세 宋나라 때는 文藝의 진흥을 중시하였으니 蔡齊라는 장원급제자의 이름이 황제가 꿈에서 본 것과 일치함은 우연이 아니라고 말하였다. 여기서 帝夢이란 "蔡齊夢兆(채제몽조)"의 고사를 가리킨다. 萬曆《萊州府志》에 "宋 眞宗 八年 進士試를 시행하여 인재를 구하고자 했는데, 眞宗 황제가 꿈에 궁전의 기단 높이만큼 큰 채소 하나를 보았다. 그후 장원급제자를 발표했는데 이름이 공교롭게도 '蔡齊'[14]였으므로 황제가 기뻐하며 宰相인 寇準에게 바로 꿈에서 본 인재를 얻었다고 말했다." [15] 라는 기록이 보인다. 이어진 둘째 연에서 말하기를, 狀元 出身의 蔡齊가 이후 국가 요직을 담당하는 관리가 되었다고 칭송한다. 龍虎榜(용호방)이란 唐 貞元 八年(792) 歐陽詹(구양첨), 韓愈, 李絳(이강) 등 23人이 동시에 급제했는데 모두가 준걸한 인재들이었으므로 당시 과거 합격자 명단을 "龍虎榜"이라 한 데서 유래한다. 그 이후 科擧 甲科에 합격하거나 名士들이 동시에 여럿 급제할 경우 용호방에 올랐다(登龍虎榜)라는 표현을 쓰게 되었다. 鳳凰池란 魏晉南北朝시기 禁苑 안에 있던 蓮花池를 가리키는데, 그 부근에 황제를 보좌하고 국가 주요 기관을 관장하던 中書省이 있었기 때문에 이후에 국가 권력의 중추기구를 빗대어 가리키는 말로 사용되었다.

그 다음 셋째 연에서 말하기를, 平度 灰埠 즉, 灰埠驛은 일찍이 東萊郡이라 불린 萊州府에 속하는데 여기에 세워진 방표는 오랜 세월 변함없이 蔡齊의 功業을 후세에 전하고 있다. 明末 平度州는 萊州府에 속했으나 萊州府는 옛날 東漢 시기에는 東萊郡이

---

14 蔡는 菜와 발음이 같아서 채소라는 뜻과 서로 통하고 齊는 가지런하다, 높이가 같다는 뜻으로 궁전기단의 높이와 같다는 뜻으로 해석될 수 있다. 그래서 '蔡齊'는 곧 황제가 꿈에서 본 '궁전 기단과 높이가 같은 채소'를 뜻하는 것이 된다.

15 "祥符八年策進士, 眞宗夢一菜與殿基齊及, 揭狀元乃蔡齊也, 上喜, 謂寇準日, 得人矣。"萬曆《萊州府志》卷6《外傳》, 明 萬曆 三十二年刻本, p.52-b.

었으므로 後人들은 습관적으로 東萊라는 명칭으로 萊州를 대신하곤 했으며 조선사신 또한 그러했다. 마지막 연에서 말하기를 蔡齊가 죽은 지 600여 년이 지난 지금까지도 그의 명망이 조금도 사라지지 않았고 蔡齊故里가 있는 灰埠驛에는 여전히 蔡齊의 위 패를 모신 사당을 지어 그를 존숭해오고 있다. 風聲은 명망의 뜻이며 遺祠는 옛 사당, 鄉社는 태어나 자란 곳으로 故里, 故鄉을 말한다.

李德泂, 吳翻, 洪翼漢, 李民宬, 尹暄 등 조선 사신들의 기록을 비교해보면 그 중 李 民宬《癸亥朝天錄》의 "壯元宰相里" 坊表에 대한 기록이 가장 자세하다. 곧, 灰埠驛 의 서측이라는 구체적인 위치를 기록하고 있을 뿐만 아니라 〈재상리(宰相里)〉라는 시 를 통해 明末 灰埠驛 안에 세워진 방표에는 蔡齊의 功績이 자세히 쓰여 있었으며 회부 역 안에는 또한 蔡齊를 모시는 古祠堂도 있었음을 알 수 있다. 萬曆《萊州府志》와 康 熙《平度州志》의 기록[16]에 따르면 明 成化 연간 知州 林恭이 平度州城 內에 蔡齊를 위 해 狀元坊과 蔡文忠公祠를 세웠다고 한다. 그러나 중국 내 어떤 方志에도 조선사신들 이 보았다며 하나같이 빠짐없이 기록한 灰埠驛 內의 蔡齊의 古祠堂과 灰埠驛 서쪽에 있었다는 "壯元宰相里" 坊表에 관한 기록은 없다.

필자는 그 이유를 대체로 두 가지 정도로 유추해 본다. 우선 平度州城은 "군사적 요 충지가 아니어서 위험을 무릅쓰고 지킬 필요가 없었으나"[17] 사람의 왕래가 빈번하고 교역이 활발하여 규모가 꽤 큰 곳이었다. 그러나 등주부성과 래주부성에서 먼 거리에 있었기에 예로부터 지명도가 떨어지는 고장이었다. 그래서 平度라는 이름을 알리기 위해 平度州의 관리가 사람의 왕래가 잦은 平度州城에 가까운 灰埠驛의 西側에 임의 로 작은 규모의 狀元坊을 세우고 驛內에 蔡文忠公祠를 세워 외지인들에게 지역의 명 소로 알리려 하지 않았을까? 다른 하나는 明淸 시기 등주부나 래주부의 지방지를 보 면, 대체로 府城이나 縣城의 밖에 있는 규모가 비교적 작은 坊表는 특별한 경우가 아 니면 기록하지 않는 것이 관례였으므로 조선 사신들이 직접 본 灰埠驛 방표도 이런 경 우에 해당한 것이 아닌가 한다.

---

16   康熙《平度州志》卷3《坊表》, 淸 康熙 五年刻本, p.15-a, 萬曆《萊州府志》卷4《祀典》, 明 萬曆 三十二年刻 本, p.4-b.

17   "非衝要, 無險可守" 民國《平度縣續志》卷1《疆域·沿革》, 淸道光二十九年刊本, p.1-a

　　결국, 조선사신이 기록한 灰皁駈, 灰皁, 灰埠, 灰埠駈, 灰埠里, 狀元鄕, 壯元宰相里, 宰相里는 모두 平度州城에서 서북으로 70리 떨어진, 등주와 래주를 잇는 관도의 중요한 교차점에 있던 灰埠驛을 가리키는 것이 된다. 灰埠驛이 언제부터 설치되었는지에 대해서 관련 중국 지방지[18]에는 자세한 기록이 없다. 그런데《大明會典》에는 "萊州府에 옛날부터 있던 平度州 丘西鋪와 蘇村鋪, 高密縣 密水鋪 등 역참을 전부 개혁하였다. ……平度州에는 灰埠驛만 남게 되었다."[19] 라는 기록이 있으므로 明 萬曆 연간에는 灰埠驛이 이미 존재했으며 明 隆慶 四年(1570) 역참 개혁 때도 요충지에 위치했기 때문에 萊州府 경내의 유일한 역참으로서 존치되었음을 알 수 있다. 이러한 정황은 登州府 黃縣 경내에 유일하게 존치되었던 黃山館驛과 유사한데 黃山館驛이 明 洪武 九年(1376)에 세워졌으므로 灰埠驛 또한 아마 黃山館驛과 비슷한 시기에 세워졌을 것으로 추측된다. 淸 道光《重修平度州志》와 民國《平度縣續志》[20]에 따르면 明末이나 淸初에 비해 규모가 좀 작아졌을 뿐 淸末까지 灰埠驛의 역참으로서의 기능은 계속 유지되었다. 淸末에서 民國 初年를 거치면서 灰埠驛의 역참 기능은 차츰 근대적인 우체국 기능으로 대치되었다.

　　조선사신들이 일찍이 거쳐갔던 灰埠驛은 지금의 靑島市 平度市 新河鎭 灰埠村이다. 관련 方志 기록[21]에 따르면 청대 이후 회부역의 자세한 연혁은 다음과 같다. 淸 康熙 五年(1666)에는 平度州 長樂鄕에, 淸 道光 二十九年(1849)에는 平度州 灰埠鎭에, 淸 光緖 三年(1877)에는 平度縣 長樂鄕 灰埠區에, 民國 二十年(1931)에는 第四區에, 民國 二十四年(1935)에는 第五區에, 1945年에는 平西縣에, 1953年에는 蓼蘭縣(묘란현)에, 1958年에는 灰埠公社에, 1984年에는 灰埠鄕에, 1985年에 灰埠鎭에 속했다가 지

18　萬曆《萊州府志》, 乾隆《萊州府志》, 康熙《平度州志》, 道光《重修平度州志》, 光緖《平度志要》, 光緖《平度州鄕土志》, 民國《平度縣續志》등 명청 시기 주요 지방지에 관련 기록이 없다.

19　"萊州府舊有平度州丘西, 蘇村, 高密縣密水各驛俱革。 ……平度州(僅留)灰埠驛。"《大明會典》, 卷一百四十五兵部二十八《驛傳一·水馬驛上》, 明萬曆內府刻本 p.30-b.

20　道光《重修平度州志》卷14《志七·兵防》, 淸 道光 二十九年 刊印本, p.3 ; 民國《平度縣續志》卷5《政治志·郵政》, 民國 二十五年 鉛印本, p.20.

21　康熙《平度州志》卷3《坊表》, 淸 康熙 五年刻本; 道光《重修平度州志》卷九《志二·建置》, 民國《平度縣續志》卷2《鄕鎭》, 民國 二十五年鉛印本; 山東省平度縣地方志編纂委員會 編纂, 《平度縣誌》1987年版, pp.4-15; 平度市民政局 編,《山東省平度市地名志》2017年版, pp.23-28, p.147。

금은 平度市 新河鎭에 속한다.

　필자 일행이 옛 회부역 일대를 현장답사할 때 灰埠村 마을주민 張永貴(男, 70)씨와 인터뷰할 기회를 가졌는데, 그는 灰埠村이 이전에 규모가 꽤 컸으며 총 3개의 城郭으로 구성되어 있었다고 했다. 현지인들은 이를 각각 東郭, 西郭, 北郭으로 부르고 있었는데 萊州府 掖縣에서 昌邑縣으로 가는 옛 驛道는 東北-西南 방향으로 灰埠村을 지나고 있었다. 국공내전 시기 灰埠村이 군사적 요충지였기에 여기서 격렬한 전투가 여러 번 벌어졌으며 이로 인해 灰埠村 내 옛 건축물들이 대부분 소실되었고 옛 坊表도 파괴되었다고 한다. 필자 일행은 張永貴씨의 안내로 옛 역도변에 현재까지 남아 있는 옛 주택 한 채를 찾아볼 수 있었는데 그 주택은 다른 주택들이 남북으로 난 길을 따라 나란히 들어선 것과는 달리 옛 관도 방향인 東北-西南 방향을 따라 다른 주택들과 어긋나게 앉아 있었다. 또한 灰埠村 마을주민 許官春(男, 61)씨는 필자 일동을 灰埠城郭 西門의 옛터로 안내해 주었는데 이미 일반주택가로 개발되어 전혀 옛 흔적이 남아 있지 않아 조선사신이 목도했다는 "壯元宰相里" 坊表의 구체적인 위치는 확인할 길이 없었다.

사진 4-4　지금의 灰埠村 주민 張永貴(70세) 씨가 필자 일행에게 古宅 곁의 옛 官道의 방향을 가리켜 주고 있다.
(집필진 답사 촬영)

사진 4-5   지금의 靑島市 平度市 新街鎮 灰埠村 촌민위원회 (집필진 답사 촬영)

第2절   獨埠河(杜阜河), 新河店(深河店), 深河(新河),
    昌邑 東界(昌邑縣 東界), 平度州 西界

북경행: (6月)29日 이날 昌邑縣에 도착했다. 아침에 灰埠를 출발하여 혼탁한 강을 건넜는데 "獨埠"라 하며 강폭은 넓지 않으나 수심은 꽤나 깊었다. 그래서 方物은 잘 싸서 뗏목에다 싣고 가마는 가마꾼들이 어깨 높이로 들어서 강을 건넜는데 물이 깊어 가마꾼들의 어깨가 잠길 정도여서 겨우 젖는 것을 면했다. 다시 이름을 알 수 없는 혼탁한 강을 건넜는데 앞에 건넌 강과 하나의 물줄기이나 들판을 구불구불 흐르는 바람에 여러 번 강물을 건너야 했던 것이다. (六月)二十九日, 到昌邑縣。朝, 發灰埠, 渡濁河, 名曰 : "獨埠", 水不甚廣, 而窪深。方物包子著筏而涉, 轎夫高抬, 水幾沒肩, 僅免沾濕, 又過名不知二濁河, 蓋一水而曲折屢渡者也。……做中火於新河店。(李民宬《癸亥朝天錄》)

윗글은 明 天啟 三年(1623) 奏聞兼辯誣使 서장관 李民宬의《癸亥朝天錄》중 북경으로 가는 여정의 일부이다. 6月29日 李民宬 일행은 灰埠驛에서 출발하여 물이 혼탁한 강(獨埠河)을 건넜다. 獨埠河는 비록 강폭이 넓지 않았으나 수심이 꽤나 깊어 가마꾼의 어깨까지 잠길 정도였기에 방물이 젖는 것을 피하기 위해 사신들은 뗏목을 이용하여 방물을 옮기도록 명령했다. 이렇게 가마꾼들이 뗏목을 밀어 獨埠河를 건넌 후 강물이 여전히 혼탁한 이름모를 두 번째 강을 또 건넌 후, 조선 사신 일행은 新河店에 도착하여 잠시 휴식을 취하며 점심을 먹을 수 있었다. 萬曆《萊州府志》에 따르면[22] 新河店 곧, 新河鋪는 平度州가 관할하는 急遞鋪 가운데 하나이다(자세한 내용은 후술하기로 함). 사신의 사행노선으로 보면 獨埠河는 灰埠驛과 新河店 사이에 있었으니 관련 중국 지방지에서 여기에 부합하는 강을 찾아보면 平度州 "북쪽 50리에서 沙河에 합류하여 北으로 바다로 유입되는"[23] 藥石河이다.

藥石河의 原名은 藥石水이다.《太平寰宇記》에 "藥石水는 膠水縣 西北 50리 되는 곳에 있으며 明堂山에서 발원하여 石瀆河(석독하)에 합류한다"[24]라고 했으며《讀史方輿紀要》에 "明堂山은 平度州 東北 40리 되는 곳에 있으며 藥材가 산출되기에 藥石水가 여기서 발원한다. 石瀆河와 만나 膠水에 합류한다."[25]라고 했다. 그러므로 藥石河 곧, 藥石水는 藥材가 많이 산출되는 明堂山(지금의 平度市 大姑頂)에서 발원하므로 그러한 이름이 붙은 것이며 지금의 平度市 淄陽河이다.

관련 方志[26]에 따르면 藥石河는 陽河, 城子河, 之陽河라고도 하며 北膠萊河 하류의 주요한 支流로 大姑頂과 大澤山 두 곳에 남북으로 발원지를 두고 있다. 강의 총길이는 44km, 유역면적 267.6평방km이며 동쪽에서 서쪽으로 平度州 大澤山, 長樂, 店子, 灰埠, 新河 등을 지난다. 李民宬이 두 번째로 건넌 강은 처음 건넌 獨埠河와 달리 "두 번째 혼탁한 강"으로만 간단히 언급하고 자세히 기술하지 않았다. 이는 이 강이 獨埠河에 비하면 규모가 상당히 적은 지류였기 때문일 것이다. 平度州 北部는 낮은 저지대로

---

22 萬曆《萊州府志》卷5《驿传》, 明万历三十二年刻本, p.35-a。

23 "北五十里, 會流沙河, 北入海" 康熙《平度州志》, 卷1《山川》, 淸康熙五年刻本, 第8页a

24 "藥石水在(膠水)縣西北五十里, 源出明堂山, 合石瀆河。"《太平寰宇記》卷20《河南道二十》, 淸 文淵閣四庫全書補配古逸叢書景宋本, p.21-a

25 "明堂山在(平度)州東北四十里, 産藥材, 有藥石水出焉, 流合石瀆河而注於膠水。"《讀史方輿紀要》卷36《山東七》, 淸稿本, p.5-b.

26 平度市民政局 編,《平度市地名志》, 2017年版, p.473; 山東省平度縣地方誌編纂委員會 編纂,《平度縣誌》, 1987年版, p.263;《靑島市水利志》編委會 編,《靑島市水利志》, 靑島出版社1996年版, p.17.

여름에 비가 많이 오면 곳곳에 계절성 하천이 생긴다. 그래서 옛부터 홍수와 물난리가 잦았고 하류의 흐름도 자주 바뀌었다. 李民宬이 언급한 두 번째 혼탁한 강은 지금의 淄陽河(치양하)의 서쪽, 平度市 新河北鎮村(明淸 시기의 新河鋪)의 남쪽 어딘가 있었을 것이나 지금은 정확한 위치를 확인하기 어렵다.

사진 4-6　지금의 平度市 淄陽河(平度市 新城鎮 獨埠陳家村 구간) (집필진 답사 촬영)

사진 4-7　음력 8월 초의 淄陽河 풍경 - 장마철이 지나면 강물이 흐르지 않는 건천이 되어 억새가 무성해진다.
(지금의 平度市 新城鎮 獨埠陳家村 구간) (집필진 답사 촬영)

(昌邑縣)경계의 동쪽에 宋 壯元鄉이 있다. ……서쪽에는 杜阜河가 있으며
온 마을에 밥짓는 굴뚝 연기가 자욱하다. (昌邑縣)界東有宋壯元鄉, ……西
有杜阜河, 村煙極盛. (金德承《天槎大觀》)

윗글은 明 天啟 四年(1624) 冬至兼聖節使 서장관 金德承의 《天槎大觀》에서 昌邑縣
부분 기록이다. 金德承의 기록에 따르면 杜阜河는 宋 狀元鄉, 즉, 平度州 灰埠驛의 서
쪽에 있다. 중국어 "阜(fù)"와 "埠(bù)"는 한국어 발음으로는 모두 "부"로 같고, 한자어
"杜(두)"와 "獨(독)"의 한국어 발음은 다르나 중국어 발음은 모두 "du"로 같으므로 金
德承이 기록한 "杜阜河"는 바로 李民宬이 기록한 "獨埠河"이며 平度州 북쪽 50리에
있는 藥石河, 즉 지금의 平度 淄陽河를 가리킨다. 앞서 기술했듯이 李民宬과 金德承이
언급한 "獨埠河"는 萬曆《萊州府志》에서는 藥石河라고 기재되어 있다. 그러므로 "獨
埠河"라는 이름은 민간에서 통용되던 별칭이었을 것이다.

乾隆《萊州府志》의 기록[27]에 따르면 昌邑縣과 掖縣 사이의 急遞鋪 중에 獨埠鋪라는
명칭의 急遞鋪가 존재했다. 지도상의 위치와 함께 유추해보면 淸代 昌邑縣에서 관할
한 獨埠鋪의 위치는 金德承이 언급하고 있는 杜阜河 곁의 "밥짓는 굴뚝 연기 자욱한
마을(村煙極盛)"과 일치한다. 그런데 乾隆 이전에 간행된 萬曆《萊州府志》, 康熙《平度
州志》등의 方志[28]에는 "獨埠"라는 명칭의 급체포가 없다. 이상의 사실들을 종합해보
면, 아마도 獨埠[29]라는 곳은 明末에 이미 꽤 많은 인구가 거주하고 경제적으로 발전되
어 있었고 그 지리적 중요성이 점점 높아져 淸代 중기에 이르러 官方에서 獨埠에 정식
으로 급체포를 설치한 것으로 짐작된다.

---

27   "昌邑縣(急遞鋪)……東北路六 : 黑埠, 夏店, 陸莊, 卜莊, 新河, 獨埠."乾隆《萊州府志》卷5《驛遞》, 淸乾
隆五年刻本, p.2-b.

28   萬曆《萊州府志》卷5《驛傳》, 明 萬曆 三十二年刻本, p20-a; 萬曆《萊州府志》卷5《市集》, 明 萬曆 三十二
年刻本, p.25; 康熙《平度州志》卷1《鄉社》, 淸 康熙 五年刻本; 康熙《平度州志》卷1《市利》, 淸康熙五年刻
本, 康熙《平度州志》卷3《驛傳》, 淸康熙五年刻本。

29   明末 淸初에 간행된 관련 方志에는 "獨埠"라는 명칭이 전혀 보이지 않으며 李民宬과 金德承의 獨埠河
에 관한 기록이 유일하다. 그러므로 明末 獨埠의 위치가 淸代 중기 이후 문헌에 기록된 獨埠鋪 자리였
음을 중국측 문헌으로는 고증할 길이 없다. 그러나 중국 지방지에서 일반적으로 급체포의 명칭은 그
소재지 마을 명칭에서 유래하므로 淸代 중기 이후 "獨埠鋪"라는 명칭은 "獨埠村"이라는 마을 이름에
서 유래한 것이며, "獨埠村"은 청대 중기 "獨埠鋪"가 설치되기 이전부터 존재했음이 틀림없다.

앞서 우리는 灰埠驛에서 新河鋪에 이르는 사행길에서의 감흥을 기록한 吳翻의 〈신하로 가는 도중에(新河途中)〉라는 시를 살펴보았는데, 그 시에서 "역참 주막에 한 광주리 가득 담긴 먹음직한 과일 한 입 맛보라며 여행객을 붙잡고, 술잔 가득 향기로운 술 나그네 여독 말끔히 씻어줄 수 있을 듯하네(筐果堪留客, 尊醪報滌場)."라고 묘사한 마을이 바로 獨埠임을 알 수 있으며, 이는 金德承이 獨埠를 "밥짓는 굴뚝 연기 자욱한 마을(村煙極盛)"로 규모가 꽤 크고 번화한 곳으로 묘사한 정황과 일치한다.

《平度市地名志》의 기록[30]에 따르면, 1965年 平度市에 큰 비가 내려 大澤山에 산사태가 일어났고 이로 야기된 홍수의 물길을 트기 위해 인공하천인 澤河를 준설했다고 한다. 이 토목공사로 인해 灰埠鎭 劉家村 부근을 흐르던 淄陽河가 상류와 하류 구간으로 단절되어 상류는 지금의 澤河 구간, 하류는 淄陽河 구간으로 나뉘어졌다고 한다. 조선 사신 李民宬과 金德承 등이 건너간 獨埠河(杜阜河)가 바로 지금의 平度市 淄陽河(平度市 新城鎭 獨埠陳家村 구간)이다. 그리고 金德承이 언급한 "밥짓는 굴뚝 연기 자욱한 마을(村煙極盛)"은 곧, 淸代 중기에 설치된 獨埠鋪가 있던 마을로 지금의 平度市 新河鎭 獨埠陳家村이다.

獨埠陳家村 마을주민 陳義農(男, 51)씨는 獨埠陳家村의 북쪽에 낮은 구릉이 있는데 현지인들은 이를 "埠"라고 부르며 "獨埠"라는 명칭이 여기에서 유래했다고 한다. 그리고 그 구릉 北側으로 萊州府에서 북경으로 향하던 옛 官道가 있었으며 그 길을 지나던 사람들이 대부분 獨埠陳家村에서 留宿했었다고 증언해주었다. 獨埠陳家村에서 新河까지는 약 6km의 거리이다. 필자 일행은 陳義農씨의 안내로 獨埠陳家村의 북쪽에 있는 구릉과 옛 관도를 찾아볼 수 있었다. 옛 관도는 동서로 길이 나 있었고 폭은 3m 정도로 잘 다져진 흙길이었다.

---

30   平度市民政局 編,《平度市地名志》, 2017年版, p.473.

사진 4-8   지금의 平度市 新河鎭 獨埠陳家村 북쪽에 있는 "埠(낮은 구릉)"과 현재까지 남아 있는 옛 관도 유적
(서쪽을 등지고 동쪽을 바라보며 촬영함)

사진 4-9   平度市 新河鎭 獨埠陳家村 북쪽에 현재까지 남아 있는 옛 관도 유적 (동쪽을 등지고 서쪽을 바라보고 촬영함)

사진 4-10   지금의 平度市 新河鎭 獨埠陳家村 居民委員會 (집필진 답사 촬영)

1) 북경행:(7月)7日 아침에 (萊州城에서)출발했다. ……灰阜駟에서 점심을
해 먹고 深河를 건넜다. 昌邑東界라고 쓰인 방표가 보였다. (七月)初七
日。早發(萊州城)。……中火於灰阜駟, 再渡深河, 有門日：昌邑東界。
(安璥《駕海朝天錄》)

2) 귀국행:(9月)22日 맑음. 달이 떠 있는 새벽에 (漢亭店)에서 출발하여 50
리를 가서 昌邑城外 五里店에 도착하여 말을 쉬게 했다. 60리를 가서
深河店에 묵었다. (九月)二十二日, 晴。乘月曉發(漢亭店), 行五十里, 到
昌邑城外五里店歇馬, 行六十里, 宿深河店。(吳允謙《海槎朝天日錄》)

3) 북경행:(6月)29日 이날 昌邑縣에 도착했다. 아침에 灰埠에서 출발했다.
……昌邑縣東界를 지나 新河店에서 점심밥을 해먹었는데 역관 남쪽
으로 상점과 여관들이 즐비하게 들어서 이어져 있어 사람과 물자가 아
주 많았다. 新河의 강변에 도착하여 부사와 함께 배를 타고 강을 건넜
다. (六月)二十九日, 到昌邑縣。朝, 發灰埠, ……過昌邑縣東界, 做中火
於新河店, 迤南店舍櫛比, 人物甚夥。到新河岸, 與副使同船擺渡。(李
民宬《癸亥朝天錄》)

　　1), 2), 3)은 각각 安璥의《駕海朝天錄》, 明 天啓 二年(1622) 登極使 吳允謙의《秋灘東
槎朝天日錄》, 李民宬의《癸亥朝天錄》가운데 이 장절에서 다루는 驛道에 관련된 기록
이다. 1)에서 7月7日 安璥 일행은 동쪽에서 서쪽으로 차례로 灰阜駟(灰埠驛)→ 深河 →
昌邑東界(坊表)를 지났고 2)에서 明 天啓 三年(1623) 9月 22日 吳允謙 일행은 조선으
로 돌아가는 길이므로 서쪽에서 동쪽으로 차례로 漢亭店(寒亭鋪) → 昌邑城外 五里店
→ 深河店을 지났다. 1)과 2)에서 모두 "深河"를 언급하고 있는데 萬曆《萊州府志》와
康熙《平度州志》의 기록[31]에 따르면 明末 淸初 조선사신들이 平度州 북부를 지날 당시
에는 灰埠驛과 新河鋪만이 官方 驛站으로 존재했었다. 萬曆《萊州府志》, 萬曆《濰縣

31　萬曆《萊州府志》卷5《驛傳》, 明 萬曆 三十二年刻本, p.20-a; 萬曆《萊州府志》卷5《驛傳》, 明 萬曆 三十二
　　年刻本, p.21-a; 康熙《平度州志》卷3《驛傳》, 淸 康熙 五年刻本. 第10頁b-第11頁b。

誌》, 康熙《昌邑縣誌》의 기록[32]에 따르면, 漢亭店, 곧 濰縣 寒亭鋪에서 동쪽으로 60리
되는 곳에 昌邑縣城이 있었고, 거기서 다시 동쪽으로 50리를 가면 新河鋪가 있었다.

곧, 거리에 차이가 있지만 吳允謙이 기록한 "深河店"은 바로 "新河店"이다. 安璥 또
한 오윤겸과 마찬가지로 "新河"를 발음이 같은 通假字인 "深河"로 기록하고 있다. 물
론 安璥이 기록한 "深河"는 吳允謙이 말한 "深河店"이 아니라 新河店 서측 부근에 있
던 큰 강인 新河를 가리킨다. 이처럼 두 사신이 동일한 지명을 동시에 동일한 통가자로
기록한 것은 아마도 萊州 方言에 중국어 "新(xīn)"과 "深(shēn)"의 발음이 비슷했기 때
문에 혼동한 것이거나 아니면 조선 사신들이 몇 일간의 여정을 나중에 기억에 의지하
여 한꺼번에 기록한 탓인 듯하다.

3)에서 1623年 6月 29日 李民宬 일행은 昌邑縣 東界(坊表)를 지나 新河店, 곧 新河
鋪에서 쉬면서 점심을 해먹었는데 新河鋪의 남측으로 수많은 상점과 여관이 즐비하
게 늘어서 있고 왕래하는 客商들이 수를 셀 수 없이 많았다고 기록했다. 그들은 행장을
정돈한 후에 다시 출발하여 新河의 강변에 도착하여 부사 尹暄과 함께 배를 타고 강을
건넜다. 3)의 기록은 新河鋪가 平度州와 昌邑縣의 交界에 위치하는 重鎭이자 登州와
萊州를 드나드는 門戶로서 客商의 수가 셀 수 없을 만큼 많았음을 알려주고 있으니 적
어도 明代 末期부터 新河鋪의 상업활동이 매우 번영하였음을 알 수 있다.

그런데 3)에 따르면 6月 29日 李民宬 일행은 동쪽에서 서쪽으로 차례로 灰埠驛 →
昌邑縣東界 → 新河店(新河鋪)을 지났다. 앞서 살펴본 1)과 3)의 경유지명을 비교해보
면 安璥과 李民宬의 "昌邑縣 東界"와 "新河"의 순서가 뒤바뀌어 있다. 즉, 1)에서 안경
은 深河 곧, 新河를 지난 후 다시 昌邑縣 東界를 지났다고 했으나 3)에서 李民宬은 먼
저 昌邑縣 東界를 지난 후 新河店에 도착한 후 다시 新河를 건넜다고 기술하고 있다.

왜 이런 차이가 발생하게 되었는지 당시 중국 지방지의 기록을 살펴보면서 고찰하
기로 한다.

---

32   萬曆《萊州府志》卷5《驛傳》, 明 萬曆 三十二年刻本, p.21-b; 萬曆《濰縣誌》卷2《鋪》, 明 萬曆 二年刻本,
p.5-a; 康熙《昌邑縣誌》卷3《公署》, 淸康熙十一年增刻本

1) 平度州(의 急遞鋪는) 西北 방향으로 난 길을 따라 昌邑縣에 이르기까지 5곳이 있으니 차례로 周家, 大場口, 張舍, 新河, 房家莊 등이다. 平度州(急遞鋪)西北路通昌邑縣鋪五：曰周家, 曰大場口, 曰張舍, 曰新河, 曰房家莊。[33]

2) 昌邑縣(의 急遞鋪는)東北 방향으로 난 길을 따라 萊州府에 이르기까지 5곳이 있으니 차례로 黑埠, 夏店, 撫安, 卜莊, 新河 등이다. 昌邑縣(急遞鋪)東北路通萊州府, 鋪五：曰黑埠, 曰夏店, 曰撫安, 曰卜莊, 曰新河。[34]

3) 平度州(의 急遞鋪는)……西北 방향으로 난 길을 따라 昌邑까지 5곳이 있으니 차례로 周家店, 大楊召, 張舍, 新河, 房家莊 등이다. 平度州(急遞鋪)……西北路通昌邑, 鋪五：曰周家店, 曰大楊召, 曰張舍, 曰新河, 曰房家莊。[35]

4) 新河鋪는 (昌邑)縣 東北 50리에 있는데, 폐지되었다. 新河鋪在(昌邑)縣東北五十里, 廢。[36]

5) 平度州는……다시 西北으로 난 길을 따라 灰埠, 三埠 2곳의 급체포가 있는데 이상의 급체포에는 공히 鋪司가 2인, 兵夫가 6인 있었다 平度州……又西北路二：灰埠, 三埠。以上共鋪司二兵, 夫六。

6) 昌邑縣(의 急遞鋪는)……동북으로 난 길을 따라 6곳이 있는데 차례로 黑埠, 夏店, 陸莊, 卜莊, 新河, 獨埠 등이다. 昌邑縣(急遞鋪)……東北路六：黑埠, 夏店, 陸莊, 卜莊, 新河, 獨埠。[37]

---

33 萬曆《萊州府志》卷5《驛傳》, 明 萬曆 三十二年刻本, p.21-a.
34 萬曆《萊州府志》卷5《驛傳》, 明 萬曆 三十二年刻本, p.21-b.
35 康熙《平度州志》卷3《驛傳》, 康熙 五年刻本, p.11-a.
36 康熙《昌邑縣誌》卷3《公署》, 清 康熙 十一年刻本
37 乾隆《萊州府志》卷5《驛遞》, 清 乾隆 五年刻本, p.2-b。

7) 新河鋪는 (昌邑)縣 東北 50리에 있는데 폐지되었다. 新河鋪在(昌邑)縣
   東北五十里, 廢。 [38]

8) (昌邑縣의)新河鋪에는 鋪兵이 9名이며, 東으로 平度의 房家鋪까지 10
   리 거리이다. (昌邑縣)新河鋪, 鋪兵九名。 東至平度之房家鋪十里。 [39]

1)과 2)는 萬曆《萊州府志》, 3)은 康熙《平度州志》중 平度州와 昌邑縣의 急遞鋪에
관한 기록이고 4)는 康熙《昌邑縣誌》중 新河鋪에 관한 기록이다. 1), 2), 3), 4)의 기록
에 따르면, 明末 萬曆 三十二年(1604)부터 康熙 五年(1666)까지 新河鋪는 平度州와 昌
邑縣이 함께 관할하는 급체포였는데 康熙 十一年(1672)에 폐지되었다. 5)와 6)은 乾隆
《萊州府志》중 平度州와 昌邑縣의 급체포에 관한 기록인데, 이에 따르면 淸 乾隆 五年
(1740)부터 新河鋪는 平度州에서 昌邑縣의 관할로 바뀌었다. 7)과 8)은 각각 乾隆《重
修昌邑縣誌》와 光緒《昌邑縣續志》중 新河鋪에 관한 기록으로 이에 따르면 淸 乾隆
七年(1742) 新河鋪가 폐지되었다가 光緒 三十三年 (1907)에 다시 재개되었는데 모두
昌邑縣의 관할이었다. 결론적으로 말하면, 新河鋪는 설치, 폐지, 재개 등의 沿革이 상
당히 복잡하여 新河鋪가 어느 관할에 속했는지에 근거하여 明末 등주와 래주를 잇던
驛道가 어디까지 平度州에 속했는지, 어디까지 昌邑縣에 속했는지 그 경계를 명확히
고증하기 어렵게 되었다. 이는 역사적으로 보면 平度州의 행정 구획이 直隸州에서 散
州로 변경된 것에 기인한다.

그런데 明 天啓 三年(1623) 冬至聖節兼謝恩使 趙濈은《燕行錄(一云朝天錄)》에서
"昌邑縣 東界"뿐만 아니라 "平度州 西界"도 기록하고 있으므로 이 부분의 고찰을 통
해 이 문제를 좀 더 살펴보기로 하자.

북경행:(10月)14日 맑음. 아침에 (灰埠驛을)출발하여 平度州西界를 지나고
다시 昌邑縣東界를 지났는데 도중에 暴雨를 만나 官鋪에 들러 잠시 쉬었

---

38   乾隆《昌邑縣誌》卷4《驛遞》, 淸 乾隆 七年刊本, p.99-b。
39   光緒《昌邑縣續志》卷4《驛遞》, 光緒 三十三年刻本, p.17-b。

다. 北風이 흙바람을 일으켜 황사가 온 하늘에 가득했으니 海上에서 만약
이런 바람을 만났더라면 어떻게 살아남을 수 있었겠는가! 비가 그치자 新
河를 건넜는데, 다리도 있고 배도 있었으나 가마꾼들이 배를 포기하고 다
리[40]로 건넜다. 그러나 다리가 심히 위태로워서 정말 조심스럽게 건넜는
데 만약 가마가 뒤집어 떨어지기라도 한다면 어떻게 될지 염려스러워 온
몸이 오싹거렸으며 가마에서 내려 걸어서 건너지 않은 것이 한스러울 지
경이었다. (十月)十四日, 晴。早發(灰埠驛), 過平度州西界, 過昌邑縣東界,
路逢暴雨入官鋪歇。北風卷地, 塵霧漲天, 海上若逢此風, 未知何以得生道
也。雨歇, 過新河, 有橋, 有舟, 轎夫等舍舟而橋, 橋甚危候, 菫以過去, 若
至顚墜事將不測, 悚身悚身, 恨不步涉也。(趙濈《燕行錄(一云朝天錄)》)

　　10月14日 趙濈 일행은 平度州 西界와 昌邑縣 東界를 차례로 지난 후, 폭풍우를 만
났는데 당시 날씨가 무척이나 사나워 북풍이 크게 일고 모래바람에 섞인 운무가 하늘
을 뒤덮었다. 이를 보고 趙濈은 만약 바다 위에서 그런 날씨를 만났더라면 살아남기 어
려웠을거라고 탄식한다. 당시 조선 사신들은 산동 등주 땅에 발을 디디기까지 배를 타
고 바다를 건너오면서 폭풍우를 만나 구사일생의 위기를 맞곤 했는데 당시 래주부 땅
에서 만난 사나운 날씨는 해상에서 겪었던 두려움과 고통의 기억을 상기시키기에 족
했던 것이다. 당시 폭풍우를 피하기 위해 趙濈 일행은 가까운 官鋪에 들러 머물다가
날씨가 개이자 新河 위로 위험스럽게 놓인 다리를 건넜다. 明末 灰埠驛에서 新河사이
의 관방 급체포는 新河鋪가 유일했으므로 趙濈이 여기서 언급한 官鋪는 바로 新河鋪
이다. 10月14日의 기록에 따르면 趙濈 일행이 동쪽에서 서쪽으로 차례로 거쳐간 곳은
灰埠驛 → 平度州 西界 → 昌邑縣 東界 → 新河鋪→ 新河이다. 현재의 지도와 당시의
지방지, 安璥과 趙濈의 기록을 통해서 두 가지 사실을 확인할 수 있다. 첫째, 安璥의 昌
邑 東界 곧, 昌邑縣 東界 坊表의 위치에 대한 기록은 오류이다. 둘째, 新河鋪는 昌邑縣

40　여기서 다리는 나룻배를 연결하고 그 위에 널판지를 얹어 만든 배다리이다. 신하에 석교가 처음 놓여
　　진 때는 淸 康熙 九年(1670)이며, 이전에는 여름에 강물이 불어 강폭이 넓어지고 유속이 세지면 배를
　　이용하였고, 가을부터 강물이 줄어 강폭이 좁아지고 유속이 느려지면 배다리를 연결하여 역도의 물자
　　를 운송하였다. 자세한 고증은 내용은 본장 뒷쪽의 신하석교 부분 고증을 참고바람.

경내에 위치했다.

　이러한 사실로 유추해보면 平度州 西界와 昌邑縣 東界의 표지는 가까운 거리에 위치했다는 사실을 알 수 있는데, 그렇다면 구체적인 위치는 어디일까?《元和郡縣誌》에 "膠水는 (北海)縣에서 東으로 80리를 흘러 萊州 膠水縣의 가운데를 나누는 경계가 된다."[41]고 했고《太平寰宇記》에 膠水는 "密州, 諸城 東卷山에서 발원하여……서쪽으로 掖縣을 거쳐 바다로 유입된다." [42]라고 했으니 膠水는 바로 지금의 膠萊河로 靑島 平度市와 濰坊 昌邑市의 경계가 되는 界河이다. 北海는 지금 濰坊의 唐나라 때 행정구역 명칭인데 자세한 내용은 이후에 고증하기로 한다. 역사적으로 이 지역의 행정구역이 빈번하게 변경되어 平度州 東北部와 昌邑縣 西北部의 경계는 "개의 어금니가 서로 맞물린 것처럼 뒤얽혀 복잡했다."[43]

　그런데 淸代 方志와 明末 조선 사행록의 기록을 함께 살펴보면, 明末 平度州 西界와 昌邑縣 東界의 標識가 서있던 위치를 대략 짐작할 수 있다. 光緒《昌邑縣續志》에 "창읍현의 급체포는……동으로 獨埠鋪까지 60리, 東北으로 新河鋪까지 50리……獨埠鋪에서……다시 동으로 平度 三埠鋪까지 10리이다."[44] 라고 기록되어 있으니, 昌邑縣 新河鋪는 昌邑縣城에서 東北 50리에, 獨埠鋪는 昌邑縣城에서 東北 60리에, 平度州 三埠鋪은 昌邑縣城에서 東北 70리에 있었던 셈이다. 明 崇禎 三年(1630) 陳慰奏請兼進賀使 鄭斗源은 그의《朝天記地圖》에서 "灰埠驛은 平度州에 속하는데 灰埠驛에서 서쪽으로 昌邑縣까지 80리의 여정이다. 30리를 가면 新河驛이 있다."[45]라고 기록했으니 灰埠驛에서 昌邑縣城까지는 80리, 灰埠驛에서 서남으로 10리를 가면 三埠鋪이고, 다시 10리 가면 獨埠鋪, 다시 10리를 가면 新河鋪(新河)임을 알 수 있다. 이상의 기록과

41　"膠水東去(北海)縣八十五里, 與萊州膠水縣中分爲界."《元和郡縣誌》卷11《河南道》, 淸 武英殿聚珍版叢書本, p.23-a.

42　"源出密州, 諸城東卷山, ……西流經掖縣入海"《太平寰宇記》卷20《河南道二十》, 淸 文淵閣四庫全書補配古逸叢書景宋本, 第21頁a

43　"犬牙相錯之地"民國《續平度縣誌》卷1《疆域志》, 民國 二十五年鉛印本。

44　"在城鋪……東至獨埠鋪六十里, 東北至新河鋪五十里。……獨埠鋪……東至平度之三埠鋪十里" 光緒《昌邑縣續志》卷4《驛遞》, 光緒 三十三年刻本。

45　"灰埠驛屬平度州, 自灰埠, 西至昌邑縣, 八十里程也。行三十里, 有新河."鄭斗源：《朝天記地圖》, 韓國成均館大學尊經閣藏本。

李民宬, 金德承, 吳翺의 "獨埠"에 대한 기록을 종합해보면 明末 平度州 西界의 표지와 昌邑縣 東界의 표지가 있던 위치는 대략 淸代 獨埠鋪가 되니 곧, 지금의 平度市 新城鎭 獨埠陳家村 부근이다.

사진 4-11　지금의 濰坊 昌邑市와 靑島 平度市의 경계를 이루는 界河인 膠萊河 위에 설치된 "膠萊河大橋"의 標識牌(G309國道) (집필진 답사 촬영)

사진 4-12　지금 膠萊河大橋 東側에 세워져 있는 "靑島界"標識牌(靑島 平度市 西界) (집필진 답사 촬영)

사진 4-13　지금의 膠萊河大橋 西側에 세워져 있는 "濰坊界"標識牌(濰坊昌邑市 東界)(집필진 답사 촬영)

　　民國《續平度縣誌》에 "新河는 (平度)城에서 서북으로 75리 떨어진 곳에 있으며 서쪽으로 昌邑界에서 0.5리, 남쪽으로 南崖(남애)에서 1리 떨어져있다."[46]라는 기록이 보이는데 南崖란 지금의 平度市 新河鎮 南鎮村의 옛이름이다. 필자 일행이 현장답사를 통해 조사한 南鎮村 村碑의 기록에 따르면, 南鎮村은 新北鎮의 南側, 膠萊河 東岸에 위치하고 있으며 明 洪武 初年 劉씨 姓과 周씨 姓을 가진 일족들이 四川에서 이주해와서 마을을 세웠다. 劉씨 일족은 溝南(구남)에 거주했고 周씨 일족은 溝北에 거주했기 때문에 南崖村과 北崖村이란 명칭으로 불렸으며 南崖村과 北崖村은 지금 각각 南鎮村과 北鎮村이다. 그러므로 조선사신들이 거쳐간 新河鋪는 바로 지금의 平度市 新河鎮 北鎮村이다.

　　《大明會典》의 기록[47]에 따르면 新河鋪는 원래 昌邑縣 新河橋遞運所(신하교체운소, 다른 문헌에는 新河遞運所[48]라 된 곳도 있음)였는데 嘉靖 二十九年(1550)혁파되었다. 관련 方志 기록[49]에 따르면 明末 萬曆 三十二年(1604)에서 康熙 五年(1666)까지 新河橋遞

46　"新河, 在西北, 距(平度)城七十五里, 西接昌邑界半里, 南至南崖一里."民國《續平度縣誌》卷1《疆域志》, 民國 二十五年鉛印本, 第9頁b

47　《大明會典》卷147《兵部三十·地理二》, 明 萬曆 內府刻本.

48　嘉靖《山東通志》卷15《公署》, 明 嘉靖 刻本。

49　萬曆《萊州府志》卷5《驛傳》, 明 萬曆 三十二年刻本, p.37-b; 道光《重修平度州志》卷14《志七·兵防》, 淸

運所는 新河鋪로 변경되었으니 平度州와 昌邑縣이 공통으로 관할하는 급체포로 昌邑縣 仁信鄕 新河社에 속한다. 淸 康熙 十一年(1672)에 新河鋪가 폐지되었고 淸 乾隆 五年(1740)부터 新河鋪는 平度州에서 昌邑縣으로 관할이 바뀌었다. 淸 乾隆 七年(1742) 新河鋪가 다시 폐지되었다가 光緖 三十三年(1907) 다시 회복되어 운영되었다. 이 기간 동안 昌邑縣의 관할로 昌邑縣 居信鄕 新河社에 속했다. 民國 十七年(1928)이전까지 昌邑縣 居信鄕 新河社에 줄곧 속해 오다가 民國 十七年(1928)에 區社制가 鄕鎭制로 개혁되면서 平度縣 第五區 新河鎭에 편입되었다. 1945년 平西縣 新河鎭에, 1953년 蓼蘭縣(료란현) 第五區 新河鎭에, 1956년 平度縣 新河區 新河鎭에, 1976년 平度縣 新河人民公社에, 1984년 平度縣 新河鎭에 속했다가 2012년부터 지금까지 平度市 新河鎭에 속해오고 있다.

사진 4-14 지금의 平度市 新河鎭 北鎭村 村碑 (집필진 답사 촬영)

道光 二十九年刻本, p.3-a; 光緖《昌邑縣續志》卷4《驛遞》, 淸 光緖 三十三年刻本, p.17; 民國《平度縣續志》卷2《鄕鎭》, 民國 二十五年 鉛印本, p.21-a; 平度市民政局 編,《平度市地名志》2017年版, pp.26-29。

사진 4-15   옛 新河鎮 鎮政府(한국의 읍사무소에 해당)의 舊址. 현재 新河鎮 鎮政府는 이미 灰埠鎮으로 통합 이전했다. 근대 이후 경제개발이 크게 이루어진 도시권역을 제외하면 지방의 소규모 관청들은 모두 근대 이전의 관아의 위치와 부지를 답습하여 새로이 지어진 경우가 많았기에 이곳이 명말 조선 사신들이 묵었던 新河鋪 자리였을 가능성이 크다. 그러나 현지 촌로들도 근대 이전의 상황을 기억하는 이가 없어서 이러한 사실을 실증하기는 어려웠다. (집필진 답사 촬영)

新河는 애초에는 膠水로 불렸으며 앞서 언급했듯이 조선사신들은 深河라고 誤記하기도 했다. 《漢書》에 "膠水가 東으로 平度에 이르러 바다로 유입된다."[50]고 했고 "《史記》晉世家에서 이른바 齊나라를 정벌하기 위해 동으로 膠水에 이르렀다[51]고 말한 곳이 여기다. 《水經注》에서는 "膠水는 黔陬縣(검추현) 膠山에서 발원하여 北으로 흘러 검추현 서쪽으로 흘러간다"[52]라 했다. 黔陬縣은 바로 膠州를 가리키니, 곧 明代 萊州 平度州이다. 《元和郡縣誌》에는 "膠水는 東으로 (北海)縣[53]까지 85리를 흐른다"[54]고 했다.

《齊乘》에는 "膠水는……膠州 서남쪽 鐵橛山(철궐산)에서 발원한다.……다시 北으로 高密縣(고밀현) 東北지역을 지나……북으로 新河로 흘러든다. 新河는 계속 북으로 흘러 바다에 유입되는데, 그 바다로 유입되는 동북쪽 구간에서 膠水의 옛 물길이 얕았기 때문에 新河에 합류하게 된 것이다. 新河는 至元 初에 래주사람 姚演(요연)이 건의

50   "膠水東至平度入海。"《漢書》卷28上《地理志八上》, 清 乾隆武英殿刻本.

51   《史記》晉世家所謂伐齊東至膠"民國《平度縣續志》卷1《山川》, 民國 二十五年鉛印本, p.8-a.

52   "膠水出黔陬縣膠山, 北過其縣西"《水經注》卷26《膠水》, 清 武英殿聚珍版叢書本, p.31-a

53   北海縣은 明末 濰縣이다. 자세한 설명은 후술하기로 한다.

54   "膠水東去(北海)縣八十五里"《元和郡縣誌》卷11《河南道》, 清 武英殿聚珍版叢書本, p.23-a

하여 말하기를 '膠西縣 東陳村 海口에서 시작하여 東南에서 西北방향으로 수 백리 운하를 준설하면 漕運을 海口까지 곧장 연결할 수 있다'고 하고서 수 년간 토목공사를 하다가 그만 두었다. 내(군현지의 官撰 편집자;필자주)가 일찍이 네 마리 말이 끄는 수레를 타고 가다가 현지인에게 물으니 대답하기를 '이 하천은 바다에서 밀려 들어 오는 모래로 물길이 막히어 빗물이 고이고 토사가 쌓여 끝내 운하가 개통되지 못했다'한다."[55]라는 기록이 보인다. 곧, 元代 至元 初年에 元朝에서 산동반도의 南北을 가로 지르는 운하를 파서 조운로를 개통하고자 물길이 얕았던 膠水 하류의 옛 물길을 준설했기에 人工 運河라는 뜻에서 "新河"[56]라는 명칭이 붙은 것이며 膠水는 바로 지금의 北膠萊河이다.

《平度市地名志》의 기록[57]에 따르면, 北膠萊河는 諸城 五弩山(오노산)에서 발원하여 平度市, 高密, 昌邑市의 界河를 이루고 萊州市 土山鎭 海倉村에서 西北으로 渤海 萊州灣으로 유입된다. 총 길이가 약 77km, 유역면적이 총 1914.06평방km이며 萬家, 崔家集, 明村, 馬戈莊(마과장), 張舍, 新河鎭을 지나며 主要 支流는 澤河, 淄陽河(치양하), 雙山河, 龍王河, 現河 등이다.

이상을 종합하면, 明末 平度 新河의 명칭 변화는 곧, (漢代에서 元代 正元 연간까지) 膠水 → (元代 正元 연간에서 民國까지) 新河, 膠水, 膠河, 膠萊河[58] → (지금의) 北膠萊河이다. 결국 조선사신이 건너간 新河는 바로 膠水이며, 지금의 平度市 北膠萊河 新城鎭 北鎭

---

55 "膠水……出膠州西南鐵橛山也。……又北徑高密縣東北……北出注新河, 由河北入於海, 其東北入海者膠水之故道差淺, 而新河爲經流。新河者, 至元初萊人姚演建言, 首起膠西縣東陳村海口, 自東南趍西北鑿陸地數百里, 欲通漕直固海口, 數年而罷余嘗乘傳過之。詢土人雲, 此河爲海沙所壅, 又水潦積淤, 終不能通。"《齊乘》卷2《益都水》, 淸 乾隆 四十六年刻本, p.9-b

56 平度市 新河鎭 北鎭村과 南鎭村에 세워져 있는 현재의 村碑의 기록에 따르면, 明 洪武 初年에 周와 劉씨 두 姓을 가진 사천성 사람들이 이주해와서 마을을 세웠다 한다. 周씨 姓을 가진 사람들은 溝北에 劉씨 姓을 가진 사람들은 溝南에 거주했기에 각각 南崖와 北崖로 불렸고 그후 고랑이 좁아 물이 자주 범람해서 위험했으므로 주민들이 고랑을 준설하여 하천으로 만들었기에 新河라는 이름이 붙었다고 한다. 이러한 설은 역사서의 기록과는 다른 민간의 그릇된 소문이다.

57 平度市民政局 編,《平度市地名志》, 2017年版, pp.471~472.

58 萬曆《萊州府志》卷2《山川》, 明 萬曆 三十二年刻本, pp.74-b~75-a; 萬曆《萊州府志》卷首《圖》, 明 萬曆 三十二年刻本, p.26-a; 乾隆《萊州府志》卷1《山川》, 淸 乾隆 五年刻本, p.3-a; 道光《重修平度州志》卷8《志一·山川》, 淸 道光 二十九年刻本, pp.8-b~9-b; 民國《平度縣續志》卷1《山川》, 民國 二十五年鉛印本, p.8-a.

村 구간이다.

사진 4-16   지금의 北膠萊河 東岸에 세워져 있는 하천안내판 (집필진 답사 촬영)

사진4-17   명말 조선 사신들이 반드시 건너야만 했던 新河 (膠水, 지금의 北膠萊河)의 한겨울의 풍경.
강물이 많이 줄어 억새가 무성한 모래톱이 곳곳에 드러나 있다. 음력 10월 중순에 신하를 건넌 조선 사신 조즙은
이처럼 물이 줄어 강폭이 좁아지고 유속이 약해진 강을 건넜다. 명말 당시에는 아직 석교가 건설되지 않았기에
나룻배를 연결하고 그 위에 널판지를 얹은 배다리를 이용해 강을 건넜다. 조즙은 다리의 상태가 좋지 못하여 가마꾼이
발이라도 헛디며 가마가 뒤집혀 떨어지기라도 한다면 어떻게 될지 염려스러워 온몸이 오싹거렸다고 기록했다.
(집필진 답사 촬영)

사진 4-18   新河 (膠水; 지금의 北膠萊河)의 한여름의 풍경. 겨울철과 달리 강물이 많이 불어 있고 꽤 유속이 세다.
음력 6월말에 신하를 건넌 이민성 사행단은 배를 타고 이 강을 건넜다. (집필진 답사 촬영)

趙濈의 기록에 따르면 당시에는 배를 타거나 다리를 지나 新河를 건널 수 있었다.
趙濈 일행은 李民宬과 尹暄과는 달리 배를 이용하지 않고 다리로 건넜다. 당시 두 사
신단은 각각 음력 10月 중순, 6月末에 新河를 건넜기 때문에 강의 유수량이 달라 이처
럼 다른 방식으로 강을 건넌 것이다. 곧, 조즙 사행단이 新河를 건넌 시점은 늦가을로
강물이 줄어 석교가 드러나 이용할 수 있었고, 이민성 사행단은 한여름에 신하를 건넜
으므로 강물이 크게 불어 석교가 물에 잠겨있어 배를 이용할 수밖에 없었던 것이다.

등주와 래주를 오가던 길을 이어주던 新河橋는 平度州城에서 西北으로 80리, 昌邑
縣에서 東北으로 50리 거리에 있었다. 관련 方志 기록[59]에 따르면 嘉靖 十年(1531) 海
道副使 王獻이 배를 이어 다리를 만들어 강과 바다를 이용한 운송로를 개통하여 "물
자 운송에 편의를 도모했으나 이후에 海運이 폐지되자 연결된 배다리를 풀어 직접 배

59   (明)龍文明, 趙燿 等纂修,《萊州府志》卷5《橋樑》, 明 萬曆 三十二年刻本版, p.17-b; 康熙《昌邑縣誌》卷3
《建置志·橋樑》, 淸 康熙 十一年刊印本, 乾隆《萊州府志》卷2《橋樑》, 淸 乾隆 五年刻本版, p.10-b; 淸 張
文車,《重修新河橋碑記》, 載光緒《昌邑縣續志》卷8《藝文》, 光緒三十三年刻本, pp.11-b~13-a; 民國《續
平度縣誌》卷5《政治志·橋樑》, 民國 二十五年鉛印本, p.13-a.

를 타고 강을 건너게 했다."[60] 淸 康熙 九年(1670) 平度 사람 李昌明이 기부금을 걷어 新河 石橋를 놓았는데 다리 아치가 110개에 이를 정도로 견고하고 안전했다 한다. 雍 正 元年(1723)에 등주와 래주를 오가던 길을 잇던 新河石橋는 제대로 관리가 되지 않 아 거의 허물어졌다. 嘉慶 十三年(1808) 昌邑 사람 張廷瑞(장연서)가 의연금을 모아 다 시 新河 石橋를 개축했고 光緖 三十四年(1908)에 沙河 사람 杜向榮이 2만 전의 돈을 기부하여 新河 大石橋를 건축했다.

　　G309국도가 지나는 지금의 膠萊河 大橋(平度市 新河鎭 北鎭村 동북측에 있음)를 필 자 일행이 현장답사할 때, 平度市 新河鎭 北鎭村의 건너편 마을인 昌邑市 卜莊鎭 新 勝村에 거주하는 마을주민 賈秀令(가수령 男, 78)씨를 만나서 청대 新河 石橋의 정확 한 위치에 관하여 인터뷰할 기회를 가질 수 있었다. 賈秀令씨의 증언에 따르면, 현재의 膠萊河 大橋는 청대에 건축된 新河 大石橋 遺址에 건축된 것이 아니다. 옛 新河 石橋 遺址는 지금의 膠萊河 大橋에서 남쪽으로 0.5km 떨어진 곳으로 新河 石橋를 허물고 1970년대에 새로이 현대적인 다리를 건설했기에 아쉽게도 옛 모습을 전혀 찾아보기 어려웠다.

사진 4-19　　사진에 보이는 현대식 다리가 놓인 지점이 바로 명말 조선 사신들이
新河(膠水, 지금의 北膠萊河)를 건너던 곳이다. 청대 건축된 大石橋 遺址 위로 1970년대 새로이 현대식
大橋(필자 일동이 답사할 때 보수공사가 한창이었다) 가 놓여 더이상 옛 모습을 찾아보기 어렵게 되었다. (집필진 답사 촬영)

60　"以便海運, 後海運不行, 乃散舟以渡" 乾隆《昌邑縣誌》卷2《橋樑》, 淸 乾隆 七年刊本, p.64-a.

사진 4-20　新河 (膠水; 지금의 北膠萊河)와 G309국도가 지나는 지금의 膠萊河 大橋. 그러나 이곳은 조선사신이
강을 건넌 곳이 아니며, 남쪽으로 500m정도 아래 청대 신하 대석교가 있던 곳에서 조선사신들이 강을 건넜다.
(집필진 답사 촬영)

　　이밖에 조선 사행록에는 전혀 언급되지 않았으나 사행노선을 고려해보면 등주와 래
주 사이를 지나던 사신들이 반드시 지났을 급체포로 三埠鋪가 있다. 三埠鋪는 지금의
平度市 新河鎭 三埠村이다.《平度市地名志》의 기록[61]에 따르면 三埠村은 지금의 鎭政
府(한국의 읍사무소에 해당)가 있는 灰埠에서 西南으로 5km 떨어진 곳에 있다. 三埠村
은 마을 전체가 저지대로 동남 지역은 平原이고 西, 南, 北이 모두 구릉으로 둘러싸여
있다. 明 洪武 연간에 사천 지역의 孫씨 姓을 가진 사람들이 이주해 와 마을을 세웠으
며 마을의 3면이 모두 구릉지대라서 三埠村이라는 이름이 붙었다. 현지 답사 과정에
서 필자 일동은 三埠李家村 마을주민 馮光志(男, 96)씨의 안내로 三埠村의 서쪽에 있
는 三埠李家村 남쪽에서 옛 驛道의 일부구간 유적을 발견할 수 있었다. 東北—西南 방
향으로 길이 나 있었고 폭은 약 3m, 잘 다져진 흙길로 현재까지도 1km 가량이 잘 보존
되어 있었다.

61　平度市民政局 編,《平度市地名志》, 2017年版, p.148.

사진 4-21   三埠李家村의 남쪽에 현재까지 남아 있는 옛 驛道 유적 (집필진 답사 촬영)

이상의 고증을 종합하여 明代 당시 지방지의 명칭을 좇아 掖縣 西界에서 昌邑縣 新河鋪까지 조선 사신들이 지난 경유지 지명을 순서대로 나열하면 다음과 같다. ① 灰阜駟(灰阜, 灰埠, 灰埠駟, 灰埠里), 宰相里(壯元宰相里), 壯元鄕, 宋 龍圖閣學士 蔡齊故里(宋 蔡齊 舊里) ② 平度州 西界, 昌邑 東界(昌邑縣 東界) ③ 獨埠河(杜阜河) ④ 新河店(深河店) ⑤ 深河(新河) 등.

중국 지방지 문헌, 조선사신의 기록 및 현지답사를 통한 고증으로 밝혀낸 바, 위의 명대 지명과 장소에 대응되는 현재 위치와 명칭을 순서대로 나열하면 다음과 같다. ① 靑島市 平度市 新河鎭 灰埠村 ② 平度市 新河鎭 獨埠陳家村 ③ 平度市 淄陽河(獨埠陳家村 구간) ④ 平度市 新河鎭 北鎭村 ⑤ 平度市 北膠萊河(新城鎭 北鎭村 구간) 그 밖에 현지답사와 현지인 인터뷰를 통해 조선 사신들이 기록에는 남기지 않았으나 지금의 萊州市 新城鎭 三埠村도 지났음을 알 수 있었다.

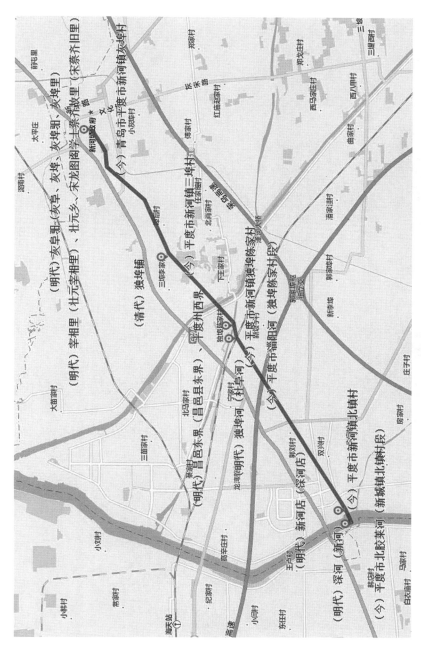

그림 4-22　掖縣 西界에서 昌邑縣 新河鋪까지 조선사신 경유지 古今地名 對照 地圖

제5장 昌邑縣 新河鋪에서 昌邑縣城까지

　昌邑縣은 지금의 昌邑市이다. 夏나라 禹임금이 天下를 九州로 나누어 治水했을 때 靑州가 구주 가운데 하나였고 昌邑은 바로 이 청주에 속했으므로 역사가 유구한 땅이다. 商代에는 萊夷로 불렸으며 萊國에 속했다. 春秋時期에 城邑을 설치했는데 酄水(풍수)가 그 땅을 지났으므로 "酄城(파성)"이라 하였고 紀國에 속했다. 《左傳 莊公元年》(기원전 693)에 "제나라 군대가 기나라 병 땅에 갔다(齊師遷紀邢)"라고 했는데 邢(병)이 바로 이곳이다. 제나라 군대가 紀나라를 멸하고 酄邑을 폐하고 邶殿(패전)을 세웠으며, 후에 都昌으로 개칭하면서 齊나라에 속하게 되었다. 秦나라 때 郡縣制를 시행했으니 都昌縣이 되어 膠東郡에 속했다. 秦나라부터 宋나라까지 1500여 년간 행정구역의 변화가 심하여 여러 侯國과 군현이 설치되었다가 사라졌다. 宋代에 대체로 행정구역이 고정되기 시작했으며 縣(侯國)의 명칭으로는 주로 都昌, 下密, 北海, 昌邑 등이 사용되었다.[1] 宋 建隆 三年(962)에 北海 唐安鄉을 분리하여 昌邑을 설치했는데 처음에는 北

1　그 변화 내역을 자세히 살펴보면 다음과 같다. 西漢 高祖 六年(서기전 201年)에 功臣 朱軫(주진)을 都昌侯에 봉했기에 都昌으로 나라이름을 삼았으며 五世를 지나 國을 縣으로 바꾸었다. 漢 景帝 中元 二年(서기전 148年)에 北海郡을 설치하고 거기에 都昌을 귀속시켰다. 이후에 下密을 별도로 두었다. 漢 成帝 建始 二年(서기전 31年)에 膠東頃王子 林을 密鄉侯에, 膠東頃王子 邑을 平城侯에 봉하여 密鄉(지금의 古城里)과 平城(지금의 飲馬村) 二侯國을 두었다. 漢 平帝 元始 元年(서기 1年)에 다시 膠陽(지금의 高陽村)侯國을 설치하고 北海郡에 속하게 했다. 오래지 않아 密鄉 등 세 侯國은 모두 폐지되었다. 東漢 때는 都昌, 下密을 설치하여 北海郡에 귀속시켰는데 建武 二十八年(52年)에 郡을 다시 國으로 바꾸었으니 北海國에 속하게 되었다. 三國時期에는 都昌, 下密을 설치하여 北海郡(魏나라 땅에 속함)에 귀속시켰다. 晉나라 때도 都昌, 下密을 두어 처음에는 齊郡에 귀속했다가 다시 北海郡에 귀속시켰다. 懷帝 永嘉之亂 이후로 都昌은 폐지되었고 密鄉 이남의 땅은 縣으로 城陽郡에 귀속되었다. 南北朝 시기에 宋(劉宋)나라는 下密를 두어 北海郡에 귀속시켰고 北魏는 다시 都昌을 설치하고 膠東(지금의 濰坊市 寒亭區의 일부를 포함)과 下密도 추가

海軍에 속했다가 乾德 三年에 北海軍을 京東 東路 濰州로 승격시키고 昌邑을 濰州에 귀속시켰다. 金代에 昌邑은 山東 東路 益都府 濰州에 속했고 元代에는 山東 東西道 宣慰司, 益都路 總管府 濰州에 속했다. 明初에 昌邑은 山東 布政使司 靑州府에, 洪武 九年(1376)에는 山東 布政使司 萊州府에 속하게 되었다. 淸나라 때는 明나라의 제도를 따라 山東 布政使司 萊州府 平度州에 속하게 되었다.

　1912年 中華民國 성립 후 昌邑은 山東省 膠東道에, 1925年에는 萊膠道에 속했다. 1927年에 道가 철폐되고 山東省에 직속되었다. 1938年 2月에 일본 군대가 昌邑城을 침략하여 國民黨 縣政府는 旗杆元家로 이전했다가 1939年 이후로 平度, 高密 등지로 떠돌면서 山東省 第8行政區에 속했다가 제13行政區에 배속되었고 다시 第17行政區로 바뀌었다. 1941年 1月에 昌邑縣 中共政府가 瓦城에서 成立되어 膠東區 西海專區, 淸河區 淸東專區에 배치되었다. 1945年 8月에 일본 군대가 항복한 후에는 昌邑과 昌南 두 縣으로 분리되어 膠東區 西海專區에 속했고 같은 해 가을 昌邑縣 中共政府는 昌城에 정립하고 昌南縣 中共政府는 北孟에 정립했다. 1949年 가을 昌邑縣 中共政府는 飮馬村으로 이전했다. 1950年 4月 昌邑縣은 昌濰專區에 배속되었고 1956年 4月 1日에 昌南縣이 昌邑縣에 병합되었다. 1967年 昌濰專區가 昌濰地區로, 1981年 다시 濰坊地區로, 1983年에는 현재와 같이 濰坊市(昌邑縣은 濰坊市 아래 縣級市인 昌邑市로 전환)로 명칭이 변경되어 지금에 이르고 있다.

로 설치하여 三縣을 靑州 北海郡에 귀속시켰다. 北齊는 膠東縣을 폐지하고 下密縣에 귀속시키고 濰縣 境內로 이동시켰고, 都昌縣은 昌樂縣 경내로 이동시켜 高陽郡에 배속시켰다. 隋나라 開皇 三年(583)에 高陽郡을 폐지하고 東下密을 廢郡城에 귀속시켰다. 開皇 十六年에는 濰州를 분리하여 東下密(지금의 濰坊市 寒亭區의 일부를 포함)을 濰州에 귀속시켰으며, 大業 二年에는 北海郡으로 개칭했다. 唐나라 초에 下密을 설치했고 武德 二年(619)에 華池(芙蓉池 지금의 永安村), 訾亭(자정, 지금의 瓦城), 平城(지금의 飮馬村) 등 三縣을 추가했다. 武德 六年(623)에 下密, 華池, 訾亭, 平城을 모두 北海縣에 배속시켰고 八年(625)에 下密을 北海와 병합하여 河南道 靑州에 귀속시켰다.

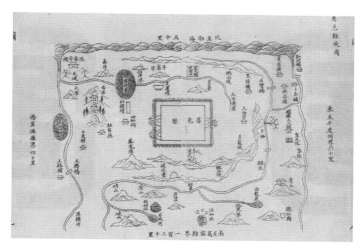

사진 5-1 《(萬曆)萊州府志》-《昌邑縣境圖》

《(萬曆)萊州府志》의 昌邑縣 관련 기록을 보면 "總鋪는 城 南門 밖에 있는데 東北으로 萊州府로 가는 길에 5군데 급체포가 있으니 차례로 黑埠, 夏店, 撫安, 卜廣, 新河 등이다." [2], "黑埠鋪는 (昌邑)縣 東北 10리에, 夏店鋪는 (昌邑)縣 東北 15리에, 撫安鋪는 (昌邑)縣 東北 30리에, 卜廣鋪[3]는 (昌邑)縣 東北 40리에, 新河鋪는 (昌邑)縣 東北 50리에 있다"[4]라고 하였다. 곧 明末 淸初 등주, 래주, 청주를 잇는 역로는 동쪽에서 서쪽으로 新河鋪에서 新河를 건너 10리를 가면 卜廣鋪, 20리를 가면 撫安鋪, 35리를 가면 夏店鋪, 40리를 가면 黑埠鋪, 50리를 가면 昌邑縣城에 도착할 수 있었다. 종합적으로 정리해보면, 조선 사신들이 등주에 상륙하여 북경으로 향할 때 灰埠驛(昌邑縣城 東北 80리)에서 30리를 가면 新河鋪(昌邑縣城 東北 50리), 40리를 가면 卜廣鋪(昌邑縣城 東北 40리), 50리를 가면 撫安鋪(昌邑縣城 東北 30리), 65리를 가면 夏店鋪(昌邑縣城 東北 15리), 70리를 가면 黑埠鋪(昌邑縣城 東北 10리), 80리를 가면 昌邑縣城에 도착했던 것이

---

2 "總鋪在城南門外, 東北路通萊州府鋪五：曰黑埠, 曰夏店, 曰撫安, 曰卜廣, 曰新河"(明)龍文明, 趙燿 等 纂修《萊州府志》卷五《驛傳》, 明 萬曆 三十二年(1604)刻本版.

3 明末에는 卜廣이었는데 淸初에 卜莊으로 이름이 바뀌었다.

4 "黑埠鋪在(昌邑)縣東北十里, 夏店鋪在(昌邑)縣東北十五里, 撫安鋪在(昌邑)縣東北三十里, 卜廣(明末為卜廣, 自清初更名為卜莊)鋪在(昌邑)縣東北四十里, 新河鋪在(昌邑)縣東北五十里"(清)許全臨 等纂修,《昌邑縣志》卷之三《公署》, 清 康熙 十一年(1672), 中國國家圖書館藏本版.

다. 이러한 사실은 鄭斗源이《朝天記地圖》〈灰埠驛圖〉에서 "灰埠에서 서쪽으로 가면 昌邑縣에 도착할 수 있는데 80리 길이다."[5]라고 기록한 사실과 일치한다.

　　昌邑縣 東界를 지나 深河店(新河店)을 거쳐 新河(深河)를 건넌 후, 昌邑縣城에 도착 전까지 거쳐간 경유지를 조선사신들이 기록한 바에 따라 나열하면 다음과 같다.

　　深河店(官舖, 新河店), 新河(深河), 新河橋, 木道, 牛庄村, 卜莊店(官庄, 福庄店, 福店), 澤水, 濰 河(淮河/淮涉水/懷河,韓信囊沙之水/韓信伐龍且囊沙處), 新福堡, 義婦塚, (昌邑縣)縣東十里 舖(十里舖), 濰水隄, 昌邑城外五里店, 陸山, 高重山, 昌邑(昌邑縣城 東舖/昌邑城外之東館 馹/昌邑縣 東館/昌邑縣城 東舖), 關西夫子廟, 四知廟, 王無功村, 雍齒墓 등.

제1절 卜莊店(福庄店, 福店), 澤水, 牛庄村

1) 북경행: (10月)14日 辛未일 맑음. 아침에 (灰埠驛을)출발하여 平度州 西 界를 거쳐 昌邑縣 東界를 지났다. ……新河를 건너……40리를 가서 福店에 도착하여 점심을 해 먹었다. 다시 10리를 가서 배를 타고 濰河 를 건넜고 다시 20리를 가서 昌邑縣城 東舖에 도착하여 王씨 성을 가 진 사람 집에 투숙했다. 趙濈《燕行錄(一云朝天錄)》(十月)十四日, 辛未, 晴。 早發(灰埠驛), 過平度州西界, 過昌邑縣東界, ……過新河, ……四十 里到福店中火, 又十里船渡濰河, 又卄里入昌邑縣城東舖王姓人家宿。

2) 북경행 : (10月)10日 아침에 (灰埠驛을 출발하여) 新河를 건넜다. ……福 莊店에서 점심을 해먹고 淮河를 건넜다. 저녁에 昌邑縣 東館馹에 도착 했다. 申悅道《朝天時聞見事件啓》來程 : (十月)初十日, 早發(灰埠驛), 渡新 河……中火於福莊店, 渡淮河。 夕, 抵昌邑縣東館馹。

　　귀국행 : 윤 4月 1日 아침에 昌邑縣을 출발하여 오후에 卜莊店에서 쉬 었다. 新河를 건너 掖縣 沙河店에 도착했는데 이날은 100리의 여정 이었다. 申悅道《朝天時聞見事件啓》歸程 : 閏四月初一日, 早發昌邑

5　"自灰埠西至昌邑縣, 八十里程也"

縣。午, 憩卜莊店。渡新河, 抵掖縣之沙河店。是日, 行一百里。

3) 귀국행:(3月)17日 맑음 아침에 昌邑縣을 지나 배를 타고 淮河를 건너고 官莊에 도착하여 아침을 먹고 灰埠에서 점심을 먹었다. 尹暄《白沙公航海路程日記》(三月)十七日, 晴。朝過昌邑縣, 舟渡淮河, 到官莊朝飯, 灰埠中火。

4) 북경행 : (6月)29日 아침에 灰埠를 출발했다. ……新河店에서 점심을 해먹었다. 昌邑 東쪽 30리에서 비를 만났고 淮河 東岸에 도착했다. 저녁에 昌邑城 밖 東館駟에 도착했다. 이날은 약 80리의 여정이다. 李民宬《癸亥朝天錄》來程 : (六月)二十九日, 朝, 發灰埠, ……做中火於新河店, 抵昌邑東三十里, 遭雨。又抵淮河東岸, ……夕, 到昌邑城外之東館駟, 約行八十里。

귀국행 : (3月)17日…… 卜莊店에서 점심을 해 먹고 新河를 건너 平度州西界에 들어 灰埠駟에 도착했다. 李民宬《癸亥朝天錄》歸程 : (三月)十七日, ……中火於卜莊店, 過新河, 入平度州西界, 至灰埠駟。

1)은 趙濈《燕行錄(一云朝天錄)》의 북경행 여정의 일부, 2)는 申悅道《朝天時聞見事件啟》의 북경행과 귀국행 여정의 일부, 3)은 尹暄《白沙公航海路程日記》의 귀국행 여정의 일부, 4)는 李民宬《癸亥朝天錄》의 북경행과 귀국행 여정의 일부이며, 모두 灰埠驛과 昌邑縣城 사이 구간의 사행 노선에 관한 기록이다. 濰河가 黑埠鋪와 夏店鋪 사이를 흘러 북쪽으로 향해 발해로 유입되고 있으므로 趙濈은 1)에서 灰埠驛에서 "40리를 가서 福(莊)店"에 도착한 후 淮河(濰河)를 건너 昌邑縣城에 도착했다고 기록하고 있다. 萊州지방 方言에서 "福"과 "卜"은 발음이 쉽게 혼동되므로 "福店"은 바로 "卜店"의 誤記일 것이다. 앞서 지적했듯이 灰埠驛에서 40리를 가면 昌邑縣 卜廣鋪인데 "卜店"은 바로 "卜廣鋪 혹은 卜莊鋪(店)"의 簡稱이다. 그러므로 趙濈이 언급한 "福店"은 "卜廣鋪"를 가리킨다. 申悅道는 2)에서 북경으로 갈 때는 "福莊店"이라고 했다가 귀국길에

서는 "卜莊店"으로 기록하고 있으니 趙濈과 마찬가지로 "卜"를 "福"으로 오기하고 있는 것이다.

卜廣鋪(卜莊鋪)에 관하여 《(萬曆)萊州府志》에서는 卜廣鋪로,《(康熙)昌邑縣志》와《(乾隆)昌邑縣志》에서는 卜莊鋪로 기록하고 있다. 즉, 明 萬曆 三十二年(1604) 昌邑縣 東北 40리에 있던 急遞鋪의 명칭은 卜廣鋪이었다가 淸 康熙 十一年(1672)과 淸 乾隆 七年(1742)에는 卜莊鋪로 변경된 것으로 볼 수 있다. 이처럼 지명이 변화한 데에는 여러 가지 요인이 있을 수 있으나 현지인들이 사용하는 명칭이 변화된 것이 주요한 요인이었을 것이며 실제로 申悅道의 기록을 보면 明 崇禎 元年(1628)에 이미 민간에서는 "卜廣鋪"를 "卜莊鋪"로 달리 부르고 있었음을 알 수 있다. 萊州 方言에서 "廣"과 "莊"은 발음이 유사하여 혼동되므로 "福莊店"과 "卜莊店"은 둘다 卜廣鋪를 가리키는 것이다.

尹暄의 사행기록인 3)에 따르면 3月 17日에 昌邑縣을 지나 淮河(濰河)를 건넌 후에 "官莊"鋪에서 아침을 먹고 灰埠驛에서 쉬면서 점심을 먹었다고 했다. 尹暄이 언급한 "官莊"은 응당 夏店鋪, 撫安鋪, 卜廣鋪, 新河鋪 가운데 하나일 것이다. 부사 尹暄과 동행했던 서장관 李民宬의 사행기록인 4)를 보면 尹暄이 말한 官莊은 바로 卜廣鋪이다. 그런데 尹暄은 "官莊에서 아침을 먹었다"라고 했고 李民宬은 "卜莊店에서 점심을 해먹었다"라고 하여, 尹暄과 李民宬이 卜廣鋪에 도착한 시간이 다르다. 그런데 조선사행단은 정사, 부사, 서장관이 가끔은 서로 다른 시간에 출발하기도 했기 때문에 이런 차이가 나는 것이 이상한 일은 아니다. 또한 李民宬은 4)에서 灰埠驛을 출발하여 新河店에서 점심을 먹고 쉰 후에 昌邑縣 東(北) 30리 부근에서 비를 맞았고, 그후 淮河(濰河)를 東岸에서 西岸으로 건너서 해가 질 무렵 昌邑縣城에 도착했다고 했다. 여기서 李民宬이 비를 맞아 잠시 비를 피했을 곳은 아마도 "昌邑縣 東北 30리에 있던 급체포"인 撫安鋪였을 것이다.

사진 5-2　後卜村에 위치한 卜莊鎮 人民政府(한국의 읍사무소에 해당) (집필진 답사 촬영)

明淸 시기 撫安鋪는 지금의 昌邑市 卜莊鎮 撫安鎮村이다. 撫安鎮은 일찍이 撫安震, 撫安莊, 永安寨(영안채) 등으로도 불렸고, 夏店村에서 東北으로 2.5km 떨어진 곳에 있으며 東으로 卜莊鄉에 이웃해 있다. 元나라 때 마을을 세우고 撫安으로 명명한 후 民國 十二年(1933)에 撫安鎮村으로 명칭을 바꾸었다. 淸 康熙 十一年(1672)에서 光緒 三十三年(1907)까지 儒教鄉 撫安社에 속하였고 民國 十二年(1933) 第五區 撫安鄉에 속하였다. 1950年 昌邑縣 第四區에, 1955年 夏店區에 속하였다가, 1958年 2月 夏店鄉에, 同年 9月 先進人民公社에, 同年12月 夏店人民公社에 속하였다. 1983年 5月에는 夏店鄉에 속하다가 지금은 昌邑市 卜莊鎮[6]에 속해 있다.

사진 5-3　撫安鎮의 村碑 (집필진 답사 촬영)

사진 5-4　撫安鎮村의 촌민 위원회 (집필진 답사 촬영)

6　(淸)許全臨 等 纂修,《昌邑縣志》卷之二《鄉社》, 淸 康熙 十一年(1672), 中國國家圖書館藏本版;(淸)周來郆 等 纂修,《昌邑縣志》卷之二《鄉社》, 淸 乾隆 七年(1742) 刊本版;(淸)陳嘉楷 等 纂修,《昌邑縣續志》卷二《鄉社》, 光緒 三十三年(1907) 刻本版;(民國)劉毓章 劉選卿 等 纂修,《昌邑縣誌》,民國 二十六年(1937), 昌邑市 檔案局 藏本版; 昌邑縣 地名志編纂委員會 編,《昌邑縣地名志》, 1987, p.176.

이 구간 驛道의 경유지에 관하여 安璥은《駕海朝天錄》에 다음과 같은 기록도 남기고 있다.

북경행: (7月)7日 (萊州府城에서 출발하여) 灰阜駞에서 점심을 해 먹고 深河를 건넜다. ……40리를 가니 물살이 세찬 澤水가 있었고 이를 건넜다. 저녁에 牛莊村 馬씨 姓을 가진 인가에 유숙했는데 이날 총 100여 리를 움직였다. ……동네 선비들이 모여들어 부채에 題詩를 써줄 것을 부탁해오니, 바빴으나 거절하기가 어려웠다. 그 중 하나만 기록한다. 安璥《駕海朝天錄》(七月)初七日. (自萊州府城發行)中火於灰阜駞, 再渡深河, ……四十里又有澤水, 亂流而渡。暮, 投牛莊村馬姓人家宿, 通共百十餘里。……有士群集各求題扇, 忙甚難拒, 只記其一：

田園과 마을거리 서로 이어지고
읍내는 번화하고 주거지는 널찍하다네.
먼나라에서 온 손님 가마 멈춘 곳에
도포 입은 선비들 거리를 둘러싸고 구경한다네.
(부채에 제하여 써 준 시이다.)

田園村巷遂, 城市邑居寬。
遠客停車處, 靑矜挾路觀。
右題人扇

(7月) 8일 맑음, 다시 灤河를 건넜다.…。 初八日, 晴。再渡灤河, ……。

安璥 일행은 1621年 7月 7日 萊州府城에서 출발하여 平度州 灰埠驛에서 점심을 먹고 쉰 후에 新河를 건넜다. 그 후 灰埠驛에서 40리 떨어진 곳에서 물살이 세찬 澤水를 건넜고 저녁에 牛莊村 馬씨 姓을 가진 사람집에 유숙했으니 그 날 총 100 여 리의 여정이었다. 앞서 지적했듯이 灰埠驛에서 40리를 가면 昌邑縣 卜莊鋪이다. 그러므로 安

璥이 말한 "澤水"란 응당 卜莊鋪 부근일텐데, 明末 卜莊鋪의 西側에서 남에서 북으로 흘러 래주와 청주를 잇는 驛道와 만나는 강으로는 媒河(매하)가 있다. 媒河는 "昌邑縣 동쪽으로 40리에 있으며 동으로는 膠水(지금의 膠萊河)에, 서로는 濰水(지금의 濰河)와 만난다. 이 강은 교수와 유수 두 강을 연결하기 때문에 그와 같은 이름이 붙었다."[7] 조선 사신이 기록한 "澤河"라는 명칭은 아마도 당시 민간에서 媒河를 부르던 명칭인 듯 하다. 康熙 十一年(1672)에는 媚河라고 불렸고 淸 乾隆 七年(1742)에는 다시 媒河로 회복되었는데, 지금은 昌邑市에 속해있으며 漩河(선하)로 불린다.

漩河는 夏店鎭 大河南村과 大河北村 두 마을 사이를 흘러 동으로 卜莊鎭의 陸莊村, 卜莊村 두 마을을 지나 趙家村와 姚家村의 북쪽에서 膠萊河로 흘러든다. 원래 선하는 발원지가 있는 강이 아니라 濰河의 둑이 터져서 형성된 지류로 지금 大河南村의 상류 구간은 이미 존재하지 않으며 하류 구간 역시 대대적인 하천 정비사업으로 濰河와 단절되었으므로 비가 오지 않으면 강물이 흐르지 않는다.[8]

사진 5-5 　昌邑市 卜莊鎭 前卜村과 後卜村 서측에 위치한 지금의 昌邑市
漩河(명말 당시의 지방지에 기록된 명칭은 媒河임). 조선사신 안경은 이 하천을 "澤水"라고 기록했는데
당시 민간에서 통용되던 명칭인 듯하다. 오른쪽 사진은 漩河의 柳家村 구간이다. (집필진 답사 촬영)

7月 7日 牛莊村의 선비들은 조선사신 일행을 보자 크게 기뻐하면서 분분히 모여들어 각자 가져 온 부채에 題扇詩(제선시)를 써줄 것을 요청했다. 牛莊村에 유숙하던 사

7 　"昌邑縣東四十里, 東通膠水(今膠萊河), 西通濰水(今濰河)。此河交連二水, 故名。"(明)龍文明, 趙燿等 纂
　修《萊州府志》卷一《山川》, 明 萬曆 三十二年(1604)刻本版.

8 　昌邑縣地名志編纂委員會 編, 《昌邑縣地名志》, 1987, p.297.

신들은 무척 바빴지만 하나하나 가져온 부채마다 제시를 써주었다. 安璥이 牛莊村의
선비들에게 써준 題扇詩를 통해 우리는 조선사신들이 목격했던 당시 牛莊村의 풍경
과 현지인들이 사신들을 대하던 태도를 짐작해 볼 수 있다. 시의 1, 2구를 통해 牛莊村
마을은 인구가 많고 물자가 풍족하며 도로 또한 마을 안에 종횡으로 넓게 나 있어 교통
이 편리했음을 알 수 있고, 3, 4구를 통해 조선사신들이 유숙하던 집으로 마을의 선비
들이 모여들어 이국 땅에서 온 손님들과 만남을 가지고자 했고 앞다투어 부채를 가지
고 와서 題詩를 써 줄 것을 요청하는 등 우호적인 태도로 사신들을 대했음을 알 수 있다.

　그런데, 이런 모습은 단지 牛莊村에서만 일어났던 일이 아니었으니 앞서 살펴보았
듯이 謝恩奏請使行團(1624년 7월 조선 출발) 의 서장관 洪翼漢이 작성한 사행기록인
《花浦朝天航海錄》에도 이와 유사한 기록[9]이 보인다. 洪翼漢 일행이 萊州府城을 지나
면서 여조겸의 東萊書院에 들러 사당을 배알할 적에, 서원에서 공부하던 書生들이 나
와 지극히 공손한 태도로 조선 사신들에게 시를 구했으며 사신들이 써준 시를 보고는
"조선 선비들이 시에 능하다고 익히 들었는데 과연 그러하다(慣聞東國能詩, 果然)"라고
칭송해 마지 않았다. 萊州府 平度州에 속한 昌邑縣 牛莊村의 선비들도 "조선 선비들
이 시에 능하다(東國能詩)"는 소문을 익히 들었던 터라 조선사신을 만나자마자 題詩를
남겨주기를 간청했던 것이다.

　15-16세기 조선을 방문했던 중국 사신들과 명나라로 갔던 조선 사신 사이의 시문 교
류를 통해 적지 않은 조선의 시가 소개되었고 명나라 문인들 사이에서 크게 환영받으
며 유전되었다. 그래서 "중국에서는 부녀자와 삼척동자일지라도 조선이 예의와 문학
이 흥성한 곳임을 모르지 않을 정도였다."[10] 임진왜란을 계기로 명나라와 조선 간의 인
적 물적 교류가 활발해지자 명나라에서는 조선 문인의 漢詩를 수집하여 중국에서 간
행하는 일이 빈번해졌다. 중국문인들은 조선문인들의 시가 "음률이 화평하여 급박하
지 않고 담아하여 부화하지 않으며, 황당하고 괴이한 말이 없고 요염하고 음탕한 곡이

9　"(九月)十六日, 早朝穿城, 入東萊書院, 庙有塑像, 拜禮畢, 周觀院中, 庭隅大碑, 卽本州人大學士毛紀爲
　　翰林修撰時所製文也. 有六七靑衿肄業, 求詩甚懇, 題示一律. 諸生覽了起敬曰:'慣聞東國能詩, 果
　　然.'固請醻答, 則力辭曰:'雕蟲小技, 安敢當五鳳樓手哉.'以吾惡詩得彼美名, 可笑."
10　"中國雖婦人女子, 三尺之童莫不聞朝鮮禮儀, 文學之盛" 吳明濟 編, 祁慶富 校注, 《朝鮮詩選校注》, 遼
　　寧民族出版社, 1990, p.57.

없으며, 웅건하고 탁트인 기상이 완연하다.……마치 강물이 유유히 힘차게 흘러가듯 막힘이 없으니 그처럼 뛰어난 시를 본 적이 없다. 구름과 노을이 은은한 듯, 운무가 피어나고 사라지는 듯, 기러기가 날개를 활짝 펴고 하늘을 나는 듯, 어룡이 나타났다 사라지는 듯, 바람에 큰 파도가 일어 하늘 은하수 위 아래로 가 닿는 듯, 그 빼어남을 말로 형용할 수가 없다."[11]라고 극찬하였다. 당시 중국에 간행된 주요한 조선시집으로는 吳明濟가 輯錄한 《朝鮮詩選》, 籃芳威(람방위)가 輯錄한 《朝鮮詩選全集》, 汪世種이 집록한 《古今詩》 등이 있으며[12] 그 중에 《朝鮮詩選》이 가장 유행했다. 임진왜란 때 督餉使(독향사)로 조선에 왔던 萊州府 掖縣 사람 韓初命은 《朝鮮詩選》에 序文을 쓰면서, 그가 처음으로 조선에서 吳明濟가 수집한 조선 漢詩를 접했을 때 "아무리 읽어도 피곤한 줄 몰랐다(讀之忘倦)"라고 칭찬하였다. 사정이 이러하니 韓初命 고향의 선비들이 "조선 사람들이 시에 능하다는 소리를 익히 들었음(慣聞東國能詩)"은 전혀 이상한 일이 아닐 것이다.

또한 래주와 청주를 잇는 驛道 곁 마을들에는 적지 않은 수의 글 읽는 선비들이 있었는데, 牛莊村에 馬씨 姓을 가진 사람이 조선사신을 접대할 만한 경제적 여유가 있었던 것으로 보아 牛莊村의 규모가 작지 않았음을 짐작할 수 있다. 또한 7月 8日 安璥 일행은 牛莊村을 출발하여 濰河를 건넜으니 明末 安璥이 말한 牛莊村은 응당 卜莊鋪와 澤河(媒河)의 서쪽, 濰河와 夏店鋪의 동쪽에 있는 역사가 오래된 마을로 인구가 많고 경제적으로 발전된 곳이었을 것이다. 이러한 조건에 부합하는 곳은 지금의 昌邑市 卜莊鎮 劉莊村이다.

劉莊村은 卜莊鋪에서 서쪽으로 3km 떨어진 곳에 있으며 일찍이 陸莊店이라고 했다. 여기서 "店"이란 驛道 곁에 위치하여 내왕하는 客商에게 숙식을 제공하는 店鋪를 뜻한다. 기록에 따르면 東漢시기에 이미 마을이 들어 섰으며 처음에는 陸莊店이라고 불리다가 이후 劉, 蘇, 姚, 馬, 吳, 張 씨 등 여러 姓을 가진 사람들이 이주해 왔는데, 특

---

11 "其聲和平不迫, 稚淡不華, 無放誕詭異之詞, 無靡靡妖豔之曲, 而雄健暢博之象宛然其中。……洋洋乎譬如江水之流, 悠悠揚揚, 未見其奇, 然而雲霞掩映, 煙霧明滅, 亮鷺與飛, 魚龍出沒, 風濤衝擊天漢上下, 而奇不口, 勝用矣。" 吳明濟 編, 祁慶富 校注, 《朝鮮詩選校注》, 遼寧民族出版社, 1990, p.239.

12 朴現圭, 〈壬辰倭亂時期明軍搜集和編撰韓國文獻的活動〉, 邵毅平 編, 《東亞漢詩文交流唱酬研究》, 中西書局, 2015, pp.60-80.

히 劉씨가 많았기 때문에 지금의 명칭으로 바뀌었다 한다. 마을을 관통하는 주도로는 동서 방향인데 도로폭이 넓고 길가에 집과 건물들이 길게 늘어서 있으며 큰 나무들이 마을을 감싸고 있다. 劉莊村은 淸初 康熙 十一年(1672)에서 淸末 光緖 三十三年 (1907) 까지 昌邑縣 崇德鄉 陸莊社에 속했다. 그 후 民國 二十六年(1937)에 昌邑縣 第五區 陸莊鄉 辛農鎭 陸莊村에 속하게 되었다.[13] 비록 劉莊村은 淸代부터 陸莊店 혹은 陸莊村으로 불렸으나 마을 사람들 중에 劉씨 姓을 가진 사람이 많았기 때문에 현지인들은 陸莊店 혹은 陸莊村을 劉莊店 혹은 劉莊村으로 불렀을 가능성이 크다. 또한 萊州 方言에서 "劉"와 "牛"는 발음이 비슷했으므로 安璥은 "劉莊村"을 "牛莊村"으로 잘못 기재했을 수도 있을 것이다.

사진 5-6 지금의 昌邑市 卜莊鎭 劉莊村의 촌비. 조선사신 안경은 이 마을을 牛莊村으로 기록하고 있는데, 이는 劉와 牛의 래주 현지 방언 발음이 비슷했으므로 혼동한 것이다. (집필진 답사 촬영)

---

13   (淸)許全臨 等 纂修,《昌邑縣志》卷之二《鄉社》, 淸 康熙 十一年(1672), 中國國家圖書館藏本版; (淸)周來部 等 纂修,《昌邑縣志》卷之二《鄉社》, 淸 乾隆 七年(1742) 刊本版;(淸)陳嘉楷 等 纂修,《昌邑縣續志》卷二《鄉社》, 光緖 三十三年(1907) 刻本版;(民國)劉毓章 劉選卿 等 纂修,《昌邑縣誌》, 民國 二十六年(1937), 昌邑市檔案局藏本版; 昌邑縣 地名志編纂委員會 編,《昌邑縣地名志》, 1987, p. 162.

夏店鋪는 昌邑縣城 東北 15리에 위치하며 濰河 경계 서쪽으로 昌邑縣이 관할하는 마지막 급체포이다. 夏店鋪는 원래 명칭이 夏店馬驛으로 明初에 설치되었는데[14], "운송과 여정 중에 들른 差役 가운데 분에 넘치는 대접을 요구하는 경우가 많아서", "일년에 낭비되는 돈이 3-4천 金에 이르렀으므로" 현지 백성들이 "이러한 差役을 만나면 집안이 거덜나지 않는 경우가 없었다. 隆慶 二年(1568) 都御史 姜廷順이 직접 昌邑縣의 驛館들을 둘러보고는, 하점포 인근 역관들이 시설이 잘 갖춰져 있고 물품의 보급도 충분하여 점포를 거치지 않고도 灰埠驛까지 무리없이 갈 수 있는데도 하점포까지 운영하는 것은 실로 낭비라고 생각했다. 이에 奏請을 올려 하점포의 공급을 끊고 縣治에서 차역의 접대를 직접 관리하였으니, 마을사람들이 드디어 차역 접대의 어려움에서 벗어나게 되었다."[15] 夏店馬驛은 결국 "隆慶 四年 혁파되었다"[16]가 明 萬曆 三十二年(1604)에 다시 昌邑縣이 직접 관할하는 급체포인 夏店鋪로 재개되었고 淸 乾隆 七年(1742)까지 운영되었다. 淸 乾隆 七年(1742)에 夏店鋪는 "新莊鋪로 昌邑縣 東北 15리로 이전하여 새롭게 개설되었다"[17]가 光緖 三十三年 (1907)에 폐지되었다.

明末에서 淸 中期까지 있었던 夏店鋪는 지금의 昌邑市 夏店鎭 夏店街村이다. 夏店街村은 일찍이 夏店, 英武寨로도 불렸고 夏店鎭 人民政府(한국의 읍사무소에 해당)가 소재해 있으며, 昌邑市 중심가에서 동북으로 80리 떨어져 있다. 元나라 때부터 마을이 있었으며 마을 곁에 驛道가 있어 夏씨 姓을 가진 사람이 여기에 驛店을 열었기 때문에 그러한 마을이름이 붙었다고 한다. 淸 咸豊 연간에 군영을 설치하였기에 英武寨라는 지명으로 변경되었다가 淸末에 지금의 이름으로 회복되었다. 夏店村은 淸初 康熙 十一年(1672)에서 淸末 光緖 三十三年(1907)까지 昌邑縣 崇德鄕에 속했다가, 民國 二十六年(1937)에 昌邑縣 第四區 夏店鄕 夏店鎭 夏店村이 되었다. 1950年에 昌邑縣 第四區에, 1955年에 夏店區에, 1958年2月에 夏店鄕에 직속되었다가 동년 9月에 先進

14　(淸)潘錫恩 等 撰修,《(嘉慶)大淸一統志》卷一百七十五《萊州府二》, 四部叢刊續編景舊鈔本版.

15　"凡遇此差(役), 無不傾家。隆慶二年都御史姜廷順撫臨見本縣去驛茂近既有支應, 可達灰埠驛, 實為濫費, 逐奏請裁革一切供應, 俱在縣治, 邑人如解倒懸。"(明)龍文明, 趙燿 等 纂修《萊州府志》卷五《驛傳》, 明 萬曆 三十二年(1604)刻本版.

16　"新莊鋪, 在縣東北十五里"(淸)張廷玉 等 撰修《明史》卷八十志五十四《地理二》, 淸 鈔本版.

17　(淸)周來邰 等纂修,《昌邑縣志》卷之四《驛遞》, 淸 乾隆 七年(1742) 刊本版.

人民公社에, 동년 12月에 夏店人民公社에, 1983年5月에 다시 夏店鄕에 [18] 속했다. 지금 소속된 행정구역과 지명은 昌邑市 卜莊鎭 夏店街村이다. 성명미상의 夏店街村 마을주민은 필자 일행에게 현재의 夏店古街가 바로 옛 驛道 위에 새로 만든 신작로라고 증언해 주었다.

사진 5-7   夏店村 내의 夏店古街와 石牌坊
(집필진 답사 촬영)

사진 5-8   夏店古街 곁에 현재까지 남아 있는 오래된 民居 (집필진 답사 촬영)

昌邑市 地方史志辦公室 張述智 학예연구사와 현지 주민 인터뷰 및 현재의 지명을 종합하여, 昌邑市 卜莊鎭 前卜村과 後卜村에서부터 濰河 東岸까지의 구간 중에서 동쪽에서 서쪽으로 역도가 지나온 경로를 차례로 나열하면 다음과 같다. 昌邑市 卜莊鎭 前卜村와 後卜村 - 昌邑市 卜莊鎭 姜家村 - 昌邑市 漩河 柳家村 구간 - 昌邑市 卜莊鎭 豐台村 - 昌邑市 卜莊鎭 大陸村 - 昌邑市 卜莊鎭 劉莊村 - 昌邑市 卜莊鎭 撫安鎭村 - 昌邑市 卜莊鎭 夏店村 - 昌邑市 卜莊鎭 王家庄村 등. 그 밖에 昌邑市 卜莊鎭 前卜村과 後卜村에서 昌邑市 卜莊鎭 劉莊村 내 상가거리까지의 신작로는 바로 옛 驛道 위에 새로 닦은 길이다.

18   (清)許全臨 等 纂修,《昌邑縣志》卷之二《鄕社》, 清 康熙 十一年(1672), 中國國家圖書館藏本版;(清)周來
    部 等 纂修,《昌邑縣志》卷之二《鄕社》, 清 乾隆 七年(1742) 刊本版;(清)陳嘉楷 等 纂修,《昌邑縣續志》卷
    二《鄕社》, 光緖 三十三年(1907) 刻本版;(民國)劉毓章 劉選卿 等 纂修,《昌邑縣誌》, 民國 二十六年(1937),
    昌邑市 檔案局藏本版; 昌邑縣 地名志編纂委員會 編,《昌邑縣地名志》, 1987, pp.169-171.

사진 5-9   옛 驛道 위에 새로 닦은 신작로(昌邑市 卜莊鎮 前卜村과 後卜村에서 시작하여
昌邑市 卜莊鎮 劉莊村 내 상가거리까지 이어진다)

昌邑市 卜莊鎮 姜家村은 원래 侯子坡姜家村(후자파강가촌)이라 하였으며 卜莊의 西側, 漩河의 東岸, G206국도로부터 西側 100m 거리에 있다. 宋 仁宗 姜씨 姓을 가진 사람들이 四川 成都府 北門里에서 먼저 寧海萬戶屯(녕해만호둔)에 이주해 왔다가 살기가 적합하지 않아 재차 彤嶺侯子疛(단령후자천)으로 이동했으나 오래지 않아 다시 서쪽으로 卜莊村, 柳家村 사이로 이주해 정착했다. 1958年에 人民公社가 성립되면서 姜家村으로 개칭하였다.

昌邑市 卜莊鎮 豐台村의 옛 이름은 烽台村이며 卜莊의 서쪽 1.5km거리에 있다. 明 永樂 년간에 崔씨 姓을 가진 사람들이 毛家寨에서 이주해 와 정착했는데 당시 여기에 둔덕 3곳이 있었다. 가운데 언덕은 높아서 峰이라 하였고 양쪽 두 곳은 낮아서 台라고 불렀기 때문에 峰台라는 마을명이 생기게 되었다고 한다. 昌邑市 卜莊鎮 大陸村은 陸家宅科, 陸家莊 등으로도 불렸다. 卜莊에서 서쪽으로 3km 떨어져 있으며 남으로 1km 떨어진 곳에 G206국도가 있다. 明 洪武 년간에 陸씨 姓을 가진 사람들이 四川에서 陸家宅科에 이주해 왔으며 永樂 연간에 동으로 이동하여 陸家莊을 세웠다. 1958年 人民公社가 성립되면서 지금의 마을 이름으로 바뀌었다.

昌邑市 卜莊鎮 王家莊村은 원래 西王家莊이었다. 夏店에서 서쪽으로 1km 떨어진

곳에 있으며 남쪽으로 濰河에 접하고 있다. 明 嘉靖 二年(1523) 王씨 姓을 가진 사람들이 夏店에서 濰河 北岸으로 이주해 와서 마을을 세웠기에 王家莊이라는 이름이 붙었다. 다른 지역의 王家莊과 이름이 중복되어 1981年 西王家莊으로 이름이 바뀌었다가 지금은 다시 王家莊村[19]으로 회복되었다.

사진 5-10　昌邑市 卜莊鎭 姜家村의 村碑
(집필진 답사 촬영)

사진5-11　昌邑市 卜莊鎭 豐台村 촌민위원회
(집필진 답사 촬영)

사진 5-12　昌邑市 卜莊鎭 大陸村 村碑 촌민위원회
(집필진 답사 촬영)

사진 5-13　昌邑市 卜莊鎭 王家莊村 (집필진 답사 촬영)

19　昌邑縣 地名志編纂委員會 編,《昌邑縣地名志》, 1987, pp.155-179; 현장답사를 통해 채록한 各村의 村碑의 記載 내용

제2절　濰河(淮河/淮涉水/懷河,韓信囊沙之水/韓信伐龍且囊沙處)

　　조선사신들은 卜莊鋪, 牛莊村, 撫安鋪, 夏店鋪를 지난 후, "韓信囊沙斬龍且(한신낭
사참용저)"의 고사로 유명한 濰河(濰水)를 건넜다. 濰水는 昌邑縣에서 동쪽으로 3里 떨
어진 東山 아래에서 발원한다.[20] 濰水는《水經注》에 琅邪 箕縣에서 발원하여 東北으
로 箕縣故城의 서측을 지나, 東北으로 東武縣城의 서측, 北으로 平昌縣의 동측, 北으
로 高密縣의 서측, 北으로 淳于縣의 동측, 다시 東北으로 都昌縣의 동측을 차례로 지
나 마지막으로 東北으로 바다에 이른다고 하였다. 이른바 箕縣 이하의 六邑은 지금의
諸城, 安丘, 高密, 昌邑, 濰縣 등이다. 그러나 그 발원지에 대해서는 여러 설이 분분하
다. 酈道元은 濰水가 濰山에서, 許慎과 呂忱은 둘다 箕屋山에서 발원한다고 하였고,
《淮南子》에는 覆舟山에서 발원한다고 하였으니, 지금 옛 지방지에 보이는 箕屋(山)이
나 酈道元이 말한 濰山도 모두 동일한 곳을 가리키며 다양한 異名이 많다.《禹貢》에서
말한 濰와 淄의 땅을 나누는 물길, 韓信과 龍且가 그 兩岸에 陳을 쳤다는 곳이 모두 濰
水를 가리킨다.[21]

　　　1) 북경행:(10月)14日 辛未일 맑음. 아침에 (灰埠驛을 출발하였다)……40리
　　　를 가서 福店에 도착하여 점심을 해먹고 다시 10리를 가서 배로 濰河
　　　를 건넌다. 다시 20리를 가서 昌邑縣城 東舖에서 王씨 성을 가진 人家
　　　에 묵었다. 主人이 문자를 좀 알아서 설명하기를 "오늘 오후에 건넜던
　　　강이 濰河로 一名 淮河라고도 하는데 韓信囊沙의 고사가 일어난 장소"
　　　라고 했다. 趙濈《燕行錄(一云朝天錄)》(十月)十四日, 辛未, 晴。早發(灰埠驛),
　　　……四十里到福店中火, 又十里船渡濰河, 又卄里入昌邑縣城東舖王姓
　　　人家宿。主人頗知文字, 說稱:"午後所渡濰河, 一名淮河, 乃韓信囊沙

20　(明)龍文明, 趙燿 等 纂修《萊州府志》卷一《山川》, 明 萬曆 三十二年(1604)刻本版.
21　按《水經(注)》云:出琅邪箕縣, 東北逕其縣故城西, 又東北過東武縣城西, 又北過平昌縣東, 又北過高密
　　縣西, 又北過淳于縣東, 又東北逕都昌縣東, 又東北入于海。所謂箕以下六邑, 即今諸城, 安丘, 高密, 昌
　　邑, 濰五縣是也。所發之源諸家不同:酈道元以為濰水導源濰山;許慎, 呂忱俱云出箕屋山;《淮南
　　子》又云出覆舟山。今考舊志出箕屋(山)為是, 酈道元亦謂諸山, 蓋廣異名也。《禹貢》濰淄其道, 韓信龍
　　且夾濰而陣, 實皆指此。(明)陸鈇 等 纂修,《(嘉靖)山東通志》卷之六《山川下》明 嘉靖刻本.

之水"云。

2) 북경행 : (6月)29日 戊子일. 이날 昌邑縣에 도착했다. 아침에 灰埠를 출발했다. ……新河店에서 점심을 해 먹었다. ……淮河 東岸에 도착했다. ……부사와 함께 나룻배를 타고 강을 건넜는데, 정사는 이미 강의 西岸에 도착해 있었다. 이 강을 淮河라고 칭하는 것은 근본적으로 잘못된 것이다. 太宗 文皇帝가 漕河를 준설하라고 명하였을 때 그곳은 지금 南坼의 淮安府였다. 淮는 물이 맑고 河는 물이 탁해서 淸河와 濁河의 구분이 있었다. 지금 이 강을 淮河라고 칭하는 것은 아마도 와전된 것이거나 혹은 우연히 이름이 같을 따름인 것이다. 李民宬《癸亥朝天錄》[來程](六月)二十九日, 戊子, 到昌邑縣。朝, 發灰埠, ……做中火於新河店, ……又抵淮河東岸, ……又與副使擺船過河, 정사已次西岸矣。按淮河本不相通, 太宗文皇帝命鑿通漕河, 在今南坼之淮安府。淮淸而河濁, 故有淸河, 濁河之別焉。今指此爲淮河, 恐訛傳, 抑或名偶同耳。

귀국행 : (3月)17日 辛未일. 이날 沙河店에 도착했다. 새벽에 王老店을 출발하여 昌邑縣을 지나 縣의 동쪽 15리에서 배를 타고 淮河를 건넜다. 一名 淮涉水라고도 하는데 卽墨縣 石城山에서 발원하여 縣治의 서쪽1여 리 밖을 지나 北으로 흐르다가 다시 西南으로 흘러 바다로 유입된다한다. [歸程](三月)十七日, 辛未, 到沙河店。曉發王老店, 過昌邑縣, 抵縣東十五里, 乘船渡淮河。一名淮涉水, 源出卽墨縣石城山, 經縣治西一里許, 北流復西南流入海云。

1)은 趙濈의 사행기록인《燕行錄(一云朝天錄)》의 북경행 기록 가운데 濰河에 관한 부분이다. 조즙은 1623年 10月 14日 昌邑縣 東舖에서 王씨 성을 가진 人家에 유숙하였는데, 주인의 설명으로 오늘 오후에 사신들이 건넜던 강이 바로 濰河였음을 알게 된다. 현지인들은 淮河라고도 불렀는데 바로 "韓信囊沙"의 고사로 유명한 역사적인 장소이다.《禹貢》에서 말한 濰와 淄의 땅을 나누는 물길은 바로 濰水를 가리키며 淸 乾

隆 七年(1742)까지 현지인들은 濰河라고도 불렀다.[22] 또한《漢書》에서 "濰"를 "淮"로
기록했으므로 현지인들 또한 濰水를 淮河라고도 불렀다.

李民宬은 2)에서 "왜 濰河를 淮河라고 부르는지"에 대한 자신의 견해를 피력했다.
곧, 明 太宗 때 淮安府(지금의 江蘇省 淮安市 淮安區) 지역에 漕河(조하, 곡물을 운송하는
수로)를 준설할 것을 명했는데, 수로의 물이 맑은 구간인 淸河(淮)와 혼탁한 구간인 濁
河(河)를 통칭하여 淮河라고 불렀다. 그러므로 昌邑縣의 濰水(濰河)를 淮河로 부르는
것은 와전된 것이거나 濰와 淮를 通假字로 통용해서 같은 글자로 인식했을 따름이라
는 것이다. 실제로 "永樂 연간에 平江伯 陳瑄(진선)이 淸江浦 일대를 파서 淮河와 黃河
두 강을 통하게 하여 이들 강이 조운에 이용되기 시작했다."[23]라는 기록이 있으며,《齊
乘》에서 "《漢志》에서 濰를 淮라고 쓰기도 했으므로 민간에서 淮河라고도 부른다"[24]라
고 설명하고 있으므로 이민성의 설명은 정확한 것이다. 결국《漢書》에서 "濰水"를 "淮
水"라고도 표기하고 있으므로 昌邑縣 현지인들도 濰河를 淮河라고 통용하여 부른 것
일 뿐이지, 昌邑縣의 淮河와 淮安府의 淮河 사이에는 실제로 아무런 관련이 없고 그저
명칭이 동일할 따름이다.

그리고 2)에는 또다른 지리적 문제가 제기되고 있다. 곧, 李民宬이 귀국하는 길에 明
의 伴送官이 "淮河는 一名 淮涉水라고도 하는데 卽墨縣 石城山에서 발원하여 縣治의
서쪽 1여 리 밖을 지나 北으로 다시 西南으로 흘러 바다로 유입된다."[25]라는 설명을 들
은 것이다. 그러나 실제로 이러한 설명은 오류이다. 관련 지방지의 기록에 따르면, 淮
涉水는 실제로는 지금의 靑島市 卽墨市 墨水河이다. 濰水의 별칭이 淮河이며, 淮河는
卽墨縣의 淮涉水와는 명칭이 유사할 뿐 아무런 관련이 없다.

정리해보면, 지금의 濰河는 옛날 지방지에는 濰水로 기록되어 있으며 莒縣(거현) 箕

---

22 《禹貢》: 濰淄其道, 濰即濰水。 至淸乾隆七年, 土人(亦)謂之濰河。 (淸)周來邰 等纂修,《昌邑縣志》卷之
    一《山川》, 淸 乾隆 七年(1742) 刊本版.

23 "永樂年間, 平江伯陳瑄剙鑿淸江浦一帶以通淮, 黃兩河, 始以河爲運矣。"(明)潘季馴 撰,《河防一覽》卷
    十一, 淸 文淵閣四庫全書本版.

24 《漢志》"濰或作淮, 故俗亦名淮河"(元)于欽 撰,《齊乘》卷二《益都水》, 淸 文淵閣四庫全書本版.

25 "淮涉水源發即墨縣石城山, 西南流經(即墨)縣治西一里許, 北流三里, 復西南流入海。"明 李賢 萬安 等
    纂修,《明一統志》卷二十五《萊州府》, 淸 文淵閣四庫全書本版.

屋山에서 발원하여 安丘市를 거쳐 北으로 흘러 太保莊, 蚱山(책산), 飲馬, 石埠, 宋莊, 圍子, 南逢, 都昌, 李家埠, 柳疃(류탄), 夏店, 東塚(동총), 靑鄕, 下營 등 14개의 마을을 지나 바다로 유입된다. 총 길이는 86km, 유역면적은 300평방 km로서 昌邑縣에서 가장 큰 강이다. 창읍현은 이 강의 하류 구간에 위치하며 강의 양안은 사질토로 평원을 이루고 강줄기는 구불구불 흐르는 구간이 많다. 강바닥이 높아서 매년 장마철에는 큰 물이 급류로 변해 양쪽 언덕을 넘쳐 흐르는 탓에 수재가 발생하여 매번 복구공사가 반복되었다. 이후 1950년 대대적인 준설작업과 직선화 공사, 제방공사로 현재와 같은 모습을 갖추게 되었다.[26]

한편, 위의 1), 2)의 기록을 통해 우리는 조선사신들이 濰河를 건넌 구체적인 방법을 알 수 있다. 1)에 趙濈은 북경으로 갈 때 灰埠驛에서 출발하여 40리를 가서 福店(卜廣鋪/卜莊鋪)에 도착했고 다시 50리를 가서 배를 타고 濰河를 건넜으며 70리를 가서 昌邑縣城에 도착했다고 기록하고 있다. 그런데 앞서 기술했듯이 灰埠驛(昌邑縣城 東北 80리)에서 40리를 가면 卜廣鋪(昌邑縣城 東北 40리)에, 50리를 가면 撫安鋪(昌邑縣城 東北 30리)에, 65리를 가면 夏店鋪(昌邑縣城 東北 15리)에, 70리를 가면 黑埠鋪(昌邑縣城 東北 10리)에, 80리를 가면 昌邑縣城에 도착한다. 이처럼 조즙의 기록과 명대 중국 지방지의 기록을 비교해보면, 趙濈이 배를 타고 濰河를 건넌 곳으로부터 灰埠驛과 昌邑縣城까지의 거리는 중국 지방지의 기록과는 차이가 크다. 곧, 조즙이 회부역에서 서쪽으로 50리를 가서 유하를 건넜다는 것은 잘못 기록한 것이다. 당시 중국 지방지에 의하면 夏店鋪를 지난 후 濰河 東岸에서 배를 타고 濰河 西岸으로 건너 가야 했으므로, 趙濈 일행은 응당 灰埠驛에서 65리 정도를 간 후 夏店鋪을 지나 濰河를 건넜을 것이다. 1)에서 趙濈은 濰河 東岸에서 배를 타고 濰河를 건너 북경으로 향했고 李民宬은 2)에서 북경을 오고 갈 때 모두 나룻배를 타고 濰河를 건넜다.

그런데, 이상한 점은 《(萬曆)萊州府志》에 "石灣橋는 縣의 東北 15리에 濰水를 가로질러 놓여 있다."[27]라는 기록이 보인다는 점이다. 濰河에는 石灣橋라는 다리가 있음에

---

26   昌邑縣 地名志編纂委員會 編, 《昌邑縣地名志》, 1987, pp.291-292.
27   "石灣橋在縣東北十五里, 跨濰水。"(明)龍文明, 趙燿 等 纂修《萊州府志》卷五《橋樑》, 明 萬曆 三十二年 (1604)刻本版.

도 불구하고 조선사신들은 나룻배를 타고 강을 건넌 것일까?

> 1) 濰水의 제방은 동쪽 5리에 있는데 宋나라 때 축조되어 유수의 범람을
> 막는다. 新河는 杜阜의 서쪽에 있는데 나룻배를 타고 지난다. 그 앞이
> 濰水의 상류인데, 나무다리로 지날 수 있으며 韓信이 龍且를 囊沙의 계
> 책으로 물리친 곳으로 현지에서는 淮河라고도 부른다. (金德承《天槎大觀》)
> 濰水堤在東五里, 宋時築, 以防濰濫。新河, 在杜阜之西, 舡以通之, 其前是
> 濰水之上流, 亦用木道也, 韓信伐龍且囊沙處, 俗呼淮河。

> 2) (灰埠驛에서)70리를 와서 濰水를 건넜다. ……강은 新河만큼 큰데 강물
> 을 건널 수 있는 木橋가 놓여 있다. (鄭斗源《朝天記地圖》〈灰埠驛圖〉)(自
> 灰埠驛)行七十里, 渡濰水, ……其水大如新河, 有木橋跨水。

　1)은 金德承의《天槎大觀》이고 2)는 鄭斗源의《朝天記地圖》〈灰埠驛圖〉중 濰河, 濰
河橋, 濰水 제방에 관한 기록이다. 1)과 2)의 기록처럼 濰水는 新河의 서쪽에 있으며 속
칭 淮河로서 韓信囊沙의 고사가 서려있는 장소이며, 그 위로 木橋가 놓여 있어 濰水를
건널 수 있다. 여기서 말하는 木橋가 바로 石灣橋이다.

　《(萬曆)萊州府志》의 기록에 따르면 "매년 10月 다리를 놓는 데 사용되는 경비가 헤
아릴 수 없을 정도이나 다음해 5월에 다리를 철거해버리면 남는 것이 일체 없게 되어
가을에 다시 이전과 같이 비용을 써야하니 백성들이 크게 힘들어했다. 嘉靖 四十五年
(1556) 知縣 李天倫이 다리를 철거하며 수습한 목재를 잘 간수했다가 주민들이 가져가
게 했는데 다리 놓을 때 기여한 분량에 이자까지 쳐서 官銀을 더해 주었다. 그리고 목
교를 두는 곳의 썩은 땅을 돌로 다져두어 내년 공사의 편의를 도모하였다. 이후에는 그
러한 관례에 따라 시행하니 백성들의 부담이 사라지게 되었다."[28] 즉, 每年 10月에 濰
河의 水位가 낮아지면 昌邑縣에서는 강변의 주민들에게 "石灣橋"라는 木橋를 놓게

28　"每年十月興造各社所費不貲, 及日五月拆橋料物一切失落, 至秋仍費如前, 大為民累。嘉靖四十五年,
　　知縣李天倫將拆過木料收貯草來, 令居民領去, 修造時加息價之量, 添官銀, 為朽壤助勤石河邊, 永為定
　　式, 民用息肩矣！"(明)龍文明, 趙燿 等 纂修《萊州府志》卷五《橋樑》, 明 萬曆三十二年(1604)刻本版.

했다가 다음해 5月 강물이 불어나기 시작하면 목교를 다시 철거했다. 石灣橋라는 명
칭과 이와 같은 건축 관례는 嘉靖 四十五年(1566)이래 民國 二十六年(1937)까지 변함
이 없었다.[29] 매년 10月과 다음해 5月 사이에는 석만교가 있었기 때문에 조선사신들이
이 다리를 이용할 수 있었을 것이다. 그러나 안전 상의 이유 등으로 사신들은 나룻배를
타고 다리를 건넜던 것이다.

　필자 일동이 현장 답사 과정에서 만난, 濰河 西側에 위치한 昌邑市 奎聚街道(규취가
도) 藺家莊村(인가장촌) 마을주민 藺貴宗(男, 65)씨의 증언에 따르면, 이전에 昌邑市 卜
莊鎭 王家莊村과 昌邑市 奎聚街道 藺家莊村를 잇는 驛道가 통과하는 石橋 하나가 濰
河에 놓여 있었다고 한다. 그러나 수 년 전에 濰河가 범람하여 쓸려 떠내려 갔다고 한
다. 지금은 그 석교를 대신하여 창읍시제1고등학교 서쪽으로 현대적인 校園街 大橋가
건설되어 있다. 필자 일동은 藺貴宗 씨의 안내로 石灣橋(현지인들은 濰河橋라고 부름) 옛
터 위에서 民國 시기 새로 놓았다가 수 년 전에 허물어진 石橋의 유적과 더불어 靑萊古
道(靑州와 萊州를 잇는 옛 驛道) 의 유적임을 표시하는 기념표지를 확인할 수 있었다.

사진 5-14　멀리 濰河 제방 위에 보이는 돌무더기들이 조선 사신들이 건넜을 옛 石灣橋 목교 위에
새롭게 조성되었다가 최근 철거된 민국시기 石橋의 잔해물이라 한다. (집필진 답사 촬영)

29　(民國)劉毓章 劉選卿 等 纂修,《昌邑縣誌》, 民國 二十六年(1937), 昌邑市 檔案局藏本版.

사진 5-15   濰河 西岸의 石灣橋 옛 자리(지금 현지인들은 濰河橋라고 부름)의
표지석 靑萊古道(청주와 래주를 잇는 옛 驛道가 지나던 자리였음을 설명하고 있다) (집필진 답사 촬영)

사진 5-16   현재의 昌邑市 濰河. 옛날 조선사신들이 건넜던 石灣橋 목교 遺址에서
서남방 약 3.7km 떨어진 곳에 새롭게 현대적으로 건설된 校園街 大橋가 멀리 보인다. (집필진 답사 촬영)

金德承이 언급한 濰水 제방은 일명 紅崖隄(홍애제)라고도 하며 昌邑市에서 東南으로 5리 떨어진 奎聚街道의 남측과 北莊頭村 사이에 있다. 길이는 약 1.5km이고 높이가 약 8m이며 南北 방향으로 놓여있다. 宋初에 濰河의 범람을 막기 위해서 처음 건설되었고 明 隆慶 三年에 增修했으며 淸 順治 十八年, 康熙 五十二年, 五十五年, 雍正 十年 등 여러 차례에 걸쳐 보수하였다. 이곳은 昌邑市의 주요 제방 가운데 하나인데 東南 방향에서 濰河의 물길이 그대로 제방에 충격을 가하기 때문에 종종 제방이 무너져

심각한 재해가 발생하곤 했다. 이후 규회벽돌로 제방을 둘러 보강했고 1951년 대대적
인 보수공사로 현재의 모습을 갖추었다.[30]

사진 5-17   濰河 奎聚街道 蘭家莊村 구간에 위치한 濰河 제방의 현재 모습 (집필진 답사 촬영)

앞서 지적했듯이 濰水는 이른바 "韓信과 龍且(용저)가 濰水를 끼고 陣을 쳤던" 장소
이다. 韓信은 淮陰(지금의 江蘇 淸江 西南일대)사람으로 秦末 漢初의 명장이다. 西漢 高
帝 四年(서기전 203) 韓信이 군사를 이끌고 齊나라의 臨淄城(임치성)을 공격하니 齊王
이 동쪽으로 달아났다. 이에 項羽는 韓信이 齊나라를 물리치고 나서 楚나라도 공격할
것이라는 말을 듣고 龍且로 하여금 齊나라를 원조하라고 명했다. 11月 韓信의 군대가
제나라 군대를 쫓아 濰水에 이르렀고, 한신의 군대는 濰水 東岸에, 齊와 楚나라 연합
군은 濰水의 西岸에 진을 쳤다("夾濰水而陳"). 韓信은 사람을 시켜 몇 날 밤 동안 만여
개의 모래주머니로 濰水의 상류를 막아 물의 흐름을 끊었다. 이후 제와 초나라 군대를
마른 강의 가운데로 유인하여 龍且를 공격했고 거짓으로 패하는 척하면서 군대를 물
려 도망치니 이에 龍且가 적들을 가벼이 여기고 군대를 몰아서 濰水를 건너 도망치는
한나라 군대를 추격했다. 이때 韓信이 상류에 모래주머니로 쌓아두었던 둑을 일시에
헐어 버리니 급류가 하류로 갑자기 흘러넘쳐 龍且의 군대는 절반도 채 강을 건너지 못
한 채 우왕좌왕하며 당황한 기색이 역력하였고 한나라 군대는 이 틈을 타서 맹렬한 공
격을 쏟아부어 楚나라 장수 龍且를 척살했으니 濰水의 東岸에 남아있던 楚나라 군대

---

30   (淸)潘錫恩 等 撰修,《(嘉慶)大淸一統志》卷一百七十五《萊州府二》, 四部叢刊續編景舊鈔本版; 昌邑縣
地名志編纂委員會 編,《昌邑縣地名志》, 1987, pp.343-344.

와 齊王은 허겁지겁 도망치기 바빴다. 韓信은 계속 군대를 몰아 城陽에 들이닥쳐 齊王을 포로로 잡았고 연합했던 楚나라 군사들은 전부 투항하였으니 이 전투로 漢나라는 齊나라를 완전히 평정했다.[31]

그런데 흥미로운 사실은 조선사신들이 기록한 濰水(淮河)의 위치와 "韓信囊沙" 고사가 벌어진 장소에 관한 내용들이 천차만별이라는 것이다. 곧, 趙濈, 金德承 등의 기록은 중국 史書나 方志의 기록과 일치하여 濰河를 "한신과 용저가 유수를 가운데 두고 진을 친 곳(韓信龍且夾濰而陣)", "한신이 용저를 무찌르고 모래주머니 둑을 쌓은 곳(韓信伐龍且囊沙處)"등으로 정확히 기록하고 있으나 尹暄, 李德泂, 洪翼漢, 全湜, 申悅道이 기록한 韓信囊沙의 위치는 지금의 濰河가 아닐뿐더러 심지어 모래주머니 제방을 쌓은 방위조차 서로 다르다. 명대 지방지로 조선사신들이 濰河(濰水)를 지나 거쳐간 곳을 고증해보면 동쪽에서 서쪽 방향으로 차례로 寒泥河(한착하) - 東于河 - 白浪河 - 濰縣縣城- 西小于河 - 西大于河 등임을 알 수 있으니 이를 근거로 조선사신들이 왜 이처럼 濰水(淮河) 위치와 "韓信囊沙"에 대해 각양각색으로 달리 기록했는지 그 이유를 살펴보기로 하자.

---

31 "西漢高帝四年, 韓信領軍攻破齊國的臨淄城, 齊王東逃, 項羽聞韓信破齊, 欲擊楚, 使龍且救齊。十一月, 韓信帶領的漢軍追至濰水。漢軍在濰水東岸, 齊楚聯軍在濰水西岸夾濰水而陳。韓信連夜命人用一萬餘個盛滿沙子的袋子塔住濰水的上流, 引軍半渡, 擊龍且。洋不勝, 還走。由於楚將龍且大意輕敵, 便帶領軍隊渡濰水追擊漢軍。韓信隨後派人挖掘開用沙袋做成的堤壩, 洶湧的水流使'龍且軍大半不得渡', 漢軍立即對楚軍展開猛烈的擊殺, 殺死了楚將龍且。留在濰水東岸的楚軍和齊王紛紛奔逃, 韓信帶領漢軍追至城陽, 虜齊王, 楚國的士兵全部投向, 此一役後, 漢軍平定了齊國"。(東漢)班固 撰,《漢書》卷一上《高帝紀第一 上》, 清 乾隆武英殿刻本版;(北宋)司馬遷 撰,《資治通鑒》卷第十《漢紀二》, 四部叢刊景宋刻本版.

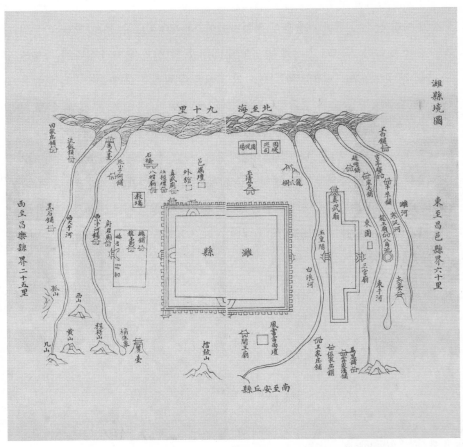

그림 5-18   《(萬曆)萊州府志》〈濰縣境圖〉 이를 통해 조선사신들이 북경으로 가면서 濰河(濰水)를 건너 지나간
하천들이 차례로 寒浞河 – 東于河 – 白浪河 – (濰縣縣城) – 西小于河 – 西大于河 등임을 알 수 있다.

1) 귀국행 : (3月)18日 맑음. 아침에 昌樂 東門에서 출발했다. ……濰縣 서
쪽 25리에 이르니 大濰河가 있는데 패방에 "囊沙上流"라고 쓰여있다.
濰縣 北舘에 도착했는데 북경에 갈 때 만났던 主人이었다. 아침을 먹고
白浪河를 건넜다. ……寒亭에 도착하여 점심밥을 해 먹고 昌邑의 경계
에 도착하여 王祿店에서 表씨 姓을 가진 사람집에서 묵었다. (尹暄《白
沙公航海路程日記》) 歸程 : (三月)十六日, 晴。朝, 出昌樂東門, ……近濰
縣西二十五有大濰河, 題曰 : "囊沙上流"。到濰縣北舘舊主人朝飯, 過
白浪河, ……到寒亭中火, 到昌邑境王祿店表姓人家宿。

2) 북경행: 7月 1日 기축일, 비, 濰縣에 도착했다. 아침에 출발하여 昌邑
城동쪽을 지나 남쪽으로 방향을 바꾸었다. 오후에 寒亭店에서 쉬었다.
……石橋를 하나 지났는데 이름이 漁河橋이다. 또 濰河를 건너 濰縣
城 밖의 東館馹에 도착했다. 濰河는 城의 동쪽 몇 리 떨어진 곳에 있으
며 密州界로부터 발원하여 昌邑地를 거쳐 濰縣을 지나 바다로 유입된
다. 이른바 背囊河는 韓信이 龍且를 격퇴한 곳이다. 昌邑에서 여기까지
80리이다……(李民宬《癸亥朝天錄》) 來程 : 七月初一日, 己丑, 雨。到
濰縣。朝, 發行過昌邑城東, 迤南而行。午, 憩寒亭店, ……過一石橋。
名 : 漁河橋, 渡濰河, 抵濰縣城外之東館馹。濰河在城東數里, 自密州
界經昌邑地過濰縣入海, 一云背囊河, 韓信破龍且之處也。自昌邑到此
八十里。……

귀국행: (3月)16日 庚午일 王老店에 도착했다. 아침 일찍 昌樂을 출발
했다. …… 濰水를 건너 濰縣의 北館馹에 도착했다. 아침을 해 먹고 동
쪽으로 강을 건넜고 孔文擧舊治(濰縣東十里), 晏平仲故里(濰縣東二十里)
를 차례로 지난 후 寒亭店에서 쉬었다. ……王老店(昌邑地)에 도착했으
니 이날 약 110리를 이동했다. (李民宬《癸亥朝天錄》) 歸程 : (三月)十六日
庚午。到王老店。早發昌樂。…… 渡濰水, 抵濰縣之北館馹。朝火後
, 過東渡河, 過孔文擧舊治(濰縣東十里), 晏平仲故里(濰縣東二十里), 憩寒亭
店。……抵王老店(昌邑地), 約行一百一十里。

1)은 尹暄의 《白沙公航海路程日記》이고, 2)는 李民宬의 《癸亥朝天錄》이다. 그런데 1)과 2)의 기록에 보이는 "大濰河" "囊沙上流" "濰水" 등은 명대 지방지와 비교해보면 그 위치가 일치하지 않는다. 1)은 귀국행 여정으로 濰縣 西 25리에 "大濰河"가 있으며 강변에 "囊沙上流"라고 쓰인 牌坊이 있다고 기록하고 있다. 2)의 북경행 여정은 昌邑縣城에서 출발하여 濰縣 급체포 가운데 하나인 寒亭鋪(寒亭店)를 거쳐 石橋("漁河橋")를 건넌 후 濰縣城 東側에 있던 濰河를 건너 濰縣城에 도착했다고 기록하고 있는 반면, 2)의 귀국행 여정은 西에서 東으로 濰水를 건넌 후에 濰縣城에 도착했다고 기록하고 있어 자신의 북경행 여정의 기록과도 일치하지 않는다. 尹暄과 李民宬은 明 天啟 三年(1623) 冊封奏請使團의 부사와 서장관으로 함께 동행했으니 적어도 두 사신의 지명과 방위에 관한 기록은 일치해야 할 것인데 왜 이런 불일치가 발생했을까?

우선 1)의 윤훤의 기록부터 살펴보자. 윤훤은 濰縣城 서쪽 25리에 "大濰河"가 있다고 했다. 그러나 실제로 유현성 서쪽25리에 있는 강은 《(萬曆)萊州府志》〈濰縣境圖〉에 따르면 西大于河이다.[32] 이 강은 지금의 濰坊市 寒亭區 서남쪽에 있는 大于河로 西丹河라고도 한다. 옛날에는 이 강을 西虞河라 했는데 이는 濰縣城 동쪽에 東虞河가 있기 때문이다. 《(民國)濰縣誌稿·疆域志》에 따르면 "大于河는 《齊乘》에 虞라고 쓰여있고 《昌樂志》에는 圩라고 쓰여있다."[33] 곧, 明淸 시기에는 大于河라 불렸고 民國 初年에는 大圩河로 불렸다. 1981年 12月 국가에서 지명에 쓰이는 어려운 한자를 정리하는 과정에서 "圩"를 于로 일괄해서 정리하면서 다시 大于河가 되었다. 이 강은 昌樂縣 方山과 膠子山 동쪽 기슭에서 발원하여 濰坊市 濰城區를 지나 寒亭區 雙楊店鎮으로 흐른다. 1950年 王固莊의 북쪽에 흐르는 물길을 東北으로 다시 파서 後嶺(村)의 북쪽에서 白浪河로 유입되게 만들었다. 전체 길이는 45km, 河床의 폭은 100m, 주요 지류로는 小

---

32 현재 濰縣(지금의 濰坊市) 방언으로 "濰"와 "于"가 발음이 비슷하므로 1)에서 윤훤이 언급한 "大濰河"는 응당 明末 濰縣의 "西丹河"일 것이다. "西丹河는 일명 大于河라고 하며 濰縣 西 20리에 있으며 扵几山(어궤산)에서 발원하여 昌樂縣 서쪽 아래로 흘러 東丹河에 합류하여 東北으로 바다로 유입된다.("西丹河一名大于河, 在濰縣西二十里, 發源扵几山, 經昌樂縣西下, 流合東丹河東北入海")(明) 龍文明, 趙耀等 纂修, 《萊州府志》卷二《山川》, 明 萬曆 三十二年(1604)刻本版.

33 "大于河, 《齊乘》作虞, 《昌樂志》作圩."(民國)常之英 等 纂修, 《濰縣志稿》卷五《疆域志 河渠》, 民国 三十年(1941)刊本版.

於河, 五龍溝 등 7개가 있으며 유역면적은 253 평방km이다. 창읍현 경내에서는 12km를 흐르며, 강에 놓인 다리는 6개이고 계절성 하천이다.[34]

이민성은 2)에서는 濰河와 濰水를 각각 濰縣縣城 東側과 西側에 있는 서로 다른 강으로 기록하고 있다. 李民宬이 귀국길에 언급한 濰縣縣城의 서측에 있는 "濰水"는 앞서 윤훤이 언급한 "大濰河"로서 실제로는 大于河(西丹河 혹은 西虞河)이다. 또한 "漁河橋"는 "(東)虞河橋"를 잘못 기록한 것으로 보인다. "(東)虞河橋"는 濰縣 東北 5여 리 떨어진 곳에 있으며 淸初에는 "東于河橋"로, 淸 中期에는 "東丹河橋"로 불렸으며 俗稱 "(東)虞河橋"로도 불렸다.[35] 그러므로 濰縣縣城에서 "동쪽으로 몇 리" 떨어져 있는 하천으로 언급한 "濰河"도 역시 "(東)虞河橋"밑으로 흐르는 東虞河(東于河)를 가리키는 것이다.

虞河는 溉水(개수) 혹은 溉河라고도 하며 濰縣 東南 5리를 흐르며 塔山(탑산, 지금의 濰坊市 坊子區 靈山)에서 발원하여 壽光縣까지 흐르다가 다시 濰縣 경계에서 東北으로 흘러 바다로 유입된다.[36] 虞河는 漢代에 利漁河로, 元代에 東虞河로, 明末에는 東丹河 혹은 東于河로, 淸初에는 東于河로, 淸 中期에는 東丹河로 불리다가 지금은 다시 (東)虞河로 불리고 있다. 《濰縣誌稿·疆域志》의 기록에 따르면 "虞河는 곧, 옛날의 溉水인데 一名 東丹河라고도 하며 昌樂 塔山 북쪽 기슭에서 발원한다."[37]라고 했다. 이 강은 남에서 북으로 흐르며 坊子區, 濰城區를 지나 郭家官莊鄕 雙廟(村)에서 서쪽으로 창읍현 경계를 지나 里疃鄕(리탄향), 固堤鎭에서 東北으로 방향을 바꾸어 濰坊市 寒亭區와 昌邑市의 경계를 이룬다. 이후 북으로 흘러 渤海로 유입된다. 전체 길이 75km, 창읍현을 지나는 길이는 총 45km이고, 4계절 내내 강물이 흐른다. 지류로는 涊河(착하), 瀑沙河, 富康河, 夾溝河(협구하), 利民河 등이 있다.[38]

---

34   寒亭區 地名編纂委員會 編, 《寒亭區地名志》, 1989, pp.236-237.

35   (淸)王珍, 陳調元 等 纂修, 《(康熙)濰縣志》卷三《橋樑總鋪》, 淸 康熙 十一年(1672)刊本版;(淸)張耀璧, 王誦芬 等 纂修, 《(乾隆)濰縣志》卷二《建置志 橋樑》, 淸 乾隆 二十五年(1760)刊本版.

36   (明)龍文明, 趙耀 等 纂修, 《萊州府志》卷二《山川》, 明 萬曆 三十二年(1604)刻本版.

37   "虞河即古溉水, 一名東丹河, 源出昌樂塔山北麓"(民國)常之英 等 纂修, 《濰縣志稿》卷五《疆域志 河渠》, 民國 三十年(1941)刊本版.

38   寒亭 地名 編纂委員會 編, 《寒亭區地名志》, 1989, pp.235-236.

이상을 살펴보면, 이민성이 왜 東虞河를 濰河로 잘못 기록했는지, 즉 濰縣城 동쪽으로 몇 리 떨어진 곳에 있으며 密州의 경계에서 발원하여 昌邑縣을 지나 濰縣을 거쳐 북쪽 바다로 유입되는데, 일명 背囊河(배낭하)로 韓信이 龍且를 격파한 곳이라고 잘못 설명하고 있는지 그 이유를 이해할 수 있다. 앞서 虞河는 塔山에서 발원하는데 塔山은 濰縣 東南 40리(《明一統志》에는 60리로 기록[39])에 있다.《寰宇記》에 따르면 산의 모양이 탑과 같아서 이러한 이름이 붙었으며 漑源山이라고도 하므로 東丹河(東虞河)도 이를 좇아 漑河라고도 부른다.[40] 密州는 隋唐代부터 元代까지 密州로, 明代 以後로 高密로 불렸는데[41] 高密縣의 疆域은 元代부터 지금까지 변화가 심했다. 塔山이 이처럼 주로 濰縣에 속했으나 濰縣과 高密縣의 경계에 있었던 적도 있었기 때문에 東虞河와 濰河의 위치를 혼동하기 쉬웠다. 背囊河는 아마도 明末 현지인들의 東丹河(東于河/虞河)에 대한 속칭이었을 것이다.

이어서 살펴볼 문제는 1)의 尹暄의 기록에서 濰縣 서쪽에 있던 "大濰河"는 곧 西丹河(西大于河, 西虞河)이며, 실제로는 한신이 용저를 격파한 장소가 아닌데 왜 "囊沙上流"라는 牌坊이 세워져 있었던가 하는 점이다. 西丹河(西大于河, 西虞河) 곁에 세워진 패방에 대한 기록이 단지 尹暄의 사행록에만 보이는 것이 아니라 全湜, 申悅道 등의 사행록에도 보이고, 게다가 李德泂, 洪翼漢 등의 사신들이 기록한 "囊沙上流" 패방의 위치는 이들과도 또한 다르다.

> 1) 북경행:(9月)18日, (이날은 昌邑縣 縣城에서 출발하여)濰縣에서 묵었다.
> ……濰河橋, 즉, 淮陰侯 한신이 모래주머니를 쌓았다는 濰河의 上流이
> 다. 이날은 80리를 이동했다. (李德泂《朝天錄一云航海錄》)(九月)十八日,
> (從昌邑縣縣城出發)宿濰縣, ……濰河橋, 卽淮陰之囊沙上流處也。是日,
> 行八十里。

---

39 (明)李賢 等 纂修,《大明一統志》卷二十五《萊州府》, 明 天順 五年(1461)御製序刊本版.

40 《寰宇記》云：山形如塔, 故名。又名漑源山, 東丹河(卽虞河)亦名, 漑河發源於此。(淸)王珍, 陳調元 等 纂修,《(康熙)濰縣志》卷一《山川》, 淸 康熙 十一年(1672)刊本版.

41 (民國)余有林, 曹夢九 等 纂修,《(民國)高密縣志》卷之二《地輿志 沿革》, 民國二十四年(1935)鉛印本版.

2) 북경행:(9月)18日, 己巳일 맑음. 牛阜店에서 점심을 해먹고 濰縣 北館
里에서 묵었다. 이날은 100리를 이동했다. 이날은 ……濰河橋로 강을
건넜는데, 淮陰侯 韓信의 囊沙고사를 떠올리며 龍且의 혼은 이곳 어디
에 의탁하고 있을까고 한탄했다. (洪翼漢《花浦朝天航海錄》)(九月)十八
日, 己巳, 晴。中火牛阜店, 宿濰縣北館里。是日, 行一百里。所過有
……濰河橋上, 憶淮陰之囊沙, 則龍且之魂, 此焉何托。

3) 북경행: (10月)12日 己亥일 맑음. 아침에 (濰縣 東館馹을) 출발하여 10여
리를 가서 濰水를 건넜으니 곧, 韓信이 모래주머니 둑을 쌓았다는 濰水
의 上流이다. (申悅道의《朝天時聞見事件啟》)(十月)十二日, 己亥, 晴。早
發(濰縣東館馹)行十餘里, 過濰水, 卽韓信囊沙上流也。

4) 북경행: (10月)16日 辛卯일. (昌邑에서 출발하여)정오에 寒亭古驛에 도착
했다. 저녁에 濰縣에 도착하여 유숙했다. 濰縣城의 서쪽에 한신 囊沙
고사의 古蹟이 있다. 濰水를 건너니 晏平仲故里가 있었기에 절구 시
한 편을 각각 썼다. (全湜《沙西航海朝天日錄》)(十月)十六日, 辛卯。(從昌
邑發行)午到寒亭古驛。夕, 至濰縣止宿。城西有囊沙古蹟。過濰水及
晏平仲故里。有詩各一絶。

〈濰水를 건너면서〉
건장한 용사들 그 옛날 어디 땐가 여기서 용감하게 분투했었으니
齊나라를 평정하여 漢나라의 功臣이 되고자 함이었네.
지금 멀리 북쪽 발해 바다에서 風塵 일어 하늘은 어두워지고
속절 없이 모래사장을 흘러가는 강물은 옛 인물들 생각케 하네.

過濰水
壯士何年奮此身。平齊去作漢功臣。
至今遼海風塵暗。空向流沙憶古人。

　　1)은 李德泂의《朝天錄(一云航海錄)》북경행 기록, 2)는 洪翼漢의《花浦朝天航海錄》 북경행 기록, 3)은 申悅道의《朝天時聞見事件啟》북경행 기록, 4)는 全湜의《沙西航海 朝天日錄》의 북경행 기록으로 그 중에서 “韓信 囊沙 고사가 전해지는 濰水 上流”, 즉 濰河, 濰水에 관한 부분이다. 李德泂과 洪翼漢은 明 天啟 四年(1624) 謝恩兼奏請使臣 團의 정사와 서장관으로 동행했으므로 1)과 2)에 기록된 노선은 동일한 곳이다. 9월 18 日 李德泂과 洪翼漢 일행은 昌邑縣에서 출발하여 濰縣 牛阜店(明末 濰縣 急遞鋪인 牛阜 鋪로서 지금의 濰坊市 寒亭區 牛埠村이니, 상세한 고증은 후술함)을 지나 “濰河橋”를 통과 한 후 서쪽으로 “濰河”를 건넌 후 濰縣縣城에 도착했다. 韓信은 원래 楚王에 봉해졌다 가 후에 淮陰侯(회음후)로 폄적되었다. 그래서 1)과 2)에서 언급한 “淮陰之囊沙(회음지 낭사 - 회음후의 모래주머니 둑)”란 곧 “韓信囊沙(한신의 낭사 관련 고사)”를 말한다. 여기 서 말하는 “濰河橋”는 앞서 살펴보았듯이 李民宬이 기록한 “漁河橋”즉, 실제로는 虞 河橋일 것이다. 또한 여기서 언급한 濰河도 실제로는 濰縣 東北 5리에 있는 (東)虞河 를 말하는 것이다. 그러나 3)과 4)에서는 “韓信囊沙”가 濰縣縣城 西側에 있다고 쓰고 있다. 3)에서는 濰縣縣城 西쪽 10여 리를 가서 濰水를 건넜는데 이 강이 “韓信囊沙”의 上流라 적고 있다. 앞서 살펴보았듯이 실제로는 濰縣에서 서쪽으로 10여 리 떨어진 곳 에 있는 강은 바로 大于河이다. 4)에서는 濰縣縣城 서쪽에 “囊沙古蹟”이 있다고만 하 고 구체적인 거리를 쓰지는 않았지만 당연히 여기서도 大于河를 가리키는 것이다.

　　그렇다면 “韓信囊沙斬龍且”의 고사가 벌어진 장소인 濰河(濰水)에 대한 조선사신 들의 기록이 왜 중국 지방지와 다르고 사신들 사이에도 제각각 차이가 나는 것일까? “韓信囊沙斬龍且”의 典故는 무척 유명한 역사적 사건이고 “濰水(지금의 濰河)”라는 지 명 역시《禹貢》에서 “濰淄其道”라고 언급되어 있을 정도로 익히 알려진 곳이라, 조선 사신들이 무척 흥미를 가지고 있던 장소였다. 그러나 당시 중국 현지에서 濰縣(지금의 濰坊市) 지역 방언의 영향으로 현지인들조차 지역명에 혼란이 있었고, 게다가 “韓信囊 沙斬龍且”의 고사가 濰水(지금의 濰河)에서 일어난 역사적 실체임은 틀림없으나 구체 적으로 韓信이 모래주머니를 쌓아 물길을 막은 지점이 어디인지, 한신이 龍且의 목을 벤 곳이 어디인지, 혹은 두 지역이 동일 지역인지 혹은 얼마나 떨어져 있는지 등의 사 실에 대해서는 異論이 분분했다. 아마도 명말 당시 현지에서도 정확한 사실 고증을 통해 패방을 세운 것이 아니라 사소한 개연성만 있다면 패방을 세워 그 지역이 유구한 역사를 지닌 고장이었음을 널리 알리고자 했었던 것 같다. 조선사신들 역시 당시에 세워진 패방을 보거나 현지인들의 부정확한 전언을 전해 듣고 이를 기록해 두었던 듯하다.

이런 사실은 중국 지방지의 형식을 모방해서 사행을 기록한 鄭斗源의 《朝天記地圖》를 통해 다시 한번 확인할 수 있다. 정두원은 〈灰埠驛圖〉에서 "(灰埠驛에서) 70리를 가서 濰水를 건넜는데 韓信이 濰水를 끼고 陳을 쳐서 제나라 군대를 물리친 곳이 여기다"[42]라고 했고 《濰縣圖》에서 "(濰縣에서)20리를 가면 欄門이 있는데 囊沙上流라 쓰여 있으니 韓信이 여기에 모래주머니로 제방을 쌓아 龍且와 결전을 벌인 곳이다."라고 했다.[43] 정두원의 기록에 따르면 "濰水"는 지금의 濰河이며 "囊沙上流"의 欄門(牌坊)은 濰縣 서쪽 20리인 大于河에 있었던 것이 된다. 그런데 정두원이 기록한 "囊沙上流" 欄門은 중국 지방지 어디에도 그 기록이 보이지 않는다. 정두원이 《朝天記地圖》를 작성하면서 중국의 여러 지방지를 참고했다는 것은 주지의 사실인데 "囊沙上流"와 "韓信斬龍且"의 위치에 대해 중국 지방지에 없는 내용을 기록한 것은 明末 당시 濰縣 현지인들의 견해를 반영한 결과이다. 곧, 당시 현지인들은 당시 "囊沙上流"와 "韓信斬龍且"를 동일한 장소인 大于河라고 생각했던 것이다. "韓信囊沙處"와 "斬龍且處"의 구체적인 위치는 최근에 실증적인 연구로 상세한 대한 고증이 이루어졌다.[44]

---

42 "(自灰埠驛)行七十里, 度濰水, 漢韓信伐齊, 挾濰水而陳, 卽此也."

43 "囊沙上流", 韓信囊沙於此, 決戰於龍且者也."

44 《濰水之戰遺址》의 考證에 따르면 "韓信壅水壩(한신이 모래주머니를 쌓아 물길을 막은 장소)"는 지금의 安丘縣 王家莊子鄉 大孫孟村에서 東으로 10리 부근, 高密縣 柿子園村(시자원촌)에서 西로 2리 부근, 涼(梁)台"韓信壩"에서 남으로 10리 부근으로 安丘, 高密, 諸城 3개 縣이 교차하는 지점이다. 韓信과 龍且는 濰水를 끼고 陳을 쳤는데 楚軍은 濰水 東岸에 주둔했고 그 곳은 바로 高密城의 서쪽으로 남으로 濰수와 吾水의 두 물줄기가 만나는 곳이며 북으로 高密, 昌邑의 交界에, 南北으로 17리 정도, 東西로 10리정도 되는 지역을 다 포함한다. 韓信의 군대는 濰水 西岸 安丘 境內에 주둔하였는데 남으로 濰水와 吾水의 두 물줄기가 만나고 북으로 峽山(협산의 남쪽은 지금의 安丘 王家莊子鄉과 北趙戈鄉임)에 이르는 지역이다. 두 군대가 전쟁을 벌인 곳은 남으로는 濰水와 吾水 두 물줄기가 만나는 곳에서 시작하여 북으로 峽山까지 이르는 지역으로 南北으로 거의 40리, 東西로 거의 20여 리에 이르는 넓은 지역이다. 전쟁 중 濰水가 楚軍를 덮친 곳은 지금의 高密縣 後店 이북의 河床이고 유수의 서안에 도착한 楚軍과 수몰되었으나 아직 죽지 않은 楚軍을 죽인 곳은 지금의 峽山 남쪽 安丘縣 趙戈鎮(조과진) 지역으로 南北으로 10여 리, 東西로 7여 리 되는 범위이다. 한신의 군대는 제나라 城陽으로 남하할 때 응당 유수 西岸을 따라 직접 城陽으로 쳐들어가 시간을 벌어 제왕 田廣이 전열을 정비하기 전에 공격하여 승리를 얻었을 것이다. 중화인민공화국이 건립된 후 趙戈鎮 趙戈村 동쪽에서 銅矛, 銅劍, 銅箭頭에 찔린 유해

　　조선사신들은 서쪽으로 濰河를 건넌 후, 지금의 昌邑市 奎聚街道 藺家莊村과 昌邑市 奎聚街道 花園村을 지났다. 藺家莊村 마을주민 藺修普(인수보, 男, 83)씨의 증언에 따르면, 藺家莊村 西側에 花園村으로 가는 작은 길이 나 있는데 이 길이 바로 옛날 昌邑과 平度를 왕래하던 官道라고 한다. 昌邑市 奎聚街道 花園村 마을주민 董書亮(동서량, 男, 56)씨의 증언에 따르면 지금의 花園村 東側으로 藺家莊村으로 가는 다져진 흙길이 있는데 이 길이 바로 마을에서 가장 오래된 옛 官道라고 한다. 옛날에 이 길은 南으로 花園村을 관통하여 黑埠村으로 이어졌으나 花園村 안의 옛 官道는 이미 확장과 포장 공사가 이루져 원형이 남아 있지 않았다. 董書亮 씨의 안내에 따라 필자 일행은 옛 官道 遺址를 찾을 수 있었으며 이 과정에서 마을 안에서 비교적 오래된 가옥들은 모두 옛 관도의 양측에 남아 있다는 사실도 확인할 수 있었다. 또한 필자 일행이 현지 답사를 해보니 藺修普 노인과 董書亮 씨가 말하는 옛 官道 遺址는 결국 동일한 길을 가리키고 있음도 확인할 수 있었다. 이 옛 관도는 폭이 3m 정도이고 지금 현재 600m 정도가 옛 모습을 보존하고 있었다.

사진 5-19　藺修普씨가 증언한 藺家莊村 西側의 옛 官道
(집필진 답사 촬영)

사진 5-20　董書亮씨가 증언한 花園村 東側의 옛 官道
(집필진 답사 촬영)

　　藺家莊村은 東北으로 濰河에 접하고 있다. 明末 藺씨 姓을 가진 사람들이 昌邑縣 劉家道(지금의 廣劉村)에서 여기로 이주해 와 정주했기 때문에 藺家莊이라 부른다. 마

를 발굴했으니 이는 이 곳이 "濰水之戰"이 벌어진 장소임을 입증하는 것이다. 张法荣, 《濰水之战遗址》, (濰坊市政协文史委员会编, 《濰坊文物傳览》, 中国文联出版社2002年版, pp.66-71.)에서 재인용.

을은 濰河 大堤의 남측을 따라 길쭉하게 분포되어있다.[45] 明末에서 淸代까지 昌邑縣
崇德鄕 陶埠社에, 民國 十七年에는 昌邑縣 第一區 幸福鎭 黑埠鄕에 속하였다. 1950
年에는 昌邑縣 十一區에, 1955年에는 道照區에, 1956年에는 城關區에 1958年 2月에
는 道照鄕에, 같은 해 9月에는 紅旗人民公社에 속했다가 12月 이후로 城關人民公社
에 속하게 되었다. 1982年에는 城關鎭에, 1984年 10月에 李家埠鄕에 속했다가 지금은
昌邑市 奎聚街道에 속한다.

花園村은 북으로 濰河에 접하고 있다. 明 崇禎 연간에 王씨 姓을 가진 사람들이 邰
家辛莊(태가신장)에서 여기로 이주해 와 마을을 세웠다. 이어서 杜씨 姓을 가진 사람들
이 이주를 해왔고 杜씨 명의로 이곳에 花園을 세웠기에 이를 마을 이름으로 삼았다.[46]
明末에서 淸代까지 昌邑縣 崇德鄕 陶埠社에, 民國 十七年에 昌邑縣 第一區 幸福鎭 黑
埠鄕에 속하였다. 1950年에 昌邑縣 十一區에, 1955年에는 道照區에, 1956年에는 城
關區에 속했다가, 1958年 2月에 道照鄕이 되었고 동년 9月에는 紅旗人民公社에 속했
다가 12月 이후로는 城關人民公社에 속하고 있다. 1982年에 城關鎭에, 1984年 10月에
는 李家埠鄕에 속했다가 지금은 昌邑市 奎聚街道에 귀속되어 있다.

제3절 縣東十里鋪, 新福堡, 義婦塚, 昌邑城外五里店

1) 북경행: (10月)10日 맑음. 아침에 (灰埠驛에서)출발하여 新河를 건넜다.
……福莊店에서 점심을 해먹고 淮河를 건넜다. 저녁에 昌邑縣 東館馹
에 도착했다. 이 날은 80리를 이동했다. 이날 지나간 길은 넓고 평탄했
으며 村落과 점포들이 서로서로 이어져 있었고 홰나무와 버드나무가
길의 좌우에 그늘을 만들고 있었다. 縣은 平度州에 속한다. (申悅道《朝
天時聞見事件啓》)(十月)初十日, 晴。早發(灰埠驛), 渡新河, ……中火於福
莊店, 渡淮河。夕, 抵昌邑縣東館馹。是日, 行八十里。所過大道如砥,

---

45   昌邑縣 地名志編纂委員會 編,《昌邑縣地名志》, 1987, p.188.
46   昌邑縣 地名志編纂委員會 編,《昌邑縣地名志》, 1987, p.188.

村落舖店, 在在相望, 槐柳掩映於左右, 縣屬平度州。

2) 북경행: (7月)8日 맑음.(牛莊村에서 출발하여) 濰河를 건넜다. ……昌邑
밖 10리에 도착했는데 新福堡, 義婦塚이 있었고 느릅나무, 버드나무,
산뽕나무들이 길 양옆으로 심겨져 있어서 짙은 녹음을 이루고 있었다.
(安璥《駕海朝天錄》)(七月)初八日, 晴。(從牛莊村發行)再渡濰河……未到
昌邑十里, 有新福堡, 義婦塚, 榆柳雜柘, 候路擁翠。

3) 북경행: (3月)17日 맑음.(灰埠驛에서 출발하여)新河店에서 점심을 해먹고
新河와 淮河를 차례로 건넜다. 昌邑縣 東館에서 유숙했다. 縣은 淮水
에서 서쪽 5여 리 떨어진 곳에 있다. 길 옆을 따라 버드나무가 10리를
뻗어 있고 족히 만여 채는 될 만한 높다란 가옥과 상점들이 길을 따라
서 있으니 이 곳의 부유함이 산동 제일이라는 사실을 확인할 수 있었
다. ……이 날은 80리를 이동했다. (洪翼漢《花浦朝天航海錄》) 來程 :
(三月)十七日, 晴。(從灰埠驛發行)中火新河店。渡新河, 淮河。宿昌邑
縣東館里。縣在淮水西一墩餘。官柳十里, 雲屋萬家, 益見其殷富甲於
山東。……是日行八十里。

　　1)의 기록은 申悅道의《朝天時聞見事件啟》북경행 기록의 일부이다. 申悅道 일행은
10月 10日 아침 일찍 萊州府 平度州에서 출발하여 80리를 가서 황혼 무렵에 昌邑縣
城에 도착하여 留宿했다. 당일 지나온 驛道는 모두 평탄하고 곧은 대로였으며 길 양측
으로는 수많은 촌락, 급체포, 여관 들이 그리 멀리 않은 거리를 두고 이어져 있었고 길
옆에 나란히 심어진 홰나무, 버드나무가 행인들에게 그늘을 만들어 주고 있었다.
　　이러한 창읍현의 역로에 대한 묘사는 2) 安璥의《駕海朝天錄》북경행 기록과 비슷
하다. 安璥 일행은 7月 8日 新福堡와 義婦塚을 차례로 지난 후 昌邑縣 東北 10리에 있
는 黑埠鋪를 거쳐 昌邑縣城에 도착했다. 지나 온 도로의 양편으로 느릅나무, 버드나
무, 산뽕나무 등이 무성하게 자라고 있었다. 이 밖에 李民宬의《癸亥朝天錄》북경행에
도 "昌邑縣 東十里鋪를 지나니 비가 그치고 천둥이 쳤는데 늦여름 더위가 극성을 부

렸다. 길 양옆으로 늘어진 높은 버드나무와 때때로 내리는 소나기 덕분에 이글거리는 더위를 피할 수 있었다."[47] 라는 관련 기록이 있다. 이러한 묘사는 登州府나 萊州府 掖縣에 비해서 萊州府 昌邑縣 境內로 들어올수록 산지가 없어지고 평탄한 평야가 나타나기 시작했음을 알려준다. 실제로 明末 昌邑縣은 경제가 융성하였고 境內 驛道 역시 상업적 이용객이 많아 폭이 넓고 곧았으며 길가에는 가로수가 잘 정비되어 여름에는 더위를 피할 그늘을 제공하고 겨울에는 차가운 바람을 피할 방어벽 구실을 해주었다.

이러한 점은 3) 洪翼漢의 《花浦朝天航海錄》북경행 기록에서 재차 확인된다. 洪翼漢 일행은 3月 17日 平度州 灰埠驛에서 출발하여 新河店에서 점심을 먹고 휴식을 취한 후 서쪽으로 新河와 淮河를 차례로 건넌 후 昌邑縣城에 도착했다. 昌邑縣城은 淮水(濰水) 서쪽 5리에 있는데, 昌邑縣城으로 향하는 큰 길 10여 리 구간에 양측으로 버드나무가 나란히 심겨져 있을 뿐만 아니라 1만 호에 가까운 호화로운 민가들이 길 양옆으로 서로 바라보고 서 있다. 여기서 堠(후)는 《玉篇·土部》에 설명이 보이는데 " 牌堠로서 五里마다 一堠가 있다"라고 했다. 雲屋이란 高樓를 말하는데 高樓는 경제적으로 부유함을 상징하는 것이다. 곧, 홍익한은 창읍현의 경제가 크게 융성했음을 목도하고 스스로 "풍성하고 넉넉하기가 산동에서 제일이다(殷富甲於山東)"라고 감탄해 마지않았다.

앞에서 이미 언급했듯이 조선사신들이 지난 昌邑縣 東(北)十里鋪는 바로 黑埠鋪이다. 중국 지방지의 기록에 따르면, 黑埠鋪는 明 萬曆 三十二年(1604)에서 淸 乾隆 七年(1742)까지 설치되었다. 그러나 昌邑縣 夏店馬驛이 설치되었던 기간을 상기해보면, 黑埠鋪도 아마 1604년보다 이전에 설치되었을 것이다. 1742년 昌邑縣 東北 10리에 있던 黑埠鋪는 縣城 동쪽 5리로 이전되어 東山鋪라는 이름으로 새롭게 개설되었다.[48] 《(康熙)昌邑縣志》의 기록에 따르면, "黑埠는 城의 東北 10리에 있는 急遞鋪로 濰河의 강변 모래톱에 가까워 사람들이 버드나무를 많이 심었기에 멀리서 보면 나무 그늘 때문에 어둡게 보여 그런 이름이 붙었다"[49]라고 했다. 결국 黑埠鋪와 十里鋪는 동일한 곳으로

---

47 "過縣東十裡鋪, 雨止而雷, 是晚極熱. 有喬柳夾路, 時時灑雨, 故賴免蒸灼。

48 (淸)周來邰 等 纂修, 《昌邑縣志》卷之四《驛遞》, 淸乾隆七年(1742) 刊本版.

49 "黑埠在城東北十里鋪, 其地近濰沙磧, 人多種柳, 望之黯然, 故名。"(淸)許全臨 等纂修, 《昌邑縣志》卷之

濰河의 모래톱에 가까워서 현지인들이 버드나무를 많이 심었기에 멀리서 바라보면 버드나무가 만드는 녹음으로 주위가 어두워보였기에 "黑埠村"이라 불리게 되었다는 것이다.

黑埠村은 明末에서 淸代까지 昌邑縣 崇德鄕 陶埠社에 속했다가 民國 十七年에는 昌邑縣 第一區 幸福鎭 黑埠鄕에 속하였다. 1950年에는 昌邑縣 十一區에, 1955年에는 道照區에, 1956年에는 城關區에, 1958年 2月에는 道照鄕으로 불리다가 동년 9月에는 紅旗人民公社에, 동년 12月까지 城關人民公社에 속했다. 1982年에는 城關鎭에, 1984年 10月에는 李家埠鄕에 속했다가 지금은 昌邑市 奎聚街道에 속한다. 黑埠村 마을 주민 孫氏(女, 93-구체적인 성명을 밝히지 않음)의 소개로 지금의 黑埠村 현지 주민들이 "中道"라고 부르는, 마을 가운데를 관통하는 주도로를 찾아 볼 수 있었는데 이 길이 바로 옛 官道라고 한다.

사진 5-21　마을 주민 孫氏가 증언한 黑埠村 內 옛 官道 (현지 주민들은 이 길을 "中道"라 불렀다.) (집필진 답사 촬영)　　사진 5-22　昌邑市 奎聚街道 黑埠村 촌민 위원회 (집필진 답사 촬영)

이밖에 2)에서 安璥 일행은 昌邑縣 十里鋪 즉, 黑埠鋪에 도착하기 전에 新福堡와 義婦塚을 지났다.《(民國)昌邑縣誌》[50]에 따르면 黑埠村이 속한 黑埠鄕에 인접한 鄕과 鎭 가운데 "辛福鎭(辛莊鎭) 台家辛莊"이라는 村莊이 있다. 台家辛莊은 지금의 昌邑市 奎聚街道 邰家辛莊村이다. 邰家辛莊村은 花園村와 黑埠村 사이, 즉 花園村에서 西南으

二《山川》, 淸 康熙 十一年(1672), 中國國家圖書館藏本版.

50　(民國)劉毓章 劉選卿 等 纂修,《昌邑縣誌》, 民國二十六年(1937), 昌邑市 檔案局藏本版.

로 0.7km, 黑埠村 西北으로 2.5km 떨어진 곳에 있는데 이는 安璥의 기록과 부합한다. 安璥이 기록한 "新福堡"라는 명칭은 아마도 明末 현지인들이 "辛莊"이나 "新莊"을 달리 부르는 俗稱이었을 것이다.

邰家辛莊村은 明 隆慶 연간에 邰씨 姓을 가진 사람들이 諸城에서 이곳으로 이주해 와 마을을 세웠는데 서쪽으로 黃家辛莊과 인접하고 있으므로 邰家新莊으로 불렸다가 후에 지금의 이름으로 바뀌었다. 東西로 난 大街를 따라 높은 가옥들이 줄지어 서있기에 마을은 長方形으로 형성되어 있다.[51] 이러한 기록은 "길 양옆으로 버드나무가 10리를 벌려있고, 높다란 가옥 만 여 채가 줄지어 서있다"는 洪翼漢의 기록에 부합한다. 한편, 義婦塚에 관해서는 관련 중국 지방지에 어떠한 기록도 보이지 않는데, 아마도 "新福堡"에서 그리 멀지 않은 곳이었을 것이다.

昌邑市 奎聚街道 邰家辛莊村은 明末에서 淸代까지 昌邑縣 崇德鄉 陶埠社에, 民國 十七年에는 昌邑縣 第一區 幸福鎮 黑埠鄉에, 1950년에는 昌邑縣 十一區에, 1955년에는 道照區에, 1956년에는 城關區에, 1958년 2月에는 道照鄉으로 칭해지다가 同年 9月에는 紅旗人民公社에 속했다가 그해 12月까지 城關人民公社에 속했다. 1982년에는 城關鎮에, 1984년 10月에는 李家埠鄉에 속했다가 지금은 昌邑市 奎聚街道에 속한다.

> 1) 북경행:(6月)11日 맑음. 정오에 灰阜를 출발했는데 昌邑까지 80리 여정이다. 知縣인 李鳳이 十里鋪까지 名帖을 보내왔다. 먼저 숙박할 객관을 정하고 이어 음식과 술, 과일 등을 내왔다. (吳允謙《秋灘東槎朝天日錄》(1622)) 來程 : (六月)十一日晴。午時, 發灰阜, 到昌邑八十里。知縣-李鳳送名帖於十里外, 先定歇館, 即供飯饌, 酒果。
>
> 귀국행 : (9月)22日 맑음. 달이 뜬 새벽에 출발했다. 50리를 가서 昌邑城 밖 五里店에 도착하여 말을 쉬게 하고 다시 60리를 가서 深河店에 유숙했다. 歸程 : (九月)二十二日, 晴。乘月曉發, 行五十里, 到昌邑城外

51 昌邑縣 地名志編纂委員會 編,《昌邑縣地名志》, 1987, p.188.

五里店歇馬, 行六十里, 宿深河店。

2) 북경행 : (6月)29日. 新河 강가에 도착했다. …… 다시 淮河의 東岸에
도착했다. ……昌邑縣 동쪽에 있는 十里鋪를 지났다. ……저녁에 昌邑
城 밖의 東館駅에 도착했다. 이날 약 80리를 이동했다. 밤에 知縣 李鳳
이 명첩을 보내 만나기를 청하였으나 숙소가 좁고 누추하여 지현의 체
통에 누가 될까하여 사양하니 知縣이 여러 차례 감사의 예를 올렸다.
(李民宬《癸亥朝天錄》(1623))來程 : (六月)二十九日. 到新河岸, ……又抵
淮河東岸, ……過縣東十里鋪……夕, 到昌邑城外之東館駅, 約行八十
里。 夜, 知縣李鳳送帖請見, 辭以所寓窄陋, 不敢奉辱麈從, 知縣答以多
拜謝。

1)은 吳允謙의 《秋灘東槎朝天日錄》이고 2)는 李民宬의 《癸亥朝天錄》이다. 1)과 2)
의 북경행 기록에서 보듯이 당시 昌邑縣 知縣 李鳳은 조선 사신들을 정성스럽게 접대
했다. 1)에서 昌邑縣 知縣 李鳳은 十里鋪 즉, 黑埠鋪로 관리를 미리 보내 사신을 기다
리게 했고 자신의 名帖을 올렸을 뿐만 아니라 사신들에게 숙소를 안내하고 미리 준비
해둔 음식과 술, 안주, 과일 등을 접대했다. 2)에서 昌邑縣 知縣 李鳳은 조선사신들이
昌邑縣에 도착했다는 소식을 듣고서는 시간이 늦었음을 개의치 않고 직접 名帖을 지
니고 가서 조선사신을 만나고자 하였다.

한편 1)의 귀국행 여정에서 吳允謙 일행은 昌邑城 밖 五里店에서 좀 쉬었다가 萊州
府 掖縣으로 향했는데 昌邑城 밖 五里店은 바로 지금의 昌邑市 奎聚街道 五里村이다.
五里村은 일찍이 五里堠(오리후), 五里堠子라고도 불렸다. 縣城에서 東北으로 2.5km
떨어진 곳에 있으며 남으로 文山에 인접하고 있다. 明나라 때 마을이 세워졌는데 縣城
에서 萊州府로 가는 官道 변에 있었고 또한 당시에는 "十里에 一鋪, 五里에 一堠가 있
었기" 때문에 縣城에서 東으로 5리 떨어진 곳에 있는 마을이라는 뜻에서 五里堠라 불
리게 되었고 五里堠子라고도 하였다. 그러나 후에 "堠"字가 좋지 못하다 하여 1961년

에 五里로 명칭이 바뀌었다.[52] 지금은 昌邑市 奎聚街道에 속한다. 昌邑市 奎聚街道 五
里村 마을주민 董志民(60)씨의 증언에 따르면 현재의 新五里村은 1988년 마을의 도
로를 정비할 때 주민들이 이주해 와서 새로이 건설된 마을이라 한다. 신오리촌으로 이
주하기 전에 주민들이 살던 옛 五里村의 東北에는 옛 가옥들이 남아 있고, 그 가옥들
곁에 옛 官道가 일정 구간 남아 있다고 한다. 필자 일행은 동지민씨의 도움으로 옛 五
里村의 동북에 남아 있는 옛 관도를 직접 찾아볼 수 있었다. 옛 官道는 東北-西南 방향
으로 나 있었고 東北으로 建設村(建設村은 1950年 대홍수로 수몰된 이후 재건된 마을이라
함)까지 이어졌고 西南으로는 昌邑縣城으로 이어지고 있었다.

사진 5-23, 24   五里村 마을주민 董志民 씨가 증언한 옛 五里村 東北에 있는 옛 官道 (집필진 답사 촬영)

제4절 昌邑縣城(昌邑縣城 東舖/昌邑城外之東館駟/昌邑縣 東館),
王無功村, 陸山, 高重山, 四知廟, 雍齒墓

조선사신들이 도착한 昌邑縣城은 역사가 깊은 곳[53]이다. 宋 建隆 三年에 처음으로
土城을 조성하였는데 전체 성의 둘레는 5여 里, 높이는 1丈8尺, 두께는 1丈5尺이었다.

---

52 昌邑縣 地名志編纂委員會 編,《昌邑縣地名志》, 1987, p.33.
53 霍光이 昌邑王 劉賀를 폐위시키고 宣帝를 옹립한 고사가 《漢書》〈霍光傳〉에 보이는데, 1388년 위화도
    회군 직후 尹紹宗(字 憲叔, 號 桐亭)이 조선 태조 이성계에게 곽광이 창읍왕 유하를 폐위한 것처럼 우왕
    을 폐위하라고 권했던 이야기가 조선에 널리 알려졌다. 그래서 많은 조선사신들도 이곳을 지나면서 곽
    광과 창읍왕 유하에 관련된 유적에 관심을 가지고 기록을 남기거나 시를 지었다.(자세한 내용은 뒷부분
    참조)

성문은 3개가 있었는데 동문을 "東興", 서문을 "西成", 남문을 "迎恩(영은)"이라 하였다. 성둘레의 해자의 깊이는 9尺半이었다가 이후 확장했다. 元 至元 十一年 重修하였는데 성에 角樓 4개를 새로이 세웠고 門樓는 각각 기둥 3개로 확장되었다. 동문을 "奎聚(규취)", 남문을 "陽鳴(양명)", 서문을 "瞻宸(첨신)"이라 명명했다. 明 正德 六年에 도적떼의 습격을 받아 府同知 劉文寵이 重修했다. 嘉靖 四十五年 知縣 李天倫이 다시 重修했는데 東南에 새로이 角樓를 세워 "文筆峰"이라 칭하였고 하늘의 文昌 星君을 모시고 "奎光"이라 편액하였다. 萬曆 五年에 큰 비로 성벽이 무너져 내려 知縣 候鶴齡(후학령)이 修補하였는데 甕城(옹성)과 3개의 外門를 새로이 세우고 해자를 깊고 넓게 만들었다. 萬曆 三十八年 濰河의 홍수로 성벽에 금이 가서 무너져 그 다음해에 知縣 卜有徵(복유징)이 重修하였는데 3 대문의 이름을 바꾸었다. 동문을 "映瑞(영서)", 서문을 "迎禧(영희)", 남문을 "延爽(연상)"이라 개칭했다. 萬曆 四十六年 해자를 수리하고 文昌을 東山巓으로 이전했으며 성벽의 角樓를 헐어없앴다. 崇禎 十三年 知縣 白壯易가 土城을 甎城(전성-토성을 벽돌로 감싸 보강한 성)으로 바꾸었으니 높이는 2尺 더 높이고 두께는 5尺 더 두껍게 했다. 淸 順治 七年 濰河의 홍수로 東門이 무너져 知縣 劉士偉가 東門을 南向으로 개축하고는 "永順"이라고 개칭하고 서문은 "重慶"이라 이름붙였다. 康熙 十六年 知縣 沈一龍이 성의 3 대문을 重修하였는데 門樓를 3층으로 확장했다. 雍正 五年 知縣 袁靈復(원등복)이 東門을 옛날처럼 東向으로 중수했다. 雍正 八年 濰河의 홍수로 東門이 무너져 그 다음해에 知縣 劉書復이 東門을 다시 南向으로 개축했다. 道光 十一年과 二十年에 知縣 朱氏, 華氏의 令으로 紳士들의 기부를 받아 옹성과 성의 외벽을 수리했다. 光緖 十三年, 二十三年에도 知縣 羅氏, 趙氏의 令으로 차례로 동쪽과 북쪽 성벽을 보수했다.

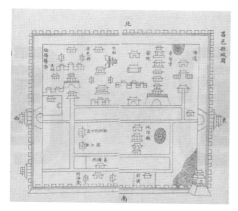

그림 5-25 《(萬曆)萊州府志》卷首,〈昌邑縣城圖〉

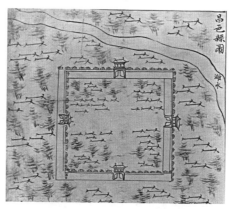

그림 5-26 鄭斗源《朝天记地图》〈昌邑縣圖〉
(明萬曆三十二年(1604))

중화인민공화국이 건국된 후 도시화가 진행되어 昌邑縣 古城 성벽은 차츰 철거되었고 護城池 역시 흙으로 메워졌다.[54] 昌邑市 地方史志 辦公室 張述智 학예연구사의 설명에 따르면, 昌邑縣 古城이 있었던 대체적인 위치는 북쪽으로는 지금의 昌邑市 방송통신관리국(廣播電視管理局) 사원 아파트 남측 도로, 남쪽으로는 지금의 昌邑市 利民街 남측 일대, 서쪽으로는 昌邑市 天水路, 동쪽으로는 昌邑市 文昌南路와 대체로 일치한다고 한다. 옛 昌邑縣城에는 東門, 西門, 南門 등 3개의 성문이 있었는데 東門은 지금의 文昌南路와 城里東街 교차로-北海公園 南門이 있는 곳이다.

張述智 학예연구사의 안내로 필자 일동은 昌邑縣城 東門 舊址를 찾아볼 수 있었다. 東門의 동쪽을 昌邑縣城 "東關"이라 하고 東門의 서쪽을 昌邑縣城 "東隅"라고 하는데 昌邑縣 東關이 바로 대다수 조선 사신들이 昌邑縣城을 지날 때 유숙한 昌邑縣城 東舖(昌邑城外之東館馹/昌邑縣 東館)이다. 한편, 趙濈의 《燕行錄(一云朝天錄)》에는 昌邑縣 東舖 "王無功村" 王氏 민가에 묵었다는 기록이 있는데, 현재 중국 지방지 어떤 곳에도 王無功村에 관한 기록이 보이지 않는다. 趙濈의 기록이 정확하다면 王無功村은 응당

---

54 (淸)周來邰 等 纂修,《昌邑縣志》卷之一《城池》, 淸 乾隆 七年(1742) 刊本版; (淸)陳嘉楷 等 纂修,《昌邑縣續志》卷二《城池》, 光緒 三十三年(1907) 刻本版; 昌邑縣 地名志編纂委員會 編,《昌邑縣地名志》, 1987, p.27.

昌邑縣城 東門 일대로서 지금의 文昌南路와 城里東街 교차로-北海公園 南門 부근일
것이다.

사진 5-27　昌邑市 北海公園 南門
(곧, 옛 昌邑縣城 東門 遺址 부근) (집필진 답사 촬영)

사진 5-28　지금의 昌邑市 東隅
(곧, 옛 昌邑縣城 東門 서측) (집필진 답사 촬영)

그림 5-29　현재의 지도 상에서 본 明清 시기 옛 昌邑縣城 성곽과 성문의 遺址 範圍

1) 귀국행 : 10月 2日 맑음. 새벽에 출발하여 昌邑을 지나 배를 타고 濰河를 건넜다. ……멀리 昌邑의 남쪽으로 高重山이 보였다. (安璥《駕海朝天路》(1621)) 歸程 : 十月初二日, 晴。曉發, 過昌邑, 舟渡濰河。……望見昌邑之南有高重山。

2) 북경행 : (3月)17日 무진일. 맑음. ……昌邑縣 東館 마을에서 묵었다. ……城에서 남쪽으로 15리쯤 떨어진 곳에 昌邑王 故城이 있다고 들었다. 이곳은 博陸侯(박륙후)의 食邑이다. 여정이 빠듯하여 직접 가보지 못하는 것이 한스럽다. 오늘은 80리를 이동했다. (洪翼漢《花浦朝天航海錄》(1624)) 來程 : (三月)十七日。戊辰。晴。……宿昌邑縣東館里……城南十五里許, 聞有昌邑王故城, 博陸侯食邑, 而行忙不得往尋遺跡, 可恨。是日行八十里。

3) 〈昌邑縣圖〉陸山은 창읍현에서 남쪽으로 40리 떨어진 곳에 있다. 漢武帝가 霍光을 博陸侯로 봉했는데 여기가 그의 食邑이었으므로 이와 같이 이름 붙인 것이다. 멀리 눈썹같이 나즈막한 봉우리가 보이고 점점이 구름이 가로 걸려 있다. 창읍현의 西門 밖에 廟堂이 있는데 欄門에 "四知廟"라 쓰여있으니 漢나라 때 東萊太守 楊震의 사당이다. 양진이 昌邑을 지날 때, 그에 의해 창읍현령으로 천거된 王密이 황금을 품고 와서 양진에게 드리면서 "밤이라 보는 사람이 없습니다."라고 말하였다. 양진이 "하늘이 알고, 귀신이 알고, 내가 알고, 네가 안다"라고 답했다. 이에 왕밀이 부끄러워하면서 물러났다. 昌邑 사람들이 그를 흠모하여 이 사당을 세웠다. (鄭斗源《朝天記地圖》(1630)) 〈昌邑縣圖〉陸山在縣南四十里, 漢封霍光, 食邑於此故名。臣望見一眉殘峯, 橫點雲際。縣西門外有廟, 欄門書之曰: "四知廟", 漢楊震爲東萊太守, 道經昌邑。故所擧王密爲昌邑令, 懷金遺震曰: "暮夜無知者", 震曰: "天知, 神知, 我知, 子知", 密慚而退。昌邑人慕而立廟。

4) 북경행 : (10月)11日 戊戌일 맑음. 아침에 昌邑을 출발하여 城을 관통하

여 거리를 지났다. 거리의 양 끝단에 牌樓가 마주보고 서 있었는데 거기에는 都御史 馮續(풍속), 兵部侍郎 葛縉(갈진), 左副御史 孫夢豸(손몽치)의 이름이 써 있었다. 南門 밖에는 關西夫子廟가 있었는데 그 地名이 昌邑과 같았기 때문에 여기에 묘당을 세운 것이다. (申悅道《朝天時聞見事件啟》(1628)) 來程 : (十月)十一日, 戊戌, 晴。早發昌邑, 穿城中而過街。路間牌樓相望。其著者都御史馮續, 兵部侍郎葛縉, 左副御史孫夢豸也。南門外有關西夫子廟, 以其地名同昌邑, 故立廟於此。

5) 〈楊伯起 사당을 지나며〉

아침에 昌邑을 지나오는데

東漢 청백리 양진을 기리는 사당이 있네.

금세에는 누가 그의 청렴한 행적을 잇고 있을까?

생각해보지만 다만 오늘 하루의 공상일 뿐이라네.

산 속 어딘가 산새 우는 곳에

사당을 세우고 황금을 거절한 양진을 기리니

맑은 바람은 古木에 생기를 불어넣고

엄숙한 기운 속에 천박한 오늘의 세태가 슬퍼지네

過楊伯起祠

早行昌邑里, 伯起有遺祠。

誰繼當秊躅, 徒成今日思。

山疑泣鳥處, 地表却金時。

淸飇生古木, 蕭蕭使人悲。

金地粹《朝天錄》(1626)

사진 5-30   지금의 昌邑市 博陸山(명대에는 陸山 혹은 霍侯山, 驢山子라고도 불림)의 遠景. 漢 武帝가 霍光을
북해(지금의 산동 중부 濰坊市 일대)에 博陸侯로 봉했기 때문에 이러한 산이름이 붙은 것이다.
조선사신 홍익한은 직접 가보지 못한 것을 한스러워했으며, 정두원은 멀리서 바라본 박육산의 원경을
"멀리 눈썹같이 나즈막한 봉우리가 보이고 점점이 구름이 가로 걸려 있다."라고 묘사했다. (집필진 답사 촬영)

1)에서 안경이 언급한 "高重山"은 바로 옛날 昌邑縣 高陽山이다. "(昌邑)縣 東南에
大莊社가 있고 옛날 寶海寺 刻石이 있었는데 지금은 없어졌고 산 앞으로 高陽侯의 塚
墓가 있다."[55] 옛 고양산은 지금의 昌邑市 靑山으로 昌邑市에서 동남쪽으로 13km 떨
어진 곳에 있으며 海拔68.9m, 面積은 1.54평방km이다. 山石의 표면에 푸른 이끼가
많이 끼어 있어 靑石山이라고도 부른다.[56]

2)의 昌邑王 故城과 3)의 陸山은 동일한 장소를 가리키니 곧, "昌邑縣에서 남쪽으
로 40리 떨어진 곳에 있는" 陸山이다. 《寰宇記》에 陸山은 昌邑縣의 남쪽 40리에 있
다고 했다. 《名勝志》, 《漢書》에 霍光(곽광)이 博陸侯로 北海에 봉해졌다고 하였고, 顏
師古의 注에 博陸이 北海로 귀향했을 때 그의 封號로 산의 이름을 삼았다는 기록이 보
인다. 원래 명칭은 陸山인데 唐 天寶 6년에 칙령으로 霍侯山(곽후산)으로 개칭했다."[57]
"後元 元年(기원전 88년), 侍中僕射 莽何羅(망하라)와 그의 동생 重合侯 莽通(망통)이

55   "在(昌邑)縣東南大莊社, 舊有寶海寺刻石背像, 今廢, 山前有高陽侯塚"(光緒)昌邑縣續志卷一《山川》, 淸
光緒 三十三年刻本版.
56   昌邑縣 地名志編纂委員會 編, 《昌邑縣地名志》, 1987, pp.288-289.
57   "在昌邑縣南, 《寰宇記》: 在縣南四十里.《名勝志》, 《漢書》: 霍光爲博陸侯封於北海, 顏師古注: 博陸
古鄉聚之, 名其山。本名陸山, 唐天寶六載, 勅改爲霍侯山." 淸 景舊鈔本版.

通謀하여 한 무제를 척살하려는 역모를 꾸몄으나 곽광, 金日磾(김일제), 上官桀 등에 의해 죽임을 당했다. 그러나 그 공이 기록되지 않았다. 武帝가 병이 들자 遺詔를 남겨 '황제가 죽은 후 발표하여 따르라'하였는데, 遺詔에는 金日磾를 秺侯(투후)에, 上官桀을 安陽侯에, 곽광을 博陸侯에 봉하라 했으니 모두 이전에 역모자를 추포한 공적을 세워 이때서야 봉해진 것이다."[58] 陸山은 霍侯山, 驢山子(려산자)라고도 불렸으며 지금의 昌邑市 博陸山이다. 昌邑縣城에서 남쪽으로 31km 떨어진 곳으로 飮馬鎭 서쪽, 濰河의 東岸에 있다. 海拔 88.05 m, 동서로 2,000m, 남북으로 400m, 면적은 0.8평방 km이며 산의 형세가 마치 당나귀가 누워있는 형상이라 사람들이 驢山子라고 불렀으며 산세가 가파른 편이다.[59]

3)에서 鄭斗源은 昌邑縣 西門을 나온 후 西門 밖에서 "四知廟"라는 묘당을 보았다. 사지당은 楊震의 청렴함을 기리는 사당이다. 楊震(54-124年)은 字가 伯起이고 弘農 華陰(지금의 陝西 華陰東)사람으로 東漢의 名臣이다. 鄭斗源이 기술한 바와 같이 漢 安帝 때 大將軍 鄧騭(등즐)은 楊震이 經書에 통달했다는 소문을 듣고 조정에 천거하였다. 후에 東萊太守에 제수되어 昌邑을 지날 때, 양진의 제자이자 그에 의해 천거되어 昌邑縣令을 역임하고 있던 王密이 야심한 밤에 찾아와 황금 열 근을 감사의 선물로 바치면서 "어두운 밤이라 보는 사람이 없으니 받으셔도 괜찮다"고 하였다. 이에 楊震은 "하늘이 알고 귀신이 알고 내가 알고 네가 아는데 어찌 아는 사람이 없겠는가?"라고 하면서 황금을 받지 않았다. 이에 楊震이 죽은 후, 후세사람들이 楊震의 청렴함을 기려 "四知廟"을 세웠다.

明 萬曆《萊州府志》에 "四知祠는 東萊太守 楊震을 모시는 사당으로 昌邑縣城 남쪽에 있다. 宣德 五年 창읍사람 黃福이 增修했고 嘉靖 三十年 李源潔, 孫夢豸(손몽치)가 重修했다. 萬曆 三十年 知縣 李惟中이 규모를 넓히고 장엄하고 아름답게 꾸몄으며 知府 龍文明이 記를 썼으니 記는《藝文》에 수록되었다. 매년 2월과 5월 첫 巳日에 (사지

---

58 "先是, 後元年, 侍中僕射莽何羅與弟重合侯通謀為逆, 時光與金日磾, 上官桀等共誅之, 功未錄。武帝病, 封璽書曰：'帝崩發書以從事。'遺詔封金日磾為秺侯, 上官桀為安陽侯, 光為博陸侯, 皆以前捕反者功封時"《漢書》卷六十八《霍光金日磾傳第三十八》, 清 乾隆 武英殿刻本版.

59 昌邑縣 地名志編纂委員會 編,《昌邑縣地名志》, 1987, p.288.

사에서) 제사를 올린다. 縣志에 따르면 漢末에 楊震이 황금을 거절했다는 昌邑은 실제로는 兗州 金鄉(지금의 산동성 齊寧市 金鄉縣)이다. 그러나 두 곳의 지명이 동일했기 때문에 후세사람들이 昌邑縣에도 그의 사당을 세운 것이니 인심이 賢者를 향하는 바가 이처럼 지극함을 알 수 있다."[60]라고 하였다. 곧, 양진이 왕밀의 황금을 거절한 장소가 실제로는 래주부 창읍현이 아니었지만, 우연히 연주부 창읍현(西漢 때의 지명)과 지명이 동일했기 때문에 창읍현에 사지당이라는 사당을 세워 양진의 청렴함을 기렸다는 것이다.

이런 점을 고려하면 정두원의 기록에는 사실과 어긋나는 사항이 두 가지가 있다. 우선, 漢代에는 지금의 濰坊 지역에는 昌邑이라는 지명이 없었다. 앞서 살펴보았듯이 유현 지역의 창읍성은 송대에 최초로 조성되었다. 楊震의 "四知金"의 고사가 실제로 일어난 東漢 시기의 "昌邑"은 바로 지금의 山東 濟寧市 金鄉縣 부근이다. 송대에 세워진 萊州府 昌邑縣의 지명이 우연히 東漢 시기의 昌邑과 일치하였기 때문에 일어난 착오인 것이다. 당시 萊州府 昌邑縣의 민간에서는 철저한 고증없이 이러한 착오가 사실인 양 보편화되어 있었고 그래서 昌邑縣 南門 밖에 四知祠을 세운 것인데, 이곳을 지나던 조선사신 정두원은 이를 의심없이 수용한 것으로 볼 수 있다. 또한, 鄭斗源은 사지사가 西門 밖에 있다고 기재했으나 실제로 方志를 보면 이는 西門이 아니라 南門이다. 昌邑縣城은 당시 山東의 다른 현의 縣城과 구조에 차이가 있었으니 성문이 東門, 西門, 南門 등 세 곳 밖에 없었고, 게다가 南門은 昌邑縣城 西側 성벽 아래 나 있었기 때문에 정두원이 착오를 한 것으로 보인다.

四知祠는 民國 二十六年(1937)에 이미 허물어져 흔적조차 찾을 수 없게 되었지만, "城 西南門 밖에 있었다"[61]라는 기록에 따르면 昌邑縣城 西南門 부근에 있었을 것이며 대체로 지금의 昌邑市 新村路와 天水路의 交叉路 西側 부근에 해당한다. 1997년 昌邑市에서는 昌邑市博物館 안에 四知亭을 새워 四知祠를 기념하고 있다. 그 밖에 4)

---

60 "四知祠祀東萊太守楊震, 在縣城南。 宣德五年, 邑人黃福增修。 嘉靖三十年, 邑人李源潔, 孫夢夛重修。 萬曆三十年, 知縣李惟中改建, 較舊制潤大壯麗, 知府龍文明記, 記見藝文。 歲春秋仲月上巳日, 致祭。 按漢末名昌邑, 楊震却金昌邑, 邑今兗之金鄉也。 後人以其名同故立祠耳, 人情之景向賢者知此。"(明)龍文明, 趙燿 等 纂修,《萊州府志》卷四《廟宇》, 明 萬曆 三十二年(1604)刻本版.

61 (民國)劉毓章 劉選卿 等 纂修,《昌邑縣誌》, 民國二十六年(1937), 昌邑市 檔案局藏本版.

에서 申悅道는 "南門 밖에는 關西夫子廟가 있었는데 그 지명이 昌邑과 같았기 때문에 여기에 묘당을 세운 것이다"라고 했고, 5)에서 金地粹는 그의 《朝天錄》〈過楊伯起祠〉 시에서 楊震의 사당을 언급했는데, 이 두 곳 모두 鄭斗源이 언급한 "四知廟"이다.

사진 5-31　지금의 昌邑市 博物館 내에 세워져 있는 四知亭 (집필진 답사 촬영)

그리고 이 지역과 관련하여 한 가지 주목할 조선사신의 기록이 있는데 곧, 全湜이 《沙西航海朝天日錄》의 북경행 여정에서 "(10月)15日, (萊州城을 출발하여) 昌邑에서 유숙했는데 중간에 雍齒墓를 지났다."라고 기록한 부분이다. 雍齒는 漢나라 때 沛(패, 지금의 江苏省 沛縣 서쪽 일대)지역 사람이다. 漢 高祖 劉邦을 쫓아 起兵했다가 등을 돌렸으나 다시 漢 高祖에게 돌아와 전공을 세웠다. 한고조는 비록 이를 불쾌하게 여겼으나 여러 장수들이 공을 세운 옹치가 봉작을 얻지 못하면 자신들에게도 후환이 있을까 염려했으므로, 張良의 간언에 따라 우선 什邡(십방, 지금의 四川省 什邡市)에 제후로 봉했다. 이에 여러 장수들이 기뻐 말하기를 "雍齒도 제후가 되었으니 우리에게 우환이 없을 것이다."라고 했다. 옹치의 시호는 肅이다.

雍齒墓의 소재지에 관해서는 현재 세가지 설이 존재한다. 첫째는 "雍齒墓는 什邡縣에서 남쪽으로 1리 떨어진 곳에 있으며 李膺記의 기록에 따르면 墓의 높이는 4丈, 묘역의 면적은 4畝, 麒麟 석상이 2개 있었다."는 설이고,[62] 둘째는 "雍齒墓는 長山縣(지

---

62   "雍齒墓在(什邡)縣南一里, 李膺記云, 墓高四丈, 濶四畝, 有石麒麟二"(宋)樂史撰,《太平寰宇記》卷

금의 山東省 鄒平市 동쪽 일대와 淄博市 서쪽 일대)에서 서북쪽으로 3리 떨어진 雍家莊에 있다."[63]는 설이며, 셋째는 "雍齒墓는 豐縣(지금의 江蘇省 徐州市 豐縣)에서 북쪽으로 9 里 떨어진 곳에 있었다"[64]는 설이다. 청나라 때 간행된《(康熙)長山縣志》에서도 雍齒墓 는 "확실한 문헌 근거가 없고 오랜 세월이 흘러 함부로 예단하기 어려우니 의심스러 운 것은 의심스러운대로 기록한다."[65]라고 하여 확실하게 고증하기 어렵다고 했으니 長山縣 경내에 雍齒墓가 있었는지 확인할 길이 없다. 그러나 모든 기록에서 雍齒가 什 邡侯로 봉해졌다는 사실에는 이견이 없으므로 필자가 판단하기에 什邡縣에 있었다고 보는 것이 가장 타당할 것 같다.

그런데 왜 全湜은 萊州城에서 昌邑으로 가는 도중에 雍齒墓를 지났다고 한 것일까? 이는 아래와 같은 李民宬의《癸亥朝天錄》북경행 여정 기록에서 그 실마리를 찾을 수 있다.

> 북경행: (7月)6日 甲午일. 章丘縣에 도착했다. 아침에 長山을 출발하여 西 城門을 나왔다. 문 밖에 강이 하나 있는데 孝婦河라고 한다. 나룻배를 타 고 건넜다. 雍齒墓를 지났다. (李民宬《癸亥朝天錄》)(七月)初六日甲午。到 章丘縣。朝。發長山。出西城門。門外有河曰孝婦河。擺船以渡。過雍 齒墓。

李民宬 일행은 登州府, 萊州府를 지나 7월 6일 濟南府 長山縣을 출발하여 章丘縣에 도착하여 유숙했다. 이 과정에서 이민성 일행은 長山縣 경내에 있던 雍齒墓를 지났다 고 기록하고 있다. 앞서 지적했듯이 옹치묘가 長山縣에 있었다는 사실은 중국의 관련 지방지에서 일찍부터 의심을 받아왔다. 그러므로 이민성은 雍齒墓를 직접 본 것이 아 니라 "雍齒墓는 長山縣에서 서북쪽으로 3里 떨어져 있는 雍家莊에 있다"라는 민간의

七十三《劍南西道二》, 淸 文淵閣 四庫全書補配古逸叢書 景宋本版.

63　"雍齒墓在長山縣西北三里雍家莊"(明)陸釴 等 纂修,《(嘉靖)山東通志》卷十九《陵墓》, 明 嘉靖 刻本版.

64　"雍齒墓在豐縣北九里"(淸)穆彰阿 潘錫恩等纂修,《(嘉慶)大淸一統志》卷一百一《徐州府》, 四部叢刊續 編 景舊鈔本版.

65　"雖于書無稽, 而流傳旣久, 不便徑削, 是亦疑以傳疑之意也"(淸)孙衍 纂修,《長山縣志》,《凡例》, 淸 康 熙 五十五年(1716)刻本版.

一說을 그대로 채록한 것으로 보인다. 게다가 全湜의 경우는 雍齒墓가 萊州府城과 昌邑縣 사이에 있는 것으로 기록했으니 직접 보지 않고 민간의 일설을 채록했을 개연성이 더욱 높다. 일반적으로 조선 사신들은 해상에서 뜻밖의 폭풍우를 만나는 등 예상했던 여정보다 더 많은 시간을 허비하는 경우가 많았고, 게다가 등주에 하선한 이후로도 중국 조정의 허락을 받고 지방관청으로부터 사행에 관련된 물적 인적 지원을 얻기까지 등주에서 계획보다 오래 체류해야 하는 경우가 많았다. 그래서 등주에서 북경으로 가는 여정은 북경에서 이루어지는 중국 조정의 공식일정에 맞추기 위해 촉박한 일정을 소화해야 했다. 그래서 사행 경유지 부근에 있던 역사유적지나 명승지를 직접 방문하지 못하고 현지인의 말을 듣고 그대로 기록했던 경우가 종종 있었던 듯하다.

이상의 고증을 바탕으로 조선사신들이 昌邑縣 東界에서 출발하여 서쪽으로 昌邑縣城에 도착하기 전까지 거쳐간 경유지를 명대 당시 지명으로 차례로 나열하면 다음과 같다. ① 深河店/官舖/新河店 - ② 新河橋/木道 - ③ 新河/深河 - ④ 官庄/卜莊店/福庄店/福店 - ⑤ 澤水 - ⑥ 牛庄村 - ⑦ 撫安鋪 - ⑧ 夏店鋪 - ⑨ 濰河/淮河/淮涉水/懷河 - ⑩ 韓信囊沙之水/韓信伐龍且囊沙處 - ⑪ 新福堡/義婦塚 - ⑫ 縣東十里鋪/黑埠鋪 - ⑬ 昌邑城外 五里店 - ⑭ 昌邑/昌邑縣城 東舖/昌邑城外之東館馹/昌邑縣 東館 - ⑮ 王無功村 - ⑯ 高重山 - ⑰ 陸山 - ⑱ 關西夫子廟/四知廟/楊伯起祠 등.

문헌고증과 현지답사를 통해 확인한 결과, 위의 명대 지명에 대응되는 현 지역의 위치와 지명은 차례로 다음과 같다. ① 青島市 平度市 新河鎮 北鎮村과 南鎮村 - ② 新河鎮 北鎮村 서측의 未名橋 - ③ 平度市 北膠萊河 - ④ 昌邑市 卜莊鎮 前卜村과 後卜村(昌邑市 卜莊鎮 姜家村) - ⑤ 昌邑市 漩河 柳家村 구간(昌邑市 卜莊鎮 丰台村, 昌邑市 卜莊鎮 大陸村) - ⑥ 昌邑市 卜莊鎮 劉莊村 - ⑦ 昌邑市 卜莊鎮 撫安鎮村 - ⑧ 昌邑市 夏店鎮 夏店街村(昌邑市 卜莊鎮 王家庄村) - ⑨ ⑩ 昌邑市 濰河(昌邑市 奎聚街道 藺家莊村, 昌邑市 奎聚街道 花園村) - ⑪ 昌邑市 奎聚街道 郜家辛莊村 - ⑫ 昌邑市 奎聚街道 黑埠村 - ⑬ 昌邑市 奎聚街道 五里村 - ⑭ ⑮ 濰坊市 昌邑市 市區(北으로 昌邑市 廣播電視管理局 宿舍 南側 未名道路, 南으로 昌邑市 利民街 南側, 西측으로 昌邑市 天水路, 동측으로 昌邑市 文昌南路) - ⑯ 昌邑市 青山 - ⑰ 昌邑市 博陸山 - ⑱ 昌邑市 新村路와 天水路 交叉路 西側 부근.

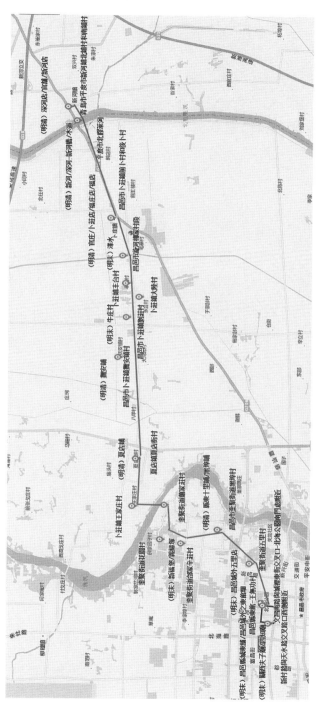

그림 5-32   昌邑縣 新河鋪에서 昌邑縣城까지 조선사신 경유지 古今地名 對照 地圖

제6장 昌邑縣城에서 濰縣城까지

鄭斗源은《朝天記地圖》〈昌邑縣〉에서 "昌邑縣에서 서쪽으로 濰水縣까지 80리 여정이다."라고 기록했는데, 여기서 "濰水縣"은 바로 濰縣이다.

濰縣은 漢나라 때 北海郡으로 平壽縣와 膠東國 下密縣 두 縣이 있던 땅이다. 東漢 때 膠東國을 北海國으로 병합하면서 二縣은 모두 북해국에 속하게 되었다. 晉나라 때 濟南郡에 귀속되었다가 南北朝時期 劉宋 때 다시 北海郡에 귀속되었다. 南北朝 元魏 때 郡治를 이전하여 平壽縣, 下密縣을 관할했고, 後齊 때 高陽郡으로 개칭했으며 여전히 平壽縣을 관할 했다. 隋나라 開皇 初에 高陽郡을 폐지하고 平壽縣를 없애고 下密縣에 병합시켰으며 開皇 六年에 魏나라 膠東 故城에 濰水縣을 설치했고 十六年에 下密縣에 濰州를 설치했다. 大業 初에 州를 폐지하고 下密縣를 北海縣으로, 濰水縣를 下密縣로 개칭했으며 모두 北海郡에 속하게 되었다. 唐 武德 二年 北海縣, 營丘縣, 下密縣을 합쳐서 濰州를 설치하고, 連永, 平壽, 華池, 城都, 東陽, 寒水, 訾亭(자정), 濰水, 汶陽(문양), 膠東, 華宛, 昌安, 城平 등 13개 縣을 설치하였다가 武德 六年 北海, 營丘, 下密 3개 縣만 존치하고 나머지는 모두 폐지하였다. 武德 八年 州를 폐지하고 營丘縣과 下密縣을 北海縣에 병합시키고 靑州 北海郡에 배속시켰다. 宋 建隆 三年 北海縣에 北海軍을 설치하고 昌邑縣을 새로 설치하여 예속시켰다. 乾德 三年 北海縣을 濰州로 승격시키고 새로이 昌樂縣을 설치하여 3개 현(북해, 창읍, 창락)을 관할하게 되었다. 金나라 때는 益都府에 속했으며 여전히 3개 현을 관할했다. 元 至元 三年에 昌樂縣을 北海縣에 병합했으며 至正 년간에 昌樂縣을 다시 회복시켰으며 3개 현은 益都路에 속하게 되었다. 明 洪武 元年에 北海縣을 濰州에 병합시켰으며 靑州府에 속하게 되었다가 洪

武 九年에 州를 격하하여 縣으로 삼고 萊州府에 예속시켰다. 洪武 二十一年에 膠水縣을 平度州로 승격시키고 濰縣을 平度州에 예속시켰다.[1] 淸나라 때는 明나라의 제도를 따랐다. 民國시기에 膠東道, 萊膠道에 차례로 속했다가 1948年 濰坊特別市를 설치하고 濰縣을 별도로 관할하다가 1958年 濰縣을 철폐하고 濰坊市에 병합시켰다. 1961年 濰縣을 회복시켜 濰坊市와 병립시켰다. 1983年 地級市가 되면서 濰縣은 濰城區로 전환되어 濰坊市의 관할이 되었다.[2]

조선사신들이 기록한 昌邑縣城에서 濰縣城까지 경유지의 지명을 차례로 나열하면 다음과 같다. 新營堡, 王祿店(王奴店), 渤海襟喉, 四十里舖, 營丘舊封, 王彥方故里, 寒亭(漢亭店/寒亭古驛亭/寒亭古驛), 古亭寒水, 濰縣二十里舖, 平仲古里, 十里舖, 孔文擧舊治, 濰河(襄沙上流處), 漁河橋, 濰河橋, 白浪河, 白浪橋, 北通渤海 南遡穆陵欄門, 東渡河, 濰縣 등.

제1절 新營堡, 王祿店(王奴店), 渤海襟喉, 四十里舖(牛阜店), 營丘舊封, 王彥方故里, 寒亭(漢亭店/寒亭古驛), 古亭寒水

1) 昌邑縣 : 北逢舖는 縣에서 南으로 10리 떨어진 곳에 있고, 王耨舖는 縣에서 서남쪽으로 20리 떨어진 곳에 있다. 《(康熙)昌邑縣志》昌邑縣 : 北逢舖在縣南十里, 王耨舖在縣西南二十里

2) 濰縣 : 趙瞳舖는 縣에서 東北으로 10리 떨어진 곳에, 朱毛舖는 縣에서 東北으로 20리 떨어진 곳에, 寒亭舖는 縣에서 東北으로 30리 떨어진 곳에, 牛埠舖는 縣에서 東北으로 40리 떨어진 곳에, 王白舖는 縣에서

---

1 (嘉靖)《山東通志》卷三〈建置沿革下〉明 嘉靖 刻本.

2 (淸)張耀璧 修, 王誦芬 纂, 乾隆《濰縣誌》卷1《沿革》, 淸 乾隆 二十五年刊本 ; (淸)宋朝楨 修(淸)陳傳弻 纂, 《濰縣鄕土志》, 淸 光緒 三十三年濰縣縣署石印本 ; 常之英 修, 劉祖幹 纂, 民國《濰縣誌稿》卷6《疆域志·沿革》, 民國 三十年鉛印本 ; 山東省濰坊市濰城區史志編纂委員會 編,《濰城區志》, 齊魯書社 1993年版 ; 濰城區地名委員會辦公室 編:《濰城區地名志》, 1992年版。

東北으로 50리 떨어진 곳에 있다. 《(康熙)濰縣志》濰縣 : 趙疃鋪去縣東
北一十里, 朱毛鋪去縣東北二十里, 寒亭鋪去縣東北三十里, 牛埠鋪去
縣東北四十里, 王白鋪去縣東北五十里。

　　1)은 昌邑縣城에서 濰縣城까지의 급체포에 대한 《(康熙)昌邑縣志》[3]의 기록이고 2)
는 濰縣에서 昌邑縣城까지의 급체포에 대한 《(康熙)濰縣志》[4]의 기록이다. 조선 사신
의 기록과 이상의 중국 방지의 기록을 종합해보면 昌邑縣城에서 濰縣城까지 急遞鋪
와 里程은 다음과 같이 정리할 수 있다. 昌邑縣城으로부터 남쪽 10리에 昌邑縣 北逢
鋪(북방포)가 있고 서남 방향으로 20리를 가면 昌邑縣 王耨鋪(왕누포)에 도착하고 30
리를 가면 濰縣 王白鋪에, 40리를 가면 濰縣 牛埠鋪에, 50리를 가면 濰縣 寒亭鋪에,
60리를 가면 濰縣 朱毛鋪에, 70리를 가면 濰縣 趙疃鋪(조탄포)에, 80리를 가면 濰縣
城에 도착한다. 반대로 서에서 동으로 濰縣城에서 10리를 가면 濰縣 趙疃鋪에, 20리
를 가면 濰縣 朱毛鋪에, 30리를 가면 濰縣 寒亭鋪에, 40리를 가면 濰縣 牛埠鋪에, 50
리를 가면 濰縣 王白鋪에, 60리를 가면 昌邑縣 王耨鋪에, 70리를 가면 昌邑縣 北逢鋪
에, 80리를 가면 昌邑縣城에 도착한다. 그런데 安璥은 昌邑縣 北逢鋪에 도착하기 전
에 "新營堡"라는 지역도 경유했다.

　　북경행:(7月)8日 맑음. (牛庄村에서) 다시 濰河를 건넜다. (昌邑)縣을 지나
서쪽으로 7里를 오니 新營堡가 있다. ……저녁에 濰縣城 北隅에 도착하
여 王씨 姓을 가진 민가에 묵었다. 이날은 110여 리를 움직였다. (安璥
《駕海朝天錄》)(七月)初八日, 晴。(從牛庄村)再渡濰河, 過(昌邑)縣西七里, 有
新營堡, ……暮, 入濰縣城北隅, 宿王姓人家。是日, 行共百十餘里。

　　安璥 일행은 牛庄村을 출발하여 서쪽으로 濰河를 건넌 후, 昌邑縣에서 서쪽으로 7
리 떨어진 新營堡를 지나서 총 100여 리를 이동한 후 濰縣에 도착했다. 중국 지방지에

3　(淸)許全臨 等 纂修, 《昌邑縣志》卷之三《公署》, 淸 康熙 十一年(1672), 中國國家圖書館藏本版.
4　(淸)王珍, 陳調元 等 纂修, 《濰縣志》卷三《橋梁總鋪》, 淸 康熙 十一年(1672)刊本版.

따르면 安璥이 기록한 新營堡에 부합하는 곳은 辛置村이다. 《(昌邑)辛置志》에 따르면, 辛置村은 일찍이 新營이라고 불렸으며 昌邑縣城의 북쪽으로 濰水의 물굽이가 돌아닿는 驛道 곁에 있는 마을이었다. 明 洪武 二十二年(1387)에 新營社를 설치했다. 辛置에서 출토된 墓碑[5]에 따르면, 明 成化 五年(1469)부터 "新置", "辛營", "新營"등 3개의 명칭이 혼용되었는데 모두 辛置村을 가리킨다. 淸初에 차츰 "新置"로 통일되었다. 民國十七年(1928)에 "新置"가 "辛置"로 이름이 바뀌었다. 辛置村은 지금 昌邑市 都昌街道辛置1村, 辛置2村, 辛置3村으로 나뉘어졌다. 明淸 시기 辛置村은 줄곧 忠孝鄕 辛營社에 속했고, 淸 宣統 二年(1910) 新置村을 설치하여 昌邑縣 城區에 속하게 되었다. 民國十七年(1928)에 辛置村으로 이름이 바뀌어 昌邑縣 第一區에 속하게 되었다. 1945年昌邑縣 城區에, 1950年 昌邑縣 第一區에, 1956年 城關區에, 1958年 紅旗人民公社에, 1985年 都昌鎭에, 1997年 奎聚街道에 속했고[6] 현재는 昌邑市 都昌街道에 속한다.

조선 사신들이 기록으로 남기지는 않았지만 그들이 昌邑縣城에서 출발하여 남으로 10리를 가서 처음 거쳐간 곳으로 추정되는 北逄鋪(북방포)를 살펴보자. 北逄鋪는 일찍이 逄公里라고도 불렸다. 逄公里는 漢逄萌故里(한방맹고리)를 일컫는 것으로 縣의 서남쪽으로 10리 떨어진 곳에 있는데 淸代 南逄村, 北逄村이 모두 이곳을 가리킨다.[7] 근대 이후 경제적으로 발전함에 따라 지금 이곳은 南逄村, 王家北逄村, 劉家北逄村, 高家北逄村, 徐家北逄村 등 5개 마을로 확장되었고 지금 昌邑市 都昌街道에 속한다.

---

5   明 成化 五年(1469)《故禮部郎中孫君墓表》記載："……君配, 卒以正統丁卯, 合葬於新置之原"。; 明 成化 二十年(1484)《贈嘉議大夫都察院左都御史孫公合葬神道碑》記載："……與王劉淑人合葬辛營之原之兆……矧曁二配合葬辛營"。; 明 嘉靖 三年(1524)《明故易庵孫君孺人王氏合葬墓志銘》云："……合葬辛營之原, 從先兆也"。昌邑市《辛置誌》編纂委員會,《辛置志》, 1998, pp.48-50.

6   昌邑市《辛置誌》編纂委員會,《辛置志》, 1998, pp.51-52.

7   "逄公里, 漢逄萌故里在縣西南十里, 今有村曰：南逄, 北逄者是也。"(淸)周來邰 等 纂修,《昌邑縣志》卷之一《古蹟》, 淸 乾隆 七年(1742) 刊本版.

사진 6-1　지금의 徐家北逢村의 村碑 (집필진 답사 촬영)　　사진6-2　지금의 高家北逢村의 村碑 (집필진 답사 촬영)

1) 귀국행 : 10月1日 戊辰일 맑음. 아침에 (昌樂縣城에서 출발했다) 40리를 가서 濰縣 北舘里에 도착하여 말을 쉬게 했다. ……저녁에 王奴店에 도착하여 孫씨 성을 가진 민가에 투숙했다. 이날은 90리를 이동했다. (安璥《駕海朝天錄》)歸程 : 十月初一日, 戊辰, 晴。 早發(昌樂縣城), 行四十里, 到濰縣北舘里息馬, ……暮, 投王奴店, 宿孫姓家。 是日, 行九十里。

저녁해는 평원의 수목 위로 떨어지고
너른 대지 위로 펼쳐진 긴 하늘에는 노을 구름 흩어져 있네.
묵은 때 씻어내리니 맑은 기운 돌아오고
바람은 잦아들어 품은 포부 뚜렷해지네.
三韓의 옛 땅 조선에서 온 사신은 온갖 어려움 무릅쓰고
천하를 다스리는 명 황제 알현코자 종종걸음으로 갈길 재촉하니
듣건데 濰縣의 북쪽부터 남은 여정은
처음으로 千里 단위를 細分하여 셈할 수 있는 거리라 하네.

落日平原樹, 長天曠野雲。
塵清田淑氣, 風静廓妊気。
辛苦三韓使, 超蹌四海君。
路從濰縣北, 千里細初分。

2) 귀국행 : (3月)16日 맑음. 아침에 昌樂縣城 東門을 나서서 저녁에 昌邑縣 경계에 있는 王祿店에 도착하여 表씨 姓을 가진 민가에 묵었다. (尹暄《白沙公航海路程日記》)歸程 : (三月)十六日, 晴。朝, 出昌樂東門, 到昌邑境王祿店表姓人家宿。

3) 귀국행 : (3月)16日 庚午일 王老店에 도착했다. 아침에 昌樂縣을 출발하여……저녁에 王老店(昌邑縣 관할)에 도착했는데 이날 약 110리를 이동했다. (李民宬《癸亥朝天錄》)歸程 : (三月)十六日庚午。到王老店。早發昌樂。……抵王老店(昌邑地), 約行一百一十里。

1), 2), 3)에서 安璥, 尹暄, 李民宬은 각각 귀국여정에서 昌邑縣 서남쪽으로 20리 떨어진 곳인 王奴店, 王祿店, 王老店을 지났다고 기록하고 있는데 이는 모두 王耨鋪(왕누포)를 가리킨다. "奴", "祿", "老"는 모두 "耨(누)"의 오기이다. 王耨鋪는 곧 지금의 王耨村으로 북쪽으로 G206국도가 지나고 서쪽으로 夾溝河를 끼고 있다. 1975年 白楊埠에서 출토된 刀币에 새겨진 내용에 따르면 이 마을은 漢나라 때 세워졌고 교통의 요지로서 青州와 萊州를 잇는 官道가 마을 가운데를 지났다. 元 至正 三年(1343)王耨鋪를 설치했고 清 乾隆 七年(1742)에 폐지되었다. 역대로 區, 鄉, 鎮, 公社의 治所가 있었다.[8] 王耨村은 지금의 昌邑市 都昌街道에 속한다. 여기를 지나 서쪽으로 가면 바로 昌邑縣과 濰縣의 경계를 넘어 濰縣 경내로 들어서는 것이다.

濰縣은 萊州에서 서쪽으로 180리 떨어져 있으며, 동쪽으로 昌邑縣 경계까지 60리, 서쪽으로 昌樂縣 경계까지 25리, 남쪽으로 安丘縣 경계까지 60리, 북쪽으로 바다까지 90리 떨어져 있다.[9]

---

8   昌邑縣 地名志編纂委員會 編,《昌邑縣地名志》, 1987, p.220.
9   (萬曆)《萊州府志》卷2《疆域》明 萬曆 三十二年刻本.

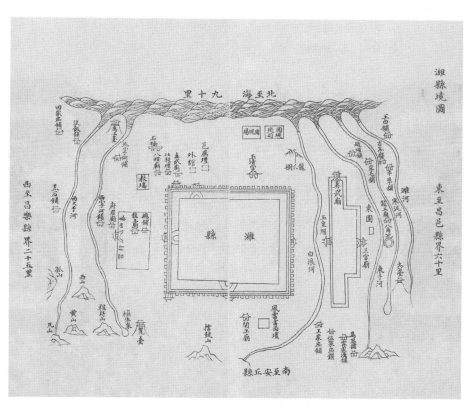

그림 6-3 《(萬曆)萊州府志》〈濰縣境圖〉

1) 濰縣의 동쪽 경계 표지는 "발해금후(渤海襟喉)"이고 그 서쪽은 王白店
   이다.……(金德承《天槎大觀》)濰縣：界東標-渤海襟喉, 其西-王白店,
   ……

2) (昌邑縣城에서)30리를 가니 欄門이 있는데 "발해금후(渤海襟喉)"라고 써
   져 있다. (鄭斗源《朝天記地圖》〈昌邑縣圖〉) (自昌邑縣城)行三十里, 有欄門,
   書之曰："渤海襟喉"。

이 장의 서두에서 밝혔듯이 昌邑縣城에서 서쪽으로 濰縣을 향해 30리를 가면 濰縣
王白鋪가 나온다. 隆慶 二年 劉氏 姓을 가진 사람들이 東芝莊에서 이주해 와 王伯村,
즉 王白鋪를 세웠는데 지금의 濰坊市 寒亭區 朱里街道 王伯村이다. 1)과 2)의 기록에
따르면, 이곳 明末 驛道 부근에는 "渤海襟喉(발해금후)"라고 쓰인 欄門, 즉 牌坊이 있
었다. 襟은 옷깃이고 喉는 목구멍의 뜻이므로 요충지를 일컫는 말이다. 즉, 明末 이 곳
은 渤海로 향하는 산동 내의 교통 요충지로서 군사 전략상 중요한 곳이었으며, 昌邑縣
은 당시 규모가 상당히 크고 경제적으로 융성한 곳이었음을 알 수 있다.

사진 6-4, 6-5   지금의 G206國道 변에 세워져 있는 昌邑市와 濰坊市 寒亭區의 경계표지. 왼쪽 사진은 昌邑市에서
서쪽으로 濰坊市 寒亭區로 들어가면서 촬영한 것이고, 오른쪽 사진은 濰坊市 寒亭區에서 동쪽으로
昌邑市로 들어가면서 촬영한 것이다. (집필진 답사 촬영)

사진 6-6　濰坊市 寒亭區 王伯村의 村碑 (집필진 답사 촬영)

1) 북경행 : (10月)11日 戊戌일 맑음. 아침에 昌邑縣에서 출발했다……
   四十里舖를 지나니 강태공이 봉해졌다는 營丘舊封(영구구봉), 즉 王彦
   方故里(왕방언고리)가 있었다. (申悅道《朝天時聞見事件啓》)來程 : (十月)
   十一日, 戊戌, 晴。早發昌邑, ……過四十里舖, 有營丘舊封, 卽王彦方
   故里。

2) 북경행 : 18日 己巳일 맑음. 牛阜店에서 점심을 해 먹고 濰縣 北館里에
   서 유숙했다. 이날은 100리를 이동했다. 이날 營丘舊封, 즉 姜太公이
   봉해진 곳을 지났는데, 李白의 〈鞠歌行〉에 이르기를 "마침내 營丘의
   동쪽에 봉해진 자이다"라고 했다. 晏平仲故里도 있었는데 "여우 갖옷
   한 벌을 30년 동안 입은 자"가 아닌가! (洪翼漢《花浦朝天航海錄》)來程 :
   十八日, 己巳, 晴。中火牛阜店, 宿濰縣北館里。是日, 行一百里。所過
   有營丘舊封, 乃姜太公所履, 李白詩所謂 : "遂荒營丘東者"耶。有晏平
   仲故里, "一狐裘三十年者"耶。

   귀국행 : (3月)10日 戊午일 맑음. 아침에 큰 안개가 낌. (濰縣 北關에서 출
   발하여)………안평중고리(晏平仲故里), 한정고역(寒亭古驛), 왕방언식화
   (王彦方式化)를 지나 王祿店 王老貞의 집에서 점심을 해 먹고 新河를 건
   넌 후 新河店 富씨 성을 가진 사람 민가에 유숙했다. (洪翼漢《花浦朝天

航海錄》) 歸程 : (三月)初十日, 戊午, 晴。朝大霧。(從濰縣北關發行)……
歷……晏平仲故里, 寒亭古驛, 王彦方式化, 至王祿店王老貞家中火, 渡
新河, 宿新河店富姓家。

3) 유현 : 현의 경계 동쪽 경계표지에 "渤海襟喉(발해금후)"라 써 있으며
그 서쪽이 王白店이다. 패방에 "營邱舊封(영구구봉)"이라 편액되어 있
으니 바로 姜太公이 봉해진 곳이다.……牛埠店에는 "彦方式化(방언식
화)"라는 글이 걸려있으니, 곧 王烈이다. 원래 北海 사람으로 漢나라 말
기에 遼東으로 피난갔다. 爭訟이 있는 자들이 왕렬에게 판단을 구하고
자 찾아갔다가 중도에 돌아가거나 멀리 그의 집을 보고는 멈추었다 하
니, 지금도 그를 추모하여 표양한다. ……寒亭은 古寒國으로 浞(착)이
여기에 봉해졌다. 한정의 서쪽에는 平仲故里가 있다. 齊나라 재상 晏嬰
(안영)의 고향이다. (金德承-《天槎大觀》)濰縣 : 界東標-渤海襟喉, 其西-
王白店, 閭額 : 營邱舊封, 是太公所封處也。……牛埠店揭彦方式化, 乃王
烈也。本北海人, 而漢末避地遼東, 有爭訟者將質於烈, 或至途而反, 或
望廬而止, 至今追慕而表之。……寒亭, 古寒國浞封此。亭之西, 有平
仲故里, 齊相晏嬰也。

4) 귀국행 : (3月)16日 庚午일. 이날 王老店에 도착했다. 아침 일찍 昌樂
縣에서 출발했다. ……寒亭店에서 쉬었다가 다시 王彦方故里, 營丘舊
封를 지난 후 王老店(昌邑 관할)에 도착했다. 이날 약 110리를 이동했
다. (李民宬《癸亥朝天錄》)歸程 : (三月)十六日庚午。到王老店。早發昌
樂。……憩寒亭店。又過王彦方故里, 營丘舊封, 抵王老店(昌邑地), 約
行一百一十里。

〈안평중[10]이 살던 옛 마을을 지나며

- 濰縣에서 동쪽으로 20리 떨어진 곳에 있다〉

齊나라 제상 안평중은

고귀하고 능력이 있었으나 오만하지 않았고

예교가 널리 퍼질 수 있도록 깊이 살폈으며

자못 사람들과 잘 사귀었는데

어찌하여 齊景公이 총애하던 용사 3인을

귀한 복숭아 2개 이용하여 모살했던가?

청렴했던 안평중은 마치 발등에 불이 떨어진 듯이

경박하고 不仁한 말류의 무리에 놀라 급히 바로 잡기를 바랬기 때문이었으리라!

過晏平仲故里 在濰縣東二十里

平仲相齊國, 貴而能不驕。

深明惟禮效, 頗善與人交。

何意殺三士, 爲謀費二桃。

貧家猶待火, 嗟矯末風澆。

〈王彦方[11]이 살던 옛 마을을 지나며 - 濰縣에서 동쪽으로 30리 떨어진 곳에 있다.〉

동한의 賢士 왕렬이 이곳 濰縣에 은거하여

향리에서 德化를 베푸니 일시에 풍속이 교화되었으나

애석하다! 지금은 그 유풍이 끊어져 적막하기만 하니

향리 사람들아! 왕렬이 이 사실을 안다면 어찌 부끄럽지 않겠는가?

---

10 춘추시대 제나라 재상 晏嬰(안영, ?-B.C.500)을 가리킨다. 姓은 姬(一說에는 子라고 함), 氏는 晏, 字는 仲, 諡號는 平이며 晏子로 존칭된다. 夷維(지금의 山東省 濰坊市)사람이다. 宰相이 된 뒤에도 여우 갖옷 한 벌을 30년이나 입어(晏嬰狐裘 안영호구의 고사로 널리 알려짐) 검소한 생활로 존경을 받았다. 齊莊公이 崔杼에게 살해당했을 때 다른 사람들은 후환이 두려워 나서지 못했으나 안영 만은 신하의 도리를 다해 크게 哭하며 問喪하는 기개가 있었다. 사마천은 《史記》에서 안영을 높게 평하여 그를 위해 말채찍을 잡고 수레를 몰 수만 있어도 영광스러울 것이라고 했다. 그의 저술 혹은 제자들의 정리로 여겨지는 《晏子春秋》가 후대에 전해지고 있다. 더 자세한 생평과 내용은 뒤쪽에 해당 장절의 본문 기술을 참조하시기 바람.

11 동한의 인물 王烈(141-219)을 가리킨다. 字가 彦方이며 平原縣(지금의 山東 平原)사람이다. 생평과 내용은 뒤쪽에 해당 장절의 본문 기술을 참조하시기 바람.

過王彦方故居 在濰縣東三十里

東京賢士隱於斯, 德化鄉閭表一時。

可惜遺風今寂寞, 里人寧愧彦方知。

〈강태공이 봉해진 營丘 옛 땅을 지나며〉

昌邑縣城의 서쪽 땅을 감추어진 명당인 隩區(오구)라고 부르니

바로 제나라 옛 도읍 營丘로 강태공이 봉해진 곳이다.

유명한 화가인 李成이 營丘 사람이라 하니 아직까지 거기에 사는지 모르겠으나

한 번 찾아가 江南驟雨圖를 감상해 볼까 하노라.

(李成[12]은 유명한 화가로 營丘 사람인데 江南驟雨圖가 세상에 널리 알려졌다.)

過營丘舊封

昌邑城西號隩區, 營丘舊是太公都。

不知畫手今猶在, 試覓江南驟雨圖。

(畫師李成, 營丘人, 江南驟雨圖名於世)

王白鋪에서 다시 서쪽으로 10리를 가면 濰縣 牛埠鋪(우부포)가 나오는데 1)에서 申悅道가 말한 "四十里舖"와 2)에서 洪翼漢이 말한 牛皁店이 바로 이곳이다. 牛埠鋪는 지금 濰坊市 寒亭區 寒亭街道 牛埠村이다. 牛埠村은 寒亭에서 동쪽으로 3.5km떨어진 곳으로 G206 국도의 북측에 면해 있으며 전체 면적이 0.16평방km이다. 元代에 이미 盂(우)씨와 宗씨 姓을 가진 사람들이 살았었다고 하며 明 洪武 二年(1369) 王氏 姓을 가진 사람들이 直隷 棗強縣(조강현) 柳林莊에서 이주해 와서 정주하기 시작했으며 오늘날 24世 후손들까지 여기에 살고 있다. 전설에 따르면 옛날 어느날 밤에 황금소가 나타난 적이 있다 하여 牛埠라는 마을명이 붙었다고 한다. 牛埠村 마을주민 王建忠(男

---

12   李成(919-967)은 五代부터 北宋사이에 활동한 畫家로서 字는 咸熙이고 原籍은 長安(지금의 陝西 西安)으로 선조가 唐宗室의 혈통이라 한다. 祖父 李鼎이 蘇州刺史를 역임했으며 五代 때 난을 피해 營丘(지금의 山東 昌邑)로 이주했으므로 속칭 李營으로 불렸다. 산수화가로 유명하여 북송시기 范寬, 關仝(관동)과 함께 "三家鼎峙(삼가정치)"로 회자되었으며 당시 산수화로는 고금의 첫째 가는 화가로 알려져 인물화의 대가인 吳道子와 함께 병론되었다. 술에 취해 陳州(지금의 河南 淮陽)에서 객사했다고 한다.

, 55)씨와 실명을 밝히지 않은 한 마을주민의 증언에 따르면, 이전에 옛 官道가 牛埠村을 관통하여 동쪽에서 서쪽으로 지나고 있었다 한다. 牛埠村의 옛 관도는 오래전 콘크리트 길로 확장 보수되어 이미 옛 모습을 찾아보기 어렵게 되었다. 牛埠村을 관통하는 옛 官道는 서쪽으로는 毛家埠村을 지나 濰坊으로 향하고 동쪽으로는 官橋村, 王伯村을 지나 昌邑으로 향한다. 毛家埠村은 지금 寒亭區 寒亭街道 毛家埠村이고 官橋村은 지금의 朱里街道 官橋村이다. 官橋村은 瀑沙河(폭사하)의 東岸에 있다. 원래부터 관교촌에는 徐씨 姓을 가진 사람들이 살고 있었기에 마을 안에는 徐家道, 마을 밖에는 徐氏 墓塋(묘영, 묘지를 뜻함), 마을 앞으로는 "狼煙墩(량연돈, 봉화대를 뜻함)" 등의 유적이 남아 있다. 明 洪武 十八年(1368)에 于씨 姓을 가진 사람들이 文登縣 赤山에서 이곳 瀑沙河 강변에 이주한 이후 이곳에 莊園을 설립하였기에 官莊子라고 불렸다. 문헌기록에 따르면 明末 于씨 姓을 가진 일파가 강변마을을 떠나 다시 이주했기 때문에 강을 잇는 官橋가 놓여졌고 그래서 마을이름을 官橋村이라 했다[13] 한다.

사진 6-7　지금의 官橋村 村碑 (집필진 답사 촬영)

사진 6-8　牛埠村 촌민위원회 (집필진 답사 촬영)

13　寒亭區 地名志編纂委員會,《寒亭區地名志》, 1989, p.200.

사진 6-9　牛埠村 안의 옛 驛道 위에 새로이 닦여진 신작로인 東西大街 (집필진 답사 촬영)

1)에서 申悅道는 牛埠鋪를 지난 후, 營丘舊封와 王彦方故里가 있다고 기록했는데 둘은 동일한 장소이다. "營丘舊封"이란 營邱城을 가리킨다. 기원 전 1122年에 周 武王이 商나라를 멸하고 스스로 천자임을 자처한 후 자신의 혈족과 공신들을 각 제후국에 봉했다. 당시 姜太公은 武王을 도와 商나라를 멸하는데 공이 컸으므로 齊나라에 제후로 봉하고 營丘를 도읍으로 삼게 했다. 강태공이 봉해진 제나라의 도읍인 營丘城의 位置에 대해서는 두 가지 설이 있다. 하나는 "濰縣에서 남쪽으로 30리 떨어진 곳에 臨淄가 있는데 이곳이 齊나라 제후가 封해진 장소라고 하나 옳은 설인지 확인할 수 없다"[14]는 설이고, 다른 하나는 "濰縣에서 남쪽으로 25리 떨어진 곳에 周나라가 太公望을 봉했다고 하며 그 옛터가 아직도 남아 있으니 역시 제나라 도읍지 중 하나이다"[15] 라는 설이다. 그러나 齊나라 太公이 처음 봉해진 도읍지인 營丘가 구체적으로 어디인지는 지금까지도 역사가들의 오랜 논쟁거리 중 하나로 남아 있다. 최근에 山東省 博物館 硏究員 王恩田은 《高靑 陳莊 西周 遺址와 齊나라 도읍 營丘》[16]라는 논문에서 2009년에 발굴된 山東省 淄博市 高靑 陳莊 西周 遺址의 도성 건축의 양식, 출토된 豐簋(풍궤)에 새

14　"(濰)縣南三十里, 臨淄亦有, 皆云齊封處, 未知孰是."(萬曆)《萊州府志》卷六〈古蹟〉明 萬曆 三十二年刻本.

15　"在(濰)縣南二十五里。周封太公望于此, 基址尚存, 亦一雄都."淸王珍 修 陳調元 纂,《(康熙)濰縣志》卷五〈古蹟〉, 淸 康熙 十一年刻本

16　王恩田,〈高靑陳莊西周遺址與齊都營丘〉, 張光明, 徐義華 主編,《甲骨學暨高靑陳莊西周城址重大發現國際學術硏討會論文集》(2012中國 高靑市 개최), 齊魯書社, 2014. pp.23-27.

겨진 銘文의 내용, 兩座一條式 "甲" 字形 墓道를 지닌 大墓가 함께 발견된 점, 城址 내의 天壇와 壇牆(단장)의 특징 등을 기존 史料와 함께 고찰해보면, 高青 陳莊 西周 遺址는 齊나라 太公이 처음 봉해진 領地인 營丘일 가능성이 크다고 한다. 그러나 이것도 하나의 설에 불과하며 "營丘城이 과연 구체적으로 어디에 있었는가?"하는 문제는 여전히 명확한 역사적 고증을 기다리고 있다. 아마도 조선사신들은 당시 기준으로 봤을 때 가장 최근에 나온 문헌인《(萬曆)萊州府志》의 기록에 따라 營丘城이 濰縣의 남쪽 30리에 있다는 설을 받아들여 인용한 것으로 보인다.

　　"王彦方故里"에서 "王彦方"은 바로 王烈이다. 王烈(141-219)은 字가 彦方이고 太原 사람이다. 어렸을 때 陳寔(진식)을 사사하여 義行으로 鄕里에 이름이 높았다. 하루는 소도둑을 잡았는데 도둑이 죄를 자백하면서 "죄는 달게 받겠으니 王彦方에게만은 알리지 말아 달라"고 했는데 王烈이 이를 듣고 그를 용서하고 베 한 단을 주어 보냈다. 어떤 사람이 그 까닭을 물으니 王烈이 말하기를 "도둑이 내가 그 잘못을 전해듣는 것을 두려워했다는 것은 그가 이미 恥惡之心(죄를 부끄러워하는 마음)이 있기 때문이다. 이미 부끄러움을 알므로 반드시 개과천선할 것이니 이런 방식으로 그를 격려한 것이다."라고 대답했다. 그후에 어떤 노인이 길에서 칼을 잃어버렸는데 길을 가던 행인 한 명이 이를 보고 주인이 찾아올 때까지 길을 떠나지 않고 지키고 있었다. 저녁이 되어서야 노인이 돌아오자 그 칼을 되찾아 주고는 그냥 떠나려고 했다. 노인은 그 사람이 정말 의로운 사람이라 생각하여 그의 이름을 물어보고는 이러한 사실을 왕렬에게 알렸다. 왕렬이 사람을 시켜 알아보니 바로 이전에 그가 용서하고 베 한 단을 선물한 그 소도둑이었다! 왕렬은 효심이 지극하고 청렴하여 조정에 여러 차례 추천되었으나 三府를 모두 마다하고 나가지 않았으며 黃巾(황건)의 난과 董卓(동탁)의 난을 피해 遼東으로 갔다. 그곳의 장관인 公孫度은 그를 형제의 예로 대했고 그를 찾아가 政事를 논하고서 長史로 삼고자 했으나 그는 스스로 장사치로 행세하여 벼슬길에 나가지 않았다. 曹操(조조)가 王烈이 高名하다는 소리를 듣고 불렀으나 역시 가지 않았다. 建安 二十四年(219)에 遼東에서 죽었으니 향년 78세였다. 贊하여 말하기를 '도리를 실천함에 어긋남이 없고 의로움에 임하여 망령됨이 없네. 말하면 그대로 실천하여 행동이 반듯하고 말과 행동에 차이가 없네. 이처럼 강직하고도 결백하니 도를 실천하여 큰 덕을 이루었네'라고 했다.[17] 이처럼《後漢書》에서는 분명히 王烈을 太原사람이라고 기록하고 있는데 조선사신들은 왜 王彦方, 즉 王烈의 故里가 濰縣에 있다고 기록한 것일까? 그런데 王烈이 어디 출신인지에 관해서는《後漢書》를 포함하여 史料에 총 세 가지 설이 있다. 하나는 우리가 이미 살펴본《後漢書》의 설로서 太原 사람이라는 주장이고, 다른 하나는《三國志》의 기록[18]으로 平原 사람이라는 설이며, 마지막 하나는《資治通鑒》,《齊乘》,《明一統志》[19]등에 기록된 바와 같이 王烈은 北海 사람이라는 설이다. 明末《(萬曆)萊州府志》에는 "王烈은 通志, 舊志 등에 따르면 北海 사람이라고 하나 지금《漢書》를 보면 太原 사람이다."[20]라고 하여 王烈이 太原 사람임에 무게를 두고 있다. 그러나 당시 현지에서는 王烈이 北海사람, 곧 濰縣 사람이라는 설이 널리 유전되고 있었고 조선사신들도 현지인들에게 이러한 이야기를 듣고 사실로 받아들인 것 같다.

3)에서 "牛埠店을 지나니 彦方式化라는 표지가 걸려 있으니 彦方은 곧 王烈이다."라고 기록했으니 김덕승 일행은 牛埠鋪를 지난 후 王彦方故里에 도착한 것이다. 式化란 鄕里 사람들을 가르치고 교화하는 장소를 뜻한다. 4)에서 李民宬은 "王彦方故居는 濰縣에서 동쪽으로 30리 되는 곳에 있다"라고 했으니 3)과 4)의 기록은 일치하는 셈이다. 즉, 조선사신들은 昌邑縣城에서 출발하여 40리를 지나 濰縣 牛埠鋪에, 50리를 지나 "彦方式化", "王彦方故居", 곧 濰縣에서 동쪽으로 30리 떨어진 寒亭鋪에 도착한 것

17 "王烈, 字彦方, 太原人也, 少師事陳寔, 以義行稱鄉里。有盜牛者主得之, 有盜牛者主得之, 盜請罪曰：
    "刑戮是甘乞, 不使王彦方知也。"烈聞而使人謝之, 遺布一端。或問其故, 烈曰："盜懼吾聞其過, 是有恥
    惡之心。既懷恥惡必能改善, 故以此激之。"後有老父遺劍於路, 行道一人見而守之。至暮, 老父還, 尋
    得劍, 怪而問其姓名, 以事告烈。烈使人推求, 乃先盜牛者也。察孝廉三府並辟, 皆不就。遭黃巾董卓
    之亂, 乃避地遼東。夷人尊奉之太守, 公孫度接以昆弟之禮。訪酬政事, 欲以為長史, 烈乃為商賈自穢, 得
    免。曹操聞烈高名, 遣徵不至。建安二十四年, 終於遼東, 年七十八。贊曰：乘方不式, 臨义罔惑。言
    独行之人, 乘履方正, 不差二也。惟此剛絜, 果行育德。"(劉宋)范曄 撰,《後漢書》卷八十一《獨行列傳第
    七十一》, 百衲本景宋紹熙刻本版.
18 "(管寧)聞公孫度令行於海外, 遂與原及平原王烈等至于遼東度虛館, 以候之。" (晉)陳壽 撰,《三國志》卷
    十一《魏書十一》, 百衲本景宋紹熙刊本版.
19 "公孫度威行海外, 中國人士避亂者多歸之, 北海管寧, 邴原, 王烈皆往依焉。……王烈器業過人少, 時
    名聞在原, 寧之右, 善於教誘鄉里。"《資治通鑒》卷第六十《漢紀五十二》, 四部叢刊景宋刻本版; "王烈, 亦北
    海人"《齊乘》卷六《人物》, 清 乾隆 四十六年刻本版; "王烈本北海人, 漢末避地遼東。"《明一統志》卷二十五《萊州
    府》, 清 文淵閣四庫全書本版.
20 "王烈, 通志舊志以爲北海人, 今考《漢書》太原人。"(萬曆)《萊州府志》卷首《考異》明 萬曆 三十二年刻
    本版.

이다. 《(民國)濰縣志稿》의 기록에 따르면, "城의 동쪽 第八區 構家莊 서남쪽에 俗稱 王
彦章塚(왕언장총)이 있다. 彦章은 後梁 東阿 사람으로 그의 무덤이 여기에 있을 수 없
다. 어떤 설에는 여기의 彦章은 바로 後漢 王烈을 가리킨다고 하며 字가 彦方이고 北
海 平原縣 사람으로 '章'은 '方' 字의 誤讀이라고 한다. 역시 정확한 것은 아니다."[21]라
고 하였다. 構家莊은 濰縣 동쪽 50리에 있으며 지금의 濰坊市 寒亭區 前朱里村이다.
조선사신의 1), 3), 4)의 기록과 《(民國)濰縣志稿》의 기록을 함께 종합해보면 構家莊에
있던 王彦章의 무덤은 바로 王彦方의 무덤일 가능성이 있다. 결국 왕렬의 무덤 유적은
寒亭鋪 부근에 있지 않았고 "營丘舊封" 유적지 역시 濰縣에서 남쪽으로 30리 떨어진
곳"에 있었으므로 濰縣에서 동북으로 30리 떨어진 寒亭鋪와는 거리가 좀 있는 셈이
다. 그러나 명말 당시 현지인들은 역사가 가장 오래되었고 사람들의 왕래가 잦은 寒亭
鋪 부근에 "營丘舊封"와 "彦方式化/王彦方故居"라고 쓰인 패방을 세워 그들 고장의
역사성을 널리 알리고자 한 듯하다. 이러한 현상은 여기뿐만 아니라 조선사행록 기록
에서 심심찮게 보인다.

  그런데 鄭斗源의 《朝天記地圖》의 "營丘舊封"과 "彦方式化"에 대한 기록은 앞선 사
신들의 기록과 좀 차이가 있다. 즉, "營丘舊封" 牌坊은 濰縣 동쪽 30리의 寒亭鋪에,
"彦方式化" 牌坊은 濰縣 동쪽 20리의 朱毛鋪에 있다고 한 것이다. 상세한 기록은 아래
와 같다.

> 〈창읍현도(昌邑縣圖)〉……(昌邑縣城에서) 30리를 가니, 欄門이 있는데 "渤
> 海襟喉"라 현액되어 있다. 50리를 가니 欄門이 있는데 "營丘舊封"이라
> 현액되어 있으니 옛날 姜太公이 봉해진 영지이다. 60리를 가니 欄門이
> 있는데 "彦方式化"이라 써 있으니 漢 王彦方이 교화를 베풀던 장소이다.
> 70리를 가니 欄門이 있는데 "古亭寒水"라고 써 있으니 옛 寒나라 浞(착)
> 이 봉해진 영지이다. 75리를 가니 欄門이 있는데 "平仲古里"라고 써 있
> 으니 齊나라 晏子가 살던 곳이다. 70-80리를 가니 欄門이 있는데 "文擧

---

21 "在城東第八區構家莊西南隅, 俗稱為王彦章塚。按彦章後梁東阿人墓不在此, 或云後漢王烈, 字彦方,
   北海平原縣人。章乃方字訛讀, 亦非所祥。"《(民國)濰縣志》卷七《遺跡》, 民國 三十年鉛印本。

甘棠(문거감당)"이라 써 있으니 漢나라 孔融(공융)이 선정과 교화를 베풀
던 장소이다. 80리를 가니 欄門이 있는데 "古白浪河"라 써 있으니, 唐나
라 北海令 竇琰(두염)이 이 강물로 농지에 물을 대었다는 곳이며 거기 石
橋가 하나 있으니 白浪橋라 하며 또 다시 欄門 하나가 있으니 "北으로 渤
海로 통하고 南으로 穆陵에 닿는다"라고 써 있다. (鄭斗源《朝天記地圖》)
(1630)〈昌邑縣圖〉……(自昌邑縣城)行三十里, 有欄門, 書之曰 : "渤海襟
喉"。行五十里, 有欄門, 書之曰 : "營丘舊封", 昔姜太公所封之地。行
六十里, 有欄門, 書之曰 : "彦方式化", 漢王彦方式化處。行七十里, 有欄
門, 書之曰 : "古亭寒水", 古寒浞所封之地。行七十五里, 有欄門, 書之
曰 : "平仲古里", 齊晏子所居之地。行七十八里, 有欄門, 書之曰 : "文擧
甘棠", 漢孔融宣化之地。行八十里, 有欄門, 書之曰 : "古白浪河", 唐北海
令竇琰因此水槪田處。有石橋, 名白浪橋。又有欄門, 書之曰 : "北通渤
海, 南溯穆陵".

　　昌邑縣城에서 서쪽으로 30리를 이동하면 王白鋪이며 여기까지는 정두원의 기록이
김덕승의 기록 혹은 중국 方志의 기록과 일치하고 있다. 그러나 앞서 "營丘舊封", "彦
方式化"의 위치에 대해 논의하면서 지적했듯이, 이후 여정은 중국 지방지와 차이가 있
다. 구체적으로 살펴보면 정두원은 "(昌邑縣城에서) 70리를 가면 欄門이 있고 '古亭寒
水'라 쓰여 있다"라고 했는데 여기서 "古亭寒水"는 바로 明末 寒亭鋪 서측에 있던 寒
浞河(한착하)이다. "寒浞河는 濰縣에서 동북으로 30리 떨어진 곳에 있으며 車流莊(차
류장)에서 발원하여 寒亭 지역 80리를 흘러 바다로 유입되며 春秋시기에 寒浞國(한착
국)이 있었기에 그와 같은 이름이 붙었다."[22] 寒浞은 韓浞이라고도 하며《左傳 襄公 四
年》,《左傳 哀公 元年》,《史記 吳太伯世家》등의 기록에 따르면 夏나라 때 東夷族의 首
領으로 원래 寒땅(지금의 山東 濰坊市 동북지역)에 살았으나 그 후 그들의 임금인 伯明
에게 내쫓겨 後羿(후예)에게 투항했다. 後羿는 그를 수하로 삼아 夏나라의 임금과 재상
을 몰아내고 王位를 탈취하였다. 後羿가 재위에 오르자 정사를 돌보지 않으므로 寒浞

22　"寒浞河在濰縣東北三十里, 源出車流莊, 流經寒亭八十里入海, 春秋立寒浞國, 因名。"《(嘉靖)山東通志》
　　卷六《山川下》, 明 嘉靖 刻本.

은 기회를 틈타 정권을 잡고 도읍을 寒亭에다 정하고 寒國이라 칭하였다. 寒浞 父子가 60여 년째 재위를 차지하던 甲辰年에 帝相(본명 姒相, 夏나라 君主인 仲康의 아들)의 아들인 少康이 同姓 部落을 규합하여 寒浞을 토벌했으니 그의 아들 寒澆는 피살당했고 이때 寒國은 멸망했다. 寒浞河는 바로 지금의 濰坊市 寒亭區 寒亭街道의 浞河이다. 浞河는 濰坊市 寒亭區 東南部 일대, 곧 古寒國(지금의 濰坊市 寒亭區 일대로 夏나라 때 寒浞이 스스로 王을 칭하면서 다스리던 지역)을 가로질러 흘렀으므로 寒浞河라 불렸다. 이후 명칭에 변화가 생겨 지금은 浞河로 불리고 있다. 《濰縣誌稿 疆域志》에 "寒浞河는 俗稱 浞河라고 하니 곧 古寒水이다."[23]라고 했다. 착하는 두 곳에서 발원하는데, 하나는 서쪽으로 坊子區 車留莊鄉 常令公山의 서쪽 기슭이고, 다른 하나는 동쪽으로 坊子區 浦泉鄉 南趙莊이다. 두 지점에서 흘러온 강물은 寒亭區 倉上村 북쪽에서 만나 寒亭區를 지나 昌邑市 경내로 들러든다. 전체 길이는 33km이고 寒亭區 경내를 11km에 걸쳐 흐르는 季節性 河流이다.[24]

사진 6-10 寒亭一村의 西側을 흐르는 지금의 浞河(옛날의 寒浞河) (집필진 답사 촬영)

"古亭寒水"는 정확히 말하면 昌邑縣城에서 50리 떨어져 있으며 정두원이 기록한 것처럼 70리 떨어진 곳에 있는 것이 아니다. 정두원은 昌邑縣城에서 濰縣城까지 전체

---

23 "寒浞河俗稱浞河, 即古寒水"
24 寒亭區 地名志編纂委員會,《寒亭區地名志》, 1989, p.236.

거리를 80리로 정확히 기록했으나 "營丘舊封" 欄門부터는 어떤 이유에선지 중국방지 기록과 차이가 난다. 이상의 논의를 종합해보면, "營丘舊封", "彦方式化(王彦方故居)", 寒亭鋪 등은 모두 같은 지점을 가리키고 있다. 寒亭區 文物保護管理所 所長 崔永勝 씨의 설명에 따르면, 옛날 寒亭鋪는 지금의 濰坊市 寒亭區 寒亭街道 寒亭一村이다. 明清 시기 寒亭鋪, 즉 지금의 寒亭一村은 夏나라 때는 寒浞國에, 唐나라 때는 寒水縣에 속했다. 明 洪武 二十一年(1388)에는 崇道鄉 寒亭社에 속했다. 1933年에는 寒亭鎮, 1958年부터 1982年까지는 寒亭人民公社, 1984年 5月부터 寒亭區 寒亭鎮에 속해오고 있으며[25] 지금의 濰坊市 寒亭區 寒亭街道이다. 필자 일행은 崔永勝 소장의 안내로 寒亭一村에 지금까지 옛 모습 그대로 남아 있는 寒亭古驛, 古驛道, 寒亭鋪 西大門 유적을 찾아볼 수 있었으며 古驛道 곁에 남아 있는 明代 關帝廟 遺跡도 확인하였다.

사진 6-11   寒亭鋪 유적 (집필진 답사 촬영)

사진 6-12   寒亭一村 내의 古驛道 유적 (집필진 답사 촬영)

사진 6-13   寒亭鋪 西大門 유적 (집필진 답사 촬영)

사진 6-14   古驛道 길가의 明代 關帝廟 유적
(집필진 답사 촬영)

---

25   山東省 濰坊市 寒亭區 史志編纂委員會編, 《寒亭區志》, 齊魯書社, 1992, p.46.

사진 6-15   지금의 寒亭一村 村碑 (집필진 답사 촬영)   사진 6-16   寒亭一村 촌민위원회 (집필진 답사 촬영)

제2절 濰縣二十里舖, 平仲古里(安平中古里), 十里舖, 孔文擧舊治

1) 북경행 : (10月)11日 戊戌일 맑음. 아침에 昌邑에서 출발하여……四十
里舖를 지나니 營丘舊封, 즉 王彦方故里가 있었다. 정오에 寒亭店에서
쉬었는데 한정이란 寒浞이 봉해진 옛 땅 이름이다. 濰縣 二十里舖를 지
날 때 晏平仲故里가 있었다. (申悅道《朝天時聞見事件啓》)(1628)來程 : (十
月)十一日, 戊戌, 晴。早發昌邑, ……過四十里舖, 有營丘舊封, 卽王彦
方故里。午, 憩寒亭店。亭卽寒浞所封故名。歷濰縣二十里舖, 有晏平
仲故里。

〈晏平仲故里를 지나면서 - 濰縣 二十里舖에 있다〉
濰水의 강물은 비단처럼 맑고 가지를 늘어뜨린 버드나무는
안영이 살던 옛마을 곁 강변을 따라 10리를 늘어서 있네.
그 功業 한없이 드높으나 <u>스스로를 낮추었으니</u> 모범 삼을 만하고
여우 갖옷 한 벌 30년 입을 정도로 검약했으니
後人들은 지금도 그를 흠모하고 그리워한다네.

過晏平仲故里 在濰縣二十里舖
清濰如練柳絲垂, 平仲遺墟十里涯。
功烈雖卑猶可取, 狐裘節儉後人思。

2) 유헌······寒亭은 古寒國으로 浞이 여기에 봉해졌다 한정의 서쪽에 平仲故里가 있는데 齊나라 재상 晏嬰이다. (金德承《天槎大觀》)(1624)濰縣：······寒亭, 古寒國浞封此. 亭之西, 有平仲故里, 齊相晏嬰也.

3) 귀국행:(3月)16日 庚午일 이날 王老店에 도착했다. 아침에 昌樂을 출발했다. ······아침밥을 해먹은 후 東渡河을 건넌 후에 孔文擧舊治(濰縣 동쪽 10리), 晏平仲故里(濰縣 동쪽 20리)를 차례로 지난 후 寒亭店에서 쉬었다. 다시 王彦方故里, 營丘舊封을 차례로 지난 후 王老店(昌邑縣 관할)에 도착했다. 이날 약 110리를 이동했다. (李民成《癸亥朝天錄》)歸程：(三月)十六日庚午. 到王老店. 早發昌樂. ······朝火後, 過東渡河, 過孔文擧舊治(濰縣東十里), 晏平仲故里(濰縣東二十里), 憩寒亭店. 又過王彦方故里, 營丘舊封, 抵王老店(昌邑地), 約行一百一十里.

〈안평중이 살던 옛 마을을 지나며
- 濰縣에서 동쪽으로 20리 떨어진 곳에 있다〉
齊나라 제상 안평중은
고귀하고 능력이 있었으나 오만하지 않았고
예교가 널리 퍼질 수 있도록 깊이 살폈으며
자못 사람들과 잘 사귀었는데
어찌하여 齊景公이 총애하던 용사 3인을
귀한 복숭아 2개 이용하여 모살했던가?
청렴했던 안평중은 마치 발등에 불이 떨어진 듯이
경박하고 不仁한 말류의 무리에 놀라 급히 바로잡기를 바랬기 때문이었으리라!

過晏平仲故里 在濰縣東二十里
平仲相齊國, 貴而能不驕.
深明惟禮效, 頗善與人交.
何意殺三士, 爲謀費二桃.

貧家猶待火, 嗟矯末風澆。

4) 북경행 : (10月)16日 辛卯일. (昌邑에서 출발하여)오후에 寒亭古驛에 도
착했다. 저녁에 濰縣에 도착해서 유숙했다. 유현성의 서쪽에 囊沙古蹟
이 있다. 濰水를 건너 晏平仲故里에 도착하여 絕句 각 一 首를 지었다.
(全湜《沙西航海朝天日錄》)(1625)來程 : (十月)十六日, 辛卯。(從昌邑發行)
午到寒亭古驛。夕, 至濰縣止宿。城西, 有囊沙古蹟。過濰水及晏平仲
故里。有詩各一絕。

〈晏平仲故里를 지나며〉
30년 동안 여우 갖옷 한 벌을 입었고
제사에 올리는 돼지고기가 제기를 채 덮지 못할 정도로 적었으나
임금을 현달하게 하고 공훈이 드높았으니
어찌 비천하다 하겠는가?。
다만 文宣王이신 仲尼 孔夫子를 제대로 알아보지 못하여
노나라에 비해 功業이 십분 퇴보했을 따름이라네.

過晏平仲故里
三十年裘一豆豚。顯君功烈豈卑云。
祗緣不識宣尼聖。至魯功程退十分。

5) 金尚憲-《朝天錄》(1626)북경행

〈晏平仲古里를 지나며(제2수는 濰州에서 지었다)〉
공자께서 사람과 잘 사귄다고 칭찬하셨고
재상으로 등용되어서는 그 군주를 현달하게 하였으니
어찌 그가 육척 단신임을 싫어하겠는가!
만고의 역사에 장신이 그 얼마나 많았는가!
晏平仲古里(二首在濰州)

聖稱善交人。士逢知己伸。

何嫌六尺短。萬古幾長身。

1), 2), 3)은 "晏平仲故里", "平仲故里"에 대해 언급하고 있는데, 모두 晏嬰의 무덤 소재지 혹은 晏嬰의 옛 마을을 가리키는 것이다. 1), 2), 3)은 모두 晏平仲故里가 濰縣에서 동쪽으로 20리 떨어진 곳, 즉 朱毛鋪에 있다고 기록했다. 齊나라 사람 晏嬰은 "字가 平仲이고, 齊나라 公族으로 大夫가 되어 靈公, 莊公, 景公을 섬김에 검소함과 절약을 몸소 실천하여 제후들에게 이름이 높았다. 식사 때 고기반찬을 두 가지 이상 올리지 않았고, 처자에게 비단옷을 입히지 않았으며, 제사 고기가 제사 그릇을 덮지 못했고, 여우 갖옷 한 벌을 30년이나 입었으니, 세상사람들은 누추하고 여겼으나 안영 스스로는 이런 생활을 감내했다. 조정에 있을 때, 임금이 그의 말을 따르면 그 말을 더욱 신중히 했고 그의 말을 따르지 않으면 그 행동을 더욱 신중히 했다. 비록 재상이 되었으나 나중에 陳氏(田氏)가 난을 일으켜 齊나라의 왕이 될 것임을 알고 계찰의 충고에 따라 녹읍과 정권을 내어놓고 난을 피했고 때때로 의론을 제시하여 세상을 널리 구하고자 하였다. 《史記》에 따르면 래주의 夷濰사람이다."[26] 《齊乘》에는 "晏子의 墓는 臨淄 古城에서 북쪽으로 3리 떨어진 곳에 있다. 唐 貞觀년간에 15步 이내에서 땔감을 채취하는 것을 금했다. 高密, 平原에도 각각 그의 墓가 있으니 모두 3곳이다. 〈晉載記〉에 따르면 慕容德이 營邱에 올라 晏嬰의 무덤을 보고 좌우의 신하를 보면서 말하기를 '禮에 大夫는 城 근처에 안장하지 않는다고 한다. 晏平仲은 옛날 禮에 통달한 현자인데 살아서는 성 안에서 살고 죽어서는 城 근처에 안장되었으니 어째서 그러한가?' 靑州 秀才 晏謨가 대답하여 말하기를 '孔子께서도 그 앞에서 스스로 신하로 칭하셨으니 옛 현인께서 어찌 그런 사실을 몰랐겠습니까? 자기집 대문의 들보를 높이고 禮를 널리 펼쳐서 政事가 그의 집 문앞에서 이루어졌고 그리하여 스스로 검약함으로 세상을 바로

---

26   "字平仲, 齊公族為大夫, 於齊事靈公, 莊公, 景公, 以節儉力行顯名諸侯。食不重肉, 妾不衣帛, 祀其先人豚肩不揜豆, 一狐裘三十年, 世以為陋, 而晏子行之自若。其在朝, 君語及之, 則危言語不及之, 則危行。雖嘗為相, 然知陳氏必有齊國, 乃聽季劄之言, 納邑與政, 及其間也。從容風議, 時有所匡救焉。今按《史記》作萊之夷濰人。"《(嘉靖)山東通志》卷二十八《人物一》, 明 嘉靖 刻本

잡고자 평생 좁고 낮은 곳에 거하시다가 죽었으니, 어찌 땅을 가려 장지를 선택했겠습니까? 집의 대문에서 멀지 않은 곳에 무덤을 둔 것은 그러한 평소의 뜻을 사람들이 알기를 바랐기 때문이니 제가 생각컨데 臨淄의 이 墓는 진짜입니다.'라고 했다"[27]《(萬曆)萊州府志》에는 "춘추시기 晏平仲의 墓는 濰縣에서 남쪽으로 30리 떨어진 곳인 臨淄에 있다"[28]라고 했다. 그러나 이후의 중국 지방지에는 그 내용이 달라지는데 이는 "營丘舊址"의 소재지에 대한 설명이 서로 달라졌기 때문이다. 明末 濰縣 현지인들은 營丘가 濰縣에 있다고 여겼기 때문에 晏嬰의 묘도 濰縣에 있다고 여겼다. 그런데 문제는 안영의 묘의 소재지가 濰縣 현지에서조차 하나로 통일되어 있지 않다는 점이다. 이미 살펴보았듯이 《(萬曆)萊州府志》에는 유현의 남쪽 30리에 있다고 했으나 《(民國)》濰縣志稿》에는 "춘추시기 晏嬰의 墓는 《舊誌》에 따르면 城의 동북 十里堡에 있으며, 《水經註》에 따르면 여기 유현이 아니라 臨淄에 있다. 그러나 지금은 고증할 길이 없다."[29]라고 하였다. 이처럼 안영의 묘의 위치를 정확하게 고증할 수 없으므로 "晏平仲故里" 또한 정확한 위치가 어디인지 지금은 확정할 수 없다. 그러나 조선사신이 기록한 바의 "晏平仲故里"는 분명히 濰縣에서 동북쪽으로 20리 떨어져 있는 朱毛鋪이다. 朱毛鋪는 지금의 濰坊市 寒亭區 開元街道 胡家朱茂村, 濰坊市 高新技術產業開發區 新城街道 玄家朱茂社區, 濰坊市 高新技術產業開發區 新城街道 杜家朱茂社區, 濰坊市 高新技術產業開發區 新城街道 李家朱茂社區 등을 포함하는 넓은 지역으로 확장개발되었다.

> 1) 귀국행 : (3月)16日 庚午일. 이날 王老店에 도착했다. 아침에 昌樂縣에서 출발했다. ……濰縣의 北館馹에 도착하여 아침밥을 해먹고 東渡河를 건넜고 孔文擧舊治와 晏平仲故里를 지났고 寒亭店에서 잠시 쉬었

---

27 "晏子墓(在)臨淄古城北三里。唐貞觀中, 禁十五步內不得樵採。高密, 平原又各有墓, 與此為三歟。按晉載記曰, 慕容德登營邱望晏嬰冢, 顧謂左右曰, 禮大夫不逼城而葬, 平仲古之賢人達禮者也, 而生居近市, 死葬近城, 豈有意乎？青州秀才晏謨對曰, 孔子稱臣, 先人之賢豈不知？高其梁豐其禮, 蓋政在家門, 故儉以矯世, 存居湫隘卒, 豈擇地而葬乎?所以不遠門者, 冀悟平生意也.以謨考之, 臨淄墓為真。"《齊乘》卷五《風土》, 清 乾隆 四十六年刻本

28 "周晏平仲墓在(濰)縣南三十里。一在臨淄。"《(萬曆)萊州府志》明 萬曆 三十二年刻本版.

29 "周晏嬰墓, 《舊誌》在城東北十里堡。按《水經註》晏墓在臨淄不在此, 今亦失其處。"《(民國)濰縣志稿》卷6《疆域志·遺迹》, 民国三十年鉛印本。

다…… (李民宬《癸亥朝天錄》)(1623)歸程 : (三月)十六日庚午。到王老店。早發昌樂。……抵濰縣之北館馹, 朝火後, 過東渡河, 過孔文擧舊治, 晏平仲故里, 憩寒亭店。……

〈東漢 孔融이 다스린 곳을 지나며(濰縣 동쪽 10리에 있다)〉
姦雄 曹操는 음흉한 모략으로 皇權을 탈취하고자
천하의 현자와 영웅을 차례로 제거했네.
공융을 죽이지 않았으나 마침내 도리에 어긋나는 일을 도모하니
간신 郗慮(치려)는 이에 호응하여 거짓된 사실을 전하여 조조가 공융을 죽이게 했네.
큰 뜻을 품은 호쾌한 풍모 마치 살아 눈앞에 있는 듯한데
그 악행을 터럭을 뽑아 세어도 모자랄 간웅의 손에 죽으니 여한이 깊기만 하다네.
역사서를 통해 천추의 세월을 넘어 공융과 벗하게 된 조선 선비는 벅차오르는 감개를 억누를 수 없어
공융의 사당 앞에 말을 멈추고 오랫동안 차마 떠나지 못한다네.

孔文擧舊治(在濰縣東十里)
老瞞如鬼謀移鼎, 海內賢豪次第鋤。
不殺孔君終作梗, 相圖鴻豫故詒書。
懷風英爽生如在, 擢髮姦雄死有餘。
尙友千秋增感慨, 停驂不忍過遺墟。

2) 북경행 : (10月)11日 戊戌일 맑음. 아침에 昌邑縣에서 출발했다……정오에 寒亭店에서 쉬었다. ……十里鋪에 도착하니 孔融廟가 있었는데 패방에 "文擧甘棠"이라 현액되어 있다. 古白浪河를 건넜는데 패방에 "북으로 渤海로 통하고 南으로 穆陵에 가닿는다"라 써있다. 저녁에 濰縣 東館馹에 도착했다. 濰縣은 萊州에 속하며 昌邑縣에서 80리 떨어져 있다. (申悅道《朝天時聞見事件啓》)(1628)來程 : (十月)十一日, 戊戌, 晴。

早發昌邑, ……午, 憇寒亭店。……十里舖, 有孔融廟, 揭號文擧甘棠。
渡古白浪河, 榜曰 : "北通渤海 南遡穆陵"。夕, 抵濰縣東館馹。縣屬萊
州, 距昌邑八十里。

〈동한 공융이 어진 정사를 펼친 곳이라고 표시하는 패문을 지나며 - 濰
縣의 동쪽 10리에 있다.〉
내가 동한의 절개 있는 선비 공융을 깊이 흠모했으니
그 고명한 이름 수 천년이 지나도 잊혀지지 않고 지금도 유전되네
그가 어진 정치를 펼쳤다는 이곳 팥배나무는 그 때처럼 녹음을 짙게 드
리우고 있으니
나는 옛 節士가 그리워 수레의 난간 잡고 오랫동안 떠나지 못한다.

過孔文擧甘棠牌門(在濰縣東十里)
我愛孔文擧, 高名千載流。
棠陰留古蹟, 憑軾且夷猶。

3) 〈창읍현도〉昌邑縣에서 ……70리를 가면 欄門이 하나 있는데 "文擧甘
棠"이라 편액되어 있으며 漢나라 孔融이 선정을 베풀던 장소이다. 다
시 80리를 가면 欄門이 하나 있는데 "古白浪河"라고 써 있으니 唐 北
海令 竇琰(두염)이 그 강물로 농지에 물을 댔다는 곳이다. 石橋가 하나
있으니 白浪橋라고 하며 그 곁에 또 欄門이 하나 있는데 "北으로는 渤
海로 통하고 南으로는 穆陵에 가닿는다"라고 써 있다. (鄭斗源《朝天記
地圖》)(1630)〈昌邑縣圖〉自昌邑縣, ……行七十八里, 有欄門, 書之曰 :
"文擧甘棠", 漢孔融宣化之地。行八十里, 有欄門, 書之曰 : "古白浪
河", 唐北海令竇琰因此水槪田處。有石橋, 名白浪橋。又有欄門, 書之
曰 : "北通渤海 南溯穆陵".

1)과 2)의 기록에 따르면 "孔文擧舊治", "孔融廟", "文擧甘棠(문거감당)" 牌門은 모
두 동일한 지점이다. 濰縣에서 동쪽으로 10리 떨어진 곳에 孔融의 祠廟가 있었으며 사

묘 밖에 "文擧甘棠"의 牌坊이 있었으니, 곧 濰縣에서 동쪽 10리에 있던 趙疃鋪(조탄포)
부근에 孔融의 廟와 "文擧甘棠" 牌坊이 있었다. 여기서 "文擧"는 공용의 字이고 "甘
棠"은 훌륭한 관리를 칭송하는 것이다.《史記 燕召公世家》에 "周나라 武王이 紂王을
토벌하고 召公을 北燕에 봉했다. ……召公이 鄕邑을 순행하다가 棠樹(당수, 팥배나무)
아래에서 죄인을 판결 하는 등 정사를 행했는데 위로 侯伯부터 아래로 庶人에 이르기
까지 그 처결에 순응하여 직분에 어긋남이 없었다. 召公이 죽자 백성들이 召公의 바른
정사를 그리워하여 棠樹를 함부로 자르지 못했을 뿐만 아니라 〈甘棠〉의 詩를 지어 棠
樹를 칭송하였다."[30] 이후 "甘棠"은 훌륭한 관리를 칭송하는 상징이 되었다. 明 萬曆
32年에 간행된《(萬曆)萊州府志》에는 1604年 濰縣에는 단 한 곳의 孔融祠가 있었는데
"縣治의 동쪽에 위치했으며 宋 政和 4年에 건립되었고 明 成化 연간에 知縣 宋兊(송
태)가 重修하였다."[31] 한편, 淸 康熙 十一年에 간행된《(康熙)濰縣志》에 따르면 "공용의
사당인 孔北海祠는 두 곳이다. 하나는 關公廟앞에 있는데 □□邑 사람 丁汝奇가 創建
했다. 다른 하나는 北海道司의 서측에 있는데 有司가 봄가을로 제사를 올렸다."[32] 종합
해보면 1604年 전후로 濰縣에는 濰縣城 안 縣治의 동측에 "孔融祠"라는 이름의 祠堂
이 이미 있었다. 1672年 전후하여 "孔融祠"는 "孔北海祠"로 이름이 바뀌었으나 여전
히 濰縣 경내에 있었던 셈이다.

　　그렇다면 조선사신들이 "孔融祠"의 위치를 잘못 기재한 것인가? 그러나 반드시 그
렇다고 할 수 없다. 우선 조선사신들의 1), 2), 3), 4)의 기록 모두에는 濰縣 동쪽에 "文
擧甘棠"의 牌門(欄門 혹은 牌坊)이 있다고 했지 직접 사당을 보았다고 기록한 것은 아
니다. 그리고 淸初에 간행된《明史》의 찬수에 참여한 저명한 文人 施閏章[33](시윤장,

30　"周武王之滅紂, 封召公于北燕……召公巡行鄕邑, 有棠樹, 決獄政事其下, 自侯伯至庶人各得其所, 無
　　失職者。召公卒, 而民人思召公之政, 懷棠樹不敢伐, 哥詠之, 作《甘棠》之詩。"《史记》卷34《燕召公世
　　家四》, 淸 乾隆 武英殿刻本.

31　"在縣治東, 宋政和四年建。國朝成化間, 知縣宋兊重修。"(萬曆)萊州府志 萊州府志卷四《祀典》明 萬曆
　　三十二年刻本版.

32　"孔北海祠二：一在關公廟前□□邑人丁汝奇創建 ; 一在北海道司西鄰, 有司春秋至祭。"(康熙)濰縣志
　　卷二《壇廟》淸 康熙 十一年刊本.

33　施閏章, 字尙白, 號愚山, 又號蠖齋, 晚號矩齋, 宣城(今屬安徽)人。淸順治六年(1649)進士, 康熙十八年
　　(1679)召試博學鴻詞, 官至翰林院侍讀。與宋琬齊名, 稱"南施北宋"。有《學余文集》,《學餘詩集》。

1618—1683)이 지은 〈유현을 지나며(過濰縣)〉[34]라는 시를 보면, 제목에 주를 달아 설명하기를 "유현성 동쪽에 고죽사가 있는데 백이와 숙제가 주왕의 폭정을 피해 달아난 곳이라고 전해지며 그 북쪽에 '文擧甘棠'이라 현액된 패방이 있다."[35]라고 했으니, 시윤장의 "문거감당"의 설명은 조선사신의 기록과 완전히 일치하는 것으로 濰縣 동쪽에 "文擧甘棠" 牌坊이 있었다는 것이다. 아쉽게도 시윤장이 언급한 "孤竹祠"에 대한 기록은 중국 역대 방지 어디에도 그 기록을 찾아볼 수 없지만 조선사신의 기록에 근거해 보면 "孤竹祠"는 濰縣 동쪽 10리에 있었던 것이 된다.

"東漢시기 사람인 孔融은 中軍侯, 虎賁中郎將(호분중랑장) 등의 직을 맡았었고 董卓을 내쫓고자 여러 차례 간언을 올리고 공격했으나 결국 뜻을 이루지 못했다. 三府에서 모두 천거하여 孔融이 北海相이 되었는데 마침 황건적의 난이 여러 州에서 일어났다. 유현이 도적떼를 막는 요충지였으므로 孔融은 유현에서 그 세력을 꺾고자 했다. 공융은 유현에 도착하여 士民을 모아 의병을 일으켜 군대를 조직하였고 여러 차례 황건적을 맞아 싸워 모두 승리했다. 이에 그 백성들이 평안무사하게 되었으니 城邑을 쌓아 방비를 강화하고 학교를 세워 儒術을 장려했으며 賢良한 인재를 천거했으며 또한 난리 통에 자식이 없이 죽은 자와 사방을 떠돌다 죽은 자들을 위해 관을 짜서 시신을 수습하여 장례를 치러주었다. 공융이 북해군을 다스린 지 6년이 되자 그 공적이 널리 알려졌고 주위 백성이 모두 그 혜택을 입었기에 대대로 칭송되어 그를 기리는 노래가 백성들 사이에 전해져 잊혀지지 않았다."[36] 孔融이 濰縣에 끼친 영향이 이처럼 컸기 때문에 만약 申悅道가 2)에서 기록한 "孔融廟"가 실제로 당시 존재했었다고 한다면 관련 지방지에 그 기록이 반드시 남아 있었을 터인데, 현재 전혀 그 기록이 보이지 않으므로 필

---

34 "黃埃車馬片時間, 麥秀葵香解客顔。孤竹西山留石碣, 甘棠北海尙人間。天淸絶壑泉流細, 地古寒亭樹色殷。千載王孫濰水戰, 浦沙漠漠鳥飛還。"(施閏章 撰,《學餘堂集》《詩集卷三十五 七言律》, 淸 文淵閣四庫全書本版)

35 城東孤竹祠, 相傳夷齊避紂處, 其北有坊曰'文擧甘棠。

36 "東漢孔融氏由中軍侯遷虎賁中郎將, 會董卓廢立, 數正言攻之, 卓乃諷。三府同擧爲北海相。時黃中寇數州, 惟濰最爲賊衝, 實欲陰傷之。公到郡卽收士民起兵講武。賊雖屢至, 屢敗。其民賴以安戰無事, 且爲制城邑, 立學校表顯儒術, 薦擧賢良。郡人無後及四方遊士有死亡者, 皆爲棺槨以斂葬之。在郡六年, 政聲赫然, 四境之人被其惠化之深, 相傳累世, 猶歌思不忘"(明)黎淳,《孔融祠記》, (萬曆)《萊州府志》卷八 明 萬曆 三十二年刻本版.

자가 추측하건데 조선 사신들이 "文擧甘棠" 牌坊 부근에서 보았다는 廟祠는 앞서 施閏章이 말한 "孤竹祠"가 아닐까? 그러나 이 또한 필자의 추정일 뿐 이후 더욱 자세한 고증이 필요하다. 결론적으로 말하면, 조선사신이 기록한 "孔文擧舊治", "孔融廟"와 "文擧甘棠" 欄門은 모두 濰縣에서 동쪽으로 10리 떨어진 급체포인 趙疃鋪에 있었으며, 지금의 濰坊市 奎文區 北海路街道 趙疃社區이다.

사진 6-17   民國時期 濰縣 孔相祠(공융의 사당)의 옛 사진

사진 6-18   趙疃社區 주민委員會 (집필진 답사 촬영)

사진 6-19   趙疃村 – 지금의 趙疃社區 村碑 (집필진 답사 촬영)

제3절 濰河(囊沙上流處), 漁河橋(濰河橋), 東渡河, 白浪河(白浪橋), 北通渤海南遡穆陵 欄門, 濰縣

1) 북경행 : 7月 1日 己丑일 비. 이날 濰縣에 도착했다. 아침에 출발하여 昌邑城의 동쪽을 지나 방향을 남쪽으로 바꾸어 걸었다. 정오에 寒亭店에서 쉬었다. ……石橋 하나를 건넜는데 漁河橋라 한다. 다시 濰河를 건너서 濰縣城 밖의 東館馹에 도착했다. 濰河는 濰縣城에서 동쪽으로 몇 리 밖에 있는데 密州界에서 昌邑地를 거쳐 濰縣을 지나 바다로 유입된다. 背囊河라고도 하며 韓信이 龍且를 무찌른 곳이다. 昌邑縣에서 여기까지 80리다. …… (李民宬《癸亥朝天錄》)(1623)來程 : 七月初一日, 己丑, 雨。到濰縣。朝, 發行過昌邑城東, 迤南而行。午, 憩寒亭店, ……過一石橋。名 : 漁河橋, 渡濰河, 抵濰縣城外之東館馹。濰河在城東數里, 自密州界經昌邑地過濰縣入海, 一云背囊河, 韓信破龍且之處也。自昌邑到此八十里。……

〈유현을 지나가는 도중에 감회를 읊다〉
아침이 밝아오니 뭇별들은 모두 사라졌는데
동쪽 하늘의 샛별(금성)만이 홀로 밝게 반짝거리네.
가야할 길과 건너야 할 강, 아직 남은 여정이 길기도 하구나!
여정을 절반도 마치지 못했으니 나그네의 마음 울적하기만 하네!
또 다시 큰 강 우리 앞에 나타나 물결 출렁이는데
어서 빨리 건너고 싶어도 배도 없고 다리도 없구나!
문득 만리 밖 고향 생각이 나서
고개 들고 아득하게 펼쳐진 길을 바라보며
신선이 탄다는 황학을 얻어 타고
바람을 타고 고향에 돌아가는 상상에 젖어보네.

濰縣途中詠懷
早起衆星滅, 明星獨煌煌。

川陸日悠哉, 客心悲未央。

洪河動我前, 欲濟無舟梁。

所思在萬里, 矯首路渺茫。

焉得騎黃鶴, 凌風歸故鄉。

귀국행 : (3月)16日 庚午일. 이날 王老店에 도착했다. 아침에 昌樂縣을 출발했다. ……濰縣 北館馹에 도착하여 아침을 해먹고 東渡河를 건넜고 다시 孔文擧舊治(濰縣 동쪽 10리)와 晏平仲故里(濰縣 동쪽 20리)를 차례로 지나 寒亭店에서 쉬었다가 王老店(昌邑縣 경내)에 도착했다. 이날 약 110리를 이동했다. (李民宬《癸亥朝天錄》)歸程 : (三月)十六日庚午。到王老店。早發昌樂。……抵濰縣之北館馹。朝火後, 過東渡河, 過孔文擧舊治(濰縣東十里), 晏平仲故里(濰縣東二十里), 憩寒亭店。抵王老店(昌邑地), 約行一百一十里。

2) 북경행 : 18日 己巳일. (昌邑縣 縣城에서 출발하여) 濰縣에서 유숙하였는데 이날 하루 晏平仲故里, 立表旌閭(입표정려)를 지났고 寒亭 古驛亭도 지났는데 夏나라 寒促을 지명으로 삼은 것이다. 濰河橋는 바로 淮陰侯 한신이 모래주머니로 둑을 쌓았었다는 곳이다. 이날은 총 80리를 이동했다. (李德泂《朝天錄一云航海錄》)(1624)來程 : 十八日, 己巳。(從昌邑縣 縣城出發)宿濰縣, 所過有晏平仲故里, 立表旌閭。又有寒亭古驛亭, 以寒促而名。濰河橋, 卽淮陰之囊沙上流處也。是日, 行八十里。

3) 吳翻-《燕行诗》(1624)

〈淮河를 건너며〉

濰水의 맑은 물 흐르고 차가운 연기 피어오르는 황량한 제나라 옛 도읍 땅은 천천히 황혼에 물드는데

　여기가 바로 禹임금이 천하를 구주로 나누어 홍수를 다스렸다는 靑州의 옛 땅임을 생각하고 깊은 사념에 잠겨보네.

누가 알았겠는가!

우임금이 동족 방향으로 물길을 내고 홍수를 다스릴 때

삼한 땅(조선)에서 성현의 도 널리 펴져 크게 교화될 것임을!

渡淮河

碧水寒煙暮景遲, 茫茫禹跡入深思。

誰知開鑿東流日, 却是三韓漸化時。

〈유현을 지나는 도중에〉

延陵에 봉해진 오나라 현자 계찰은 천하의 풍속을 살피기 좋아하여

나라의 사신으로 여정에 올라 오랜 기간 각 나라를 주유했다 하네.

濰水의 강물 북쪽 발해로 흘러들고 덩쿨진 풀숲과 차가운 연기만 쓸쓸

하게 피어오르는 황량해진 제나라 옛 도읍 유현의 북쪽 땅은

산세가 높아 구름 끊어지고 천하의 물길이 시작되는 태산의 동쪽 지역

이라 하네.

어찌 자신의 재능을 믿어서 새로운 시가 나오는 것이겠는가?

오직 조물주가 생생하게 그려낼 공력을 기탁하셨기 때문이리라.

고개 들어 멀리 높은 하늘 바라보니 오직 새들의 그림자만 보이고

이 땅에서 활약하던 천고의 그 많은 영웅호걸들 생각하니

돌연 마음 쓸쓸해지네.

濰縣途中

延陵季子好觀風, 管取征途日不窮。

落水寒蕪濰縣北, 斷雲流水泰山東。

安排自信新詩在, 造物還添活畫工。

仰看長空唯鳥影, 消沈千古幾英雄。

4) 북경행 : 18日 己巳일 맑음. 牛阜店에서 점심을 해먹고 濰縣 北館里에

서 유숙했다. 이날은 총 100리를 이동했다. 이날 지나간 곳은 ……文擧

甘棠은 孔融의 명성이 남아 있는 곳이라. 濰河橋 위에 서서 淮陰侯 한신의 囊沙의 고사를 떠올려보니 龍且의 혼이 이곳 어디엔가 머물러 있을 것 같았다. (洪翼漢《花浦朝天航海錄》)(1624)來程 : 十八日, 己巳, 晴。中火牛阜店, 宿濰縣北館里。是日, 行一百里。所過有……文擧甘棠, 孔融之流芳歟。濰河橋上, 憶淮陰之囊沙, 則龍且之魂, 此焉何托。

귀국행 : (3月)10日 戊午일 맑음. 아침에 안개가 짙게 꼈다. (濰縣 北關에서 출발하여)白狼河와 大濰河를 건넜는데 濰河의 하류는 수심이 깊어 배의 운행이 느리므로 상류에 수심이 얕은 곳으로 건넌 것이다. 孔文擧甘棠, 晏平仲故里, 寒亭古驛, 王彦方式化를 차례로 지나 王祿店 王老貞의 집에서 점먹고 新河를 건너 新河店 富씨 姓을 가진 민가에서 유숙했다. (洪翼漢《花浦朝天航海錄》) 歸程 : (三月)初十日, 戊午, 晴。朝大霧。(從濰縣北關發行)渡白狼河, 大濰河, 濰河下灘水深, 舟行遲, 故由上淺灘而渡。歷孔文擧甘棠, 晏平仲故里, 寒亭古驛, 王彦方式化, 至王祿店王老貞家中火, 渡新河, 宿新河店富姓家。

5) 북경행 : (10月)16日 辛卯일. (昌邑縣에서 출발하여) 정오에 寒亭古驛에 도착했고 저녁에 濰縣에 도착하여 유숙했다. 유현성의 서쪽에 한신의 囊沙古蹟이 있었고 濰水를 건너 晏平仲故里에 도착했다. 7언 絶句 각각 한 수 지었다. (全湜《沙西航海朝天日錄》)(1625)來程 : (十月)十六日, 辛卯。(從昌邑發行)午到寒亭古驛。夕, 至濰縣止宿。城西, 有囊沙古蹟。過濰水及晏平仲故里。有詩各一絶。

〈濰水를 건너면서〉
건장한 용사들 그 옛날 어디 땐가 여기서 용감하게 분투했었으니
齊나라를 평정하여 漢나라의 功臣이 되고자 함이었네.
지금 멀리 북쪽 발해 바다에서 風塵 일어 하늘은 어두워지고
속절 없이 모래사장을 흘러가는 강물은 옛 인물들 생각케 하네.
過濰水

壯士何年奮此身。平齊去作漢功臣。

至今遼海風塵暗。空向流沙憶古人。

6) 濰縣의 寒亭은 古寒國의 땅으로 浞(착)이 封해진 곳이다. 한정의 서쪽
　 에는 平仲故里가 있다. 곧 齊나라 재상 晏嬰의 고향이다. 또한 文擧甘
　 棠 패방도 있는데, 곧 孔融이 정사를 편 곳이다. 앞으로 淮河가 흐르는
　 데 昌邑縣의 濰水가 여기 濰縣을 경유하는 것이다. 濰縣의 동쪽 끝에
　 白浪河 나무다리가 있다. 백랑하는 擂鼓山(뢰고산)에서 발원하여 북으
　 로 흘러 발해로 유입되는데 현령 竇琰(두염)이 이 강물을 끌어와 농지
　 에 대었다 하여 竇公渠(두공거)라고도 한다. (金德承《天槎大觀》)(1624) 濰
　 縣, 寒亭, 古寒國浞封此。亭之西, 有平仲故里。齊相晏嬰也。又有文
　 擧甘棠, 是孔融也。前有淮河, 是昌邑之濰水, 而亦經此縣。縣之東底,
　 有白浪河板橋, 源出擂鼓山, 北流入海, 令竇琰引此溉田, 號竇公渠。

　 1)에서 李民宬 일행은 昌邑縣에서 출발하여 서쪽으로 이동했는데 정오에 寒亭鋪에
도착하여 쉰 후, "濰縣城에서 동쪽으로 몇 리 떨어진 濰河" 위의 "漁河橋"를 건넜다.
앞서 살펴보았듯이 "漁河橋"는 "虞河橋"를 가리킨다. 李民宬이 기록한 "濰河"는 정확
하게 말하면 濰縣 동북 5리에 있는 虞河이다. 濰縣城과 성의 동쪽에 있는 寒亭鋪 사이
에는 모두 세 줄기의 하천이 흐르는데, 한정포에서 동쪽에서 서쪽으로 차례로 나열하
면 寒浞水(寒水, 지금의 浞河), 東丹河(東于河, 지금의 虞河), 白浪河이다. 寒浞水와 寒亭
鋪의 명칭은 그 유래가 분명하여 사람들이 헷갈리는 경우가 드물었지만 濰縣城의 동
쪽에 있는 東丹河(東于河)와 濰縣城의 서쪽에 있는 西丹河(小于河)는 명칭이 비슷하여
쉽게 혼동되는 경우가 많았다. 李德泂, 吳翩, 洪翼漢 3인은 모두 明 天啓 四年(1624) 謝
恩兼奏請使臣團의 정사, 부사, 서장관으로 사행기간 중 항상 동행한 것은 아니지만 동
일한 노선을 경유하였다. 洪翼漢은 4)에서 "白狼河"와 "大濰河"를 서로 다른 두 개의
강으로 분명히 기록하고 있는데 "白狼河"는 바로 "白浪河"이고, "大濰河"는 개인적인
감회 때문에 "大"자를 추가한 것 같다. 아무튼 洪翼漢이 언급한 "大濰河"는 바로 濰縣
의 동쪽에 있는 東丹河(東于河, 지금의 虞河)를 가리킨다. 앞서 고증했듯이 "濰河"는 원

래 昌邑縣 境內에 있는 濰水로서 俗稱 淮水라고 불리는 강이다. 그러므로 3)에서 언급
한 바 "淮水를 건넜다"는 말은 吳翻도 東丹河를 濰水로 착각하고서 실제로는 濰縣 東
丹河를 건너며 〈淮河를 건너며(渡淮河)〉라는 시를 지은 것이다. 마찬가지로 2)와 4)
의 북경행 기록에서 언급한 "濰河橋" 역시도 실제로는 東丹河 위에 놓인 "東于河橋"(
淸 康熙 연간의 명칭, 淸 乾隆 연간에는 "東丹河橋"로 불림, "東丹河橋는 縣의 동쪽 5리에 있으
며 속칭 虞河橋라고도 한다")[37]이다. 東于河橋는 지금의 濰坊市 福壽東街에 있는 虞河를
가로지르는 위치에 있었을 것이다.

사진 6-20   지금의 虞河(명청시기 방지에는 東于河 혹은 東丹河라고 기록되어 있고 속칭 虞河로도 불림)
위를 가로지르는 이름없는 교량. 이 다리는 濰坊市(옛날 濰縣)를 동서로 관통하는 福壽東街를 잇고 있다.
명말 조선사신들은 옛날 이 위치에 놓인 "東于河橋"(당시, 속칭 虞河橋라고도 불림)를 건넜을 것이다. (집필진 답사 촬영)

그 밖에 주목해 볼 것은 李民宬이 1)의 귀국행 여정에서 "東渡河"를 기록한 것이다.
이민성은 昌樂縣城에서 출발하여 동쪽으로 여정에 올라 濰縣城 北關에서 아침을 해
먹고 東渡河를 건넜고 孔文擧舊治(濰縣 동쪽 10리), 晏平仲故里(濰縣 동쪽 20리)를 차
례로 지났다. 《寒亭區地名志》의 기록에 따르면, 지금의 虞河는 옛날 漑水라고 불렸는
데 昌樂縣 漑源山(지금의 安丘縣 靈山)에서 발원했기 때문이다. 漢代에는 利漁河, 元代

---

37   "東丹河橋, 在縣東五里, 俗稱虞河橋。"《(乾隆)濰縣志》卷之二《橋樑》, 淸 乾隆 二十五年刊本版.

에는 東度河라 불리다가 지금은 虞河로 불린다. 우하는 남에서 북으로 흐르는데 濰坊市 坊子區, 奎文區, 濰城區를 지나 郭家官莊鄉 雙廟(村)에서 서쪽으로 방향을 틀어 里疃鄉, 固堤鎭을 지나 다시 동북으로 방향을 꺾어 濰坊市 寒亭區와 昌邑市의 경계를 이루며 북으로 渤海로 유입된다. 전체 길이는 75km이고 웨이팡시 境內를 지나는 구간은 45km이고 사계절 강물이 흐르는 常年河이다. 결국 이민성이 언급한 "東渡河"는 바로 "東丹河" 지금의 虞河이다. 그런데 1), 2), 3), 4), 5)의 기록에서 보듯이 한 두 명도 아니고 대부분의 조선사신들은 왜 東丹河를 濰水로 잘못 알았던 것일까? 金德承의 6)의 기록을 보면 그 단서가 보인다. 김덕승은 "文擧甘棠" 牌坊, 곧 濰縣 東十里鋪(趙疃鋪)의 서측에 淮河가 있으며 이 강은 바로 昌邑縣의 濰水인데 역시 濰縣으로도 흘러간다고 기록했다. 그러니까 조선사신들은 대부분 東丹河가 昌邑縣 濰水의 일부분이라고 착각하고서 東丹河를 濰水나 淮水로, 東丹河橋를 濰河橋로 잘못 기록했던 것이다.

사진 6-21　濰坊市(明末 濰縣) 奎文區를 흐르는 현재의 虞河
(명청시기 지방지에는 東于河 혹은 東丹河라고 기록되어 있고 속칭 虞河라고도 불렸음) (집필진 답사 촬영)

1) 북경행 : (10月)11日 戊戌일 맑음. 아침에 昌邑을 출발하여……정오에
寒亭店에서 쉬었다.……十里舖에 孔融廟가 있는데 "文擧甘棠"이라고
현액되어 있다. 古白浪河를 건넜는데 방표에 "북으로 渤海에 통하고
남으로 穆陵(穆陵關, 지금의 山東省 臨朐縣 大峴山 일대)에까지 거슬러 이
른다"라고 써 있다. 저녁에 濰縣 東館馹에 도착했다. 濰縣은 萊州에 속
하는데 昌邑縣으로부터 80리 떨어져 있다. (申悅道《朝天時聞見事件啟》)
(1628)來程 : (十月)十一日, 戊戌, 晴。早發昌邑, ……午, 憩寒亭店。……
十里舖, 有孔融廟, 揭號文擧甘棠。渡古白浪河, 榜曰 : "北通渤海 南遡穆
陵"。夕, 抵濰縣東館馹。縣屬萊州, 距昌邑八十里。

2) 〈창읍현도〉 昌邑縣에서 ……80리를 가니 欄門이 있는데 "古白浪河"
라고 쓰여있다. 唐 北海令 竇琰이 그 강물로 밭에 물을 대었다는 곳이
다. 石橋가 하나 있는데 白浪橋라고 하고 또 欄門이 하나 있는데 "北으
로 渤海에 통하고 南으로 穆陵에 까지 거슬러 올라간다"라고 쓰여있
다. (鄭斗源《朝天记地圖》)(1630)昌邑縣圖 自昌邑縣, ……行八十里, 有欄
門, 書之曰 : "古白浪河", 唐北海令竇琰因此水槪田處。有石橋, 名白
浪橋。又有欄門, 書之曰 : "北通渤海, 南溯穆陵"。

3) 북경행 : 16日 癸酉일, 맑음, 바람이 많이 불었다. 아침에 (昌邑縣城 東舖
를 출발하여) 50리를 가서 寒亭店에 도착하여 점심을 해 먹었다. ……이
름 모를 다리 하나에 이르러 이를 건넌 후 濰縣 北關 客店에 도착하여
유숙했다. (趙濈《燕行錄(一云朝天錄)》)(1623)來程 : 十六日, 癸酉, 晴, 風
亂。朝發(昌邑縣城東舖), 五十里到寒亭店中火。……行至一水橋, 渡至
濰縣北關客店宿。

1)과 2)에서 언급한 "古白浪河" 欄門은 모두 白浪河를 가리킨다. "白狼河는 濰縣 東
門 밖에 있는데 雷鼓山에서 발원하여 북으로 80리를 흘러 別畫湖(별화호)에 합류하여
발해로 흘러든다. 唐 北海令 竇琰이 이 강의 물을 끌어들여 농지에 물을 댔다.《舊志》
에 白狼河는 두 곳에서 발원한다고 했는데, 한 곳은 雷鼓山에서 시작한다.《隋志》에

서는 雷鼓山을 白狼山이라 기록하고 있으므로 白狼山에서 강의 이름을 취한 것이다.
다른 한 곳은 縣의 남쪽 小王莊에서 발원한다고 했는데 평지에서 샘이 솟아 바퀴모양
을 이루며 흘러 물줄기를 이루고 큰 물줄기로 합쳐져 縣城 東門을 지나 곧바로 北海
(즉 渤海)로 흘러든다."[38] 한편, 洪翼漢의 《花浦朝天航海錄》에서는 白狼河로 기록하고
있으니 이는 白浪河의 別名이다. 조선사신들이 언급한 白浪河(白狼河)는 지금의 濰坊
市 白浪河이다. 그리고 한 가지 재미있는 사실은 1), 2), 3)에서 모두 白浪河를 언급했
으나 밤에 유숙한 장소가 다르기 때문에 각 사신들이 白浪河를 건넌 구체적인 지점이
다르다는 것이다. 1)과 2)에서 언급한 패방의 "北通渤海(북통발해)"라는 글자는 白浪河
가 濰縣 東城門 밖을 지나 발해로 흘러간다는 뜻이고 "南溯穆陵(남소목릉)"이라는 글
자는 白浪河를 남으로 거슬러 가면 穆陵關의 밖에 닿는다는 뜻이다. 溯(소)란 강의 흐
름을 거슬러 상류로 올라간다는 뜻이다. 穆陵은 穆陵關을 가리킨다. 穆陵關은 지금의
山東省 臨朐縣(임구현) 동남쪽에 있는 大峴山(대현산)에 있는데 지세가 험하여 春秋시
기 齊나라 남쪽 국경의 중요 군사요충지였다. 1)과 2)에서 모두 "北通渤海, 南溯穆陵"
牌坊을 언급하고 있으니 이는 申悅道와 鄭斗源이 濰縣城 부근에 올 때까지 지나간 노
선이 일치함을 뜻한다. 2)에서는 또 "白浪橋"라는 石橋가 하나 있었다고 언급하고 있
는데 이 석교는 濰縣城 東門(朝陽門) 밖에 있던 通濟橋이다. "通濟橋는 東門 밖에 있는
데 金나라 大定 六年 本敬 스님이 건축했으며 一名 白浪橋라고도 부른다." 通濟橋는
주위 풍경이 아름다웠기 때문에 淸代에 濰縣 八景 중의 하나로 "石橋簌玉(석교속옥-졸
졸졸 흐르는 강물이 석교에 찰랑찰랑 부딪쳐 쟁그렁 쟁그렁 옥노리개처럼 맑은 소리를 냈다고
함)"라는 美稱으로 널리 알려졌다."[39] 白浪橋는 지금의 濰坊市 奎文區의 상징적인 다
리인 亞星橋 남측의 古今橋 부근에 있다.

---

38 "白狼河, 在(濰)縣東門外, 源出雷鼓山, 北流八十里, 由別畫湖入海。唐北海令竇琰引以漑田。《舊
    志》: 白狼有二源: 一出雷鼓山。《隋志》作白狼山, 即雷鼓山, 故河以白狼名。一出縣南小王莊, 平地
    湧泉, 如輪上源, 合此始大經縣城東門外, 直入北海。"《(乾隆)濰縣志》卷之二《山川》, 淸 乾隆 二十五年
    刊本版.

39 "通濟橋在東門外, 金大定六年僧本敬建, 一名白浪橋。"通濟橋因風景優美, 為淸代濰縣八景之一的"石
    橋簌玉"。"水聲潺潺, 潄激於石, 其聲琮琤, 如環珮"《(乾隆)濰縣志》卷之一《山川》, 淸 乾隆 二十五年刊
    本版.

그림 6-22
《(康熙)濰縣志》卷首圖〈石橋簌玉 석교속옥〉, 淸代에 濰縣 八景 중의 하나로 널리 알려졌다. 그림 왼쪽이 유현성의 동문인 朝陽門이고 오른쪽에 흐르는 강이 白浪河이며 오른쪽 아래 놓인 석교가 바로 白浪橋(通濟橋)이다. ,

사진 6-23   지금의 白浪河에 놓여 있는 古今橋 (이 자리가 바로 조선사신 鄭斗源과 申悅道가 건넜다고 언급한
명말 백랑교가 있던 자리이다. 백랑교는 명청시기의 속칭이며 중국 지방지 상의 정식 명칭은 通濟橋이다.
백랑교는 淸代에 濰縣 八景 중의 하나로 "石橋簌玉-석교속옥, 졸졸졸 흐르는 강물이 석교에 찰랑찰랑 부딪쳐
쟁그렁 쟁그렁 옥노리개처럼 맑은 소리를 냈다"라는 미칭으로 널리 알려졌다.) (집필진 답사 촬영)

사진 6-24
지금 白浪河에 놓여 있는 亞星橋
(집필진 답사 촬영)

그러나 현재의 白浪河의 물줄기 흐름은 과거와 많이 달라져서 강을 거슬러 올라가도 穆陵關에 가 닿지 못한다. 2)에서 鄭斗源은 濰縣城에 도착한 후 어디에 묵었는지 기록을 남기지 않았지만 1)에서 申悅道가 白浪橋를 건넌 후 濰縣 東館馹에 묵었다고 했으므로 정두원도 틀림없이 濰縣 東館馹에 묵었을 것이다. 그러나 3)의 기록에 따르면 趙濈 일행은 白浪橋를 건너서 濰縣城에 들어온 것이 아니라 또 다른 水橋 하나를 건너서 濰縣 北關 客店에 묵었다고 했다. 조즙 일행이 건넌 다리는 중국 지방지에 기록된 위치에 근거해서 유추해보면 臥龍橋인 것 같다. "臥龍橋는 石橋로서 北門 밖 2리 떨어진 곳 白浪河에 놓여져 있었다. 민간에서 이르기를 宋나라 태조 조광윤이 황위에 등극하기 전 민간에서 살 때 여기에 왔다가 목욕을 한 곳이어서 그런 이름이 붙었다고 한다."[40] 아니면, 白浪河는 여름에 강물이 많이 흐르는 季節性 河流였으므로 趙濈 일행이 강을 건널 때는 마침 여름철이라 石橋가 물에 잠겨서 현지인들이 나룻배를 연결하여 舟橋를 만들어 석교를 대신했을 수도 있기에 趙濈이 기록한 "水橋"는 舟橋를 가리킬 가능성도 있다. 옛날 와룡교 자리에는 지금의 白浪河를 가로지르며 福壽街를 잇는 다리(지금의 웨이팡시 福壽街는 白浪河를 경계로 동쪽은 福壽東街, 서쪽은 福壽西街로 나뉨)가 놓여있다.

사진 6-25
조선사신 조즙이 건넌 것으로 추정되는 옛 臥龍橋(와룡교는 명말 당시 石橋로서 宋나라 태조 조광윤이 皇位에 등극하기 전 민간에서 살 때 여기에 왔다가 목욕을 한 곳이어서 그런 이름이 붙었다 함)자리에 놓인 지금 白浪河의 이름없는 다리 (다리 위를 지나는 도로가 지금의 福壽街이다)
(집필진 답사 촬영)

40 "臥龍橋, 即石橋在北門外二里許, 跨白浪河。俗傳宋藝祖微時東遊浴於下, 因名。"《(萬曆)萊州府志》明萬曆 三十二年刻本版.

사진 6-26 지금의 白浪河, 멀리 亞星橋가 보인다. (집필진 답사 촬영)

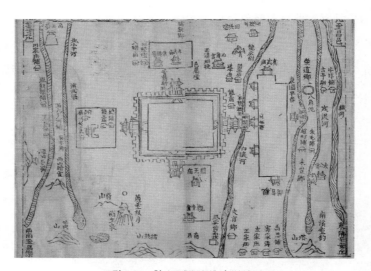

그림 6-27 청 康熙《濰縣誌》의 〈境域圖〉

　　이후 조선사신들은 濰縣城에 도착했다. 濰縣城은 대체로 정사각형 모양을 이루
고 있었고 동, 서, 남, 북에 4개의 성문이 있었다. 동문을 朝陽門, 서문을 迎恩門, 남문
을 安定門, 북문을 望海門이라 했으며 西門과 南門에는 甕城(옹성)이 있었다. 道光

二十八年(1848)에 重修했을 때 성 전체 둘레가 約4,118m, 성벽의 높이는 평균 10.8m, 성벽의 두께는 9m에 달했고, 4개의 성문 위에는 모두 망루와 炮臺(포대)가 있어 외관이 높고 거대하여 실로 장관을 이루었다 한다.《(乾隆)濰縣志》에 따르면 "유현의 土城은 漢나라 때 처음 축성되었고 明 正德 七年 (1512)에 萊州府 推官 劉信이 重修하였다. 崇禎 十二年(1639)에 邑令 邢國璽(형국쇄)가 돌로 토성을 둘러 보강하려했는데 사대부와 백성들이 각자 해야할 일을 스스로 알아서 했으므로 부역을 나누어 맡기고 독촉할 필요가 없었다. 백성들이 정한 일정을 좇아 과연 수개월만에 준공되었다. 이후 여러차례 보수공사가 이루어졌다………淸 乾隆 十三年(1748) 知縣 鄭燮(정섭)이 스스로 자금을 출연하고 백성들의 자발적인 참여로 크게 중수했는데 백성들을 강제로 동원하지 않고도 1800여 尺에 이르는 성벽에 성가퀴를 쌓고 성루를 새로 세워 안과 밖이 모두 완정해졌다."[41] "嘉慶 元年(1796) 知縣 莊述祖가 일정 구단을 새로이 修築했다. 道光 二十五年(1845年) 知縣 何鎔(하용)이 백성을 모아 크게 고쳤다. 道光 二十八年에 다시 重修했다. 光緒 六(1880), 八(1882), 十四(1888), 十八(1892), 二十(1894), 二十一(1895) 등 6차례 소규모 보수공사가 이루어졌다.[42] 1948년 국공내전이 끝날 때쯤 유현 옛 성벽은 크게 손상을 입어 많은 곳이 허물어졌다. 중화인민공화국이 설립된 후, 유현은 濰坊市로 도시화가 진행되어 옛 성벽은 거의 사라지게 되었지만 지금까지도 濰坊市 濰城區 向陽路와 北馬道街의 交叉路 부근에 옛 濰縣城 北城墻(북성장- 북쪽 성벽) 遺跡이 일부분 남아 있어 옛날의 모습을 상상해 볼 수 있다. 현대 濰坊史志를 편찬한 향토사학자 孫福建 선생과 孫建松 선생의 설명에 따르면, 옛 濰縣城의 동, 서, 남, 북 4곳의 성문은 대체로 다음과 같이 현재의 지역에 세워져 있었다고 한다. 곧 東門인 朝陽門은 지금의 亞星橋 서쪽 끝단인 和平路와 東風西街의 交叉路에, 西門인 迎恩門은 東風西街와 月

---

41 "土城創於漢, 明 正德 七年 (1512年)萊州府推官劉信重修, 崇禎十二年(1639 年)邑令邢國璽以石甃之, 紳民各認丈尺, 不用衡役睿催, 聽從民便, 不數月而告竣。後慶次小修。" "淸 乾隆 十三年(1748年)知縣鄭燮捐貲倡眾大修, 不假胥役, 修城1800餘尺, 垛齒械樓, 表裡完整。"乾隆《濰縣志》卷2《建置志》, 淸 乾隆 二十五年刊本。

42 "嘉慶 元年(1796年)知縣莊述祖修築一段, 道光 二十五年(1845年)知縣何鎔倡眾大修, 道光 二十八年又重修, 光緒 六年(1880年), 八年(1882 年), 十四年(1888年), 十八年(1892年), 二十年(1894 年), 二十一年(1895 年)六次小修。"民国《濰縣志稿》卷8《营缮志》, 民国 三十年鉛印本。

河路의 交叉路에서 약간 북쪽에, 南門인 安定門은 勝利西街와 向陽路의 交叉路에, 北門인 望海門은 北門大街와 北馬道街의 交叉路에 있었다.

사진 6-28 1920년대 濰縣城 東關 내의 民居(1940년대 이전에는 성벽이 거의 완벽하게 보존되어 있었다)

사진 6-29 1920년대 濰縣 北關 내의 民居

사진 6-30, 6-31　濰縣城 北門(望海門) 부근(지금의 北門大街와 北馬道街의 交叉路의 동측)의 성벽 遺跡 (집필진 답사 촬영)

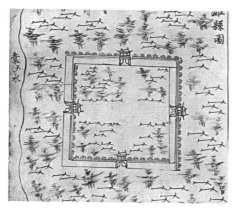

그림 6-32　鄭斗源《朝天記地圖》〈濰縣圖〉

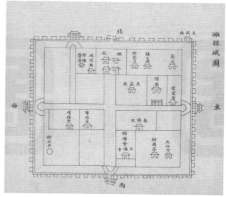

그림 6-33　《(萬曆)萊州府志》〈濰縣城圖〉

　　이상의 논의를 종합하여 조선사신들이 昌邑縣城에서 濰縣縣城까지 거쳐간 경유지를 명말 당시의 지명으로 동에서 서로 차례로 나열하면 다음과 같다. ① 新營堡 - ② 北逢鋪 - ③ 王祿店(王奴店/王耨鋪) - ④ "渤海襟喉"欄門(王白鋪) - ⑤ 四十里舖(牛埠鋪) - ⑥ "營丘舊封"欄門(王彦方故里/寒亭/汉亭店/寒亭古驛亭/寒亭古驛) - ⑦ "古亭寒水"欄門(寒淝河/淝河)- ⑧ 濰縣二十里舖(平仲古里/晏平仲故里/朱毛鋪) - ⑨ 十里舖(孔文舉舊治/"文舉甘棠"欄門/趙曈鋪) -⑩ 東丹河橋(虞河橋/漁河橋/濰河橋) -⑪ 東丹河(虞河/濰河/襄沙上流處/淮水/東渡河)- ⑫ "北通渤海 南遡穆陵"欄門(通濟橋/白浪橋) -⑬ 白浪河(白狼河/古白浪河) - [臥龍橋](趙濈이 언급한 白浪河에 있던 水橋) - ⑭ 濰縣城 등.

　　문헌고증과 현장답사, 현지 전문가와 현지인의 인터뷰를 통해 얻은 정보를 종합적으로 고려하여 조선 사신의 경유지의 명대 말기 지명에 대응하는 현재 지명을 차례로 나열하면 다음과 같다. ① 昌邑市 都昌街道 辛置一村(辛置二村, 辛置三村) – ② 昌邑市 都昌街道 南逄村(王家北逄村, 劉家北逄村, 高家北逄村, 徐家北逄村) – ③ 昌邑街道 王耨村 – ④ 濰坊市 寒亭區 朱里街道 王伯村 – (濰坊市 寒亭區 朱里街道 官橋村) – ⑤ 濰坊市 寒亭區 寒亭街道 牛埠村 – (濰坊市 寒亭區 寒亭街道 毛家埠村) – ⑥ 濰坊市 寒亭區 寒亭街道 寒亭一村 – ⑦ 濰坊市 寒亭區 寒亭街道 내의 泥河 구간 – ⑧ 濰坊市 寒亭區 開元街道 胡家朱茂村(濰坊市 高新技術産業開發區 新城街道 玄家朱茂社區, 濰坊市 高新技術産業開發區 新城街道 杜家朱茂社區, 濰坊市 高新技術産業開發區 新城街道 李家朱茂社區) – ⑨ 濰坊市 奎文區 北海路街道 趙疃社區 – ⑩ 濰坊市 福壽東街를 잇는 虞河 위의 다리 – ⑪ 濰坊市 奎文區 내의 虞河 구간 – ⑫ 濰坊市 奎文區 亞星橋 南側의 古今橋 – ⑬ 濰坊市 奎文區 내의 白浪河 구간 – [福壽街를 잇는 白浪河 위의 무명교](趙㵖이 언급한 白浪河에 있던 다리, 福壽街는 白浪河를 경계로 하여 동쪽으로는 福壽東街, 서쪽으로는 福壽西街로 나누어짐) – ⑭ 濰坊市 奎文區와 濰城區 일대(동쪽으로 和平路와 東風西街의 交叉路를 지나는 세로축, 서쪽으로 風西街과 月河路의 교차로 부근을 지나는 세로축, 北으로 北門大街와 北馬道街의 交叉路를 지나는 가로축, 南으로 勝利西街와 向陽路의 交叉路를 지나는 가로축이 만나서 이루는 평방형의 범위)

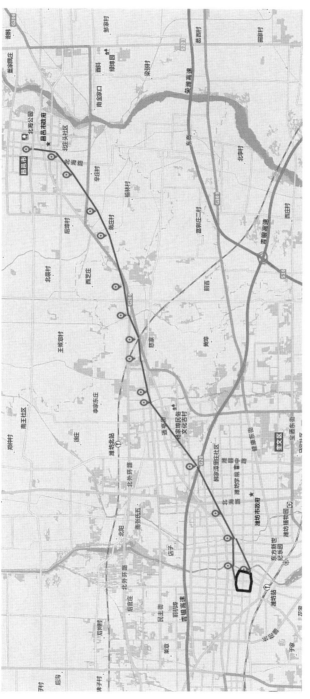

그림 6-34 昌邑縣城에서濰縣城까지 조선사신 경유지 古今地名 對照 地圖

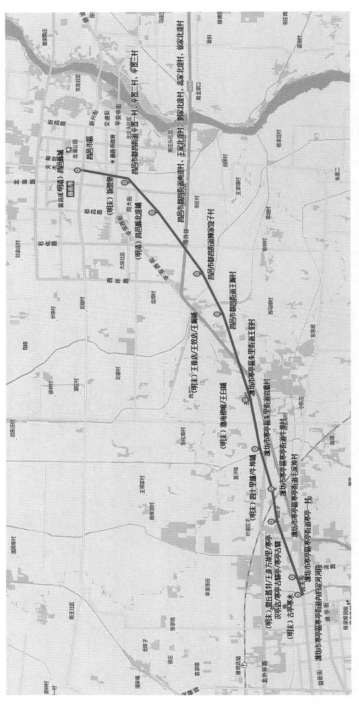

그림 6-35 昌邑縣城에서 古亭寒水까지 조선사신 경유지 古今地名 對照 地圖 (그림 6-34의 가운데를 기준으로 오른쪽 노선을 확대한 것임)

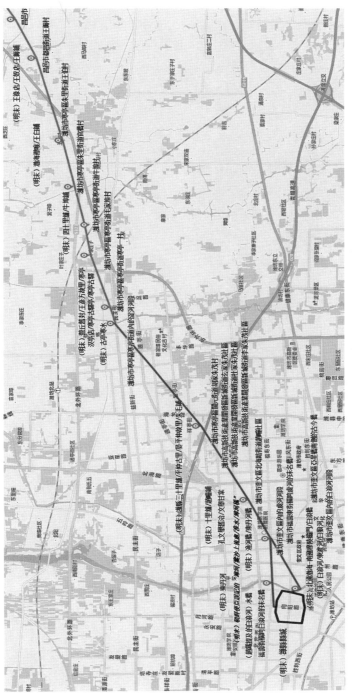

그림 6-36 王祿店에서 濰縣城까지 조선사신 경유지 古今地名 對照 地圖 (그림 6-34의 기온미를 기준으로 왼쪽 노선을 확대한 것임)

제7장 濰縣城에서 昌樂縣 東界까지

조선사신들이 濰縣城으로부터 昌樂縣 東界까지 차례로 거쳐간 경유지는 그들의 기록에 따르면 다음과 같다. 北海古郡(유현성에서 서쪽 5리 부근) - 東拱萊牟 西連靑齊(동공래모 서련청제, 유현성에서 서쪽 5리 부근) - 平津別業 - 西大于河 - 西丹河 - 囊沙古蹟(유현성에서 서쪽 20리 부근)- 大濰河/濰水 - 三齊孔道 - 昌樂東界 등.

제1절 北海古郡, 東拱萊牟 西連靑齊, 平津別業, 西大于河(西丹河)

1) 유현은 萊州에서 서쪽으로 180리 떨어져 있으며 동쪽으로 昌邑 경계까지는 60리, 서쪽으로 昌樂縣 경계까지는 25리, 남으로 安丘縣 경계까지는 60리, 북으로 발해까지는 90리이다. 濰縣在(萊)州西一百八十里, 東至昌邑界六十里, 西至昌樂縣界二十五里, 南至安丘縣界六十里, 北至海九十里。[1]

2) 유현 : 急遞鋪의 西南路는 濟南鋪二로 통하는데 濰縣城에서 서쪽으로 小于河鋪, 黑石鋪가 차례로 있다. 濰縣 : 急遞鋪西南路通濟南鋪二 : 曰小于河鋪, 曰黑石鋪[2]

---

1   《(萬曆)萊州府志》卷5《驛傳》, 明萬曆三十二年刻本
2   《(萬曆)濰縣志》卷6《遞鋪》, 明萬曆二年刻本

3) 유현 : 西小于河鋪는 유현에서 서쪽으로 10리, 黑石鋪는 유현에서 서
쪽으로 20리 떨어져 있다. 濰縣 : 西小于河鋪去縣正西一十里, 黑石鋪
去縣正西二十里[3]

위와 같이 명대 방지의 기록에 따르면, 濰縣城에서 서쪽으로 25리를 가면 昌樂縣의
동쪽 경계에 닿게 되는데, 그 사이 2곳의 急遞鋪가 있다. 곧, 유현성에서 서쪽으로 10
리 떨어진 곳에 小于河鋪가, 서쪽으로 20리 떨어진 곳에 黑石鋪가 있다. 현지 지방 향
토사학자인 孫福建 선생과 孫建松 선생의 설명에 따르면, 濰縣에서 서쪽으로 昌樂縣으로
가는 옛 역도는 지금의 濰坊市 濰城區 西關街道 南三里村(南三里莊)을 지난다고 한다.

사진 7-1   지금의 南三里村 南側(옛날 濰縣城에서 昌樂縣으로 가는 옛 관도가 이곳을 지났음)의 버스 정류소 표지판
(집필진 답사 촬영)

1) 〈유현도〉 : (濰縣城에서 서쪽으로)5리를 가면 "北海古郡"이라고 쓰인 欄
門(패문)이 있으며 또 "東拱萊牟, 西連青齊"라 쓰인 欄門도 있다. 10리
를 가면 "平津別業"이라고 쓰인 欄門이 있으니 漢 公孫弘(공손홍)이 살
던 곳이다. (鄭斗源《朝天記地圖》)(1630)〈濰縣圖〉(濰縣城西)行五里, 有欄
門, 書之曰 : "北海古郡"。又有欄門, 書之曰 : "東拱萊牟, 西連青齊"。
行十里, 有欄門, 書之曰 : "平津別業", 漢公孫弘所居地。

---

3   (淸)王珍, 陳調元 等纂修,《濰縣志》卷三《橋樑總鋪》, 淸康熙十一年(1672)刊本版.

2) 〈유현〉: 小于河는 서쪽에 있는데 一名 東丹河라고 한다. 수행 역관에
　　따르면 해시계의 日鋒이 다했으므로 이곳이 유현성보다 동쪽에 치우
　　쳐 있다며 東于河 혹은 一名 東丹河라고 운운했다. 아마도 小于河를
　　잘못 통역한 것 같다. 東于河라고 통역한 것은 바로 小于河인 것이다.
　　이 강은 塔山에서 발원하여 東北으로 壽光縣을 거쳐 바다로 흘러든다.
　　西丹河에는 "平津別業"라는 패방이 있다…… (金德承《天槎大觀》)(1624)
　　〈濰縣〉小于河在西, 一名東丹河。按星槎, 日鋒爐餘, 東于河一名東丹
　　河此云。小于河恐譯不然, 則東于河又名小于河耶, 源出塔山, 東北流
　　穿壽光縣入海。[4] 西丹河揭"平津別業"……

3) 귀국행: (3月)16日 庚午일, 이날 王老店에 도착했다. 아침 일찍 昌樂
　　縣을 출발하여 …… 平津別業(濰縣에서 서쪽 10리)을 지나서 濰水를 건
　　너서 濰縣 北館馹에 도착했다. (李民宬《癸亥朝天錄》)(1623)歸程 : (三月)
　　十六日庚午。到王老店。早發昌樂。過…… 平津別業(濰縣西十里), 渡
　　濰水, 抵濰縣之北館馹。

　　鄭斗源의 기록 1)에 따르면 濰縣城에서 서쪽으로 5리 떨어진 역도 길가에 "北海古
郡"와 "東拱萊牟, 西連靑齊"라고 쓰인 欄門, 즉, 牌坊이 있었다. 앞서 살펴보았듯이 濰
縣의 옛 명칭은 北海郡이다. 이곳은 옛날 濰縣城으로 들어가려면 반드시 거쳐야 하는
길목이었기 때문에 "北海古郡"이라는 패문을 세워 濰縣이 유서 깊은 고장임을 널리
알리려 한 것이다.

　　"萊牟"란 先秦時期의 "東萊"와 "東牟"를 가리키는 말이다. 東萊는 萊國이 동쪽으
로 이동하여 세워진 국가로 萊國은 원래 萊人이 건국한 나라이다. 萊人은 바로 炎帝
神農氏의 후손으로 厘(리), 즉 邰(태)氏에서 기원하였으니 有邰氏와 기원이 같다. 원래
陝西 眉縣 郎亭에 거주했었으나 東遷하여 河南 榮陽縣(영양현) 동쪽의 厘城과 萊山에
거주했다. 夏나라 때 다시 東遷하여 山東 萊陽 일대에 살았고 점차 東夷族化되어 萊夷

4　밑줄 친 돋음 글씨체 부분은 金德承《天槎大觀》 원문에 포함되어 있는 김덕승 자신의 小註

라 불렸다. 商나라와 周나라 시기에 膠東半島(산동성 중부 膠縣을 경계로 그 동쪽 지역을
가리킴)에서 흥성하여 萊國을 건국하게 되었고 春秋시기에 齊나라와 병립하였다. 姜
姓 "牟國"은 일찍이 商나라 초기에 산동반도 쪽으로 東遷하였기에 羅泌(나필)의 《路
史·國名紀·丙》〈高辛氏後〉편에는 "'牟는 子爵으로 祝融의 후손이다. 《續志》에 이르기
를 泰山 牟縣이라 했으니 牟國은 지금의 文登 지역이다.' 注: '《輿.地廣記》에 이르기를
春秋로 車子之國를 제사 지내며 받든다.'"[5]라고 밝혔다. 그런데 《路史》를 기록한 羅泌
은 牟子가 祝融의 후손이기 때문에 黃帝의 후예인 高辛氏의 일족이라고 생각했을 뿐,
炎帝의 후손 역시 祝融氏였다는 것을 미처 모르고 이처럼 기록한 것 같다. "牟國"은 黃
帝의 후예인 高辛氏의 일족이 아니라 炎帝의 후손인 祝融氏의 후예로 車子國 또한 炎
帝의 후손이 세운 나라다. 商나라 중엽에 姜姓 牟國은 이미 東夷族(鳥夷)에게 주도권
이 넘어 갔기 때문에 東牟라고 불렸으며 이들은 三足鳥를 숭상하는 문화를 가졌다. 이
후 萊蕪 지역(지금의 산동성 萊蕪市, 山東省 中部 泰山 동쪽 기슭)의 牟子國은 魯나라와 병
립한 후, 다시 東進하여 折水 牟鄕의 根牟와 병립했고, 다시 지금의 牟平縣(지금의 山東
省 烟台市 牟平區)의 牟山으로 東遷하여 春秋 末期까지 齊나라와 병립했다.[6] 한편, "青
齊"란 青州와 齊國의 옛 땅 濟南을 가리킨다. 그래서 "東拱萊牟, 西連青齊"란 패방 표
지는 濰縣이 東으로는 "東萊"와 "牟國"의 옛 땅에 연접하여 바다로 연결되고 西로는
"青州"와 "齊國"의 옛 땅과 이어지는 내륙 교통의 중심임을 나타내는 것이다. 필자 일
동의 현지조사에 의하면, 두 牌坊의 현재 위치는 대략 지금의 濰坊市 濰城區 西關街道
의 서쪽 내륙 컨테이너 집하장 부근이다.

鄭斗源의 기록 1)에 따르면, 濰縣에서 서쪽으로 10리를 가면 "平津別業"이라 쓰인
欄門이 나오는데, 곧 漢나라 재상 公孫弘이 살던 곳으로 西丹河 즉, 小于河鋪 부근에
위치하며 2)의 기록과도 일치한다. 그런데 2)의 기록에는 이상한 점이 있다. 金德承은
小于河가 濰縣城의 西側에 있으며, 해시계의 일봉이 다했기에 그 위치가 동쪽이므로
東丹河라고 한다고 隨行譯官이 말한대로 일단 기록했다. 그러나 이에 대해 金德承은

---

5   《路史·國名紀》〈高辛氏後〉 "牟, 子爵, 祝融後, 續志雲：泰山牟縣, 故牟國, 今文登。 羅泌注：《輿地廣
     記》云, 奉符春秋車子之國。"
6   《史記》卷2《夏本紀二》百衲本二十四史 宋 慶元 二年 建陽黃善夫刻三家注本。

譯官의 小于河에 대한 통역이 오해를 불러올 수 있다고 생각하여, 역관이 통역한 東于河는 바로 塔山에서 발원하여 東北으로 壽光縣을 거쳐 바다로 흘러드는 강줄기(西小于河)라고 스스로 보충하여 설명했다. 2)의 기록을 통해 우리는 명대 明代 西丹河(大于河/西大于河/大於河/西大於河), 東丹河(東于河/東於河/溉水/虞河), 小于河(西小于河/小於河) 등의 명칭과 위치에 대해 明朝 護送官뿐만 아니라 조선사신과 翻譯官들도 혼동하는 경우가 많았음을 알 수 있다. 金德承은 자신이 이미 거쳐온 東丹河(東于河/東於河/溉水/虞河)의 위치에 근거하여 小于河는 西丹河라고 유추했고 역관의 통역이 잘못되었음을 지적한 것이니 이는 1)과 3)의 기록과도 일치한다. 그러나 김덕승의 이러한 설명도 전적으로 옳은 것은 아니니 실제로 小于河와 西丹河는 다른 하천이다.

중국 지방지에 "小於河는 濰縣의 西十里舖에 있으며 本境 望流社 紫家埠에서 발원하여 북으로 白浪河에 유입된다"[7]고 했으니 小於河는 濰縣 西十里舖(小于河舖)의 西側에 있었으며 濰縣城에서 서쪽으로 10리 떨어진 곳으로 지금의 濰坊市 小圩河이다. 한편, "西丹河는 일명 大於河라고도 하며 濰縣에서 서쪽 20리 떨어진 곳에 있으며 幾山에서 발원하여 昌樂縣을 지나 서쪽으로 흘러 하류에서 東丹河와 합류하여 東北으로 바다로 유입된다"[8] 했으니 明末 西丹河는 大於河(西大於河/大于河/西大于河)라고도 불렸으며 濰縣 西二十里舖(黑石舖)의 西側에 있었다. 명말 大於河는 지금 濰坊市 濰城區 大圩河로서 昌樂縣의 方山에서 발원하여 符山鎭 十畝田村을 거쳐 濰坊市 濰城區로 흘려 들며, 유역 면적이 71. 65평방 km, 濰坊市 濰城區 경내를 지나는 총길이는 26.2 km[9]이다.

公孫弘(서기전200—서기전121)은 西漢의 經學家로서 字는 季이고 菑川(줄천, 지금의 山東省 壽光市 남부 일대)의 薛(설) 땅 사람이다. 어릴 적에 獄吏였다가 40세 이후로《春秋公羊傳》를 배우기 시작하여 武帝 때 博士가 되었는데 "법령과 관리의 사무를 익히고 쓰며 유가의 도로서 문식하였다(習文法吏事, 緣飾以儒術《漢書·公孫弘傳》)"고 평가되

7   "小於河在濰縣西十里舖, 發源扵本境望流社紫家埠, 北流入於白浪河。"《(萬曆)萊州府志》卷二《山川》明萬曆 三十二年刻本

8   "西丹河一名大於河, 在濰縣西二十里, 發源於幾山, 經昌樂縣西下流合東丹河東北入海。"《(萬曆)萊州府志》卷二《山川》明萬曆三十二年刻本

9   山東省 濰坊市 濰城區史志編纂委員會 編,《濰城區志》, 齊魯書社, 1993, p.118.

었다. 左內史, 御史大夫를 차례로 역임했다가 漢 武帝에 의해 丞相으로 발탁되었고 "平津侯"에 봉해졌다. 그는 일찍이 五經博士, 弟子員을 둘 것을 건의했다고 한다. "別業"이란 本宅 이외에 풍경이 좋은 곳에 휴식을 취하기 위해 지은 원림이 딸린 별장을 말한다. 그러므로 "平津別業"이란 평진후였던 공손홍이 세우고 휴식을 취하던 별서와 원림이 있던 자리라는 뜻이 된다.

　"平津別業"과는 별도로 濰縣의 方志에는 公孫弘의 讀書處, 곧, 麓臺(녹대)에 관한 기록이 남아 있다. "麓臺는 유현의 西南에 있는 符山의 東北 귀퉁이에 있었다.《寰宇記》에 이르기를 '녹대는 州의 서쪽 20리에 있었으며 높이는 2丈 3尺이었고 補生泉이라 불리는 샘물이 있어 달고도 맑은 물이 솟았다.《九域志》에 이르기를 '漢나라 재상 公孫弘의 別業은 燕나라 慕容太子(모용태자)의 讀書處이며 明 尚書 劉應節이 여기에 別墅를 짓고 題詩를 지어 영탄했다.'고 한다."[10] 이 麓臺는 풍경이 아름다워 濰縣 八景 가운데 하나인 "麓臺秋月"이라는 별명으로 널리 알려졌다. "麓臺秋月은 縣治에서 서쪽 20리에 있었는데 녹대 위에 오르면 먼 곳까지 바라볼 수 있었고 그 아래에는 비단같이 맑고 깨끗한 샘물이 흘렀다. 매년 秋夕 때면 보름달이 차가운 연못 위에 비쳐 물위의 녹대 그림자 위에 어렸기 때문에 혼백을 깨끗하게 씻어주는 얼음을 담은 도자기 같았다. 또한 燕나라 慕容太子가 漢 公孫弘 別業에서 독서를 했으니 그 석비가 아직도 남아 있다."[11] 元代 狀元 張起岩은 아래와 같은 〈麓台秋月〉라는 시를 남겼다.

　　　〈麓台에 뜬 추석 보름달〉
　　　銀河水는 맑은 하늘 거리를 쏟아질 듯 흘러가고
　　　휘영청 푸른 달은 麓臺를 밝게 비추네.
　　　옛날 燕나라 太子가 독서를 했다는 이곳에
　　　추석 보름달 맑은 빛은 옛날처럼 사람을 비추이네.

10　"麓臺, 在縣西南符山之東北角有臺,《寰宇記》: 州西二十里, 高二丈三尺, 有泉甘冽, 號曰 : 補生泉。《九域志》: 漢相公孫弘別業, 燕慕容太子之讀書處, 明尚書劉應節於此築別墅, 有題詠。" 乾隆《濰縣志》卷1《與地志·古蹟》, 清 乾隆 二十五年刊本.

11　"麓臺秋月, 在縣治西二十里, 臺高可以遠眺, 臺下有池澄清如練。 每至秋夕, 月印寒潭, 臺光相映, 如濯魄冰壺。 漢公孫弘別業, 又燕慕容太子讀書於此, 石碣尚存。" (乾隆)濰縣志 濰縣志卷之一《古蹟》淸 乾隆 二十五年刊本

麓台秋月

銀河漾漾淨天街,

碧月輝輝照麓臺。

臺上讀書燕太子,

清光依舊向人來。[12]

　　"平津別業"과 "麓臺"가 있던 符山은 지금의 濰坊市 濰城區에 있는 浮煙山(부연산)
이다. 그러나 符山은 濰縣城의 정서쪽 20리가 아니라 서남쪽 20리에 있으며 옛날 濰
縣城에서 濟南府로 가는 驛道는 이곳을 경유하지 않았다. 그러므로 조선사신이 언급
한 "平津別業"이라는 패방은 濰縣城 西十里鋪(小于河鋪) 부근의 驛道 곁에 있었던 것
이지 符山 부근에 있던 "公孫弘別業"이나 麓臺에 있었던 것은 아니다. 2)의 기록과 함
께 좀더 자세히 보자면 "平津別業"패방은 小于河의 西側 부근, 즉, 지금의 濰坊市 小
圩河 西側 부근에 있었던 것이다. 이처럼 패방이 원래의 유적지와는 좀 떨어진 곳에
세워진 경우는 당시에 관례적으로 항상 존재했던 일이었으니, "營丘舊封" 牌坊의 경
우 등에서 살펴보았듯이 아마도 유동인구가 많은 주요 교통 요지에 세워서 그 지역의
유구한 역사를 널리 알리고자 하는 목적이 있었을 것이다. 小于河鋪는 지금의 濰坊市
濰城區 西關街道 南小圩河村이다.

漢 公 孫 弘 冢

사진 7-2　지금의 濰坊市 濰城區 浮煙山(부연산, 명대의 명칭은 符山임)에 있는 공손홍의 묘.
民國時期(1930년대로 추정) 사진으로 공손홍을 모시는 녹대서원과 그의 묘가 함께 있었다고 하는데 지금은
그의 묘만 전해지고 있다. 民國《濰縣志稿》卷7《疆域》, 民国 三十年刊本版。

12　《(嘉靖)山東通志》卷之十六《古蹟》, 明 嘉靖 刻本版.

사진 7-3 지금의 濰坊市 濰城區 浮煙山(부연산, 명대의 명칭은 符山임)에 있었던 公孫弘의 別業이자 燕나라
慕容太子의 讀書處가 있었던 녹대. 민국시기(1930년대로 추정) 사진으로 비석은 지금도 전해지고 있으나
녹대의 원형은 사라지고 없다. 民國《濰縣志稿》卷7《疆域》, 民国 三十年刊本版

사진 7-4 濰縣城 北門에서 북쪽으로 60리 떨어진 곳에 있던 禹王台(望海台라고도 불렸음)의
민국시기(1930년대로 추정) 사진. 지금은 사라지고 없으며 禹임금이 홍수를 다스릴 때 여기에 올라가
사방을 조망하고 공사를 지휘했다고 한다. (일설에는 진시황이 쌓았다고도 함)[13] 중국 방지에 묘사된 녹대의
규모를 볼 때 公孫弘의 別業이자 燕나라 慕容太子의 讀書處가 있었던 녹대의 원형이 이와 유사했을 것으로 사료된다.
民國《濰縣志稿》卷7《疆域》, 民国 三十年刊本版

---

13 寒亭區 地名志編纂委員會 編,《寒亭區地名志》1989年版, pp.243-244.

사진 7-5   지금 南小圩河村(명말 조선사신들이 지나면서 목도한 "平津別業"이라 쓰인 패방이 세워져 있던
小于河鋪가 이곳임)의 村碑 (집필진 답사 촬영)

사진 7-6   南小圩河村의 서측을 흐르는 小圩河(명말에는 小于河, 西小于河, 小於河라고도 불렸음).
명말 조선사신들이 반드시 건너야 했던 소하천 가운데 하나로서 金德承은 《天槎大觀》에서
이 하천을 西丹河(大于河, 西大于河, 大於河, 西大於河라고도 불렸음)라고 誤記하고 있다. (집필진 답사 촬영)

제2절 大濰河(濰水, 囊沙古蹟), 三齊孔道, 昌樂東界

1) 〈유현도〉(濰縣城에서 서쪽으로)20리를 가면 "囊沙上流(낭사상류)"라고 쓰인 欄門이 있다. 韓信의 囊沙 고사의 배경이 바로 이곳으로 龍且(용저)와 결전을 벌인 장소이다. 25리를 가면 "三齊孔道"라 쓰인 欄門이 있다. (鄭斗源《朝天記地图》)(1630)〈濰縣圖〉(濰縣城西)行二十里, 有欄門, 書之曰 : "囊沙上流", 韓信囊沙於此, 決戰於龍且者也。行二十五里, 有欄門, 書之曰 : "三齊孔道"。

2) 〈회부역도〉(平度州 灰埠驛에서 서쪽으로) 70리를 가서 濰水를 건너니 漢나라 韓信이 齊나라 군대를 무찌른 곳인데, 두나라 군대가 濰水를 끼고 陳을 쳤다는 곳이 바로 여기다. (鄭斗源《朝天記地圖》)(1630)〈濰縣圖〉(濰縣城西)行二十里, 有欄門, 書之曰 : "囊沙上流", 韓信囊沙於此, 決戰於龍且者也。行二十五里, 有欄門, 書之曰 : "三齊孔道"。

3) 濰縣의 "文擧甘棠"이란 패방은 바로 孔融이 살던 곳이다. 그 앞으로 淮河가 있는데, 昌邑縣 濰水의 물줄기가 濰縣을 거쳐 흐르는 것이다. (金德承《天槎大觀》)(1624)濰縣, 文擧甘棠, 是孔融也。前有淮河, 是昌邑之濰水, 而亦經此縣。

　　1)의 鄭斗源의 기록에 따르면 濰縣城에서 서쪽으로 20리를 가면 "囊沙上流"라고 쓰인 牌坊이 있다고 했으나, 앞서 살펴보았듯이 "韓信이 囊沙의 계략으로 龍且를 무찔렀다"는 고사가 벌어진 장소는 정확히 말하면 昌邑縣 濰水(濰河/淮河)이다. 그렇다면 鄭斗源은 "囊沙上流" 牌坊이 있던 위치가 濰水 곁이 아니라 西丹河(大於河) 곁이라고 혼동했던 것일까? 그러나 2)의 鄭斗源의 기록을 보면 그런 것 같지 않다. 정두원은 平度州 灰埠驛에서 서쪽으로 70리를 가서 濰水를 건넜다고 했으니 濰水가 昌邑縣에 있었다는 사실을 정확히 알고 있었고 "韓信이 齊나라 군대에 맞서 싸울 때 濰水를 끼고 서로 陳을 벌였다"는 사실도 정확히 기록했다. 이처럼 정두원은 "韓信囊沙斬龍且(한

신낭사참용저)”고사의 역사적 사실을 잘 알고 있었기 때문에 1)에서 "囊沙上流”의 고사가 벌어진 위치를 西丹河로, 2)에서 "韓信이 齊나라 군대에 맞서 싸울 때 濰水를 끼고 서로 軍陳을 대치했다”는 사건이 벌어진 위치를 濰水로 기록한 것은 혼동했다기 보다는 스스로 그렇게 기록하는 것이 타당하다고 생각했기 때문이었다.

　　1)과 2)의 기록을 종합해보면, 다음과 같이 정두원의 유추를 재구성해볼 수 있다. 韓信이 齊나라를 정벌할 때 漢나라 군대와 齊·楚 연합군은 濰水를 사이에 두고 양쪽 강변에 군진을 펼치고 대치하였다. 그런데 漢나라 군대가 깊은 밤에 동쪽으로 濰水를 건너 齊·楚 연합군을 기습하고는 거짓으로 패하는 척하면서 다시 濰水의 西岸으로 달아났다. 이에 楚나라 장수 龍且가 한나라 군대를 얕잡아보고 齊·楚 연합군으로 하여금 濰水를 건너 西岸에 철수해 있던 한나라 군대를 쫓아가 섬멸하도록 했다. 漢나라 군대는 그 길로 서쪽으로 100여 리를 철군하여 齊·楚 연합군이 西丹河를 지날 때 濰水 상류에 모래주머니로 막아 놓았던 둑을 허물었고 漢나라 군대는 齊·楚 연합군을 격퇴할 수 있었다는 것이다. 그러나 이러한 추론은 사실 현재까지 고증으로 밝혀진 역사적 사실과는 차이가 있다. 그렇다면 鄭斗源은 어떤 근거로 이런 추론을 하게 되었던 것일까? 아마도 3)에서 金德承이 東丹河(東於河/溉水/虞河)를 淮水로 오해한 이유와 동일하게 西丹河(大於河/西大於河)를 濰河의 上流라고 오해했기 때문이 아닐까 추측해본다.

　　1) 귀국행 : (3月)16日 맑음. 아침에 昌樂縣 東門을 나왔다. ……濰縣에서 서쪽으로 25리에 大濰河가 있었고 "囊沙上流”라 쓰인 패방이 있었다. 濰縣 北舘에서 북경 갈 때 만났던 主人에게 아침밥을 대접받았다. 白浪河를 건넜다. …… 寒亭에 도착하여 점심을 해먹고 昌邑縣 境內에 있는 王祿店에서 表씨 姓을 가진 人家에 묵었다. (尹暄《白沙公航海路程日記》)
　　(1623)歸程 : (三月)十六日, 晴。朝, 出昌樂東門, ……近濰縣西二十五有大濰河, 題曰 : "囊沙上流”。到濰縣北舘舊主人朝飯, 過白浪河, ……到寒亭中火, 到昌邑境王祿店表姓人家宿。

　　2) 귀국행 : (3月)16日 庚午일. 이날 王老店에 도착했다. 아침에 昌樂縣을 출발했다. …… 平津別業(濰縣에서 서쪽으로 10리)이라 쓰인 패방이 있

었고 濰水를 건너 濰縣 北館馹에 도착했다. 아침밥을 해먹고 東渡河를
지나니 孔文擧舊治(濰縣에서 동쪽으로 10리)라 쓰인 패방, 晏平仲故里(
濰縣에서 동쪽으로 20리)라 쓰인 패방이 차례로 있었고 寒亭店에 도착하
여 잠시 쉬었다. ……王老店(昌邑縣 관할)에 도착했다. 이날 총 110리 이
동했다. (李民宬《癸亥朝天錄》) (1623)歸程: (三月)十六日庚午。到王老
店。早發昌樂。過…… 平津別業(濰縣西十里), 渡濰水, 抵濰縣之北館
馹。朝火後, 過東渡河, 過孔文擧舊治(濰縣東十里), 晏平仲故里(濰縣東
二十里), 憩寒亭店。……抵王老店(昌邑地), 約行一百一十里。

3) 북경행 : (10月)16日 辛卯일. (昌邑縣에서 출발하여)오후에 寒亭古驛에
    도착했고 저녁에 濰縣에서 유숙했는데 濰縣城의 서쪽에는 囊沙古蹟
    패방이 있다. (全湜《沙西航海朝天日錄》)來程 : (十月)十六日, 辛卯。(從昌
    邑發行)午到寒亭古驛。夕, 至濰縣止宿。城西有囊沙古蹟。

위의 1), 2), 3)에서 보듯이 濰縣城 서측에 "囊沙上流"牌坊 혹은 "囊沙古蹟" 牌坊이
있었다고 기록한 조선사신은 한 둘이 아니다. 아마도 조선사신들은 실제로 "囊沙上
流" 牌坊을 직접 목도한 후 牌坊 부근에 흐르는 강이 바로 史書에 기록된 濰水라고 믿
었던 것 같으며 이러한 사실은 "囊沙上流" 牌坊이 명대 말기에 확실히 濰縣城 서측에
존재했었음을 뜻한다. 그러나 명대 지방지와 그 이후의 중국 지방지 어디에도 "囊沙上
流" 牌坊에 대한 기록은 보이지 않는다. 이는 명대 지방지를 편찬하는 데에 있어 驛道
에 접한 길가의 牌坊(坊表) 기록에 대한 명확한 규정이 없었으므로 명대 각 지방의 특
별히 중요한 패방이 아니면 거의 기록하지 않았기 때문인 것 같다.[14] 아니면 당시 지방
지의 편찬자가 濰縣에 세워져 있던 "囊沙上流"의 牌坊이 민간에서 와전된 설에 기초

---

14 朱元璋은 明朝를 건국한 후에 洪武 三年(1370)에 一統志를 편수하기 위해 詔令을 내려 각 지방의 영역
    현황과 城池, 山川, 物産, 水陸交通 등의 상세한 자료를 보고하여 올리도록 하였다. 永樂 十年(1413), 明
    成祖 朱棣는 두 차례에 걸쳐《纂修志書凡例》를 반포하여 地方誌를 작성하는 체례와 내용을 명시하였
    으니, 建制沿革, 分野, 疆域, 城池, 山川, 鎭市, 土産, 貢賦, 風俗, 戶口, 學校, 軍衛, 郡令廨舍, 寺觀, 祠
    廟, 橋樑, 古跡, 宦跡, 人物, 仙釋, 雜誌, 詩文 등으로 모두 통일적으로 분류하여 구체적인 규정을 두었
    다. 즉《纂修志書凡例》중에서는 驛道에 인접한 길의 路標, 즉 牌坊(坊表)의 편찬에 대해서는 명확한 규
    정을 두지 않았으므로 明代 山東의 方志 중에 패방과 관련된 기록은 많이 나타나지 않는다.

한 것이라 생각하고 이를 의도적으로 기록하지 않았던 것일 수도 있다.

　　그런데 흥미로운 사실은 조선사신들이 기록한 "囊沙上流" 牌坊의 구체적인 위치는 使臣들마다 모두 다르다는 것이다. 濰縣城에서 昌邑縣의 東界까지가 25리 이므로 1)에서 "濰縣에서 서쪽 25리 부근에 大濰河가 있다"라고 기술한 것은 잘못이다. 尹暄이 "大濰河"라고 기록한 것은 오류이며 정확하게는 西丹河(大於河/西大於河)이다. 2)에서 尹暄과 동행했던 서장관 李民宬은 "平津別業"牌坊을 지난 후에 이른바 "濰水"를 서쪽에서 동쪽으로 건넜다고 했는데 정확하게는 小於河(西小於河)를 건넌 것이다. 3)에서 전식은 濰縣城의 서쪽에 "囊沙古蹟" 패방이 있다고 기록하고 구체적인 방위는 말하지 않았지만 앞서 살펴본 鄭斗源의 기록에 따르면 "囊沙上流" 牌坊은 西丹河(大於河/西大於河)부근 곧, 濰縣에서 서쪽으로 20리 떨어진 黑石鋪 부근에 있었을 것이다. 黑石鋪는 지금의 濰坊市 濰城區 於河街道 北大圩村과 南大圩村이다. 지방 향토 사학자인 孫福建 선생과 孫建松 선생의 설명에 따르면 濰縣 西二十里鋪(黑石鋪)를 지나던 옛 관도의 동쪽 구간은 지금의 濰坊市 濰城區 於河街道 官道村를 지났고 서쪽 구간은 濰坊市 濰城區 於河街道 北樂埠村과 南樂埠村을 지나고 있었다 한다.

사진 7-7　지금의 北大圩河村의 주민위원회. 명말 조선사신이 거쳐간 濰縣 西二十里鋪(黑石鋪)가 있던 마을이다. 조선사신들은 이곳에서 "囊沙上流"牌坊 혹은 "囊沙古蹟" 패방을 직접 목도하고서 이 마을 곁을 흐르는 지금의 大圩河(명말에는 西丹河, 大于河, 西大于河, 大於河, 西大於河라고도 불렸음)가 유수(유하)의 상류라고 생각했다. (집필진 답사 촬영)

사진 7-8　지금의 南大圩河村의 주민위원회. 명말 조선사신이 거쳐간 濰縣 西二十里鋪(黑石鋪)가 있던 마을이다. (집필진 답사 촬영)

사진 7-9　명말 조선사신들이 건넜던 지금의 大圩河에 전통적 양식으로 설계된 다리가 건설되어 있다. 이 다리 위로 현재 昌濰路가 지난다. (집필진 답사 촬영)

사진 7-10　지금의 官路村(명말 濰縣 西二十里鋪-黑石 鋪에서 동쪽으로 난 옛 관도가 지나던 마을) 주민위원회 (집필진 답사 촬영)

사진 7-11　지금의 南樂埠村(명말 濰縣 西二十里鋪-黑 石鋪에서 서쪽으로 난 옛 관도가 지나던 마을)의 村碑 (집필진 답사 촬영)

사진 7-12　지금의 北樂埠村(명말 濰縣 西二十里鋪-黑 石鋪에서 서쪽으로 난 옛 관도가 지나던 마을)의 주민위 원회 (집필진 답사 촬영)

1) 〈유현도〉 (濰縣에서)25里를 가니 "三齊孔道"라고 쓰인 欄門이 있었 다. (鄭斗源《朝天記地圖》)(1630)〈濰縣圖〉(自濰縣)行二十五里, 有欄門, 書 之曰 : "三齊孔道"。

2) 북경행 : (7月)2日 庚寅일. 이날 昌樂縣에 도착했다. 아침에 濰縣을 출 발했다. ……昌樂縣 東界에서 비를 만나서 周流店에서 잠시 쉬었다. (李民宬《癸亥朝天錄》)(1623)來程 : (七月)初二日庚寅。到昌樂縣。朝, 發 濰縣, ……昌樂東界値雨, 憩周流店。

濰縣城에서 서쪽으로 昌邑縣 東界까지는 25리의 거리인데, 2)에서 언급한 "周流店"은 明淸 時期에 昌樂縣에 속했으며 지금의 昌樂市 朱劉街道 東朱劉村과 西朱劉村 (관련 고증은 이후 관련 장절에서 상술하기로 함)이다. 그러므로 1)과 2)에서 기재한 "三齊孔道"와 "昌樂東界"는 동일한 장소를 가리키는 것임을 알 수 있다. 三齊란 秦나라가 망한 이후 項羽(항우)가 齊나라의 옛 땅을 세 지역으로 나누어 세운 齊, 膠東, 濟北 등의 나라를 가리키며, 모두 지금의 山東省 東部에 있다. 이후 "三齊"는 山東 東部 지역을 가리키는 별칭이 되었다. "三齊孔道"의 패방이 세워져있던 昌樂 東界는 대체로 지금의 濰坊市 昌濰路와 日濰國道(일유국도 G1815國道)가 만나는 교차로 부근으로 추정된다.

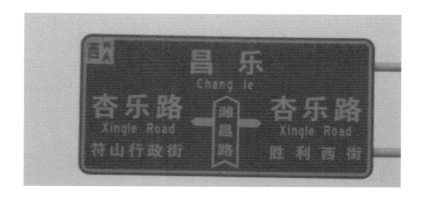

사진 7-13　濰坊市 昌濰路(지금의 창유로는 東西 방향으로 길이 나 있으며 명말 西小于河鋪부터 黑石鋪를 지나 昌樂縣 東界까지 이어진 옛 官道와 대체로 일치함)와 日濰國道(G1815일유국도는 이 구간에서 南北 방향으로 나 있음)가 만나는 교차로 부근에 세워진 교통안내판. 이 곳이 옛 昌樂縣 東界(곧, 濰縣 西界)이다. (집필진 답사 촬영)

이상의 고증을 통해 밝혀진 바, 조선사신들이 濰縣城으로부터 昌樂縣 東界까지 경유한 驛道의 지명을 명대 말기 당시의 명칭으로 동쪽에서 서쪽으로 차례로 나열하면 다음과 같다. ① "北海古郡"欄門("東拱萊牟 西連靑齊"欄門) ② 西小于河鋪 ③ 西小于河 (金德承이 誤記한 西丹河/ 李民宬이 誤記한 濰水) ④ 西小于河의 서측("平津別業"欄門) ⑤ 西丹河 (全湜이 기록한 "囊沙古蹟"牌坊/ 尹暄은 "大濰河"라 오기함/ "囊沙上流"欄門) ⑥ 黑石鋪 ⑦ "三齊孔道"欄門(昌樂縣 東界) 등이다.

중국 지방지 문헌, 현지답사, 현지인 연구자 인터뷰 등을 통해 밝혀진 바, 위의 명대 말기 지명과 위치를 현재의 명칭과 위치에 차례로 대응시켜 나열하면 다음과 같다. [濰坊市 濰城區 西關街道 南三里村-조선사신들이 기록으로 남기지는 않음] – ① 濰坊市 濰城區 西關街道 서쪽 내륙컨테이너 집하장 부근 ② 濰坊市 濰城區 西關街道 南小圩河村 ③ 濰坊市 濰城區 小圩河 ④ 濰坊市 小圩河 西側 부근 – [濰坊市 濰城區 於河街道 官道村-조선사신들이 기록으로 남기지는 않음] ⑤ 濰坊市 濰城區 大圩河 ⑥ 濰坊市 濰城區 于河街道 北大圩村과 南大圩村 – [濰坊市 濰城區 于河街道 北樂埠村과 南樂埠村 – 조선사신들이 기록으로 남기지는 않음] – ⑦ 濰坊市 昌濰路와 日濰국도(G1815國道)가 만나는 교차로 부근이다.

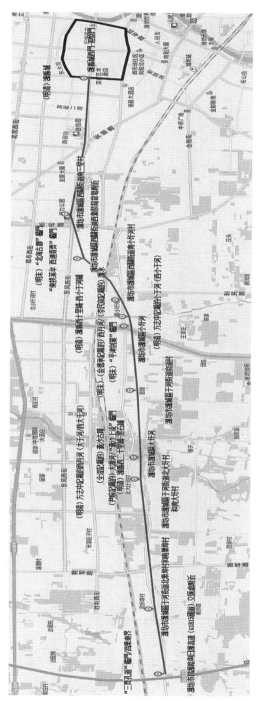

그림 7-14 濰縣城에서 昌樂縣 東界까지 조선사신 경유지 古今地名 對照 地圖

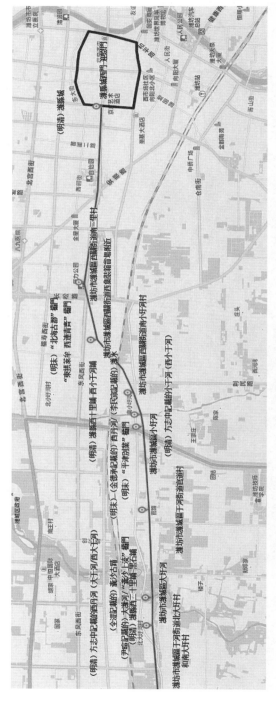

그림 7-15　潍縣城에서 西丹河(襄沙古鎭牌坊/ 襄沙上流 柵門)까지 조선사신 경유지 古今地名 對照 地圖(그림 7-14의 오른쪽 부분을 확대한 것임)

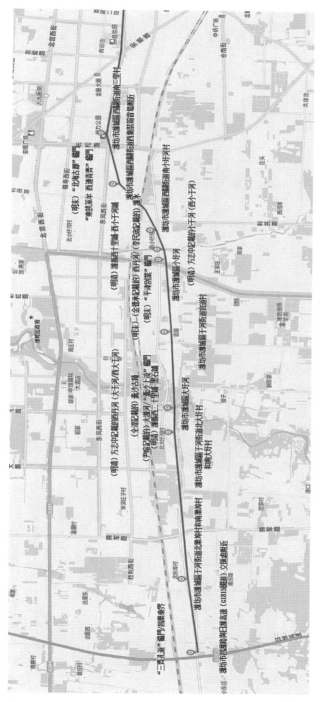

그림 7-16 北海古郡 欄門(東洪牟 西連靑齊欄門)에서 三賀孔道 欄門(昌樂縣 東界까지) 조선사신 경유지 古今地名 對照 地圖(그림 7-14의 왼쪽 부분을 확대한 것임)

결론

　서론에서 제시한 대로 필자들은 명말 조선사신의 등주노선 해로 사행록을 주요 연구대상으로 하여 본론에서 산동 래주부 구간에 대해 연구를 진행했다. 우선, 사행록에 기록된 경유지의 지명이 明代 지방지에도 보이는 경우에는 그 이후 시대인 淸代 지방지와 근현대의 지방지를 시간의 흐름에 따라 추적하여 지명 변화를 파악함으로써 현재 지명과 구체적인 지역을 확정할 수 있었다. 이렇게 밝혀진 지역을 연결하여 대체적인 노선을 가설적으로 설정한 후, 명대 지방지에 보이지 않는 사행록의 경유지 지명은 이미 작성된 가설 노선을 바탕으로 명대 이전인 宋元 시기나 隋唐 시기의 지방지로부터 청대와 근현대 지방지까지 전 시대의 지방지를 조사하여 후보군을 선정하였다. 이후 현지답사를 통해 파악한 지형과 풍경, 풍속 등 인문지리적 정보와 현지 주민 인터뷰, 현지 연구자를 통해 얻은 추가적인 정보들을 조천록의 기록과 비교하여 후보군 가운데 구체적인 지명과 사행 노선을 확정할 수 있었고 그 최종적인 결과물로서 아래와 같은 〈明末 對明 海路使行 萊州府 經由地 地名 變化表〉를 작성할 수 있었다.

　이 표를 통해 종합적으로 살펴보면, 조선사신들이 조천록에 기록한 경유지 지명은 대체로 당시 중국 내 통용되던 방지의 지명을 인용하고 있는 것으로 보이나 구체적인 한자 표기가 다르거나 通假字를 사용하여 표기한 경우가 상당히 있었다. 이는 조선사신들이 경유지를 통과하면서 현지주민들에게 들은 俗名을 기록한 경우이거나 통역관을 통해 현지 방언을 통역하는 과정에서 오해나 착오가 있었기 때문인 것 같다. 또한 조선사신들의 기록에는 중국 지방지에는 없는 지역이나 지명이 꽤 많이 포함되어 있었는데 이는 지방지에 없더라도 그들이 직접 거쳐간 경유지에 세워져 있던 마을 패방이나 표지, 경계석 등에 쓰여진 지명을 직접 본대로, 현지 주민들에게서 들은 대로 꼼꼼히 기록했기 때문인 것 같다. 물론 그 반대의 경우로 지방지에는 지명이 기록되어 있으나 사행록에는 여정의 전체적인 거리만 표시하고 지명은 생략된 경우도 더러 있었다.

특히, 주목할 만한 점은 조선사신의 기록이 중국 지방지의 기록과 완전히 상반되거나 지방지에는 전혀 기록이 없는 정보를 수록하고 있는 경우가 더러 있다는 것이다. 예를 들어 조선사신 趙濈은 朱橋가 일찍이 "옛날 邾國의 땅이었다"라는 말을 들었다고 하면서 朱橋를 邾橋로 기록하고 〈주교역(邾橋驛)〉이라는 시까지 한 편 써서 남겼다. 그런데 이는 夏나라와 商나라가 있던 시기에 함께 존재하고 있던 邾國이 顓頊(전욱)의 후예가 건국한 나라로 魯나라의 부속국이었고 영토는 지금의 산동성 서남부에 위치하고 있었다는 명대 지방지의 기록과는 다른 것이다. 또 래주부성 서문 밖에 사치스럽고 화려한 손급사화원을 경영한 손선계는 중국 지방지에 따르면 청렴결백하고 백성을 지극히 사랑하는 유능한 관리이자 자신의 바른 뜻을 지키기 위해서 조정의 벼슬을 초개처럼 버리는 절개있고 맑은 선비로 묘사되고 있다. 그러나 조선사신들은 당시 길에서 만난 隱者의 증언을 빌어 그를 부패한 관리일 뿐만 아니라 늙은 나이에도 권력을 탐하는 저열한 인격의 소유자로 중국 지방지와는 완전히 반대로 평가하고 있다. 중국 지방지와 조선사신의 사행록에 보이는 이러한 기록의 차이를 어떻게 해석할 것인지, 과연 어느 것이 더욱 신빙성이 높은 것인지 등의 문제는 앞으로의 과제로 남기고자 한다.

필자들은 본론에서 조선사신들의 과거 활동 공간을 현재의 중국 공간에 성공적으로 재구할 수 있었고, 이를 통해 과거의 기록인 조천록을 현재의 공간에 소환하여 인문지리·문학지리의 시각에서 조선사신들이 남긴 시와 문장, 공문서, 일기, 그림 등을 분석하여 조선사신이 관찰한 명말 중국 국내외 정세, 조선사신들의 실제 외교 활동의 모습, 중국 문인과의 시문 창화 등 문화 교류의 실체를 경험하는 한편, 조선 사신의 내면적인 심리와 중국에 대한 인식, 명말 중국 현지의 풍속과 생활 양상 등을 생생하게 파악할 수 있었다. 이후에 필자들은 본서의 연구방법론을 활용하여 산동 靑州府 구간의 해로사행노선에 대한 인문지리학적 고찰도 진행해 나갈 것이다.

〈明末 對明 海路使行 萊州府 經由地 地名 變化表〉

萊州府 掖縣 境內(掖縣東界에서 朱橋驛까지) 지금의 山東省 煙台市 萊州市 金城鎭, 朱橋鎭 境內							
순서	明代 지명	사행록에 기록된 지명	현재 지명	縣治 (來州府城) 으로부터 의 거리	지명 변화	위치와 연혁	참고
1	望兒山	王乙山	煙台市 招遠市 望兒山	登州府 招遠縣에 서 서쪽으 로 六十里		望兒山은 煙台市 招遠市에서 西北으로 5km 떨어진 煙台市 招遠市와 萊州市의 경계에 있다. 海拔176m, 면적 0.5km²이다. 정상에 오르면 동으로 金華山의 푸른 소나무숲이, 서로 渤海의 푸른 바다가, 북으로 너른 평야가, 남으로 높은 산맥이 굽이치는 모습을 조망할 수 있어 풍경이 빼어나다. 온 산에 금광이 있어 黃金이 많이 산출된다.	1621年, 安璥의『駕海朝天錄』에 그가 이 부근 驛道를 지나면서 남쪽으로 멀리 보이는 산을 "王乙山"으로 기록했다.
2	王徐寨/ 備倭城/ 王徐鋪	新店(新城店)/ 新城/ 新城千戶/ 新城堡/ 新城鋪	萊州市 金城鎭 新城村	掖縣 東北 八十里에 서 萊州府 招遠縣과 서로 맞닿음	備倭城→ 王徐寨→ 新城	明末에서 淸末(1861)까지 新城은 招遠縣에 속했다가 1941年부터는 掖縣(山東省 煙台市 萊州市)이 관할해오고 있다.	
3	待考	燕哥店	無記載	無記載	待考	待考	현존 方志에는 이 둘의 지명과 관련되어 어떠한 기록도 보이지 않는다. 아마도 이 둘은 民鋪였기 때문인 듯하다. "燕哥店"은 黃山館驛와 新城의 사이, "珎淸堡"은 新城과 朱橋驛 사이에 있었을 것이다.
4	待考	珎淸堡	無記載	無記載	待考	待考	

5	紅布村	無記載	萊州市 金城鎮 紅布村	無記載	紅布店子村(明, 清, 民國時期)→紅布村(1945年에서 지금까지)	紅布村은 金城鎮 鎮政府 駐地에서 東北2.8km 萊州市와 招遠市의 접경 지역에 있는데, G206國道(煙汕公路)의 西側이다. 明初 王과 趙씨 姓을 가진 사람들이 四川에서 여기로 이주해와서 마을을 세웠다. 이 마을에 상점이 들어서고 붉은 휘장을 걸어 호객하였으므로 紅布店子라는 이름을 불렀다. 1945年이후로 紅布(村)으로 줄여 불리게 되었고 1984年 4月 紅布村民委員會가 설립되었다. 지금은 萊州市 金城鎮에 속한다.	사행록에는 기록이 없으나 현지답사와 인터뷰를 통해 이곳도 조선사신의 경유지임을 확인했다.
6	金坑鋪	無記載	萊州市 金城鎮 馬塘村	掖縣 東北 七十五里	朱冷莊(明初)→金坑鋪/馬塘甸子村(明末에서 1958年까지)→馬塘村(현재)	馬塘村은 萊州市 金城鎮 政府 駐地 東南3.2km에 있다. 清 乾隆 二十三年(1758)에는 萊州府 進士鄉, 清 宣統 二年(1910)에는 朱橋區 朱郭社에, 民國二十年(1931)에는 掖縣 第五區에, 1943-1948年에는 午城區에, 1956年에는 朱橋區에, 1958年에는 朱橋鄉에, 1968年에는 朱橋公社에, 1992年부터 지금까지 萊州市 朱橋鎮에 속해오고 있다.	현지답사와 문헌고증결과 『(乾隆)掖縣志』의 "金坑, 縣北三山六十里"라는 기록은 誤記인 것 같다. 응당 "金坑, 縣東北七十五里". 이어야 한다.
7	朱郭鋪/諸郭鋪	無記載	萊州市 朱橋鎮 朱郭李家村	掖縣 東北 七十里	諸郭鋪(明萬曆 年間)→朱郭鋪/諸郭鋪(清 乾隆 年間)→朱郭鋪(清 宣統 年間)→朱郭(民國 時期)→朱郭李家村。	清 乾隆 二十三年(1758)에는 萊州府 進士鄉에, 清 宣統二年(1910)에는 朱橋區朱郭社에, 民國二十年(1931)에는 掖縣 第五區에, 1943-1948年에는 午城區에, 1956年에는 朱橋區에, 1958年에는 朱橋鄉에, 1968年에는 朱橋公社에, 1992年부터 지금까지 萊州市 朱橋鎮에 속해오고 있다.	

8	廣福院/朱郭寺	紺宇淨土	萊州市朱橋鎮朱郭李家村	掖縣 東北六十五里		朱郭寺가 맨 처음 언제 창건되었는지는 남아있는 문헌이 없어 알 수 없다. 확실한 것은 朱郭寺가 朱郭鋪나 朱郭李家村가 있기 전부터 존재했었다는 사실이다. 조선사신 洪翼漢의 기록에 따르면 朱郭寺의 역사는 唐乾符年間(874-879)까지 거슬러 올라간다.	현지답사와 인터뷰에 근거한 것임
9	朱橋河	廣河	萊州市朱橋河	掖縣 東北六十里		登州府 招遠縣 靈山에서 발원한 朱橋河는 萊州府城 北 六十里에서 招遠과 경계를 이루며 흐르다가 東南 구릉지대를 지나 紫羅에 이르러 강폭이 커져 朱橋 동쪽으로 5개 城을 지난 후 북으로 바다로 유입된다.	
10	朱橋鋪	朱橋馹/朱橋/朱橋鋪/邾橋驛/朱橋村/	萊州市朱橋鎮朱橋村	掖縣 東北六十里	諸橋驛/朱橋驛(明初)→朱橋鋪(明中後期부터 民國까지)→朱橋村(현재)	西漢 高祖 四年(BC203)에는 曲城縣에, 南北朝 北魏 時期에는 西曲城에, 隋朝以後로 掖縣에 속했다가 明初에 萊州府 進士鄉에, 明 萬曆 中期에는 朱橋鄉에, 清 乾隆 年間에는 朱橋鎮에, 清 宣統 二年(1910)에는 掖縣 朱橋區에, 1931년에는 第五區에, 1943年 6月에는 午城區에, 1956年1月-11月에는 朱橋區에, 1958年8月에는 朱橋人民公社에 속했다가 1984年부터 지금까지 煙台市 萊州市 朱橋鎮에 속해오고 있다.	趙瀷『燕行錄(一云朝天錄)』來程 기록 중에 "邾橋, 古邾國之地云." 라는 부분은 주교포의 역사에 새로운 시각을 제공한다. 先秦時期 邾國의 遺民들이 이곳에 이민와서 故國를 기념하고 동시에 이곳이 朱橋河 西岸이므로 "朱橋"를 마을 이름으로 취했다고 유추해볼 수 있다.

萊州府 掖縣 境內(朱橋驛에서 萊州府城까지)
지금의 山東省 煙台市 萊州市 平里店鎮, 程郭鎮, 港城路街道, 文昌路街道, 永安街道 境內

11	無記載	掖縣界/萊州掖縣界	萊州市 朱橋鎮 朱橋村	掖縣 東北 六十里	諸橋驛/朱橋驛(明初)→朱橋鋪(明中後期부터 民國까지)→朱橋村	西漢 高祖 四年(BC203)에는 曲城縣에, 南北朝 北魏 時期에는 西曲城에 隋朝이후로 掖縣에 속했다가 明初에 萊州府 進士鄉에, 明 萬曆 中期에는 朱橋鄉에, 淸 乾隆 年間에는 朱橋鎮에, 淸 宣統 二年(1910)에는 掖縣 朱橋區에, 1931年에는 第五區에, 1943年6月에는 午城區에, 1956年1月-11月에는 朱橋區에, 1958年8月에는 朱橋人民公社에 속했다가 1984年부터 지금까지 煙台市 萊州市朱橋鎮에 속해오고 있다.	安璥이 "萊州掖縣界"石碑의 位置에 관해 記錄한 것은 誤記이고 趙濈이 기록한 "萊州掖縣界"石碑의 位置에 대한 기록이 정확하다. 곧, 석비는 朱橋驛에 있었다.
12	無記載	新山, 舊山	無記載	無記載		安璥 一行은 "萊州掖 縣界"石碑를 지난 후, 남쪽으로 "新山"이라는 산이 있다 했고, "신산" 남쪽으로는 또 "舊山"이 있다고 기록했다.	아마도 당시 掖縣현 지인들이 주변 산을 부른 통속명인 듯하다. 현존 장지에서는 관련 기록을 찾아볼 수 없다.
13	瑯琊鋪	無記載	朱橋鎮 大瑯琊村과 小瑯琊村	掖縣 東北 五十里	大瑯琊村(明初)→瑯琊鋪/大瑯琊村, 小瑯琊村(明代中後期에서 民國까지)→大瑯琊村村, 小瑯琊村(현재)	明初에는 萊州府 進士鄉에, 明 萬曆 中期에는 朱橋鄉에, 淸 乾隆 年間에는 朱橋鎮에, 淸 宣統 二年(1910)에는 掖縣 朱橋區에, 1931年에는 第五區에, 1943年6月에는 午城區에, 1956年에는 朱橋區에, 1958-1968年에는 朱橋人民公社에 속했다가 1984年부터 지금까지 煙台市 萊州市 朱橋鎮에 속해오고 있다.	

14	無記載	"琅琊上流"欄門	朱橋鎮琅琊嶺	掖縣 東北 五十里	琅琊嶺(明代이전)→"琅琊上流"欄門(明代末期)		明代이전에 현지인들은 三山을 琅琊山으로 오인했고 古蹟 "盞石"을 "琅琊台"로 오인했기에 琅琊鋪의 소재지를 所在地"琅琊上流"로 잘못알았다.
15	無記載	宋辛次膺故里/辛次膺故里	萊州市朱橋鎮辛莊村	無記載	辛莊村(明初)→新莊村(清乾隆 年間부터 1945年까지)→辛莊村(지금)	明初(1374)에서 清 宣統 二年(1910)까지는 進士鄕에, 1931年에는 第五區에, 1943年6月에는 午城區에, 1956年1月-11月에는 朱橋區에, 1958年8月에는 朱橋人民公社에 속했다가 1984年부터 지금까지 煙台市 萊州 朱橋鎮에 속해오고 있다.	驛道는 辛莊村 內를 통과하지 않는다. 그러나 宋代 "辛次膺"이 유명했으므로 이를 기념하기 위해 辛莊村 남쪽을 지나던 驛道 곁에 "宋辛次膺故里" 欄門를 세웠던 것 같다. 조선사신 鄭斗源은 "辛次膺故里"의 위치를 "東北五十里"가 아닌 "西南五十里"라고 잘못 기재했다.
16	賈鄧鋪	無記載	萊州市平里店鎮賈鄧戰家村	掖縣 東北 四十里	賈鄧村(明代)→賈鄧戰家村(清初에서 지금까지)	清 乾隆 五年(1740)에 神山鄕에, 清 乾隆 二十三年(1758)에는 臨過鄕에, 1931年에는 第六區에, 1935年에는 賈鄧鄕에, 1943-1948年에는 西障區에, 1956年에는 平里店區에, 1958-1968年에는 平里店公社에, 1982年에는 程郭鄕에 속하다가 2001年부터 지금까지 平里店鎮에 속해오고 있다.	

17	萬歲河/ 王河	王河/ 汪河/ 萬歲河/ '萬歲沙' 欄門/ 萬歲橋/ 豊河	萊州市 王河	掖縣 東北 三十里			鄭斗源의 "王河" 곧, 萬歲河의 위치 나 萬里沙, 萬歲橋 의 方位에 대한 기 록은 오류이다.
18	平里鋪/ 平里店鋪	蓬里鋪/ 蓬呂店/ 平利站/ 平里店/	萊州市 平里店鎮 平里店村	掖縣 東北 三十里		西漢 高祖 四年(BC 203)에 東 萊郡 臨朐縣에 속했는데 東漢 때 臨朐縣이 掖縣에 병합되었 다. 明代에는 掖縣 良過鄉에, 清末 宣統 二年(1910)에는 掖 縣 龍德區에, 1931年에는 第 六區에, 1955年에는 平里店區 에, 1958年에는 平里店公社에, 1984年부터 平里店鎮에 속해 오고 있다.	
19	無記載	豊萊村	無記載	無記載			李德泂과 洪翼漢 이 기록한 萬歲河는 "豊河"라고도 불렸 다. 그러므로 "豊萊 村"은 萬歲河 西岸 의 平里店鋪 附近 에 있던 村莊이었을 가능성이 크다.
20	柳行村	無記載		無記載		柳行村은 元代에 처음 세워졌 고 明代에는 掖縣 良過鄉에, 清末 宣統 二年(1910)에는 掖 縣 龍德區에, 1931년에는 第 六區에, 1955년에는 平里店區 에, 1958년에는 平里店公社에, 1984년부터 지금까지 平里店 鎮에 속해오고 있다.	현지답사와 현지인 인터뷰에 근거한 것 임

21	蘇河/上官河/乾沙河	水古河	萊州市 蘇郭河	掖縣 北 二十里		蘇郭河는 上官沟라고도 하며 萊州市 程郭鎮 谷口唐家村에서 발원하여 高郭庄, 邱家, 苏郭, 韩家를 거쳐 上官叶家에 이르러 서쪽으로 바다로 유입된다. 총 길이 23km, 流域面积 81km²이다.	
22	蘇郭鋪	水古村/二十里鋪	萊州市 程郭鄉 前蘇村	掖縣 東北 二十里		清 乾隆五年(1740)부터 乾隆二十三年(1758)까지 萊州府 臨郭鄉에, 1935年에는 第三區 蘇郭鄉에, 1943-1956年에는 雙山區에, 1958-1982年에는 程郭公社에 속했다가 지금은 萊州市 程郭鄉에 속한다.	
23	軍寨子	"蒙正故里" 櫊門/呂蒙正先蹟	萊州市 城港路街道軍寨址村	掖縣 二十里	軍寨子村(明,清 時期)→軍寨 趾村 혹은 軍寨子村(1935)→軍寨址(현재)	1935年에 掖縣 第三區 朱軍鄉에 속했고, 1943-1948年에는 臨城區에, 1956年에는 大原區에, 1958-1982年에는 大原公社에, 1992-2001年에는 大原鎮에, 2001年부터 지금까지 城港路街道에 속해오고 있다.	鄭斗源의 沙丘城과 "蒙正故里" 櫊門의 方位와 距離에 대한 기록은 誤記이다. 明代 驛道는 過軍寨子村를 지나지 않았다. 고로 "呂蒙正先蹟"의 標識는 "辛次膺故里"의 標識와 마찬가지로 軍寨子村 南側 의 驛道 곁에 세워져 있었을 것이다.

24	淇水鋪	淇水鋪/ 十里鋪/ 州東十里 鋪	萊州市 城港路街 道淇水村	掖縣 東北 十里		清 乾隆 五年(1740)에서 乾隆 二十三年(1758)까지는 萊州府 臨郭鄉에, 1935年에는 第三區 淇連鄉에, 1943-1956年에는 雙山區에, 1958-1982年에는 程郭公社에 속했다, 지금은 萊 州市 城港路街道에 속한다.	
25	岔道口	無記載	萊州市 城港路街 道岔道口 村	無記載			현지답사와 인터뷰 에 근거함
26	侍郎侯東 萊墓/兵 部侍郎侯 東萊墓	侯東萊之 墓/侍侯 郎墓	'候東萊 墓'는 郎 子埠에 있었으 니 지금의 萊州市 城港街道 東, 西郎 子埠村일 가능성이 크다. 그 러나 확실 한 것은 추가적인 고증이 필 요하다.	掖縣 東北 五里	"候東 萊墓"는 清 乾隆 二十三年 (1758)이 전에 철거 되었다.	東, 西郎子埠은 1935年에 각 각 三區郎子鄉와 一區郎個鄉 에 속했고 1943-1948年에는 臨城區에, 1956年에는 大原區 에, 1958-1982年에는 大原公 社에, 1992年에는 大原鎮에, 2001年부터 지금까지 城港路 街道에 속해오고 있다.	鄭斗源은 "兵部右 侍郎侯東萊之墓"를 "兵部左侍郎侯東萊 之墓"으로 기록하 고 있다.
27	澤民塋/ 義塚	義塚碑	萊州市文 昌路街道 所轄的居 民區-明 珠園東區 至文昌廣 場一帶	掖縣東北 2里			

28	萊州府城/掖縣縣城/萊郡/掖城	萊州府(南城外店舍)/萊州城/(掖縣)縣城外東館駅/萊州東門/萊州掖城縣關/萊州西關/萊州府掖縣/萊州府掖縣	명대 萊州府城의 대체적인 범위는 다음과 같다. 남으로는 文泉东路, 북으로는 文化东街, 동으로는 文昌南路, 서로는 萊州南路까지이다. 明代의 東關, 南關, 西關은 각각 지금의 萊州市 文昌路街道의 東關村, 南關村, 永安街道所의 西關村이다.	萊州府治所가掖縣縣城에 있었다. 곧 萊州府城이 掖縣縣城이다.	萊子國(春秋)→東萊郡(漢代)→東萊國(晉代)→東萊郡(宋代)→光州(後魏)→萊州/東萊郡(隋代, 唐代)→萊州府(明, 淸)→萊州市 시내(현재)	古萊夷의 땅이며, 戰國시기에는 齊나라에, 秦나라 때는 齊郡에 속했다. 南朝 宋나라 때 東萊郡으로 회복되었고 北朝 後魏는 이를 따랐고 光州를 설치하여 東萊郡을 관할했다. 宋나라 때는 京東東路에 속했고 金나라 때 定海軍을 설치했다. 元初에 軍을 폐지하고 益都路에 속했다가 다시 萊般陽路에 속했다. 1913年에 萊州府를 철폐하고 掖縣을 보존했다. 1914年에 掖縣은 膠東道(治所는 煙台에 있었음)에 속했다. 1925年에 萊膠道(治所는 膠縣에 있었음)로 관할이 바꿔었다. 1928年 萊膠道를 폐지하고 山東省에 직속되었고 1940年에 西海地區 行政專員公署에, 1950年에는 萊陽專區에, 1958年에는 다시 煙台市에 배속되었다가 1988年 掖縣을 폐지하고 萊州市를 부활하여 山東省 직할 縣級市로서 煙台市가 代管하고 있다.	朝鮮使臣들이 萊州府城을 지날 때 보통 東關, 南關, 西關에 잠시 머물러 식사를 하거나 하루를 유숙하곤 했다. 또한 래주부성을 통과하면서 萊州府 文廟, 東萊書院, 孫給事(孫善繼)花園등을 유람하곤 했다.

萊州府 掖縣 境內(萊州府城에서 掖縣 西界까지)
지금의 山東省 煙台市 萊州市 永安街道, 虎頭崖鎮, 沙河鎮 境內

| 29 | 陽關 | 澤沽處/澤民塋 | 萊州市 文峰路街道陽關村 | 無記載 | | 1935年에 掖縣一區에, 1943年에는 虎崖區에, 1948年에는 掖城區에, 1956年에는 城關鎮에, 1958-1982年에는 南十里公社에, 1992年에는 南十里堡鄉에 속했다가, 2001年부터 지금까지 文峰路街道에 속해오고 있다. | |

30	無記載	無記載	萊州市永安路街道五里侯旨村	掖縣 西南 五里	五里堠子村(1935)→五里侯旨村(지금)		현지답사와 현지 인터뷰에 근거함
31	西十里鋪		萊州市虎頭崖鎮西十里堡村	掖縣 西南 十里	西十里鋪(明代中後期부터 淸末까지)→西十里堡村(지금)	明代 中後期부터 淸末까지 八里鄉에, 1935年에는 掖縣一區에, 1943年에는 虎崖區에, 1948年에는 掖城區에, 1956年에는 城關鎮에, 1958-1982年에는 南十里公社에, 1992年에는 南十里堡鄉에 속했다가 2001年부터 지금까지 文峰路街道에 속해오고 있다.	
32	朗村鋪	贍士田/贍學田/東萊書院贍士田	萊州市虎頭崖鎮朗村	掖縣 西南 二十里		宋나라 때 세워졌고 明代 中後期부터 淸末까지 朗村鋪로 儲積鄉에 속했다. 1935年에는 掖縣 二區에, 1943年에는 虎崖區에, 1948年에는 掖城區에, 1956年에는 虎頭崖區에, 1958年에는 神堂公社에, 1968年에는 紅衛公社에, 1982年에는 神堂公社에, 1992年에는 神堂鎮에 속했다가 2000年부터 지금까지 虎頭崖鎮에 속해오고 있다.	조선사신 안경이 기록한 "贍學田", "贍士田"은 萊州府 西南 二十里 朗村鋪 附近에 있었는데 현존 방지의 정보와는 차이가 있다. 방지에 따르면 東萊書院 學田은 萊州府城과 朗村鋪 사이에 있었다.
33	無記載	無記載	萊州市虎頭崖鎮姚家村	無記載			萊州市 虎頭崖鎮 姚家村 남쪽에는 조선사신이 지났던 옛 驛道 유적이 남아 있다. 驛道는 약 2里 정도이며 길 양쪽으로 2-3m높이의 路堤가 길을 따라 조성되어 있다. 현지답사와 현지 인터뷰를 근거로 함.

34	杲村鋪	三十里館 /三十里 店/高村	萊州市 沙河鎭 杲村	掖縣 西南 三十里		明代中後期부터 淸末까지 杲村鋪은 儲積鄕에 屬했다. 1935년에 掖縣 九區 杲村鄕 에, 1943-1956년에는 路旺區 에, 1958-1968년에는 徐家公 社에, 1982년에는 匡徐公社에, 1984년에는 杲村村民委員會 가 설치되어 路旺鎭에 속했다 가 2000년에 沙河鎭에 배속 되어 현재에 이르고 있다.	安璥은 三十里에 있던 역관 문밖에 磐石이 많이 있었다 고 기록했다. 杲村 鋪 앞의 磐石이 바 로 "掖縣八景"중 하 나인 "杲村浪石"인 데 1960 - 70년대에 난개발로 훼손되어 현재는 옛 모습을 찾아보기 어렵다.
35	杲村河	沽村河	萊州市 海鄭河	掖縣 西南 三十里		鳳凰山 북쪽 神堂鄕 南王村 東1km에서 발원하여 朱馬, 杲村, 河崖, 高家, 大李家村을 거쳐 북으로 渤海로 유입된다. 全長 10km, 流域面積 33.5km²이 다.	
36	無記載	無記載	萊州市 沙河鎭 杲村李家 村				현지답사와 인터뷰 에 근거함
37	英村鋪	無記載	萊州市 沙河鎭 東英村, 西英村	掖縣 西南 四十里	營村 (明初) →英村 (明末) →大英村, 小英村 (1935)→ 東英村, 西 英村(1945 年부터 지 금까지)	明末에서 淸代까지 儲積鄕 에 속했다가 1935年에는 掖縣 九區 英村鄕에 배속되어 大- 小英村으로 나뉘었다. 1943- 1945年에는 路旺區에, 1945年 이후로 英村河(珍珠河)를 경 계로 城東, 西英村으로 나뉘어 珍珠鎭에 속했다 2000년이후 로 沙河鎭에 속해 지금에 이르 고 있다.	
38	無記載	無記載	萊州市 沙河鎭 東杜家村	無記載			현지답사와 인터뷰 에 근거함
39	無記載	雲橋鋪	待考	無記載			雲橋鋪는 萊州府城 西南 三十里 杲村 鋪와 五十里 沙河 鋪 사이 沙河鋪 가 까운 곳에 있었으며 民營鋪였다.

40	沙河/大河	沙河	萊州市 白沙河	掖縣 西南 五十里		上游에서 夏邱鎮 白沙村를 경유했으므로 白沙河라 불렸다 下游에서 沙河鎮 駐地를 경유했으므로 沙河라 불렸다. 大基山 歪脖頂 남쪽 東關門村 東 3km에서 발원하여 東關門, 小台頭, 臨疃河, 火神廟, 柞村, 積福, 留駕, 河崖, 沙河鎮, 薛村 等의 村莊을 거쳐 珍珠鎮 東莊村에서 2.5km를 흘러 渤海로 유입된다. 全長45km, 流域面積217 km²이다.	
41	沙河鋪	河沙店/沙河鋪/沙河/涉河大村庄/"童恢伏虎處"欄門	萊州市 沙河鎮	掖縣 西南 五十里	沙河鋪(明代中後期→)西杜家村/沙河鋪(清代)→沙河(지금)	清代에는 驛附村인 西杜家村으로 儲積鄉 沙河社에 속했다가 1935年 沙河로 명칭이 바뀌어 掖縣九, 十區에 속했다. 1943-1948年에는 幸臺區에, 1956年에는 沙河鎮과 珍珠區에, 1958-1982年에는 沙河公社에, 1984年에 長勝, 和平, 交通, 民主, 勝建 등 5개의 촌락으로 나뉘어 沙河鎮에 속하여 지금에 이르고 있다.	鄭斗源의 "童恢伏虎處"欄門에 대한 기록은 誤記인 것으로 보인다.
42	儀棠鋪	夜縣西界/"掖縣西交界"石碑/"平度東界"欄門/平度州北界	萊州市 沙河鎮 驛塘村	掖縣 西南 六十里	儀棠(明代末期至1935)→驛塘村	清代에는 儲積鄉에 속했다. 1935年에는 掖縣 十區 楊院鄉에, 1943-1948年에는 土山區에, 1956年에는 珍珠區에, 1958-1982年에는 土山公社에, 1992年에는 寨里徐家鄉에, 2000年에 沙河鎮에 속하여 지금에 이르고 있다.	李民宬의 기록에 따르면, 平度州 北界 標識는 明末 沙河 남쪽 掖縣 과 平度州交界의 최북단에 있었는데, 이는 현재의 지도보다 더 북쪽인 것 같으나 더 자세한 고증을 요한다.

萊州府 平度州 境內(掖縣 西界에서 平度州 西界) 지금의 山東省 靑島市 平度市 新河鎭 境內						
43	平度州	平度州	靑島市 平度市			平度州는 《禹貢》靑州의 영역으로 商나라 때는 營州에, 周나라 때는 幽州에 속했고, 春秋시기에는 萊子國의 땅이었고, 戰國시기에는 齊나라에 속했다. 西漢 때 平度縣이 설치되어 東萊郡에 속했는데 서쪽에 膠水가 있었으므로 東漢 때는 膠東縣으로 개칭했으며 晉나라때도 膠東縣으로 濟南郡에 속했다가 後齊에 다시 長廣縣으로 개칭하여 長廣郡에 속하게 되었다. 隋나라 때 萊州에 배속되었는데 唐나라 仁壽 元年(601) 長廣縣을 膠水縣으로 개칭했고, 唐 武德 初에 다시 膠東縣으로 분리하여 萊州에 배속시켰고, 天寶 元年(908)에 재차 膠水縣으로 개칭되어 東萊郡에 배속됐다. 元나라 初에 山東東道 益都路 總管府에 속했다가 후에 隸盤陽路(예반양로)에 배속되었다. 明 洪武 初에 다시 膠水縣으로 회복되어 登州府에 속했고, 洪武 二十一年(1388)에 膠水縣을 平度州로 승격하여 昌邑縣, 濰縣 두 현을 관할하게 되었으며 萊州府에 배속되어 山東承宣佈政使司가 다스렸다. 淸 中期에 直隸州에서 散州가 되어 縣을 관할하지 않게 되었다. 民國 二年(1913)에 平度縣이 되었다가 民國 三年(1914)에 萊州府를 폐하여 平度縣을 膠東觀察使가 직접 관할했다. 民國 十五年(1926)에 膠萊道에 속하게 되었고, 1945年 가을에서 1949年 가을까지 平度는 平度, 平西, 平南, 平東 등 4개 縣으로 분할되었다가 1952年에 萊陽專署 속하게 되었다. 1956年에 昌濰專屬(창유전속)에, 1980年에 濰坊專屬(유방전속)에 속했다가 1983年 平度縣이 분리되어 靑島市에 속하게 되었고 1989年 縣을 철폐하고 縣級市로서 승격되어 靑島市에 속하여 현재에 이르고 있다.	平度州는 그 범위가 東西로 폭이 154里, 南北으로 128里이다 서쪽으로 昌邑縣 膠河까지 78里, 동쪽으로 登州府까지 350里, 서쪽으로 濰縣까지 180里, 서북으로 昌邑縣까지 130里, 북으로 萊州府까지 100里, 북으로 北京까지 1300里이다.

| 44 | 灰埠驛 | 灰埠駉/
灰埠驛/
灰阜驛/
灰埠/
灰阜/
壯元鄉/
宰相里/
壯元宰相里/
蔡齊故里/
明壯元牌榜/宋
壯元鄉/
宋蔡齊舊里 | 青島市 平度市 新河鎮 灰埠村 | 州治所 西北 七十里 | | 灰埠驛는 明 萬歷 年間부터 이미 존재했었다. 淸 道光 二十九年(1849)까지 灰埠驛은 驛站의 기능을 줄곧 유지했으나 청말로 갈수록 그 규모가 차츰 축소되었다. 淸末에서 民國 初年까지 灰埠驛의 역참의 기능은 점차 근대적인 우체국으로 대체되었다. 灰埠驛은 淸 康熙 五年(1666)에 平度州 長樂鄉에 속했다가 淸 道光 二十九年(1849)에는 平度州 灰埠鎮에, 淸 光緒 三年(1877)에는 平度縣 長樂鄉 灰埠區에, 民國 二十年(1931)에는 第四區에, 民國二十四年(1935)에는 第五區에, 1945年에는 平西縣에, 1953年에는 蓼蘭縣에, 1958年에는 灰埠公社에, 1984年에는 灰埠鄉에, 1985年에는 灰埠鎮에 속했다가 지금은 青島市 平度市 新河鎮 灰埠村에 속하고 있다. | 현지답사와 현지인 증언을 통해, 灰埠村에는 지금도 옛 驛道가 남아 있음을 확인했고 灰埠村 西側에 일찍이 牌坊이 남아 있었으나 1970년대 재개발을 하면서 철거되었다는 사실을 알게 되었다. 당시에도 牌坊의 글씨가 제대로 보이지 않을 정도로 낡은 상태였는데 牌坊의 높이는 5미터 정도 폭은 3미터 정도 되었으며 두개의 원형 기둥이 세워져 있었고, 중앙에는 정문으로 큰 扇門이 있었고, 그 문의 양측으로 작은 扇門 2개 있었다 한다. 그 牌坊을 세운 가문은 회부촌의 명문세가였다고 하는데 그 패방이 과연 朝鮮使臣이 기록한 "宰相里"와 "壯元宰相里"牌坊인지는 좀더 확인이 필요하다. |
| 45 | 高望山 | 王望山 | 平度市 大澤山鎮 高望山 | 州治所 北 五十里 | | 高望山은 平度市 大澤山鎮 朝陽莊村 北1km에 있으며, 海拔 332.3m이다. | |

| 46 | (淸)三埠鋪 | | 平度市 新河鎭 三埠李家村 | | | 三埠李家村은 鎭政府 駐地인 灰埠 西南5km 지점에 있다. 저지대로 침수가 잦았다. 동쪽으로 三埠村과 언덕을 사이에 두고 있고 남쪽으로 下王家村에 이웃하며 서쪽으로 澤河에 접하고 북으로 206國道에서 1km 떨어져 있다. 마을 남쪽으로 북경으로 가는 驛道가 지났다. 明 洪武 二年(1369), 李剛, 李臻, 李强 삼형제가 四川 成都府 化陽縣 洛李家村에서 山東으로 이주해와 각자 마을을 세웠는데 李臻은 여기서 정주하였다. 이 마을 동쪽에 작은 언덕 3개가 있어서 三埠李家村이란 이름을 붙였다. 三埠李家村은 淸 康熙, 道光年間에는 長樂鄕 三埠社에, 淸 光緖 年間에는 平度州 寧公鄕에, 民國 二十四年에는 平度縣 第四區 三埠鎭에, 1953年에는 蓼蘭縣 新河區에, 1956年에는 平度縣 新河區에, 1958-1975年에는 灰埠公社에 속했다가 1984年부터 지금까지 屬新河鎭에 속하고 있다. | 명대 방지에는 三埠鋪이란 지명이 보이지 않는다. 그러나 三埠鋪는 登萊驛道의 곁에 있었으므로 朝鮮使臣들이 이곳을 지났을 것이다. 三埠李家村 남쪽에 아직 옛 驛道가 남아 있다. |
| 47 | (淸)獨埠鋪 | 無記載 | 平度市 新河鎭 獨埠陳家村 | | | 獨埠陳家村은 鎭政府 駐地 灰埠 西南 약 6km 澤河 西岸에 있다. 동으로 下王家村과 강을 사이에 두고 마주보고 있고 서와 남으로 新河鎮과 맞닿아 있으며 북으로 206国道에서 1.5km정도 떨어져 있다. 明 洪武 九年(1376)에 陳씨 兄弟가 가족을 이끌고 여기에 정주했으므로 陳家라는 이름을 붙였다. 이후 마을 근처 獨埠가 있었으므로 縣政府에서 1982年에 獨埠陳家로 명칭을 변경했다. | 明末 방지에는 獨埠鋪가 보이지 않으나 獨埠鋪는 登萊驛道 곁에 있었으므로 朝鮮使臣들은 여기를 지났을 것이다. 現在 獨埠陳家村의 북쪽에 옛 驛道가 남아 있다. |

48	泥河/ 藥石河	獨埠河/ 杜阜河	平度市 淄陽河	州治所 北五十里		淄陽河는 북으로 大澤山 主峰의 東南 扯麻線口 七林頂의 서남 기슭과 남으로 大姑頂 서쪽 葫蘆岩의 북쪽 기슭에서 발원하여 所里頭村를 경유하여 南城戈莊과 北城戈莊 부근에서 합류한다. 서쪽으로 大澤山, 長樂, 店子, 灰埠, 新河鎮를 거쳐 新河鎮 閻家村에서 서쪽으로 膠萊河에 유입된다. 全長 44km, 流域面積 267.6 km²이다. 1965 年에 灰埠鎮 劉家村에서 澤河를 파면서 남으로 이 강을 끊었다. 그래서 치양하는 2구간으로 나뉘어졌다. 澤河 이상은 37km, 流域面積245 km²이고 澤河 이하는 7km, 流域面積 22.6 km²이다.	
49		二濁河	(平度市 獨埠陳家村 北側의)淄陽河 서쪽과 平度市 新河 北鎮村 (明清 時期의 新河鋪)남쪽 待考				李民宬은 二濁河를 간단하게 언급했는데 이는 二濁河가 獨埠河보다 규모가 작았음을 의미한다. 平度 北部는 지대가 낮아 크고 작은 季節性 河流가 흐르며 옛부터 홍수등 재해가 많았고 지류의 변화가 잦았기에 지금 구체적인 위치를 확정하기 힘들다.
50	無記載	平度 西界/昌邑 東界	平度市 新河鎮 官道村			官道村은 新河鎮 駐地(灰埠) 西 11 km에 있고 서쪽으로는 北鎮村에, 북쪽으로는 高辛莊과 龍灣姜家村에, 동으로는 回里村에 남으로는 南鎮村에 접해 있다. 明 嘉靖 年間에 傅씨 姓을 가진 사람들이 傅家溝에서 여기로 이주해와서 마을을 세웠는데 관도 곁에 있었으므로 이를 마을이름으로 삼았다.	

	萊州府 昌邑縣 境內(昌邑 東界에서 昌邑縣城까지) 지금의 山東省 靑島市 平度市 新河鎭, 濰坊市 昌邑市 卜莊鎭, 濰坊市 昌邑市 奎聚街道 境內

| 51 | 昌邑縣 | 昌邑/昌邑 | | | | 夏나라 禹임금이 天下를 九州로 나누어 治水했을 때 靑州가 구주 가운데 하나였고 昌邑은 바로 이 청주에 속했으므로 역사가 유구한 땅이다. 商代에는 萊夷로 불렸으며 萊國에 속했다. 春秋時期에 城邑을 설치했는데 鄔水(풍수)가 그 땅을 지났으므로 "鄔城(파성)"이라 하였고 紀國에 속했다. 《左傳, 莊公元年》(기원전 693년)에 "제나라 군대가 기나라 병 땅에 갔다(齊師遷紀邢)"라고 했는데 邢(병)이 바로 이곳이다. 제나라 군대가 紀나라를 멸하고 鄔邑을 폐하고 邶殿(패전)을 세웠으며, 후에 都昌으로 개칭하면서 齊나라에 속하게 되었다. 秦나라 때 郡縣制를 시행했으니 都昌縣이 되어 膠東郡에 속했다. 秦나라부터 宋나라까지 1500여 년간 행정구역의 변화가 심하여 여러 侯國과 군현이 설치되었다가 사라졌다. 宋代에 대체로 행정구역이 고정되기 시작했으며 縣(侯國)의 명칭으로는 주로 都昌, 下密, 北海, 昌邑 등이 사용되었다. 宋 建隆 三年(962年)에 北海 唐安鄕을 분리하여 昌邑을 설치했는데 처음에는 北海軍에 속했다가 乾德 三年에 北海軍을 京東 東路 濰州로 승격시키고 昌邑을 濰州에 귀속시켰다. 金代에 昌邑은 山東 東路 益都府 濰州에 속했고 元代에는 山東 東西道 宣慰司, 益都路 總管府 濰州에 속했다. 明初에 昌邑은 山東 布政使司 靑州府에, 洪武 九年(1376年)에는 山東 布政使司 萊州府에 속하게 되었다. | 昌邑縣은 지금의 昌邑市로 山東半島 西北端에 위치하며 東으로는 掖縣과 平度縣과 膠萊河를 경계로 접하며 남으로는 高密市, 安丘市와 접한다. 서로는 濰坊市 坊子區와 寒亭區에 접하고 북으로 萊州灣에 닿는다. 南北으로 75km, 東西로 32.5km, 이며 총 면적은 1578.7 km² |

| | | | | | | 清나라 때는 明나라의 제도를 따라 山東 布政使司 萊州府 平度州에 속하게 되었다.1912年 中華民國 성립 후 昌邑은 山東省 膠東道에, 1925年에는 萊膠道에 속했다. 1927年에 道가 철폐되고 山東省에 직속되었다. 1938年 2月에 일본 군대가 昌邑城을 침략하여 國民黨 縣政府는 旗杆元家로 이전했다가 1939年 이후로 平度, 高密 등지로 떠돌면서 山東省 第8行政區에 속했다가 제13行政區에 배속되었고 다시 第17行政區로 바뀌었다. 1941年 1月에 昌邑縣 中共政府가 瓦城에서 成立되어 膠東區 西海專區, 清河區 清東專區에 배치되었다. 1945年 8月에 일본 군대가 항복한 후에는 昌邑과 昌南 두 縣으로 분리되어 膠東區 西海專區에 속했고 같은 해 가을 昌邑縣 中共政府는 昌城에 정립하고 昌南縣 中共政府는 北孟에 정립했다. 1949年 가을 昌邑縣 中共政府는 飮馬村으로 이전했다. 1950年 4月 昌邑縣은 昌濰專區에 배속되었고 1956年 4月 1日에 昌南縣이 昌邑縣에 병합되었다. 1967年 昌濰專區가 昌濰地區로, 1981年 다시 濰坊地區로, 1983年에는 현재와 같이 濰坊市(昌邑縣은 濰坊市 아래 縣級市인 昌邑市로 전환)로 명칭이 변경되어 지금에 이르고 있다. | |

| 52 | 新河鋪 | 深河店/官鋪/新河店 | 青島市 平度市 新河鎮 北鎮村과 南鎮村 | (昌邑)縣 東北 五十里/(平度)州 西北 八十里 | | 新河鋪는 원래 昌邑縣 新河橋遞運所(신하교체운소, 다른 문헌에는 新河遞運所라 된 곳도 있음)였는데 嘉靖 二十九年(1550)혁파되었다. 관련 方志 기록에 따르면 明末 萬曆 三十二年(1604)에서 康熙 五年(1666)까지 新河橋遞運所는 新河鋪로 변경되었으니 平度州와 昌邑縣이 공통으로 관할하는 急遞鋪로 昌邑縣 仁信鄉 新河社에 속한다. 清 康熙 十一年(1672)에 新河鋪가 폐지되었고 清 乾隆 五年(1740)부터 新河鋪는 平度州에서 昌邑縣으로 관할이 바뀌었다. 清 乾隆 七年(1742) 新河鋪가 다시 폐지되었다가 光緒 三十三年(1907) 다시 회복되어 운영되었다. 이 기간 동안 昌邑縣의 관할로 昌邑縣 居信鄉 新河社에 속했다. 民國 十七年(1928)이전까지 昌邑縣 居信鄉 新河社에 줄곧 속해 오다가 民國 十七年(1928)에 區社制가 鄉鎮制로 개혁되면서 平度縣 第五區 新河鎮에 편입되었다. 1945年 平西縣 新河鎮에, 1953年 蓼蘭縣(료란현) 第五區 新河鎮에, 1956年 平度縣 新河區 新河鎮에, 1976年 平度縣 新河人民公社에, 1984年 平度縣 新河鎮에 속했다가 2012년부터 지금까지 平度市 新河鎮에 속해오고 있다. | 현지답사와 인터뷰에 근거함 |

| 53 | 新河橋/ 木道 | 新河鎮 北 鎮村 西側 의 無名橋 | (平度)州 西北 八十 里 | 嘉靖 十年(1531) 海道副使 王獻이 배를 이어 다리를 만들어 강과 바다를 이용한 운송로를 개통하여 "물자 운송에 편의를 도모했으나 이후에 海運이 폐지되자 연결된 배다리를 풀어 직접 배를 타고 강을 건너게 했다." 淸 康熙 九年(1670) 平度 사람 李昌明이 기부금을 걷어 新河 石橋를 놓았는데 다리 아치가 110개에 이를 정도로 견고하고 안전했다 한다. 雍正 元年(1723)에 등주와 래주를 오가던 길을 잇던 新河石橋는 제대로 관리가 되지 않아 거의 허물어졌다. 嘉慶 十三年(1808) 昌邑 사람 張廷瑞(장연서)가 의연금을 모아 다시 新河 石橋를 개축했고 光緒 三十四年(1908)에 沙河 사람 杜向榮이 2만 전의 돈을 기부하여 新河 大石橋를 건축했다. | |
| 54 | 新河/深河 | 平度市 北 膠萊河 | (平度)州 西北 八十 里 | 膠萊北河(明代는 膠河, 淸代는 膠萊河로 불렸으며 膠萊南河와 膠萊北河로 나뉘었으며, 현재에도 南膠萊河와 北膠萊河로 나뉘어 불린다)의 幹流인 張魯河(今平度市墨水河)가 白澤(今平度市白沙河)하여 북으로 新河에 유입된다. 平度 西北을 거쳐 昌邑界를 지나 북으로 바다에 유입된다. 元나라 때 海運의 물길이었으므로 新河라는 이름이 붙었으니 "新이란 이름은 膠水 故道에 대비해서 말하는 것이다." 明淸時期에 新河는 지금의 平度市 北 膠萊河로서 濰坊市 昌邑市와 靑島市 平度市 北部 사이 경계를 이루는 界河이다. | |

| 55 | 卜廣鋪 | 官庄/卜莊店/福庄店/福店 | 昌邑市 卜莊鎮 前卜村과 後卜村 | | | 1628年 이전에 昌邑縣 東北四十里에 急遞鋪-卜庄鋪가 있었고 1657年에 卜莊鋪가 重設되어 淸 光緖 三十三年(1907)까지 急遞鋪인 卜廣鋪로 유지되다가 폐지되었다. 卜莊은 徐家莊子, 卜莊街등으로 불리다가 後卜村이 卜莊鎮 人民政府 駐地가 되었으며 昌邑市 시내에서 東北16km에 있다. 이후 前卜과 後卜 두 개의 村으로 나뉘고 각각 村民委員會가 생겼다. 面積은 0.5 km²이다. 明 永樂 年間 徐씨 姓을 가진 사람이 마을을 세웠기에 徐家莊子이라 했고 후에 주민들이 재난을 피해 점을 쳐서(卜卦) 땅을 골라 마을을 중건했기에 卜莊이라 불렀다. 마을이 "靑萊古道"의 양측에 있었고 길을 따라 상점들이 늘어서 있어 卜莊街라고도 불렸다. 淸 康熙 十一年(1672)에서 光緖 三十三年(1907)까지 儒教鄉 卜莊社에, 民国十二年(1933)에는 第五區 膠西鄉, 1950年에는 昌邑縣 第六區에, 1955年에는 卜莊區에, 1958년 2月에는 卜莊鄉에, 同年9月에는 躍進人民公社에 12月에는 卜莊人民公社에, 1983年8月에는 卜莊鄉에, 1994年년에 昌邑市 卜莊鎮에 속해서 지금까지 이어지고 있다. | |
| 56 | | | 昌邑市 卜莊鎮 姜家村 | | | 원래 侯子坡薑家村으로 卜莊의 西側, 漩河의 東岸, G206國道의 西側 100m 떨어진 곳에 있다. 宋 仁宗 때 薑씨 姓을 가진 사람들이 四川 成都府 北門里에서 寧海 萬戶屯으로 왔다가 살기가 적합하지 않아 彤嶺 侯子夼으로 다시 후예들이 서쪽으로 卜莊村과 柳家村 사이 지역으로 이주해왔다. 1958年에 人民公社가 성립되면서 薑家村으르 개칭했다. | |

57	媒河	澤水	昌邑市 漩河 柳家村 구간		媒河→漩河	漩河는 夏店鎮 大河 남쪽을 거쳐 大河 北 兩村 사이를 지나 동으로 卜莊鎮의 陸莊村, 卜莊村, 趙家村, 姚家村을 지나 북으로 膠萊河로 합류한다. 이 강은 원래 濰河의 뚝이 터져 형성된 것이다. 지금 大河 南 이하 구간은 없어졌고 하류 또한 漩河를 정비하면서 단절되어 물이 흐르지 않게 되었다.	
58			昌邑市 卜莊鎮 豐台村			昌邑市 卜莊鎮 豐台村의 옛 이름은 烽台村이며 卜莊의 서쪽 1.5km거리에 있다. 明 永樂 년간에 崔씨 姓을 가진 사람들이 毛家寨에서 이주해 와 정착했는데 당시 여기에 둔덕 3곳이 있었다. 가운데 언덕은 높아서 峰이라 하였고 양쪽 두 곳은 낮아서 台라고 불렀기 때문에 峰台라는 마을명이 생기게 되었다고 한다.	현지답사와 인터뷰에 근거함.
59			昌邑市 卜莊鎮 大陸村			일찍이 陸家宅科, 陸家莊으로 불렸다. 卜莊 서쪽 3km에 있으며 남으로 G206 國道와 1km 떨어져 있다. 明 洪武 年間 陸씨 姓을 가진 사람들이 四川에서 陸家宅科에 이주해 왔고 永樂 年間에 동으로 재차 이주하여 陸家莊을 세웠다. 1958年 人民公社가 성립되면서 현재의 이름을 바꾸었다.	현지답사와 인터뷰에 근거함.

| 60 | | 牛庄村 | 昌邑市 卜莊鎮 劉莊村 | | | 劉莊村은 卜莊鋪에서 서쪽으로 3km 떨어진 곳에 있으며 일찍이 陸莊店이라고 했다. 여기서 "店"이란 驛道 곁에 위치하여 내왕하는 客商에게 숙식을 제공하는 店鋪를 뜻한다. 기록에 따르면 東漢시기에 이미 마을이 들어 섰으며 처음에는 陸莊店이라고 불리다가 이후 劉, 蘇, 姚, 馬, 吳, 張 씨 등 여러 姓을 가진 사람들이 이주해 왔는데, 특히 劉씨가 많았기 때문에 지금의 명칭으로 바뀌었다 한다. 마을을 관통하는 주도로는 동서 방향인데 도로 폭이 넓고 길가에 집과 건물들이 길게 늘어서 있으며 큰 나무들이 마을을 감싸고 있다. 劉莊村은 淸初 康熙 十一年(1672)에서 淸末 光緒 三十三年(1907)까지 昌邑縣 崇德鄉 陸莊社에 속했다. 그 후 民國 二十六年(1937)에 昌邑縣 第五區 陸莊鄉 辛農鎮 陸莊村에 속하게 되었다. | 萊州방언에 "劉"와 "牛"의 발음이 비슷하므로 조선사신 安璥은 "劉庄村"을 "牛庄村"으로 오기했다. |
| 61 | 撫安鋪 | 昌邑縣 東北 三十里 | 昌邑市 卜莊鎮 撫安鎮村 | | | 明淸 시기 撫安鋪는 지금의 昌邑市 卜莊鎮 撫安鎮村이다. 撫安鎮은 일찍이 撫安震, 撫安莊, 永安寨(영안채) 등으로도 불렸고, 夏店村에서 東北으로 2.5km 떨어진 곳에 있으며 東으로 卜莊鄉에 이웃해 있다. 元나라 때 마을을 세우고 撫安으로 명명한 후 民國 十二年(1933)에 撫安鎮村으로 명칭을 바꾸었다. 淸 康熙 十一年(1672)에서 光緒 三十三年(1907)까지 儒教鄉 撫安社에 속하였고 民國 十二年(1933) 第五區 撫安鄉에 속하였다. 1950年 昌邑縣 第四區에, 1955年 夏店區에 속하였다가, 1958年 2月 夏店鄉에, 同年 9月 先進人民公社에, 同年 12月 夏店人民公社에 속하였다. 1983年 5月에는 夏店鄉에 속하다가 지금은 昌邑市 卜莊鎮에 속해 있다. | |

| 62 | 夏店鋪 | | 昌邑市 夏店鎮 夏店街村 | | | 夏店鋪는 원래 夏店馬驛으로 明初에 개설되었다가 隆慶 四年에 혁파되었다. 明 萬曆 三十二年(1604)에 다시 昌邑縣이 직접 관할하는 急遞鋪인 夏店鋪로 재개되었고 淸 乾隆 七年(1742)까지 운영되었다. 淸 乾隆 七年(1742)에 夏店鋪는 "新莊鋪로 昌邑縣 東北 15里로 이전하여 새롭게 개설되었다"가 光緖 三十三年 (1907)에 폐지되었다. 明末에서 淸中期까지 있었던 夏店鋪는 지금의 昌邑市 夏店鎮 夏店街村이다. 夏店街村은 일찍이 夏店, 英武寨로도 불렸고 夏店鎮 人民政府(한국의 읍사무소에 해당)가 소재해 있으며, 昌邑市 중심가에서 동북으로 80里 떨어져 있다. 元나라 때부터 마을이 있었으며 마을 곁에 驛道가 있어 夏씨 姓을 가진 사람이 여기에 驛店을 열었기 때문에 그러한 마을이름이 붙었다고 한다. 淸 咸豐 年間에 군영을 설치하였기에 英武寨라는 지명으로 변경되었다가 淸末에 지금의 이름으로 회복되었다. 夏店村은 淸初 康熙 十一年(1672)에서 淸末 光緖 三十三年(1907)까지 昌邑縣 崇德鄕에 속했다가, 民國 二十六年(1937)에 昌邑縣 第四區 夏店鄕 夏店鎮 夏店村이 되었다. 1950年에 昌邑縣 第四區에, 1955年에 夏店區에, 1958年 2月에 夏店鄕에 직속되었다가 同年 9月에 先進人民公社에, 동년 12月에 夏店人民公社에, 1983年 5月에 다시 夏店鄕에 속했다. 지금 소속된 행정구역과 지명은 昌邑市 卜莊鎮 夏店街村이다. | |

| 63 | | | 昌邑市 卜莊鎮 王家庄村 | | | 일찍이 西王家莊으로 불렸다. 夏店 西쪽 1km에 있다. 남으로 濰河을 끼고 있다. 明 嘉靖 二年(1523年)王氏 姓을 가진 사람들이 夏店에서 濰河 北岸으로 와서 마을을 세웠기에 王家莊이라 했다. 이후 주위의 다른 王家莊과 이름이 겹쳐 1981에 西王家莊으로 바꾸었다가 지금은 다시 王家莊村으로 회복되었다. | 현지답사와 인터뷰에 근거함 |
| 64 | 石灣橋 | 新河木道/新河木橋 | 昌邑市 奎聚街道 蘭家莊村 西側 | | | | 蘭家莊村 西側 石灣橋 옛 터 위로 근대시기 새로 조성되었다 허물어진 石橋 잔해가 남아 있다. 蘭家莊村 北側 濰河 西岸 石灣橋(지금 현지인들은 濰河橋라 부름)옛자리에 紀念碑文이 조성되어 있다. |

| 65 | 濰水/濰河/淮河 | 濰河/淮河/淮涉水/懷河/韓信囊沙之水/韓信伐龍且囊沙處 | 昌邑市 濰河 | | | 大禹 治水로부터 淸 乾隆 七年까지 官方 史料는 모두 濰河를 濰水로 기록하고 있으며 현지인들은 濰河로 부르고 있다. 《漢書》에서 "濰"를 "淮"로 기록했기 때문에 현지인들 역시 濰水를 淮河라고도 부른다. 莒縣(거현) 箕屋山에서 발원하여 安丘市를 거쳐 北으로 흘러 太保莊, 蚱山(책산), 飮馬, 石埠, 宋莊, 圍子, 南逢, 都昌, 李家埠, 柳疃(류탄), 夏店, 東塚(동총), 靑鄕, 下營 등 14개의 마을을 지나 바다로 유입된다. 총 길이는 86km, 유역면적은 300평방 킬로미터로서 昌邑縣에서 가장 큰 강이다. 창읍현은 이 강의 하류 구간에 위치하며 강의 양안은 사질토로 평원을 이루고 강줄기는 구불구불 흐르는 구간이 많다. 강바닥이 높아서 매년 장마철에는 큰 물이 급류로 변해 양쪽 언덕을 넘쳐 흐르는 탓에 수재가 발생하여 매번 복구공사가 반복되었다. 이후 1950년 대대적인 준설작업과 직선화 공사, 제방공사로 현재와 같은 모습을 갖추게 되었다. | |

66	濰水堤/ 紅崖隄	濰水堤		昌邑縣 東 南五里		金德承이 언급한 濰水 제방은 일명 紅崖隄(홍애제)라고도 하며 昌邑市에서 東南으로 5里 떨어진 奎聚街道의 남측과 北莊頭村 사이에 있다. 길이는 약 1.5km이고 높이가 약 8m이며 南北 방향으로 놓여 있다. 宋初에 濰河의 범람을 막기 위해서 처음 건설되었고 明 隆慶 三年에 增修했으며 清 順治 十八年, 康熙 五十二年, 五十五年, 雍正 十年 등 여러 차례에 걸쳐 보수하였다. 이곳은 昌邑市의 주요 제방 가운데 하나인데 東南 방향에서 濰河의 물길이 그대로 제방에 충격을 가하기 때문에 종종 제방이 무너져 심각한 재해가 발생하곤 했다. 이후 규회벽돌로 제방을 둘러 보강했고 1951년 대대적인 보수공사로 현재의 모습을 갖추었다.	
67			昌邑市 奎 聚街道 蘭 家莊村			蘭家莊村은 東北으로 濰河에 접하고 있다. 明末 蘭씨 姓을 가진 사람들이 昌邑縣 劉家道(지금의 廣劉村)에서 여기로 이주해 와 정주했기 때문에 蘭家莊이라 부른다. 마을은 濰河 大堤의 남측을 따라 길쭉하게 분포되어있다. 明末에서 清代까지 昌邑縣 崇德鄉 陶埠社에, 民國 十七年에는 昌邑縣 第一區 幸福鎮 黑埠鄉에 속하였다. 1950年에는 昌邑縣 十一區에, 1955年에는 道照區에, 1956年에는 城關區에 1958年 2月에는 道照鄉에, 같은 해 9月에는 紅旗人民公社에 속했다가 12月 이후로 城關人民公社에 속하게 되었다. 1982年에는 城關鎮에, 1984年10月에 李家埠鄉에 속했다가 지금은 昌邑市 奎聚街道에 속한다.	조선 사신 金德承만 한 번 언급했으며 사신들이 경유한 곳은 아니다.

| 68 | | | 昌邑市 奎聚街道 花園村 | | | 花園村은 북으로 濰河에 접하고 있다. 明 崇禎 年間에 王씨 姓을 가진 사람들이 邰家辛莊(태가신장)에서 여기로 이주해 와 마을을 세웠다. 이어서 杜씨 姓을 가진 사람들이 이주를 해왔고 杜씨 명의로 이곳에 花園을 세웠기에 이를 마을 이름으로 삼았다. 明末에서 淸代까지 昌邑縣 崇德鄕 陶埠社에, 民國 十七年에 昌邑縣 第一區 幸福鎭 黑埠鄕에 속하였다. 1950年에 昌邑縣 十一區에, 1955年에는 道照區에, 1956年에는 城關區에 속했다가, 1958年 2月에 道照鄕이 되었고 同年 9月에는 紅旗人民公社에 속했다가 12月 이후로는 城關人民公社에 속하고 있다. 1982年에 城關鎭에, 1984年 10月에는 李家埠鄕에 속했다가 지금은 昌邑市 奎聚街道에 귀속되어 있다. | 현지답사와 인터뷰에 근거함. 花園村 東側에는 지금도 옛 驛道가 남아 있음. |
| 69 | 新福堡/義婦塚 | 昌邑市 奎聚街道 邰家辛莊村 | 昌邑 東北 十餘里 (安璥《駕海朝天錄》) | | 邰家辛莊村은 花園村과 黑埠村 사이에 있었다. 구체적으로는 花園村 西南 0.7km, 黑埠村 西北 2.5km로 조선사신 安璥의 기록과 일치한다. 邰家辛莊村은 明 隆慶 年間에 邰씨 성을 가진 사람이 由諸城에서 여기로 이주해 와서 마을을 세웠다. 서쪽으로 黃家辛莊에 인접했으므로 邰家新莊으로 마을명을 삼았다. 邰家辛莊村은 明末에서 淸代까지 昌邑縣 崇德鄕 陶埠社에, 民國 十七年에는 昌邑縣 第一區 幸福鎭 黑埠鄕에, 1950年에는 昌邑縣 十一區에, 1955年에는 道照區에, 1956年에는 城關區에 속했다가 1958年 2月에는 道照鄕으로 속했으며 同年 9月에는 紅旗人民公社에 속했다가 그해 12月까지 城關人民公社에 속했다. 1982年에는 城關鎭에, 1984年 10月에는 李家埠鄕에 속했다가 지금은 昌邑市 奎聚街道에 속한다. | 관련 방지에는 義婦塚에 대한 기록이 전혀 없다. 단 義婦塚의 소재지는 "新福堡"과 멀지 않았을 것이다. 현재로서는 정확히 고증하기 어렵다. |

| 70 | 黑埠鋪 | 縣東十里鋪 | 昌邑市 奎聚街道 黑埠村 | | | 1604年보다 이전에 설치되었을 것이다. 1742年 昌邑縣 東北 10里에 있던 黑埠鋪는 縣城 동쪽 5里로 이전되어 東山鋪라는 이름으로 새롭게 개설되었다. 《(康熙)昌邑縣》의 기록에 따르면, "黑埠는 城의 東北 十里에 있는 急遞鋪로 濰河의 강변 모래톱에 가까워 사람들이 버드나무를 많이 심었기에 멀리서 보면 나무 그늘 때문에 어둡게 보여 그런 이름이 붙었다"라고 했다. 결국 黑埠鋪와 十里鋪는 동일한 곳으로 濰河의 모래톱에 가까워서 현지인들이 버드나무를 많이 심었기에 멀리서 바라보면 버드나무가 만드는 녹음으로 주위가 어두워보였기에 "黑埠村"이라 불리게 되었다는 것이다. 黑埠村은 明末에서 淸代까지 昌邑縣 崇德鄕 陶埠社에 속했다가 民國 十七年에는 昌邑縣 第一區 幸福鎭 黑埠鄕에 속하였다. 1950年에는 昌邑縣 十一區에, 1955年에는 道照區에, 1956年에는 城關區에, 1958年2月에는 道照鄕으로 불리다가 同年9月에는 紅旗人民公社에, 동년 12月까지 城關人民公社에 속했다. 1982年에는 城關鎭에, 1984年10月에는 李家埠鄕에 속했다가 지금은 昌邑市 奎聚街道에 속한다. | 昌邑縣 夏店馬驛이 설치된 시기를 고려해 보면 黑埠鋪는 1604年 이전에 설립되었을 것이다. 黑埠村를 관통하는 옛 驛道는 지금 신작로로 확장개통되어 옛 모습을 찾아볼 수 없다. |

| 71 | | 昌邑城外 五里店 | 昌邑市 奎 聚街道 五 里村 | | | 五里村은 일찍이 五里堠(오리후), 五里堠子라고도 불렸다. 縣城에서 東北으로 2.5km 떨어진 곳에 있으며 남으로 文山에 인접하고 있다. 明나라 때 마을이 세워졌는데 縣城에서 萊州府로 가는 官道 변에 있었고 또한 당시에는 "十里에 一鋪, 五里에 一堠가 있었기" 때문에 縣城에서 東으로 5리 떨어진 곳에 있는 마을이라는 뜻에서 五里堠라 불리게 되었고 五里堠子라고도 하였다. 그러나 후에 "堠"字가 좋지 못하다 하여 1961年에 五里로 명칭이 바뀌었다. 지금은 昌邑市 奎聚街道에 속한다. | 옛 五里村 東北에 지금도 옛 驛道가 남아 있다. |

| 72 | 昌邑縣 | 昌邑/昌邑縣城東舖/昌邑城外之東館馹/昌邑縣東館 | 濰坊市 昌邑市 시내 (北으로는 昌邑市 廣播電視管理局 기숙사 南側 무명道路, 南으로 昌邑市 利民街 南側, 西로 昌邑市 天水路, 東으로는 昌邑市 文昌南路를 잇는 범위 내) 엣날 昌邑縣城은 3개의 城門만 있었으니 東門, 西門, 南門이다. 東門의 위치는 지금의 文昌南路와 城里東街 交叉路와 北海公園 南門 일대이다. | | | 宋 建隆 三年에 처음으로 土城을 조성하였는데 전체 성의 둘레는 5여 里, 높이는 1丈 8尺, 두께는 1丈5尺이었다. 성문은 3개가 있었는데 동문을 "東興", 서문을 "西成", 남문을 "迎恩(영은)"이라 하였다. 성둘레의 해자의 깊이는 9尺 半이었다가 이후 확장했다. 元至元 十一年 重修하였는데 성에 角樓 4개를 새로이 세웠고 門樓는 각각 기둥 3개로 확장되었다. 동문을 "奎聚(규취)", 남문을 "陽鳴(양명)", 서문을 "瞻宸(첨신)"이라 명명했다. 明 正德 六年에 도적떼의 습격을 받아 府同知 劉文寵이 重修했다. 嘉靖 四十五年 知縣 李天倫이 다시 重修했는데 東南에 새로이 角樓를 세워 "文筆峰"이라 칭하였고 하늘의 文昌 星君을 모시고 "奎光"이라 편액하였다. 萬曆 五年에 큰 비로 성벽이 무너져 내려 知縣 候鶴齡(후학령)이 修補하였는데 甕城(옹성)과 3개의 外門를 새로이 세우고 해자를 깊고 넓게 만들었다. 萬曆 三十八年 濰河의 홍수로 성벽에 금이 가서 무너져 그 다음해에 知縣 卜有徵(복유징)이 重修하였는데 3 대문의 이름을 바꾸었다. 동문을 "映瑞(영서)", 서문을 "迎禧(영희)", 남문을 "延爽(연상)"이라 개칭했다. 萬曆 四十六年 해자를 수리하고 文昌을 東山巓으로 이전했으며 성벽의 角樓를 헐어없앴다. 崇禎 十三年 知縣 白壯易가 土城을 甎城(전성-토성을 벽돌로 감싸 보강한 성)으로 바꾸었으니 높이는 2尺 더 높이고 두께는 5尺 더 두껍게 했다. | |

						清 順治 七年 濰河의 홍수로 東門이 무너져 知縣 劉士偉가 東門을 南向으로 개축하고는 "永順"이라고 개칭하고 서문은 "重慶"이라 이름붙였다. 康熙 十六年 知縣 沈一龍이 성의 3 대문을 重修하였는데 門樓를 3층으로 확장했다. 雍正 五年 知縣 袁鼟復(원등복)이 東門을 옛날처럼 東向으로 중수했다. 雍正 八年 濰河의 홍수로 東門이 무너져 그 다음해에 知縣 劉書復이 東門을 다시 南向으로 개축했다. 道光 十一年과 二十年에 知縣 朱氏, 華氏의 令으로 紳士들의 기부를 받아 옹성과 성의 외벽을 수리했다. 光緒 十三年, 二十三年에도 知縣 羅氏, 趙氏의 令으로 차례로 동쪽과 북쪽 성벽을 보수했다.중화인민공화국이 건국된 후 도시화가 진행되어 昌邑縣 古城 성벽은 차츰 철거되었고 護城池 역시 흙으로 메워졌다.	
73		王無功村	昌邑縣城東門 一帶 지금의 文昌南路와 城리東街 交叉口와 北海公園 南門 부근	昌邑縣 東關			
74		高重山	昌邑市 青山			昌邑市 東南 13km, 海拔 68.9m, 面積1.54 km², 山石의 표면에 푸른 이끼가 많이 끼어 있어서 青石山이라고도 불린다.	

| 75 | | 陸山 | 昌邑市 博陸山 | 昌邑縣 南四十里 | | 陸山은 昌邑縣에서 남쪽으로 40里 떨어진 곳에 있는 산이다. 《寰宇記》에 陸山은 昌邑縣의 남쪽 40里에 있다고 했다.《名勝志》,《漢書》에 霍光(곽광)이 博陸侯로 北海에 봉해졌다고 하였고, 顔師古의 注에 博陸이 北海로 귀향했을 때 그의 封號로 산의 이름을 삼았다는 기록이 보인다. 원래 명칭은 陸山인데 唐 天寶 6년에 칙령으로 霍侯山(곽후산)으로 개칭했다.” “後元 元年(기원전 88년), 侍中僕射 莽何羅(망하라)와 그의 동생 重合侯 莽通(망통)이 通謀하여 한 무제를 척살하려는 역모를 꾸몄으나 곽광, 金日磾(김일제), 上官桀 등에 의해 죽임을 당했다. 그러나 그 공이 기록되지 않았다. 武帝가 병이 들자 遺詔를 남겨 '황제가 죽은 후 발표하여 따르라'하였는데, 遺詔에는 金日磾를 秺侯(투후)에, 上官桀을 安陽侯에, 곽광을 博陸侯에 봉하라 했으니 모두 이전에 역모자를 추포한 공적을 세워 이때서야 봉해진 것이다.” 陸山은 霍侯山, 驢山子(려산자)라고도 불렸으며 지금의 昌邑市 博陸山이다. 昌邑縣城에서 남쪽으로 31km 떨어진 곳으로 飮馬鎭 서쪽, 濰河의 東岸에 있다. 海拔 88.05 m, 동서로 2,000m, 남북으로 400m, 면적은 0.8평방 km이며 산의 형세가 마치 당나귀가 누워있는 형상이라 사람들이 驢山子라고 불렀으며 山勢가 가파른 편이다. | |
| 76 | | 關西夫子廟/ 四知廟/ 楊伯起祠 | 昌邑市 新村路와 天水路의 交叉路 西側 附近 | 昌邑縣城 西門外 | | | 四知廟는 현재 흔적이 전혀 남아 있지 않다. 昌邑市는 1997年 昌邑市 博物館 內에 四知亭를 복원했다. |

77		雍齒墓		雍齒墓는 濟南府 長山縣 西北 三里 雍家 莊에 있다.			全湜은 雍齒墓가 萊州府城과 昌邑縣 사이에 있는 것으로 기록했으나 이는 오기이다.

萊州府 昌邑縣, 濰縣 境內(昌邑縣城에서 濰縣城까지)
지금의 山東省 濰坊市 昌邑市 卜莊鎭, 濰坊市 昌邑市 都昌街道, 濰坊市 寒亭區 朱里街道, 寒亭區 寒亭街道, 奎文區(高新技術開發區)新城街道 境內

| 78 | | 新營堡 | 昌邑市 都昌街道 辛置一村, 辛置二村, 辛置三村 | 昌邑縣 西七里(安璥《駕海朝天錄》) | | 辛置村은 일찍이 新營이라고 불렸으며 昌邑縣城의 북쪽으로 濰水의 물굽이가 돌아닿는 驛道 곁에 있는 마을이었다. 明 洪武 二十二年(1387)에 新營社를 설치했다. 辛置에서 출토된 墓碑에 따르면, 明 成化 五年(1469)부터 "新置", "辛營","新營"등 3개의 명칭이 혼용되었는데 모두 辛置村를 가리킨다. 淸初에 차츰 "新置"로 통일되었다. 民國 十七年(1928)에 "新置"가 "辛置"로 이름이 바뀌었다. 辛置村은 지금 昌邑市 都昌街道 辛置1村, 辛置2村, 辛置3村으로 나뉘어졌다. 明淸 시기 辛置村은 줄곧 忠孝鄕 辛營社에 속했고, 淸 宣統 二年(1910) 新置村을 설치하여 昌邑縣 城區에 속하게 되었다. 民國 十七年(1928)에 辛置村으로 이름이 바뀌어 昌邑縣 第一區에 속하게 되었다. 1945年 昌邑縣 城區에, 1950年 昌邑縣 第一區에, 1956年 城關區에, 1958年 紅旗人民公社에, 1985年 都昌鎭에, 1997年 奎聚街道에 속했고 현재는 昌邑市 都昌街道에 속한다. | |

79	北逄鋪		昌邑市 都昌街道 南逄村, 王家北逄村, 劉家北逄村, 高家北逄村, 徐家北逄村	昌邑縣 西十里			《(乾隆)昌邑縣志》 "逄公里는 漢逄萌故里(한방맹고리)를 일컫는 것으로 縣의 서남쪽으로 10리 떨어진 곳에 있는데 清代 南逄村, 北逄村이 모두 이곳을 가리킨다."
80	王耨鋪	王祿店/ 王奴店/ 王老店	昌邑市 都昌街道 王耨村	昌邑縣 西南二十里		王耨鋪는 곧 지금의 王耨村으로 북쪽으로 G206국도가 지나고 서쪽으로 夾溝河를 끼고 있다. 1975年 白楊埠에서 출토된 刀幣에 새겨진 내용에 따르면 이 마을은 漢나라때 세워졌고 교통의 요지로서 青州와 萊州를 잇는 官道가 마을 가운데를 지났다. 元 至正 三年(1343年) 王耨鋪를 설치했고 清 乾隆 七年(1742年)에 폐지되었다. 역대로 區, 鄕, 鎭, 公社의 治所가 있었다. 王耨村은 지금의 昌邑市 都昌街道에 속한다.	
81	濰縣	濰縣/ 濰州/ 古北海郡/ 濰水縣	山東省 濰坊市 濰城區	昌邑縣 西南八十里		濰縣은 漢나라 때 北海郡으로 平壽縣와 膠東國 下密縣 두 縣이 있던 땅이다. 東漢때 膠東國을 北海國으로 병합하면서 二縣은 모두 북해국에 속하게 되었다. 晉나라 때 濟南郡에 귀속되었다가 南北朝時期 劉宋 때 다시 北海郡에 귀속되었다. 南北朝 元魏 때 郡治를 이전하여 平壽縣, 下密縣을 관할했고, 後齊 때 高陽郡으로 개칭했으며 여전히 平壽縣을 관할 했다. 隋나라 開皇 初에 高陽郡을 폐지하고 平壽縣를 없애고 下密縣에 병합시켰으며 開皇 六年에 魏나라 膠東 故城에 濰水縣을 설치했고 十六年에 下密縣에 濰州를 설치했다.	

							大業 初에 州를 폐지하고 下密縣를 北海縣으로, 濰水縣를 下密縣로 개칭했으며 모두 北海郡에 속하게 되었다. 唐 武德 二年 北海縣, 營丘縣, 下密縣을 합쳐서 濰州를 설치하고, 連永, 平壽, 華池, 城都, 東陽, 寒水, 訾亭(자정), 濰水, 汶陽(문양), 膠東, 華宛, 昌安, 城平 등 13개 縣을 설치하였다가 武德 六年 北海, 營丘, 下密 3개 縣만 존치하고 나머지는 모두 폐지하였다. 武德 八年 州를 폐지하고 營丘縣과 下密縣을 北海縣에 병합시키고 靑州 北海郡에 배속시켰다. 宋 建隆 三年 北海縣에 北海軍를 설치하고 昌邑縣을 새로 설치하여 예속시켰다. 乾德 三年 北海縣을 濰州로 승격시키고 새로이 昌樂縣을 설치하여 3개 현(북해, 창읍, 창락)을 관할하게 되있다. 金나라 때는 益都府에 속했으며 여전히 3개 현을 관할했다. 元 至元 三年에 昌樂縣을 北海縣에 병합했으며 至正 년간에 昌樂縣을 다시 회복시켰으며 3개 현은 益都路에 속하게 되었다. 明 洪武 元年에 北海縣을 濰州에 병합시켰으며 靑州府에 속하게 되었다가 洪武 九年에 州를 격하하여 縣으로 삼고 萊州府에 예속시켰다. 洪武 二十一年에 膠水縣을 平度州로 승격시키고 濰縣을 平度州에 예속시켰다. 淸나라 때는 명나라의 제도를 따랐다. 民國시기에 膠東道, 萊膠道에 차례로 속했다가 1948年 濰坊特別市를 설치하고 濰縣을 별도로 관할하다가 1958年 濰縣을 철폐하고 濰坊市에 병합시켰다. 1961年 濰縣을 회복시켜 濰坊市와 병립시켰다. 1983年 地級市가 되면서 濰縣은 濰城區로 전환되어 濰坊市의 관할이 되었다.

82	王白鋪	"渤海襟喉"欄門/濰縣界東標-"渤海襟喉"	濰坊市 寒亭區 朱里街道 王伯村	濰縣 東北 五十里(昌邑縣 西南 三十里)			
83			濰坊市 寒亭區 朱里街道 官橋村			官橋村은 瀑沙河(폭사하)의 東岸에 있다. 원래부터 관교촌에는 徐씨 姓을 가진 사람들이 살고 있었기에 마을 안에는 徐家道, 마을 밖에는 徐氏 墓塋(묘영, 묘지를 뜻함), 마을 앞으로는 "狼煙墩(량연돈, 봉화대를 뜻함)"등의 유적이 남아 있다. 明 洪武 十八年(1368年)에 于씨 姓을 가진 사람들이 文登縣 赤山에서 이곳 瀑沙河 강변에 이주한 이후 이곳에 莊園을 설립하였기에 官莊子라고 불렸다. 문헌기록에 따르면 明末 于씨 姓을 가진 일파가 강변마을을 떠나 다시 이주했기 때문에 강을 잇는 官橋가 놓여졌고 그래서 마을이름을 官橋村이라 했다 한다.	현지답사와 인터뷰에 근거함
84	牛埠鋪	四十里鋪/牛阜店/牛埠店	濰坊市 寒亭區 寒亭街道 牛埠村	濰縣 東北 四十里(昌邑縣 西南 四十里)		牛埠村은 寒亭에서 동쪽으로 3.5km떨어진 곳으로 G206 국도의 북측에 면해 있으며 전체 면적이 0.16평방km이다. 元代에 이미 盂(우)씨와 宗씨 姓을 가진 사람들이 살았었다고 하며 明 洪武 二年(1369) 王씨 姓을 가진 사람들이 直隸 棗強縣(조강현) 柳林莊에서 이주해 와서 정주하기 시작했으며 오늘날 24世 후손들까지 여기에 살고 있다. 전설에 따르면 옛날 어느날 밤에 황금소가 나타난 적이 있다 하여 牛埠라는 마을명이 붙었다고 한다.	원래 옛 관도가 牛埠村를 관통했으나 현대적인 신작로로 확장개통되어 옛 모습을 찾아보기 어렵게 되었다.

85			濰坊市 寒亭區 寒亭街道 毛家埠村				
86	寒亭鋪	"營丘舊封"欞門/營丘/營邱舊封/王彦方故里/"彥方式化"欞門/王彦方式化/寒亭/汉亭店/寒亭古驛亭/寒亭古驛/寒亭店	濰坊市 寒亭區 寒亭街道 寒亭一村	濰縣 東北三十里(昌邑縣 西南五十里)	(春秋)寒浞國→寒亭鋪→寒亭一村	夏나라 때는 寒浞國에, 唐나라 때는 寒水縣에 속했다. 明 洪武 二十一年(1388)에는 崇道鄕 寒亭社에 속했다. 1933年에는 寒亭鎭, 1958年부터 1982年까지는 寒亭人民公社, 1984年5月부터 寒亭區 寒亭鎭에 속해오고 있으며 지금의 濰坊市 寒亭區 寒亭街道이다.	寒亭一村 內에는 寒亭古驛, 古驛道, 寒亭鋪 西大門 및 驛道 곁 明代 關帝廟 遺跡등이 아직까지 잘 보존되어 전하고 있다.
87	寒浞河	"古亭寒水"欞門	濰坊市 寒亭區 寒亭街道 內 浞河 구간	濰縣 東北三十里(昌邑縣 西南五十里)	寒浞河/浞河/古寒水→浞河	寒浞河는 濰縣에서 동북으로 30리 떨어진 곳에 있으며 車流莊(차류장)에서 발원하여 寒亭 지역 80리를 흘러 바다로 유입되며 春秋시기에 寒浞國(한착국)이 있었기에 그와 같은 이름이 붙었다. 《濰縣誌稿 疆域志》에 "寒浞河는 俗稱 浞河라고 하니 곧 古寒水이다."라고 했다. 착하는 두 곳에서 발원하는데, 하나는 서쪽으로 坊子區 車留莊鄕 常令公山의 서쪽 기슭이고, 다른 하나는 동쪽으로 坊子區 浦泉鄕 南趙莊이다. 두 지점에서 흘러온 강물은 寒亭區 倉上村 북쪽에서 만나 寒亭區를 지나 昌邑市 경내로 들러든다. 전체 길이는 33km이고 寒亭區 경내를 11km에 걸쳐 흐르는 季節性 河流이다.	

88	朱毛鋪	濰縣二十里舖/平仲古里/晏平仲故里/"平仲古里"欛門	濰坊市 寒亭區 開元 街道 胡家朱茂村, 濰坊市 高新技術産業開發區 新城街道 玄家朱茂社區,濰坊市 高新技術産業開發區 新城街道 杜家朱茂社區, 濰坊市 高新技術産業開發區 新城街道 李家朱茂社區	濰縣 東北 二十里(昌 邑縣 西南 六十里)				《(萬曆)萊州府志》에는 "춘추시기 晏平仲의 墓는 濰縣에서 남쪽으로 30리 떨어진 곳인 臨淄에 있다"라고 했다. 《(民國)濰縣志稿》에는 "춘추시기 晏嬰의 墓는《舊誌》에 따르면 城의 동북 10里堡에 있으며,《水經註》에 따르면 여기 유현이 아니라 臨淄에 있다. 그러나 지금은 고증할 길이 없다"라고 하였다. 그러나 朝鮮使臣이 기록한 바의 "晏平仲故里"는 분명히 濰縣에서 동북쪽으로 20리 떨어져 있는 朱毛鋪이다.
89	趙疃鋪	十里舖/孔文擧舊治/"文擧甘棠"欛門/孔文擧甘棠/孔融廟	濰坊市 奎文區 北海路街道 趙疃社區	濰縣 東北 十里(昌 邑縣 西南 七十里)				朝鮮使臣들이 "文擧甘棠"牌坊을 지날 때 부근에 廟祠가 있는 것을 보고는 施閏章이 말한 "孤竹祠"라고 여겼했는데, 실제로는 그것이 "孔融祠" 혹은 "孔融廟"가 아닐까 추측된다. 더 자세한 고증 필요하다.
90	東于河橋/東丹河橋/虞河橋	漁河橋/濰河橋	虞河를 지나는 無名橋-그 위로 濰坊市 福壽東街가 지난다.	濰縣 東五里(昌邑縣 西南 七十五里)				

91	東丹河	濰河/囊沙上流處/淮水/東渡河	濰坊市 奎文區 內 虞河 구간	濰縣 東 五里(昌邑縣 西南 七十五里)	溉水→(漢代)利漁河→(元代)東度河→東丹河/東于河/虞河	이 강은 남에서 북으로 흐르는데 濰坊市 坊子區, 奎文區, 濰城區를 지나 郭家官莊鄉 雙廟(村)에서 서쪽으로 방향을 틀어 里瞳鄉, 固堤鎮을 지나 다시 동북으로 방향을 꺾어 濰坊市 寒亭區와 昌邑市의 경계를 이루며 북으로 渤海로 유입된다. 전체 길이는 75km이고 웨이팡시 境內를 지나는 구간은 45km이고 사계절 강물이 흐르는 常年河이다.	李民宬, 李德泂, 吳翻, 洪翼漢, 全湜은 東丹河가 昌邑縣에 있던 濰水의 一部라고 여긴 것 같다. 그래서 東丹河를 濰水/淮水라고 오기했고 東丹河橋도 濰河橋라고 오기했다.
92	臥龍橋	(조선사신 趙濈이 언급한 白浪河의 다리)	福壽街를 가로질러 흐르는 白浪河 위이 무명교(福壽街는 白浪河를 경계로 福壽西街와 복수동가로 나뉜다)	濰縣城 北門外 二 餘里		臥龍橋는 石橋로 北門 外 2 여리 떨어진 곳에 白浪河 위에 놓여 있었다. 송태조 조광윤이 미천했던 시절 이곳 백랑하에서 목욕을 한 적이 있기 때문에 이런 이름이 붙었다 한다.	白浪河는 季節性河流이므로 조선사신 趙濈이 이곳을 지날 때 石橋가 물에 잠겨 있어서 배를 연결한 舟橋를 이용했으므로 "水橋"로 기록한 것으로 보인다.
93	(明末 濰縣城 東門-朝陽門 밖의) 通濟橋	北通渤海-南遡穆陵欄門/白浪橋	濰坊市 奎文區 亞星橋 南側에 있는 古今橋	濰縣城 東門-朝陽門 밖의 (昌邑縣 西南 八十里)			
94	白浪河/白狼河	白浪河/白狼河	濰坊市 奎文區 내의 白浪河 河段	濰縣城 東門-朝陽門 밖의 (昌邑縣 西南八十里)		白狼河는 濰縣 東門 밖에 있는데 雷鼓山에서 발원하여 북으로 80리를 흘러 別畫湖(별화호)에 합류하여 발해로 흘러든다. 唐 北海令 竇琰이 이 강의 물을 끌어들여 농지에 물을 댔다. 《舊志》에 白狼河는 두 곳에서 발원한다고 했는데, 한 곳은 雷鼓山에서 시작한다. 《隋志》에서는 雷鼓山을 白狼山이라 기록하고 있으므로 白狼山에서 강의 이름을 취한 것이다. 다른 한 곳은 縣의 남쪽 小王莊에서 발원한다고 했는데 평지에서 샘이 솟아 바퀴모양을 이루며 흘러 물줄기를 이루고 큰 물줄기로 합쳐져 縣城 東門을 지나 곧바로 北海(즉 渤海)로 흘러든다.	

| 95 | 濰縣(城) | 濰縣城北隅/濰縣北館/濰縣/察院衙門/濰縣城外之東館駰/濰縣之北館駰/濰縣北關/濰縣北/濰縣東館駰 | 濰坊奎文區與濰城區(동으로는 和平路와 東風西街의 교차로,서로는 東風西街와 月河路 交叉路 북쪽 일대, 북으로는 北門大街와 北馬道街 交叉路, 남으로는 勝利西街와 向陽路 交叉路) | 昌邑縣 西南八十里 | | 濰縣城은 대체로 정사각형 모양을 이루고 있었고 동, 서, 북에 4개의 성문이 있었다. 동문을 朝陽門, 서문을 迎恩門, 남문을 安定門, 북문을 望海門이라 했으며 西門과 南門에는 翁城(옹성)이 있었다. 道光 二十八年(1848)에 重修했을 때 성 전체 둘레가 約4,118m, 성벽의 높이는 평균 10.8m, 성벽의 두께는 9m에 달했고, 4개의 성문 위에는 모두 망루와 炮臺(포대)가 있어 외관이 높고 거대하여 실로 장관을 이루었다 한다. 《(乾隆)濰縣志》에 따르면 "유현의 土城은 漢나라 때 처음 축성되었고 明 正德 七年(1512)에 萊州府 推官 劉信이 重修하였다. 崇禎 十二年(1639)에 邑令 邢國璽(형국쇄)가 돌로 토성을 둘러 보강하려했는데 사대부와 백성들이 각자 해야할 일을 스스로 알아서 했으므로 부역을 나누어 맡기고 독촉할 필요가 없었다. 백성들이 정한 일정을 좇아 과연 수개월만에 준공되었다. 이후 여러차례 보수공사가 이루어졌다………淸 乾隆 十三年(1748) 知縣 鄭燮(정섭)이 스스로 자금을 출연하고 백성들의 자발적인 참여로 크게 중수했는데 백성들을 강제로 동원하지 않고도 1800여 尺에 이르는 성벽에 성가퀴를 쌓고 성루를 새로 세워 안과 밖이 모두 완정해졌다." 嘉慶 元年(1796) 知縣 莊述祖가 일정 구단을 새로이 修築했다. 道光 二十五年(1845) 知縣 何鎔(하용)이 백성을 모아 크게 고쳤다. 道光 二十八年에 다시 重修했다. | 옛 濰縣城의 동, 서, 남, 북 4곳의 성문은 대체로 다음과 같이 현재의 지역에 세워져 있었다고 한다. 곧 東門인 朝陽門은 지금의 亞星橋 서쪽 끝단인 和平路와 東風西街의 交叉路에, 西門인 迎恩門은 東風西街와 月河路의 交叉路에서 약간 북쪽에, 南門인 安定門은 勝利西街와 向陽路의 交叉路에, 北門인 望海門은 北門大街와 北馬道街의 交叉路에 있었다. |

						光緒 六年(1880), 八年(1882年), 十四年(1888), 十八年(1892), 二十年(1894), 二十一年(1895) 등 6차례 소규모 보수공사가 이루어졌다. 1948年 국공내전이 끝날 때쯤 유현 옛 성벽은 크게 손상을 입어 많은 곳이 허물어졌다.	

萊州府 濰縣 境內(濰縣城에서 昌樂縣 東界까지)
지금의 山東省 濰坊市 濰城區 城關街道, 西關街道, 于河街道 境內

96			濰坊市 濰城區 西關街道 南三里村				현장답사와 인터뷰에 근거함
97		"北海古郡"欄門, "東拱萊牟西連青齊"欄門	濰坊市 濰城區 西關街道 서부 컨테이너 화물집화장 부근	濰縣 西 五里			
98	西小于河鋪	"平津別業"欄門	濰坊市 濰城區 西關街道 南小圩河村	濰縣 西 十里			朝鮮使臣들이 언급한 "平津別業"은 濰縣城 西 十里鋪-小于河鋪 부근의 驛道 곁에 있었던 것이지 符山의 "公孫弘別業"이나 麓臺에 있었던 것이 아니다.
99	小于河/西小于河	(金德承이 기록한)西丹河/(李民宬이 기록한)濰水	濰坊市 濰城區 小圩河	濰縣 西 十里	小于河/西小于河→小圩河	小于河는 濰縣 西十里鋪 곁을 흐른다. 望流社 紫家埠에서 발원하여 북으로 白浪河에 유입된다.	金德承은 자신이 건너온 東丹河(東于河/溉水/虞河)의 방위와 거리로 小于河를 西丹河로 기록했는데, 이는 오기이다.

100			濰坊市 濰城區 于河街道 官道村				현장답사와 인터뷰에 근거함
101	西丹河/大于河/西大于河	(全湜이 기록한)囊沙古蹟/(尹暄이 기록한)大濰河/"囊沙上流"欄門	濰坊市 濰城區 大圩河	濰縣 西二十里	西丹河/大于河/西大于河→大圩河	明末 西丹河는 大于河라고도 불렸으며 濰縣城 西 二十里에 있었다. 곧 西丹河는 濰縣 西 二十里鋪-黑石鋪의 西側을 흘렀다. 大於河는 昌樂縣의 方山에서 발원하여 符山鎮 十畝田村에서 유현으로 유입된다. 최대유량460입방미터/초, 流域面積 71. 65 km²이다. 유성구 내의 하장이 26.2km며 石灰岩, 葉岩, 玄武岩의 風化物과 黃土가 충적지를 형성하고 있다.	다수의 조선사신들이 기록을 볼 때 "囊沙上流" 牌坊은 분명히 이곳에 있었다. 그러나 이곳은 "한신"의 고사와 무관하므로 왜 그 패방이 이곳에 세워졌는지 현재로서는 알 수 없다.
102	黑石鋪		濰坊市 濰城區 于河街道 北大圩村과 南大圩村	濰縣 西二十里			
103			濰坊市 濰城區 于河街道 北樂埠村과 南樂埠村		滂埠→北樂埠村和南樂埠村		현장답사와 인터뷰에 근거함
104		三齊孔道"欄門/昌樂東界/昌樂縣東界	濰坊市 昌濰路와 日濰高速도로(G1815 國道)교차지점 부근	濰縣 西二十五里			

參考文獻

使行文獻版本

安璥,《駕海朝天錄》, 美國哈佛大學燕京圖書館藏本

吳允謙,《海槎朝天日錄》/《朝天詩》, 吳允謙,《楸灘集》.

李慶全,《石樓先祖朝天錄》, 韓國成均館大學尊經閣藏本；《朝天錄》/《朝天詩》, 韓國首爾大學
　　　　奎章閣藏本.

尹暄,《白沙公航海路程日記》, (林基中 編)《燕行錄全集》十五冊.

李民宬,《癸亥朝天錄》, 李民宬,《敬亭集續集》(卷一至卷三)；《燕槎唱酬集》, 李民宬,《敬亭集》(卷
　　　　六至卷八)

趙濈,《燕行錄(一云朝天錄)》, (林基中 編)《燕行錄全集》十五冊；《燕行酬唱集》, 趙冕熙 編,《(韓字)
　　　　朝天日乘及(漢文)燕行錄及酬唱集》, (韓國)同光2002년刊本；趙冕熙 編,《北京紀行及
　　　　酬唱詩》,《海路使行北京紀行及酬唱詩》, (韓國)同光2002년刊本.

李德泂,《朝天錄(一雲航海日記)》/《竹泉遺稿》, (韓)曹圭益,〈朝天錄一雲航海日記〉,《韓國文學與
　　　　藝術》第2輯, 韓國崇實大學韓國文學與藝術研究所, 2008, pp.251–344.

吳翻,《燕行詩》, 吳翻,《天坡集》(卷之二).

洪翼漢,《花浦先生朝天航海錄》, 韓國國立中央圖書館藏本

隨行畫員,《燕行圖幅》, 韓國國立中央博物館藏本/《航海朝天圖》, 韓國國立中央博物館藏本/
　　　　《朝天圖》, 韓國國立中央博物館藏本

金德承,《天槎大觀》, 金德承,《少痊集》(卷之二).

全湜,《槎行錄》, 全湜,《西沙集》(卷之五)/《朝天詩(酬唱集)》, 全湜, (卷之一).

金尙憲,《朝天錄》, 金尙憲,《淸陰集》(卷之九).

金地粹,《朝天錄》, 金地粹,《苔川集》(卷之二).

南以雄,《路程記》, 南以雄,《市北遺稿》(卷之四).

閔聖徽,《戊辰朝天別章帖》, 韓國慶南大學寺內文庫藏本.

申悅道,《朝天時聞見事件啟》, 申悅道,《懶齋先生文集》(卷之三).

李忔,《雪汀先生朝天日記》, 韓國國立中央圖書館藏本；《朝天詩》, 李忔,《雪汀集》(卷之一至卷之三).

崔有海,《東槎錄》, 崔有海,《默守堂集》.

鄭門源,《朝天記地圖》, 韓國成均館大學尊經閣藏本.

高用厚,《朝天錄》, 高用厚,《晴沙集》(卷之一).

데이터 베이스

韓國國史編纂委員會,《朝鮮王朝實錄》DB.

韓國國史編纂委員會,《承政院日記》DB.

韓國媒體韓國學株式會社,《韓國學綜合DB》.

韓國歷史綜合資訊中心,《韓國歷史資訊綜合系統》DB.

(韓國)韓國學中央研究院,《韓國歷代人物綜合資訊系統》DB.

中國古今方志와 관련 古籍

(漢)司馬遷,《史記》, 清乾隆武英殿刻本.

(漢)班固,《漢書》, 百衲本二十四史景宋景佑刻本.

(漢)孔安國 撰,《尚書》, 四部叢刊景宋本.

(漢)毛亨傳 (漢)鄭玄箋,《毛詩》, 四部叢刊景宋本.

(漢)鄭玄注(唐)陸德明音義,《禮記》, 四部叢刊景宋本.

(東漢)班固等 撰,《白虎通》《墳墓》, 中華書局, 1985.

(後魏)酈道元,《水經注》, 清武英殿聚珍版叢書本.

(南朝)宋範曄撰 (唐)李賢注,《後漢書》, 百衲本景宋紹熙刻本.

(南北朝)蕭統編(唐)李善注,《文選》, 胡刻本.

(晉)皇甫謐 撰,《高士傳》, 中華書局1985년版.

(西晉)陳壽 撰,《三國志》, 百衲本景宋紹熙刊本.

(後晉)劉棻等,《舊唐書》, 中華書局1976년版.

(唐)李吉甫,《元和郡縣圖志》, 中華書局1983版.

(唐)房玄齡等 撰,《晉書》, 清乾隆武英殿刻本版.

(唐)歐陽詢 輯,《藝文類聚》, 清文淵閣四庫全書本版.

[唐] 白居易,《白氏六帖事類集》, 民國景宋本.

(晉)袁宏,《後漢紀》, 民國八年上海商務印書館四部叢刊景明翻宋刻本.

(後晉)劉昫 等纂,《舊唐書》,民國十九年商務印書館影印百衲本二十四史景宋刻本配補明覆宋本.

(宋)樂史,《太平寰宇記》,清文淵閣四庫全書補配古逸叢書景宋本.

(宋)歐陽忞,《餘地廣記》,四川大學2003版.

(宋)蘇軾,《蘇文忠公全集》,明成化刻本.

(宋)朱熹:《詩集傳》,四部叢刊三編景宋本.

(宋)朱熹,《呂氏世系譜序》,載黃文翰, 呂俊海主編,《北宋呂氏八相國》, 偃師古都學會相公莊呂氏文化研究組, 2000.

(宋)蘇軾 撰, (宋)王十朋 集注, (宋)劉辰翁 批點,《東坡詩集注》,四部叢刊景宋本.

(宋)歐陽修, 宋祁等撰《新唐書》,清乾隆武英殿刻本.

(宋)歐陽修,《歐陽文忠公集》,四部叢刊景元本.

(元)脫脫等 撰修,《宋史》,清乾隆武英殿刻本.

(元)於欽撰,《齊乘》,清乾隆四十六年(1781)刻本.

(明)官修,《明實錄》,(臺灣)中央研究院歷史語言所1962년校印本.

(明)徐應元等 纂修,《(泰昌)登州府志》,明泰昌元年(1620)刻本.

(明)龍文明, 趙耀等 纂修,《萊州府志》,明萬曆三十二年(1604)刻本.

(明)李輔等 纂修,《全遼志》,遼海書社2011版.

(明)李賢, 萬安等撰修,《明一統志》,清文淵閣四庫全書本版.

(明)陳循 等撰,《寰宇通志》,明景泰年間內府刊初印本

(明)徐溥, 劉健, 李東陽等纂修,《大明會典》,正德四年校正六年刻印本.

(明)陸釴等 纂修,《(嘉靖)山東通志》,明嘉靖刻本.

(明)劉廷錫等 纂修,《(萬曆)濰縣志》,明萬曆二年刻本.

(明)栗永祿等 纂修,《(嘉靖)壽州志》,明嘉靖刻本.

(明)季本,《詩說解頤・正釋》,清文淵閣四庫全書本.

(明)嚴從簡 撰,《殊域周諮錄》,明萬曆刻本.

(明)王世貞, 汪雲鵬,《神仙列傳》卷之四, 明萬曆廿八刊本.

(明)茅元儀輯,《武備志》,明天啟刻本.

(明)陳道, 黃仲昭纂修,《(弘治)八閩通志》,明弘治刻本.

(明)瞿九思,《萬曆武功錄》,明萬曆刻本.

(明)吳明濟編, 祁慶富校注：《朝鮮詩選校注》,遼寧民族出版社, 1990.

(明)李攀龍選 (明)王穉登評,《唐詩選》,明閔氏刻朱墨套印本.

(清)張廷玉等 撰,《明史》,清鈔本.

(清)傅維鱗撰,《明書》,清畿輔叢書本.

(清)官修,《清實錄》,清內府鈔本.

(清)允祹纂修,《欽定大清會典則例》,清乾隆二十七年(1762)刻本.

(清)允祹 等撰修,《大清會典》,清文淵閣四庫全書本版.

(清)穆彰阿 撰,《(嘉慶)大清一統志》,四部叢刊續編景舊鈔本.

(清)顧祖禹,《讀史方輿紀要》,清稿本.

(清)史嶽濬等 纂修,《(康熙)山東通志》,清康熙四十一年(1702)刻本.

(清)岳濬修,杜詔等 纂,《(雍正)山東通志》,清乾隆元年(1736)刻本

(清)施閏章 楊奇烈 任浚等 纂修,《(康熙)登州府志》,清康熙三十三年(1694)刻本.

(清)陳謙 孔尚任 劉以貴等 纂修,《(康熙)萊州府志》,清康熙五十一年(1712)刻本.

(清)李世昌等 纂修,《(康熙)平度州志》,清康熙刻本.

(清)王珍 陳調元等 纂修,《(康熙)濰縣誌》,清康熙十一年(1672)刻本.

(清)黨丕祿 李肇林等 纂修,《(康熙)昌邑縣誌》,清康熙十一年(1672)增刻本.

(清)賈漢復等 纂修,《(康熙)陝西通志》,清康熙五十年刻本.

(清)李衛 嵇曾筠 沈翼機等 纂修,《(雍正)浙江通志》,清文淵閣四庫全書本.

(清)嚴有禧 張桐等 纂修,《(乾隆)萊州府志》,清乾隆五年(1740)刻本.

(清)郝玉麟 盧焯等 纂修,《(乾隆)福建通志》,清文淵閣四庫全書本.

(清)許容 李迪等 纂修,《(乾隆)甘肅通志》,清文淵閣四庫全書本.

(清)楊應琚等 纂修,《(乾隆)西寧府新志》,清乾隆十二年刻本.

(清)張思勉,於始瞻 纂修,《掖縣志》,清乾隆二十三年(1758)刊本.

(清)張耀璧 王誦芬等 纂修,《(乾隆)濰縣誌》,清乾隆二十五年(1760)刻本.

(清)周來邰等 纂修,《(乾隆)昌邑縣志》,清乾隆七年(1742)刻本.

(清)張彤清 張詡等 纂修,《(嘉慶)續掖縣志》,清嘉慶十二年刻本.

(清)陳嘉楷 韓天衢等 纂修,《(光緒)昌邑縣誌續》,清光緒三十三年(1907)刻本.

(清)楊祖憲 侯登岸等 纂修,《(道光)再續掖縣志》,清道光二十三年(1843)刻本.

(清)保忠 李圖等 纂修,《(道光)重修平度州志》,清道光二十九年刻本.

(清)崔允昭 李培謙等 纂修,《(道光)直隸霍州志》,清道光六年刻本.

(清)魏起鵬 王續藩等 纂修,《(光緒)三續掖縣志》, 清光緒十九年(1893)刻本.

(清)魏起鵬等 纂修,《(光緒)掖縣全志》, 清光緒十九年(1893)刻本.

(清)毛贄纂,《勺亭識小錄》, 民國二十三年掖縣王桂堂日曝經草堂抄本, 韓寓群主編:《山東文獻
　　　集成(第二輯)》第25冊, 山東大學出版社2007年版.

(清) 侯登岸纂,《掖乘》, 山東省圖書館藏稿本, 載韓寓群主編《山東文獻集成(第二輯)》第19冊, 山
　　　東大學出版社2007年版.

(清)熙臣 董錦章等 纂修,《(光緒)萊州府鄉土志》, 清光緒抄本.

(清)宋朝楨等 纂修,《(光緒)濰縣鄉土志》, 清光緒三十三年(1907)石印本.

(清)呂昱 董錦章等 纂修,《(光緒)掖縣鄉土志》, 清光緒三十四年稿本.

(清)升允, 長庚 安維峻等 纂修,《(光緒)甘肅新通志》, 清宣統元年刻本

(清) 郭麐 撰,《濰縣古城考》, 民國十二年[1923] 石印本.

(清)葉圭綬,《續山東考古錄》, 清咸豐元年(1851)刻本.

(清)張雲龍, 張鳳羽等 纂修,《(順治)招遠縣誌》, 道光二十六年(1846)刻本.

(清)陳國器等 纂修,《(道光)招遠縣續志》, 清道光二十六年(1846)刻本.

(清)林溥 周翕鑣等 纂修,《(同治)即墨縣誌》, 清同治十一年刊本

(清)岳浚 杜詔等 纂修,《(雍正)山東通志》, 清文淵閣四庫全書本版.

(清)顧炎武,《山東考古錄》, 山東書局光緒八年七月重刊本.

(清)毛永柏 李圖 劉耀椿等 纂修,《(鹹豐)青州府志》, 清咸豐九年刻本

(清)谷應泰,《明史紀事本末》, 中華書局1977년.

(清)許鴻盤 著,《方輿考證》, 清濟甯潘氏華鑒閣本.

(清)顧祖禹 撰,《讀史方輿紀要》, 清光緒二十七年上海圖書集成局鉛印本.

(清)黃宗羲,《宋元學案》, 清道光二十六年何紹基刻本.

(清)王士禛輯, (清)惠棟注補,《漁洋山人自撰年譜注補》, 清惠氏紅豆齋刻本.

(清)張世卿 編,《平度州鄉土志》, 清抄本.

(清)陳爾延 王崧翰等 纂修,《(光緒)平度志要》, 清光緒十九年手抄本.

(民國)楊士驤, 孫葆田等 纂修,《(宣統)山東通志》, 1934년影印本.

(民國)常之英 劉遜聰等 纂修,《(民國)濰縣誌稿》, 民國三十年(1941年)刊本.

(民國)王明長等 纂修,《(第四次重修)蓬萊縣誌》, 青年進修出社, 1961.

(民國)劉國斌等 纂修,《(民國)四續掖縣志》, 民國二十四年(1935)鉛印本.

(民國)翟文選 王樹枬 纂修,《奉天通志》, 民國二十三年鉛印本.

(民國)劉錦堂 劉國斌等 纂修,《(四續)掖縣志》, 民國二十四(1935)年鉛本.

(民國)丁世平 尚慶翰等 纂修,《(民國)平度縣續志》, 民國二十五年鉛印本.

煙臺市地方史志編纂委員會辦公室 編,《煙臺市志》, 新華書店1994년版.

山東省萊州市史志編纂辦公室 編,《萊州市志》, 齊魯書社, 1996.

萊州市地名辦公室 編,《萊州市地名志》, 內部資料, 1996.

萊州市水利志編寫組 編,《萊州市水利志》, 內部資料, 1990年.

萊州市民政局 編,《萊州市地名圖集》, 內部資料, 2012年.

濰坊市地方史志編纂委員會 編,《濰坊市市志》(上, 下), 中央文獻出版社想, 1995.

山東省招遠縣誌編纂委員會 編,《招遠縣誌》, 華齡出社, 1991.

招遠縣地名委員會辦公室 編,《招遠縣地名志》, 1987.

山東省歷史地圖集編纂委員會 編,《山東省歷史文化村鎮—煙臺》, 山東省地圖出社, 2009.

山東省歷史地圖集編纂委員會 編,《山東省歷史文化村鎮—濰坊》, 山東省地圖出社, 2009.

山東省昌邑縣誌編纂委員會 編,《昌邑縣誌》, 內部資料, 1987.

昌邑縣地名志編纂委員會 編,《昌邑縣地名志》, 內部資料, 1987.

寒亭地名編纂委員會 編,《寒亭區地名志》, 內部資料, 1989.

山東省濰坊市寒亭區史志編纂委員會 編,《寒亭區志》, 齊魯書社, 1992.

濰城區地名委員會辦公室 編,《濰城區地名志》, 內部資料, 1992.

山東省濰坊市濰城區史志編纂委員會 編,《濰城區志》, 齊魯書社, 1993.

山東省平度市公路管理段 編,《平度市公路志》, 人民交通出版社, 2000.

山東省平度縣地方誌編纂委員會 編纂,《平度縣誌》, 內部資料, 1987.

平度市地名志編纂委員會 編,《平度市地名志》, 內部資料, 2017.

《青島市水利志》編委會 編,《青島市水利志》, 青島出版社, 1996.

朝鮮方志와 관련 古籍

(朝鮮)韓致奫,《海東繹史》, 朝鮮古書刊行會明治四十四年(1911)刊本.

(朝鮮)古山子 編,《大東地志》, 1932, 韓國首爾大學奎章閣藏本.

(朝鮮)官修,《通文館志》, 朝鮮古書刊行會大正二年(1913)刊本.

(朝鮮)官修,《朝鮮迎接都監都廳儀軌》, 明天啟元年刻本.

(朝鮮)具允明 編,《典律通補》, 朝鮮正祖十年(1786)刊行本.

(朝鮮)李荇,《新增東國輿地勝覽》韓國首爾大學奎章閣藏本.

中國著作

蔡鋒編,《中國近海海洋》, 海洋出社, 2013.

趙炳武主編, 山東省地方誌聯合目錄, 中國文聯出社, 2005.

章巽 著,《古航海圖考釋》, 海洋出版社, 1981.

顧松年 主編,《山東交通史》第一冊, 人民交通出社, 1989.

白壽彝,《中國交通史》, 上海書店, 1984.

楊正泰,《明代驛站考》(增訂本), 上海古籍出社, 2006.

顧松年 主編,《山東公路交通運輸史》第一冊, 山東科技出社, 1992.

吳承洛,《中國度量衡史》, 商務印書館, 1937.

(台)蘇同炳,《明代驛遞制度》, 中華叢書編審委員會, 1969.

譚其驤 主編:《中國歷史地圖集(第1冊 原始社會·夏·商·西周·春秋·戰國時期)》, 中國地圖出版社, 1982.

譚其驤 主編,《中國歷史地圖集(第2冊 秦·西漢·東漢時期)》, 中國地圖出版社, 1982.

尹洪林,《萊州歷史大觀》, 黃河數字出版社, 2011.

煙臺公路志編撰委員會 編,《煙臺公路志》, 中國國際文化出社, 2008.

安作璋,《山東通史》(明淸卷), 山東人民出社, 1994.

盧繩,《盧繩與中國古建築研究》, 智慧財產權出社, 2007

李劍平 主編,《中國神話人物辭典》, 陝西人民出社, 1998.

劉廷鑾, 孫家蘭編著,《山東明淸進士通覽·明代卷》, 山東文藝出版社, 2015.

棗莊市山亭區政協編,《小邾國文化》, 中國文史出版社, 2005.

王獻唐,《春秋邾分三國考》, 齊魯書社, 1982.

孫祚民 主編,《山東通史》, 山東人民出版社, 1992.

佟海燕 主編:《琅琊文化史略(第一卷 先秦·秦朝時期)》, 山東人民出版社, 2010.

陳尙勝等 著,《朝鮮王朝 1392—1910 對華觀的演變》, 山東大學出版社, 1999.

鄭紅英 著,《朝鮮初期與明朝政治關係演變研究》, 社會科學文獻出版社, 2015.

劉煥陽, 陳愛強,《膠東文化通論》, 齊魯書社, 2015.

劉煥陽, 劉曉東 著,《落帆山東第一州》, 人民出版社, 2012.

劉煥陽, 劉曉東 著,《山東巨郡》, 世界圖書廣東出版公司, 2014.

劉曉東 著,《明代조선사신膠東紀行詩探析》, 山東人民出版社, 2015.

劉曉東, 馬述明, 祁山 著,《明代조선사신筆下的廟島群島》, 人民出版社, 2014.

劉鳳鳴 著,《山東半島與古代中韓關係》, 中華書局, 2010.

耿升, 劉鳳鳴, 張守祿 主編,《登州與海上絲綢之路》, 人民出版社, 2009.

趙樹國,《明代北部海防體制研究》, 山東人民出社, 2014.

楊雨蕾,《燕行與中朝文化關係》, 上海辭書出版社, 2011.

孫文良著,《滿族崛起與明清興亡論稿》, 遼寧民族出社, 2016.

王臻,《朝鮮前期與明建州女真關係研究》, 中國文史出版社, 2005.

李宗偉 主編,《山東省省級非物質文化遺產名錄圖典》第二卷, 山東友誼出版社, 2012.

張廷國, 劉援朝, 張紅梅著,《長山列島的語言及民俗文化研究》, 山東大學出版社, 2015.

魯東大學膠東文化研究院 編,《膠東文化與海上絲綢之路論文集》, 山東人民出版社, 2016.

陳麻 編著,《美國鏡頭裡的中國風情》, 中國文史出版社, 2011.

李海霞, 陳遲 編著,《山東古建築地圖》, 清華大學出版社, 2018.

楊松水,《兩宋壽州呂氏家族著述研究》, 黃山書社, 2012.

[清]王士禎著；惠棟, 金榮注；宮曉衛, 孫言誠, 周晶, 閆昭典點校整理,《漁洋精華錄集注》上, 齊魯書社, 2009.

青島市史志辦公室編,《青島市志·嶗山志》, 新華出版社, 1999.

韓国著作

이민성 著, 이영춘외 譯,《1623년의 북경 외교》, 대원사, 2014.

정은주,《조선시대 사행기록화》, 사회평론, 2012.

조규익,《17세기 국문 사행록 죽천행록》, 도서출판 박이정, 2002.

조규익,《연행 길, 고통의 길, 그러나 깨달음의 길—국문 사행록의 미학》, 역락, 2004.

조규익,《《죽천행록》 연구》, 연행록연구총서 5, 학고방, 2006.

조즙 著, 최강현 譯,《계해수로조천록》, 신성출판사, 2000.

(韓)하영선, (中)葛兆光, (中)孙卫国 等 編著,《사행의 국제정치16—19세기 조천·사행록 해석》, 한국아연출판부, 2016년.

㈜한명기, 《임진왜란과 한중관계》, 역사비평사, 2001.

中國論文

许敏, 〈关于明代铺户的几个问题〉, 《明史研究论丛》第二辑, 江苏人民出社, 1983년.

金柄珉, 金刚, 〈对中国"燕行錄"研究的历时性考察〉, 《東疆学刊》, 延边大学, 2016년01期.

陈尙胜, 〈明清时代的朝鲜使节与中国记闻——兼论《朝天錄》和《燕行錄》的资料价值〉, 《海交史研究》, 中国海外交通史研究会, 泉州海外交通史博物館, 2001년02期.

陈尙胜, 〈明朝初期与朝鲜海上交通考〉, 《海交史研究》, 中国海外交通史研究会, 泉州海外交通史博物館, 1997년01期.

楊雨蕾, 〈明清時期朝鮮朝天—燕行路線及其變遷〉, 上海人民出社, 《歷史地理》第二十一輯, 2006.

葛兆光, 〈从"朝天"到"燕行"—17世纪中叶后東亚文化共同体的解体〉, 《中华文史论丛》, 上海世纪出股份有限公司古籍出社, 2006년01期.

王禹浪, 程功, 刘加明, 〈近二十年中国《燕行錄》研究综述〉, 《哈尔滨学院学报》, 哈尔滨师专学报, 2012년11期.

楊雨蕾, 〈登州與明代조선사신—以"朝天錄"爲中心〉, 陳尙勝主編, 《登州港與中韓交流國際學術討論會論文集》, 山東大學出社, 2005.

刘宝全, 〈明末中朝海路交通线的重开与中朝关系〉, 《陕西师范大学学报》, 陕西师范大学, 2011년04期.

左江, 〈清代朝鮮燕行使团食宿考〉, 张伯伟编, 《域外汉籍研究集刊》第三辑, 中华书局, 2007년5월.

孫衛國, 〈朝鮮人明海上貢道考〉, 《韓國學論文集》, 北京大學韓國學研究中心, 2009.

陳長文, 〈雄關漫道:明末朝鮮貢使的山東之行〉, 《中國中外關係史學會會議論文集》, 中國中外關係史學會, 2009.

陳長文, 〈登州與明末中朝海上絲路的複航〉, 《中國中外關係史學會會議論文集》, 中國中外關係史學會, 2008.

趙樹國: 《海不揚波：明代京畿地區海上安全述論》, 載中國明史學會, 北京市昌平區十三陵特區辦事處編: 《第十七屆明史國際學術研討會暨紀念明定陵發掘六十周年國際學術研討會論文集 上》, 燕山出版社, 2018.

孫文良：《明代"援朝逐倭"探微》，《社會科學輯刊》1994第3期.

戚延斌：《平裡店及其戰前的工商業》，《萊州文史資料》1997年第11輯.

王建生，《呂祖謙的中原文獻南傳之功》，浙江師範大學學報(社會科學版), 2015年03期.

劉東平，《淺談從戟到戟門的歷史變遷》，西安碑林博物館 編，《碑林集刊》(十三), 陝西人民美術出
　　　　版社, 2008.

崔文琪，《明淸時期毛紀及其家族文學硏究》，山東大學碩士論文, 2018

韓國論文

권혁래, 〈문학지리학의 관점에서 본 등주(登州)〉, 국어국문학 154, 2010.

권혁래, 〈《김영철전》의 등주 시절 스토리텔링〉, 온지논총 43, 2015.

권혁래, 〈문학지리학적 관점으로서 본 등주〉, 국어국문학 154, 2010.

김경록, 〈문17세기초 명·청교체와 대중국 사행의 변화 ─ 대후금 사행을 중심으로〉, 국어국문학
　　　　154, 2010.

김영숙, 〈명말의 중국사회와 조선사신의 외교활동: 김육의 조경일록과 조천록의 분석을 중심으
　　　　로〉, 명청사연구31, 2009.

김영숙, 《조천록을 통해 본 명청교체기 요동정세와 조명관계》, 인하대 박사학위논문, 2011.

김지은, 〈17세기 전반 해로사행문학연구〉, 이화대학교 대학원 석사학위논문, 2006.

김지현, 〈17세기 초 대명 해로 사행록 서술의 양상〉, 한국문학과 예술 제15집, 2015.

김지현, 〈이민성의《계해조천록》소고〉, 온지학회 추계학술대회, 2014.

김동석, 《고려말권근(高麗末權近)의 사행(使行)과 그 의의》, 온지 논총, 2017.

김태준, 〈중국 내 연행노정고〉, 동양학35권, 단국대학교 동양학연구소, 2004.

류보전, 〈화천 조즙의 연행과 한시 창작〉, 동방한문학 제52집, 2012.

박경은, 〈경정 이민성의 시문학─일상사 및 연행의 체험을 소재로 한 시를 중심으로〉, 한문교육
　　　　연 구15집, 2000.

박현규, 〈17세기 전반 대명 해로사행의 운항과 풍속 분석〉, 한국한문학연구48, 2011.

박현규, 〈17세기 전반기 대명 해로사행에 관한 행차 분석〉, 한국실학연구 21, 2011.

박현규, 〈1621년 조선·明사절의 해로사행에 관한 실상과 평가〉, 동북아문화연구 36, 2013.

배주연, 〈명청교체기 조선문사 이안눌의 명사행시연구:조천록(1601)·조천후록(1632)을 중심으
　　　　로〉, 비교문학38, 2006.

서지원, 〈鄭斗源의《朝天記地圖》에 나타난 대외인식 고찰〉, 한국문학과 예술 17, 2015

송기헌, 〈이흘의 연행과 연행록 조천日이기의 관광학적 고찰〉, 관광산업연구 제3권1호, 2009.

신선옥·유함함, 〈《조천항해록》에서 산동성의 노선과 그 주변 지역의 산악문화고찰〉, 동북아 문화연구 38, 2014.

신춘호, 《연행노정 영상아카이브 구축 및 콘텐츠 활용 방안 연구》, 한국외국어대학교 박사학위논문, 2014.

신춘호, 〈연행노정 영상콘텐츠와 영상 아카이브 구현 모델 연구〉, 한국문학과 예술 16, 2015.

신춘호, 〈연행노정 공간의 역사문화콘텐츠 활용 방안 일이고—《스토리테마파크》의 스토리를 활용한 "병자호란 역사관광콘텐츠"기획을 중심으로—〉, 한문고전연구 31, 2015.

신춘호, 〈명청교체기 해로사행 노정의 인문정보 일이고《朝天记地圖》의 산동지역(등주—덕주) 인문지리 현황을 중심으로—〉, 한국고지도연구8(1)2016.

이성형, 〈《천사대관》과 《대명일일통지》 수용양상 고찰— 산동 육로 구간을 중심으로〉, 한문고전연구, 제33집, 2016.

이성형, 〈《천사대관》과《노정기》의 상관관계와 내용구성 비교〉, 대동한문학 제49집, 2016.

이성형, 〈연행록의 백이·숙제 관련 한시 연구 —임진 수습기를 중심으로〉, 한문학논집31, 2010.

이승수, 〈고려말 대명 사행의 요동반도 경로 고찰〉, 한문학보 20, 2009.

이승수, 〈1386년 정몽주의 南京 使行, 路程과 詩境〉, 민족문화 46집, 2015.

이승수, 〈연행로 중 瀋陽~廣寧站 구간의 노정 재구〉, 민족문화 제42집, 2013.

이승수, 〈燕行路 중의 東八站 考〉, 한국언어문화 제48집, 2012.

이영춘, 〈병자호란 전후의 조선명청 관계와 김육의 조경일록〉, 조선시대사학보 38집, 2006.

이영춘, 〈인조반정 후에 파견된 책봉주청사의 기록과 외교활동〉, 조선시대사학보 59 집, 2011.

이정숙, 〈설정 이흘의《조천일기》구두점과 주해 연구〉, 청운대석사학위논문, 2010

이학당·우림걸, 〈17—8세기 중한 문인간의 문화교류와 상호작용 현상 日고찰〉, 한국실학연구 19집, 2010.

임기중, 〈水路燕行錄과 水路燕行圖〉, 한국어문학연구43, 2004.

임기중, 〈수로 연행록과 수로연행도〉, 한국어문학연구43집, 2004.

임기중, 〈《항해조천도》의 형성양상과 원본비정—이덕형 가문의 항해일기와 관련하여〉, 한국실학연구9집, 2005.

임기중, 〈조천록과 연행록의 화답시〉, 연행록연구총서5, 학고방, 2006.

임영걸,《壺亭 鄭斗源의《朝天記地圖》연구》, 성균관대학교 석사학위논문, 2011.

임형택, 〈조선사행의 해로 연행록–17세기 동북아의 역사전환과 실학〉, 한국실학연구 9, 2005.

임형택, 〈17~19세기 동아시아 상황과 연행·연행록〉, 한국실학연구 20호, 2010.

정영문, 〈17세기 사행록의 연구현황과 나아갈 방향—명·청 교체기의 사행을 중심으로〉, 한국문학과 예술 17집, 2015.

정은주, 〈명청교체기 대명 사행기록화 연구〉, 명청사연구 제27집, 2007.

정은주, 〈뱃길로 간 중국,《갑자항해조천도》〉, 문헌과 해석 26, 2004.

정은주, 〈조선시대 명청사행관계 회화연구〉, 한국학대학원 박사학위논문, 2007.

조규익, 〈《죽천행록》의 사행문학적 성격〉, 국어국문학 129, 2001.

조규익, 〈조선조 국문 사행록의 통시적 연구〉, 어문연구31(1), 2003.

조규익, 〈조천록일운항해일기(朝天錄一云航海日記)〉, 한국문학과 예술 2, 2008.

조규익, 〈使行路程으로서의 登州, 그 心象空間的 性格과 意味〉, 어문연구 38(4), 2010.

조규익, 〈조선 지식인의 중국체험과 중세보편주의의 위기〉, 온지논총 40집, 2014.

조기영, 〈설정 이흘의《조천일기》연구〉, 동양고전연구 7집, 1996.

조기영, 〈이흘의《조천일기》에 나타난 17세기 문화양상〉, 연행록연구총6, 학고방, 2006.

조창록, 〈1632년의 해로사행과 홍호의《조천일기》〉, 온지논총 제42집, 2015.

조창록, 〈전식의 사행록과 해로 사행의 체험시〉, 동방한문학 46집, 2011.

조창록, 〈1636년 해로 사행과 이만영의《숭정병자조천록》〉, 인문과학 제47집, 2011.

최소자, 〈"연행록" 연구를 위한 제언〉, 명청사연구 30집, 명청사학회, 2008.

최소자, 〈명청과 조선, 조선과 명청 관계사 연구현황과 과제—수교20주년에 즈음하여〉, 명청사연구 38집, 2012.

최윤정, 〈明·淸 교체기 조선文士의 사행체험—홍익한의《朝天航海錄》을 중심으로〉, 한국고전연구11, 2005.

최창원, 〈《설정선생조천일록》에 나타난 사신들의 행적〉, 중국어문학논집 67호, 2011.

허경진, 〈水路朝天錄과 통신사행록의 바다 체험 비교〉, 한국한문학연구 43, 2009.

허경진·최해연, 〈명청교체기 최초의 수로조천록—안경의《가해조천록》〉, 중국학논총 34집, 2011.

황만기, 〈청음 金尙憲《조천록》고찰〉, 한국한문학연구43집, 2009.

중국 현지 연구자와 현지인에 대한 인터뷰 장소와 날짜 목록
(이후 연구자의 편의를 위해 중국 현지인들이 사용하는 간체자 한자로 표기함)

1.   인터뷰 장소 : 昌邑市 黑埠村

     인터뷰 대상 : 黑埠村 村民 孙大娘(女, 93)

     인터뷰 시간 : 2019年 1月 19日 下午 14:10-14:15

2.   인터뷰 장소 : 潍河 昌邑市 花园村 구간

     인터뷰 대상 : 花园村 村民 董书亮(男, 56)

     인터뷰 시간 : 2019年 1月 19日 下午 14:35-14:50

3.   인터뷰 장소 : 昌邑市 方志馆

     인터뷰 시간 : 2019年 1月 19日 上午 10:20-13:40

     인터뷰 대상 : 昌邑市 地方史志 办公室 전 학예연구사(《昌邑年鉴》편찬자) 张述智(男, 68)

4.   인터뷰 장소 : 昌邑市 王耨村

     인터뷰 대상 : 昌邑市 王耨村 村民 张新伟(男, 38)

     인터뷰 시간 : 2019年 1月 17日 上午 09:35-09:45

5.   인터뷰 장소 : 昌邑市 卜庄镇 夏店村

     인터뷰 대상 : 夏店村 村民(성명미상 – 성명을 밝히기 원하지 않았음)

     인터뷰 시간 : 2019年 1月 17日 下午 15:10-15:15

6.   인터뷰 장소 : 潍坊市 寒亭区 文物管理保护所

     인터뷰 대상 : 潍坊市 寒亭区 文物管理保护所 所长 崔永胜

     인터뷰 시간 : 2018年 11月 9日 上午 10:55-11:25

7.   인터뷰 장소 : 潍坊市 寒亭区 文物管理保护所

     인터뷰 대상 : 潍坊市 향토사학자 孙福建, 孙建松 /潍坊市 寒亭区 文物管理保护所 所长 崔永胜

     인터뷰 시간 : 2019年 01月 16日 下午 14:15-16:40

8. 인터뷰 장소 : 萊州市 程郭鎮 后苏村

　　인터뷰 대상 : 萊州市 程郭鎮 前苏村 村民(성명미상 – 성명을 밝히기 원하지 않았음)

　　인터뷰 시간 : 2018年 9月 7日 上午 11:47-11:52

9. 인터뷰 장소 : 萊州市 港城路街道 军寨址村

　　인터뷰 대상 : 萊州市 港城路街道 军寨址村 村民 刘素兰(女, 65)

　　인터뷰 시간 : 2019年 1月 19日 上午 13:20-13:29

10. 인터뷰 장소 : 萊州市 虎头崖镇 朗村

　　인터뷰 대상 : 萊州市 虎头崖镇 朗村 村民 孙宝良(男, 81)

　　인터뷰 시간 : 2018年 9月 7日 下午 13:54-14:05

11. 인터뷰 장소 : 萊州市 沙河鎮 杲村

　　인터뷰 대상 : 萊州市 沙河鎮 杲村 村民(성명미상 – 성명을 밝히기 원하지 않았음), 杲村 村民
　　　　　　　武夫集(男, 68, 李家村 村民 马洪生(男, 66)

　　인터뷰 시간 : 2018年 9月 9日 下午 16:18-16:40

12. 인터뷰 장소 : 萊州市 沙河鎮 杲村

　　인터뷰 대상 : 萊州市 沙河鎮 杲村 村民(성명미상 – 성명을 밝히기 원하지 않았음), 杲村 村民
　　　　　　　武夫集(男, 68), 李家村 村民 马洪生(男, 66)

　　인터뷰 시간 : 2018年 9月 9日 下午 15:20-15:50

13. 인터뷰 장소 : 萊州市 朱桥镇 朱桥村

　　인터뷰 시간 : 2020年 8月 22日 上午 11:18-11:20

　　인터뷰 대상 : 萊州市 朱桥镇 朱桥村 村民 李永光(男, 63)

14. 인터뷰 장소 : 萊州市 朱桥镇 朱桥新村

　　인터뷰 시간 : 2020年 8月 22日 上午 11:48-11:53

　　인터뷰 대상 : 萊州市 朱桥镇 朱桥村 村民(성명미상 – 성명을 밝히기 원하지 않았음)

15. 인터뷰 장소 : 萊州市 地方史志 办公室, 萊州市 民政局 地名 办公室

    인터뷰 시간 : 2018年 9月 6日 下午 14:05-16:29

    인터뷰 대상 : 萊州市 地方史志 办公室 杨曰明 主任, 萊州市 民政局 地名 办公室 戴锡金 主任,

        前 萊州市 地方史志 办公室 杨宏俊 主任(男, 78)

16. 인터뷰 장소 : 萊州市 新城鎮 朱郭李家村

    인터뷰 대상 : 萊州市 新城鎮 朱郭李家村 村民 李希军(男, 60)

    인터뷰 시간 : 2018年 9月 7日 上午 9:20-10:05

17. 인터뷰 장소 : 平度市 新河镇 三埠李家村

    인터뷰 대상 : 平度市 新河镇 三埠李家村 村民 陈义农(男, 51)

    인터뷰 시간 : 2019年 1月 17日 下午 17:20-17:35

18. 인터뷰 장소 : 平度市 新河镇 灰埠村

    인터뷰 대상 : 平度市 新河镇 灰埠村村民 张永贵(男, 70)

    인터뷰 시간 : 2019年 1月 18日 上午 10:15-10:35

19. 인터뷰 장소 : 平度市 新河镇 灰埠村

    인터뷰 대상 : 平度市 新河镇 灰埠村 村民 徐睿山(男, 53)

    인터뷰 시간 : 2020年 8月 23日 11:03-11:40

20. 인터뷰 장소 : 平度市 新河镇 灰埠村

    인터뷰 대상 : 平度市 新河镇 灰埠村 村民 胥官春(男, 61)

    인터뷰 시간 : 2020年 8月 23日 11:03-11:40

21. 인터뷰 장소 : 平度市 新河镇 胶萊河大桥

    인터뷰 대상 : 平度市 新河镇 村民 賈秀令(男, 78)

    인터뷰 시간 : 2019年 1月 17日 下午 16:10-16:25

22. 인터뷰 장소 : 平度市 新河镇 三埠李家村

　　인터뷰 대상 : 平度市 新河镇 三埠李家村 村民 李济瑞(男, 88)

　　인터뷰 시간 : 2019年 1月 17日 下午 17:00-17:10

23. 인터뷰 장소 : 昌邑市 牛埠村

　　인터뷰 시간 : 2019年 1月 17日 上午 08:30-09:05

　　인터뷰 대상 : 昌邑市 牛埠村 村民 王建忠(男, 55)외 여러 村民

24. 인터뷰 장소 : 昌邑市 王伯村

　　인터뷰 시간 : 2019年 1月 17日 上午 09:10-09:20

　　인터뷰 대상 : 昌邑市 王伯村 村民 王素梅(女, 41)

25. 인터뷰 장소 : 潍河 昌邑市 蔺家庄村 구간

　　인터뷰 대상 : 蔺家庄村 村民 蔺贵宗(男, 65)/蔺修普(男, 83)

　　인터뷰 시간 : 2019年 1月 19日 下午 15:10-15:30

왕가 王珂, Wang Ke wgc5858@naver.com

중국 옌타이대(烟台大学)에서 한국어학과를 졸업하고 한국 공주대학교 국어국문학과에서 석사와 박사를 마쳤다. 현재 중국 웨이팡대학교 한국어학과 학과장으로 재직 중이다. 주요 논저로《한중 근대소설 비교연구》(한국문화사 2016),《재만(在滿) 조선인 소설의 세계인식 연구》(한국문화사 2021) 등이 있다.

한종진 韓鐘鎭, Han Jong Jin

서울대학교 원예학과를 졸업하고 같은 대학 중어중문학과에서 석사와 박사를 마쳤다. 서울대학교 중어중문학과에서 강의하다가 지금은 중국 웨이팡대학교 한국어학과 부교수(초빙 전문가)로 재직 중이다. 주요 논저로《韩国语汉字词学习词典》(商务印书馆 2018),《조선에 전해진 중국 문헌》(공저, 서울대출판문화원, 2021) 등이 있다.

당윤희 唐潤熙, Dang Yun Hui

서울대학교 중어중문학과를 졸업하고 동대학 중어중문학과에서 석사학위를, 중국 북경대학교 중국어언문학계에서 박사학위를 받았다. 현재 건국대학교 중어중문학과 부교수로 재직하고 있다. 주요 논저로《동아시아의 문헌 교류》(공저, 소명출판, 2014),〈唐 陸贄의 制誥文에 대한 고찰〉(2018) 등이 있다. 저서로《조선에 전해진 중국 문헌》(공저, 서울대학교출판문화원, 2021), 역서로《육주약선·육고수권 : 조선 정조가 편정한 당나라 재상 육지의 국가 경영책》(공저, 서울대학교출판문화원, 2020) 등이 있다.

조선 해로사행의 인문지리학적 연구 2

명청교체기 대명 해로사행로의 노선과 지명 재구 및 인문지리학적 고찰 2
– 산동 래주부

초판 1쇄 인쇄 2021년 3월 16일
초판 1쇄 발행 2021년 3월 23일

지은이 왕가 한종진 당윤희
펴낸이 이대현
편집 이태곤 권분옥 문선희 임애정 강윤경
디자인 안혜진 최선주 이경진 ㅣ **마케팅** 박태훈 안현진
펴낸곳 도서출판 역락 ㅣ **등록** 1999년 4월 19일 제303-2002-000014호
주소 서울시 서초구 동광로46길 6-6(반포4동 577-25) 문창빌딩 2층(우06589)
전화 02-3409-2060(편집부), 2058(영업부) ㅣ **팩시밀리** 02-3409-2059
이메일 youkrack@hanmail.net
역락홈페이지 www.youkrackbooks.com

ISBN 979-11-6244-710-9 93910